진흥회
한자자격시험
한 권으로 끝내기

2급

시대에듀

Always with you

사람의 인연은 길에서 우연하게 만나거나 함께 살아가는 것만을 의미하지는 않습니다.
책을 펴내는 출판사와 그 책을 읽는 독자의 만남도 소중한 인연입니다.
시대에듀는 항상 독자의 마음을 헤아리기 위해 노력하고 있습니다. 늘 독자와 함께하겠습니다.

2026 진흥회 한자자격시험 2급 한 권으로 끝내기

 자격증·공무원·금융/보험·면허증·언어/외국어·검정고시/독학사·기업체/취업
이 시대의 모든 합격! 시대에듀에서 합격하세요!
www.youtube.com ➡ 시대에듀 ➡ 구독

PREFACE

아직도 급수 시험을 주관하는 유명 단체에서조차 어떻게 하면 한자를 쉽고 재미있게 익혀서 자유자재로 사용하게 할까는 연구하지 않고, 자기 단체에서 옛 방식 그대로 만든 책으로 무조건 외기만 하면 급수 시험에 합격할 수 있다고 광고하고 있는 현실이 안타깝기만 합니다.

이제 한자를 무조건 외는 시대는 지났습니다. 급수 시험을 주관하는 단체를 비롯하여 한자 교육을 생각하는 분들 모두 보다 쉽고 재미있는 학습법을 개발·보급하여 우리 국민을 세상의 중심이 된 한자 문화권의 주역으로 우뚝 서게 해야 합니다.

제가 주장하는 한자 학습법은 한자가 비교적 어원이 분명하고 공통 부분으로 된 글자가 많은 점을 이용하여 ① 실감 나는 생생한 어원으로, ② 동시에 같은 어원(공통 부분)으로 글자들을 익히면서, ③ 그 글자가 쓰인 단어들까지 생각해 보는 '한자 3박자 연상 학습법' 입니다.

이해가 바탕이 된 분명한 한자 실력으로 정확하고 풍부한 어휘력을 향상시켜 2급 한자 자격시험은 물론 자유로운 언어활동을 하게 하자는 것이지요.

이 책은 제가 개발한 '한자 3박자 연상 학습법'으로 한자 분명히 이해하며 익히기, 각 글자가 쓰인 대표적인 단어와 한자성어 익히기, 확인문제와 해설이 있는 기출문제 등 한자자격시험 8급에서 2급까지 해당하는 내용을 한 권에 담아 혼자서 공부해도 한 번에 2급을 준비할 수 있도록 하였습니다.

이 책에 나오는 글자 풀이 하나, 단어나 한자성어 풀이 하나마다 생각 없이 이루어진 것은 하나도 없으며 모두 사고력과 창의력, 응용력을 동원하여 분명히 이해하면서 익히도록 만들었습니다.

이 책으로 한자를 익히면 급수 시험에 합격하거나 한자 몇 자 익히는 차원을 넘어 어떤 한자를 보아도 자신 있게 분석해 보고 뜻을 생각해 볼 수 있는 안목이 길러지며, 이해가 바탕이 된 한자 실력으로 정확하고 풍부한 어휘력을 향상시켜 자유로운 언어생활은 물론, 한자의 어원에 담긴 번뜩이는 아이디어를 익혀 무슨 일을 하더라도 그 분야의 전문가가 되실 것입니다.

아무쪼록 여러분의 한자 학습에 큰 도움이 되었으면 좋겠습니다.

박정서, 박원길 올림

INTRODUCE
한자교육진흥회 한자자격시험

한자자격시험은?

주관 : (사)한자교육진흥회
시행 : 한국한자실력평가원

❶ 공인 민간자격 : 사범, 1급, **2급**, 3급
❷ 등록(비공인) 민간자격 : 준3급, 4급, 준4급, 5급, 준5급, 6급, 7급, 8급

급수	평가 한자수			문항수 및 출제기준						
	계	선정한자	교과서 실용한자어	문항수	주관식비율	주관식 문항수	한자 쓰기	객관식 문항수	문항별 배점	만점(점)
사범	5,000자	5,000자	고전 및 한시	200	75% 이상	150	25	50	2	400
1급	3,500자	3,500자	500단어	150	65% 이상	100	25	50	2	300
2급	2,300자	2,300자	500단어	100	70% 이상	70	25	30	2	200
3급	1,800자	1,300자	500자 (436단어)	100	70% 이상	70	20	30	2	200
준3급	1,350자	1,000자	350자 (305단어)	100	70% 이상	70	20	30	1	100
4급	900자	700자	200자 (156단어)	100	70% 이상	70	20	30	1	100
준4급	700자	500자	200자 (139단어)	100	70% 이상	70	20	30	1	100
5급	450자	300자	150자 (117단어)	100	70%이상	70	20	30	1	100
준5급	250자	150자	100자 (62단어)	100	70% 이상	70	20	30	1	100
6급	170자	70자	100자 (62단어)	80	60% 이상	50	10	30	1.25	100
7급	120자	50자	70자 (43단어)	50	40% 이상	20	–	30	2	100
8급	50자	30자	20자 (13단어)	50	40% 이상	20	–	30	2	100

우대사항

1. 자격기본법 제27조에 의거 국가자격 취득자와 동등한 대우 및 혜택을 받습니다.
2. 경제5단체, 신입사원 채용 때 국가공인 한자자격시험 응시를 권고(3급 응시요건, 3급 이상 가산점)하고 있습니다.
3. 2005학년도 대학수학능력시험부터 '漢文'이 선택과목으로 채택되었습니다.
4. (사)한자교육진흥회가 주관하는 국가공인 자격 취득 시 일부 정부기관, 일부 기업, 일부 대학에서 혜택을 받을 수 있습니다(자세한 사항은 한자교육진흥회 홈페이지 참고).

| 합격기준 득점(%) | 시험시간 | 출제 유형/비율(%) ||||||||||| 합계 |
| | | 급수별 선정한자 ||||| 교과서/실용한자어 ||||| |
		훈음	독음	쓰기	기타	소계	독음	용어 뜻	쓰기	기타	소계	
80% 이상	120분	25	35	25	15	100	–	–	–	–	–	100
70% 이상	80분	15	15	20	15	65	10	10	5	10	35	100
70% 이상	60분	15	15	20	15	65	10	10	5	10	35	100
70% 이상	60분	15	15	20	15	65	15	10	0	10	35	100
70% 이상	60분	15	15	20	15	65	15	10	0	10	35	100
70% 이상	60분	15	15	20	15	65	15	10	0	10	35	100
70% 이상	60분	15	15	20	15	65	15	10	0	10	35	100
70% 이상	60분	15	15	20	15	65	15	10	0	10	35	100
70% 이상	60분	15	15	20	15	65	15	10	0	10	35	100
70% 이상	60분	20	20	10	15	65	15	10	0	10	35	100
70% 이상	60분	25	25	–	15	65	15	10	0	10	35	100
70% 이상	60분	25	25	–	15	65	15	10	0	10	35	100

STRUCTUES
책의 구성 & 학습법

책의 구성

본 교재는 2급 선정한자 2,300자를 공통점이 있는 한자들끼리 묶어 총 360개의 그룹으로 나눈 뒤(001번~360번) '한자 3박자 연상 학습법'에 따라 공부할 수 있도록 구성하였습니다.

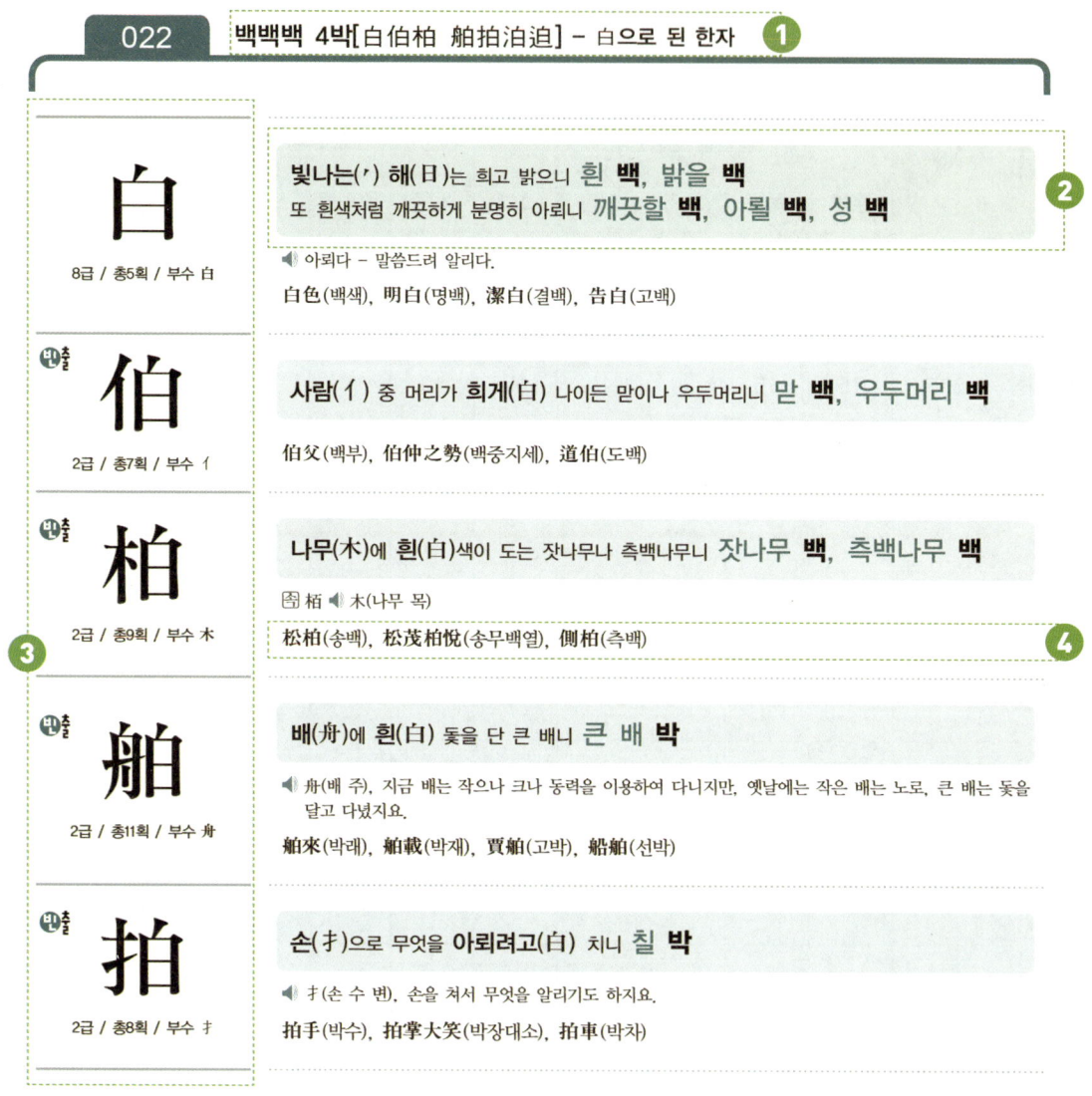

❶ **제목**: 공통 부분으로 된 한자, 연결 고리로 된 한자, 비슷하여 혼동되는 한자 등 서로 관련된 한자들을 모아 묶은 그룹의 제목입니다.

❷ **어원 풀이**: 어원을 철저히 분석하여 원래의 어원에 충실하면서도 가장 쉽게 이해되도록 간단명료하게 풀었습니다. 이 어원을 그대로만 외지 마시고 참고하여 더 나은 어원도 생각해 보며 한자를 익히면 보다 분명하게 익혀집니다.

❸ **기준 한자**: 같은 제목으로 묶인 한자들 중 제일 먼저 나오는 한자는 아래 한자들의 기준이 되는 글자입니다. 어떻게 관련된 글자들이며, 이 기준자의 왼쪽, 오른쪽, 위, 아래 순으로 무엇이 붙어서, 어떤 뜻의 글자가 되었는지 생각하면서 익히세요.

❹ **활용 어휘**: 일상생활이나 교과서에서 자주 사용되는 어휘, 한자자격시험에 자주 출제되는 어휘들을 뽑아 수록하였습니다.

3박자 연상 학습법에 따른 학습법

1박자 학습
첫 번째로 나온 한자는 아래에 나온 한자들의 기준이 되는 '기준 한자'이며, 1박자 학습 시에는 기준 한자부터 오른쪽에 설명되어 있는 생생한 어원과 함께 익힙니다. (또한 선정 급수/총획/부수 등이 표시되어 있으니 이 또한 참고하며 익히세요.)

白
8급 / 총5획 / 부수 白

빛나는(丿) 해(日)는 희고 밝으니 **흰 백, 밝을 백**
또 흰색처럼 깨끗하게 분명히 아뢰니 **깨끗할 백, 아뢸 백, 성 백**

🔊 아뢰다 - 말씀드려 알리다.
白色(백색), 明白(명백), 潔白(결백), 告白(고백)

2박자 학습
기준 한자를 중심으로 연결 고리로 된 다른 한자들(첫 번째 한자 아래에 나온 한자들)을 오른쪽의 생생한 어원과 함께 자연스럽게 연상하며 익힙니다.

伯
2급 / 총7획 / 부수 亻

사람(亻) 중 머리가 희게(白) 나이든 맏이나 우두머리니 **맏 백, 우두머리 백**

伯父(백부), 伯仲之勢(백중지세), 道伯(도백)

柏
2급 / 총9획 / 부수 木

나무(木)에 흰(白)색이 도는 잣나무나 측백나무니 **잣나무 백, 측백나무 백**

囧 栢 🔊 木(나무 목)
松柏(송백), 松茂柏悅(송무백열), 側柏(측백)

舶
2급 / 총11획 / 부수 舟

배(舟)에 흰(白) 돛을 단 큰 배니 **큰 배 박**

🔊 舟(배 주), 지금 배는 작으나 크나 동력을 이용하여 다니지만, 옛날에는 작은 배는 노로, 큰 배는 돛을 달고 다녔지요.
舶來(박래), 舶載(박재), 買舶(고박), 船舶(선박)

拍
2급 / 총8획 / 부수 扌

손(扌)으로 무엇을 아뢰려고(白) 치니 **칠 박**

🔊 扌(손 수 변), 손을 쳐서 무엇을 알리기도 하지요.
拍手(박수), 拍掌大笑(박장대소), 拍車(박차)

3박자 학습
어원을 중심으로 한자들을 자연스럽게 연상하며 익히는 것과 함께, 일상생활과 교과서, 그리고 시험에 자주 출제되는 어휘들을 익히도록 합니다.

INFORMATION
3박자 연상 학습법

어려운 한자, 이렇게 정복하세요.

❶ 어원(語源)으로 풀어 보기

한자에는 비교적 분명한 어원이 있는데, 어원을 모른 채 글자와 뜻만을 억지로 익히니 잘 익혀지지 않고 어렵기만 하지요. 한자의 어원을 생각하는 방법은 아주 간단합니다. 글자를 보았을 때 부수나 독립된 글자로 나눠지지 않으면 그 글자만으로 왜 이런 모양에 이런 뜻의 글자가 나왔는지 생각해 보고, 부수나 독립된 글자로 나눠지면 나눠진 글자들의 뜻을 합쳐 보면 되거든요. 그래도 어원이 생각나지 않을 때는 상상력을 동원하여 나눠진 글자의 앞뒤나 가운데에 말을 넣어 보면 되고요.

고고고고(古姑枯苦) - 오랠 고, 옛 고(古)로 된 한자
많은(十) 사람의 입에 오르내린 말(口)은 이미 오래된 옛날이야기니 **오랠 고, 옛 고(古)**
여자(女)가 오래(古)되면 시어미나 할미니 **시어미 고, 할미 고(姑)**
나무(木)도 오래(古)되면 마르고 죽으니 **마를 고, 죽을 고(枯)**
풀(艹), 즉 나물도 오래(古)되면 쇠어서 쓰니 **쓸 고(苦)**
또 맛이 쓰면 먹기에 괴로우니 **괴로울 고(苦)**

❷ 공통 부분으로 익히기

한자에는 여러 한자가 합쳐져 만들어진 한자가 많고, 부수 말고도 많은 한자에 공통 부분이 있으니 이 공통 부분에 여러 부수를 붙여 보는 방법도 유익합니다.

망망망망맹(亡忘忙妄盲) - 망할 망(亡)으로 된 한자
머리(亠)를 감추어야(乚) 할 정도로 망하여 달아나니 **망할 망, 달아날 망(亡)**
또 망하여 죽으니 **죽을 망(亡)**
망한(亡) 마음(心)처럼 잊으니 **잊을 망(忘)**
마음(忄)이 망할(亡) 정도로 바쁘니 **바쁠 망(忙)**
정신이 망한(亡) 여자(女)처럼 망령되니 **망령될 망(妄)**
망한(亡) 눈(目)처럼 눈먼 시각장애인이니 **눈멀 맹, 시각장애인 맹(盲)**

이 글자들을 찾으려면 잊을 망(忘)과 바쁠 망(忙)은 마음 심(心)부에서, 망령될 망(妄)은 여자 녀(女)부에서, 장님 맹(盲)은 눈 목(目)부에서 찾아야 하고, 서로 연관 없이 따로따로 익혀야 하니 어렵고 비효율적이지요.
그러나 부수가 아니더라도 여러 글자의 공통인 망할 망(亡)을 고정해 놓고, 망한 마음(心)처럼 잊으니 잊을 망(忘), 마음(忄)이 망할 정도로 바쁘니 바쁠 망(忙), 정신이 망한(亡) 여자(女)처럼 망령되니 망령될 망(妄), 망한(亡) 눈(目)처럼 눈먼 시각장애인이니 눈멀 맹, 시각장애인 맹(盲)의 방식으로 이해하면 한 번에 여러 글자를 쉽고도 재미있게 익힐 수 있지요.

❸ 연결 고리로 익히기

한자에는 앞 글자에 조금씩만 붙이면 새로운 뜻의 한자가 계속 만들어져 여러 한자를 하나의 연결 고리로 꿸 수 있는 경우가 많습니다.

도인인인(刀刃忍認)
옛날 칼을 본떠서 **칼 도(刀)**
칼 도(刀)의 날(丿) 부분을 강조하려고 점(丶)을 찍어서 **칼날 인(刃)**
칼날(刃)로 심장(心)을 위협하는 것 같은 상황도 참으니 **참을 인(忍)**
남의 말(言)을 참고(忍) 들어 알고 인정하니 **알 인, 인정할 인(認)**

칼 모양을 본떠서 칼 도(刀), 칼 도(刀)에 점 주(丶)면 칼날 인(刃), 칼날 인(刃)에 마음 심(心)이면 참을 인(忍), 참을 인(忍)에 말씀 언(言)이면 인정할 인(認)이 되지요.

❹ 비슷한 한자 어원으로 구별하기

한자에는 비슷한 한자가 많아서 혼동되는 경우가 많은데 이때에도 어원으로 구분하면 쉽고도 분명하게 구분되어 오래도록 잊히지 않습니다.

1. 분분(粉紛)
쌀(米) 같은 곡식을 나눈(分) 가루니 **가루 분(粉)**
실(糸)을 나누어(分) 놓은 듯 헝클어져 어지러우니 **어지러울 분(紛)**

2. 여노서노(如奴恕怒)
여자(女)의 말(口)은 대부분 부모나 남편의 말과 같으니 **같을 여(如)**
여자(女)의 손(又)처럼 힘들게 일하는 종이니 **종 노(奴)**
예전과 같은(如) 마음(心)으로 용서하니 **용서할 서(恕)**
일이 힘든 종(奴)의 마음(心)처럼 성내니 **성낼 노(怒)**

❺ 그림으로 생각해 보기

글자가 부수나 독립된 글자로 나눠지지 않으면 이 글자는 무엇을 본떠서 만들었는지 생각해 보세요. 본뜬 물건이 있으면 상형(象形)이고, 본뜬 물건이 없고 보이지 않는 무슨 일을 추상하여 만들었으면 지사(指事)로 된 글자지요.
[한자를 만드는 원리인 육서(六書)는 뒤에 나오는 한자의 기초 참고]

1. 상형(象形)으로 된 한자
가지 달린 나무를 본떠서 **나무 목(木)**
높고 낮은 산봉우리를 본떠서 **산 산(山)**

2. 지사(指事)로 된 한자
일정한 기준(一)보다 위로 오르니 **위 상, 오를 상(上)**
일정한 기준(一)보다 아래로 내리니 **아래 하, 내릴 하(下)**

INFORMATION
3박자 연상 학습법

❻ 한 글자에 여러 뜻이 있으면 그 이유를 생각해서 익히기

한자도 처음 만들어질 때는 한 글자에 하나의 뜻이었지만 생각이 커지고 문화가 발달할수록 더 많은 글자가 필요하게 되었어요. 그럴 때마다 새로운 글자를 만든다면 너무 복잡해지니 이미 있던 글자에 다른 뜻을 붙여 쓰게 되었지요. 그러나 아무렇게나 붙여 쓰는 것이 아니고 그런 뜻이 붙게 된 이유가 분명히 있으니 무조건 외는 것보다는 "이 글자는 왜 이런 뜻으로도 쓰일까"를 생각하여 "아~하! 그래서 이 글자에 이런 뜻이 붙었구나!"를 스스로 터득하면서 익히면 훨씬 효과적이지요.

앞 ❶에 나왔던 쓸 고, 괴로울 고(苦)의 경우도 '쓸 고'면 쓸 고지 어찌 '괴로울 고'의 뜻도 될까? 조금만 생각해도 '맛이 쓰면 먹기에 괴로우니 괴로울 고(苦)'가 되었음을 금방 알게 되지요.

❼ 글자마다 반드시 예(例)까지 알아두기

글자를 익히면 반드시 그 글자가 쓰인 예(例)까지, 자주 쓰이는 낱말이나 고사성어 중에서 적절한 예(例)를 골라 익히는 습관을 들이세요. 그러면 "어? 이 글자가 이런 말에도 쓰이네!" 하면서 그 글자를 더 분명히 알 수 있을 뿐더러 그 글자가 쓰인 단어들까지도 정확히 알 수 있으니, 정확하고 풍부한 어휘력(語彙力)을 기를 수 있는 지름길이죠.

단어 풀이도 무조건 의역으로 된 사전식으로 알지 마시고, 먼저 아는 글자를 이용하여 직역(直譯)해 보고 다음에 의역(意譯)해 보는 습관을 들이세요. 그래야 한자 실력도 쑥쑥 늘어나고 단어의 뜻도 분명히 알 수 있거든요.

3박자 연상 학습법

이상 일곱 가지 방법을 종합하여 '3박자 연상 학습법(LAM : Learning for Associative Memories)'을 만들었습니다. '3박자 연상 학습법'이란 어렵고 복잡한 글자를 무조건 통째로 익히지 않고 부수나 독립된 글자로 나누어 ① 머리에 쏙쏙 들어오는 생생한 어원으로, ② 동시에 비슷한 글자들도 익히면서, ③ 그 글자가 쓰인 단어들까지 생각해 보는 방법이지요.

이렇게 외워진 글자를 좀 더 체계적으로 오래 기억하기 위해서 ① 제목을 중심 삼아 외고, ② 그 제목을 보면서 각 글자들은 어떤 공통점과 차이점으로 이루어진 글자들인지 구조와 어원으로 떠올려 보고, ③ 각 글자들이 쓰인 단어들은 무엇인지 생각해 보세요.

그래서 어떤 글자를 보면 그 글자와 관련된 글자들로 이루어진 제목이 떠오르고, 그 제목에서 각 글자들의 어원과 단어들까지 떠올릴 수 있다면 이미 그 글자는 완전히 익히신 것입니다.

기대되는 효과

이런 방식으로 한자를 익히면 복잡하고 어려운 한자에 대하여 자신감을 넘어 큰 재미를 느낄 것이며, '한자 3박자 연상 학습법'이 저절로 익혀져 한자 몇 자 아는 데 그치지 않고 어떤 한자를 보아도 자신 있게 분석해 보고 뜻을 생각해 볼 수 있는 안목도 생길 거예요.

또 일상생활에서 만나는 어려운 단어의 뜻을 막연히 껍데기로만 알지 않고 분명하게 아는 습관이 길러져서, 정확하고 풍부한 어휘력(語彙力)이 길러질 것이고, 정확하고 풍부한 어휘력을 바탕으로 자신(自信) 있는 언어생활(言語生活), 나아가 자신(自信) 있는 사회생활(社會生活)을 하게 될 것이며, 더 나아가 중국어나 일본어도 70% 이상 익힌 셈이 될 것입니다.

STUDY PLAN
30일 완성 학습 플래너

" 진흥회 한자자격시험 2급 단기 완성이 가능할까요? 네! 가능합니다. "

시대에듀의 '진흥회 한자자격시험 2급 한 권으로 끝내기'로 준비한다면 단기간에 고득점을 받을 수 있습니다.

✓ 달성 개수를 채워가며 학습해 봅시다.

날짜	달성	학습 범위	날짜	달성	학습 범위
Day 01	☐	한자의 기초 이론	Day 16	☐	Day 15 복습
	☐	Day 01		☐	Day 16+실용 한자어(15. 과학 용어)
Day 02	☐	Day 01 복습	Day 17	☐	Day 16 복습
	☐	Day 02+실용 한자어(1. 경제 용어)		☐	Day 17+실용 한자어(16. 정보 통신 용어)
Day 03	☐	Day 02 복습	Day 18	☐	Day 17 복습
	☐	Day 03+실용 한자어(2. 경영 용어)		☐	Day 18+실용 한자어(17. 산업 공학 용어)
Day 04	☐	Day 03 복습	Day 19	☐	Day 18 복습
	☐	Day 04+실용 한자어(3. 교육 용어)		☐	Day 19+실용 한자어(18. 의학 용어)
Day 05	☐	Day 04 복습	Day 20	☐	Day 19 복습
	☐	Day 05+실용 한자어(4. 국사 용어)		☐	Day 20+한자성어(가담항설~경천동지)
Day 06	☐	Day 05 복습	Day 21	☐	Day 20 복습
	☐	Day 06+실용 한자어(5. 국제 금융 용어)		☐	Day 21+한자성어(계명구도~구밀복검)
Day 07	☐	Day 06 복습	Day 22	☐	Day 21 복습
	☐	Day 07+실용 한자어(6. 무역 용어)		☐	Day 22+한자성어(군웅할거~대기만성)
Day 08	☐	Day 07 복습	Day 23	☐	Day 22 복습
	☐	Day 08+실용 한자어(7. 유통 물류 용어)		☐	Day 23+한자성어(도청도설~부창부수)
Day 09	☐	Day 08 복습	Day 24	☐	Day 23 복습
	☐	Day 09+실용 한자어(8. 법률 용어)		☐	Day 24+한자성어(부화뇌동~생자필멸)
Day 10	☐	Day 09 복습	Day 25	☐	Day 24 복습
	☐	Day 10+실용 한자어(9. 정치 용어)		☐	Day 25+한자성어(선병자의~여리박빙)
Day 11	☐	Day 10 복습	Day 26	☐	Day 25 복습
	☐	Day 11+실용 한자어(10. 행정 용어)		☐	Day 26+한자성어(여발통치~일촉즉발)
Day 12	☐	Day 11 복습	Day 27	☐	Day 26 복습
	☐	Day 12+실용 한자어(11. 군사 용어)		☐	Day 27+한자성어(일취월장~지은보은)
Day 13	☐	Day 12 복습	Day 28	☐	Day 27 복습
	☐	Day 13+실용 한자어(12. 사회 용어)		☐	Day 28+한자성어(창해일속~함분축원)
Day 14	☐	Day 13 복습	Day 29	☐	Day 28 복습
	☐	Day 14+실용 한자어(13. 시사 용어)		☐	Day 29+한자성어(허장성세~후안무치)
Day 15	☐	Day 14 복습	Day 30	☐	Day 29 복습
	☐	Day 15+실용 한자어(14. 건축 용어)		☐	Day 30+실전모의고사/기출문제

CONTENTS
이 책의 목차

제1편   **한자의 기초 이론**

제1장 한자의 기초 · 3

제2장 부수 익히기 · 7

제2편   **한자 익히기**

2급 선정한자 [DAY 01 ~ DAY 30] · 17

제3편   **실용 한자어 · 한자성어**

제1장 실용 한자어 · 415

제2장 한자성어 · 477

제4편   **최신 기출문제 · 실전 모의고사**

최신 기출문제 5회분 · 491

실전 모의고사 1회분 · 511

정답 및 해설 · 515

부록   **한자 찾아보기**   555

제1편
한자의 기초 이론

제1장   한자의 기초
제2장   부수 익히기

 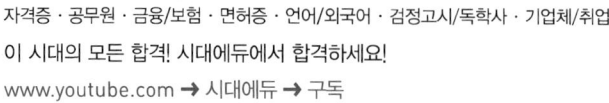 

CHAPTER 01 한자의 기초

1. 육서(六書)

한자는 육서(六書)라는 원리로 만들어졌어요. 그래서 이 육서만 제대로 이해하면 아무리 복잡한 글자라도 쉽게 익힐 수 있습니다.

(1) 상형(象形)

눈에 보이는 구체적인 사물의 모습(形)을 본떠서(象) 만든 그림과 같은 글자.[1]

예 山 (높고 낮은 산봉우리를 본떠서 **산 산**)

(2) 지사(指事)

눈에 안 보이는 개념이나 일(事)을 점이나 선으로 나타낸(指) 부호와 같은 글자.[2]

예 上[일정한 기준(一)보다 위로 오르니 **위 상, 오를 상**]

(3) 회의(會意)

이미 만들어진 둘 이상의 글자가 뜻(意)으로 모여(會) 만들어진 글자, 즉 뜻만 모은 글자.[3]

예 日 + 月 = 明 (해와 달이 같이 있는 듯 밝으니 **밝을 명**)
　　女 + 子 = 好 (여자에게 자식이 있으면 좋으니 **좋을 호**)

(4) 형성(形聲)

이미 만들어진 둘 이상의 글자가 일부는 뜻(形)의 역할로, 일부는 음(聲)의 역할로 결합하여 만들어진 글자, 즉 뜻과 음으로 이루어진 글자.

예 言 + 靑 = 請 [형부(形部)인 말씀 언(言)은 뜻을, 성부(聲部)인 푸를 청(靑)은 음을 나타내어 '**청할 청(請)**'이라는 글자가 나옴][4]

> **TIP**
>
> 1. 형성(形聲)에서 뜻을 담당하는 부분을 형부(形部), 음을 담당하는 부분을 성부(聲部)라고 하는데 실제 한자를 분석해 보면 성부(聲部)가 음만 담당하는 것이 아니라 뜻도 담당하고 있음을 알 수 있지요. 위에서 예로 든 청할 청(請)도 '말(言)을 푸르게(靑), 즉 희망 있게 청하니 청할 청(請)'으로 풀어지네요.
> 2. 그러면 會意와 形聲은 어떻게 구분할까?
>   합해서 새로 만들어진 글자의 독음이 합해진 글자들의 어느 한쪽과 같으면 형성(形聲), 같지 않으면 회의(會意)로 구분하세요.

(5) 전주(轉注)

이미 있는 글자의 뜻을 유추, 확대하여 다른 뜻으로 굴리고(轉) 끌어내어(注) 쓰는 글자.[5] 한 글자에 여러 뜻이 있는 것은 모두 전주(轉注) 때문입니다.

예 樂 (원래 '**풍류 악**'이었으나 풍류는 누구나 즐기니 '**즐길 락**', 풍류는 누구나 좋아하니 '**좋아할 요**'로 의미가 확장됨)

---

1) 象(코끼리 상, 모양 상, 본뜰 상), 形(모양 형)
2) 指(가리킬 지), 事(일 사, 섬길 사)
3) 會(모일 회), 意(뜻 의)
4) 形(모습 형), 聲(소리 성), 部(나눌 부, 거느릴 부)
5) 轉(구를 전), 注(물댈 주, 쏟을 주)

(6) **가차(假借)**

본래의 뜻과는 상관없이 비슷한 음의 글자를 임시로(假) 빌려(借) 외래어를 표기하는 글자.[6] 가차에는 아시아[亞細亞], 러시아[俄羅斯]처럼 비슷한 음의 한자를 빌려다 표현하는 경우와, 미국(美國), 영국(英國)처럼 새로 이름 지어 부르는 경우가 있지요.

> **정리**
>
> **상형(象形)·지사(指事)**는 맨 처음에 만들어져 더 이상 쪼갤 수 없는 기본자로, 象形은 눈에 보이는 것을 본떠서 만든 글자, 指事는 눈에 안 보이는 것을 지시하여 만든 글자고, **회의(會意)·형성(形聲)**은 이미 만들어진 글자를 둘 이상 합하여 새로운 뜻의 글자를 만든 합성자로, 會意는 뜻으로, 形聲은 뜻과 음으로 합쳐진 글자며(실제로는 형성자도 뜻으로 합쳐서 만듦), **전주(轉注)·가차(假借)**는 이미 있는 글자를 다른 용도로 사용하는 운용자로, 轉注는 한 글자를 여러 뜻으로, 假借는 음만 빌려 외래어를 표기하는 경우를 말하지요.

> **한자를 익힐 때는**
>
> 글자를 부수나 독립되어 쓰이는 글자로 나눠서 나눠지지 않으면 상형(象形)이나 지사(指事)로 된 글자니, 무엇을 본떠서 만들었는지 생각하여 본뜬 물건이 나오면 象形이고, 본뜬 물건이 나오지 않으면 무엇을 지시하여 만든 指事로 알면 되고, 부수나 독립되어 쓰이는 글자로 나눠지면 회의(會意)와 형성(形聲)으로 된 글자니, 나눠서 그 뜻을 합쳐보면 그 글자의 뜻을 알 수 있고, 한 글자가 여러 뜻으로 쓰이는 전주(轉注)도 아무렇게나 붙여 쓰는 것이 아니고 그런 뜻이 붙게 된 이유가 분명히 있으니 무조건 외는 시간에 '어찌 이 글자에 이런 뜻도 있을까?'를 생각하면 그 이유가 생각나고 이렇게 이유를 생각하여 글자를 익히면 절대 잊히지 않지요. 그리고 뜻과는 상관없이 음만 빌려 외래어를 표시했으면 가차(假借)고요.

2. 부수의 명칭

부수는 한자를 만드는 기본 글자들로, 그 부수가 붙어서 만들어진 글자의 뜻을 짐작하게 하고, 옥편에서 모르는 한자를 찾을 때 길잡이 역할도 합니다. 부수의 명칭은 놓이는 위치에 따라 다음 일곱 가지로 구분되니 명칭만은 알아두세요.

(1) **머리·두(頭)** : 글자의 머리 부분에 위치한 부수. * 頭(머리 두)

> 머리
> ㅗ(머리 부분 두) → 交(사귈 교), 亦(또 역)
> ++[풀 초(草)가 부수로 쓰일 때의 모양으로 '초 두'라 부름] → 花(꽃 화)

(2) **발** : 글자의 발 부분에 위치한 부수.

> 儿[사람 인(人)이 발로 쓰일 때의 모양으로 '사람 인 발'이라 부름] → 元(으뜸 원)
> 灬[불 화(火)가 발로 쓰일 때의 모양으로 '불 화 발'이라 부름] → 無(없을 무)
> 발

(3) **에운담** : 글자를 에워싸고 있는 부수.

> 에운담
> 囗(에운담) → 囚(죄인 수), 固(굳을 고)
> * 門(문 문), 行(다닐 행)도 에운담 형태이지만 이 글자는 부수로 뿐만 아니라 홀로 독립하여 쓰이는 제부수로 봄.

(4) **변(邊)** : 글자의 왼쪽 부분에 위치한 부수. * 邊(가 변)

> 변
> 亻[사람 인(人)이 변으로 쓰일 때의 모양으로 '사람 인 변'이라 부름] → 仙(신선 선)
> 扌[손 수(手)가 변으로 쓰일 때의 모양으로 '손 수 변'이라 부름] → 打(칠 타)

---

[6] 假(거짓 가, 임시 가), 借(빌릴 차)

(5) 방(傍) : 글자의 오른쪽 부분에 위치한 부수. * 傍(곁 방)

|방| 刂[칼 도(刀)가 방으로 쓰일 때의 모양으로 '칼 도 방'이라 부름] → 刊(책 펴낼 간)
阝[고을 읍(邑)이 방으로 쓰일 때의 모양으로 '고을 읍 방'이라 부름] → 郡(고을 군)

(6) 엄(掩) : 글자의 위와 왼쪽을 가리고 있는 부수. * 掩(가릴 엄)

|엄| 广(집 엄) → 床(평상 상), 庭(뜰 정), 座(좌석 좌)
厂(굴 바위 엄) → 厚(두터울 후), 原(근원 원)

(7) 받침 : 글자의 왼쪽과 밑을 받치고 있는 부수.

|받침| 辶('갈 착, 뛸 착'으로 '착받침'이라고도 함) → 道(길 도, 도리 도, 말할 도)
廴('길게 걸을 인'으로 '민착받침'이라고도 함) → 建(세울 건), 延(끌 연)

> **TIP**
>
> **제부수**
> 부수로만 쓰이는 글자(부수자)들과 달리 '木(나무 목), 馬(말 마), 鳥(새 조)'처럼 부수로도 쓰이고 홀로 독립하여 쓰이기도 하는 글자들을 이르는 말.

> **정리**
>
> 부수가 글자의 머리 부분에 붙으면 **머리 · 두**, 발 부분에 붙으면 **발**, 에워싸고 있으면 **에운담**, 왼쪽에 붙으면 **변**, 오른쪽에 붙으면 **방**('좌변우방'으로 외세요), 위와 왼쪽을 가리면 **엄**, 왼쪽과 아래를 받치면 **받침**, 부수로도 쓰이고 독립되어 쓰이기도 하면 **제부수**로 아세요.

3. 한자의 필순

(1) 기본 순서

① 왼쪽부터 오른쪽으로 쓴다.
  예 川(丿 刂 川), 外(' ク タ 夘 外)

② 위에서 아래로 쓴다.
  예 三(一 二 三), 言(一 二 三 三 言 言 言)

(2) 응용 순서

① 가로획과 세로획이 교차될 때는 가로획을 먼저 쓴다.
  예 十(一 十), 土(一 十 土)

② 좌 · 우 대칭을 이루는 글자는 가운데를 먼저 쓰고 좌 · 우의 순서로 쓴다.
  예 小(亅 小 小), 水(亅 才 才 水)

③ 에운담과 안으로 된 글자는 에운담부터 쓴다.
  예 同(丨 冂 冂 冋 同 同), 用(丿 冂 冂 月 用), 固(丨 冂 冂 冃 固 固 固 固)

④ 가운데를 꿰뚫는 획은 맨 나중에 쓴다.
  예 中(丨 冂 口 中), 平(一 匚 丆 卂 平), 事(一 亓 亓 亘 亘 事 事)

⑤ 허리를 끊는 획은 맨 나중에 쓴다.
  예 子(丁 了 子), 女(〈 女 女)

⑥ 삐침과 파임이 만날 때는 삐침을 먼저 쓴다.
　예 人(丿人), 文(丶一ナ文), 交(丶一ナ六亠交)

⑦ 오른쪽 위의 점은 맨 나중에 찍는다.
　예 犬(一ナ大犬), 代(丿亻仁代代), 成(丿厂厂厅成成)

⑧ 뒤에서 아래로 에워싼 획은 먼저 쓴다.
　예 刀(丁刀), 力(丁力)

⑨ 받침으로 쓰이는 글자는 다음 두 가지로 구분한다.
　㉠ 달릴 주(走)나 면할 면(免)은 먼저 쓴다.
　　예 起(一十土キ丰丰走起起起), 勉(丿⺈⺈⺈⺈免免勉)

　㉡ 뛸 착, 갈 착(辶)이나 길게 걸을 인(廴)은 맨 나중에 쓴다.
　　예 近(一厂厂斤斤沂近近), 廷(一二千壬壬廷廷)

CHAPTER 02 | 부수 익히기

부수는 214자가 있는데 〈한자 익히기〉에서 필요할 때마다 익히기로 하고 여기서는 많이 쓰이는 부수 위주로, 한 글자가 여러 모습으로 쓰이는 경우와 비슷하여 혼동되는 부수를 한 항목에 넣어 알기 쉽게 풀어봅니다.

1. 인인인(人 亻 儿)

(1) 다리 벌리고 서있는 사람을 본떠서 **사람 인(人)**

(2) 사람 인(人)이 글자의 변으로 쓰일 때의 모양으로 **사람 인 변(亻)**

(3) 사람 인(人)이 글자의 발로 쓰일 때의 모양으로 **사람 인 발(儿)**
또 사람이 무릎 꿇고 절하는 모양에서 겸손하고 어진 마음을 지녔다고 생각하여 **어진 사람 인(儿)**

> **부수자를 독음으로 옥편에서 찾을 때**
> 부수는 원 글자 그대로, 또는 다른 모습으로 변하여 사용되고, 명칭도 앞에서 설명한 대로 '머리·변·발' 등을 붙여 말하니 독음으로 옥편에서 찾을 때 부수 명이 원 글자의 독음과 다르면 원 글자의 독음으로 찾아야 합니다.
> 여기서 '사람 인 변'과 '사람 인 발'은 부수 명이므로 옥편을 찾으려면 원 글자 '사람 인(人)'의 독음 '인'에서 찾아야 하기 때문에 제목을 '인인인(人 亻 儿)'으로 붙였어요. 뒤에 나오는 제목도 다 이런 식입니다.

2. 심심심(心 忄 㣺)

(1) 마음이 가슴에 있다고 생각하여 사람의 심장을 본떠서 **마음 심(心)**
또 심장이 있는 몸의 중심이니 **중심 심(心)**

(2) 마음 심(心)이 글자의 변으로 쓰일 때의 모양으로 **마음 심 변(忄)**

(3) 마음 심(心)이 글자의 발로 쓰일 때의 모양으로 **마음 심 발(㣺)**
◁ 마음 심(心) 그대로 발로 쓰일 때도 있어요.

3. 도도비비(刀 刂 匕 比)

(1) 옛날 칼을 본떠서 **칼 도(刀)**

(2) 칼 도(刀)가 글자의 방으로 쓰일 때의 모양으로 **칼 도 방(刂)**

(3) 비수를 본떠서 **비수 비(匕)**
또 비수처럼 입에 찔러 먹는 숟가락이니 **숟가락 비(匕)**
◁ 비수(匕首) - 짧고 날카로운 칼.

(4) 두 사람이 나란히 앉은 모습을 본떠서 **나란할 비(比)**
또 나란히 앉혀놓고 견주니 **견줄 비(比)**

4. 수빙수수빙(水 氷 氺 氵 冫)

(1) 잠겨있는 물에 물결이 이는 모양을 본떠서 **물 수(水)**

(2) 한 덩어리(丶)로 물(水)이 얼어붙은 얼음이니 **얼음 빙(氷)**

(3) 물 수(水)가 글자의 발로 쓰일 때의 모양으로 **물 수 발(氺)**

(4) 물 수(水)가 글자의 변으로 쓰일 때의 모양으로, 점이 셋이니 **삼 수 변(氵)**

(5) 얼음 빙(氷)이 글자의 변으로 쓰일 때의 모양으로, 점이 둘이니 **이 수 변(冫)**
◀) 물(氵)이 얼면 한 덩어리인데 두 점으로 쓴 것은 글자의 균형을 잡기 위해서지요.

5. 화화주(火 灬 丶)

(1) 불이 활활 타는 모양을 본떠서 **불 화(火)**

(2) 불 화(火)가 글자의 발로 쓰일 때의 모양으로 **불 화 발(灬)**

(3) 점의 모양을 본떠서 **점 주(丶)**
또 불이 타면서 튀는 불똥의 모양으로도 봐서 **불똥 주(丶)**

6. 엄엄녁(厂 广 疒)

(1) 언덕에 바위가 튀어 나와 그 밑이 굴처럼 생긴 굴 바위 모양을 본떠서 **굴 바위 엄, 언덕 엄(厂)**

(2) 굴 바위 엄, 언덕 엄(厂) 위에 점(丶)을 찍어, 언덕이나 바위를 지붕 삼아 지은 바위 집 모양을 나타내어 **집 엄(广)**

(3) 머리 부분(亠)을 나무 조각(丬)에 기대야 할 정도로 병드니 **병들 녁(疒)**
◀) 丬[나무 조각 장(爿)의 약자], 亠(머리 부분 두)

7. 척인착삼(彳 廴 辶 彡)

(1) 사거리를 본떠서 만든 다닐 행(行)의 왼쪽 부분으로 **조금 걸을 척(彳)**

(2) 구불구불한 길을 다리를 끌며 길게 걷는다는 데서 조금 걸을 척(彳)의 내리그은 획을 더 늘여서 **길게 걸을 인(廴)**

(3) 길게 걸을 인(廴)에 점(丶)을 찍어 가거나 뛴다는 뜻을 나타내어 **갈 착, 뛸 착(辶, = 辶)**
◀) '책받침'이라고도 부르는데, 원래는 '쉬엄쉬엄 갈 착(辵)'이 부수로 쓰일 때의 모양이니 '착받침'을 잘못 부르는 말이지요.
◀) 위에 점이 둘이면 아래를 한 번 구부리고, 위에 점이 하나면 아래를 두 번 구부립니다.

(4) 머리털이 가지런히 나있는 모양을 본떠서 **터럭 삼(彡)**

8. 철(초)초초입공(屮 艸 ⺾ 卄 廾)

(1) 풀의 싹이 돋아 나오는 모양을 본떠서 **싹 날 철, 풀 초(屮)**

(2) 풀은 하나만 나지 않고 여러 개가 같이 나니 싹 날 철, 풀 초(屮) 두 개를 이어서 **풀 초(艸)**
  ◀ 지금은 글자로는 '풀 초(草)'로, 부수로는 변형된 모양의 '초 두(⺾)'로 씁니다.

(3) 풀 초(艸, = 草)가 부수로 쓰일 때의 모양으로, 주로 글자의 머리에 쓰이므로 머리 두(頭)를 붙여 **초 두(⺾)**

(4) 열 십(十) 둘을 합쳐서 **스물 입(卄, = 廿)**
  ◀ 아래를 막아 써도 같은 뜻입니다.

(5) 두 손으로 받쳐 든 모양을 본떠서 **받쳐 들 공(廾)**

9. 곤궐별을을(丨 亅 丿 乙 乚)

(1) 위에서 아래를 뚫는 모양을 본떠서 **뚫을 곤(丨)**

(2) 구부러진 갈고리 모양을 본떠서 **갈고리 궐(亅)**

(3) 우측 위에서 좌측 아래로 삐친 모양을 본떠서 **삐침 별(丿)**

(4) 목과 가슴 사이가 굽은 새 모양을 본떠서 **새 을, 굽을 을(乙)**

(5) 새 을(乙)의 변형된 모양으로 **새 을, 굽을 을(乚)**
  ◀ 갈고리 궐(亅)과 새 을(乙)의 변형인 을(乚)은 갈고리의 구부러진 방향으로 구분하세요.

10. 감경방혜[凵 冂 匚 匸(⼕)]

(1) 입을 벌리고 있는 모양, 또는 빈 그릇을 본떠서 **입 벌릴 감, 그릇 감(凵)**

(2) 멀리 떨어져 있는 성의 모양을 본떠서 **멀 경, 성 경(冂)**
  ◀ 좌우 두 획은 문의 기둥이고 가로획은 빗장을 그린 것이지요.

(3) 네모난 상자나 모난 그릇의 모양을 본떠서 **상자 방(匚)**

(4) 뚜껑을 덮어 감춘다는 데서 뚜껑을 덮은 상자 모양을 본떠서 **감출 혜, 덮을 혜(匸, = ⼕)**
  ◀ 상자 방(匚)은 모나게 쓴 글자고, 감출 혜, 덮을 혜(匸, = ⼕)는 모나지 않은 것으로 구분하세요.

11. 사요사현(厶 幺 糸 玄)

(1) 사사로이 팔로 나에게 끌어당기는 모양에서 **사사 사, 나 사(厶)**

(2) 갓 태어난 아기 모양을 본떠서 **작을 요, 어릴 요(幺)**
  ◀ 실 사(糸)의 일부분이니 작다는 데서 '작을 요(幺)'라고도 합니다.

(3) 실을 감아 놓은 실타래 모양에서 **실 사, 실 사 변(糸)**

(4) 머리(亠) 아래 작은(幺) 것이 검고 오묘하니 **검을 현, 오묘할 현(玄)**

12. 부부읍읍(阜 阝 邑 阝)

(1) 흙이 쌓여 있는 언덕을 본떠서 **언덕 부(阜)**

(2) 언덕 부(阜)가 글자의 변으로 쓰일 때의 모양으로 **언덕 부 변(阝)**

(3) 일정한 경계(口)의 땅(巴 : 뱀 파, 땅 이름 파)에 사람이 사는 고을이니 **고을 읍(邑)**

(4) 고을 읍(邑)이 글자의 방으로 쓰일 때의 모양으로 **고을 읍 방(阝)**
    🔊 阝는 글자의 어느 쪽에 쓰이느냐에 따라 그 뜻과 명칭이 달라집니다.
    阝가 글자의 왼쪽에 쓰이면 언덕 부(阜)가 부수로 쓰인 경우로 '언덕 부 변',
    오른쪽에 쓰이면 고을 읍(邑)이 부수로 쓰인 경우로 '고을 읍 방'이라 부르지요.

13. 촌수견(寸 扌 犭)

(1) 손목에서 맥박이 뛰는 곳까지를 가리켜서 **마디 촌(寸)**
    또 마디마디 자세히 살피는 법도니 **법도 촌(寸)**

(2) 손 수, 재주 수, 재주 있는 사람 수(手)가 글자의 변으로 쓰일 때의 모양으로 **손 수 변(扌)**

(3) 개 견(犬)이 부수로 쓰일 때의 모양으로 **큰 개 견(犭)**
    또 여러 짐승을 나타낼 때도 쓰이는 부수니 **개 사슴 록 변(犭)**

14. 패견(현)혈수(貝 見 頁 首)

(1) 조개를 본떠서 **조개 패(貝)**
    또 인쇄술이 발달하기 전에는 조개껍질을 돈 같은 재물로 썼으니,
    돈과 재물을 뜻하는 부수로도 쓰여 **재물 패(貝)**

(2) 눈(目)으로 사람(儿)이 보거나 뵈니 **볼 견, 뵐 현(見)**

(3) 머리(一)에서 이마(丿)와 눈(目)이 있는 얼굴 아래 목(八)까지의 모양을 본떠서 **머리 혈(頁)**

(4) 머리털(亠) 아래 이마(丿)와 눈(目)이 있는 머리니 **머리 수(首)**
    또 머리처럼 위에 있는 우두머리니 **우두머리 수(首)**

15. 시시의의(示 礻 衣 衤)

(1) 하늘 땅(二)에 작은(小) 기미가 보이니 **보일 시(示)**
    또 이렇게 기미를 보이는 신이니 **신 시(示)**
    🔊 부수로 쓰이면 신, 제사 등과 신이 내려주는 인간의 길흉화복 등을 의미합니다.

(2) 보일 시, 신 시(示)가 글자의 변으로 쓰일 때의 모양으로 **보일 시 변(礻)**

(3) 동정과 옷고름이 있는 저고리를 본떠서 **옷 의(衣)**

(4) 옷 의(衣)가 글자의 변으로 쓰일 때의 모습으로 **옷 의 변(衤)**

　　🔊 보일 시 변(礻)과 옷 의 변(衤)은 비슷하지만 전혀 다른 뜻이니 잘 구분하세요.

16. 시호호로(尸 戶 虍 耂)

(1) 사람이 누워 있는 모습을 본떠서 **주검 시, 몸 시(尸)**

　　🔊 사람이나 집과 관련된 글자에 쓰입니다.

(2) 한 짝으로 된 문을 본떠서 **문 호(戶)**
　　또 옛날 집들은 대부분 문이 한 짝씩 달린 집이었으니 **집 호(戶)**

　　🔊 두 짝으로 된 문은 '문 문(門)'

(3) 입을 크게 벌리고 서 있는 범을 본떠서 **범 호 엄(虍)**

(4) 늙을 로(老)가 부수로 쓰일 때의 모양으로, 흙(土)에 지팡이(丿)를 짚으며 걸어야 할 정도로 늙으니 **늙을 로 엄(耂)**

　　🔊 老 - 흙(土)에 지팡이(丿)를 비수(匕)처럼 꽂으며 걸어야 할 정도로 늙으니 '늙을 로'

17. 두면멱혈(亠 宀 冖 穴)

(1) 옛날 갓을 쓸 때 상투를 튼 머리 부분을 본떠서 **머리 부분 두(亠)**

(2) 지붕으로 덮여 있는 집을 본떠서 **집 면(宀)**

(3) 보자기로 덮은 모양을 본떠서 **덮을 멱(冖)**

(4) 오래된 집(宀)에 나누어진(八) 구멍이니 **구멍 혈(穴)**
　　또 구멍이 길게 파인 굴이니 **굴 혈(穴)**

18. 장편알(사)[爿 片 歹(歺)]

(1) 나무를 세로로 나눈 왼쪽 조각을 본떠서 **나무 조각 장(爿)**

(2) 나무를 세로로 나눈 오른쪽 조각을 본떠서 **조각 편(片)**

(3) 사람이 죽어 뼈만 앙상하게 남은 모습을 본떠서 **뼈 앙상할 알, 죽을 사 변(歹, = 歺)**

19. 궤수(几 殳)

(1) 안석이나 책상의 모양을 본떠서 **안석 궤, 책상 궤(几)**

　　🔊 안석 - 앉을 때 몸을 기대는 도구.

(2) 안석(几) 같은 것을 손(又)에 들고 치니 **칠 수(殳)**
　　또 들고 치는 창이나 몽둥이니 **창 수, 몽둥이 수(殳)**

20. 지복쇠(치)[支 攴(攵) 夂]

(1) 많은(十) 것을 손(又)으로 잡아 다루고 가르니 **다룰 지, 가를 지(支)**
   🔊 十(열 십, 많을 십), 又(오른손 우, 또 우)

(2) 점(卜 : 점 복)칠 때 오른손(又)에 회초리를 들고 툭툭 치니 **칠 복(攴)**
   🔊 이리(丿) 저리(一) 엇갈리게(乂) 친다는 데서 '칠 복(攵)'과 같이 쓰입니다.

(3) 두 정강이(丆)를 뒤에서 밀며 천천히 걷는 모습을 본떠서 **천천히 걸을 쇠, 뒤져 올 치(夂)**
   🔊 칠 복(攴, = 攵)은 4획, 천천히 걸을 쇠, 뒤져 올 치(夂)는 3획입니다.

21. 예부효발(乂 父 爻 癶)

(1) 이리저리 베어 다스리는 모습이 어지니 **벨 예, 다스릴 예, 어질 예(乂)**

(2) 사람이 알아야 할 것을 조목조목 나누어(八) 어질게(乂) 가르치는 아비니 **아비 부(父)**
   🔊 (八 : 여덟 팔, 나눌 팔)

(3) 서로 교차하여 사귐을 뜻하여 **사귈 효(爻)**
   또 사귀며 좋은 점을 본받으니 **본받을 효(爻)**

(4) 발을 좌우로 벌리고 걸어가는 모습을 본떠서 **걸을 발, 등질 발(癶)**

22. 목망명혈[目 网(罓, 罒) 皿 血]

(1) 둥글고 눈동자 있는 눈을 본떠서 **눈 목(目)**

(2) 양쪽 기둥에 그물을 얽어 맨 모양을 본떠서 **그물 망(网, = 罓, 罒)**

(3) 받침 있는 그릇을 본떠서 **그릇 명(皿)**

(4) 고사지낼 때 희생된 짐승의 피(丿)를 그릇(皿)에 담아 놓은 모양으로 **피 혈(血)**

23. 익과(弋 戈)

(1) 주살을 본떠서 **주살 익(弋)**
   🔊 주살 – 줄을 매어 쏘는 화살. 원래 '줄살'에서 ㄹ이 빠져 이루어진 말.

(2) 몸체가 구부러지고 손잡이 있는 창을 본떠서 **창 과(戈)**

24. 자구(自 臼)

(1) (얼굴이 자기를 대표하니) 얼굴에서 잘 드러나는 이마(丿)와 눈(目)을 본떠서 **자기 자(自)**
   또 자기 일은 스스로 해야 하니 **스스로 자(自)**
   또 모든 것은 자기로부터 비롯되니 **부터 자(自)**

(2) 곡물을 찧을 때 사용하는 절구를 본떠서 **절구 구(臼)**

25. 천천(川 巛)

(1) 물이 굽이굽이 흐르는 내를 본떠서 **내 천(川)**

(2) 내 천(川)이 부수로 쓰일 때의 모양으로 개미허리 같다하여 **개미허리 천(巛)**

26. 시치(豕 豸)

(1) 일(一)은 등이고 나머지는 머리와 다리와 꼬리로, 서 있는 돼지 모양을 본떠서 **돼지 시(豕)**

(2) 사나운 짐승이 먹이를 잡기 위해 몸을 웅크리고 있는 모양을 본떠서 **사나운 짐승 치(豸)**
또 지렁이 같은 발 없는 벌레의 총칭으로 **발 없는 벌레 치(豸)**

27. 유아력(격)(宀 襾 鬲)

(1) 성(冂)처럼 사사로이(厶) 남긴 발자국을 본떠서 **발자국 유(宀)**
　🔊 冂(멀 경, 성 경), 厶(사사 사, 나 사)

(2) 뚜껑(丆)을 덮으니(冂) **덮을 아(襾)**
　🔊 丆(뚜껑의 모양), 冂('멀 경, 성 경'이지만 여기서는 덮은 모양으로 봄)

(3) 하나(一)의 구멍(口)이 성(冂)처럼 패이고(八) 아래를 막은(丁) 솥의 모양에서 **솥 력, 막을 격(鬲)**
　🔊 口(입 구, 구멍 구, 말할 구), 八(여덟 팔, 나눌 팔)

往者不可諫, 來者猶可追.
"지나간 일은 되돌릴 수 없으나,
다가올 일은 결정할 수 있다."
- ≪논어≫, 〈미자(微子)〉 -

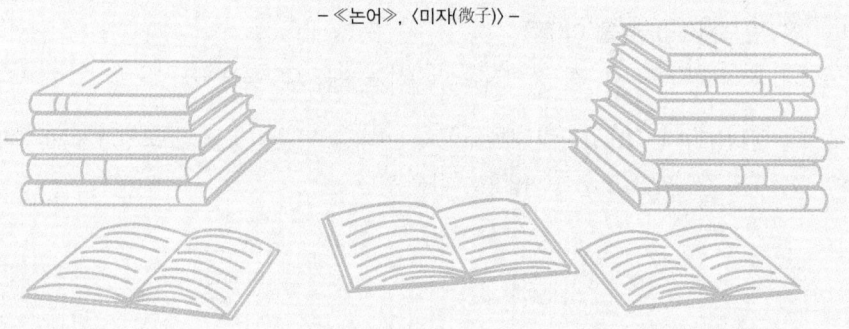

제2편
한자 익히기

2급 선정한자[DAY 01 ~ DAY 30]

 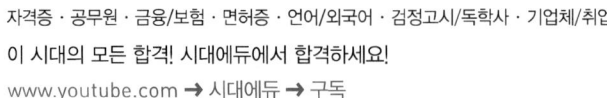 

Day 01 | 001 ~ 012

001　일왈 목차월[日曰 目且月] - 日, 曰과 비슷한 한자

8급 / 총4획 / 부수 日

해의 둥근 모양과 가운데 흑점을 본떠서 **해 일**
또 해가 뜨고 짐으로 구분하는 날이니 **날 일**

🔊 종이가 없던 옛날에는 바위나 나무, 뼈 등 딱딱한 것에 글자를 새겼기 때문에 둥글게 새기기가 어려워 둥근 것을 본떠서 만든 한자도 네모랍니다.

日光(일광), 日蝕(일식), 今日(금일), 明日(명일)

준3급 / 총4획 / 부수 曰

입(口)으로 소리(一) 내며 가로니 **가로 왈, 말할 왈**

🔊 가로다 - '말하다'를 예스럽게 이르는 말.
🔊 세로로 길면 해 일, 날 일(日), 가로로 길면 가로 왈(曰) - 해처럼 둥근 것은 어디로 길쭉해도 되지만 입은 가로로 길쭉하기 때문에 이렇게 만들었지요.

曰可曰否(왈가왈부), 曰是曰非(왈시왈비)

7급 / 총5획 / 부수 目

둥글고 눈동자 있는 눈을 본떠서 **눈 목**
또 눈으로 보니 **볼 목**
또 눈으로 잘 볼 수 있게 만든 항목이니 **항목 목**

🔊 항목(項目) - 하나의 일을 구성하고 있는 낱낱의 부분이나 갈래. *項(목 항)

目前(목전), 注目(주목), 目錄(목록), 條目(조목)

준3급 / 총5획 / 부수 一

그릇(一)에 음식을 또 또 쌓아 올린 모양을 본떠서 **또 차**
또 또 구해야 할 정도로 구차하니 **구차할 차**

🔊 一('한 일'이지만 여기서는 그릇으로 봄)

重且大(중차대), 況且(황차), 苟且(구차)

8급 / 총4획 / 부수 月

초승달을 본떠서 **달 월**
또 고기 육(肉)이 부수로 쓰일 때의 모양으로 **육 달 월**

🔊 달은 둥글 때보다 이지러진 모양으로 더 많이 보이니 초승달의 모양을 본떠서 '달 월(月)'이지요. 또 고기 육(肉)이 글자의 왼쪽에 붙는 부수인 변으로 쓰일 때의 모습으로 '달 월'과 구분하여 '육 달 월'이라 부릅니다.

半月(반월), 明月(명월), 月刊(월간), 月貰(월세)

002 석 다이치 명명[夕 多移侈 名銘] - 夕과 多, 名으로 된 한자

夕
6급 / 총3획 / 부수 夕

초승달(月) 일부가 구름에 가려져 있는 모양을 본떠서 **저녁 석**

🔊 어두워지는 저녁에 보이는 것은 초승달뿐이니 초승달의 일부가 구름에 가려져 있음을 본떠서 '저녁 석(夕)'을 만든 것이죠.

夕刊(석간), 夕陽(석양), 朝不慮夕(조불려석), 朝夕(조석)

多
5급 / 총6획 / 부수 夕

(세월이 빨라) 저녁(夕)과 저녁(夕)이 거듭되어 많으니 **많을 다**

多讀(다독), 多多益善(다다익선), 多福(다복), 多數(다수)

移

4급 / 총11획 / 부수 禾

못자리의 벼(禾)가 많이(多) 자라면 옮겨 심듯 옮기니 **옮길 이**

🔊 禾(벼 화), 벼는 일단 못자리에 씨앗을 뿌렸다가 어느 정도 자라면 논에 옮겨 심지요.

移記(이기), 移動(이동), 移徙(이사), 移越(이월)

侈

2급 / 총8획 / 부수 亻

사람(亻)이 많이(多) 꾸며 사치하니 **사치할 치**

🔊 亻: 사람 인(人)이 글자의 왼쪽에 붙는 부수인 변으로 쓰일 때의 모습으로 '사람 인 변'

奢侈(사치), 侈習(치습), 侈心(치심)

名
6급 / 총6획 / 부수 口

저녁(夕)에 보이지 않아 입(口)으로 부르던 이름이니 **이름 명**

또 이름이 알려지도록 이름나니 **이름날 명**

🔊 口(입 구, 구멍 구, 말할 구), 이름은 원래 눈에 보이지 않는 어두운 저녁에 소리 내어 부르는 말이었답니다.

改名(개명), 姓名(성명), 名家(명가), 名品(명품)

銘
3급 / 총14획 / 부수 金

쇠(金)로 이름(名)을 새기니 **새길 명**

🔊 金(쇠 금, 금 금, 돈 금, 성 김)

銘心(명심), 感銘(감명), 碑銘(비명), 座右銘(좌우명)

003 조조조의사[組祖租宜査] - 且로 된 한자

組
3급 / 총11획 / 부수 糸

실(糸)을 겹치고 또(且) 겹쳐 짜니 **짤 조**

🔊 糸(실 사, 실 사 변), 且(또 차, 구차할 차)

組立(조립), 組成(조성), 組織(조직), 勞組(노조)

준5급 / 총10획 / 부수 示

보면(示) 또(且) 절해야 하는 할아버지니 **할아버지 조**

또 할아버지 위로 대대의 조상이니 **조상 조**

🔊 示(보일 시, 신 시)

祖父(조부), 曾祖父(증조부), 祖孫(조손), 元祖(원조)

3급 / 총10획 / 부수 禾

벼(禾)로 또(且) 세금을 내니 **세금 조, 세낼 조**

🔊 禾(벼 화), 옛날에는 세금을 벼로 냈지요.
한자가 만들어진 시대에는 주로 농사를 지었기에 농사와 관련된 한자가 많습니다.

租貢(조공), 租稅(조세), 租借(조차)

3급 / 총8획 / 부수 宀

집(宀)처럼 또(且)한 생활하기에 마땅하니 **마땅할 의**

🔊 宀 : 지붕을 본떠서 만든 부수자로 '집 면'

宜當(의당), 時宜(시의), 便宜(편의)

查

준3급 / 총9획 / 부수 木

나무(木)까지 또(且) 조사하니 **조사할 사**

🔊 木(나무 목)

監査(감사), 檢査(검사), 踏査(답사), 審査(심사)

---

004 창창 미간 모모[昌唱 眉看 冒帽] - 昌, 目, 冒로 된 한자

준3급 / 총8획 / 부수 日

해(日)처럼 밝게 분명히 말하면(曰) 빛나니 **빛날 창**

🔊 태도가 분명한 사람이 빛나고 좋지요.
창성(昌盛)하다 – 기세가 크게 일어나 잘 뻗어 나가다.

昌昌(창창), 昌大(창대), 昌盛(창성), 繁昌(번창)

4급 / 총11획 / 부수 口

입(口)으로 빛나게(昌) 노래 부르니 **노래 부를 창**

🔊 口(입 구, 구멍 구, 말할 구)

唱歌(창가), 名唱(명창), 齊唱(제창), 合唱(합창)

2급 / 총9획 / 부수 目

눈썹(尸)이 눈(目) 위에 있음을 본떠서 **눈썹 미**

眉間(미간), 白眉(백미), 蛾眉(아미), 焦眉(초미)

4급 / 총9획 / 부수 目

(눈이 부시거나 더 잘 보려고 할 때)
손(手)을 **눈(目)** 위에 얹고 보니 **볼 간**

🔊 手(손 수, 재주 수, 재주 있는 사람 수)
🔊 行列 ① (행렬) ㉠ 여럿이 줄서서 감. 또는 그 줄. ㉡ 어떤 수를 몇 개의 행과 열로 나열한 표.
　　　② (항렬) 같은 혈족에서 갈라져 나간 계통 사이의 대수(代數) 관계. 형제 관계를 같은 항렬이라 함.

看過(간과), 看病(간병), 看護(간호), 走馬看山(주마간산)

2급 / 총9획 / 부수 冂

아무 것이나 **말하고(曰) 눈(目)**으로 보면 위험을 무릅쓰니 **무릅쓸 모**

🔊 부수가 冂(멀 경, 성 경)임이 특이합니다.

冒頭(모두), 冒進(모진), 冒險(모험)

2급 / 총12획 / 부수 巾

수건(巾) 두르듯 위험을 **무릅쓰지(冒)** 않도록 머리에 쓰는 모자니 **모자 모**

🔊 巾(수건 건)

帽子(모자), 帽標(모표), 着帽(착모) ↔ 脫帽(탈모)

005　단단득애 긍(선)환항선[旦但得碍 亘桓恒宣] – 旦, 亘으로 된 한자

2급 / 총5획 / 부수 日

해(日)가 **지평선(一)** 위로 떠오르는 아침이니 **아침 단**

🔊 一('한 일'이지만 여기서는 지평선으로 봄)

元旦(원단), 早旦(조단), 一旦(일단)

준3급 / 총7획 / 부수 亻

사람(亻)은 **아침(旦)**이면 다만 그날 일만 생각하니 **다만 단**

但只(단지), 但書(단서) *端緒(단서), 非但(비단)

4급 / 총11획 / 부수 彳

걸어가(彳) 아침(旦)부터 **법도(寸)**에 맞게 일하면 무엇이나 얻으니 **얻을 득**

🔊 彳(조금 걸을 척), 寸(마디 촌, 법도 촌)

得道(득도), 得點(득점), 自業自得(자업자득)

2급 / 총13획 / 부수 石

돌(石)이 **아침(旦)**부터 **마디마디(寸)** 막고 거리끼니 **막을 애, 거리낄 애**

원 礙 : 돌(石)로 의심나는(疑) 곳을 막으니 '막을 애' *石(돌 석), 疑(의심할 의)

碍子(애자), 碍滯(애체), 拘碍(구애)

亘	하늘(一)과 땅(一) 사이에 햇(日)빛이 뻗치고 펴지니 **뻗칠 긍, 펼 선**
1급 / 총6획 / 부수 二	🔊 1급, 사범, 급외자, 부수자 – 어원 풀이를 위한 참고자로 8~2급 선정 한자에는 포함되지 않습니다.

桓	나무(木)로 펴(亘) 박은 푯말처럼 굳세니 **굳셀 환**
2급 / 총10획 / 부수 木	🔊 木(나무 목) 桓桓(환환), 桓雄(환웅)

恒	마음(忄)이 항상 무엇으로 뻗어가며(亘) 생각하듯 항상이니 **항상 항**
준3급 / 총9획 / 부수 忄	🔊 忄(마음 심 변), 항상(恒常) – 늘. *常(항상 상, 보통 상) 恒久(항구), 恒茶飯事(항다반사), 恒溫(항온), 恒用(항용)

宣	온 집(宀)안에 펴(亘) 베푸니 **펼 선, 베풀 선, 성 선**
3급 / 총9획 / 부수 宀	🔢 宜(옳을 의, 마땅할 의) – 제목번호 003 🔊 宀(집 면), 🔢 – 글자 형태가 유사한 글자. 宣告(선고), 宣敎(선교), 宣言(선언), 宣傳(선전)

006 명맹 붕붕 정경호황[明盟 朋崩 晶昷昊晃] - 明, 朋, 日로 된 한자

明	해(日)와 달(月)이 같이 있는 듯 밝으니 **밝을 명, 성 명**
5급 / 총8획 / 부수 日	🔊 日(해 일, 날 일), 月(달 월, 육 달 월) 明朗(명랑), 明白(명백), 明快(명쾌), 鮮明(선명)

盟	분명히(明) 그릇(皿)에 물 떠놓고 맹세하니 **맹세할 맹**
3급 / 총13획 / 부수 皿	🔊 皿(그릇 명), 옛날에는 그릇에 물을 떠놓고 천지신명께 빌고 맹세했지요. 盟誓(맹서 → 맹세), 盟約(맹약), 同盟(동맹), 血盟(혈맹)

朋	몸(月)과 몸(月)이 비슷한 벗들의 무리니 **벗 붕, 무리 붕**
준3급 / 총8획 / 부수 月	朋結(붕결), 朋友(붕우), 朋輩(붕배), 朋黨(붕당)

 崩	산(山)처럼 무리(朋)지어 누르면 무너지니 **무너질 붕**
2급 / 총11획 / 부수 山	🔊 山(산 산) 崩壞(붕괴), 崩潰(붕궤), 崩城之痛(붕성지통)

晶
2급 / 총12획 / 부수 日

해(日)가 셋이나 빛난 듯 반짝이는 수정이니 **수정 정**

또 수정처럼 맑으니 **맑을 정**

- 수정(水晶) - 석영이 육각기둥 꼴로 결정된 것.
- 紫水晶(자수정), 晶光(정광), 結晶(결정), 液晶(액정)

炅
2급 / 총8획 / 부수 火

해(日)나 불(火)처럼 빛나니 **빛날 경**

- 火(불 화)
- 인·지명용 한자 - 일반 용어에는 잘 쓰이지 않고 주로 인명(人名 - 사람 이름)이나 지명(地名 - 땅 이름)에만 쓰이는 한자. *人(사람 인), 名(이름 명, 이름날 명), 地(땅 지, 처지 지)

昊
2급 / 총8획 / 부수 日

해(日)가 빛나는 하늘(天)처럼 크니 **하늘 호, 클 호**

- 天(하늘 천)
- 昊天(호천), 昊天罔極(호천망극)

晃
2급 / 총10획 / 부수 日

햇(日)빛(光)처럼 밝으니 **밝을 황**

- 光(빛 광)
- 晃晃(황황), 晃然(황연)

007　각격락략 로뢰각객 락락[各格絡略 路賂閣客 洛落] - 各, 洛으로 된 한자

各
5급 / 총6획 / 부수 口

(세상 만물의 이름이 각각 다르니) 이름 명(名)을 변형시켜 **각각 각**

各各(각각), 各人各色(각인각색), 各種(각종)

格
준3급 / 총10획 / 부수 木

나무(木)로 각각(各)의 물건을 만드는 격식이니 **격식 격**

또 격식에 맞게 헤아리니 **헤아릴 격**

- 격식(格式) - 격에 맞는 일정한 방식.
- 木(나무 목), 式(법 식, 의식 식)
- 格言(격언), 格調(격조), 格物致知(격물치지)

絡
2급 / 총12획 / 부수 糸

실(糸)로 각각(各)의 맥락을 이으니 **맥락 락, 이을 락**

- 糸(실 사, 실 사 변)
- 經絡(경락), 脈絡(맥락), 連絡(연락), 聯絡網(연락망)

略
준3급 / 총11획 / 부수 田

밭(田)의 경계를 **각각(各)**의 발걸음으로 간략히 정하여 빼앗으니
간략할 략, 빼앗을 략

🔊 田(밭 전), 길이를 재는 자가 귀하던 옛날에는 발걸음으로 간략히 정하거나 빼앗기도 했다는 데서 생긴 글자.

略圖(약도), **略式**(약식), **省略**(생략), **侵略**(침략)

路
5급 / 총13획 / 부수 ⻊

발(⻊)로 **각각(各)** 걸어 다니는 길이니 **길 로**

🔊 ⻊[발 족, 넉넉할 족(足)의 변형]

路邊(노변), **路線**(노선), **路資**(노자), **迷路**(미로)

賂
2급 / 총13획 / 부수 貝

재물(貝)로 **각각(各)** 주는 뇌물이니 **뇌물 뢰**

🔊 뇌물(賂物) - 어떤 직위에 있는 사람을 매수하여 사사로운 일에 이용하기 위하여 넌지시 건네는 부정한 돈이나 물건.
🔊 貝(조개 패, 재물 패), 物(물건 물)

賂物(뇌물), **受賂**(수뢰) - 뇌물을 받음. *受(받을 수)

閣

2급 / 총14획 / 부수 門

문(門)이 **각(各)** 방향에 있는 누각이니 **누각 각**
또 **각(各)** 부문(門)의 일을 맡은 관료들의 모임인 내각이니 **내각 각**

🔊 門(문 문)

樓閣(누각), **鐘閣**(종각), **內閣**(내각), **閣僚**(각료)

客
준4급 / 총9획 / 부수 宀

집(宀)에 온 **각각(各)** 다른 손님이니 **손님 객**

🔊 宀(집 면)

客觀(객관), **客室**(객실), **客地**(객지), **觀客**(관객)

洛
2급 / 총9획 / 부수 氵

물(氵) 중 **각(各)** 방향으로 흐르는 물 이름이니 **물 이름 락**

🔊 인·지명용 한자.
🔊 洛水(낙수) - 중국(中國)의 강 이름.
  洛陽(낙양) - 중국의 7대 고도(古都)의 하나.
🔊 氵(삼 수 변), 陽(볕 양, 드러날 양), 古(오랠 고, 옛 고), 都(도읍 도, 모두 도)

落
준4급 / 총13획 / 부수 艹

풀(艹)에 맺힌 물(氵)방울이 **각각(各)** 떨어지니 **떨어질 락**
또 떨어져 여기저기 형성된 마을이니 **마을 락**

🔊 艹(초 두)

落心(낙심), **落葉**(낙엽), **脫落**(탈락), **村落**(촌락), **部落**(부락)

DAY 01

008   일이삼사오 륙칠팔구십[一二三四五 六七八九十] - 숫자

8급 / 총1획 / 부수 一

나무토막 하나를 옆으로 놓은 모양에서 **한 일**

一念(일념), 同一(동일), 聞一知十(문일지십)

8급 / 총2획 / 부수 二

나무토막 두 개를 옆으로 놓은 모양에서 **두 이**

二輪車(이륜차), 一人二役(일인이역)

三

8급 / 총3획 / 부수 一

나무토막 세 개를 옆으로 놓은 모양에서 **석 삼**

吾鼻三尺(오비삼척), 作心三日(작심삼일)

8급 / 총5획 / 부수 口

에워싼(口) 부분을 사방으로 나누어(八) **넉 사**

🔊 口[에운담, 나라 국(國)의 약자], 八(여덟 팔, 나눌 팔)

四季(사계), 四骨(사골), 四分五裂(사분오열)

8급 / 총4획 / 부수 二

열(十)을 둘(二)로 나눈(ㅣ) 다섯이니 **다섯 오**

🔊 十(열 십, 많을 십), ㅣ('뚫을 곤'이지만 여기서는 나누는 모양으로 봄)

五感(오감), 五穀(오곡), 五輪(오륜), 五大洋(오대양)

8급 / 총4획 / 부수 八

머리(亠)를 중심으로 나눠지는(八) 방향이 동서남북상하의 여섯이니 **여섯 륙**

🔊 亠(머리 부분 두), 八(여덟 팔, 나눌 팔)

六旬(육순), 死六臣(사육신), 五臟六腑(오장육부)

七

8급 / 총2획 / 부수 一

하늘(一)의 북두칠성 모습(乚)을 본떠서 **일곱 칠**

七顚八起(칠전팔기), 七縱七擒(칠종칠금)

8급 / 총2획 / 부수 八

두 손을 네 손가락씩 위로 편 모습에서 **여덟 팔**
또 양쪽으로 잡아당겨 나누니 **나눌 팔**

八角亭(팔각정), 八達(팔달), 十中八九(십중팔구)

九
8급 / 총2획 / 부수 乙

열 십(十)의 가로줄을 구부려 하나가 모자란 아홉이라는 데서 **아홉 구**
또 아홉은 한 자리 숫자 중에서 제일 크고 많으니 **클 구, 많을 구**

十九孔炭(십구공탄), 九牛一毛(구우일모)

十
8급 / 총2획 / 부수 十

일(一)에 하나(丨)를 그어 한 묶음인 열을 나타내어 **열 십**
또 전체를 열로 보아 열이니 많다는 데서 **많을 십**

十戒(십계), 十進法(십진법), 十匙一飯(십시일반)

DAY 01

---

009 오 오오오 반반반판[伍 吾悟梧 半伴叛判] - 伍와 吾, 半으로 된 한자

伍
2급 / 총6획 / 부수 亻

사람(亻)이 다섯(五) 명씩 편성되는 대오니 **대오 오**

◉ 대오(隊伍) - 편성된 대열. *隊(무리 대, 군대 대)

伍列(오열), 伍長(오장), 落伍(낙오)

吾

준3급 / 총7획 / 부수 口

다섯(五) 손가락, 즉 손으로 자신을 가리키며 말하는(口) 나니 **나 오**

◉ 口(입 구, 구멍 구, 말할 구)

吾等(오등), 吾鼻三尺(오비삼척), 吾不關焉(오불관언)

悟
준3급 / 총10획 / 부수 忄

마음(忄)에 나(吾)를 깨달으니 **깨달을 오**

◉ 忄 : 마음 심(心)이 글자의 왼편에 붙는 부수인 변으로 쓰일 때의 모양으로 '마음 심 변'

悟道(오도), 覺悟(각오), 大悟覺醒(대오각성)

梧
2급 / 총11획 / 부수 木

나무(木) 중 나(吾)에게 필요한 오동나무니 **오동나무 오**

◉ 木(나무 목), 오동나무는 가볍고 부드러우며 좀이 슬지 않아 악기나 귀중한 물건을 넣어두는 장롱을 만들 때 쓰입니다.

梧桐(오동), 碧梧桐(벽오동), 梧桐一葉(오동일엽)

半
5급 / 총5획 / 부수 十

나누어(八) 둘(二)로 가른(丨) 반이니 **반 반**

◉ 八(여덟 팔, 나눌 팔), 丨('뚫을 곤'이지만 여기서는 가르는 모양으로 봄)

半開(반개), 半月(반월), 半折(반절), 過半(과반)

伴 2급 / 총7획 / 부수 亻	사람(亻)의 반(半)쪽은 자기 짝이니 **짝 반** 또 짝을 따르니 **따를 반**	

🔊 사람은 반쪽으로 되었으니 둘이 합쳐야 온전한 사람이 된다고 하지요. 그래서 둘이 합쳐 온전한 원을 이루라고 결혼식에서 둥근 모양의 반지를 주고받는답니다.

伴侶者(반려자), 同伴者(동반자), 伴奏(반주), 隨伴(수반)

叛 2급 / 총9획 / 부수 又

반(半)씩 나누어도 **거꾸로(反)** 배반하니 **배반할 반**

🔊 反(거꾸로 반, 돌이킬 반)

叛骨(반골), 叛起(반기), 叛逆(반역), 背叛(배반)

判 4급 / 총7획 / 부수 刂

반(半)을 칼(刂)로 자르듯이 딱 잘라 판단하니 **판단할 판**

🔊 刂(칼 도 방)

判決(판결), 判例(판례), 談判(담판), 批判(비판)

---

010 소첨 불(부)배부(비)[小尖 不杯否] - 小, 不로 된 한자

小 8급 / 총3획 / 부수 小

하나(亅)를 나누면(八) 작으니 **작을 소**

반 大(큰 대)

🔊 亅('갈고리 궐'이지만 여기서는 하나로 봄), 八(여덟 팔, 나눌 팔)

小心(소심), 縮小(축소), 積小成大(적소성대), 針小棒大(침소봉대)

尖 2급 / 총6획 / 부수 小

위는 작고(小) 아래로 갈수록 커져(大) 뾰족하니 **뾰족할 첨**

🔊 大(큰 대)

尖端(첨단), 尖兵(첨병), 尖銳(첨예), 尖塔(첨탑)

不 준5급 / 총4획 / 부수 一

하나(一)의 작은(小) 잘못도 하지 않으니 **아닐 불·부**

🔊 아닐 불·부(不)는 'ㄷ, ㅈ'으로 시작하는 말 앞에서는 '부'로 발음됩니다.

不潔(불결), 不滿(불만), 不當(부당), 不正(부정)

杯 준3급 / 총8획 / 부수 木

나무(木)로 만든 그릇이 아닌(不) 잔이니 **잔 배**

참 盃 - 일반 그릇이 아닌(不) 그릇(皿)의 잔이니 '잔 배' *木(나무 목), 皿(그릇 명)

杯盤(배반), 乾杯(건배), 苦杯(고배), 祝杯(축배)

否
4급 / 총7획 / 부수 口

아니(不)라고 말하니(口) **아닐 부**
또 아니 되게 막히니 **막힐 비**

- 口(입 구, 구멍 구, 말할 구)

否定(부정), 可否(가부), 安否(안부), 否塞(비색)

DAY 01

011 소사묘초초 빈성(생)[少沙妙抄秒 賓省] - 少로 된 한자

少
6급 / 총4획 / 부수 小

작은(小) 것이 또 떨어져 나가(丿) 적으니 **적을 소**
또 나이가 적으면 젊으니 **젊을 소**

- 땐 多(많을 다), 老(늙을 로)

少量(소량), 減少(감소), 僅少(근소), 少年(소년)

沙

2급 / 총7획 / 부수 氵

물(氵)로 인하여 돌이 **적어진(少)** 모래니 **모래 사**

- 동 砂 - 돌(石)이 적어진(少) 모래니 '모래 사'
- 氵(삼 수 변), 石(돌 석)

沙金(사금), 沙漠(사막), 沙上樓閣(사상누각)

妙
4급 / 총7획 / 부수 女

여자(女)가 젊으면(少) 묘하고도 예쁘니 **묘할 묘, 예쁠 묘**

- 女(여자 녀)

妙技(묘기), 妙案(묘안), 絶妙(절묘), 妙齡(묘령)

抄

2급 / 총7획 / 부수 扌

손(扌)으로 필요한 부분만 적게(少) 뽑아 베끼니 **뽑을 초, 베낄 초**
또 손(扌)으로 조금(少)씩 노략질하니 **노략질할 초**

- 扌 : 손 수(手)가 글자의 왼편에 붙은 부수인 변으로 쓰일 때의 모습으로 '손 수 변'
- 노략질 - 떼를 지어 돌아다니며 사람을 해치거나 재물을 강제로 빼앗는 짓.

抄錄(초록), 抄本(초본), 抄譯(초역), 抄略(초략)

秒
2급 / 총9획 / 부수 禾

벼(禾)의 적은(少) 까끄라기니 **까끄라기 묘**
또 까끄라기 같은 작은 단위인 초니 **초**

- 禾(벼 화), 까끄라기 - 벼·보리 따위의 깔끄러운 수염. 또는 그 동강.

秒速(초속), 秒針(초침), 閏秒(윤초)

賓
2급 / 총14획 / 부수 貝

집(宀)에 온 한 젊은이(少)는 재물(貝)을 가지고 온손님이니 **손님 빈**

🔊 宀(집 면), 少[少(적을 소, 젊을 소)의 획 줄임], 貝(조개 패, 재물 패)

國賓(국빈), 貴賓(귀빈), 外賓(외빈), 迎賓館(영빈관)

省
5급 / 총9획 / 부수 目

적은(少) 것까지도 눈(目)여겨 살피니 **살필 성**
또 사물을 적게(少) 줄여서 보니(目) **줄일 생**

🔊 目(눈 목, 볼 목, 항목 목)

省墓(성묘), 反省(반성), 自省(자성), 省略(생략)

---

012 소(초)초 소조삭 [肖哨 消趙削] - 肖로 된 한자

肖
2급 / 총7획 / 부수 月

작은(小) 몸(月)이니 **작을 소**
또 작아도(小) 몸(月)은 부모를 닮으니 **닮을 초**

🔊 月(달 월, 육 달 월)

肖像權(초상권), 肖像畫(초상화), 不肖(불초)

哨
2급 / 총10획 / 부수 口

말(口)소리를 작게(肖)하며 망보니 **망볼 초**

🔊 口(입 구, 구멍 구, 말할 구), 들키지 않으려고 소리를 작게 내며 망을 보지요.

哨戒(초계), 哨兵(초병), 哨所(초소), 步哨(보초)

消
5급 / 총10획 / 부수 氵

물(氵)로 작아지게(肖) 끄거나 삭이니 **끌 소, 삭일 소**
또 열정을 삭이고 물러서니 **물러설 소**

🔊 氵(삼 수 변)

消火(소화), 消化(소화), 消費(소비), 消極的(소극적)

趙
2급 / 총14획 / 부수 走

도망가(走) 작게(肖) 시작했던 조나라니 **조나라 조, 성 조**

🔊 走(달릴 주, 도망갈 주), 조(趙)나라 - 춘추전국(春秋戰國) 시대에 있었던 나라.

削
2급 / 총9획 / 부수 刂

작아지게(肖) 칼(刂)로 깎으니 **깎을 삭**

🔊 刂 : 칼 도(刀)가 글자의 오른쪽에 붙는 부수인 방으로 쓰일 때의 모습으로 '칼 도 방'

削減(삭감), 削髮(삭발), 削除(삭제), 添削(첨삭)

Day 01 | 확인문제

01~04 다음 한자에 해당하는 훈음을 오른쪽에서 찾아 연결하세요.

01. 曰 •　　　　　　　　• ㉠ 또 차

02. 且 •　　　　　　　　• ㉡ 눈썹 미

03. 眉 •　　　　　　　　• ㉢ 볼 간

04. 看 •　　　　　　　　• ㉣ 가로 왈

05~12 다음 漢字의 훈(뜻)과 음(소리)을 쓰세요.

05. 侈 (　　　　)　　　06. 移 (　　　　)

07. 碍 (　　　　)　　　08. 炅 (　　　　)

09. 路 (　　　　)　　　10. 叛 (　　　　)

11. 尖 (　　　　)　　　12. 妙 (　　　　)

13~18 다음 훈음에 맞는 漢字를 쓰세요.

13. 모자 모 (　　　)　　　14. 수정 정 (　　　)

15. 아침 단 (　　　)　　　16. 무너질 붕 (　　　)

17. 굳셀 환 (　　　)　　　18. 하늘 호 (　　　)

19~20 다음 문장 중 (　) 안에 들어갈 한자어로 알맞은 것은?

19. 이번 가을에는 박물관에서 고려청자 가운데 (　　)을/를 엄선하여 전시한다.
    ① 改名　　　　　　② 姓名
    ③ 名品　　　　　　④ 名家

20. 곡예단의 공중 (　　)이/가 아주 신기했다.
    ① 妙技　　　　　　② 妙案
    ③ 絶妙　　　　　　④ 妙齡

정답

01. ㉣　　02. ㉠　　03. ㉡　　04. ㉢　　05. 사치할 치
06. 옮길 이　07. 막을 애　08. 빛날 경　09. 길 로　10. 배반할 반
11. 뾰족할 첨　12. 묘할 묘　13. 帽　14. 晶　15. 旦
16. 崩　17. 桓　18. 昊　19. ③　20. ①

Day 02 | 013 ~ 026

013　구궤 환구욱포[仇軌 丸鳩旭抛] - 九로 된 한자

仇
2급 / 총4획 / 부수 亻

사람(亻)에게 **크게(九)** 죄지은 원수니 **원수 구**

🔊 亻(사람 인 변), 九(아홉 구, 클 구, 많을 구)
仇隙(구극), 仇怨(구원), 仇敵(구적), 仇恨(구한)

軌
2급 / 총9획 / 부수 車

수레(車)도 다니도록 **크게(九)** 만들어 놓은 길이니 **길 궤**
또 길처럼 따라 가야할 법이니 **법 궤**

🔊 車(수레 거, 차 차)
軌道(궤도), 挾軌(협궤), 軌跡(궤적), 軌範(궤범)

丸
3급 / 총3획 / 부수 丶

많은(九) 것들이 **점(丶)**처럼 둥글둥글한 알이니 **둥글 환, 알 환**

🔊 九(아홉 구, 클 구, 많을 구), 丶(점 주, 불똥 주)
丸石(환석), 丸藥(환약), 彈丸(탄환), 投砲丸(투포환)

鳩
2급 / 총13획 / 부수 鳥

구(九)구하며 우는 **새(鳥)**는 비둘기니 **비둘기 구**
또 비둘기처럼 모이니 **모일 구**

🔊 鳥(새 조), 비둘기는 구구하며 울고, 여러 마리가 모여 살지요.
鳩舍(구사), 鳩巢(구소), 鳩胸(구흉), 鳩首會議(구수회의)

旭
2급 / 총6획 / 부수 日

크게(九) 햇살(日)을 빛내며 해 뜨니 **해 뜰 욱**

旭光(욱광), 旭日(욱일), 旭日昇天(욱일승천)

抛
2급 / 총7획 / 부수 扌

손(扌)으로 **크게(九)** 힘껏(力) 던져버리고 포기하니 **던질 포, 포기할 포**

🔊 扌(손 수 변), 力(힘 력)
抛車(포거), 抛物線(포물선), 抛棄(포기)

014 계침산남 지지지기기[計針傘南 支枝肢技岐] - 十, 支로 된 한자

計
5급 / 총9획 / 부수 言

말(言)로 많이(十) 세며 꾀하니 **셀 계, 꾀할 계**

🔊 言(말씀 언), 十(열 십, 많을 십)
計算(계산), 計數(계수), 設計(설계), 凶計(흉계)

針
4급 / 총10획 / 부수 金

쇠(金)를 많이(十) 갈아서 만든 바늘이니 **바늘 침**

동 鍼 - 쇠(金)를 다(咸) 갈아서 만든 바늘이니 '바늘 침'
🔊 金(쇠 금, 금 금, 돈 금, 성 김), 咸(다 함)
針小棒大(침소봉대), 針葉樹(침엽수), 時針(시침)

傘

2급 / 총12획 / 부수 人

위가 덮이고(人) 십(十)자 모양의 손잡이 옆에 사람들(㐅㐅)이 있는 우산이니 **우산 산**

🔊 人(위에 있는 人은 '사람 인'이지만 여기서는 덮인 모습으로 봄)
雨傘(우산), 傘下(산하), 陽傘(양산), 日傘(일산)

南
6급 / 총9획 / 부수 十

많은(十) 성(冂)마다 양쪽(丷)으로 열리는 방패(干) 같은 문이 있는 남쪽이니 **남쪽 남, 성 남**

🔊 冂(멀 경, 성 경), 干(방패 간, 범할 간, 얼마 간, 마를 간), 대부분의 성은 남쪽을 향하여 짓고 남쪽에 방패처럼 넓은 문이 있지요.
南國(남국), 南半球(남반구), 南方(남방), 南向(남향)

支
준4급 / 총4획 / 부수 支

많은(十) 것을 손(又)으로 지탱하고 다루고 가르니 **지탱할 지, 다룰 지, 가를 지**
또 갈라 지출하니 **지출할 지**

윤 攴(칠 복, = 攵) - 제목번호 335
🔊 又(오른손 우, 또 우), 지출(支出) - 어떤 목적을 위하여 돈을 지급하는 일.
支撐(지탱), 支店(지점), 支障(지장), 收支(수지)

枝
준3급 / 총8획 / 부수 木

나무(木) 줄기에서 갈라져(支) 나온 가지니 **가지 지**

🔊 木(나무 목)
枝葉(지엽) ↔ 根本(근본), 剪枝(전지), 金枝玉葉(금지옥엽)

肢

2급 / 총8획 / 부수 月

몸(月)에서 갈라져(支) 나온 사지니 **사지 지**

🔊 사지(四肢) - 두 팔과 두 다리.
肢體不自由(지체부자유), 下肢(하지)

技
준4급 / 총7획 / 부수 扌

손(扌)으로 무엇을 다루는(支) 재주니 **재주 기**

扌(손 수 변)

技巧(기교), 技術(기술), 特技(특기), 競技(경기)

岐
2급 / 총7획 / 부수 山

산(山)이 갈라져(支) 길도 갈라지는 갈림길이니 **갈림길 기**

岐路(기로), 分岐點(분기점)

---

015 고고고호 고개개[古姑枯祜 固個箇] - 古, 固로 된 한자

古
준5급 / 총5획 / 부수 口

많은(十) 사람의 입에 오르내린 말(口)은 이미 오래된 옛날이야기니 **오랠 고, 옛 고**

口(입 구, 구멍 구, 말할 구)

古物(고물), 中古品(중고품), 東西古今(동서고금)

姑
3급 / 총8획 / 부수 女

여자(女)가 오래(古)되면 시어미나 할미니 **시어미 고, 할미 고**

또 (세월이 빨라) 할미가 되는 것은 잠깐이니 **잠깐 고**

女(여자 녀)

姑婦(고부), 姑母(고모), 姑息之計(고식지계)

枯

2급 / 총9획 / 부수 木

나무(木)도 오래(古)되면 마르고 죽으니 **마를 고, 죽을 고**

木(나무 목)

枯渴(고갈), 枯木(고목), 枯死(고사), 枯葉(고엽)

祜
2급 / 총10획 / 부수 示

신(示)에게 오래(古) 빌어 받는 복이니 **복 호**

示(보일 시, 신 시)

인·지명용 한자

固

준4급 / 총8획 / 부수 口

에워싸(囗) 오래(古) 두면 굳으니 **굳을 고**

또 굳은 듯 진실로 변치 않으니 **진실로 고**

囗[에운담, 나라 국(國)의 약자]

固體(고체), 固守(고수), 堅固(견고), 固所願(고소원)

個
준4급 / 총10획 / 부수 亻

사람(亻) 성격이 **굳어져(固)** 개인행동을 하는 낱낱이니 **낱 개**

◀ 亻(사람 인 변)

個別(개별), **個性**(개성), **個人**(개인), **別個**(별개)

 箇
2급 / 총14획 / 부수 ⺮

대(⺮)처럼 **굳어(固)** 섞이지 않는 낱낱이니 **낱 개**

또 낱낱이 세는 개수니 **개수 개**

동 個

◀ ⺮ [대 죽(竹)이 부수로 쓰일 때의 모습]

箇箇(개개), **箇中**(개중), **箇數**(개수)

DAY 02

---

016 고 약(야)낙(락)야닉[苦 若諾惹匿] – 苦와 若으로 된 한자

苦
5급 / 총9획 / 부수 ⺿

풀(⺿) 같은 나물도 **오래(古)** 자라면 쇠어서 쓰니 **쓸 고**

또 맛이 쓰면 먹기에 괴로우니 **괴로울 고**

◀ ⺿(초 두), 쇠다 – 채소가 너무 자라서 줄기나 잎이 뻣뻣하고 억세게 되다.

苦杯(고배), **苦笑**(고소), **苦樂**(고락), **苦悶**(고민)

若
4급 / 총9획 / 부수 ⺿

풀(⺿)이 만약 들쑥날쑥하다면 자주 쓰는 **오른(右)**손으로 잘라 같게 하니
만약 약, 같을 약, 반야 야

◀ 반야(般若) – 대승 불교에서, 만물의 참다운 실상을 깨닫고 불법을 꿰뚫는 지혜.
◀ 右(오른쪽 우), 般(옮길 반, 일반 반)

萬若(만약), **明若觀火**(명약관화), **傍若無人**(방약무인)

諾
2급 / 총16획 / 부수 言

청하는 **말(言)**과 **같이(若)** 허락하고 대답하니 **허락할 락(낙), 대답할 낙**

◀ 言(말씀 언)

許諾(허락), **承諾**(승낙), **唯唯諾諾**(유유낙낙)

惹
2급 / 총13획 / 부수 心

우리는 모두 **같다(若)**며 **마음(心)**으로 끄니 **끌 야**

◀ 心(마음 심, 중심 심)

惹起(야기), **惹端**(야단), **惹鬧**(야료)

 匿
2급 / 총11획 / 부수 匸

감추어(匸) 만약(若)의 것까지 숨기고 숨으니 **숨길 닉, 숨을 닉**

◀ 匸(감출 혜, 덮을 혜, = 匚)

匿名(익명), **隱匿**(은닉)

017 호호 극긍[胡湖 克兢] - 胡, 克으로 된 한자

胡
2급 / 총9획 / 부수 月

오래(古)된 고기(月)도 즐겨 먹는 오랑캐니 **오랑캐 호**

🔊 月(달 월, 육 달 월)

胡角(호각), *號角(호각), 胡桃(호도), 胡亂(호란)

湖
준4급 / 총12획 / 부수 氵

물(氵)이 오랜(古) 세월(月) 고여 있는 호수니 **호수 호**

湖水(호수), 湖畔(호반), 江湖(강호), 江湖煙波(강호연파)

克
3급 / 총7획 / 부수 儿

오래(古) 참은 사람(儿)이 능히 이기니 **능할 극, 이길 극**

🔊 儿(사람 인 발, 어진 사람 인)

克明(극명), 克己(극기), 克己復禮(극기복례)

兢
2급 / 총14획 / 부수 儿

이기고(克) 또 이기기(克) 위하여 조심하니 **조심할 긍**

兢戒(긍계), 兢懼(긍구), 戰戰兢兢(전전긍긍)

018 단선탄전[單禪彈戰] - 單으로 된 한자

單
4급 / 총12획 / 부수 口

식구들의 입들(口口)을 굶기지 않기 위해 밭(田)에서 많이(十) 일하는 혼자니 **홀 단**

🔊 口(입 구, 구멍 구, 말할 구), 田(밭 전), 十(열 십, 많을 십), 홀 - 낱. 하나.

單價(단가), 單獨(단독), 單數(단수)

禪
2급 / 총17획 / 부수 示

보는(示) 것이 하나(單) 뿐인 고요한 선이니 **선 선**

🔊 示(보일 시, 신 시), 선(禪) - 마음을 한곳에 모아 고요히 생각하는 일.

禪師(선사), 坐禪(좌선), 面壁參禪(면벽참선)

彈
3급 / 총15획 / 부수 弓

활(弓)에서 화살처럼 총에서 하나(單)씩 튕겨 나가는 탄알이니 **튕길 탄, 탄알 탄**

🔊 궁(활 궁), 한자가 만들어지던 당시에는 화약이 없었으니 활의 구조로 탄알을 쏘았겠지요.

彈孔(탄공), 彈丸(탄환), 彈琴(탄금), 彈力(탄력)

戰
준4급 / 총16획 / 부수 戈

홀로(單) 창(戈) 들고 싸우니 **싸울 전**
또 싸우면 무서워 떠니 **무서워 떨 전**

🔊 戈(창 과)
戰亂(전란), 戰友(전우), 戰慄(전율), 戰戰兢兢(전전긍긍)

019 직직식식치 덕덕청청[直稙植殖値 悳德聽廳] - 直, 悳으로 된 한자

DAY 02

直
5급 / 총8획 / 부수 目

많이(十) 눈(目)으로 감춰진(ㄴ) 부분까지 살펴도 곧고 바르니 **곧을 직, 바를 직**

🔊 十(열 십, 많을 십), 目(눈 목, 볼 목, 항목 목), ㄴ(감출 혜, 덮을 혜, = 匸)
直徑(직경), 直線(직선), 剛直(강직), 正直(정직)

稙
2급 / 총13획 / 부수 禾

벼(禾)가 일찍 익어 바로(直) 수확하는 올벼니 **올벼 직**

🔊 禾(벼 화), 올벼 - 제철보다 일찍 여무는 벼.
🔊 인·지명용 한자

植
준5급 / 총12획 / 부수 木

나무(木)는 곧게(直) 세워 심으니 **심을 식**

🔊 木(나무 목)
植木(식목), 植物(식물), 密植(밀식), 移植(이식)

殖
2급 / 총12획 / 부수 歹

죽을(歹)힘을 다해 새끼를 바르게(直) 키우며 번식하니 **번식할 식**

🔊 歹(뼈 부서질 알, 죽을 사 변), 모든 생물은 죽을힘을 다하여 새끼를 바르게 키우지요.
繁殖(번식), 養殖(양식), 生殖器(생식기), 生殖期(생식기)

値
3급 / 총10획 / 부수 亻

사람(亻)이 바르게(直) 평가하여 매긴 값이니 **값 치**

價値(가치), 加重値(가중치), 平均値(평균치)

悳
급외자 / 총12획 / 부수 心

바르게(直) 마음(心)을 쓰면 그게 바로 덕이니 **덕 덕**

🔊 德(덕 덕, 클 덕)의 고자(古字). *고자(古字) - (옛날에는 많이 쓰였으나 지금은 잘 쓰이지 않는) 옛글자.
🔊 心(마음 심, 중심 심), 古(오랠 고, 옛 고), 字(글자 자)
🔊 1급, 사범, 급외자, 부수자 - 어원 풀이를 위한 참고자로 8~2급 선정 한자에는 포함되지 않습니다.

德
준4급 / 총15획 / 부수 彳

행실(彳)이 덕스러우니(悳) 덕 **덕**
또 덕이 있으면 쓰임이 크니 클 **덕**

- 悳[덕 덕(德)의 변형] - 罒('그물 망'이지만 여기서는 눈 목(目)을 눕혀 놓은 모양으로 봄.)
- 덕 덕(悳)에 행동을 강조하는 조금 걸을 척(彳)을 붙여 덕 덕, 클 덕(德)이 된 것이지요.
  *덕(德) - 공정하고 남을 넓게 이해하고 받아들이는 마음이나 행동.

德談(덕담), 恩德(은덕), 背恩忘德(배은망덕), 德用(덕용)

聽
4급 / 총22획 / 부수 耳

귀(耳)로 왕(王)처럼 덕스러운(悳) 소리만 들으니 들을 **청**

- 耳(귀 이), 王(임금 왕, 으뜸 왕, 구슬 옥 변), 悳[덕 덕(德)의 변형]

聽覺(청각), 聽力(청력), 聽衆(청중), 視聽(시청)

廳
2급 / 총25획 / 부수 广

집(广) 중 백성들의 의견을 들어(聽) 처리하는 관청이니 관청 **청**

- 广(집 엄)

廳舍(청사), 廳長(청장), 區廳(구청), 市廳(시청)

---

020 자취비변 식게[自臭鼻邊 息憩] - 自, 息으로 된 한자

自
7급 / 총6획 / 부수 自

(얼굴이 자기를 대표하니 얼굴에서 잘 드러나는) 이마(丿)와 눈(目)을 본떠서 자기 **자**
또 자기 일은 스스로 해야 하니 스스로 **자**
또 모든 것의 시작은 자기로부터니 부터 **자**

- 丿('삐침 별'이지만 여기서는 '이마'로 봄), 目(눈 목, 볼 목, 항목 목)

自力(자력), 自手成家(자수성가), 自白(자백), 自初至終(자초지종)

臭
2급 / 총10획 / 부수 自

자기(自) 집을 찾을 때 개(犬)가 맡는 냄새니 냄새 **취**

- 犬(개 견)

惡臭(악취), 體臭(체취), 脫臭劑(탈취제), 香臭(향취)

鼻
4급 / 총14획 / 부수 鼻

자기(自)의 밭(田)처럼 생긴 얼굴에 두 손으로 받든(廾) 모습으로 우뚝 솟은 코니 코 **비**
또 코로 숨을 쉬기 시작하는 것으로부터 생명이 비롯하니 비롯할 **비**

- 田(밭 전), 廾(두 손으로 받들 공)

鼻笑(비소), 鼻炎(비염), 鼻音(비음), 鼻祖(비조)

邊
3급 / 총19획 / 부수 辶

(어려움에 봉착해도) **스스로**(自) **구멍**(穴) 뚫린 **방향**(方)을 찾아**가면**(辶) 이르는 끝이나 가니 **끝 변, 가 변**

🔊 穴(구멍 혈, 굴 혈), 方(모 방, 방향 방, 방법 방), 辶(뛸 착, 갈 착)

邊境(변경), 邊方(변방), 周邊(주변), 海邊(해변)

息
준3급 / 총10획 / 부수 心

자기(自)를 **마음**(心)으로 생각하며 쉬니 **쉴 식**
또 쉬면서 가쁜 숨을 고르며 숨 쉬니 **숨 쉴 식**
또 쉬면서 전하는 소식이니 **소식 식**
또 노후에 쉬도록 돌보아 주는 자식이니 **자식 식**

🔊 心(마음 심, 중심 심)

休息(휴식), 自强不息(자강불식), 窒息(질식), 子息(자식)

憩

2급 / 총16획 / 부수 心

(입안의) **혀**(舌)처럼 들어앉아 **쉬니**(息) **쉴 게**

🔊 舌(혀 설), 心(마음 심, 중심 심)

憩息(게식), 憩室(게실), 休憩室(휴게실)

---

021 면전수 도도[面前首 道導] - 面前首와 道로 된 한자

面
준5급 / 총9획 / 부수 面

머리(一)와 **이마**(丿)와 눈코 있는 얼굴을 본떠서 **얼굴 면**
또 얼굴 향하고 볼 정도로 작은 행정구역이니 **향할 면, 볼 면, 행정구역의 면**

假面(가면), 面談(면담), 面會(면회), 面長(면장)

前
준5급 / 총9획 / 부수 刂

머리털(䒑) 세우며 **몸**(月)에 **칼**(刂)을 차고 나서는 앞이니 **앞 전**

🔊 月(달 월, 육 달 월), 刂(칼 도 방)

前面(전면), 前方(전방), 前進(전진), 前代未聞(전대미문)

首
5급 / 총9획 / 부수 首

머리털(䒑) 아래 **이마**(丿)와 **눈**(目) 있는 머리를 본떠서 **머리 수**
또 머리처럼 조직의 위에 있는 우두머리니 **우두머리 수**

首都(수도), 首尾(수미), 首相(수상), 首席(수석)

道
준5급 / 총13획 / 부수 辶

머리(首) 두르고 **가는**(辶) 길이니 **길 도**
또 가는 길처럼 사람이 지켜야 할 도리니 **도리 도**
또 도리에 맞게 말하니 **말할 도, 행정구역의 도**

🔊 辶(뛸 착, 갈 착)

道路(도로), 修道(수도), 倡道(창도), 道伯(도백)

導
준3급 / 총16획 / 부수 寸

도리(道)와 법도(寸)에 맞게 인도하니 **인도할 도**

🔊 寸(마디 촌, 법도 촌), 인도(引導) - ㉠ 끌어 인도함. ㉡ 가르쳐 일깨움.

啓導(계도), 善導(선도), 領導(영도), 指導(지도)

---

022 백백백 4박[白伯柏 舶拍泊迫] - 白으로 된 한자

白
8급 / 총5획 / 부수 白

빛나는(丿) 해(日)는 희고 밝으니 **흰 백, 밝을 백**
또 흰색처럼 깨끗하게 분명히 아뢰니 **깨끗할 백, 아뢸 백, 성 백**

🔊 아뢰다 - 말씀드려 알리다.

白色(백색), 明白(명백), 潔白(결백), 告白(고백)

伯

2급 / 총7획 / 부수 亻

사람(亻) 중 머리가 희게(白) 나이든 맏이나 우두머리니 **맏 백, 우두머리 백**

伯父(백부), 伯仲之勢(백중지세), 道伯(도백)

柏

2급 / 총9획 / 부수 木

나무(木)에 흰(白)색이 도는 잣나무나 측백나무니 **잣나무 백, 측백나무 백**

[동] 栢 🔊 木(나무 목)

松柏(송백), 松茂柏悅(송무백열), 側柏(측백)

舶
2급 / 총11획 / 부수 舟

배(舟)에 흰(白) 돛을 단 큰 배니 **큰 배 박**

🔊 舟(배 주), 지금 배는 작으나 크나 동력을 이용하여 다니지만, 옛날에는 작은 배는 노로, 큰 배는 돛을 달고 다녔지요.

舶來(박래), 舶載(박재), 賈舶(고박), 船舶(선박)

拍
2급 / 총8획 / 부수 扌

손(扌)으로 무엇을 아뢰려고(白) 치니 **칠 박**

🔊 扌(손 수 변), 손을 쳐서 무엇을 알리기도 하지요.

拍手(박수), 拍掌大笑(박장대소), 拍車(박차)

泊

2급 / 총8획 / 부수 氵

물(氵)이 하얗게(白) 보이도록 배들이 항구에 대고 묵으니 **배댈 박, 묵을 박**
또 물(氵)에 깨끗이(白) 씻으면 마음도 산뜻하니 **산뜻할 박**

🔊 옛날 배는 돛을 달았고 돛은 대부분 흰색이었으니, 물이 하얗게 보임은 배들이 모여 묵는 것이지요. 여기서 '묵다'는 일정한 곳에서 나그네로 날짜를 보낸다는 뜻.

碇泊(정박), 宿泊(숙박), 外泊(외박), 淡泊(담박)

迫

2급 / 총9획 / 부수 辶

하얗게(白) 질린 얼굴로 뛰어갈(辶) 정도로 핍박하니 **핍박할 박**

◁) 핍박(逼迫) - ① 형세가 절박함. ② 바싹 죄어서 몹시 괴롭게 굶. *逼(닥칠 핍)

迫頭(박두), 迫力(박력), 促迫(촉박)

023 황황 백금면[皇凰 帛錦綿] - 皇, 帛으로 된 한자

DAY 02

皇

준3급 / 총9획 / 부수 白

밝은(白) 지혜로 왕(王)들을 거느리는 황제니 **임금 황**

◁) 황제(皇帝) - 왕이나 제후를 거느리고 나라를 통치하는 임금을 왕이나 제후와 구별하여 이르는 말. *帝(제왕 제)

皇國(황국), 皇宮(황궁), 皇后(황후)

凰

2급 / 총11획 / 부수 几

안석(几) 중 황제(皇)처럼 고귀한 것에 새기는 봉황새니 **봉황새 황**

◁) 几(안석 궤 - 앉을 때 몸을 편하게 기대는 방석), 봉황새는 상서로운 새로 여겨 좋은 것에 새겼지요.

鳳凰(봉황) - 예로부터 중국의 전설에 나오는, 상서로움을 상징하는 상상의 새. 봉(鳳)은 수컷, 황(凰)은 암컷이라고 함.

帛

2급 / 총8획 / 부수 巾

하얀(白) 수건(巾) 같은 비단이니 **비단 백**

또 비단에 싸 보내는 폐백이니 **폐백 백**

◁) 巾(수건 건), 하얀 누에고치에서 뽑은 실로 짠 베가 비단이지요.

帛書(백서), 幣帛(폐백) - 신부가 처음으로 시부모를 볼 때 올리는 것.

錦

2급 / 총16획 / 부수 金

금(金)처럼 귀한 비단(帛)이니 **비단 금**

◁) 金(쇠 금, 금 금, 돈 금, 성 김)

錦衾(금금), 錦上添花(금상첨화), 錦衣還鄕(금의환향)

綿

2급 / 총14획 / 부수 糸

실(糸)을 뽑아 흰(白) 수건(巾)같은 천을 짜는 솜이니 **솜 면**

또 솜이 (가는 실로 촘촘하게 이어졌듯) 자세하게 이어지니 **자세할 면, 이어질 면**

◁) 糸(실 사, 실 사 변)

純綿(순면), 綿密(면밀), 周到綿密(주도면밀), 綿綿(면면)

024 천선 원원원[泉線 原源願] - 泉, 原으로 된 한자

泉
준3급 / 총9획 / 부수 水

하얗도록(白) 맑은 물(水)이 나오는 샘이니 **샘 천**

🔊 水(물 수)

甘泉(감천), 冷泉(냉천), 溫泉(온천), 源泉(원천)

線
5급 / 총15획 / 부수 糸

실(糸)이 샘(泉)의 물줄기처럼 길게 이어지는 줄이니 **줄 선**

🔊 糸(실 사, 실 사 변)

線路(선로), 直線(직선) ↔ 曲線(곡선), 脫線(탈선)

原
5급 / 총10획 / 부수 厂

바위(厂) 밑 샘(泉)이 있는 언덕이니 **언덕 원**
또 바위(厂) 밑 샘(泉)이 물줄기의 근원이니 **근원 원**

🔊 厂(굴 바위 엄, 언덕 엄), 𣆪[샘 천(泉)의 변형]

原價(원가), 原告(원고), 原油(원유), 原因(원인)

源
준3급 / 총13획 / 부수 氵

물(氵)이 솟아나는 근원(原)이니 **근원 원**

🔊 근원(根源·根原) - ㉠ 물줄기가 나오기 시작하는 곳. ㉡ 사물이 비롯되는 근본이나 원인.
  *根(뿌리 근)

起源(기원), 語源(어원), 拔本塞源(발본색원)

願
준4급 / 총19획 / 부수 頁

근원(原)적으로 머리(頁)는 잘되기를 원하니 **원할 원**

🔊 頁(머리 혈)

祈願(기원), 所願(소원), 念願(염원), 祝願(축원)

025 백필석(혁) 숙(수)축[百弼奭 宿縮] - 百, 宿으로 된 한자

百
7급 / 총6획 / 부수 白

하나(一)부터 시작하여 소리치는(白) 단위는 일백이니 **일백 백**
또 일백이면 많으니 **많을 백**

🔊 물건을 셀 때 속으로 세다가도 큰 단위에서는 소리침을 생각하고 만든 글자.

一當百(일당백), 百姓(백성), 百貨店(백화점)

弼
2급 / 총12획 / 부수 弓

양쪽에 활을 들고(弓弓) 많이(百) 도우니 **도울 필**

🔊 弓(활 궁), 옛날에는 부족끼리 많이 싸웠기 때문에 생긴 글자.

弼導(필도), 弼善(필선), 弼成(필성), 輔弼(보필)

奭
2급 / 총15획 / 부수 大

크고(大) 많고(百) 많아(百) 크게 성하니 **클 석, 성할 석**

또 크게 성내니 **성낼 혁**

🔊 大(큰 대)
🔊 인·지명용 한자.

宿
준4급 / 총11획 / 부수 宀

집(宀)에 사람(亻)이 많이(百) 묵으며 자니 **잘 숙**

또 자는 것처럼 오래 머물러 있는 별자리니 **오랠 숙, 별자리 수**

🔊 宀(집 면), 亻(사람 인 변)

宿食(숙식), 宿願(숙원), 宿題(숙제), 星宿(성수)

縮

2급 / 총17획 / 부수 糸

실(糸)은 잠재우듯(宿) 가만히 두면 줄어드니 **줄어들 축**

🔊 실은 가만히 두면 보풀이 가라앉아 줄어들지요.
🔊 보풀 – 실이나 종이, 헝겊 따위의 거죽에 일어나는 몹시 가는 털.
🔊 糸(실 사, 실 사 변)

縮圖(축도), 縮小(축소), 減縮(감축), 伸縮(신축)

---

026 천우간우 오허년[千于干牛 午許年] – 千과 비슷한 한자와 午로 된 한자

千
7급 / 총3획 / 부수 十

사람(亻)들이 가로(一)로 죽 늘어선 모양에서 **일천 천, 많을 천, 성 천**

千里眼(천리안), 千不當萬不當(천부당만부당)

于
준3급 / 총3획 / 부수 二

입술(二)에서 입김이 나오는 모습(亅)을 본떠서 **어조사 우**

🔊 二('두 이'이지만 여기서는 입술의 모습), 어조사(語助辭) – '말을 도와주는 말'로, 뜻 없이 다른 말의 기운만 도와주는 말. *語(말씀 어), 助(도울 조), 辭(말씀 사, 글 사, 물러날 사)

于今(우금), 于先(우선)

干

4급 / 총3획 / 부수 干

손잡이 있는 방패를 본떠서 **방패 간**

또 방패로 무엇을 범하면 얼마정도 정도 마르니 **범할 간, 얼마 간, 마를 간**

干戈(간과), 干涉(간섭), 若干(약간), 干潮(간조)

牛 준5급 / 총4획 / 부수 牛	뿔 있는 소를 본떠서 **소 우** 牛馬車(우마차), 牛乳(우유), 矯角殺牛(교각살우)
午 준5급 / 총4획 / 부수 十	방패 간(干) 위에 삐침 별(丿)을 그어서 (전쟁터에서 말이 아주 중요한 동물임을 나타내어) **말 오** 또 말은 일곱째 지지니 시간으로 한낮을 가리켜서 **일곱째 지지 오, 낮 오** 🔊 12지지인 「자축인묘진사오미신유술해」의 처음인 자시(子時)는 밤 11시부터 새벽 1시까지니, 두 시간씩 7번째는 낮 11시부터 오후 1시까지로 오시(午時)지요. 🔊 한자에서는 삐침 별(丿)이나 점 주(丶)로 무엇을 강조합니다. 午睡(오수), 午餐(오찬), 午後(오후), 正午(정오)
許 준4급 / 총11획 / 부수 言	남의 말(言)을 듣고 대낮(午)처럼 분명히 허락하니 **허락할 허, 성 허** 🔊 言(말씀 언) 許諾(허락), 許可(허가), 許容(허용), 免許(면허)
年 6급 / 총6획 / 부수 干	낮(午)이 숨은(ㄴ) 듯 가고오고 하여 해가 바뀌고 나이를 먹으니 **해 년, 나이 년** 🔊 ㄴ[감출 혜, 덮을 혜(ㄴ, = 匚)의 변형] 年俸(연봉), 送年(송년), 年歲(연세), 青年(청년)

Day 02 | 확인문제

01~04 다음 한자에 해당하는 훈음을 오른쪽에서 찾아 연결하세요.

01. 軌 •   • ㉠ 바늘 침
02. 針 •   • ㉡ 냄새 취
03. 兢 •   • ㉢ 조심할 긍
04. 臭 •   • ㉣ 길 궤

05~12 다음 漢字의 훈(뜻)과 음(소리)을 쓰세요.

05. 導 (   )   06. 拍 (   )
07. 憩 (   )   08. 植 (   )
09. 匿 (   )   10. 肢 (   )
11. 傘 (   )   12. 鳩 (   )

13~18 다음 훈음에 맞는 漢字를 쓰세요.

13. 원수 구 (   )   14. 해 뜰 욱 (   )
15. 던질 포 (   )   16. 갈림길 기 (   )
17. 마를 고 (   )   18. 허락할 낙 (   )

19~20 다음 문장 중 (   ) 안에 들어갈 한자어로 알맞은 것은?

19. 선생님의 (   )로 학생들이 학업에 충실하게 되었다.
    ① 啓導   ② 修道
    ③ 啓發   ④ 開發

20. 자랑만 일삼는 그의 태도에 나는 (   )을/를 금치 못한다.
    ① 苦杯   ② 苦笑
    ③ 苦樂   ④ 苦悶

정답

01. ㉣   02. ㉠   03. ㉢   04. ㉡   05. 인도할 도
06. 칠 박   07. 쉴 게   08. 심을 식   09. 숨길 닉   10. 사지 지
11. 우산 산   12. 비둘기 구   13. 仇   14. 旭   15. 抛
16. 岐   17. 枯   18. 諾   19. ①   20. ②

Day 03 | 027 ~ 039

027　탁탁탁택(댁)[乇托託宅] - 乇으로 된 한자

乇
급외자 / 총3획 / 부수 ノ

[천(千) 번이나 굽실거리며 부탁하고 의탁한다는 데서] **일천 천**(千)을 굽혀서
부탁할 탁, 의탁할 탁

🔊 1급, 사범, 급외자, 부수자 – 어원 풀이를 위한 참고자로 8~2급 선정 한자에는 포함되지 않습니다.

托
2급 / 총6획 / 부수 扌

손(扌)으로 **부탁하여**(乇) 맡기며 미니 **맡길 탁, 밀 탁**

🔊 扌(손 수 변)

無依無托(무의무탁), 信托(신탁)

託
2급 / 총10획 / 부수 言

말(言)로 부탁하니(乇) **부탁할 탁**

🔊 言(말씀 언)

託兒所(탁아소), 付託(부탁), 信託(신탁), 請託(청탁)

宅
준4급 / 총6획 / 부수 宀

지붕(宀) 아래 **의탁하여**(乇) 사는 집이니 **집 택, 집 댁**

🔊 宀(집 면), '댁'은 남의 집을 높여 이르는 말.

宅配(택배), 宅地(택지), 自宅(자택), ~宅(댁)

028　설활화 사사[舌活話 舍捨] - 舌, 舍로 된 한자

舌
4급 / 총6획 / 부수 舌

혀(千)가 입(口)에서 나온 모양을 본떠서 **혀 설**

🔊 千('일천 천, 많을 천'이지만 여기서는 혀의 모양으로 봄)

舌戰(설전), 舌禍(설화), 口舌數(구설수), 毒舌(독설)

活
5급 / 총9획 / 부수 氵

물(氵)기가 혀(舌)에 있어야 사니 **살 활**

活力(활력), 活路(활로), 活魚(활어), 復活(부활)

話
5급 / 총13획 / 부수 言

말(言)을 혀(舌)로 하는 말씀이나 이야기니 **말씀 화, 이야기 화**

話術(화술), 對話(대화), 童話(동화), 實話(실화)

舍
4급 / 총8획 / 부수 舌

사람(人)이 입속의 혀(舌)처럼 깃들여 사는 집이니 **집 사**

舍廊(사랑), 官舍(관사), 寄宿舍(기숙사), 幕舍(막사)

捨
3급 / 총11획 / 부수 扌

손(扌)으로 집(舍) 밖에 버리니 **버릴 사**

閃 拾(열 십, 주울 습) - 제목번호 112
◁ 扌(손 수 변)
喜捨(희사), 四捨五入(사사오입), 取捨選擇(취사선택)

---

029 **멱명 면우주자[冖冥 宀宇宙字] - 冖, 宀으로 된 한자**

冖
부수자 / 총2획 / 부수 冖

보자기로 덮은 모양을 본떠서 **덮을 멱**

冥

2급 / 총10획 / 부수 冖

덮여지는(冖) 해(日) 때문에 오후 **여섯**(六) 시 정도면 어두우니 **어두울 명**

또 어두우면 저승 같고 아득하니 **저승 명, 아득할 명**

◁ 六(여섯 륙), 계절에 따라 조금씩 다르지만 평균 여섯 시 정도면 어두워지지요.
冥冥(명명), 冥福(명복), 冥想(명상)

宀
부수자 / 총3획 / 부수 宀

지붕으로 덮여 있는 집을 본떠서 **집 면**

宇
준3급 / 총6획 / 부수 宀

지붕(宀)과 들보와 기둥(于)이 있는 집 모양을 본떠서 **집 우**

또 집처럼 만물이 살아가는 우주니 **우주 우**

◁ 于('어조사 우'이지만 여기서는 들보와 기둥의 모양으로 봄), 들보 - 기둥과 기둥 사이를 잇는 나무.
◁ 우주(宇宙) - 온 세계를 둘러싸고 있는 공간.
宇內(우내), 宇宙觀(우주관), 宇宙圈(우주권)

宙
준3급 / 총8획 / 부수 宀

지붕(宀)부터 **말미암아(由)** 지어진 집이니 **집 주**
또 집처럼 만물을 감싸는 하늘도 뜻하여 **하늘 주**

🔊 由(말미암을 유)

宇宙(우주), 宇宙船(우주선), 宇宙基地(우주기지)

字
준5급 / 총6획 / 부수 子

집(宀)에서 **자식(子)**이 배우고 익히는 글자니 **글자 자**

🔊 子(아들 자, 첫째 지지 자, 자네 자, 접미사 자)

字源(자원), 十字架(십자가), 識字憂患(식자우환)

---

030 간간한헌간 한안 순순[肝奸汗軒刊 旱岸 盾循] - 干, 盾으로 된 한자

肝

2급 / 총7획 / 부수 月

몸(月)에서 **방패(干)** 구실을 하는 간이니 **간 간**

🔊 月(달 월, 육 달 월), 간은 몸의 화학공장으로 몸에 필요한 여러 효소를 만들고, 몸에 들어온 독을 풀어주는 역할을 한다고 하지요. 영어로도 간(肝)을 liver, 즉 생명을 주는 것이라고 합니다.

肝腸(간장), 肝炎(간염), 九曲肝腸(구곡간장)

奸
2급 / 총6획 / 부수 女

약한 **여자(女)**들은 **방패(干)**처럼 자신을 보호하기 위해 간사하니 **간사할 간**
또 간사하게 범하니 **범할 간**

🔊 간사(奸邪) - 이해관계에 따라 남의 비위를 맞추며 알랑거림.
🔊 女(여자 녀), 邪(간사할 사)

奸巧(간교), 奸臣(간신), 奸惡(간악), 弄奸(농간)

汗

2급 / 총6획 / 부수 氵

물(氵)이 (체온을 지키려고) **방패(干)** 구실을 하는 땀이니 **땀 한**

🔊 우리 몸은 추우면 움츠리고 더우면 땀을 내 자동으로 체온을 조절하는 기능이 있지요.

汗蒸幕(한증막), 無汗不成(무한불성), 發汗(발한)

軒
2급 / 총10획 / 부수 車

수레(車) 위를 **방패(干)**처럼 덮어 처마가 있게 만든 수레나 집이니
처마 헌, 수레 헌, 집 헌

🔊 車(수레 거, 차 차)

軒頭(헌두), 軒燈(헌등), 軒號(헌호), 不憂軒(불우헌)

刊
3급 / 총5획 / 부수 刂

(옛날에는) **방패(干)** 같은 널빤지에 **칼(刂)**로 새겨 책을 펴냈으니 **책 펴낼 간**

🔊 刂(칼 도 방), 활자가 없던 시대에는 널빤지에 칼로 글자를 새겨 책을 펴냈지요.

刊行(간행), 日刊(일간), 週刊(주간), 創刊(창간)

旱
2급 / 총7획 / 부수 日

해(日)를 방패(干)로 막아야 할 정도로 가무니 **가물 한**

旱穀(한곡), 旱害(한해), 大旱(대한)

岸
3급 / 총8획 / 부수 山

산(山)의 바위(厂)가 방패(干)처럼 깎인 언덕이니 **언덕 안**

🔊 山(산 산), 厂(굴 바위 엄, 언덕 엄)

沿岸(연안), 彼岸(피안) ↔ 此岸(차안), 海岸線(해안선)

盾
2급 / 총9획 / 부수 目

방패(干)를 보완하여(丿) 눈(目)까지 보호하게 만든 방패니 **방패 순**

🔊 目(눈 목, 볼 목, 항목 목), 방패 순(盾)은 방패 간(干)을 더 좋게 개량한 것으로 구분하세요.

盾戈(순과), 矛盾(모순)

循
2급 / 총12획 / 부수 彳

조금씩 거닐며(彳) 방패(盾)를 들고 돌거나 좇으니 **돌 순, 좇을 순**

🔊 彳(조금 걸을 척)

循環(순환), 善循環(선순환) ↔ 惡循環(악순환), 循次(순차)

---

031 평평평 호호[平評坪 乎呼] - 平, 乎로 된 한자

平
준5급 / 총5획 / 부수 干

방패(干)의 나누어진(八) 면처럼 평평하니 **평평할 평**
또 평평하여 아무 일 없는 평화니 **평화 평**

🔊 八(여덟 팔, 나눌 팔)

平均(평균), 平等(평등), 平和(평화), 和平(화평)

評
3급 / 총12획 / 부수 言

말(言)로 공평하게(平) 평하니 **평할 평**

🔊 言(말씀 언), 평(評)하다 - 좋고 나쁨이나 잘되고 못됨, 옳고 그름 따위를 분석하여 논하는 일.

評價(평가), 論評(논평), 批評(비평), 品評(품평)

坪
2급 / 총8획 / 부수 土

땅(土)을 평평하게(平) 고른 들이니 **들 평**
또 들의 면적을 재던 단위였던 평이니 **평 평**

🔊 땅의 면적을 재는 단위가 지금은 ㎡, ㎢ 이지만 옛날에는 평(坪)과 정보(町步)였어요.
1평은 사방 여섯 자(1.818m × 1.818m = 3.305124㎡). 1정보는 3,000평이랍니다.

坪當(평당), 坪數(평수), 建坪(건평)

乎
준3급 / 총5획 / 부수 丿

(평평하지 않도록) **평평할 평(平)** 위에 변화를 주어서 **어조사 호**

🔊 어조사(語助辭) - '말을 도와주는 말'로, 뜻 없이 다른 말의 기운만 도와주는 말.
　*語(말씀 어), 助(도울 조), 辭(말씀 사, 글 사, 물러날 사)

斷乎(단호), 不亦說乎(불역열호)

呼
4급 / 총8획 / 부수 口

입(口)으로 호(乎)하고 입김이 나도록 부르니 **부를 호**

🔊 口(입 구, 구멍 구, 말할 구)

呼名(호명), 呼訴(호소), 呼出(호출), 歡呼(환호)

032　고(곡)호 호호혹조[告浩 晧皓酷造] - 告로 된 한자

告
준4급 / 총7획 / 부수 口

소(牛)고기를 차려 놓고 입(口)으로 알리고 뵙고 청하니 **알릴 고, 뵙고 청할 곡**

🔊 牛[소 우(牛)의 변형]

告白(고백), 報告(보고), 申告(신고), 出必告(출필곡)

浩

2급 / 총10획 / 부수 氵

물(氵)이 알리듯이(告) 소리 내며 크고 넓게 흐르니 **클 호, 넓을 호**

🔊 氵(삼 수 변)

浩氣(호기), 浩然之氣(호연지기), 浩蕩(호탕)

晧
2급 / 총11획 / 부수 日

해(日)처럼 밝게 알려(告) 분명하고 밝으니 **밝을 호**

🔊 日(해 일, 날 일)

晧晧(호호), 晧雪(호설), 晧首(호수), 晧然(호연)

皓
2급 / 총12획 / 부수 白

희다(白)고 알리는(告) 것처럼 희니 **흴 호**

🔊 白(흰 백, 밝을 백, 깨끗할 백, 아뢸 백)

皓齒(호치), 丹脣皓齒(단순호치)

酷

2급 / 총14획 / 부수 酉

술(酉)까지 바치며 알려도(告) 뜻대로 안 되면 심하고 독하니 **심할 혹, 독할 혹**

🔊 酉(술 유, 술그릇 유, 닭 유, 열째 지지 유), 제대로 안 되는 일도 술로는 될 수 있는데, 술로도 안 되니 심하다는 데서 생긴 글자.

酷毒(혹독), 酷暑(혹서), 酷評(혹평), 酷寒(혹한)

造
4급 / 총11획 / 부수 辶

계획을 **알리고**(告) **가서**(辶) 지으니 **지을 조**

🔊 辶(뛸 착, 갈 착)

造作(조작), 造化(조화), 造花(조화), 創造(창조)

033　선세 찬찬[先洗 贊讚] – 先, 贊으로 된 한자

先
준5급 / 총6획 / 부수 儿

(소를 부릴 때) **소**(牛)는 **사람**(儿) 앞에 먼저 가듯 먼저니 **먼저 선**

🔊 𠂉[소 우(牛)의 변형], 儿(사람 인 발, 어진 사람 인), 소를 몰 때는 소를 앞에 세우지요.

先輩(선배) ↔ 後輩(후배), 先拂(선불), 率先垂範(솔선수범)

洗
준4급 / 총9획 / 부수 氵

물(氵)로 **먼저**(先) 씻으니 **씻을 세**

洗練(세련), 洗禮(세례), 洗手(세수), 洗濯(세탁)

贊
3급 / 총19획 / 부수 貝

먼저(先) **먼저**(先) **재물**(貝)로 돕고 찬성하니 **도울 찬, 찬성할 찬**

🔊 貝(조개 패, 재물 패)

贊助(찬조), 協贊(협찬), 贊成(찬성), 贊反(찬반)

讚
2급 / 총26획 / 부수 言

말(言)로 **도우며**(贊) 칭찬하여 기리니 **칭찬할 찬, 기릴 찬**

🔊 言(말씀 언)

稱讚(칭찬), 讚頌(찬송), 讚揚(찬양), 自畫自讚(자화자찬)

034　건모모견 강(항)릉륭[件牡牟牽 降陵隆] – 牛, 阝로 된 한자

件
준3급 / 총6획 / 부수 亻

사람(亻)이 **소**(牛) 같은 재산을 팔아 사는 물건이니 **물건 건**
또 **사람**(亻)이 **소**(牛)에 받친 사건이니 **사건 건**

🔊 옛날 농경시대에는 소로 논밭을 갈고 짐을 날랐으니 소가 중요한 물건이었지요.

物件(물건), 件數(건수), 事件(사건), 案件(안건)

牡
2급 / 총7획 / 부수 牛

소(牛)가 **흙**(土)을 힘차게 갈면 수컷이니 **수컷 모**

🔊 牛(소 우 변), 土(흙 토)

牡牛(모우), 牡瓦(모와), 牡丹(모란)

牟
2급 / 총6획 / 부수 牛

사사로이(厶) 소(牛)가 우는 소리를 내며 보리를 탐내니
소 우는 소리 모, 보리 모, 탐낼 모, 성 모

🔊 厶(사사 사, 나 사), 보리 같은 곡식을 소가 좋아합니다.
牟麥(모맥), 牟利(모리), 釋迦牟尼(석가모니)

牽
2급 / 총11획 / 부수 牛

검은(玄) 고삐로 묶어(冖) 소(牛)를 끄니 **끌 견**

🔊 玄(검을 현, 아득할 현), 冖('덮을 멱'이지만 여기서는 묶은 모양), 옛날에는 소의 코에 구멍을 뚫어 묶어 끌거나 부렸지요.
牽引(견인), 牽制(견제), 牽牛織女(견우직녀)

降
준3급 / 총9획 / 부수 阝

언덕(阝)에서 천천히 걸어(夊) 소(⺧)처럼 내려오니 **내릴 강**
또 내려와 몸을 낮추고 항복하니 **항복할 항**

🔊 阝(언덕 부 변), 夊(천천히 걸을 쇠, 뒤져 올 치), ⺧[소 우(牛)의 변형]
降雨(강우), 降雪(강설), 昇降機(승강기), 降伏·降服(항복)

陵
2급 / 총11획 / 부수 阝

언덕(阝)처럼 흙(土)이 쌓여 사람(儿)이 천천히 걸어야(夊) 할 임금 무덤이나 언덕이니 **임금 무덤 릉, 언덕 릉**

🔊 阝(언덕 부 변), 土(흙 토), 儿(사람 인 발, 어진 사람 인), 夊(천천히 걸을 쇠, 뒤져 올 치)
王陵(왕릉), 丘陵(구릉), 武陵桃源(무릉도원)

隆
2급 / 총12획 / 부수 阝

언덕(阝)도 차분히(夊) 오르며 하나(一)같이 잘 살려고(生) 노력하면 높고 성하니 **높을 륭, 성할 륭**

🔊 生(날 생, 살 생, 사람을 부를 때 쓰는 접사 생)
隆起(융기), 隆冬(융동), 隆盛(융성)

---

035 천걸걸 순순 린린련 무무[舛桀傑 舜瞬 舛隣憐 無舞] - 舛, 舜, 舛, 無로 된 한자

舛
사범 / 총6획 / 부수 舛

저녁(夕)에는 어두워 하나(一)씩 덮어(ㄴ) 꿰어도(丨) 어긋나니 **어긋날 천**

🔊 夕(저녁 석), ㄴ[감출 혜, 덮을 혜(ㄴ, =匸)의 변형], 丨(뚫을 곤)

桀
1급 / 총10획 / 부수 木

어긋난(舛) 사람을 나무(木) 위에 매달아 처형함이 사나우니 **사나울 걸**
또 사납기로 대표적인 걸 임금이니 **걸 임금 걸**

🔊 木(나무 목), 걸주(桀紂) - 폭군의 대표적인 하(夏)나라의 걸왕(桀王)과 은(殷)나라의 주왕(紂王)을 일컫는 말.

50

傑
3급 / 총12획 / 부수 亻

사람(亻)이 사납게(桀) 일하면 뛰어난 호걸이 되니 **뛰어날 걸, 호걸 걸**

㊊ 杰 – 나무(木)가 불(灬)타듯이 열성적이면 뛰어난 호걸이 되니 '뛰어날 걸, 호걸 걸'

傑作(걸작), 傑出(걸출), 英雄豪傑(영웅호걸)

舜
2급 / 총12획 / 부수 舛

손톱(爫) 같은 잎에 덮여(冖) 어긋나게(舛) 여기저기 꽃피는 무궁화니 **무궁화 순**
또 중국에서 성군(聖君)으로 꼽히는 순임금을 일컬어 **순임금 순**

◀ 爫(손톱 조), 冖(덮을 멱)

堯舜(요순) – 중국 고대의 성군(聖君)인 요임금과 순임금.

瞬
2급 / 총17획 / 부수 目

눈(目) 깜짝할 사이에 무궁화(舜)는 피고 지니 **눈 깜짝할 순**

◀ 目(눈 목, 볼 목, 항목 목)

瞬間(순간), 瞬息間(순식간), 一瞬間(일순간)

粦
급외자 / 총12획 / 부수 米

쌀(米)처럼 작은 불이 어긋나게(舛) 다니며 반짝이는 반딧불이니 **반딧불 린**

◀ 米(쌀 미)

隣
2급 / 총15획 / 부수 阝

언덕(阝)에 반딧불(粦)이 어우러져 반짝이듯 어우러져 사는 이웃이니 **이웃 린**

◀ 阝(언덕 부 변)

近隣(근린), 善隣(선린), 隣近(인근), 隣接(인접)

憐
2급 / 총15획 / 부수 忄

마음(忄)에 반딧불(粦) 깜빡이듯 불쌍히 여기는 마음이 드니 **불쌍히 여길 련**

◀ 忄(마음 심 변)

憐憫(연민), 可憐(가련), 同病相憐(동병상련)

無
5급 / 총12획 / 부수 灬

사람(𠂉)이 장작더미를 쌓아서(卌) 그 밑에 불(灬)을 지핀 모양으로 불타버리고 없으니 **없을 무**

㊋ 无 : 하늘(一)과 땅(一)에 사람(儿) 하나 없으니 '없을 무'
　 旡 : 하나(一)도 숨은(乚) 사람(儿)이 없으니 '없을 무'

◀ 𠂉[사람 인(人)의 변형], 灬(불 화 발), 儿(사람 인 발, 어진 사람 인), 乚(감출 혜, 덮을 혜, = 匸)

無難(무난), 無能(무능), 無線(무선), 無情(무정)

舞
준3급 / 총14획 / 부수 舛

정신없이(無) 발을 어긋나게(舛) 디디며 춤추니 **춤출 무**

◀ 無[없을 무(無)의 획 줄임]

舞臺(무대), 舞踊(무용), 歌舞(가무), 鶴舞(학무)

036 혈구창돌질 공강[穴究窓突窒 空腔] - 穴, 空으로 된 한자

穴
2급 / 총5획 / 부수 穴

(오래된) **집(宀)**에 **나누어진(八)** 구멍이니 **구멍 혈**
또 구멍이 길게 파인 굴이니 **굴 혈**

🔊 宀(집 면), 八(나눌 팔, 여덟 팔)
穴居(혈거), 穴見(혈견), 偕老同穴(해로동혈)

究
4급 / 총7획 / 부수 穴

(보이지 않는) **굴(穴)**의 **많은(九)** 부분까지 들어가 찾고 연구하니 **연구할 구**

🔊 九(아홉 구, 클 구, 많을 구)
究明(구명), 硏究(연구), 探究(탐구), 學究(학구)

窓
5급 / 총11획 / 부수 穴

구멍(穴)처럼 **사사로운(厶) 마음(心)**으로 벽에 뚫어 만든 창문이니 **창문 창**

🔊 厶(사사 사, 나 사), 心(마음 심, 중심 심)
窓口(창구), 窓門(창문), 窓戶(창호), 車窓(차창)

突
3급 / 총9획 / 부수 穴

구멍(穴)에서 **개(犬)**가 갑자기 튀어나와 부딪치니 **갑자기 돌, 부딪칠 돌**
또 집에서 갑자기 내민 굴뚝이니 **내밀 돌, 굴뚝 돌**

🔊 犬(개 견), 옛날에는 개를 풀어놓고 길렀는데 쥐약을 먹으면 아궁이 같은 구멍에 들어가 몸부림치지요.
突發(돌발), 衝突(충돌), 突出(돌출), 煙突(연돌)

窒
2급 / 총11획 / 부수 穴

구멍(穴) 끝에 **이른(至)** 듯 막히니 **막힐 질**

🔊 至(이를 지, 지극할 지)
窒塞(질색), 窒酸(질산), 窒素(질소), 窒息(질식)

空
준5급 / 총8획 / 부수 穴

굴(穴)처럼 **만들어(工)** 속이 비니 **빌 공**
또 크게 빈 공간은 하늘이니 **하늘 공**

🔊 工(장인 공, 만들 공, 연장 공)
空白(공백), 空想(공상), 蒼空(창공), 航空(항공)

腔
2급 / 총12획 / 부수 月

몸(月) 속이 **비었으니(空)** 속 빌 **강**

🔊 月(달 월, 육 달 월)
口腔(구강), 滿腔(만강), 腹腔鏡(복강경)

037 구지 국곤 수온 인인은[口只 □困 囚溫 因姻恩] - 口, □, 囚, 因으로 된 한자

口
8급 / 총3획 / 부수 口

입이나 구멍을 본떠서 **입 구, 구멍 구**
또 입으로 말하니 **말할 구**

口味(구미), 一口二言(일구이언), 出入口(출입구)

只
준3급 / 총5획 / 부수 口

입(口)으로 다만 팔자(八) 타령만 하니 **다만 지**

유 兄(형 형, 어른 형) - 제목번호 117
八(여덟 팔, 나눌 팔), 팔자(八字) - 사람의 한 평생의 운수. 사주팔자에서 유래한 말로, 사람이 태어난 해와 달과 날과 시간을 간지(干支)로 나타내면 여덟 글자가 되는데, 이 속에 일생의 운명이 정해져 있다고 봄.
只今(지금), 但只(단지)

DAY 03

□
급외자 / 총3획 / 부수 □

사방을 에워싼 에운담(□) 모양에서 **에운담**
또 **나라 국(國)의 약자**

圍(둘러쌀 위)의 고자(古字), 國(나라 국)의 고자(古字). 나라 국(國)의 약자는 国인데 □으로도 씁니다.
에운담은 부수 이름이기에 '국'으로만 제목을 붙였습니다.

困
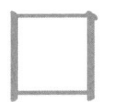
준3급 / 총7획 / 부수 □

에워싸인(□) 나무(木)처럼 곤하니 **곤할 곤**

木(나무 목), 곤(困)하다 - 기운이 없이 나른하다.
困難(곤난 → 곤란), 困境(곤경), 貧困(빈곤), 疲困(피곤)

囚
3급 / 총5획 / 부수 □

에워싸여(□) 갇힌 사람(人)은 죄인이니 **죄인 수**

人(사람 인)
囚衣(수의), 死刑囚(사형수), 良心囚(양심수), 罪囚(죄수)

溫
준4급 / 총13획 / 부수 氵

물(氵)을 죄인(囚)에게도 그릇(皿)으로 떠 주는 마음이 따뜻하니 **따뜻할 온**
또 무슨 일을 따뜻해지도록 여러 번 반복하여 익히니 **익힐 온, 성씨 온**

약 温 - 물(氵)이 해(日)가 비친 그릇(皿)에 있어 따뜻하니 '따뜻할 온'
　　또 따뜻해지도록 여러 번 반복하여 익히니 '익힐 온, 성씨 온'
氵(삼 수 변), 皿(그릇 명), 여러 번 문지르면 따뜻해지듯이 반복하여 익힌다는 데서 '익힐 온'입니다.
溫氣(온기), 溫情(온정), 溫故知新(온고지신)

因
준4급 / 총6획 / 부수 □

에워싼(□) 큰(大) 울타리에 말미암아 의지하니 **말미암을 인, 의지할 인**

大(큰 대), 사회가 안정되지 않았던 옛날에는 크고 튼튼한 울타리에 많이 의지하였겠지요.
因緣(인연), 原因(원인), 因習(인습), 敗因(패인)

姻
3급 / 총9획 / 부수 女

여자(女)가 의지할(因) 남자에게 시집가니 **시집갈 인**

🔊 女(여자 녀)

姻戚(인척), 姻親(인친), 婚姻(혼인)

恩
4급 / 총10획 / 부수 心

의지하도록(因) 마음(心) 써주는 은혜니 **은혜 은**

🔊 心(마음 심, 중심 심)

恩惠(은혜), 恩功(은공), 恩德(은덕), 恩人(은인)

---

038 회회 단단단[回廻 亶壇檀] - 回, 亶으로 된 한자

回
준4급 / 총6획 / 부수 口

축을 중심으로 돌아가는 모양에서 **돌 회**
또 돌아오는 횟수니 **돌아올 회, 횟수 회**

回轉(회전), 回答(회답), 回顧(회고), 一回(일회)

廻

2급 / 총9획 / 부수 廴

(바로 가지 않고) 돌아서(回) 길게 걸어(廴) 우회하니 **우회할 회, 돌 회**

🔊 우회(迂廻) - (곧바로 가지 아니하고) 멀리 돌아서 감.
🔊 廴(길게 걸을 인), 迂(멀 우, 돌아갈 우)

回轉·廻轉(회전), 廻風(회풍), 輪廻(윤회)

亶
사범 / 총13획 / 부수 亠

머리(亠) 돌려(回) 아침(旦)부터 열중하면 생기는 높은 믿음이니
높을 단, 믿음 단

🔊 亠(머리 부분 두), 旦(아침 단)

壇
준3급 / 총16획 / 부수 土

흙(土)을 높이(亶) 쌓아 만든 제단이나 단상이니 **제단 단, 단상 단**

🔊 土(흙 토)

壇上(단상), 敎壇(교단), 論壇(논단), 登壇(등단)

檀

2급 / 총17획 / 부수 木

나무(木) 중 단단하여 높이(亶) 만들 때 쓰는 박달나무나 향나무니
박달나무 단, 향나무 단

🔊 단군신화에 환웅이 태백산(지금의 묘향산) 신단수(神檀樹) 아래로 내려오는데, 신단수(神檀樹)는 박달나무 단(檀)이니 단군(檀君)에도 박달나무 단(檀)을 쓰지요. *神(귀신 신, 신비할 신), 樹(세울 수, 나무 수)

檀君(단군), 檀紀(단기), 震檀(진단)

039 심 필필(비)비 밀밀밀[心 必泌祕 宓密蜜] - 心과 必, 宓로 된 한자

7급 / 총4획 / 부수 心

(마음이 가슴 속 심장에 있다고 생각하여) 심장을 본떠서 **마음 심**

또 심장이 있는 몸의 중심이니 **중심 심**

🔊 心이 글자의 변으로 쓰일 때는 '마음 심 변(忄)', 발로 쓰일 때는 '마음 심 발(㣺)'이고, 心 그대로 발로 쓰일 때도 있습니다.

心性(심성), 良心(양심), 都心(도심), 圓心(원심)

준4급 / 총5획 / 부수 心

하나(丿)에만 매달리는 **마음(心)**으로 반드시 이루니 **반드시 필**

🔊 丿('삐침 별'이지만 여기서는 '하나'로 봄)

必讀(필독), 必須(필수), 必勝(필승), 必要(필요)

2급 / 총8획 / 부수 氵

물(氵)은 **반드시(必)** 어디론가 스며 흐르니 **스며 흐를 필**

또 물 흐르듯 분비하니 **분비할 비**

🔊 氵(삼 수 변)

分泌物(분비물), 泌尿器科(비뇨기과)

준3급 / 총10획 / 부수 示

신(示)처럼 **반드시(必)** 모습을 숨기면 신비로우니 **숨길 비, 신비로울 비**

㊛ 秘 - 옛날 곡식이 귀하던 시절에 벼(禾)는 반드시(必) 숨겨야 한다는 데서 '숨길 비, 신비로울 비'

🔊 示(보일 시, 신 시), 禾(벼 화), 신비(神祕) - (사람의 지혜로는 도저히 이해할 수 없는) 신묘한 비밀.

祕訣(비결), 祕密(비밀), 祕境(비경), 祕藏(비장)

사범 / 총8획 / 부수 宀

집(宀)에서도 **반드시(必)** 잠잠하게 지켜야 할 비밀이니 **잠잠할 밀, 비밀 밀**

🔊 宀(집 면)

4급 / 총11획 / 부수 宀

잠잠한(宓) 산(山)의 나무처럼 빽빽한 비밀이니 **빽빽할 밀, 비밀 밀**

🔊 山(산 산)

密度(밀도), 密林(밀림), 密告(밀고), 密輸(밀수)

蜜
2급 / 총14획 / 부수 虫

비밀(宓)로 **벌레(虫)**가 저장하고 있는 꿀이니 **꿀 밀**

🔊 虫(벌레 충)

蜜柑(밀감), 蜜月旅行(밀월여행), 口蜜腹劍(구밀복검)

Day 03 | 확인문제

01~04 다음 한자에 해당하는 훈음을 오른쪽에서 찾아 연결하세요.

01. 託 •					• ㉠ 버릴 사
02. 捨 •					• ㉡ 간 간
03. 肝 •					• ㉢ 땀 한
04. 汗 •					• ㉣ 부탁할 탁

05~12 다음 漢字의 훈(뜻)과 음(소리)을 쓰세요.

05. 岸 ( )			06. 評 ( )
07. 呼 ( )			08. 酷 ( )
09. 洗 ( )			10. 牽 ( )
11. 瞬 ( )			12. 姻 ( )

13~18 다음 훈음에 맞는 漢字를 쓰세요.

13. 꿀 밀 ( )		14. 우회할 회 ( )
15. 속 빌 강 ( )		16. 이웃 린 ( )
17. 칭찬할 찬 ( )		18. 수컷 모 ( )

19~20 다음 문장 중 (   ) 안에 들어갈 한자어로 알맞은 것은?

19. 회담에서 서로 (   )만 교환되었을 뿐 합의안은 타결되지 못했다.
    ① 舌禍   ② 口舌數
    ③ 舌根   ④ 舌戰

20. 무슨 (   )이/가 있지 않고서야 하룻밤 사이에 그렇게 변심할 리가 없다.
    ① 奸臣   ② 奸惡
    ③ 弄奸   ④ 奸邪

정답

01. ㉣   02. ㉠   03. ㉡   04. ㉢   05. 언덕 안
06. 평할 평   07. 부를 호   08. 심할 혹   09. 씻을 세   10. 끌 견
11. 눈 깜짝할 순 12. 시집갈 인 13. 蜜   14. 廻   15. 腔
16. 隣   17. 讚   18. 牡   19. ④   20. ③

Day 04 | 040 ~ 050

040 오오오 려려궁 아악(오)[吳娛誤 呂侶宮 亞惡] - 吳, 呂, 亞로 된 한자

吳
2급 / 총7획 / 부수 口

입(口) 벌리고 목 젖히며(ᄂ) 큰(大)소리쳤던 오나라니
큰소리칠 화, 오나라 오, 성 오

🔊 ᄂ(목을 뒤로 젖힌 모양), 오(吳)나라 - 중국 춘추시대의 나라.
吳牛喘月(오우천월), 吳越同舟(오월동주)

娛
2급 / 총10획 / 부수 女

여자(女)들이 큰소리치며(吳) 즐거워하니 **즐거워할 오**

🔊 女(여자 녀)
娛樂(오락), 娛樂室(오락실), 娛遊(오유)

誤
4급 / 총14획 / 부수 言

말(言)을 큰소리(吳)로 허풍 떨며 잘못하니 **잘못할 오**

🔊 言(말씀 언)
誤答(오답), 誤謬(오류), 誤發(오발), 誤報(오보)

呂
2급 / 총7획 / 부수 口

등뼈가 서로 이어진 모양을 본떠서 **등뼈 려**
또 등뼈처럼 소리의 높낮이가 이어진 음률이니 **음률 려, 성 여**

六呂(육려), 律呂(율려) - 국악에서, 음악이나 음성의 가락을 이르는 말. *律(법률 률, 음률 률)

侶
2급 / 총9획 / 부수 亻

사람(亻) 중 등뼈(呂)처럼 이어지는 짝이니 **짝 려**

🔊 亻(사람 인 변)
伴侶(반려), 伴侶者(반려자), 僧侶(승려)

宮
준3급 / 총10획 / 부수 宀

집(宀) 여러 칸이 등뼈(呂)처럼 이어진 집이나 궁궐이니 **집 궁, 궁궐 궁**

🔊 宀(집 면), 천자가 거처하는 황궁은 9,999칸, 임금이 거처하는 궁궐은 999칸, 대부의 집은 99칸까지 지었다고 하지요.
宮闕(궁궐), 宮殿(궁전), 王宮(왕궁)

亞

3급 / 총8획 / 부수 二

(신체 능력이 보통 사람보다 조금 다른) 두 척추장애인을 본떠서 **버금 아, 다음 아**

약 亜

🔊 '버금'은 으뜸의 바로 아래로, '다음, 두 번째(the second in order)'의 뜻입니다.

亞流(아류), 亞熱帶(아열대), 亞喬木(아교목)

惡

준4급 / 총12획 / 부수 心

(최선이 아닌) 다음(亞)을 생각하는 마음(心)이 악하니 **악할 악**

또 악은 모두 미워하니 **미워할 오**

🔊 心(마음 심, 중심 심), 무슨 나쁜 짓을 하는 것만이 악이 아니라 최선을 다하지 않고 '이것이 안 되면 다른 것하지 뭐'식으로 다음을 생각하는 마음이 제일 큰 악이지요.

惡童(악동), 惡用(악용) ↔ 善用(선용), 憎惡(증오)

041 품 4구 소조조암[品 區驅鷗歐 枭操燥癌] – 品과 區, 枭로 된 한자

品

5급 / 총9획 / 부수 口

여러 사람이 말하여(口口口) 정한 물건의 등급과 품위니
물건 품, 등급 품, 품위 품

🔊 口(입 구, 구멍 구, 말할 구)

物品(물품), 上品(상품), 品格(품격), 品位(품위)

區

준3급 / 총11획 / 부수 匚

감추려고(匚) 물건(品)을 나누니 **나눌 구**

또 나눠놓은 구역이니 **구역 구**

🔊 匚(감출 혜, 덮을 혜, = 匸)

區分(구분), 區劃(구획), 區域(구역), 區間(구간)

驅

2급 / 총21획 / 부수 馬

말(馬)을 어느 구역(區)으로 몰아 달리니 **몰 구, 달릴 구**

🔊 馬(말 마)

驅軍(구군), 驅迫(구박), 驅蟲(구충), 驅步(구보)

鷗

2급 / 총22획 / 부수 鳥

일정한 구역(區)에만 사는 새(鳥)는 갈매기니 **갈매기 구**

🔊 鳥(새 조)

鷗鷺(구로), 鷗盟(구맹), 白鷗(백구), 海鷗(해구)

歐
2급 / 총15획 / 부수 欠

어떤 **구역(區)**에 **하품(欠)**하듯 입 벌리고 토하니 **토할 구**
또 (옛날 중국에서 세상의) **구역(區)** 중 **모자라게(欠)** 여겼던 구주니 **구주 구**

- 구주(歐洲) – 유럽.
- 欠(하품 흠, 모자랄 흠), 洲(물가 주, 섬 주), 산업혁명이 일어나기 전까지 자원이 빈약한 서구 유럽은 아주 못 살아서, 자원이 풍부한 중국에서 무시했다는 데서 만들어진 글자.

歐文(구문), 歐美(구미), 西歐(서구)

喿
급외자 / 총13획 / 부수 口

새들의 입들(品)이 **나무(木)** 위에서 떼 지어 우니 **새 떼 지어 울 소**

- 品('물건 품, 등급 품, 품위 품'이지만 여기서는 많은 입들의 모습)
- 1급, 사범, 급외자, 부수자 – 어원 풀이를 위한 참고자로 8~2급 선정 한자에는 포함되지 않습니다.

操
준3급 / 총16획 / 부수 扌

손(扌)으로 **새 떼 지어 우는(喿)** 것처럼 어지러운 일을 잡아 다루니 **잡을 조, 다룰 조**

- 扌(손 수 변)

操心(조심), 志操(지조), 操業(조업), 操縱(조종)

燥
2급 / 총17획 / 부수 火

불(火)에 **새 떼 지어 우는(喿)** 소리를 내며 타거나 마르니 **탈 조, 마를 조**

- 火(불 화), 풀이나 나무가 마르거나 탈 때는 소리가 나지요.

焦燥(초조), 燥渴(조갈), 乾燥(건조), 無味乾燥(무미건조)

癌
2급 / 총17획 / 부수 疒

병(疒) 중 **물건(品)**을 **산(山)**처럼 많이 요구하는 암이니 **암 암**

- 疒(병들 녁), 山(산 산), 암에 걸리면 많은 것을 먹어야 하고 돈도 많이 들지요.

癌腫(암종), 癌的(암적), 胃癌(위암)

---

042   중중충충 충환[中仲沖衷 忠患] – 中, 충으로 된 한자

中
8급 / 총4획 / 부수 丨

사물(口)의 가운데를 **뚫어(丨)** 맞히니 **가운데 중, 맞힐 중**

- 口('입 구, 말할 구, 구멍 구'이지만 여기서는 사물의 모습으로 봄), 丨(뚫을 곤)

中立(중립), 中央(중앙), 命中(명중), 百發百中(백발백중)

仲
2급 / 총6획 / 부수 亻

사람(亻) 가운데(中) 두 번째인 버금이니 **버금 중**
또 **사람(亻) 가운데(中)**에서 중개하니 **중개할 중**

- '버금'은 으뜸의 바로 아래로, '다음, 두 번째'의 뜻.

伯仲(백중), 仲介(중개), 仲介人(중개인)

沖
2급 / 총7획 / 부수 氵

물(氵) 가운데(中) 섞이면 화하니 **화할 충**
또 물(氵)과 위에 언 얼음 가운데(中)처럼 비니 **빌 충**
또 아직 생각이 빈(꽉 차지 못한) 어린 나이니 **어릴 충**

🔊 화(和)하다 - ㉠ (무엇을) 타거나 섞다. ㉡ (날씨나 바람·마음 따위가) 온화하다.
🔊 화(化)하다 - 다른 상태가 되다. 여기서는 和, 化의 뜻 둘 다 통함.

沖氣(충기), 沖虛(충허), 沖寂(충적), 沖年(충년)

衷
2급 / 총10획 / 부수 衣

옷(衣) 가운데(中), 즉 속마음으로 정성을 다하니 **속마음 충, 정성 충**

🔊 衣(옷 의)

衷誠(충성), 衷心(충심), 衷情(충정), 苦衷(고충)

忠
준4급 / 총8획 / 부수 心

가운데(中)서 우러나는 마음(心)으로 대함이 충성이니 **충성 충**

🔊 충성(忠誠) - 참마음에서 우러나오는 정성.
🔊 心(마음 심, 중심 심), 誠(정성 성)

忠告(충고), 忠信(충신), 忠言逆耳(충언역이)

患
준4급 / 총11획 / 부수 心

가운데(中) 가운데(中)에 맺혀 있는 마음(心)이 근심이니 **근심 환**

患者(환자), 憂患(우환), 有備無患(유비무환)

---

043 사리사 경(갱)경 편(변)편[史吏使 更硬 便鞭] - 史, 更, 便으로 된 한자

史
준4급 / 총5획 / 부수 口

중립(屮)을 지키며(乀) 사실대로 써야 하는 역사니 **역사 사**

🔊 屮[가운데 중, 맞힐 중(中)의 변형], 乀 ('파임 불'이지만 여기서는 '지키다'의 뜻으로 봄)
🔊 역사는 어느 쪽으로도 치우치지 않는 중립을 지키는 사람이 사실대로 써야 하지요.

歷史(역사), 史觀(사관), 史劇(사극), 略史(약사)

吏
3급 / 총6획 / 부수 口

한(一)결같이 중립(中)에 서서 공정하게 일해야 하는 사람(人)이니 **관리 리**

官吏(관리), 淸白吏(청백리), 貪官汚吏(탐관오리)

使
준4급 / 총8획 / 부수 亻

사람(亻)이 관리(吏)로 하여금 일을 하도록 부리니 **하여금 사, 부릴 사**

使命(사명), 使童(사동), 使役(사역), 勞使(노사)

更
4급 / 총7획 / 부수 曰

한(一) 번 말(曰)하면 사람(人)들은 고치거나 다시 하니 **고칠 경, 다시 갱**

🔊 曰(가로 왈, 말할 왈), 한 번 말하면 좋은 사람은 고치지만 그렇지 못한 사람은 다시 하지요.

更正(경정), **更**迭(경질), 變**更**(변경), **更**生(갱생)

硬
3급 / 총12획 / 부수 石

돌(石)처럼 고쳐(更) 굳으니 **굳을 경**

🔊 石(돌 석)

硬度(경도), **硬**化(경화), 動脈**硬**化(동맥경화), 强**硬**(강경)

便
5급 / 총9획 / 부수 亻

사람(亻)이 잘못을 고치면(更) 편하니 **편할 편**

또 누면 편한 똥오줌이니 **똥오줌 변**

🔊 편할 편(便)에 어찌 '똥오줌 변'이란 뜻도 있을까? 조금만 생각해봐도 누면 편한 것이 똥오줌이니 그런 것임을 알게 되지요.

便利(편리), 簡**便**(간편), **便**所(변소), 小**便**(소변)

鞭
2급 / 총18획 / 부수 革

막대에 가죽(革)끈을 달아 편하게(便) 이리저리 치는 채찍이니 **채찍 편**

🔊 革(가죽 혁, 고칠 혁), 채찍 – 마소를 모는 데 쓰는 도구.

鞭撻(편달), 敎**鞭**(교편), 走馬加**鞭**(주마가편)

---

044 감심 모모매[甘甚 某謀媒] – 甘, 某로 된 한자

甘
준4급 / 총5획 / 부수 甘

(혀 앞부분에서 단맛을 느끼니) 쭉 내민 혀 앞부분에 一을 그어 **달 감**

또 단맛은 먹기 좋아 기쁘니 **기쁠 감**

甘味(감미), **甘**受(감수), **甘**言利說(감언이설)

甚
준3급 / 총9획 / 부수 甘

달콤한(甘) 짝(匹)들의 사랑이 심하니 **심할 심**

🔊 匹(짝 필, 필 필 – 베를 세는 단위)

甚難(심난), **甚**至於(심지어), 極**甚**(극심)

某
3급 / 총9획 / 부수 木

단(甘) 열매가 열리는 나무(木)는 아무나 찾으니 **아무 모**

🔊 아무 – 꼭 누구라고 말하거나, 꼭 무엇이라고 지정하지 않고 가리킬 때 쓰는 말.

某某(모모), **某**年(모년), **某**種(모종), **某**處(모처)

DAY 04

謀
2급 / 총16획 / 부수 言

말(言)이나 행동을 아무(某)도 모르게 꾀하고 도모하니 **꾀할 모, 도모할 모**

🔊 言(말씀 언)

謀略(모략), 謀議(모의), 謀陷(모함), 主謀(주모)

媒
2급 / 총12획 / 부수 女

여자(女)를 아무(某)에게 중매하니 **중매할 매**

🔊 女(여자 녀), 중매(中媒) - 중간에서 혼인이 이루어지도록 하는 일.

媒介(매개), 媒婆(매파), 觸媒(촉매)

---

045 8기[其棋琪騏麒 欺期基] - 其로 된 한자

其
4급 / 총8획 / 부수 八

달콤한(甘) 음식을 그릇(一)에 나누어(八) 놓고 유인하는 그 니 **그 기**

🔊 甘[달 감, 기쁠 감(甘)의 변형], 一('한 일'이지만 여기서는 그릇으로 봄), 八(여덟 팔, 나눌 팔)
🔊 원래는 키를 본떠서 만든 글자, 甘(달 감, 기쁠 감), 丌(무엇을 받친 대의 모습에서 '대 기')

其間(기간), 其實(기실), 其餘(기여), 其他(기타)

棋
2급 / 총12획 / 부수 木

나무(木)판에서 하는 바로 그(其) 놀이는 바둑이니 **바둑 기**

동 棊 - 그(其) 나무(木) 판에서 하는 놀이는 바둑이니 '바둑 기'
동 碁 - 그(其) 돌(石)로 하는 놀이는 바둑이니 '바둑 기'

棋力(기력), 棋歷(기력), 棋士(기사), 棋院(기원)

琪
2급 / 총12획 / 부수 王(玉)

옥(王) 중에 바로 그(其) 옥의 이름이니 **옥 이름 기**

🔊 王(임금 왕, 으뜸 왕, 구슬 옥 변)

琪花(기화), 琪花瑤草(기화요초)

騏
2급 / 총18획 / 부수 馬

말(馬)이라면 바로 그(其) 준마니 **준마 기**

🔊 준마(駿馬) - 빠르게 잘 달리는 말.
🔊 馬(말 마), 駿(준마 준)

騏驎(기린), 騏驥(기기) - 하루에 천 리를 달린다는 명마. *驥(천리마 기)

麒
2급 / 총19획 / 부수 鹿

사슴(鹿)과 비슷한 바로 그(其) 기린이니 **기린 기**

🔊 鹿(사슴 록), 기린(麒麟) - ㉠ 기린과에 딸린 동물. ㉡ 성인(聖人)이 세상에 나면 나타난다고 하는 상상의 동물. ㉢ 가장 걸출한 인물을 비유하여 이르는 말.

麒麟兒(기린아), 麒麟草(기린초)

欺 3급 / 총12획 / 부수 欠	그런(其) 저런 허황된 말을 하며 **모자라게(欠)** 속이니 **속일 기** 🔊 欠(하품 흠, 모자랄 흠), 태도를 보면 그 마음을 알 수 있지요. 欺瞞(기만), 欺罔(기망), 詐欺(사기)
期 준4급 / 총12획 / 부수 月	그(其) 달(月)의 모양으로 기간을 정하고 기약했으니 **기간 기, 기약할 기** 🔊 月(달 월, 육 달 월), 달은 늘 모양이 변하니 달의 어떤 모양일 때 다시 만나자고 할 수 있지요. 期間(기간), 婚期(혼기), 期約(기약), 期待(기대)
基 준4급 / 총11획 / 부수 土	그(其) 바탕에 **흙(土)**을 다진 터나 기초니 **터 기, 기초 기** 🔊 터 - ㉠ 공사를 하거나 하였던 자리. ㉡ 일의 토대. 基幹(기간), 基盤(기반), 基準(기준), 基礎(기초)

046 산선 출졸 굴굴굴[山仙 出拙 屈掘窟] - 山, 出, 屈로 된 한자

山 8급 / 총3획 / 부수 山	높고 낮은 산봉우리를 본떠서 **산 산** 山林(산림), 山脈(산맥), 山紫水明(산자수명)
仙 준4급 / 총5획 / 부수 亻	**사람(亻)**이 **산(山)**처럼 높은 것에만 신경 쓰고 살면 신선이니 **신선 선** 🔊 세상을 살다보면 해결해야 할 일이 많은데, 산처럼 높은 것에만 신경 쓰고 살면 신선이라고 했네요. 🔊 신선(神仙) - 도(道)를 닦아서 현실의 인간 세계를 떠나 자연과 벗하며 산다는 상상의 사람. 仙境(선경), 仙女(선녀), 仙藥(선약), 仙人掌(선인장)
出 7급 / 총5획 / 부수 凵	(높은 데서 보면) **산(山)** 아래로 또 **산(山)**이 솟아나고 나가니 **날 출, 나갈 출** 出家(출가), 出嫁(출가), 出世(출세), 家出(가출)
拙 2급 / 총8획 / 부수 扌	(정성 없이) **손(扌)** 재주로만 만들어 **내면(出)** 못나니 **못날 졸** 🔊 扌(손 수 변) 拙作(졸작), 拙速(졸속), 拙丈夫(졸장부) ↔ 大丈夫(대장부)

屈
2급 / 총8획 / 부수 尸

몸(尸)이 나가려고(出) 굽은 곳에서는 굽히니 **굽을 굴, 굽힐 굴**

◀ 尸(주검 시, 몸 시)

屈曲(굴곡), 屈伏(굴복), 百折不屈(백절불굴)

掘
2급 / 총11획 / 부수 扌

손(扌)을 굽혀(屈) 파니 **팔 굴**

◀ 扌(손 수 변)

發掘(발굴), 臨渴掘井(임갈굴정)

窟
2급 / 총13획 / 부수 穴

구멍(穴)이 굽어서(屈) 계속되는 굴이니 **굴 굴**

◀ 穴(구멍 혈, 굴 혈)

洞窟(동굴), 貧民窟(빈민굴), 巢窟(소굴)

---

047 곡속유욕 욕욕 4용[谷俗裕浴 欲慾 容鎔溶瑢] - 谷, 欲, 容으로 된 한자

谷
4급 / 총7획 / 부수 谷

양쪽으로 벌어지고(八) 벌어져(八) 구멍(口)처럼 패인 골짜기니 **골짜기 곡**

◀ 八(여덟 팔, 나눌 팔), 口(입 구, 구멍 구, 말할 구)

溪谷(계곡), 深山幽谷(심산유곡), 進退維谷(진퇴유곡)

俗
4급 / 총9획 / 부수 亻

사람(亻)이 골짜기(谷)처럼 낮은 것에만 신경 쓰면 저속하니 **저속할 속**

또 저속한 사람들이 모여 사는 속세니 **속세 속**

또 사람(亻)이 골짜기(谷)에 살면서 이룬 풍속이니 **풍속 속**

低俗(저속), 俗世(속세), 民俗(민속), 美風良俗(미풍양속)

裕
3급 / 총12획 / 부수 衤

옷(衤)이 커 골짜기(谷)처럼 주름지게 넉넉하니 **넉넉할 유**

◀ 衤(옷 의 변)

裕寬(유관), 裕福(유복), 裕餘(유여), 富裕(부유)

浴

4급 / 총10획 / 부수 氵

물(氵) 흐르는 골짜기(谷)에서 목욕하니 **목욕할 욕**

沐浴(목욕), 浴客(욕객), 浴室(욕실), 海水浴(해수욕)

欲
준3급 / 총11획 / 부수 欠

골짜기(谷)처럼 크게 **하품(欠)**하며 잠자기를 바라니 **바랄 욕**

欠(하품 흠, 모자랄 흠)

欲求(욕구), 欲求不滿(욕구불만), 欲速不達(욕속부달)

慾
3급 / 총15획 / 부수 心

바라는(欲) 마음(心)이 욕심이니 **욕심 욕**

心(마음 심, 중심 심)

慾心(욕심), 慾望(욕망), 意慾(의욕), 貪慾(탐욕)

容
4급 / 총10획 / 부수 宀

집(宀)안일로 골짜기(谷)처럼 주름진 얼굴이니 **얼굴 용**
또 집(宀)에서처럼 마음 씀이 골짜기(谷)처럼 깊어 무엇이나 받아들이고 용서하니
받아들일 용, 용서할 용

宀(집 면)

容貌(용모), 容認(용인), 許容(허용), 容恕(용서)

鎔
2급 / 총18획 / 부수 金

쇠(金)로 어떤 모양(容)을 만들기 위해 녹이니 **녹일 용**

金(쇠 금, 금 금, 돈 금, 성 김)

鎔鑛(용광), 鎔鑛爐(용광로), 鎔接(용접)

溶
2급 / 총13획 / 부수 氵

물(氵) 모양(容)으로 질펀히 흐르니 **질펀히 흐를 용**
또 물(氵) 모양(容)으로 녹이니 **녹일 용**

氵(삼 수 변)

溶媒(용매), 溶液(용액), 溶解(용해), 水溶性(수용성)

瑢
2급 / 총14획 / 부수 王(玉)

옥(王)을 모양(容) 좋게 만들어 차고 다닐 때 부딪치는 패옥 소리니 **패옥 소리 용**

인·지명용 한자.

패옥(佩玉) - 조선 시대에, 왕과 왕비의 법복이나 문무백관의 조복(朝服)과 제복의 좌우에 늘어어 차던 옥.

王(임금 왕, 구슬 옥 변), 佩(찰 패), 朝(아침 조, 조정 조, 뵐 조), 服(옷 복, 먹을 복, 복종할 복)

048 수빙 영영영창[水氷 永泳詠昶] - 水, 永으로 된 한자

水
8급 / 총4획 / 부수 水

잠겨있는 물에 물결이 이는 모양을 본떠서 **물 수**

🔊 글자의 변으로 쓰일 때는 점이 셋이니 '삼 수 변(氵)'
글자의 발로 쓰일 때는 '물 수 발(氺)'로 형태가 바뀝니다.

水路(수로), 冷水(냉수) ↔ 溫水(온수), 食水(식수)

氷
준4급 / 총5획 / 부수 水

한 덩어리(丶)로 물(水)이 얼어붙은 얼음이니 **얼음 빙**

🔊 글자의 변으로 쓰일 때는 점이 둘이니 '이 수 변(冫)'이라 부릅니다.

氷菓(빙과), 氷山(빙산), 氷水(빙수), 解氷(해빙)

永
5급 / 총5획 / 부수 水

높은 산 한 방울(丶)의 물(水)이 길고 오래 흘러 강과 바다를 이루니 **길 영, 오랠 영**

🔊 점 주, 불똥 주(丶)를 한 덩어리로 얼어붙음을 강조하기 위해서 처음 쓰는 물 수(水)의 왼쪽에 붙이면 '얼음 빙(氷)', 물이 솟아나는 높을 산을 나타내기 위하여 위에 붙이면 '길 영, 오랠 영(永)'으로 구분하세요.

永眠(영면), 永續(영속), 永遠(영원), 永住權(영주권)

泳
3급 / 총8획 / 부수 氵

물(氵)에 오래(永) 있으려고 헤엄치니 **헤엄칠 영**

참 溺(물에 빠질 닉) - 제목번호 291

背泳(배영), 水泳(수영), 蝶泳(접영)

詠
2급 / 총12획 / 부수 言

말(言)을 길게(永) 빼서 읊으니 **읊을 영**

동 咏 - 입(口)을 오래 벌리고 읊으니 '읊을 영'
🔊 言(말씀 언)

詠歌·咏歌(영가), 詠嘆·咏嘆(영탄)

昶
2급 / 총9획 / 부수 日

오래(永) 해(日)가 비추어 해 길고 밝으니 **해 길 창, 밝을 창**

🔊 日(해 일, 날 일)
🔊 뜻이 좋아서 사람 이름자에 많이 쓰입니다.

049 전유갑 4신곤 암[田由甲 申伸神紳坤 庵] - 田, 申으로 된 한자와 庵

田
5급 / 총5획 / 부수 田

사방을 경계 짓고(口) 나눈(十) 밭의 모양에서 **밭 전, 성 전**

田畓(전답), 田園(전원), 我田引水(아전인수)

由
준4급 / 총5획 / 부수 田

밭(田)에 싹(丨)이 나는 것은 씨앗을 뿌림으로 말미암으니 **말미암을 유**

[유] 曲(굽을 곡, 노래 곡) - 제목번호 166
由來(유래), 由來談(유래담), 由緖(유서), 理由(이유)

甲
4급 / 총5획 / 부수 田

밭(田)에 씨앗의 뿌리(丨)가 먼저 나듯 처음 나온 첫째니 **첫째 갑, 첫째 천간 갑**
또 싹이 날 때 뒤집어 쓴 껍질 같은 갑옷이니 **껍질 갑, 갑옷 갑**

丨('뚫을 곤'이지만 여기서는 돋아나는 싹으로 봄)
甲富(갑부), 甲種(갑종), 回甲(회갑), 鐵甲(철갑)

申
4급 / 총5획 / 부수 田

속마음을 아뢰어(曰) 펴듯(丨) 소리 내는 원숭이니 **아뢸 신, 펼 신, 원숭이 신**
또 원숭이는 아홉째 지지니 **아홉째 지지 신**

曰(가로 왈, 말할 왈), 丨('뚫을 곤'이지만 여기서는 펴는 모양으로 봄)
申告(신고), 申請(신청), 申申當付(신신당부)

伸
2급 / 총7획 / 부수 亻

사람(亻)이 펴(申) 늘이니 **펼 신, 늘일 신**

[유] 仲(버금 중, 중개할 중) - 제목번호 042
申은 속마음을 펴 아뢴다는 뜻이고, 伸은 물건을 길게 펴 늘인다는 뜻입니다.
伸張(신장) *身長(신장), 伸縮(신축), 欠伸(흠신)

神
5급 / 총10획 / 부수 示

신(示) 중 모습을 펴(申) 나타난다는 귀신이니 **귀신 신**
또 귀신처럼 신비하게 깨어 있는 정신이니 **신비할 신, 정신 신**

示(보일 시, 신 시)
神奇(신기), 神童(신동), 神靈(신령), 神秘(신비), 精神(정신)

紳
2급 / 총11획 / 부수 糹

실(糹)처럼 펴(申) 두르는 큰 띠니 **큰 띠 신**
또 큰 띠로 모양을 낸 신사니 **신사 신**

신(紳) - 옛날, 예복을 입을 때 허리에 매고 그 나머지를 드리운 폭이 넓은 띠. 큰 띠.
紳士(신사), 紳士的(신사적), 紳商(신상)

坤
준3급 / 총8획 / 부수 土

흙(土)이 펼쳐진(申) 땅이니 **땅 곤**

🔊 土(흙 토)

坤靈(곤령), 乾坤(건곤), 乾坤一擲(건곤일척)

奄
1급 / 총8획 / 부수 大

문득 크게(大) 펴서(电) 덮고 가리니 **문득 엄, 덮을 엄, 가릴 엄**

🔊 문득 - ㉠ 생각이나 느낌 따위가 갑자기 떠오르는 모양. ㉡ 어떤 행위가 갑자기 이루어지는 모양.
🔊 大(큰 대), 电[아뢸 신, 펼 신, 원숭이 신, 아홉째 지지 신(申)의 변형]

庵
2급 / 총11획 / 부수 广

집(广)처럼 지어 크게(大) 뜻을 펴는(电) 암자니 **암자 암**

동 菴 - 풀(艹)로 지어 크게(大) 뜻을 펴는(电) 암자니 '암자 암'
🔊 广(집 엄), 암자(庵子) - ㉠ 큰 절에 딸린 작은 절. ㉡ 중이 임시로 거처하며 도를 닦는 집.

庵堂(암당), 庵主(암주), 草庵(초암)

---

050 세루남 사시 외상[細累男 思媤 畏喪] - 田, 思, 衣으로 된 한자

細
4급 / 총11획 / 부수 糸

실(糸)처럼 밭(田)이랑이 가느니 **가늘 세**

細工(세공), 細菌(세균), 細密(세밀), 細心(세심)

累

2급 / 총11획 / 부수 糸

밭(田)이랑이 실(糸)같이 여러 갈래로 쌓이니 **여러 루, 쌓일 루**
또 여러 번 하여 폐 끼치니 **폐 끼칠 루**

🔊 糸(실 사, 실 사 변)

累計(누계), 累積(누적), 累增(누증), 連累(연루)

男
7급 / 총7획 / 부수 田

밭(田)에서 힘(力)써 일하는 사내니 **사내 남**

🔊 力(힘 력)

美男(미남), 男負女戴(남부여대), 無男獨女(무남독녀)

思
준4급 / 총9획 / 부수 心

밭(田)을 갈듯이 마음(心)으로 요모조모 생각하니 **생각할 사**

🔊 心(마음 심, 중심 심)

思考(사고), 思慕(사모), 思母曲(사모곡), 思想(사상)

媤
2급 / 총12획 / 부수 女

(실제는 아닌데) **여자(女)**가 실제처럼 **생각하고(思)** 대하는 시집이니 **시집 시**

🔊 여자가 결혼하면 친부모형제나 본집이 아닌데도 친부모형제나 본집처럼 대함을 생각하고 만든 글자.

媤家(시가), 媤宅(시댁), 媤父母(시부모)

畏
2급 / 총9획 / 부수 田

(농부는) **밭(田)**의 농작물이 갑자기 **변함(𠀾)**을 두려워하니 **두려워할 외**

🔊 𠀾[변화할 화, 될 화(化)의 변형], 애써 기른 농작물이 병이 들거나 태풍에 쓰러질 것을 두려워하지요.

畏驚(외경), 敬畏(경외), 後生可畏(후생가외)

喪
준3급 / 총12획 / 부수 口

많은(十) 사람의 **입들(口口)**이 **변하도록(𠀾)** 울면 가족을 잃어 초상난 것이니 **잃을 상, 초상날 상**

🔊 초상(初喪) – 사람이 죽어 장사 지낼 때까지의 일.
🔊 十(열 십, 많을 십), 𠀾[변화할 화, 될 화(化)의 변형], 初(처음 초)

喪家(상가), 喪家之狗(상가지구), 問喪(문상), 喪失(상실)

DAY 04

■ 한자의 어원을 생각하는 것은 매우 의미 있는 일

수천 년 전에 어떻게 이런 진리를 담아 글자를 만들었는지, 또 나타내고자 하는 대상이나 뜻을 어쩌면 이렇게 간단명료하게 표현했는지 한자는 볼수록 신기하기만 합니다.

예를 들어
- 하나(一)에 그쳐(止) 열중해야 바르니 바를 정(正)
- 하나(丿)에만 매달린 마음(心)으로 반드시 이루니 반드시 필(必)
- (최선을 다하지 않고) 다음(亞)을 생각하는 마음(心)이 악하니 악할 악(惡)
  또 악은 모두 미워하니 미워할 오(惡)

저는 한자의 어원에서 이런 진리를 깨칠 때마다 그 감동으로 잠을 못 이룰 때도 있고, 글자의 어원에서 이런 감동을 느끼지 못하면 아직 그 글자의 어원을 깨치지 못한 것으로 여기고 계속 생각하지요.

그러니 한자의 어원을 생각하는 것은 단순히 글자나 익히는 차원이 아니라 세상의 진리와 번뜩이는 아이디어를 익혀 우리의 일이나 생활에 100배, 1000배 활용할 수 있는 매우 의미 있는 일을 하는 셈입니다.

Day 04 | 확인문제

01~04 다음 한자에 해당하는 훈음을 오른쪽에서 찾아 연결하세요.

01. 誤 •   • ㉠ 근심 환
02. 癌 •   • ㉡ 중매할 매
03. 患 •   • ㉢ 잘못할 오
04. 媒 •   • ㉣ 암 암

05~12 다음 漢字의 훈(뜻)과 음(소리)을 쓰세요.

05. 侶 (   )   06. 吏 (   )
07. 甚 (   )   08. 基 (   )
09. 拙 (   )   10. 欲 (   )
11. 鎔 (   )   12. 泳 (   )

13~18 다음 훈음에 맞는 漢字를 쓰세요.

13. 가늘 세 (   )   14. 시집 시   (   )
15. 암자 암 (   )   16. 두려워할 외 (   )
17. 넉넉할 유 (   )   18. 팔 굴   (   )

19~20 다음 문장 중 (   ) 안에 들어갈 한자어로 알맞은 것은?

19. 그는 각종 비리에 (   )되어 2년간 도피 생활을 했다.
    ① 連累   ② 連接
    ③ 累積   ④ 累增

20. 기계 문명은 생활에 (   )을/를 제공한다.
    ① 簡便   ② 便利
    ③ 便所   ④ 大便

정답

01. ㉢   02. ㉣   03. ㉠   04. ㉡   05. 짝 려
06. 관리 리   07. 심할 심   08. 기초 기   09. 못날 졸   10. 바랄 욕
11. 녹일 용   12. 헤엄칠 영 13. 細   14. 媤   15. 庵
16. 畏   17. 裕   18. 掘   19. ①   20. ②

Day 05 | 051 ~ 064

051 묘답 비강 답답[苗畓 毘疆 沓踏] - 田, 沓으로 된 한자

苗 2급 / 총9획 / 부수 艹

풀(艹)처럼 씨앗을 심은 밭(田)에서 나는 싹이니 **싹 묘**

🔊 艹(초 두)

苗木(묘목), 苗板(묘판), 育苗(육묘), 種苗(종묘)

畓 3급 / 총9획 / 부수 田

물(水)을 밭(田)에 넣어 만든 논이니 **논 답**

🔊 水(물 수)

田畓(전답), 門前沃畓(문전옥답), 宗畓(종답)

毘 2급 / 총9획 / 부수 比

밭(田)에서 나란히(比) 일하며 도우니 **도울 비**

🔄 毗

🔊 比(나란할 비, 견줄 비)

毘補(비보), 毘益(비익), 毘盧峰(비로봉), 茶毘(다비)

疆 2급 / 총19획 / 부수 田

활(弓)로 땅(土)을 지켜야 할 경계(畺)의 지경이니 **지경 강**

또 경계는 더 이상 갈 수 없는 한계니 **한계 강**

🔊 畺 - 밭(田)과 밭(田) 사이 둑들(三)처럼 이루어진 경계니 '경계 강'

🔊 弓(활 궁), 土(흙 토), 지경(地境) - ㉠ 땅의 경계. ㉡ 어떠한 처지나 형편. 여기서는 ㉠의 뜻.

疆界(강계), 疆土(강토), 萬壽無疆(만수무강)

沓 1급 / 총8획 / 부수 水

물(水)이 햇(日)볕에 증발하여 활발하게 합하니 **활발할 답, 합할 답**

🔊 1급, 사범, 급외자, 부수자 - 어원 풀이를 위한 참고자로 8~2급 선정 한자에는 포함되지 않습니다.

踏 2급 / 총15획 / 부수 ⻊

발(⻊)을 활발하게(沓) 움직여 밟으니 **밟을 답**

🔊 ⻊[발 족, 넉넉할 족(足)의 변형]

踏步(답보), 踏査(답사), 踏襲(답습), 踏破(답파)

052 개계 위위위[介界 胃謂渭] - 介, 胃로 된 한자

介
3급 / 총4획 / 부수 人

사람(人) 사이(儿)에 끼니 **낄 개**

人(사람 인)

介入(개입), 紹介(소개), 媒介(매개), 仲介人(중개인)

界
5급 / 총9획 / 부수 田

밭(田) 사이에 끼어(介) 있는 경계니 **경계 계**
또 여러 나라의 경계로 나누어진 세계니 **세계 계**

境界(경계), 限界(한계), 世界(세계), 財界(재계)

胃
3급 / 총9획 / 부수 月(肉)

밭(田)처럼 넓어 몸(月)에서 음식물을 담아 소화시키는 밥통이니 **밥통 위**

冒(무릅쓸 모) - 제목번호 004

月(달 월, 육 달 월)

胃腸(위장), 胃痛(위통), 胃酸過多(위산과다)

謂

2급 / 총16획 / 부수 言

말(言)을 위(胃)가 음식을 소화시키듯이 이해되게 이르니 **이를 위**

이르다 : ㉠ (어떤 장소나 시간에) 닿다. 미치다 - 至(이를 지, 지극할 지). ㉡ 말하다. 알아듣거나 깨닫게 하다 - 謂. ㉢ (정해진 시간보다) 빠르다. - 무(일찍 조). 여기서는 ㉡의 뜻.

所謂(소위), 云謂(운위), 或謂(혹위)

渭
2급 / 총12획 / 부수 氵

삼 수 변(氵)에 밥통 위(胃)를 붙여서 **물 이름 위**

위수(渭水) - 중국 황하강(黃河江)의 큰 지류.
경위(涇渭) - [중국의 경수(涇水)는 항상 흐리고, 위수(渭水)는 항상 맑아 구별이 분명한 데서] '사리의 옳고 그름과 시비의 분간'을 이르는 말.
*경위(經緯) - '날과 씨'로, ㉠ 직물(織物)의 날과 씨를 아울러 이르는 말. ㉡ 일이 진행되어 온 과정.
*涇(통할 경), 經(날실 경), 緯(씨실 위), 織(짤 직), 物(물건 물)

無涇渭(무경위)

053 복복폭부부[畐福幅副富] - 畐으로 된 한자

畐

급외자 / 총9획 / 부수 田

한(一) 사람의 입(口)은 밭에서 난 곡식만으로도 가득하게 차니 **가득할 복, 찰 복**

72

福
준4급 / 총14획 / 부수 示

신(示)이 채워준다는(畐) 복이니 **복 복**

🔊 示(보일 시, 신 시)

福券(복권), 福音(복음), 祝福(축복), 幸福(행복)

幅

2급 / 총12획 / 부수 巾

수건(巾) 같은 천의 가로로 찬(畐) 넓이니 **넓이 폭**

🔊 巾(수건 건)

幅跳(폭도), 大幅(대폭), 小幅(소폭), 步幅(보폭)

副
준3급 / 총11획 / 부수 刂

가득 찬(畐) 있는 재산을 칼(刂)로 잘라내어 다음(버금)을 예비하니 **버금 부, 예비 부**

🔊 刂(칼 도 방), '버금'은 으뜸의 바로 아래로, '다음, 두 번째'의 뜻.

副本(부본), 副業(부업), 副作用(부작용), 正副(정부)

富
준4급 / 총12획 / 부수 宀

집(宀)에 재물이 가득 찬(畐) 넉넉한 부자니 **넉넉할 부, 부자 부**

🔊 宀(집 면)

豊富(풍부), 富强(부강), 巨富(거부), 貧富貴賤(빈부귀천)

DAY 05

054 리리매리 량량[里理埋裏 量糧] – 里, 量으로 된 한자

里
준5급 / 총7획 / 부수 里

곡식을 생산하는 전(田)답이 있는 땅(土) 부근에 형성되었던 마을이니 **마을 리**

또 옛날에는 거리를 재는 단위로도 쓰여 **거리 리**

🔊 土(흙 토), 숫자 개념이 없었던 옛날에는 어느 마을에서 어느 마을까지의 몇 배로 거리를 셈했던가 봐요. 그러다가 후대로 내려오면서 1리는 400m, 10리는 4km로 정하여 쓰게 되지요.

里長(이장), 洞里(동리), 里程標(이정표), 千里眼(천리안)

理
5급 / 총11획 / 부수 王(玉)

왕(王)이 마을(里)을 이치에 맞게 다스리니 **이치 리, 다스릴 리**

🔊 원래는 구슬(王)을 가공할 때 여기저기 흩어져 있는 마을(里)처럼 여기저기 있는 무늬가 잘 나타나도록 이치에 맞게 잘 다스린다는 데서 이치 리, 다스릴 리(理)입니다.

理論(이론), 合理(합리), 管理(관리), 處理(처리)

埋

2급 / 총10획 / 부수 土

흙(土)으로 마을(里) 부근에 묻으니 **묻을 매**

🔊 土(흙 토)

埋沒(매몰), 埋藏(매장), 埋葬(매장), 生埋葬(생매장)

73

裏
2급 / 총13획 / 부수 衣

마치 **옷(衣)** 속에 **마을(里)**처럼 무엇으로 둘러싸인 속이니 **속 리**

동 裡

🔊 衣(옷 의)

裏面(이면), 裏書(이서), 表裏不同(표리부동)

量
준4급 / 총12획 / 부수 里

아침(旦)마다 그날 가야 할 **거리(里)**를 헤아리니 **헤아릴 량**

또 헤아려 담는 용량이니 **용량 량**

🔊 旦(아침 단)

雅量(아량), 裁量(재량), 減量(감량), 數量(수량)

糧
3급 / 총18획 / 부수 米

쌀(米) 등의 곡식을 먹을 만큼 **헤아려(量)** 들여놓는 양식이니 **양식 량**

🔊 米(쌀 미)

糧食(양식), 糧穀(양곡), 糧政(양정), 軍糧米(군량미)

---

055 동종 중종동[童鐘 重種動] - 童, 重으로 된 한자

童
5급 / 총12획 / 부수 立

서서(立) 마을(里)에 노는 사람은 주로 아이니 **아이 동**

🔊 立(설 립), 어른들은 일터에 나가고 노는 사람은 주로 아이들임을 생각하고 만든 글자.

童心(동심), 童詩(동시), 童話(동화), 神童(신동)

鐘
준3급 / 총20획 / 부수 金

쇠(金)소리가 **아이(童)** 소리처럼 맑은 쇠북이니 **쇠북 종**

또 쇠북처럼 종치는 시계니 **종치는 시계 종**

🔊 金(쇠 금, 금 금, 돈 금, 성 김)

鐘樓(종루), 警鐘(경종), 招人鐘(초인종), 自鳴鐘(자명종)

重
5급 / 총9획 / 부수 里

많은(千) 마을(里)에서 모은 것이라 무겁고 귀중하니 **무거울 중, 귀중할 중**

또 무겁고 귀중하면 거듭 다루니 **거듭 중**

🔊 千(일천 천, 많을 천)

重量(중량), 貴重(귀중), 重要(중요), 重複(중복)

種
준4급 / 총14획 / 부수 禾

벼(禾) 같은 곡식에서 **중요한**(重) 것은 씨앗이니 **씨앗 종**
또 씨앗처럼 나누어두는 종류니 **종류 종**
또 씨앗을 심으니 **심을 종**

🔊 禾('벼 화'로 곡식을 대표함)

種苗(종묘), 種子(종자), 種類(종류), 各種(각종)

動
준4급 / 총11획 / 부수 力

무거운(重) 것도 힘(力)쓰면 움직이니 **움직일 동**

🔊 力(힘 력)

動力(동력), 動産(동산), 動搖(동요), 生動感(생동감)

---

056 갑갑압 비비비[岬鉀押 卑婢碑] - 甲, 卑로 된 한자

岬
2급 / 총8획 / 부수 山

산(山)에서 갑옷(甲)처럼 단단한 산허리나 곶이니 **산허리 갑, 곶 갑**

🔊 山(산 산), 甲(첫째 갑, 첫째 천간 갑, 껍질 갑, 갑옷 갑), 곶 – 바다로 내민 반도보다 작은 육지.

岬寺(갑사), 岬城(갑성), 岬角(갑각)

鉀
2급 / 총13획 / 부수 金

쇠(金)로 만든 갑옷(甲)이니 **갑옷 갑**

🔊 甲에도 '갑옷'의 뜻이 있지만 대부분의 갑옷은 쇠로 만든다는 데서 쇠 금(金)을 붙여 만든 글자.
🔊 鐵甲·鐵鉀(철갑) 쇠로 만든 갑옷. *鐵(쇠 철)

押
2급 / 총8획 / 부수 扌

손(扌)으로 제일(甲) 힘주어 누르거나 압수하니 **누를 압, 압수할 압**

🔊 扌(손 수 변)

押釘(압정), 押收(압수), 假押留(가압류)

卑
2급 / 총8획 / 부수 十

찢어진(丿) 갑옷(甲)을 입은 많은(十) 병사들은 낮고 천하니 **낮을 비, 천할 비**

🔊 丿('삐침 별'이지만 여기서는 '찢어진 모양'으로 봄), 十(열 십, 많을 십)

卑屈(비굴), 卑俗(비속), 卑劣(비열), 卑賤(비천)

婢
2급 / 총11획 / 부수 女

여자(女) 중 신분이 낮은(卑) 여자종이니 **여자종 비**

🔊 女(여자 녀)

婢女(비녀), 婢僕(비복), 婢妾(비첩), 奴婢(노비)

碑
2급 / 총13획 / 부수 石

돌(石)을 깎아 낮게(卑) 세운 비석이니 **비석 비**

🔊 石(돌 석)

碑石(비석), 碑文(비문), 墓碑(묘비), 詩碑(시비)

---

057 유추축적 인연[油抽軸笛 寅演] - 由, 寅으로 된 한자

油
5급 / 총8획 / 부수 氵

물(氵)처럼 열매를 짬으로 **말미암아(由)** 나오는 기름이니 **기름 유**

🔊 由(말미암을 유)

油價(유가), 原油(원유), 精油(정유)

抽
2급 / 총8획 / 부수 扌

손(扌)으로 **말미암아(由)** 뽑으니 **뽑을 추**

🔊 扌(손 수 변)

抽讀(추독), 抽拔(추발), 抽象(추상), 抽出(추출)

軸
2급 / 총12획 / 부수 車

수레(車)를 **말미암아(由)** 굴러가게 하는 굴대니 **굴대 축**

🔊 車(수레 거, 차 차), 굴대 - 바퀴의 가운데 구멍에 끼우는 긴 쇠나 나무.

主軸(주축), 地軸(지축), 車軸(차축)

笛
2급 / 총11획 / 부수 ⺮

대(⺮)로 **말미암아(由)** 소리 나게 만든 피리니 **피리 적**

🔊 苗(싹 묘) - 제목번호 051
🔊 ⺮[대 죽(竹)이 부수로 쓰일 때의 모습]

警笛(경적), 鼓笛隊(고적대), 汽笛(기적), 號笛(호적)

寅
4급 / 총11획 / 부수 宀

집(宀)에서 하나(一)의 일로 **말미암아(由)** 마음이 나눠짐(八)은 삼가니 **삼갈 인**
또 삼가 조심해야 하는 범이니 **범 인, 셋째 지지 인**

🔊 八(여덟 팔, 나눌 팔), 범 - 호랑이.

寅念(인념), 寅時(인시)

演
3급 / 총14획 / 부수 氵

물(氵)처럼 **삼가는(寅)** 모습으로 펴고 설명하니 **펼 연, 설명할 연**

🔊 그릇에 맞추고 항상 아래로 임하며, 채우고 넘쳐야 다음으로 흐르는 물처럼 상대의 수준에 맞게 설명하여 분명히 알아야 다음으로 넘어 감이 설명이지요.

演劇(연극), 演技(연기), 演說(연설), 演題(연제)

058 5우 만려 우[禺偶寓遇愚 萬勵 禹] - 禺, 萬으로 된 한자와 禹

禺
급외자 / 총9획 / 부수 内

밭(田)에 기른 농작물을 발자국(内) 남기며 훔쳐 먹는 원숭이니 **원숭이 우**

◀ 内 - 성(冂)처럼 사사로이(厶) 남긴 발자국이니 '발자국 유'
◀ 田(밭 전), 冂(멀 경, 성 경), 厶(사사로울 사, 나 사)

偶
2급 / 총11획 / 부수 亻

사람(亻)이 원숭이(禺)를 닮음은 우연이니 **우연 우**

또 흉내 잘 내는 원숭이처럼 서로 닮은 짝이나 허수아비니 **짝 우, 허수아비 우**

◀ 우연(偶然) - 아무 인과 관계 없이, 또는 뜻하지 않게 일어난 일. *然(그러할 연)
偶發(우발), 配偶者(배우자), 偶像(우상)

寓
2급 / 총12획 / 부수 宀

집(宀)에 원숭이(禺)처럼 붙어사니 **붙어살 우**

◀ 宀(집 면)
寓居(우거), 寓意(우의), 寓話(우화)

遇
4급 / 총13획 / 부수 辶

원숭이(禺)처럼 뛰어가(辶) 만나니 **만날 우**

또 만나면 서로 대접하니 **대접할 우**

◀ 辶(뛸 착, 갈 착)
不遇(불우), 待遇(대우), 禮遇(예우), 處遇(처우)

愚
3급 / 총13획 / 부수 心

원숭이(禺)의 마음(心) 정도로 어리석으니 **어리석을 우**

◀ 心(마음 심, 중심 심)
愚鈍(우둔), 愚直(우직), 愚問愚答(우문우답), 愚問賢答(우문현답)

萬
준5급 / 총13획 / 부수 艹

풀(艹)밭에는 원숭이(禺)도 많으니 **많을 만**

또 많은 숫자인 일만이니 **일만 만**

◀ 한자가 만들어진 중국에는 원숭이도 많습니다.
萬能(만능), 萬物(만물), 萬福(만복), 萬歲(만세)

勵
2급 / 총17획 / 부수 力

굴 바위(厂) 밑 같은 상황에서도 많이(萬) 힘(力)쓰니 **힘쓸 려**

◀ 厂(굴 바위 엄, 언덕 엄), 力(힘 력)
激勵(격려), 督勵(독려), 獎勵(장려)

禹
2급 / 총9획 / 부수 内

삐뚤어진(丿) 일도 항상 **중심(中)**을 잡고 **짐승 발자국(内)**처럼 흔적을 남기게 일했던 우임금이니 **우임금 우, 성 우**

🔊 丿(삐침 별), 内(짐승 발자국 유), 우(禹) – ㉠ 중국의 전설상의 천자(天子). 요·순 시대에 대규모의 치수 공사에 성공하고 순 임금으로부터 임금 자리를 물려받아 하왕조(夏王朝)의 시조(始祖)가 되었음. ㉡ 성(姓)씨의 하나.

田禹治傳(전우치전) – 조선 시대 때의 국문 소설.

059　목상본 4상[木床本 相箱霜想] – 木, 相으로 된 한자

木
8급 / 총4획 / 부수 木

가지 달린 나무를 본떠서 **나무 목**

木刻(목각), 木器(목기), 木材(목재), 伐木(벌목)

床
준3급 / 총7획 / 부수 广

집(广)에서 **나무(木)**로 받쳐 만든 평상이나 책상이니 **평상 상, 책상 상**

🔊 广(집 엄), 평상(平床) – 나무로 만든 침상의 하나.
病床(병상), 臨床(임상), 寢床(침상), 冊床(책상)

本
준5급 / 총5획 / 부수 木

나무 목(木)의 아래, 즉 뿌리부분에 **일(一)**을 그어 나무에서는 뿌리가 제일 중요한 근본임을 나타내어 **뿌리 본, 근본 본**
또 근본을 적어놓은 책이니 **책 본**

拔本塞源(발본색원), 根本(근본), 本論(본론), 本性(본성)

相
준4급 / 총9획 / 부수 目

나무(木)처럼 마주서서 서로의 모습을 **보니(目) 서로 상, 모습 상, 볼 상**
또 임금과 서로 자주 소통하던 재상이니 **재상 상**

🔊 재상(宰相) – 임금을 돕고 모든 관원을 지휘하고 감독하는 이품 이상의 벼슬.
目(눈 목, 볼 목, 항목 목), 宰(주재할 재, 재상 재)
相扶相助(상부상조), 眞相(진상), 觀相(관상), 首相(수상)

箱
2급 / 총15획 / 부수 ⺮

대(⺮)를 **서로(相)** 걸어 만든 상자니 **상자 상**

🔊 ⺮[대 죽(竹)이 부수로 쓰일 때의 모습], 자재가 귀하던 옛날에는 상자도 대로 만들었지요.
箱子(상자), 箱子褶曲(상자습곡), 書箱(서상)

霜
준3급 / 총17획 / 부수 雨

비(雨) 같은 습기가 **서로(相)** 얼어붙은 서리니 **서리 상**

🔊 雨(비 우)
霜雪(상설), 傲霜孤節(오상고절), 秋霜(추상), 風霜(풍상)

想
4급 / 총13획 / 부수 心

서로(相) 마음(心)으로 생각하니 **생각할 상**

🔊 心(마음 심, 중심 심)

想念(상념), 想像(상상), 構想(구상), 發想(발상)

---

060 목두찰매 휴휴[沐杜札枚 休烋] - 木, 休로 된 한자

沐
2급 / 총7획 / 부수 氵

물(氵)을 나무(木)에 주듯이 물을 부어 목욕하니 **목욕할 목**

沐間(목간), 沐露(목로), 沐髮(목발), 沐浴(목욕)

杜
2급 / 총7획 / 부수 木

나무(木)와 흙(土)으로 집을 지어 비바람을 막으니 **막을 두, 성 두**

🔊 土(흙 토)

杜絶(두절), 杜門不出(두문불출), 杜甫(두보)

札
2급 / 총5획 / 부수 木

(종이가 없던 옛날에) 얇은 나무(木) 판에 몸 **구부리고**(乚) 글자를 새겨 사용했던 편지나 패나 돈이니 **편지 찰, 패 찰, 돈 찰**

🔡 礼[예도 례(禮)의 약자]

🔊 乚[乙(새 을, 둘째 천간 을, 둘째 을, 굽을 을)이 부수로 쓰일 때의 모습]

書札(서찰), 名札(명찰), 現札(현찰)

枚
2급 / 총8획 / 부수 木

나무(木)로 치며(攵) 세는 낱낱이니 **낱 매**

🔊 攵(칠 복, = 攴), 종이나 유리 같은 장으로 세는 물건의 단위.

枚擧(매거), 枚數(매수), 枚移(매이), 枚陳(매진)

休
준5급 / 총6획 / 부수 亻

사람(亻)이 나무(木) 옆에서 쉬니 **쉴 휴**

🔡 体[몸 체(體)의 약자]

🔊 나무는 산소와 피톤치드(phytoncide)가 많이 나와 건강에 좋다니, 나무 옆에서 쉬면 녹색 샤워를 한 셈이네요.

休耕(휴경), 休息(휴식), 休戰(휴전), 連休(연휴)

烋
2급 / 총10획 / 부수 灬

쉬면서(休) 모닥불(灬)을 피운 듯 온화하고 아름다우니 **온화할 휴, 아름다울 휴**

🔊 灬(불 화 발)

🔊 인·지명용 한자

061 림빈삼 금울[林彬森 禁鬱] - 林으로 된 한자

준5급 / 총8획 / 부수 木

나무(木)와 나무(木)가 우거진 수풀이니 **수풀 림, 성 임**

林野(임야), 林産物(임산물), 密林(밀림), 山林(산림)

2급 / 총11획 / 부수 彡

수풀(林)처럼 머릿결(彡)이 빛나니 **빛날 빈**

◀ 彡(터럭 삼, 긴 머리털 삼)

彬彬(빈빈), 彬蔚(빈울) - 문채가 찬란함. *蔚(성할 울, 고을이름 울)

2급 / 총12획 / 부수 木

나무(木)가 수풀(林)보다 더 빽빽하니 **빽빽할 삼**
또 나무(木)가 수풀(林)처럼 엄숙하게 늘어선 모양에서 **엄숙한 모양 삼**

森林(삼림), 森羅萬象(삼라만상), 森嚴(삼엄)

4급 / 총13획 / 부수 示

수풀(林)은 보기(示)만 할 뿐 함부로 베지 못하도록 금하니 **금할 금, 성 금**

◀ 示(보일 시, 신 시)

禁忌(금기), 禁食(금식), 禁止(금지), 嚴禁(엄금)

2급 / 총29획 / 부수 鬯

나무(木)와 나무(木) 사이에 장군(缶)을 덮어(冖) 놓은 듯 좋은 술(鬯)의 향기(彡)
도 맡을 수 없어 답답하니 **답답할 울**
또 답답할 정도로 울창하니 **울창할 울**

◀ 鬯(울창주 창) - 그릇(凵)에 곡식의 낟알(※)이 담겨 술이 된 것을 숟가락(匕)으로 뜨는 울창주 '울창주 창' *울창주(鬱鬯酒) - 울금향(鬱金香)을 넣어 빚은 향기 나는 술.
◀ 缶(장군 부), 冖(덮을 멱), 彡('터럭 삼'이지만 여기서는 향기 나는 모습으로 봄), 凵(입 벌릴 감, 그릇 감), 匕(비수 비, 숟가락 비)

鬱寂(울적), 抑鬱(억울), 憂鬱(우울)

062 출술술 4마 마[朮術述 麻磨摩魔 痲] - 朮, 麻로 된 한자와 痲

朮
사범 / 총5획 / 부수 木

여러 갈래로 나뉘어 여는 차조를 본떠서 **차조 출**
또 여러 갈래로 뻗어가는 삽주뿌리를 본떠서 **삽주뿌리 출**

◀ 차조 - 찰기가 있는 조. 삽주 - 국화과의 여러해살이풀로 뿌리는 한약재로 쓰입니다.

術
준3급 / 총11획 / 부수 行

삽주뿌리(朮)처럼 여러 갈래로 뻗어 **가는(行)** 재주와 기술이니 **재주 술, 기술 술**

🔊 行(다닐 행, 행할 행, 항렬 항)

術法(술법), 術策(술책), 技術(기술), 奇術(기술)

述
3급 / 총9획 / 부수 辶

삽주뿌리(朮)가 **뻗어가듯(辶)** 말하거나 글을 지으니 **말할 술, 지을 술**

🔊 述과 術의 구분 - 뛸 착, 갈 착(辶)은 한 방향으로 뛰거나 간다는 뜻이니 한 방향으로 말하는 말할 술, 지을 술(述), 다닐 행, 행할 행, 항렬 항(行)은 이리 저리 다닌다는 뜻이니 여러 갈래로 뻗어가는 재주와 기술을 말하여 재주 술, 기술 술(術)로 구분하세요.

論述(논술), 口述(구술), 陳述(진술), 著述(저술)

麻
3급 / 총11획 / 부수 麻

집(广) 주위에 **수풀(林)**처럼 빽빽이 기르는 삼이니 **삼 마**

또 삼에 있는 성분인 마약이니 **마약 마**

🔊 삼(麻)은 인삼(人蔘)이나 산삼(山蔘)과 달리 베를 짜는 식물의 한 종류. 껍질을 벗겨 가공하여 삼베를 짜지만 잎은 마약성분이 있는 대마초(大麻草)로, 재배하려면 허가를 받아 집 인근에 심어야 하니 글자에 집 엄(广)이 들어가고, 곁가지가 나지 않도록 수풀처럼 빽빽이 기르니 수풀 림(林)이 들어가지요.
*蔘(인삼 삼), 草(풀 초)

麻布(마포), 麻醉(마취), 大麻草(대마초)

磨
2급 / 총16획 / 부수 石

삼(麻)껍질을 벗기려고 **돌(石)**에 문지르듯이 가니 **갈 마**

🔊 石(돌 석)

磨滅(마멸), 磨耗(마모), 研磨(연마), 磨斧爲針(마부위침)

摩
2급 / 총15획 / 부수 手

삼(麻)을 **손질(手)**하듯 문지르고 어루만지니 **문지를 마, 어루만질 마**

🔊 手(손 수, 재주 수, 재주 있는 사람 수)

摩擦(마찰), 摩天樓(마천루), 撫摩(무마), 按摩(안마)

魔
2급 / 총21획 / 부수 鬼

마약(麻) 먹은 **귀신(鬼)**처럼 행동하는 마귀니 **마귀 마**

🔊 鬼(귀신 귀), 마귀(魔鬼) - 요사스러운 잡귀의 통칭.

魔術(마술), 惡魔(악마), 好事多魔(호사다마)

痲
2급 / 총13획 / 부수 疒

병(疒)으로 몸이 **수풀(林)**처럼 뻣뻣해지며 저리니 **저릴 마**

🔊 저리다 - ㉠ 뼈마디나 몸의 일부가 오래 눌려서 피가 잘 통하지 못하여 감각이 둔하고 아리다. ㉡ 뼈마디나 몸의 일부가 쑥쑥 쑤시듯이 아프다. ㉢ 가슴이나 마음 따위가 못 견딜 정도로 아프다. 여기서는 ㉠의 뜻.
🔊 疒(병들 녁), 林[수풀 림(林)의 변형]

痲藥(마약), 痲醉(마취)

063 말 미미매매매 [末 未味妹昧寐] - 末과 未으로 된 한자

末 준5급 / 총5획 / 부수 木

나무(木)에서 긴 **가지(一)** 끝이니 **끝 말**

末期(말기), 末端(말단), 結末(결말), 本末(본말)

未 준4급 / 총5획 / 부수 木

나무(木)에서 짧은 **가지(一)**니 아직 자라지 않았다는 데서
아닐 미, 아직 ~ 않을 미, 여덟째 지지 미

🔊 未는 아닐 불·부(不)나 아닐 막(莫)처럼 완전부정사로 해석해서는 안 되고 가능성을 두어 '아직 ~ 아니다'로 해석해야 합니다.
🔊 나무 목(木) 위에 한 일(一)을 길게 그어 긴 가지 끝을 나타내면 '끝 말(末)', 짧게 그어 아직 자라지 않았음을 나타내면 '아닐 미, 아직 ~ 않을 미, 여덟째 지지 미(未)'로 알아 두세요.

未開(미개), 未歸(미귀), 未知(미지), 前人未踏(전인미답)

味 준4급 / 총8획 / 부수 口

입(口)으로 아니(未) 삼키고 보는 맛이니 **맛 미**

🔊 口(입 구, 구멍 구, 말할 구)
味覺(미각), 加味(가미), 甘味(감미), 別味(별미)

妹 준4급 / 총8획 / 부수 女

여자(女) 중 나보다 나이를 아니(未) 먹은 아랫누이니 **아랫누이 매**

妹夫(매부), 妹弟(매제), 男妹(남매), 姉妹(자매)

昧 2급 / 총9획 / 부수 日

해(日)가 아직(未) 뜨지 않아 어두우니 **어두울 매**

🔊 日(해 일, 날 일)
昧冥(매명), 無知蒙昧(무지몽매), 曖昧(애매)

寐 2급 / 총12획 / 부수 宀

집(宀)의 나무 조각(爿)으로 만든 침대에서 아직(未) 일어나지 않고 잠자니 **잠잘 매**

🔊 宀(집 면), 爿(나무 조각 장)
夢寐間(몽매간) - 잠을 자며 꿈을 꾸는 동안. 자는 동안. 寤寐不忘(오매불망) - 자나 깨나 잊지 못함. *夢(꿈 몽), 間(사이 간), 寤(잠 깰 오), 忘(잊을 망)

064 주주주 수수수[朱株珠 殊洙銖] - 朱로 된 한자

朱
4급 / 총6획 / 부수 木

작아(丿) 아직 자라지 않은(未) 어린싹처럼 붉으니 **붉을 주, 성 주**

- '떨어지는(丿) 시(十)월의 나무(木)잎은 붉으니 붉을 주(朱)'라고도 합니다.
- 나무나 풀의 어린 싹은 대부분 붉지요.
- 丿[삐침 별(丿)의 변형이지만 여기서는 작은 모양]

朱記(주기), 朱紅(주홍), 印朱(인주), 近朱者赤(근주자적)

株
3급 / 총10획 / 부수 木

나무(木)의 붉은(朱) 뿌리 부분만 남은 그루터기니 **그루터기 주**

또 그루터기 같은 뿌리로 나무를 세는 그루니 **그루 주**

또 나무를 세듯이 자본을 세는 주식이니 **주식 주**

守株待兔(수주대토), 株價(주가), 有望株(유망주)

珠

2급 / 총10획 / 부수 王(玉)

구슬(王) 중 붉은(朱) 구슬이나 진주니 **구슬 주, 진주 주**

- 王(임금 왕, 으뜸 왕, 구슬 옥 변), 진주(眞珠·珍珠) - 조개의 체내에서 형성되는 구슬 모양의 분비물 덩어리. *眞(참 진), 珍(보배 진)

珠簾(주렴), 珠玉(주옥), 如意珠(여의주), 念珠(염주)

殊
2급 / 총10획 / 부수 歹

죽어서도(歹) 붉은(朱) 피가 흐름은 보통과 다르니 **다를 수**

- 歹(뼈 부서질 알, 죽을 사 변)

殊功(수공), 殊怪(수괴), 殊常(수상), 特殊(특수)

洙
2급 / 총9획 / 부수 氵

물(氵)로 패인 붉은(朱) 물가니 **물가 수**

- 인·지명용 한자

銖

2급 / 총14획 / 부수 金

쇠(金) 저울에 붉게(朱) 표시한 저울눈이니 **저울눈 수**

또 저울을 많이 사용하면 눈금이 무뎌지듯 무디니 **무딜 수**

- 金(쇠 금, 금 금, 돈 금, 성 김), 1냥의 24분의 1, 또는 적은 양의 뜻으로 쓰입니다.

銖積寸累(수적촌루) - 아주 적은 것이라도 쌓이고 쌓이면 큰 것이 됨. *積(쌓을 적), 寸(마디 촌, 법도 촌), 累(여러 루, 쌓을 루)

DAY 05

Day 05 | 확인문제

01~04 다음 한자에 해당하는 훈음을 오른쪽에서 찾아 연결하세요.

01. 苗 •　　　　　　　　　　• ㉠ 이를 위
02. 謂 •　　　　　　　　　　• ㉡ 속 리
03. 裏 •　　　　　　　　　　• ㉢ 싹 묘
04. 愚 •　　　　　　　　　　• ㉣ 어리석을 우

05~12 다음 漢字의 훈(뜻)과 음(소리)을 쓰세요.

05. 幅 (　　　)　　06. 糧 (　　　)
07. 碑 (　　　)　　08. 油 (　　　)
09. 霜 (　　　)　　10. 沐 (　　　)
11. 枚 (　　　)　　12. 禁 (　　　)

13~18 다음 훈음에 맞는 漢字를 쓰세요.

13. 다를 수　(　　)　　14. 잠잘 매 (　　)
15. 맛 미　　(　　)　　16. 마귀 마 (　　)
17. 빽빽할 삼 (　　)　　18. 편지 찰 (　　)

19~20 다음 문장 중 (　) 안에 들어갈 한자어로 알맞은 것은?

19. 이 기계는 너무 오래되어 부속의 (　　)가 심하다.
　① 硏磨　　　　　　② 磨耗
　③ 撫摩　　　　　　④ 痲醉

20. 동화는 (　　)을 바탕으로 지어진 이야기이다.
　① 同心　　　　　　② 童心
　③ 動心　　　　　　④ 小心

정답

01. ㉢　　02. ㉠　　03. ㉡　　04. ㉣　　05. 넓이 폭
06. 양식 량　07. 비석 비　08. 기름 유　09. 서리 상　10. 목욕할 목
11. 낱 매　　12. 금할 금　13. 殊　　　14. 寐　　　15. 味
16. 魔　　　17. 森　　　18. 札　　　19. ②　　　20. ②

Day 06 | 065 ~ 076

065   자자(척)책 속랄(라)칙속[朿刺策 束剌勅速] - 朿, 束으로 된 한자

朿
급외자 / 총6획 / 부수 木

나무(木)에 덮인(冖) 듯 붙어있는 가시니 **가시 자**

🔊 木(나무 목), 冖(덮을 멱)
🔊 1급, 사범, 급외자, 부수자 – 어원 풀이를 위한 참고자로 8~2급 선정 한자에는 포함되지 않습니다.

刺
2급 / 총8획 / 부수 刂

가시(朿)처럼 칼(刂)로 찌르니 **찌를 자, 찌를 척**

🔊 刂(칼 도 방)

刺客(자객), 刺戟(자극), 刺殺(척살)

策
3급 / 총12획 / 부수 ⺮

대(⺮)로 만든, 가시(朿)처럼 아픈 채찍이니 **채찍 책**
또 채찍질할 때 다치지 않게 신경 써야 하는 꾀니 **꾀 책**

🔊 ⺮[대 죽(竹)이 부수로 쓰일 때의 모습]

策勵(책려), 對策(대책), 妙策(묘책), 政策(정책)

束
준3급 / 총7획 / 부수 木

나무(木)를 묶으니(口) **묶을 속**

🔊 口('입 구, 말할 구, 구멍 구'이지만 여기서는 묶어놓은 모양으로 봄)

結束(결속), 拘束(구속), 團束(단속), 約束(약속)

剌
2급 / 총9획 / 부수 刂

묶여(束) 있던 마음을 칼(刂)로 베어버린 듯 발랄하니 **발랄할 랄**
또 발랄하게 뛰는 물고기 소리나 임금께 올렸던 수라도 나타내어
물고기 뛰는 소리 랄, 수라 라

🔊 어그러지다 – ㉠ 잘 맞물려 있는 물체가 틀어져서 맞지 아니하다. ㉡ 지내는 사이가 나쁘게 되다.
       ㉢ 계획이나 예상 따위가 빗나가거나 달라져 이루어지지 아니하다.
🔊 수라(水剌) – 궁중에서, 임금에게 올리는 밥을 높여 이르던 말.

跋剌(발랄), 潑剌(발랄)

勅
2급 / 총9획 / 부수 力

서로를 묶어(束) 주는 힘(力) 있는 문서는 칙서니 **칙서 칙**

🔊 力(힘 력), 칙서(勅書) – 황제의 명령을 적은 문서.

勅令(칙령), 勅命(칙명) – 임금의 명령. *命(명령할 명, 목숨 명)

速
5급 / 총11획 / 부수 辶

(신발 끈을) 묶고(束) 뛰면(辶) 빠르니 **빠를 속**

🔊 辶(뛸 착, 갈 착)

速度(속도), 速報(속보), 迅速(신속), 拙速(졸속)

 보 과과라과소[保 果課裸菓巢] - 保와 果로 된 한자

保
4급 / 총9획 / 부수 亻

(말로 화를 입는 경우가 많아) **사람(亻)**은 **입(口)**을 말 없는 **나무(木)**처럼 지키고 보호하니 **지킬 보, 보호할 보**

🔊 亻(사람 인 변), 口(입 구, 구멍 구, 말할 구)

保健(보건), 保守(보수), 保證(보증), 保險(보험)

果
5급 / 총8획 / 부수 木

과실(田)이 **나무(木)** 위에 열린 모양을 본떠서 **과실 과**

또 과실은 그 나무를 알 수 있는 결과니 **결과 과**

🔊 田('밭 전'이지만 여기서는 과실의 모습으로 봄)

果實(과실), 靑果(청과), 結果(결과), 成果(성과)

課
준4급 / 총15획 / 부수 言

말(言)을 들은 **결과(果)**로 세금을 매기고 부과하니 **매길 과, 부과할 과**

또 **말(言)**로 연구한 **결과(果)**를 적어 공부하니 **공부할 과**

🔊 言(말씀 언)

課稅(과세), 賦課(부과), 附課(부과), 課程(과정)

裸
2급 / 총13획 / 부수 衤

옷(衤)을 벗은 **결과(果)**처럼 벌거벗은 벌거숭이니 **벌거벗을 라, 벌거숭이 라**

🔊 衤(옷 의 변)

裸木(나목), 裸體(나체), 半裸(반라), 赤裸裸(적나라)

菓
2급 / 총12획 / 부수 艹

나물(艹)이나 **과실(果)**을 넣어 만든 과자니 **과자 과**

🔊 艹('초 두'지만 여기서는 나물로 봄)

菓子(과자), 茶菓(다과), 氷菓(빙과), 製菓(제과)

巢
2급 / 총11획 / 부수 巛

풀을 **개미허리(巛)**처럼 구부려 **밭(田)** 모양으로 **나무(木)** 위에 얽어 만든 새집이니 **새집 소**

🔊 巛(개미허리 천), 田(밭 전)

巢窟(소굴), 巢卵(소란), 歸巢(귀소)

067 송염량기[宋染梁棄] - 木이 밑에 들어간 한자

宋
2급 / 총7획 / 부수 宀

지붕(宀)을 나무(木)로 받쳐 지은 송나라니 **송나라 송, 성 송**

🔊 宀(집 면). 원래는 어원처럼 집의 뜻이었는데 후대로 오면서 나라 이름으로 쓰이다가 지금은 성으로만 쓰이네요.

染
2급 / 총9획 / 부수 木

물(氵) 속에 넣고 **많이(九)** 나무(木)로 휘저으며 물들이니 **물들일 염**

🔊 九(아홉 구, 클 구, 많을 구)

染料(염료), 染色(염색) ↔ 脫色(탈색), 汚染(오염)

梁
2급 / 총11획 / 부수 木

물(氵)의 양쪽(丶丶)에 칼(刀)로 나무(木)를 잘라 올려놓은 들보나 다리니
들보 량, 다리 량, 성 양

[동] 樑 - 나무(木)로 만든 들보(梁)나 다리니 '들보 량, 다리 량'

🔊 들보 - 기둥과 기둥 위에 들려 올린 나무로, 튼튼하고 굵은 나무를 사용하니 '대들보'라고도 하지요.

上梁(상량), 梁上君子(양상군자), 橋梁(교량)

棄
2급 / 총12획 / 부수 木

머릿(亠)속의 사심(厶)을 하나(一)의 그릇(凵)에 담아 나무(木) 위로 던져버리니
버릴 기

🔊 亠(머리 부분 두), 厶(사사 사, 나 사), 凵(입 벌릴 감, 그릇 감)

棄權(기권), 棄兒(기아), 廢棄(폐기), 抛棄(포기)

068 래래맥 색장[來萊麥 嗇墻] - 來, 嗇으로 된 한자

來
준5급 / 총8획 / 부수 人

나무(木) 밑으로 두 사람(人人)이 오니 **올 래**

來日(내일), 去來(거래), 往來(왕래), 傳來(전래)

萊
2급 / 총12획 / 부수 艹

풀(艹) 중 오고(來) 갈 때 지팡이로 쓰던 명아주니 **명아주 래**
또 풀(艹)이 나도록(來) 놓아둔 묵은 밭이니 **묵은 밭 래**

🔊 명아주 - 줄기는 1m가량 자라고 어린잎은 먹을 수 있으며 씨는 건위제나 강장제로 쓰이고, 명아주대로 만든 지팡이는 청려장(靑藜杖)이지요. *靑(푸를 청, 젊을 청), 藜(명아주 려), 杖(지팡이 장, 몽둥이 장)

東萊(동래), 萊蕪(내무) - 잡초가 우거지고 거친 땅. *蕪(거칠 무)

麥 준3급 / 총11획 / 부수 麥	(봄이) **오면(來) 천천히(夊)** 거두는 보리니 **보리 맥** 🔊 夊(천천히 걸을 쇠, 뒤져 올 치), 보리는 가을에 심어 여름이 오기 전 늦은 봄에 거두지요. 麥糠(맥강), 麥類(맥류), 麥芽(맥아), 麥酒(맥주)
嗇 1급 / 총13획 / 부수 口	재물이 **오면(來) 돌아(回)**가지 않게 아끼니 **아낄 색** 🔊 來[올 래(來)의 변형], 回(돌 회, 돌아올 회, 횟수 회)
 墻 2급 / 총16획 / 부수 土	**흙(土)**으로 재물을 **아끼는(嗇)** 사람이 높게 쌓은 담이니 **담 장** 동 牆 - 나무 조각(爿)으로 재물을 아끼는(嗇) 사람이 높게 막은 담이니 '담 장' 🔊 土(흙 토), 爿(나무 조각 장) 墻外(장외), 路柳墻花(노류장화), 越墻(월장)

069   씨지 혼혼 4저[氏紙 昏婚 氐低抵底] - 氏, 昏, 氐로 된 한자

氏 준4급 / 총4획 / 부수 氏	(사람의 씨족도 나무뿌리 뻗어가듯 번지니) 나무뿌리가 지상으로 나온 모양을 본떠서 **성 씨, 뿌리 씨** 또 사람을 높여 부르는 조사로도 쓰여 **사람을 높여 부르는 조사 씨** 🔊 氏는 사람의 성(姓)이나 이름 밑에 붙어 상대방을 존대하는 말로도 쓰입니다. 남을 보통으로 부르거나 낮추어 부를 때는 성씨 가(哥)를 붙여 쓰고요. 氏族(씨족), 姓氏(성씨), 創氏改名(창씨개명)
紙 준4급 / 총10획 / 부수 糸	(나무의 섬유질) **실(糸)**이 **나무뿌리(氏)**처럼 엉겨서 만들어지는 종이니 **종이 지** 🔊 糸(실 사, 실 사 변) 紙錢(지전), 紙幣(지폐), 壁紙(벽지), 韓紙(한지)
昏 3급 / 총8획 / 부수 日	**나무뿌리(氏)** 아래로 **해(日)**가 지며 저무니 **저물 혼** 🔊 日(해 일, 날 일) 昏迷(혼미), 昏亂(혼란), *混亂(혼란), 黃昏(황혼)
 婚 4급 / 총11획 / 부수 女	**여자(女)**와 **저문(昏)** 저녁에 결혼했으니 **결혼할 혼** 🔊 옛날에는 주로 저녁에 결혼했지요. 婚期(혼기), 婚姻(혼인), 請婚(청혼), 約婚(약혼)

氏	나무뿌리(氏)는 밑(一)이 근본이니 **밑 저, 근본 저**
사범 / 총5획 / 부수 氏	🔊 나무는 뿌리가 성해야 잘 자라니 뿌리가 있는 밑이 근본이지요.

低	사람(亻)이 밑(氏)에 있어 낮으니 **낮을 저**
준4급 / 총7획 / 부수 亻	低價(저가), 低廉(저렴), 低俗(저속), 高低長短(고저장단)

抵	손(扌)으로 밑(氏)바닥까지 거슬러 막으니 **거스를 저, 막을 저** 또 막음에 당하니 **당할 저**
3급 / 총8획 / 부수 扌	🔊 扌(손 수 변) 抵當(저당), 抵抗(저항), 抵觸(저촉)

 底	집(广)의 밑(氏)부분이니 **밑 저**
3급 / 총8획 / 부수 广	🔊 广(집 엄), 낮을 저(低)는 주로 높낮이가 낮다는 말이고, 밑 저(底)는 눈에 보이지 않는 밑부분을 가리킵니다. 底力(저력), 底意(저의), 井底蛙(정저와)

070 민민면 맥파 안[民珉眠 脈派 眼] - 民, 辰으로 된 한자와 眼

民	모인(一) 여러 씨(氏)족들로 이루어진 백성이니 **백성 민**
준5급 / 총5획 / 부수 氏	🔊 一('덮을 멱'으로 여기서는 모여 있는 모습), 氏(성 씨, 뿌리 씨) 民間(민간), 民官(민관), 以民爲天(이민위천)

珉	구슬(王)처럼 백성(民)들이 좋아하는 옥돌이니 **옥돌 민**
2급 / 총9획 / 부수 王(玉)	동 玟 - 제목번호 091 🔊 인·지명용 한자 🔊 王(임금 왕, 으뜸 왕, 구슬 옥 변)

眠	눈(目) 감고 백성(民)들은 잠자니 **잠잘 면**
준3급 / 총10획 / 부수 目	🔊 目(눈 목, 볼 목, 항목 목) 冬眠(동면), 睡眠(수면), 休眠(휴면), 不眠症(불면증)

脈
2급 / 총10획 / 부수 月

몸(月)에서, 언덕(厂)으로 뻗은 **나무뿌리(氏)**같은 혈관이니 **혈관 맥**
또 혈관 같은 줄기니 **줄기 맥**

🔊 月(달 월, 육 달 월), 厂(굴 바위 엄, 언덕 엄), 氏[성 씨, 뿌리 씨(氏)의 변형]

脈度(맥도), 脈動(맥동), 脈搏(맥박), 山脈(산맥)

派
3급 / 총9획 / 부수 氵

물(氵)이 언덕(厂)으로 뻗은 **나무뿌리(氏)**처럼 갈라져 흐르는 물갈래니 **물갈래 파**
또 물갈래처럼 나눠지는 파벌이니 **파벌 파**

派遣(파견), 派生(파생), 派閥(파벌), 政派(정파)

眼
4급 / 총11획 / 부수 目

눈(目)동자를 **멈추고(艮)** 바라보는 눈이니 **눈 안**

🔊 艮(멈출 간, 어긋날 간)

眼鏡(안경), 眼科(안과), 眼光(안광), 着眼(착안)

---

071 화 미변 번파심절[禾 米釆 番播審竊] – 禾와 米, 番으로 된 한자

禾
2급 / 총5획 / 부수 禾

익어서 고개 숙인 벼를 본떠서 **벼 화**

禾穀(화곡), 禾利(화리)

米
5급 / 총6획 / 부수 米

벼(米)를 찧으면 알(丶)로 톡 튀어나오는 쌀이니 **쌀 미**

🔊 米의 글자 구조를 八, 十, 八로 보아 '팔십(八十) 팔(八) 번의 손이 가야 생산되는 쌀이니 쌀 미(米)'라고도 합니다.
🔊 米[벼 화(禾)의 변형]

米飮(미음), 白米(백미), 精米(정미), 玄米(현미)

釆
급외자 / 총7획 / 부수 釆

분별하여(丿) 품질대로 **쌀(米)**을 나누니 **분별할 변, 나눌 변**

🔊 옛날에는 쌀이 모든 물물 거래의 기준이었고 곡식의 대표였으니 이런 어원이 가능하지요.

番
5급 / 총12획 / 부수 田

나눈(釆) 밭(田)에 붙인 차례와 번지니 **차례 번, 번지 번**

🔊 田(밭 전)

當番(당번), 輪番(윤번), 週番(주번), 地番(지번)

播
2급 / 총15획 / 부수 扌

손(扌)으로 차례(番)차례 뿌리니 **뿌릴 파**
또 뿌려서 널리 퍼뜨리니 **퍼뜨릴 파**

播種(파종), 直播(직파), 傳播(전파), 播多(파다)

審
2급 / 총15획 / 부수 宀

집(宀)에 번지(番)를 정하기 위하여 살피니 **살필 심**

🔊 宀(집 면)

審理(심리), *心理(심리), 審査(심사), 審問(심문)

竊
2급 / 총22획 / 부수 穴

구멍(穴) 뚫어(釆) 물건이 있을 것이라 점(卜)친 안(内)에 성(冂)같은 금고를 열고 사사로이(厶) 훔치니 **훔칠 절**

🔊 穴(구멍 혈, 굴 혈), 卜(점 복), 内[안 내, 나인 나(內)의 변형], 冂(멀 경, 성 경), 厶(사사 사, 나 사)

竊盜(절도), 竊取(절취), 剽竊(표절)

---

072 사화질향 추수 행[私和秩香 秋愁 杏] - 禾, 秋로 된 한자와 杏

私
4급 / 총7획 / 부수 禾

벼(禾) 같은 곡식을 소유함이 사사로우니(厶) **사사로울 사**

🔊 厶(사사 사, 나 사)

私有(사유), 私利私慾(사리사욕), 公私多忙(공사다망)

和
5급 / 총8획 / 부수 口

벼(禾) 같은 곡식을 나누어 같이 입(口)으로 먹으면 화목하고 화하니 **화목할 화, 화할 화**

🔊 화하다 - ㉠ (무엇을) 타거나 섞다. ㉡ (날씨나 바람·마음 따위가) 온화하다.

和睦(화목), 和音(화음), 和解(화해), 調和(조화)

秩
3급 / 총10획 / 부수 禾

볏(禾)단을 잃어(失)버리지 않도록 쌓는 차례니 **차례 질**

🔊 失(잃을 실), 차례로 쌓아두면 잃어버렸는지도 금방 알 수 있지요.

秩序(질서), 無秩序(무질서)

香
준4급 / 총9획 / 부수 香

벼(禾)가 햇(日)빛에 익어가며 나는 향기니 **향기 향**

🔊 日(해 일, 날 일)

香氣(향기), 香水(향수), 香辛料(향신료), 芳香(방향)

秋
5급 / 총9획 / 부수 禾

벼(禾)가 불(火)처럼 붉게 익어 가는 가을이니 **가을 추, 성 추**

🔊 火(불 화)

秋霜(추상), 秋收(추수), 秋毫(추호), 晩秋(만추)

愁
준3급 / 총13획 / 부수 心

가을(秋)에 느끼는 마음(心)은 주로 근심이니 **근심 수**

🔊 추워지는 날씨에 겨울나기 걱정, 또 한 해가 간다는 슬픈 마음 등 가을(秋)에 느끼는 마음(心)은 주로 근심이지요.

愁苦(수고), 愁心(수심), 憂愁(우수), 鄕愁(향수)

杏
2급 / 총7획 / 부수 木

나무 목(木) 밑에 입 구(口)를 붙여 **살구 행, 은행 행**

🔊 옛날 오(吳)나라의 유명한 의사 동봉(董奉)이 병자를 치료해주고, 그 대가로 살구나무(木)를 심으라고 말하여(口) 몇 년 후 살구나무가 숲을 이루었다는 데서 '살구 행, 은행 행(杏)'입니다. 그래서 그런지 살구나 은행은 약효가 뛰어나다네요.
*董(감출 동, 감독할 동), 奉(받들 봉)

杏仁(행인), 杏花(행화), 銀杏(은행), 杏木(행목)

---

073 리리 력력 위왜 계리[利梨 曆歷 委倭 季李] – 利, 麻, 委, 子으로 된 한자

利
5급 / 총7획 / 부수 刂

벼(禾)를 낫(刂)으로 베어 수확하면 이로우니 **이로울 리**
또 이로움에는 모두 날카로우니 **날카로울 리**

🔊 禾(벼 화), 刂('칼 도 방'이지만 여기서는 '낫'으로 봄)

利己(이기) ↔ 利他(이타), 利潤(이윤), 銳利(예리)

梨
3급 / 총11획 / 부수 木

이로운(利) 나무(木) 열매는 배니 **배 리**

🔊 배는 식용·약용으로도 많이 쓰이니 이롭지요.

梨花(이화), 烏飛梨落(오비이락), 棗栗梨柿(조율이시)

曆
2급 / 총16획 / 부수 日

굴 바위(厂) 밑에 벼(禾)와 벼(禾) 같은 곡식을 쌓아놓고 살면서 날(日)을 보던 책력이니 **책력 력**

🔊 책력(冊曆) – 일 년 동안의 월일, 해와 달의 운행, 월식과 일식, 절기, 특별한 기상 변동 따위를 날의 순서에 따라 적은 책.
🔊 厂(굴 바위 엄, 언덕 엄), 冊(책 책)

曆法(역법), 陽曆(양력), 陰曆(음력), 太陽曆(태양력)

歷
준4급 / 총16획 / 부수 止

굴 바위(厂) 밑에 벼(禾)와 벼(禾) 같은 곡식을 쌓아놓고 멈춰서(止) 겨울을 지냈으니 **지낼 력**
또 지내면서 겪으니 **겪을 력**

🔊 止(그칠 지)

歷史(역사), 歷程(역정), 歷任(역임), 經歷(경력)

委
3급 / 총8획 / 부수 女

벼(禾) 같은 곡식을 여자(女)에게 맡기고 의지하니 **맡길 위, 의지할 위**

🔊 지금도 살림은 여자에게 맡기는 경우가 많지요.

委寄(위기), 委員(위원), 委任(위임), 委託(위탁)

倭
2급 / 총10획 / 부수 亻

사람(亻)이 살림을 여자에게 맡기고(委) 싸움만 하던 왜국이니 **왜국 왜**

🔊 일본인의 정신을 무사도 정신이라 하는 것을 보면 일본 남자들은 칼싸움만 했던 것 같아요.

倭寇(왜구), 倭敵(왜적), 壬辰倭亂(임진왜란)

季
준4급 / 총8획 / 부수 子

벼(禾)의 아들(子) 같은 열매가 맺는 줄기 끝이니 **끝 계**

또 (달력이 없었던 옛날에) 벼(禾) 열매(子)가 익어 감을 보고 짐작했던 계절이니 **계절 계**

🔊 子(아들 자, 첫째 지지 자, 자네 자, 접미사 자), '끝 계(季)'는 형제 중 막내로 쓰이고, 보통 말하는 끝은 끝 종(終)이나 끝 말(末)로 씁니다.

季父(계부), 季節(계절), 季刊(계간), 四季(사계)

李
5급 / 총7획 / 부수 木

나무(木)에 열린 아들(子)처럼 귀한 오얏이니 **오얏 리, 성 이**

🔊 오얏은 자도(紫桃)에서 온 말인 '자두'입니다. 옛날에는 자두가 매우 귀했던가 봐요.

李下不整冠(이하부정관), 投桃報李(투도보리)

---

074 제제제 미장 국국[齊濟劑 迷粧 鞠菊] - 齊, 米, 匊으로 된 한자

齊
3급 / 총14획 / 부수 齊

벼 이삭이 패서 가지런한 모양을 본떠서 **가지런할 제**

齊均(제균), 齊唱(제창), 修身齊家(수신제가), 整齊(정제)

濟
3급 / 총17획 / 부수 氵

물(氵)살이 가지런할(齊) 때 건너거나 빠진 사람을 구제하니 **건널 제, 구제할 제**

🔊 氵(삼 수 변)

濟度(제도), 救濟(구제), 救世濟民(구세제민)

劑
2급 / 총16획 / 부수 刂

(약초를) 가지런히(齊) 칼(刂)로 썰어 약 지으니 **약 지을 제**

🔊 刂(칼 도 방)

洗劑(세제), 藥劑(약제), *藥材(약재), 調劑(조제)

迷
2급 / 총10획 / 부수 辶

사방으로 뚫린 길(米)에서 어디로 갈지(辶) 미혹하니 **미혹할 미**

🔊 米('쌀 미'지만 여기서는 사방으로 뚫린 길의 모양), 미혹(迷惑)하다 – 헷갈리어 갈팡질팡 헤매다.

迷宮(미궁), 迷路(미로), 迷兒(미아), 昏迷(혼미)

粧
2급 / 총12획 / 부수 米

쌀(米)가루 바르듯 집(广)에 흰 흙(土)을 발라 단장하니 **단장할 장**

🔊 广(집 엄)

粧飾(장식), 內粧(내장), *內裝(내장), 治粧(치장)

鞠
2급 / 총17획 / 부수 革

가죽(革)처럼 튼튼히 싸(勹) 보호하며 쌀(米) 같은 곡식을 먹여 기르니 **기를 국**

또 가죽(革)으로 싸(勹) 쌀(米)자루처럼 만든 가죽 공이니 **가죽 공 국**

또 가죽 공처럼 차며 국문하니 **국문할 국, 성 국**

🔊 국문(鞠問) – 고문을 하며 죄인을 심문함.
🔊 革(가죽 혁, 고칠 혁), 問(물을 문)

鞠養(국양), 鞠育(국육), 鞠正(국정)

菊
2급 / 총12획 / 부수 艹

풀(艹) 중 싸인(勹) 속에 쌀(米)알 모양의 꽃을 피우는 국화니 **국화 국**

🔊 艹(초 두), 勹(쌀 포)

山菊(산국), 水菊(수국), 野菊(야국), 黃菊(황국)

---

075 두과료사 수규규[斗科料斜 收叫糾] - 斗, 丩로 된 한자

斗
4급 / 총4획 / 부수 斗

자루 달린 국자를 본떠서 **국자 두**

또 국자처럼 곡식을 퍼 올려 되는 말이니 **말 두**

🔊 지금은 물건의 양을 무게로 환산하여 그램(g)이나 킬로그램(kg)으로 표시하지만, 얼마 전까지만 해도 되(升 : 되 승)나 말(斗)에 곡식을 담아 헤아렸어요. 열 되가 한 말이고 한 말은 8kg입니다.

北斗七星(북두칠성), 泰山北斗(태산북두), 斗酒不辭(두주불사)

科
5급 / 총9획 / 부수 禾

벼(禾)의 양을 말(斗)로 헤아려 품질과 용도에 따라 나눈 조목이니 **조목 과**

또 지식을 조목조목 나누어 설명한 과목이니 **과목 과**

🔊 禾(벼 화)

眼科(안과), 轉科(전과), 科目(과목), 科擧(과거)

料
준4급 / 총10획 / 부수 斗

쌀(米)의 양을 말(斗)로 헤아려 무엇을 만드는 재료로 쓰거나 계산하던 값이니
헤아릴 료, 재료 료, 값 료

🔊 옛날부터 벼와 쌀은 곡식의 대표로 물물 거래의 기준이었지요.

料量(요량), 思料(사료), 材料(재료), 無料(무료)

斜
2급 / 총11획 / 부수 斗

남은(余) 곡식을 말(斗)로 되어 비끼듯 기울이니 **비낄 사, 기울 사**

🔊 余[나 여, 남을 여(餘)의 속자], 되다 – 말, 되, 홉 따위로 가루, 곡식, 액체 따위의 분량을 헤아리다.
🔊 비끼다 – 비스듬히 놓이거나 늘어지다.

斜線(사선), 斜陽(사양), 傾斜(경사)

收
4급 / 총6획 / 부수 攵

줄기에 얽힌(丩) 열매를 쳐(攵) 거두니 **거둘 수**

🔊 丩 : 서로 얽힌 모양에서 '얽힐 구', 攵(칠 복, = 攴), 옛날에는 벼를 낫으로 베어 햇볕에 말린 다음 도리깨로 쳐 낟알을 수확했지요.

收支(수지), 收縮(수축) ↔ 弛緩(이완), 收穫(수확)

叫
2급 / 총5획 / 부수 口

입(口)이 얽히도록(丩) 크게 부르짖으며 우니 **부르짖을 규, 울 규**

叫叫(규규), 叫聲(규성), 叫彈(규탄), 絕叫(절규)

糾
2급 / 총8획 / 부수 糸

여러 갈래의 실(糸)이 서로 얽혀(丩) 모이니 **얽힐 규, 모일 규**
또 얽힘을 풀려고 살피니 **살필 규**

🔊 糸(실 사, 실 사 변)

紛糾(분규), 糾合(규합), 糾明(규명)

---

076 내 수유투 급급흡[乃 秀誘透 及級吸] – 乃와 秀, 及으로 된 한자

乃
4급 / 총2획 / 부수 丿

(세월이 빨라) 사람은 지팡이(丿)에 의지할 허리 굽은(乃) 사람으로 이에 곧 늙으니
이에 내, 곧 내

🔊 이에 – 이리하여 곧.
🔊 丿('삐침 별'이지만 여기서는 지팡이로 봄), 세월은 빠르고 인생은 짧으니 백년을 살아도 삼만 육천오백일밖에 안 되지요.

乃至(내지), 終乃(종내), 人乃天(인내천)

秀
준3급 / 총7획 / 부수 禾

벼(禾)는 심으면 곧(乃) 자라 이삭이 빼어나니 **빼어날 수**

🔊 禾(벼 화)

秀麗(수려), 秀才(수재), 優秀(우수), 俊秀(준수)

誘
2급 / 총14획 / 부수 言

말(言)을 빼어나게(秀) 잘하며 꾀니 **꾈 유**

🔊 言(말씀 언)

誘拐犯(유괴범), 誘引(유인), 誘惑(유혹)

透
2급 / 총11획 / 부수 辶

빼어나게(秀) 노력해 가면(辶) 통하니 **통할 투**

🔊 辶(뛸 착, 갈 착)

透明(투명), 透視(투시), 透徹(투철), 浸透(침투)

及
4급 / 총4획 / 부수 又

곧(乃) 이르러 미치니(乀) **이를 급, 미칠 급**

🔊 乀 ('파임 불'이지만 여기서는 이르러 미치는 모습으로 봄)

及瓜(급과) - ㉠ 임기(任期)가 다 참. ㉡ 교대할 시기(時期)가 됨. ㉢ 해가 바뀜,
及第(급제) ↔ 落第(낙제), 及其也(급기야) *瓜(오이 과)

級
준3급 / 총10획 / 부수 糸

실(糸)을 이을(及) 때 따지는 등급이니 **등급 급**

🔊 糸(실 사, 실 사 변), 실을 이을 때는 아무 실이나 잇지 않고 굵기나 곱기의 등급을 따져 차례로 잇지요.

級數(급수), 級友(급우), 等級(등급), 進級(진급)

吸
준3급 / 총7획 / 부수 口

입(口)으로 공기를 폐까지 이르도록(及) 들이쉬어 마시니 **숨 들이쉴 흡, 마실 흡**

🔊 口(입 구, 구멍 구, 말할 구)

吸力(흡력), 吸收(흡수), 吸煙(흡연), 吸着(흡착)

TIP

⟨한자의 어원을 생각하는 것은 아주 쉬워요⟩
글자를 보아서 부수나 독립된 글자들로 쪼개지지 않으면 그 글자만으로 왜 이런 모양에 이런 뜻의 글자가 나왔는지 생각해 보고, 부수나 독립된 글자들로 쪼개지면 쪼개진 글자들의 뜻을 합쳐 보면 되거든요.

그래도 어원이 생각나지 않을 때는 상상력을 동원하여 나눠진 글자의 앞뒤나 가운데에 말을 넣어 생각해 보면 되고요.

한자에서 가장 많은 비중을 차지하고 있는 부수나 독립된 글자로 쪼개지는 글자들은 x + y = z 같은 형식이 기본이고, x, y, z의 뜻은 이미 알고 있는 상황이니 어째서 이런 구조로 z라는 글자와 뜻을 나타냈는가만 생각하면 어원이 됩니다.

Day 06 | 확인문제

01~04 다음 한자에 해당하는 훈음을 오른쪽에서 찾아 연결하세요.

01. 誘 •   • ㉠ 책력 력
02. 級 •   • ㉡ 지낼 력
03. 歷 •   • ㉢ 등급 급
04. 曆 •   • ㉣ 꾈 유

05~12 다음 漢字의 훈(뜻)과 음(소리)을 쓰세요.

05. 迷 (   )   06. 梨 (   )
07. 秩 (   )   08. 竊 (   )
09. 紙 (   )   10. 麥 (   )
11. 巢 (   )   12. 菓 (   )

13~18 다음 훈음에 맞는 漢字를 쓰세요.

13. 찌를 자   (   )   14. 칙서 칙   (   )
15. 부르짖을 규 (   )   16. 벌거벗을 라 (   )
17. 버릴 기   (   )   18. 담 장   (   )

19~20 다음 문장 중 ( ) 안에 들어갈 한자어로 알맞은 것은?

19. (   )(으)로 걸어 집에서 여기까지 오 분만에 도착했다.
    ① 速報   ② 速步
    ③ 續報   ④ 拙速

20. 그가 흥분하면 (   )이 빨라지고 고르지 못하게 된다.
    ① 脈搏   ② 着眼
    ③ 輪番   ④ 裝飾

정답

01. ㉣   02. ㉢   03. ㉡   04. ㉠   05. 미혹할 미
06. 배 리   07. 차례 질   08. 훔칠 절   09. 종이 지   10. 보리 맥
11. 새집 소   12. 과자 과   13. 刺   14. 勅   15. 叫
16. 裸   17. 棄   18. 墻   19. ②   20. ①

Day 07 | 077 ~ 089

077 초입공 화엽 필[艹卄廾 華燁 畢] – 艹와 비슷한 부수, 華로 된 한자와 畢

艹
부수자 / 총4획 / 부수 艹

풀 초(草)가 부수로 쓰일 때의 모양으로,
주로 글자의 머리에 쓰이므로 **머리 두**(頭)를 붙여 **초 두**

 1급, 사범, 급외자, 부수자 – 어원 풀이를 위한 참고자로 8~2급 선정 한자에는 포함되지 않습니다.

卄
부수자 / 총3획 / 부수 十

열 십(十) 둘을 합쳐서 **스물 입** (= 廿)

廾
부수자 / 총3획 / 부수 廾

두 손으로 받든 모습을 본떠서 **두 손으로 받들 공**

華
준3급 / 총10획 / 부수 艹

풀(艹) 하나(一) 풀(艹) 하나(一)마다 시(十)월의 바람에 단풍 들어 화려하게 빛나니
화려할 화, 빛날 화

 꽃보다 단풍이 아름답지요.
華麗(화려), 華燭(화촉), 昇華(승화), 榮華(영화)

燁
2급 / 총16획 / 부수 火

불(火)처럼 빛나니(華) 빛날 **엽**

 火(불 화)
燁如花(엽여화) – '빛남이 꽃과 같음'으로, 아름다운 용모를 이르는 말.

畢
2급 / 총11획 / 부수 田

밭(田)의 풀(艹) 한(一) 포기도 시(十)월이 되면 자라기를 마치니 **마칠 필**

 田(밭 전)
畢竟(필경), 畢生(필생), 檢査畢(검사필)

078 석석차 착조적 [昔惜借 錯措籍] – 昔으로 된 한자

昔
준3급 / 총8획 / 부수 日

이십(卄) 일(一) 일(日)이나 지난 오래된 옛날이니 **오랠 석, 옛 석**

- '풀(卄)이 난 땅(一) 아래로 해(日)가 지면 이미 옛날이니 '옛 석'이라고도 합니다.
- 卄(스물 입, = 廿), 초 두(卄)는 원래 4획인데 여기서는 3획의 약자(卄)로 보고 푼 것.

昔日(석일), 昔年(석년), 今昔之感(금석지감)

惜
준3급 / 총11획 / 부수 忄

마음(忄)에 어렵던 옛날(昔)을 생각하며 아끼고 가엽게 여기니 **아낄 석, 가엾을 석**

- 忄(마음 심 변)

惜時如金(석시여금), 惜別(석별), 哀惜(애석)

借
준3급 / 총10획 / 부수 亻

사람(亻)이 오랫(昔)동안 아는 사이면 돈도 빌려주고 빌리니 **빌릴 차**

借款(차관), 借名(차명), 借用(차용), 貸借(대차)

錯
2급 / 총16획 / 부수 金

쇠(金)가 오래(昔)되면 녹이 섞여 어긋나니 **섞일 착, 어긋날 착**

- 金(쇠 금, 금 금, 돈 금, 성 김)

錯亂(착란), 錯雜(착잡), 錯覺(착각), 錯誤(착오)

措
2급 / 총11획 / 부수 扌

손(扌)으로 옛날(昔)의 물건을 잘 두니 **둘 조**

- 扌(손 수 변)

措定(조정), 措處(조처), 措置(조치)

籍
3급 / 총20획 / 부수 ⺮

대(⺮) 조각에 쟁기(耒)로 밭 갈 듯 글을 새겨 오랫(昔)동안 남도록 만든 서적이나 문서니 **서적 적, 문서 적**

- ⺮[대 죽(竹)이 부수로 쓰일 때의 모습], 耒(가래 뢰, 쟁기 뢰), 종이가 없던 옛날에는 대(竹) 조각에 글을 새겼답니다.

書籍(서적), 國籍(국적), 除籍(제적), 戶籍(호적)

DAY 07

079 공공홍공 폭(포)폭 [共供洪恭 暴爆] – 共, 暴으로 된 한자

共
5급 / 총6획 / 부수 八

많은(卄) 사람들이 마당(一)에서 일을 나누어(八) 함께하니 **함께 공**

- 卄('스물 입'이지만 여기서는 '많은'의 뜻), 一('한 일'이지만 여기서는 마당으로 봄), 八(여덟 팔, 나눌 팔)

共同(공동), 共犯(공범), 自他共認(자타공인)

供
3급 / 총8획 / 부수 亻

사람(亻)이 함께(共) 살려고 서로 주면서 이바지하니 **줄 공, 이바지할 공**

供給(공급), 供出(공출), 提供(제공), 供與(공여)

洪
2급 / 총9획 / 부수 氵

물(氵)이 넘쳐 여러 가지와 함께(共) 넓게 흐르는 홍수니 **넓을 홍, 홍수 홍, 성 홍**

◀ 홍수(洪水) - ㉠ 큰 물. ㉡ 넘쳐흐를 정도로 많은 사물을 비유하는 말.
洪魚(홍어), 洪規(홍규) - 큰 계략.

恭
3급 / 총10획 / 부수 忄

여럿이 함께(共) 사는 마음(忄)처럼 공손하니 **공손할 공**

◀ 忄[마음 심, 중심 심(心)이 글자의 발로 쓰일 때의 모양으로 '마음 심 발'], 공손(恭遜) - 공경하고 겸손함.
恭敬(공경), 恭待(공대), 恭賀新年(공하신년)

暴
4급 / 총15획 / 부수 日

(서로 상극인) 해(日)와 함께(共) 물(氺)이 만난 듯 사나우니 **사나울 폭·포**

또 사나우면 잘 드러나니 **드러날 폭**

◀ 氺(물 수 발), 오행(五行)에서 불과 물은 상극(相剋)으로, 해도 불에 해당하니 이런 어원이 가능하지요. '사납다'의 뜻으로 쓰일 때는 단어에 따라 '폭'과 '포' 둘로 읽습니다.
暴風雨(폭풍우), 暴惡(포악), 亂暴(난폭), 暴露(폭로)

爆
3급 / 총19획 / 부수 火

불(火)을 붙이면 사납게(暴) 터지니 **터질 폭**

◀ 火(불 화)
爆擊(폭격), 爆發(폭발), 爆笑(폭소), 爆破(폭파)

---

080 항항 이익 선[巷港 異翼 選] - 巷, 異로 된 한자와 選

巷
2급 / 총9획 / 부수 己

함께(共) 다니는 뱀(巳)처럼 길게 뻗은 거리니 **거리 항**

◀ 巳(뱀 사, 여섯째 지지 사)
巷間(항간), 巷談(항담), 巷說(항설), 巷謠(항요)

港
3급 / 총12획 / 부수 氵

물(氵)에 거리(巷)의 차들처럼 배가 드나드는 항구니 **항구 항**

◀ 巷[거리 항(巷)의 변형]
港口(항구), 港都(항도), 歸港(귀항), 出港(출항)

異
4급 / 총11획 / 부수 田

밭(田)은 함께(共) 있어도 주인도 다르고 심어진 곡식도 다르니 **다를 이**

🔊 田(밭 전)

異見(이견), 異口同聲(이구동성), 大同小異(대동소이)

翼
2급 / 총17획 / 부수 羽

깃(羽) 중 각각 다른(異) 쪽에 있는 날개니 **날개 익**
또 두 날개가 함께 움직여 나는 것을 도우니 **도울 익**

🔊 羽(깃 우, 날개 우)

左翼(좌익), 左翼手(좌익수), 輔翼(보익)

選
4급 / 총16획 / 부수 辶

뱀들(巳巳)처럼 어울려 함께(共) 가(辶) 가려 뽑으니 **가릴 선, 뽑을 선**

🔊 辶(뛸 착, 갈 착)

選擧(선거), 選拔(선발), 選手(선수), 精選(정선)

---

081 서차 도(탁)도 석[庶遮 度渡 席] - 庶, 度로 된 한자와 席

庶
3급 / 총11획 / 부수 广

집(广)에 스물(廿)한(一) 곳, 즉 많은 곳에 불(灬)을 때며 모여 사는 여러 백성이니
여러 서, 백성 서
또 일반 백성처럼 대했던 첩의 아들이니 **첩의 아들 서**

🔊 广(집 엄), 廿(스물 입), 灬(불 화 발), 계급제도가 있었던 옛날에는 본부인의 아들을 적자(嫡子), 첩의 아들을 서자(庶子)라 하여 차별하였지요.

庶務(서무), 庶民(서민), 庶出(서출), 嫡庶(적서)

遮
2급 / 총15획 / 부수 辶

여러(庶) 사람들이 오가는(辶) 길을 막으니 **막을 차**

🔊 辶(뛸 착, 갈 착)

遮光(차광), 遮斷(차단), 遮陽(차양)

度
5급 / 총9획 / 부수 广

여러(庶) 사람이 손(又)으로 법도에 따라 정도를 헤아리니
법도 도, 정도 도, 헤아릴 탁

🔊 又(오른손 우, 또 우)

制度(제도), 程度(정도), 強度(강도), 忖度(촌탁)

DAY 07

渡
2급 / 총12획 / 부수 氵

물(氵) 깊이를 **헤아려**(度) 건너니 **건널 도**

渡江(도강), 渡河(도하), 不渡(부도), 過渡期(과도기)

席
5급 / 총10회 / 부수 巾

여러(庐) 사람이 앉도록 **수건**(巾)을 깐 자리니 **자리 석**

🔊 庐[여러 서, 백성 서, 첩의 아들 서(庶)의 획 줄임], 巾(수건 건)

席次(석차), 缺席(결석) ↔ 出席(출석), 座席(좌석)

082 황횡 광광확[黃橫 廣鑛擴] – 黃, 廣으로 된 한자

黃
5급 / 총12획 / 부수 黃

이십(卄)**일**(一) 년이나 지남으로 **말미암아**(由) **팔**(八)방이 황무지로 변하여 누러니 **누럴 황**

🔊 卄(스물 입, =卄), 由(말미암을 유)

黃桃(황도), 黃砂(황사), 黃昏(황혼), 朱黃(주황)

橫
2급 / 총16획 / 부수 木

나무(木)가 **누렇게**(黃) 죽어 가로로 제멋대로 쓰러지니 **가로 횡, 제멋대로 할 횡**

🔊 나쁜 방법으로 취득한다는 '가로채다'가 있듯이 '가로 횡(橫)'에도 '제멋대로 할 횡'의 뜻이 있습니다.

橫斷(횡단), 橫領(횡령), 橫厄(횡액), 橫財(횡재)

廣
준4급 / 총15획 / 부수 广

집(广) 아래 **누런**(黃) 들판이 넓으니 **넓을 광**

🔊 广(집 엄)

廣告(광고), 廣野(광야), 廣場(광장), 廣闊(광활)

鑛
2급 / 총23획 / 부수 金

쇠(金)가 함유된 **넓은**(廣) 쇳돌이니 **쇳돌 광**

🔊 金(쇠 금, 금 금, 돈 금, 성 김)

鑛物(광물), 鑛夫(광부), 鑛山(광산), 鑛石(광석)

擴
2급 / 총18획 / 부수 扌

손(扌)으로 **넓게**(廣) 넓히니 **넓힐 확**

擴大(확대), 擴散(확산), 擴聲器(확성기), 擴張(확장)

083   6근 한난탄[菫僅謹瑾槿勤 漢難歎] - 菫, 莫으로 된 한자

菫
사범 / 총11획 / 부수 艹

(너무 끈끈하여) **스물(廿)한(一)** 번이나 **입(口)**으로 **하나(一)**같이 숨 헐떡이며
걸어야 할 **진흙(土)**이니 **진흙 근**
또 진흙에서도 잘 자라는 제비꽃이니 **제비꽃 근**

◀ 진흙은 너무 끈끈하여 걷기가 힘들지요.
◀ 廿(스물 입) - 아래를 막아 써도 같은 뜻이나 초 두(艹)와 혼동할까봐 廿과 一을 나누어 풀었어요.

僅
2급 / 총13획 / 부수 亻

사람(亻)이 **진흙(菫)**길을 겨우 가니 **겨우 근**

僅僅(근근), 僅僅圖生(근근도생), 僅少(근소)

謹
3급 / 총18획 / 부수 言

말(言)을 **진흙(菫)**길을 갈 때처럼 조심하고 삼가니 **삼갈 근**

◀ 言(말씀 언), 진흙길을 갈 때는 빠지지 않도록 조심하며 가려 디뎌야 하지요.

謹愼(근신), 謹嚴(근엄), 謹呈(근정), 謹賀(근하)

瑾
2급 / 총15획 / 부수 王(玉)

옥(王) 중에 **진흙(菫)**처럼 붉고 아름다운 옥이니 **붉은 옥 근, 아름다운 옥 근**

◀ 王(임금 왕, 으뜸 왕, 구슬 옥 변)
◀ 인 · 지명용 한자

槿
2급 / 총15획 / 부수 木

나무(木) 중 **진흙(菫)**에서도 잘 자라는 무궁화니 **무궁화 근**

◀ 木(나무 목)

槿域(근역), 槿花(근화)

勤
준3급 / 총13획 / 부수 力

진흙(菫) 같은 어려움 속에서도 **힘(力)**써 부지런하게 하는 일이니
부지런할 근, 일 근

㊬ 勸(권할 권) - 제목번호 360
◀ 力(힘 력)

勤儉(근검), 勤勉(근면), 轉勤(전근), 退勤(퇴근)

漢
준5급 / 총14획 / 부수 氵

물(氵)과 **진흙(𦰩)**이 많은 곳(중국 양자강 유역)에 있었던 한나라니 **한나라 한**
또 남을 흉하게 부르는 접미사로도 쓰여 **남을 흉하게 부르는 접미사 한**

◀ 𦰩[진흙 근(菫)의 변형], 𦰩 : 너무 끈끈하여 스물(廿)한(一) 번이나 말하며(口) 하나(一)같이 크게(大) 힘써 걸어야 할 진흙이니 '진흙 근'
◀ 한나라는 진나라를 이은 두 번째의 중국 통일 왕국이고, 여태까지의 중국 역사를 창조해 낸 중국 최고의 제국이기 때문에 옛날 중국을 대표하는 말로 쓰이고 있습니다.

漢文(한문), 漢字(한자), 怪漢(괴한), 無賴漢(무뢰한)

DAY 07

難
준3급 / 총19획 / 부수 隹

진흙(堇)에 빠져 날지 못하는 **새**(隹)처럼 어려우니 **어려울 난**
또 어려우면 남을 비난하니 **비난할 난**

🔊 隹(새 추), 일이 힘들거나 살기 어려우면 자기 탓으로 여기지 않고 대부분 남을 비난하지요.
難堪(난감), 難解(난해), 苦難(고난), 非難(비난)

歎
3급 / 총15획 / 부수 欠

진흙(堇)에 빠짐을 **하품**(欠)하듯 입 벌려 탄식하니 **탄식할 탄**
또 탄식하듯이 입 벌려 감탄하니 **감탄할 탄**

🔊 欠(하품 흠, 모자랄 흠)
歎聲(탄성), 歎息(탄식), 恨歎(한탄), 感歎(감탄)

084 　세세 엽접첩[世貰 葉蝶諜] - 世, 葉으로 된 글자

世
준5급 / 총5획 / 부수 一

(한 세대를 30년으로 봐서) **열 십**(十) 셋을 합치고
(세대는 서로 연결되어 있다는 데서) 아래 부분을 연결하여 **세대 세**
또 세대들이 모여 사는 세상도 뜻하여 **세상 세**

🔊 세대(世代) - ㉠ 같은 시대에 살면서 공통의 의식을 가지는 비슷한 연령층의 사람들. ㉡ 어린아이가 성장하여 부모 일을 계승할 때까지의 기간. 약 30년. ㉢ 한 생물이 생겨나서 생존을 끝마칠 때까지의 사이.
世孫(세손), 世態(세태), 處世(처세), 出世(출세)

貰
2급 / 총12획 / 부수 貝

시간(世)대로 돈(貝) 주고 세내어 빌리니 **세낼 세, 빌릴 세**

🔊 世('세대 세, 세상 세'이지만 여기서는 시간의 뜻으로 봄), 貝(조개 패, 재물 패)
貰房(세방), 月貰(월세), 朔月貰(삭월세), 傳貰(전세)

葉
준4급 / 총13획 / 부수 艹

풀(艹)처럼 **세대**(世)마다 나무(木)에 나는 잎이니 **잎 엽**

🔊 여기서 세대는 풀이 돋아나서 씨앗을 맺고 죽는 1년 정도를 가리킵니다.
葉書(엽서), 葉茶(엽차), 落葉(낙엽), 枝葉(지엽)

蝶
2급 / 총15획 / 부수 虫

벌레(虫) 중 잎(葉) 같은 날개를 가진 나비니 **나비 접**

🔊 虫(벌레 충), 枼[잎 엽(葉)의 획 줄임]
蝶舞(접무), 蝶泳(접영)

諜
2급 / 총16획 / 부수 言

말(言)을 나뭇잎(葉)에 적어 보내려고 적을 몰래 염탐하니 **염탐할 첩**

또 이렇게 염탐하는 간첩이니 **간첩 첩**

- 간첩(間諜) - 국가나 단체의 비밀을 몰래 탐지·수집하여 대립 관계에 있는 국가나 단체에 제공하는 사람.
- 言(말씀 언), 間(사이 간), 옛날에는 나뭇잎에 글을 적기도 했답니다.

諜報(첩보), 諜者(첩자), 防諜(방첩)

085 훼분 분(비)분분분[卉奔 賁墳憤噴] - 卉, 賁으로 된 한자

卉
사범 / 총5획 / 부수 十

많이(十) 받쳐 든(廾) 것처럼 수북하게 풀이 많으니 **풀 훼, 많을 훼**

- 十(열 십, 많을 십), 廾(받쳐 들 공)

花卉(화훼), 卉服(훼복) - 풀로 만든 옷. 오랑캐의 옷을 말함. *服(옷 복, 먹을 복, 복종할 복)

奔
3급 / 총8획 / 부수 大

발걸음을 크고(大) 많이(卉) 내딛으며 달리거나 달아나니 **달릴 분, 달아날 분**

- 大(큰 대)

奔忙(분망), 東奔西走(동분서주), 狂奔(광분)

賁
사범 / 총12획 / 부수 貝

풀(卉)로 조개(貝)처럼 불룩하도록 크게 꾸미니 **클 분, 꾸밀 비**

- 貝(조개 패, 재물 패)

賁飾(비식), 賁然(비연)

墳
2급 / 총15획 / 부수 土

흙(土)으로 크게(賁) 쌓아 올린 무덤이니 **무덤 분**

- 土(흙 토)

墳墓(분묘), 墳上(분상), 古墳(고분), 封墳(봉분)

憤
2급 / 총15획 / 부수 忄

마음(忄)이 크게(賁) 쓰이도록 분하고 성나니 **분할 분, 성날 분**

- 忄(마음 심 변)

憤慨(분개), 憤敗(분패), 憤怒(분노), 激憤(격분)

噴
2급 / 총15획 / 부수 口

입(口)으로 크게(賁) 뿜으니 **뿜을 분**

- 口(입 구, 구멍 구, 말할 구)

噴霧(분무), 噴射(분사), 噴水(분수), 噴出(분출)

086 롱산변 계계[弄算弁 戒械] - 廾, 戒로 된 한자

弄
2급 / 총7획 / 부수 廾

구슬(王)을 두 손에 들고(廾) 희롱하듯 가지고 노니 **희롱할 롱, 가지고 놀 롱**

- 王(임금 왕, 으뜸 왕, 구슬 옥 변), 廾(두 손으로 받들 공), 희롱(戲弄) - (말이나 행동으로) 실없이 놀림.
  嘲弄(조롱), 弄談(농담) ↔ 眞談(진담), 弄調(농조)

算
준4급 / 총14획 / 부수 ⺮

대(⺮)에 눈(目)알 같은 구슬을 꿰어 만든 주판을 받쳐 들고(廾) 하는 셈이니 **셈 산**

- ⺮[대 죽(竹)이 부수로 쓰일 때의 모습], 目(눈 목, 볼 목, 항목 목), 주판 - 옛날 셈을 하는데 쓰였던 도구. 수판. 주산.
  算數(산수), 加算(가산) ↔ 減算(감산), 精算(정산)

弁
2급 / 총5획 / 부수 廾

사사로이(厶) 받쳐 들듯(廾) 머리에 쓴 고깔이니 **고깔 변**

- 厶(사사 사, 나 사)
  武弁(무변), 弁韓(변한) - 낙동강 하류 지방에 있었던 부족국가.

戒
준3급 / 총7획 / 부수 戈

창(戈)을 두 손으로 들고(廾) 적을 경계하니 **경계할 계**

- 戈(창 과)
  戒律(계율), 警戒(경계), 一罰百戒(일벌백계)

械
3급 / 총11획 / 부수 木

나무(木)로 죄지은 사람을 경계(戒)하고 벌주기 위하여 만든 형틀이니 **형틀 계**
또 형틀처럼 만든 기계니 **기계 계**

- 木(나무 목)
  機械(기계), 械器(계기), 器械(기계)

087 구삽함사 수수[臼揷陷寫 叟搜] - 臼, 叟로 된 한자

臼

사범 / 총6획 / 부수 臼

절구를 본떠서 **절구 구**

- 절구 - 곡식을 빻거나 찧거나 떡을 치기도 하는 기구. 통나무나 돌, 쇠 따위를 속이 우묵하게 만들어 곡식 따위를 넣고 절굿공이로 빻거나 찧음.
  臼磨(구마), 臼狀(구상), 臼杵(구저), 臼齒(구치)

插 2급 / 총12획 / 부수 扌

손(扌)으로 가래(臿)를 땅에 꽂으니 꽂을 **삽**

- 臿 : 자루(千)를 절구(臼)에 절굿공이처럼 꽂아 땅을 파는 가래니 '가래 삽'
- 손 수 변(扌)에 가래 삽(臿)을 써야 원자인데, 요즘은 조금 변형시킨 속자 '꽂을 삽(插)'으로 많이 씁니다.
- 千('일천 천'이지만 여기서는 자루로 봄), 가래 – 흙을 파헤치거나 떠서 던지는 기구.

插木(삽목), 插入(삽입), 插畫(삽화), 插話(삽화)

陷 2급 / 총11획 / 부수 阝

언덕(阝)에서 사람(𠂉)이 절구(臼)같은 함정에 빠지니 함정 **함**, 빠질 **함**

- 阝(언덕 부 변), 𠂉[사람 인(人)의 변형]

陷穽(함정), 謀陷(모함), 陷落(함락), 陷沒(함몰)

寫 준3급 / 총15획 / 부수 宀

집(宀)에 절구(臼) 같은 아궁이에 싸여(勹) 있는 불(灬)을 소재로 그리니 그릴 **사**

또 그리듯이 베끼니 베낄 **사**

- 宀(집 면), 勹(쌀 포), 灬(불 화 발)

寫本(사본), 寫眞(사진), 複寫(복사), 透寫(투사)

叟 사범 / 총10획 / 부수 又

절구(臼)에 절굿공이(丨)를 손(又)으로 잡고 절구질하는 늙은이니 늙은이 **수**

- 丨('뚫을 곤'이지만 여기서는 절굿공이로 봄), 又(오른손 우, 또 우)

釣叟(조수), 樵叟(초수)

搜 2급 / 총13획 / 부수 扌

손(扌)으로 늙은이(叟)처럼 더듬어 찾으니 찾을 **수**

- 늙으면 잘 보이지도 않고 감각도 둔해지니 더듬거리지요.

搜查(수사), 搜索(수색), 搜所聞(수소문)

---

088 여여흥 여거예 [舁輿興 與擧譽] - 舁, 與로 된 한자

舁 급외자 / 총10획 / 부수 臼

절구(臼)를 두 손으로 받들어(𠬞) 마주 드니 마주 들 **여**

또 가마를 드는 사람들의 무리니 무리 **여**

- 𠬞[받쳐 들 공(廾)의 변형], 절구는 커서 혼자는 못들고 여럿이 마주 들어야 하지요.

輿 2급 / 총17획 / 부수 車

마주 들고(舁) 가는 수레(車) 같은 가마니 수레 **여**, 가마 **여**

또 가마를 드는 사람들의 무리니 무리 **여**

- 舁[마주 들 여(舁)의 변형], 車(수레 거, 차 차)

輿駕(여가), 喪輿(상여), 輿論(여론), 輿望(여망)

興
4급 / 총16획 / 부수 臼

마주 들어(𦥑) 같이(同) 힘써 일어나면 흥겨우니 **일어날 흥, 흥겨울 흥**

◁ 同(한 가지 동, 같을 동)

復興(부흥), 振興(진흥), 興味(흥미), 遊興(유흥)

與
4급 / 총14획 / 부수 臼

마주 들어(𦥑) 주며(与) 더불어 참여하니 **줄 여, 더불 여, 참여할 여**

◁ 与 – 주고받는 모습에서 '줄 여'로 與의 원자인데, 지금은 與의 약자로 쓰임.
  [줄 여(与)의 변형]

與件(여건), 與民同樂(여민동락), 與黨(여당) ↔ 野黨(야당)

擧
4급 / 총18획 / 부수 手

더불어(與) 손(手)으로 들어 일으키니 **들 거, 일으킬 거**

◁ 手(손 수, 재주 수, 재주 있는 사람 수)

擧手(거수), 擧行(거행), 擧動(거동), 擧事(거사)

譽
2급 / 총21획 / 부수 言

더불어(與) 함께 말하여(言) 기리니 **기릴 예**

◁ 言(말씀 언)

譽聲(예성), 譽言(예언), 名譽(명예), 榮譽(영예)

---

089 예효부 흉흉 학각[乂爻父 凶胸 學覺] – 乂, 凶, 學으로 된 한자

乂
1급 / 총2획 / 부수 丿

이리저리 베어 다스리는 모습이 어지니 **벨 예, 다스릴 예, 어질 예**

◁ 인·지명용 한자

爻
사범 / 총4획 / 부수 爻

육효가 서로 엇갈린 점괘를 본떠서 **점괘 효**

또 서로 교차하여 사귀며 좋은 점을 본받으니 **사귈 효, 본받을 효**

◁ 육효(六爻) – 주역(周易)의 괘를 이루는 6개의 가로 그은 획.

父
8급 / 총4획 / 부수 父

(사람이 알아야 할 것을 조목조목) 나누어(八) 어질게(乂) 가르치는 아버지니
아버지 부

◁ 八(여덟 팔, 나눌 팔)

父母(부모), 父子(부자), 父親(부친), 祖父(조부)

凶
준4급 / 총4획 / 부수 凵

움푹 패이고(凵) 베인(乂) 모양이 흉하니 **흉할 흉**
또 먹을 것이 없어 흉하게 살아야 할 흉년이니 **흉년 흉**

🔊 凵('입 벌릴 감, 그릇 감'이지만 여기서는 움푹 패인 모양으로 봄)

凶器(흉기), 吉凶禍福(길흉화복), 凶年(흉년)

胸
준3급 / 총10획 / 부수 月

몸(月)의 흉한(凶) 것을 감싼(勹) 가슴이니 **가슴 흉**

🔊 月(달 월, 육 달 월), 勹(쌀 포), 가슴은 간, 심장, 허파 등 중요한 장기를 감싸 보호하지요.

胸膈(흉격), 胸襟(흉금), 胸部(흉부), 胸像(흉상)

學
준5급 / 총16획 / 부수 子

절구(臼)같은 교실에서 친구도 사귀며(爻) 덮인(冖) 책을 펴놓고 아들(子)이 글을 배우니 **배울 학**

약 学 – 점점(丶丶) 더 많은 글자(字)를 배우니 '배울 학'

🔊 𦥑[절구 구(臼)의 변형], 冖(덮을 멱), 子(아들 자, 첫째 지지 자, 자네 자, 접미사 자), 字(글자 자)

學校(학교), 學究(학구), 勉學(면학), 放學(방학)

覺
3급 / 총20획 / 부수 見

배우고(𦥯) 보면서(見) 이치를 깨달으니 **깨달을 각**

🔊 𦥯[배울 학(學)의 획 줄임], 見(볼 견, 뵐 현)

覺書(각서), 覺醒(각성), 視聽覺(시청각), 自覺(자각)

DAY 07

Day 07 | 확인문제

01~04 다음 한자에 해당하는 훈음을 오른쪽에서 찾아 연결하세요.

01. 搜 •　　　　　　　　　　• ㉠ 잎 엽
02. 噴 •　　　　　　　　　　• ㉡ 가로 횡
03. 橫 •　　　　　　　　　　• ㉢ 찾을 수
04. 葉 •　　　　　　　　　　• ㉣ 뿜을 분

05~12 다음 漢字의 훈(뜻)과 음(소리)을 쓰세요.

05. 畢 (　　　)　　　06. 借 (　　　)
07. 爆 (　　　)　　　08. 港 (　　　)
09. 遮 (　　　)　　　10. 擴 (　　　)
11. 勤 (　　　)　　　12. 蝶 (　　　)

13~18 다음 훈음에 맞는 漢字를 쓰세요.

13. 수레 여 (　　　)　　　14. 빠질 함 (　　　)
15. 꽂을 삽 (　　　)　　　16. 희롱할 롱 (　　　)
17. 분할 분 (　　　)　　　18. 염탐할 첩 (　　　)

19~20 다음 문장 중 ( ) 안에 들어갈 한자어로 알맞은 것은?

19. 복권에 당첨되다니 이게 웬 (　　　)(이)냐?
    ① 橫斷　　　② 橫領
    ③ 橫厄　　　④ 橫財

20. 영희는 사랑하는 철수와 지난달에 (　　　)을/를 밝혔다.
    ① 華麗　　　② 華燭
    ③ 榮華　　　④ 昇華

정답

01. ㉢　　02. ㉣　　03. ㉡　　04. ㉠　　05. 마칠 필
06. 빌릴 차　07. 터질 폭　08. 항구 항　09. 막을 차　10. 넓힐 확
11. 부지런할 근　12. 나비 접　13. 輿　14. 陷　15. 揷
16. 弄　17. 憤　18. 諜　19. ④　20. ②

Day 08 | 090 ~ 101

090 5교 교효[交校較狡絞 郊效] - 交로 된 한자

交 5급 / 총6획 / 부수 亠

(옛날에는) 머리(亠)에 갓을 쓰고 **아버지(父)**는 사람을 사귀거나 오고갔으니 **사귈 교, 오고갈 교**

🔊 亠(머리 부분 두), 父(아버지 부), 사람을 맞을 때는 옷을 단정하게 입지요.

交際(교제), 交換(교환), 交代(교대), 交易(교역)

校 준5급 / 총10획 / 부수 木

나무(木)에 지주를 **교차(交)**시켜 바로잡듯이 사람을 바로잡아 가르치는 학교니 **학교 교**

또 글을 바로잡아 교정보니 **교정볼 교**

또 사병을 바로잡아 지휘하는 장교니 **장교 교**

🔊 木(나무 목), 지주 - 받침대. 의지할 수 있는 근거나 힘을 비유하는 말.
🔊 교정(校正) - 교정쇄와 원고를 대조하여 잘못된 부분을 바르게 고침.

校長(교장), 學校(학교), 校閱(교열), 將校(장교)

較 3급 / 총13획 / 부수 車

차(車)를 오고가며(交) 타보고 다른 차와 비교하니 **비교할 교**

🔊 車(수레 거, 차 차)

較準(교준), 較差(교차), 比較(비교), 日較差(일교차)

狡 2급 / 총9획 / 부수 犭

개(犭)를 **사귄(交)** 듯 교활하니 **교활할 교**

🔊 犭(큰 개 견, 개 사슴 록 변), 교활(狡猾) - (어떤 사람이) 약은꾀를 쓰는 것에 능함.

狡吏(교리), 狡詐(교사), 狡惡(교악), 狡智(교지)

絞 2급 / 총12획 / 부수 糸

실(糸)과 **교차하여(交)** 목매니 **목맬 교**

🔊 糸(실 사, 실 사 변)

絞戮(교륙), 絞殺(교살), 絞首刑(교수형)

郊 2급 / 총9획 / 부수 阝

사귀듯(交) 고을(阝)에 붙어있는 들이나 교외니 **들 교, 교외 교**

🔊 阝(고을 읍 방), 교외(郊外) - 도시의 주변 지역. *교외(校外) - 학교의 밖.

郊勞(교로), 郊迎(교영), 近郊(근교), 郊外(교외)

效
준4급 / 총10획 / 부수 攵

좋은 분과 **사귀어**(交) 자신을 **치며**(攵) 본받으면 효험이 있으니 **본받을 효, 효험 효**

- 攵(칠 복, = 攴)

效則(효칙), 效果(효과), 發效(발효), 有效(유효)

091 문문민민 민문[文汶玟旼 旻絞] - 文으로 된 한자

文
6급 / 총4획 / 부수 文

머릿(亠)속의 생각을 **다스려**(攵) 무늬처럼 써 놓은 글월이니
무늬 문, 글월 문, 성 문

- 亠(머리 부분 두), 글월 - 글이나 문장.

文匣(문갑), 文庫(문고), 文盲(문맹), 文集(문집)

汶
2급 / 총7획 / 부수 氵

물(氵)이 **글**(文) 읽는 소리를 내며 흐르는 물 이름이니 **물 이름 문**

- 인·지명용 한자

汶山(문산) - 경기도 파주시에 있는 지명.

玟
2급 / 총8획 / 부수 王(玉)

옥(王)에 **무늬**(文) 있는 옥돌이니 **옥돌 민**

- 동 珉 - 제목번호 070
- 王(임금 왕, 으뜸 왕, 구슬 옥 변) 인·지명용 한자

旼
2급 / 총8획 / 부수 日

해(日)처럼 따뜻한 내용의 **글**(文)을 읽으면 온화하니 **온화할 민**

- 인·지명용 한자

旻
2급 / 총8획 / 부수 日

해(日)가 **무늬**(文)로 보이는 맑은 하늘이니 **하늘 민**

- 참 昊(하늘 호) - 제목번호 006

旻天(민천), 蒼旻(창민)

絞
2급 / 총10획 / 부수 糸

글(文)을 헝클어진 **실**(糸)처럼 어지럽게 써 놓아 어지러우니 **어지러울 문**

- 문란(紊亂) - 도덕이나 질서가 어지러움.
- 糸(실 사, 실 사 변), 亂(어지러울 란)

國憲紊亂(국헌문란), 風紀紊亂(풍기문란)

092 사사 지지 토토 좌좌[士仕 志誌 土吐 坐座] - 士, 志, 土, 坐로 된 한자

士
준5급 / 총3획 / 부수 士

열(十)까지 하나(一)를 배우면 아는 선비니 **선비 사**
또 선비처럼 뛰어난 사람이니 **군사 사, 칭호나 직업 이름에 붙이는 말 사**

선비 – 학식이 있고 예절바르며 의리와 원칙을 지키고 고결한 인품을 지닌 사람을 이르는 말.
士農工商(사농공상), 軍士(군사), 壯士(장사)

仕
준4급 / 총5획 / 부수 亻

사람(亻)이 선비(士)처럼 벼슬하여 백성을 섬기니 **벼슬할 사, 섬길 사**

仕途(사도), 仕路(사로), 給仕(급사), 奉仕(봉사)

志
준4급 / 총7획 / 부수 心

선비(士)의 마음(心)에 있는 뜻이니 **뜻 지**

心(마음 심, 중심 심), 뜻 지(志)는 이상을 향한 높은 뜻이고, 뜻 의(意)는 말이나 글 속에 들어 있는 의미를 말합니다.
志操(지조), 意志(의지), 初志一貫(초지일관)

誌
3급 / 총14획 / 부수 言

말(言)이나 뜻(志)을 기록하여 만든 책이니 **기록할 지, 책 지**

言(말씀 언)
誌略(지략), 日誌(일지), 校誌(교지), 雜誌(잡지)

土
8급 / 총3획 / 부수 土

많이(十) 땅(一)에 있는 흙이니 **흙 토**

열까지 안다는 데서 열 십, 많을 십(十)을 크게 쓰면 선비 사, 군사 사, 칭호나 직업 이름에 붙이는 말 사(士), 넓은 땅을 나타내기 위하여 아래(一)를 넓게 쓰면 흙 토(土)로 구분하세요.
土砂(토사), 土俗(토속), 土地(토지)

吐
3급 / 총6획 / 부수 口

입(口)을 땅(土)에 대고 토하니 **토할 토**

吐納(토납), 吐露(토로), 嘔吐(구토), 實吐(실토)

坐
4급 / 총7획 / 부수 土

흙(土) 위에 두 사람(人人)이 앉으니 **앉을 좌**

坐像(좌상), 坐定(좌정), 對坐(대좌), 坐不安席(좌불안석)

座
3급 / 총10획 / 부수 广

집(广)에서 앉는(坐) 자리나 위치니 **자리 좌, 위치 좌**

广(집 엄)
座談(좌담), 座席(좌석), 權座(권좌), 座右銘(좌우명)

DAY 08

093 요효소 수수우[堯曉燒 垂睡郵] - 堯, 垂로 된 한자

堯
2급 / 총12획 / 부수 土

흙(土)이 많이 쌓여 **우뚝하게(兀)** 높으니 **높을 요**
또 높이 추앙하는 요임금이니 **요임금 요**

🔊 垚('장할 장'이지만 여기서는 흙이 많이 쌓인 모양으로 봄), 兀(우뚝할 올), 요순(堯舜) - ㉠ 중국 고대의 성군(聖君)인 요임금과 순임금. ㉡ 성군(聖君)을 비유하여 이르는 말.
桀犬吠堯(걸견폐요)

曉
2급 / 총16획 / 부수 日

해(日)가 높이(堯) 떠오르는 새벽이니 **새벽 효**
또 새벽처럼 어둠이 걷히며 깨달으니 **깨달을 효**

🔊 日(해 일, 날 일)
曉光(효광), 曉星(효성), 曉起(효기), 曉得(효득)

燒
2급 / 총16획 / 부수 火

불(火)이 높이(堯) 타오르도록 불사르니 **불사를 소**

🔊 火(불 화)
燒却(소각), 燒滅(소멸), 燒失(소실), 燒酒(소주)

垂
2급 / 총8획 / 부수 土

많은(千) 풀(艹)잎이 흙(土)바닥에 드리우니 **드리울 수**

🔊 千(일천 천, 많을 천)
垂直(수직), 懸垂幕(현수막), 率先垂範(솔선수범)

睡
2급 / 총13획 / 부수 目

눈(目)꺼풀을 아래로 드리우고(垂) 졸거나 자니 **졸 수, 잘 수**

🔊 目(눈 목, 볼 목, 항목 목)
睡眠(수면), 睡眠劑(수면제), 午睡(오수), 昏睡(혼수)

郵
3급 / 총11획 / 부수 阝

드리워(垂) 고을(阝)까지 전달하는 우편이니 **우편 우**

🔊 阝(고을 읍 방)
郵送(우송), 郵便(우편), 郵票(우표), 郵遞局(우체국)

094 규규가계 괘괘봉[圭珪佳桂 卦掛封] - 圭로 된 한자

圭
2급 / 총6획 / 부수 土

(천자가 제후를 봉할 때 주는 신표로) 영토를 뜻하는 **흙 토(土)**를 두 번 반복하여 **홀 규, 영토 규**
또 홀을 만드는 서옥이니 **서옥 규**

- 제후 – 천자의 영토 일부를 맡아 다스리는 일종의 지방 관리.
- 서옥 – 품질 좋은 옥.
- 홀(笏 : 홀 홀) – 예전에 중국에서 천자가 제후를 봉하거나 신을 모실 때 썼던 물건.

珪
2급 / 총10획 / 부수 王(玉)

옥(王) 중의 서옥으로 만든 **홀(圭)**이니 **서옥 규, 홀 규**

- 인·지명용 글자.

珪璋·圭璋(규장) – ㉠ 예식에서, 장식으로 쓰는 귀한 옥(玉). ㉡ 훌륭한 인품을 비유적으로 이르는 말. *璋(홀 장)

佳
4급 / 총8획 / 부수 亻

사람(亻)이 서옥(圭)처럼 아름다우니 **아름다울 가**

유 住(살 주) - 제목번호 101

佳境(가경), 佳約(가약), 佳人(가인), 佳作(가작)

桂
2급 / 총10획 / 부수 木

나무(木) 중 서옥(圭)처럼 아름다운 계수나무니 **계수나무 계, 성 계**

- 계수나무는 녹나무 과의 교목으로 특이한 향기가 있어 가지와 껍질(계피)은 약재·과자·요리·향료의 원료로 쓰입니다.

桂冠(계관), 桂皮(계피), 月桂樹(월계수)

卦
2급 / 총8획 / 부수 卜

서옥(圭)처럼 점(卜)치면 반짝이며 나오는 점괘니 **점괘 괘**

- 卜(점 복)

占卦(점괘), 卦辭(괘사), 卦爻(괘효), 八卦(팔괘)

掛
2급 / 총11획 / 부수 扌

손(扌)으로 점괘(卦)를 기록하여 거니 **걸 괘**

- 扌(손 수 변)

掛念(괘념), 掛圖(괘도), 掛鐘時計(괘종시계)

封
2급 / 총9획 / 부수 寸

영토(圭)를 마디(寸)마디 나누어 봉하니 **봉할 봉**

- 봉하다 – ㉠ 문·봉투·그릇 따위를 열지 못하게 꼭 붙이거나 싸서 막다. ㉡ 임금이 신하에게 영지를 내려주고 영주(領主)로 삼다. 여기서는 ㉡의 뜻.
- 寸(마디 촌, 법도 촌), 領(거느릴 령), 主(주인 주)

封建(봉건), 封鎖(봉쇄), 封印(봉인), 開封(개봉)

095 가규규 애애[街奎閨 厓涯] - 圭, 厓로 된 한자

街
4급 / 총12획 / 부수 行

다닐(行) 수 있게 흙을 돋워(圭) 만든 거리니 **거리 가**

🔊 行(다닐 행, 행할 행, 항렬 항), 圭['홀 규, 영토 규, 서옥 규'지만 여기서는 흙 토(土)를 반복했으니 흙을 돋운 모양으로 봄]

街道(가도), 街路燈(가로등), 街販(가판), 商街(상가)

奎
2급 / 총9획 / 부수 大

큰(大) 서옥(圭)처럼 빛나는 별 이름이나 글이니 **별 이름 규, 글 규**

🔊 大(큰 대)

奎星(규성), 奎章閣(규장각), 奎章(규장) - 임금이 쓴 글이나 글씨. *章(글 장)

閨
2급 / 총14획 / 부수 門

문(門)까지 서옥(圭)처럼 아름답게 꾸민 안방이니 **안방 규**

🔊 門(문 문)

閨房(규방), 閨範(규범), 閨秀(규수)

厓
1급 / 총8획 / 부수 厂

굴 바위(厂) 있는 땅(圭)은 언덕이니 **언덕 애**

🔊 厂(굴 바위 엄, 언덕 엄)
🔊 1급, 사범, 급외자, 부수자 - 어원 풀이를 위한 참고자로 8~2급 선정 한자에는 포함되지 않습니다.

涯
3급 / 총11획 / 부수 氵

물(氵)과 맞닿은 언덕(厓) 같은 물가니 **물가 애**

또 물가는 땅의 끝이니 **끝 애**

涯岸(애안), 涯際(애제), 生涯(생애), 天涯(천애)

096 륙륙목 예열세예[坴陸睦 埶熱勢藝] - 坴, 埶로 된 한자

坴
급외자 / 총8획 / 부수 土

흙(土)에 사람(儿)이 또 흙(土)을 쌓아 만든 언덕이니 **언덕 륙**

🔊 儿(어진 사람 인, 사람 인 발)
🔊 실제는 '흙덩이 클 륙'이지만 坴이 들어간 글자들의 어원 풀이를 위해 '언덕 륙'으로 풀었어요.

陸

4급 / 총11획 / 부수 阝

언덕(阝)과 언덕(坴)이 높고 낮게 이어진 육지니 **육지 륙**

🔊 阝(언덕 부 변)

陸地(육지), 大陸(대륙), 離陸(이륙), 着陸(착륙)

睦
3급 / 총13획 / 부수 目

눈(目)을 언덕(坴)처럼 높이 뜨고 대하며 화목하니 **화목할 목, 성 목**

🔊 싫으면 눈을 아래로 뜨거나 작게 뜨지만 기쁘거나 좋으면 눈을 빛내며 크게 뜨고 높이 우러러 보지요.

和睦(화목), 不睦(불목), 親睦(친목)

埶
급외자 / 총11획 / 부수 土

흙(土)을 파고 사람(儿)이 흙(土)에다 둥근(丸) 씨앗을 심으니 **심을 예**

🔊 丸(둥글 환, 알 환)

熱
준4급 / 총15획 / 부수 灬

심어(埶) 놓은 불씨(灬)라도 있는 듯 더우니 **더울 열**

🔀 熟(익을 숙) - 제목번호 175

🔊 灬(불 화 발), 옛날에는 불씨를 산소가 부족하여 잘 타지 않도록 재속에 심어놓고 사용했답니다.

熱望(열망), 熱情(열정) ↔ 冷情(냉정), 解熱(해열)

勢
4급 / 총13획 / 부수 力

심어(埶) 놓은 초목이 힘(力)차게 자라나는 형세의 권세니 **형세 세, 권세 세**

🔊 力(힘 력)

勢力(세력), 強勢(강세), 攻勢(공세), 氣勢(기세)

藝
4급 / 총19획 / 부수 ⺾

초목(⺾)을 심고(埶) 이용하는 방법을 말하는(云) 재주와 기술이니
재주 예, 기술 예

🔊 云(말할 운)

藝術(예술), 技藝(기예), 書藝(서예), 學藝(학예)

097　생성성성[生性姓星] - 生으로 된 한자

生
7급 / 총5획 / 부수 生

사람(ノ)이 흙(土)에 나서 사니
날 생, 살 생, 사람을 부를 때 쓰는 접사 생

🔊 ノ[사람 인(人)의 변형], 土(흙 토)

生日(생일), 更生(갱생), 生動感(생동감), 學生(학생)

性
5급 / 총8획 / 부수 忄

마음(忄)에 나면서(生)부터 생긴 성품이고 바탕이니 **성품 성, 바탕 성**
또 바탕이 다른 남녀의 성별이니 **성별 성**

🔊 성품(性品) - 사람의 성질이나 됨됨이.

🔊 忄(마음 심 변), 品(물건 품, 등급 품, 품위 품)

個性(개성), 性質(성질), 本性(본성), 異性(이성)

DAY 08

姓
준5급 / 총8획 / 부수 女

여자(女)가 자식을 낳아(生) 다른 사람과 구별하기 위하여 붙인 성씨니 **성씨 성**
또 나라의 여러 성씨들이 모인 백성이니 **백성 성**

姓名(성명), 同姓同本(동성동본), 異姓(이성), 百姓(백성)

星
준4급 / 총9획 / 부수 日

해(日)가 진 뒤에 빛나는(生) 별이니 **별 성**

星霜(성상), 星行夜歸(성행야귀), 曉星(효성)

098　로효자고 로기[耂孝者考 老耈] - 耂, 老로 된 한자

耂
부수자 / 총4획 / 부수 耂

흙(土)에 지팡이(丿)를 짚으며 걸어야 할 정도로 늙었다는 데서,
늙을 로(老)가 부수로 쓰일 때의 모양으로 **늙을 로 엄**

 丿('삐침 별'이지만 여기서는 지팡이로 봄)

孝
준5급 / 총7획 / 부수 子

늙은(耂) 부모를 아들(子)이 받들어 모시는 효도니 **효도 효**

 子(아들 자, 첫째 지지 자, 자네 자, 접미사 자)

孝道(효도), 孝誠(효성), 孝悌忠信(효제충신)

者
5급 / 총9획 / 부수 耂

노인(耂)이 사람이나 물건을 일컬어 말했던(白) 놈이나 것이니 **놈 자, 것 자**

白(흰 백, 밝을 백, 깨끗할 백, 아뢸 백), 글의 문맥으로 보아 사람을 말할 때는 '놈'이나 '사람', 물건을 말할 때는 '것'으로 해석하지요. '놈'이나 '계집'이 요즘은 욕(辱)으로 쓰이지만 옛날에는 남자, 여자를 보통으로 일컫는 말이었답니다.

強者(강자), 讀者(독자), 仁者無敵(인자무적)

考
준4급 / 총6획 / 부수 耂

노인(耂)처럼 크게(丂) 살피고 생각하니 **살필 고, 생각할 고**

丂['공교할 교, 교묘할 교'지만 여기서는 큰 대(大)의 변형으로 봄]

考慮(고려), 考察(고찰), 再考(재고), 深思熟考(심사숙고)

老
준5급 / 총6획 / 부수 老

흙(土)에 지팡이(丿)를 비수(匕)처럼 꽂으며 걸어야 할 정도로 늙으니 **늙을 로**

匕(비수 비, 숟가락 비), 老가 부수로 쓰일 때도 있습니다.

老益壯(노익장), 敬老(경로), 元老(원로), 偕老(해로)

耈
2급 / 총10획 / 부수 老

늙어(老) 하는 일 없이 날(日)만 보내는 늙은이니 **늙은이 기**

日(해 일, 날 일)
耆年(기년), 耆德(기덕), 耆老(기로)

099 제서도 사서저저(착)[諸緒都 奢暑箸著] - 者로 된 한자

諸
준3급 / 총16획 / 부수 言

말(言)로도 사람(者)들이 처리하는 모든 여러 일이니 **모든 제, 여러 제, 성 제**

🔊 言(말씀 언)

諸國(제국), 諸君(제군), 諸般(제반), 諸賢(제현)

緒
2급 / 총15획 / 부수 糸

(실은 실마리를 찾아야 풀어 쓸 수 있기 때문에)
실(糸) 가진 사람(者)에게 중요한 것은 실마리니 **실마리 서**

🔊 糸(실 사, 실 사 변), 실마리 - ㉠ 감겨 있거나 헝클어진 실의 첫머리. ㉡ 일이나 사건을 풀어 나갈 수 있는 첫머리.

緒論(서론), 緒言(서언), 端緒(단서), 頭緒(두서)

都
준4급 / 총12획 / 부수 阝

사람(者)들이 많이 사는 고을(阝)의 도읍이니 **도읍 도**
또 도읍처럼 사람들이 많이 모인 모두니 **모두 도, 성 도**

🔊 阝(고을 읍 방), 도읍(都邑) - ㉠ 서울(한 나라의 중앙 정부가 있는 곳). ㉡ 조금 작은 도시.

都農(도농), 首都(수도), 都合(도합), 都賣商(도매상)

奢
2급 / 총12획 / 부수 大

크게(大) 사람(者)이 꾸미며 사치하니 **사치할 사**

참 侈(사치할 치) - 제목번호 002
🔊 大(큰 대)

奢侈(사치), 奢麗(사려), 奢傲(사오), 豪奢(호사)

暑
준3급 / 총13획 / 부수 日

해(日)가 사람(者) 위에 있는 듯 더우니 **더울 서**

暑傷(서상), 處暑(처서), 避暑(피서), 酷暑(혹서)

箸
2급 / 총15획 / 부수 ⺮

대(⺮)를 사람(者)이 늘 쓰도록 깎아 만든 젓가락이니 **젓가락 저**

🔊 ⺮[대 죽(竹)이 부수로 쓰일 때의 모습], 저(箸) + 가락 = 젓가락

箸筒(저통), 木箸(목저), 匙箸(시저)

著
준3급 / 총13획 / 부수 ⺿

초(⺿)야에 묻혀 사는 사람(者)도 유명한 글을 지으면 드러나 나타나니
글 지을 저, 나타날 저
또 (옛날에는) 풀(⺿)로 사람(者)이 옷을 만들어 붙게 입었으니
붙을 착, 입을 착

🔊 초야(草野) - '풀이 난 들'로, 외딴 시골을 이르는 말.
🔊 '붙을 착, 입을 착'으로는 주로 着을 씁니다. - 제목번호 342

著者(저자), 著名(저명), 著壓(착압), 著服(착복)

DAY 08

100 왕왕왕광경 옥옥각[王汪旺狂瓊 玉鈺珏] - 王, 玉으로 된 한자

王
8급 / 총4획 / 부수 王(玉)

하늘(一) 땅(一) 사람(一)의 뜻을 두루 꿰뚫어(丨) 보아야 했던 임금이니 **임금 왕**
또 임금처럼 그 분야에서 으뜸이니 **으뜸 왕, 성 왕**
또 구슬 옥(玉)이 부수로 쓰일 때의 모습으로 **구슬 옥 변**

◀ 一('한 일'이지만 여기서는 하늘·땅·사람으로 봄), 丨(뚫을 곤)
王冠(왕관), 王侯將相(왕후장상), 王固執(왕고집)

汪
2급 / 총7획 / 부수 氵

물(氵)이 으뜸(王)으로 넓으니 **넓을 왕**

汪汪(왕왕), 汪茫(왕망), 汪洋(왕양)

旺
2급 / 총8획 / 부수 日

해(日)나 왕(王)처럼 빛나게 왕성하니 **왕성할 왕**

旺氣(왕기), 旺盛(왕성), 旺興(왕흥), 盛旺(성왕)

狂
2급 / 총7획 / 부수 犭

개(犭)가 왕(王)이나 된 것처럼 날뛰며 미치니 **미칠 광**

◀ 犭(큰 개 견, 개 사슴 록 변)
狂氣(광기), 狂亂(광란), 不狂不及(불광불급), 熱狂(열광)

瓊
2급 / 총19획 / 부수 王(玉)

옥(王) 중 사람(⺈)과 성(冂) 안의 사람(人)들까지 눈(目)에 보이게 차고
다니도록(夂) 만든 붉은 옥이니 **붉은 옥 경**

◀ ⺈[사람 인(人)의 변형], 冂(멀 경, 성 경), 目(눈 목, 볼 목, 항목 목), 夂(천천히 걸을 쇠, 뒤져 올 치)
瓊玉(경옥), 瓊團(경단)

玉
준5급 / 총5획 / 부수 王(玉)

임금 왕(王) 우측에 점(丶)을 찍어서 **구슬 옥, 성 옥**

◀ 원래는 구슬 세(三) 개를 끈으로 꿰어(丨) 놓은 모양(王)이었으나 임금 왕(王)과 구별하기 위하여 점 주(丶)를 더하여 '구슬 옥(玉)'입니다. 그러나 임금 왕(王)은 부수로 쓰이지 않으니, 구슬 옥(玉)이 부수로 쓰일 때는 원래의 모양인 王으로 쓰고 '구슬 옥 변'이라 부르지요.
玉稿(옥고), 金科玉條(금과옥조), 白玉(백옥)

鈺
2급 / 총13획 / 부수 金

금(金)과 옥(玉) 같은 보배니 **보배 옥**

◀ 인·지명용 한자.
◀ 金(쇠 금, 금 금, 돈 금, 성 김)

珏
2급 / 총9획 / 부수 王(玉)

구슬 옥 변(王)에 구슬 옥(玉)을 붙여서 **쌍옥 각**

- 한 쌍의 옥을 일컫는 말.
- 인·지명용 한자.

---

101 6주왕 소독[主注住柱駐註往 素毒] - 主, 主의 변형(㲳)으로 된 한자

主
6급 / 총5획 / 부수 丶

(임금보다 더 책임감을 가지는 분이 주인이니) 점(丶)을 임금 왕(王) 위에 찍어서 **주인 주**

- 한자에서는 점 주(丶)나 삐침 별(丿)로 어느 부분이나 무엇을 강조하기도 합니다.

主人(주인), 主客一體(주객일체), 物各有主(물각유주)

注
준4급 / 총8획 / 부수 氵

물(氵)을 한쪽으로 주(主)로 대고 쏟으니 **물댈 주, 쏟을 주**

注油(주유), 注目(주목), 注入(주입), 注射(주사)

住
준5급 / 총7획 / 부수 亻

사람(亻)이 주인(主) 되어 사는 곳이니 **살 주, 사는 곳 주**

- 佳(아름다울 가) - 제목번호 094, 隹(새 추) - 제목번호 353

住居(주거), 住所(주소), 住宅(주택), 永住權(영주권)

柱
3급 / 총9획 / 부수 木

나무(木) 중 주인(主)처럼 큰 역할을 하는 기둥이니 **기둥 주**

- 木(나무 목), 기둥이 집을 받치는 제일 중요한 역할을 하니 주인 역할을 하는 셈이지요.

石柱(석주), 電柱(전주), 支柱(지주), 電信柱(전신주)

駐

2급 / 총15획 / 부수 馬

말(馬)을 주인(主)에게 맡기고 머무르니 **머무를 주**

- 馬(말 마), 말로 이동하던 옛날에 어디를 가면 말을 주인에게 맡기고 머물렀다는 데서 생긴 글자.
- 살 주(住)는 터 잡고 사는 것이고, 머무를 주(駐)는 임시로 머무르는 것입니다.

駐車場(주차장), 駐在(주재), 駐屯(주둔)

註
2급 / 총12획 / 부수 言

말(言)로 주(主)된 뜻을 풀어주며 주내니 **주낼 주**

- 言(말씀 언), 주(註)내다 - 글에 주석을 달다.

註解(주해), 註釋(주석), 註譯(주역), 脚註(각주)

往
4급 / 총8획 / 부수 彳

걸어서(彳) 주인(主)에게 가니 **갈 왕**

🔊 彳(조금 걸을 척)

往年(왕년), 往來(왕래), 往復(왕복), 往診(왕진)

素
준3급 / 총10획 / 부수 糸

주된(主) 실(糸)의 색은 희니 **흴 소**
또 흰색은 모든 색의 바탕이 되고 요소가 되며 소박하니
바탕 소, 요소 소, 소박할 소

🔊 主 [주인 주(主)의 변형], 糸(실 사, 실 사 변), 실은 대부분 흰색이지요.

素服(소복), 素質(소질), 要素(요소), 素朴(소박)

毒
3급 / 총9획 / 부수 母

주인(主)이나 어머니(母)는 독을 품은 듯 독하니 **독 독, 독할 독**

🔊 母(어미 모), 여자는 약하지만 어머니는 강하다는 말처럼 주인이나 어머니가 되면 강하고 독하지요.

猛毒(맹독), 毒感(독감), 毒舌(독설), 至毒(지독)

Day 08 | 확인문제

01~04 다음 한자에 해당하는 훈음을 오른쪽에서 찾아 연결하세요.

01. 街 •　　　　　　　　• ㉠ 더울 열
02. 睦 •　　　　　　　　• ㉡ 사치할 사
03. 熱 •　　　　　　　　• ㉢ 화목할 목
04. 奢 •　　　　　　　　• ㉣ 거리 가

05~12 다음 漢字의 훈(뜻)과 음(소리)을 쓰세요.

05. 紊 (　　　)　　06. 坐 (　　　)
07. 燒 (　　　)　　08. 垂 (　　　)
09. 睡 (　　　)　　10. 佳 (　　　)
11. 封 (　　　)　　12. 狡 (　　　)

13~18 다음 훈음에 맞는 漢字를 쓰세요.

13. 교외 교 (　　)　　14. 기록할 지 (　　)
15. 토할 토 (　　)　　16. 새벽 효 (　　)
17. 우편 우 (　　)　　18. 걸 괘 (　　)

19~20 다음 문장 중 (　) 안에 들어갈 한자어로 알맞은 것은?

19. 무더위가 기승을 부리자 각 해수욕장에는 (　　) 인파로 북적거렸다.
① 處暑　　② 避暑
③ 酷暑　　④ 暑傷

20. 일반적으로 사춘기는 (　　)에 대한 호기심이 강하게 싹트는 시기다.
① 異性　　② 異姓
③ 二姓　　④ 理性

정답

01. ㉣　02. ㉢　03. ㉠　04. ㉡　05. 어지러울 문
06. 앉을 좌　07. 불사를 소　08. 드리울 수　09. 졸 수　10. 아름다울 가
11. 봉할 봉　12. 교활할 교　13. 郊　14. 誌　15. 吐
16. 曉　17. 郵　18. 掛　19. ②　20. ①

Day 09 | 102 ~ 113

102　4청 정정[靑淸請晴 情精] - 靑으로 된 한자

靑
6급 / 총8획 / 부수 靑

주된(主) 둘레(円)의 색은 푸르니 **푸를 청**
또 푸르면 젊으니 **젊을 청**

- 円(둥글 원, 둘레 원, 화폐 단위 엔) - 제목번호 234
  主 [주인 주(主)의 변형]
- 靑이 들어간 글자를 약자로 쓸 때는 円 부분을 月로 씁니다.

靑山(청산), 靑松(청송), 靑春(청춘), 靑年(청년)

淸
5급 / 총11획 / 부수 氵

물(氵)이 푸른(靑)빛이 나도록 맑으니 **맑을 청**

- 하늘이나 물이 맑으면 푸른빛이 나지요.

淸潔(청결), 淸廉(청렴), 淸掃(청소), 淸雅(청아)

請
4급 / 총15획 / 부수 言

말(言)로 푸르게(靑), 즉 희망 있게 청하니 **청할 청**

- 言(말씀 언)

請託(청탁), 請婚(청혼), 招請(초청), 申請(신청)

晴
준3급 / 총12획 / 부수 日

흐리다가 해(日)가 푸른(靑) 하늘에 드러나며 날이 개니 **날갤 청**

晴耕雨讀(청경우독), 晴明(청명), 晴天(청천), 快晴(쾌청)

情
준4급 / 총11획 / 부수 忄

마음(忄)을 푸르게(靑), 즉 희망 있게 쓰는 뜻이며 정이니 **뜻 정, 정 정**

- 푸를 청, 젊을 청(靑)이 들어간 글자는 대부분 '푸르고 맑고 희망이 있고 젊다'는 좋은 의미입니다.

情談(정담), 情表(정표), 冷情(냉정), 戀情(연정)

精
4급 / 총14획 / 부수 米

쌀(米)을 푸른(靑)빛이 나도록 정밀하게 찧으니 **정밀할 정, 찧을 정**

- 米(쌀 미), 너무 희면 푸른빛이 나지요.

精讀(정독), 精神(정신), 精油(정유), 精米(정미)

103 책채적적적[責債積績蹟] - 責으로 된 한자

責
준4급 / 총11획 / 부수 貝

주인(主)이 꾸어간 돈(貝)을 갚으라고 꾸짖으며 묻는 책임이니 **꾸짖을 책, 책임 책**

🔊 主 [주인 주(主)의 변형], 貝(조개 패, 재물 패), 책임(責任) - 맡아 해야 할 임무.
責望(책망), 責任感(책임감), 問責(문책), 職責(직책)

債
3급 / 총13획 / 부수 亻

사람(亻)이 책임지고(責) 갚아야 할 빚이니 **빚 채**

債權(채권), 債務(채무), 負債(부채), 私債(사채)

積
준3급 / 총16획 / 부수 禾

벼(禾)를 책임지고(責) 묶어 쌓으니 **쌓을 적**

🔊 요즘은 벼를 콤바인으로 한 번에 수확하지만 옛날에는 일일이 손으로 수확했어요. 익은 벼는 제때에 베어서 말려 묶어 쌓아 놓고 타작에 대비해야 했으니, 이 과정에서 잘못하여 비를 맞추면 안 되지요.
積金(적금), 積立(적립), 積小成大(적소성대)

績
3급 / 총17획 / 부수 糸

실(糸)을 책임지고(責) 맡아 길쌈하니 **길쌈할 적**

🔊 糸(실 사, 실 사 변), 길쌈하다 - 실을 내어 옷감을 짜다.
功績(공적), 紡績(방적), 成績(성적), 實績(실적)

蹟
2급 / 총18획 / 부수 足

발(足)로 책임(責)을 다하면서 남긴 자취니 **자취 적**

🔊 足[발 족, 넉넉할 족(足)의 변형]
古蹟(고적), 奇蹟(기적), 史蹟(사적), 遺蹟(유적)

104 임 임임임 정정성[壬 任姙賃 呈程聖] - 壬과 任, 呈으로 된 한자

壬
4급 / 총4획 / 부수 士

삐뚤어진(丿) 선비(士)는 간사하여 나중에 큰 죄업을 짊어지니
간사할 임, 짊어질 임, 아홉째 천간 임
또 위쪽이 가리키는(丿), 네 방위(十)로 표시된 지도(一)의 북방이니 **북방 임**

🔊 丿(삐침 별), 士(선비 사)
壬亂(임란), 壬辰倭亂(임진왜란)

任
준3급 / 총6획 / 부수 亻

사람(亻)이 어떤 일을 짊어져(壬) 맡으니 **맡을 임, 성 임**

🔖 仕(벼슬할 사, 섬길 사) - 제목번호 092
任期(임기), 任務(임무), 在任(재임), 責任(책임)

妊
2급 / 총9획 / 부수 女

여자(女)가 맡아(任) 기르듯 임신하니 **임신할 임**

동 妊 - 여자(女)가 새 생명을 짊어져(壬) 임신하니 '임신할 임'

妊婦(임부), 妊産婦(임산부), 妊娠(임신), 避妊(피임)

賃
2급 / 총13획 / 부수 貝

맡은(任) 일을 하고 **품삯(貝)**을 받는 품팔이니 **품삯 임, 품팔이 임**

또 무엇을 맡기고(任) 재물(貝)을 빌리니 **빌릴 임**

貝(조개 패, 재물 패)
賃金(임금), 賃貸(임대), 賃借(임차)

呈
2급 / 총7획 / 부수 口

입(口)에 맞는 음식을 짊어지고(壬) 가서 보이고 드리니 **보일 정, 드릴 정**

露呈(노정), 謹呈(근정), 贈呈(증정), 獻呈(헌정)

程
2급 / 총12획 / 부수 禾

벼(禾)를 얼마나 드릴(呈) 것인지 법으로 정한 정도니 **법 정, 정도 정**

또 법에 맞는 길이니 **길 정**

禾(벼 화), 옛날에는 물물거래의 기준이 벼나 쌀이었지요.
規程(규정), 課程(과정), 過程(과정), 里程標(이정표)

聖
4급 / 총13획 / 부수 耳

귀(耳)를 보이듯(呈) 기울여 잘 들어주는 성스러운 성인이니

성스러울 성, 성인 성

성인(聖人) - 덕과 지혜가 뛰어나 모든 사람의 스승이 될 만한 사람.
耳(귀 이), 자기주장을 내세우지 않고 남의 말을 많이 들어주는 분이 성스럽고 성인이지요.
聖君(성군), 聖恩(성은), 太平聖代(태평성대)

105　인인 입전 구구구자(적)[人仁 入全 久玖灸炙] - 人, 入, 久로 된 한자

人
8급 / 총2획 / 부수 人

다리 벌리고 서 있는 사람을 본떠서 **사람 인**

 사람은 서로 의지하고 살아야 한다는 데서 서로 기대는 모습으로 사람 인(人)을 만들었다고도 하지요.
 글자의 변으로 쓰일 때는 '사람 인 변(亻)', 글자의 발로 쓰일 때는 '사람 인 발, 어진 사람 인(儿)'입니다.
人心(인심), 人情(인정), 巨人(거인), 愛人(애인)

仁
준3급 / 총4획 / 부수 亻

사람(亻)은 둘(二)만 모여도 어질어야 하니 **어질 인**

仁愛(인애), 仁義禮智信(인의예지신), 仁慈(인자)

入
7급 / 총2획 / 부수 入

사람(人)이 머리 숙이고 들어가는 모습에서 **들 입**

入口(입구), 入學(입학), 出入(출입), 量入爲出(양입위출) - 수입을 헤아려 지출을 함.
*量(헤아릴 량, 용량 량), 爲(할 위, 위할 위), 出(날 출, 나갈 출)

全
준5급 / 총6획 / 부수 入

조정에 들어가(入) 왕(王)이 된 것처럼 모든 것이 갖추어져 온전하니
온전할 전, 성 전

 王(임금 왕, 으뜸 왕, 구슬 옥 변)
安全(안전), 完全(완전), 全體(전체) ↔ 部分(부분)

久
4급 / 총3획 / 부수 丿

(무엇에 걸리면 잘 갈 수 없어 시간이 오래 걸리니)
무엇(丿)에 걸린(一) 사람(人)을 본떠서 오랠 구

耐久(내구), 永久(영구), 長久(장구), 恒久(항구)

玖
2급 / 총7획 / 부수 王(玉)

옥(王) 성분이 오랫(久)동안 굳어진 옥돌이니 **옥돌 구**

 王(임금 왕, 으뜸 왕, 구슬 옥 변)
 인·지명용 한자

灸
2급 / 총7획 / 부수 火

오랫(久)동안 불(火)로 굽거나 뜸뜨니 **구울 구, 뜸뜰 구**

 火(불 화)
鷄卵灸(계란구), 灸師(구사), 灸治(구치), 鍼灸(침구)

炙
2급 / 총8획 / 부수 火

고기(夕) 밑에 불(火)을 피워 구우니 **고기 구울 자, 구울 적**
또 고기를 구워주듯이 친히 가르침을 받으니 **친히 가르침 받을 자**

 夕[달 월, 육 달 월(月)의 변형]
膾炙(회자), 魚炙(어적), 親炙(친자)

---

106 대 천송 부부체 협협협[大 天送 夫扶替 夾峽狹] - 大와 天, 夫, 夾으로 된 한자

DAY 09

大
준5급 / 총3획 / 부수 大

양팔 벌려(一) 사람(人)이 큼을 나타내서 **큰 대**

一('한 일'이지만 여기서는 양팔 벌린 모습으로 봄)
大量(대량), 大望(대망), 大同小異(대동소이)

天
7급 / 총4획 / 부수 大

세상에서 **제일(一)** **큰(大)** 것은 하늘이니 **하늘 천**

天命(천명), 天心(천심), 天地(천지), 人乃天(인내천)

送
준4급 / 총10획 / 부수 辶

나누어(八) **하늘(天)** 아래 어디로 **가게(辶)** 보내니 **보낼 송**

🔊 八(여덟 팔, 나눌 팔), 辶(뛸 착, 갈 착)

送金(송금), 送別(송별), 送舊迎新(송구영신)

夫
6급 / 총4획 / 부수 大

한(一) 가정을 거느릴 정도로 **큰(大)** 사내나 남편이니 **사내 부, 남편 부**

大丈夫(대장부), 農夫(농부), 夫婦(부부)

扶
준3급 / 총7획 / 부수 扌

손(扌)으로 **남편(夫)**이 도우니 **도울 부**

🔊 扌(손 수 변)

扶養(부양), 相扶相助(상부상조), 抑強扶弱(억강부약)

替

2급 / 총12획 / 부수 日

두 **사내(夫夫)**가 **말하며(曰)** 바꾸니 **바꿀 체**

🔊 曰(가로 왈, 말할 왈)

交替(교체), 代替(대체), 對替(대체), 移替(이체)

夾
사범 / 총7획 / 부수 大

크게(大) 두 **사람(人人)** 사이에 끼니 **낄 협**

🔊 1급, 사범, 급외자, 부수자 – 어원 풀이를 위한 참고자로 8~2급 선정 한자에는 포함되지 않습니다.

夾角(협각), 夾路(협로), 夾門(협문), 夾房(협방)

狹

2급 / 총10획 / 부수 犭

개(犭)도 **끼일(夾)** 정도로 좁으니 **좁을 협**

동 陜 – 언덕(阝)이 끼일(夾) 정도로 좁으니 '좁을 협'
🔊 犭(큰 개 견, 개 사슴 록 변)

狹量(협량), 狹路(협로), 狹小(협소), 狹義(협의)

峽

2급 / 총10획 / 부수 山

산(山)으로 **끼인(夾)** 골짜기니 **골짜기 협**

峽谷(협곡), 峽路(협로), 峽流(협류), 山峽(산협)

107 막막막 모모막 막묘모 모모[莫漠膜 模謨寞 幕墓募 暮慕] - 莫으로 된 한자

莫
준3급 / 총11획 / 부수 ++

풀(++)에는 해(日)처럼 큰(大) 영향을 끼치는 것이 없으니 **없을 막, 말 막**
또 풀(++)에는 해(日)가 가장 큰(大) 영향을 끼치니 **가장 막**

莫論(막론), 莫逆(막역), 莫強(막강), 莫重(막중)

漠
2급 / 총14획 / 부수 氵

물(氵)이 없어서(莫) 만들어지는 사막이니 **사막 막**
또 사막처럼 아무것도 없으면 막막하니 **막막할 막**

沙漠·砂漠(사막), 漠漠(막막), 漠然(막연)

膜
2급 / 총15획 / 부수 月

몸(月)속의 여러 기관들이 섞이지 않도록(莫) 경계를 이루는 얇은 막이니 **막 막**

◀ 月(달 월, 육 달 월), 막(膜) - ㉠ 물건의 표면을 덮고 있는 얇은 물질. ㉡ 생물체의 모든 세포나 기관을 싸고 있거나 경계를 이루는 얇은 층.

鼓膜(고막), 肋膜(늑막), 網膜(망막), 粘膜(점막)

模
3급 / 총15획 / 부수 木

나무(木)로 없어질(莫) 것을 대비하여 본보기로 본떠 만드는 법이니
본뜰 모, 법 모
또 본떠 만들면 아무리 잘해도 차이가 나 모호하니 **모호할 모**

模範(모범), 模倣(모방), 曖昧模糊(애매모호)

謨
2급 / 총18획 / 부수 言

말(言) 없이(莫) 마음속으로 꾀를 생각하고 계획하니 **꾀 모, 계획할 모**

◀ 言(말씀 언)

高謨(고모), 鬼謨(귀모), 鴻謨(홍모)

寞
2급 / 총14획 / 부수 宀

집(宀)에 아무도 없어(莫) 고요하고 쓸쓸하니 **고요할 막, 쓸쓸할 막**

◀ 宀(집 면)

寞寞(막막), 寂寞(적막), 索寞(삭막)

幕
2급 / 총14획 / 부수 巾

없는(莫) 것처럼 수건(巾) 같은 천으로 덮은 장막이니 **장막 막**

◀ 巾(수건 건)

幕間(막간), 幕舍(막사), 內幕(내막), 閉幕(폐막)

DAY 09

墓
준3급 / 총14획 / 부수 土

없는(莫) 것처럼 흙(土)으로 덮어놓은 무덤이니 **무덤 묘**

🔊 土(흙 토)

墓碑(묘비), 墓所(묘소), 墳墓(분묘), 省墓(성묘)

募
3급 / 총13획 / 부수 力

없는(莫) 힘(力)을 보충하려고 사람을 모으니 **모을 모**

🔊 力(힘 력)

募集(모집), 募金(모금), 公募(공모), 應募(응모)

暮
준3급 / 총15획 / 부수 日

없어지듯(莫) 해(日)가 넘어가 저무니 **저물 모**

日暮(일모), 歲暮(세모), 朝令暮改(조령모개)

慕
3급 / 총15획 / 부수 㣺

제정신이 없을(莫) 정도의 마음(㣺)으로 사모하니 **사모할 모**

🔊 㣺(마음 심 발)

思慕(사모), 愛慕(애모), 戀慕(연모), 追慕(추모)

---

108 태견 왕우 장장[太犬 尢尤 丈杖] - 大, 尢, 丈으로 된 한자

太
5급 / 총4획 / 부수 大

큰 대(大) 아래에 점(丶)을 찍어 더 큼을 나타내어 **클 태, 성 태**

🔊 丶(점 주, 불똥 주)

太山(태산), 太陽(태양), 太初(태초), 太平(태평), 太平洋(태평양)

犬
5급 / 총4획 / 부수 犬

(주인을) 크게(大) 점(丶)찍어 따르는 개니 **개 견**

🔊 글자의 왼쪽에 붙는 부수인 변으로 쓰일 때는 '큰 개 견(犭)'인데, 여러 짐승을 나타낼 때도 쓰이니 '개 사슴 록 변'으로도 부릅니다.

犬馬之勞(견마지로), 愛犬(애견), 狂犬(광견)

尢
급외자 / 총3획 / 부수 尢

큰 대(大)의 한쪽이 굽은 절름발이니 **굽을 왕, 절름발이 왕**

尤
준3급 / 총4획 / 부수 尢

굽고(尢) 점(丶)까지 있어 더욱 허물이니 **더욱 우, 허물 우**

🔊 丶(점 주, 불똥 주)

尤妙(우묘), 尤悔(우회), 孰怨孰尤(숙원숙우)

丈
3급 / 총3획 / 부수 一

많이(ナ) 지팡이(乀)를 사용하는 어른이니 **어른 장**
또 남자 노인에 대한 존칭으로도 쓰여 **존칭 장**
또 어른 키 정도의 길이니 **길이 장**

🔊 ナ[열 십, 많을 십(十)의 변형], 乀('파임 불'이지만 여기서는 지팡이로 봄), 1丈은 성인 남자 키 정도의 길이.

丈夫(장부), 拙丈夫(졸장부), 氣高萬丈(기고만장)

杖
2급 / 총7획 / 부수 木

나무(木)로 만들어 어른(丈)이 짚는 지팡이니 **지팡이 장**
또 지팡이로도 쓸 수 있는 몽둥이니 **몽둥이 장**

🔊 木(나무 목)

竹杖(죽장), 短杖(단장), 杖鼓(장고), 杖傷(장상)

---

109 발발발 연연[犮拔髮 然燃] - 犮, 然으로 된 한자

犮
급외자 / 총5획 / 부수 犬

개(犬)가 발을 쭉(丿) 뽑아 달리니 **뽑을 발, 달릴 발**

拔

2급 / 총8획 / 부수 扌

손(扌)으로 가려 빼 뽑으니(犮) **뺄 발, 뽑을 발**

拔本塞源(발본색원), 拔萃(발췌), 拔擢(발탁), 選拔(선발)

髮
3급 / 총15획 / 부수 髟

긴(镸) 털(彡)도 뽑을(犮) 수 있는 터럭이니 **터럭 발**

🔊 镸[길 장(長)의 옛 글자], 彡(터럭 삼, 긴 머리 삼), 터럭 - 몸에 난 길고 굵은 털.

短髮(단발), 白髮(백발), 理髮(이발), 長髮(장발)

然
준4급 / 총12획 / 부수 灬

고기(肀)를 보면 개(犬)가 눈에 불(灬)을 켜고 달려가듯 순리에 맞게 그러하니
그러할 연

🔊 肀[달 월, 육 달 월(月)의 변형], 灬(불 화 발)

然後(연후), 當然(당연), 一目瞭然(일목요연)

燃

2급 / 총16획 / 부수 火

불(火)처럼 그렇게(然) 타거나 태우니 **불탈 연, 태울 연**

🔊 火(불 화)

燃燒(연소), 可燃性(가연성), 燃料(연료)

110 복수옥곡기 염압[伏獸獄哭器 厭壓] - 犬, 厭으로 된 한자

伏
준3급 / 총6획 / 부수 亻

사람(亻)이 개(犬)처럼 엎드리니 **엎드릴 복**

伏乞(복걸), 伏望(복망), 起伏(기복), 降伏(항복)

獸
2급 / 총19획 / 부수 犬

입(口)과 입(口)을 밭(田)에 대고 먹이를 찾아 한(一)입(口)에 먹는 개(犬) 같은 짐승이니 **짐승 수**

🔊 口(입 구, 구멍 구, 말할 구), 田(밭 전)

禽獸(금수), 猛獸(맹수), 野獸(야수), 人面獸心(인면수심)

獄
2급 / 총14획 / 부수 犬

개(犭)와 개(犬)를 풀어놓고 무슨 말(言)을 하는지 감시하는 감옥이니 **감옥 옥**

🔊 犭(큰 개 견, 개 사슴 록 변), 言(말씀 언)

獄苦(옥고), *獄稿(옥고), 獄死(옥사), 投獄(투옥)

哭
2급 / 총10획 / 부수 口

여러 사람의 입들(口口)이 개(犬)처럼 소리 내어 슬프게 우니 **울 곡**

哭聲(곡성), 弔哭(조곡), 痛哭(통곡), 號哭(호곡)

器
준3급 / 총16획 / 부수 口

여러 마리 개(犬)의 입들(㗊)이 둘러싸고 먹이를 먹는 그릇이나 기구니 **그릇 기, 기구 기**

大器晩成(대기만성), 武器(무기), 食器(식기)

厭
2급 / 총14획 / 부수 厂

굴 바위(厂) 밑에서 해(日)와 달(月)도 보지 못하고 개(犬)처럼 살아감은 모두 싫어하니 **싫어할 염**

🔊 厂(굴 바위 엄, 언덕 엄), 日(해 일, 날 일), 月(달 월, 육 달 월)

厭世主義(염세주의) ↔ 樂天主義(낙천주의), 厭症(염증)

壓
2급 / 총17획 / 부수 土

싫은(厭) 것을 흙(土)으로 덮어 누르니 **누를 압**

🔊 土(흙 토)

壓倒(압도), 壓勝(압승), 強壓(강압), 指壓(지압)

111 금음금 함념탐[今吟琴 含念貪] - 今으로 된 한자

今
준5급 / 총4획 / 부수 人

사람(人)이 하나(一)같이 모여드는(ㄱ) 때가 바로 이제 오늘이니
이제 금, 오늘 금

- ㄱ[이를 급, 미칠 급(及)의 변형]
- 今時初聞(금시초문), 只今(지금), 今日(금일)

吟
준3급 / 총7획 / 부수 口

입(口)으로 지금(今) 읊으니 **읊을 음**

- 口(입 구, 구멍 구, 말할 구)
- 吟味(음미), 吟風弄月(음풍농월), 呻吟(신음)

琴
2급 / 총12획 / 부수 王(玉)

구슬(王)과 구슬(王)이 지금(今) 부딪친 듯 맑은 소리를 내는 악기는 거문고니
거문고 금

- 王(임금 왕, 으뜸 왕, 구슬 옥 변)
- 琴瑟(금슬), 伽倻琴(가야금), 心琴(심금), 彈琴(탄금)

含
2급 / 총7획 / 부수 口

지금(今) 입(口)에 머금으니 **머금을 함**

- 含量(함량), 含蓄(함축), 含憤蓄怨(함분축원), 包含(포함)

念
준4급 / 총8획 / 부수 心

지금(今) 마음(心)에 있는 생각이니 **생각 념**

- 心(마음 심, 중심 심)
- 念慮(염려), 念願(염원), 信念(신념), 專念(전념)

貪
2급 / 총11획 / 부수 貝

지금(今) 바로 재물(貝)이 있으면 탐내니 **탐낼 탐**

- 貧(가난할 빈) - 제목번호 296
- 貝(조개 패, 재물 패)
- 貪慾(탐욕), 貪官汚吏(탐관오리), 小貪大失(소탐대실)

DAY 09

112 합(홉)습(십)급 답탑[合拾給 答塔] - 合으로 된 한자

合
준5급 / 총6획 / 부수 口

사람(人)이 하나(一)같이 말할(口) 정도로 뜻이 합하여 맞으니
합할 합, 맞을 합
또 곡식의 양을 헤아리는 단위인 홉으로도 쓰여 **홉 홉**

口(입 구, 구멍 구, 말할 구), 1홉은 1되의 10분의 1.
合同(합동), 都合(도합), 合格(합격), 合理(합리)

拾
4급 / 총9획 / 부수 扌

두 손(扌)을 합하여(合) 주우니 **주울 습**
또 두 손(扌)의 손가락을 합하면(合) 열이니 **열 십**

捨(버릴 사) - 제목번호 028
열 십(拾)으로는 주로 계약서 같은 데서 숫자를 위조하지 못하게 할 때 씁니다.
拾得(습득), 收拾(수습), 路不拾遺(노불습유)

給
준4급 / 총12획 / 부수 糸

실(糸)을 합쳐(合) 잇듯 이어 주니 **줄 급**
또 주듯이 공급하니 **공급할 급**

糸(실 사, 실 사 변)
給食(급식), 給與(급여), 需給(수급), 月給(월급)

答
준5급 / 총12획 / 부수 ⺮

대(⺮)쪽에 글을 써 뜻에 맞게(合) 대답하고 갚으니 **대답할 답, 갚을 답**

⺮[대 죽(竹)이 부수로 쓰일 때의 모습], 종이가 없던 시절에는 대쪽에 글을 써서 주고받았답니다.
答辯(답변), 應答(응답), 答禮(답례), 報答(보답)

塔
3급 / 총13획 / 부수 土

흙(土)에 풀(艹)을 합하여(合) 쌓은 탑이니 **탑 탑**

옛날에는 흙으로도 탑을 쌓았는데, 더 견고하도록 황토 흙(土)에 풀(艹)을 넣어 반죽하여 쌓았지요.
塔身(탑신), 佛塔(불탑), 象牙塔(상아탑), 石塔(석탑)

113 첨검검험험 검[僉儉檢險驗 劍] – 僉으로 된 한자

僉
1급 / 총13획 / 부수 人

사람(人)이 하나(一) 같이 입들(口口)을 다물고 둘(人人)씩 다 모이니 **다 첨, 모두 첨**

儉
준3급 / 총15획 / 부수 亻

사람(亻)은 대부분 다(僉) 검소하니 **검소할 검**

儉素(검소), 儉約(검약), 勤儉(근검)

檢
준3급 / 총17획 / 부수 木

(좋은 나무를 찾기 위해) 나무(木)를 모두(僉) 검사하니 **검사할 검**

🔊 木(나무 목)

檢査(검사), 檢事(검사), 檢問(검문)

險
3급 / 총16획 / 부수 阝

언덕(阝)처럼 다(僉) 험하니 **험할 험**

🔊 阝(언덕 부 변)

險難(험난), 險惡(험악), 冒險(모험), 保險(보험)

驗
준3급 / 총23획 / 부수 馬

말(馬)을 다(僉) 타보며 시험하니 **시험할 험**

🔊 시험(試驗) – 재능, 실력 등을 일정한 절차에 따라 알아보는 일.
🔊 실험(實驗) – 실제로 해봄. 또는 그렇게 하는 일.
🔊 馬(말 마), 試(시험할 시), 實(열매 실, 실제 실)

經驗(경험), 受驗(수험), 靈驗(영험), 體驗(체험)

劍
3급 / 총15획 / 부수 刂

양쪽 다(僉) 칼날이 있는 칼(刂)이니 **칼 검**

🔊 刂(칼 도 방), 칼날이 양쪽으로 된 칼은 칼 검(劍), 한쪽으로 된 칼은 칼 도(刀)입니다.

劍客(검객), 劍道(검도), 劍舞(검무), 劍術(검술)

DAY 09

Day 09 | 확인문제

01~04 다음 한자에 해당하는 훈음을 오른쪽에서 찾아 연결하세요.

01. 情 •   • ㉠ 뜻 정
02. 積 •   • ㉡ 성인 성
03. 聖 •   • ㉢ 골짜기 협
04. 峽 •   • ㉣ 쌓을 적

05~12 다음 漢字의 훈(뜻)과 음(소리)을 쓰세요.

05. 債 (   )   06. 替 (   )
07. 幕 (   )   08. 髮 (   )
09. 請 (   )   10. 然 (   )
11. 蹟 (   )   12. 獸 (   )

13~18 다음 훈음에 맞는 漢字를 쓰세요.

13. 검사할 검 (   )   14. 탐낼 탐 (   )
15. 거문고 금 (   )   16. 누를 압 (   )
17. 울 곡   (   )   18. 구울 구 (   )

19~20 다음 문장 중 (   ) 안에 들어갈 한자어로 알맞은 것은?

19. 큰 은혜를 입었으니 (   )은/는 당연하지요.
   ① 應答   ② 答禮
   ③ 答辯   ④ 答紙

20. 이제 나이도 있으신데 미리 (   ) 하나 드시지요.
   ① 經驗   ② 受驗
   ③ 冒險   ④ 保險

정답

01. ㉠   02. ㉣   03. ㉡   04. ㉢   05. 빚 채
06. 바꿀 체   07. 장막 막   08. 터럭 발   09. 청할 청   10. 그러할 연
11. 자취 적   12. 짐승 수   13. 檢   14. 貪   15. 琴
16. 壓   17. 哭   18. 炙   19. ②   20. ④

Day 10 | 114~125

114 여여제서서 도도 차(다)[余餘除徐敍 途塗 茶] - 余로 된 한자와 茶

余
준3급 / 총7획 / 부수 人

(다 가고) 사람(人) 한(一) 명만 나무(朩) 위에 남아있는 나니 **나 여, 성 여**
또 남을 여(餘)의 속자로도 쓰여 **남을 여**

🔊 朩 [나무 목(木)의 변형]
余等(여등), 余輩(여배), 余月(여월)

餘
준4급 / 총16획 / 부수 飠

먹고(飠) 남으니(余) **남을 여**

🔊 飠(밥 식, 먹을 식 변)
餘暇(여가), 餘力(여력), 餘裕(여유), 剩餘(잉여)

除
4급 / 총10획 / 부수 阝

언덕(阝)에 남은(余) 적을 제거하여 덜어내니 **제거할 제, 덜 제**
또 덜듯이 나누는 나눗셈이니 **나눗셈 제**

🔊 阝(언덕 부 변), 제거(除去) - 없애거나 사라지게 함.
免除(면제), 削除(삭제), 控除(공제), 加減乘除(가감승제)

 **徐**
2급 / 총10획 / 부수 彳

조금씩 걸으며(彳) 남은(余) 일을 천천히 하니 **천천히 할 서, 성 서**

🔊 彳(조금 걸을 척)
徐步(서보), 徐徐(서서), 徐行(서행)

 **敍**
2급 / 총11획 / 부수 攴

남은(余) 것을 털어(攴) 펴며 차례로 베푸니 **펼 서, 차례 서, 베풀 서**

약 敘

🔊 攴(칠 복, = 攵)
敍事(서사), 敍述(서술), 自敍傳(자서전), 追敍(추서)

 **途**
2급 / 총11획 / 부수 辶

여유 있게(余) 걸어 다닐(辶) 수 있도록 만든 길이니 **길 도**

🔊 辶(뛸 착, 갈 착)
途上(도상), 途中(도중), 中途(중도), 仕途(사도)

塗

2급 / 총13획 / 부수 土

물(氵)을 남은(余) 흙(土)에 부어 이겨 바르는 진흙이니 **바를 도, 진흙 도**

🔊 氵(삼 수 변), 土(흙 토), 진흙 - ㉠ 빛깔이 붉고 차진 흙. ㉡ 질척질척하게 짓이겨진 흙.

塗色(도색), 糊塗(호도), 一敗塗地(일패도지)

茶
3급 / 총10획 / 부수 艹

풀(艹)처럼 사람(人)이 나뭇(木)잎을 끓여 마시는 차니 **차 차, 차 다**

🔊 艹(초 두)

綠茶(녹차), 葉茶(엽차), 花茶(화차), 茶菓(다과)

---

115 인아광필 원관 완원[儿兒光匹 元冠 完院] - 儿, 元, 完으로 된 한자

儿
부수자 / 총2획 / 부수 儿

사람 인(人)이 글자의 발로 쓰일 때의 모양으로 **사람 인 발**

또 사람이 무릎 꿇고 절하는 모양에서 겸손하고 어진 마음을 지녔다고 생각하여 **어진 사람 인**

🔊 1급, 사범, 급외자, 부수자 - 어원 풀이를 위한 참고자로 8~2급 선정 한자에는 포함되지 않습니다.

兒
준4급 / 총8획 / 부수 儿

절구(臼)처럼 머리만 커 보이는 아이(儿)니 **아이 아**

🔊 臼(절구 구) - 제목번호 087

兒女子(아녀자), 兒童(아동), 孤兒(고아), 迷兒(미아)

光
5급 / 총6획 / 부수 儿

조금(⺌)씩 땅(一)과 사람(儿)에게 비치는 빛이니 **빛 광**

또 빛으로 말미암은 경치니 **경치 광**

🔊 ⺌ [작을 소(小)의 변형], 一('한 일'이지만 여기서는 땅으로 봄)

光復(광복), 光澤(광택), 榮光(영광), 風光(풍광)

匹
준3급 / 총4획 / 부수 匸

감싸주는(匸) 어진 사람(儿)이 진정한 짝이니 **짝 필**

또 (한 필 두 필 하고) 하나씩 천(베)이나 말을 세는 단위니 **하나 필, 단위 필**

🔊 匸(감출 혜, 덮을 혜, = 匚)

配匹(배필), 匹馬單騎(필마단기), 匹夫(필부)

元
5급 / 총4획 / 부수 儿

하늘과 땅(二) 사이에 사람(儿)이 원래 으뜸이니 **원래 원, 으뜸 원, 성 원**

🔊 二('두 이'지만 여기서는 하늘과 땅으로 봄)

元金(원금), 復元(복원), 元旦(원단), 壯元(장원)

冠
3급 / 총9획 / 부수 冖

덮어(冖) 쓰는 것 중 으뜸(元)으로 여겨 법도(寸)에 맞게 머리에 쓰는 갓이니 **갓 관**

🔊 冖(덮을 멱), 寸(마디 촌, 법도 촌), 갓 – 예전에, 어른이 된 남자가 머리에 쓰던 의관의 하나.

金冠(금관), 月桂冠(월계관), 無冠(무관), 王冠(왕관)

完
준4급 / 총7획 / 부수 宀

집(宀)을 으뜸(元)으로 잘 지으면 모든 것이 갖추어져 완전하니 **완전할 완**

🔊 宀(집 면)

完結(완결), 完了(완료), 完成(완성), 補完(보완)

院
준3급 / 총10획 / 부수 阝

언덕(阝)에 완전하게(完) 지은 집이나 관청이니 **집 원, 관청 원**

🔊 阝(언덕 부 변)

院內(원내), 法院(법원), 院長(원장), 學院(학원)

---

116 견(현)현현연 규시관멱[見現峴硯 規視寬覓] - 見으로 된 한자

見
5급 / 총7획 / 부수 見

눈(目)으로 사람(儿)이 보거나 뵈니 **볼 견, 뵐 현**

🔊 目(눈 목, 볼 목, 항목 목), 뵈다 : ㉠ 웃어른을 대하여 보다. ㉡ '보이다'의 준말.

見聞(견문), 見解(견해), 所見(소견), 謁見(알현)

現
준4급 / 총11획 / 부수 王(玉)

옥(王)돌을 갈고 닦으면 이제 바로 무늬가 보이고(見) 나타나니
이제 현, 나타날 현

🔊 王(임금 왕, 으뜸 왕, 구슬 옥 변)

現金(현금), 現在(현재), 現札(현찰), 出現(출현)

峴
2급 / 총10획 / 부수 山

산(山)길이 보이는(見) 고개나 재니 **고개 현, 재 현**

竹峴(죽현), 狐峴(호현)

硯
2급 / 총12획 / 부수 石

(옛날 붓으로 글씨를 쓰던 시절) 돌(石)로 만든 물건 중 자주 보았던(見) 벼루니 **벼루 연**

🔊 石(돌 석)

硯水(연수), 硯滴(연적), 紙筆硯墨(지필연묵)

規
준3급 / 총11획 / 부수 見

사내(夫)가 눈여겨 보아야(見) 할 법이니 **법 규**

🔊 夫(사내 부, 남편 부), 혈기 왕성한 사내는 자칫 법을 어길 수 있으니 조심해야 하지요.

規格(규격), 規範(규범), 規則(규칙), 法規(법규)

DAY 10

視
준4급 / 총12획 / 부수 見

보이는(示) 것을 잘 보며(見) 살피니 **볼 시, 살필 시**

🔊 示(보일 시, 신 시)

重視(중시) ↔ 輕視(경시), 虎視耽耽(호시탐탐), 視察(시찰)

寬
2급 / 총15획 / 부수 宀

집(宀)에 풀(艹)까지 살펴보는(見) 점(丶)이 너그러우니 **너그러울 관**

🔊 宀(집 면), 艹(초 두), 丶(점 주, 불똥 주)

寬待(관대), 寬大(관대), 寬恕(관서), 寬容(관용)

覓
2급 / 총11획 / 부수 見

손톱(爫)으로 긁어 보며(見) 찾으니 **찾을 멱**

🔊 爫(손톱 조)

覓去(멱거), 覓句(멱구), 覓來(멱래)

---

117 충총통 형황축경[充銃統 兄況祝競] - 充, 兄으로 된 한자

充
준4급 / 총6획 / 부수 儿

머릿(亠)에 사사로운(厶) 생각이 사람(儿)마다 가득 차니 **가득 찰 충**
또 가득 차게 채우니 **채울 충**

🔊 亠(머리 부분 두), 厶(사사 사, 나 사)

充滿(충만), 充分(충분), 充電(충전), 補充(보충)

銃
2급 / 총14획 / 부수 金

쇠(金)에 총알을 채워(充) 쏘는 총이니 **총 총**

🔊 金(쇠 금, 금 금, 돈 금, 성 김)

銃擊(총격), 銃殺(총살), 銃彈(총탄), 拳銃(권총)

統
준4급 / 총12획 / 부수 糹

실(糹)을 그릇에 채워(充) 헝클어지지 않게 묶어 거느리니 **묶을 통, 거느릴 통**

🔊 糹(실 사, 실 사 변)

統率(통솔), 統一(통일), 統治(통치)

兄
7급 / 총5획 / 부수 儿

동생을 말하며(口) 이끄는 사람(儿)이 형이고 어른이니 **형 형, 어른 형**

兄弟(형제), 難兄難弟(난형난제), 呼兄呼弟(호형호제)

況
2급 / 총8획 / 부수 氵

물(氵)이 점점 불어나서 위험한 상황을 하물며 형(兄)이 모르겠는가에서
상황 황, 하물며 황

- 況 – 얼음(冫)이 언 상황을 하물며 형(兄)이 모르겠는가에서 '상황 황, 하물며 황'
- 형이 동생을 데리고 물놀이 갔을 때를 생각하고 만든 글자.
- 상황(狀況) – (일이 되어 가는) 모습이나 형편.

盛況(성황), 好況(호황), 況且(황차), 又況(우황)

祝
준4급 / 총10획 / 부수 示

신(示)께 입(口)으로 사람(儿)이 비니 **빌 축**
또 좋은 일에 행복을 빌며 축하하니 **축하할 축**

- 示(보일 시, 신 시)

祝福(축복), 祝願(축원), 祝賀(축하), 祝歌(축가)

競
4급 / 총20획 / 부수 立

마주 서서(立立) 두 형(兄兄)들이 다투며 겨루니 **다툴 경, 겨룰 경**

- 立(설 립)

競技(경기), 競買(경매) ↔ 競賣(경매), 競走(경주)

---

118 태열세(설,열) 세예탈열[兌悅說 稅銳脫閱] – 兌로 된 한자

兌
2급 / 총7획 / 부수 儿

요모조모 나누어(八) 생각하여 형(兄)이 마음을 바꾸며 기뻐하니 **바꿀 태, 기뻐할 태**

- 八(여덟 팔, 나눌 팔), 요모조모 – 사물의 요런 면 조런 면.

兌換(태환), 兌換券(태환권), 兌換紙幣(태환지폐)

悅
준3급 / 총10획 / 부수 忄

슬픈 일도 마음(忄) 바꿔(兌) 생각하면 기쁘니 **기쁠 열**

- 忄(마음 심 변)

悅樂(열락), 悅服(열복), 喜悅(희열)

說
준4급 / 총14획 / 부수 言

(알아듣도록) 말(言)을 바꾸어(兌) 가면서 달래고 말씀해주면 기쁘니
달랠 세, 말씀 설, 기쁠 열

- 言(말씀 언)

遊說(유세), 說得(설득), 說明(설명), 不亦說乎(불역열호)

稅

4급 / 총12획 / 부수 禾

(다른 곡식을 수확했어도) 벼(禾)로 바꾸어(兌) 내던 세금이니 **세금 세**

- 禾(벼 화), 옛날에는 벼나 쌀, 포목이 물물 교환의 기준이었어요.

稅金(세금), 稅入(세입), 納稅(납세), 免稅(면세)

DAY 10

銳 3급 / 총15획 / 부수 金	무딘 **쇠(金)**를 바꾸어(兌) 끼워 날카로우니 **날카로울 예** 🔊 金(쇠 금, 금 금, 돈 금, 성 김), 쇠도 사용하면 무디어지니 바꿔 끼워야 하지요. 銳鋒(예봉), 銳利(예리), 新銳(신예), 尖銳(첨예)	
脫 4급 / 총11획 / 부수 月	벌레가 **몸(月)**을 바꾸려고(兌) 허물을 벗으니 **벗을 탈** 🔊 月(달 월, 육 달 월) 脫線(탈선), 脫盡(탈진), 脫出(탈출), 離脫(이탈)	
㉘출 **閱** 2급 / 총15획 / 부수 門	**문(門)** 안에서 하나씩 바꿔가며(兌) 검열하니 **검열할 열** 🔊 門(문 문) 檢閱(검열), 閱覽(열람), 校閱(교열), 査閱(사열)	

119 유침침(심)탐 탐심[冘枕沈眈 探深] - 冘, 罙으로 된 한자

  급외자 / 총4획 / 부수 冖	집(冖)에 **사람(儿)**이 머무르니 **머무를 유** 🔊 冖(집 면), 儿(사람 인 발, 어진 사람 인)	
㉘출 **枕** 2급 / 총8획 / 부수 木	**나무(木)**로 머리가 머물러(冘) 베도록 만든 베개니 **베개 침** 🔊 木(나무 목), 옛날에는 나무토막으로 베개(목침)를 만들어 베고 잤지요. 枕木(침목), 木枕(목침), 高枕短命(고침단명)	
㉘출 **沈** 2급 / 총7획 / 부수 氵	**물(氵)**에 머물러(冘) 잠기니 **잠길 침, 성 심** 沈降(침강), 沈沒(침몰), 浮沈(부침)	
眈 2급 / 총9획 / 부수 目	**눈(目)**을 한 곳에만 머물러(冘) 노려보니 **노려볼 탐** 🔊 目(눈 목, 볼 목, 항목 목) 虎視眈眈(호시탐탐) – '범이 눈을 부릅뜨고 먹이를 노려본다'로, 남의 것을 빼앗기 위하여 형세를 살피며 가만히 기회를 엿봄. 또는 그런 모양. *虎(범 호), 視(볼 시)	
探 4급 / 총11획 / 부수 扌	**손(扌)**으로 덮여(冖)있는 **사람(儿)**과 **나무(木)**를 찾으니 **찾을 탐** 🔊 扌(손 수 변), 冖(덮을 멱), 儿(사람 인 발, 어진 사람 인), 木(나무 목) 探求(탐구), 探究(탐구), 探偵(탐정), 探査(탐사)	

深
준3급 / 총11획 / 부수 氵

물(氵)에 덮여(冖) 사람(儿)도 나무(木)도 보이지 않게 깊으니 **깊을 심**

深刻(심각), 深度(심도), 深思熟考(심사숙고), 深醉(심취)

120 환환환 첨담담 급몰[奐換煥 詹擔膽 急沒] - 奐, 詹, 勹으로 된 한자

奐
1급 / 총9획 / 부수 大

성(冂)의 위아래에서 **사람들**(勹·儿)이 **크게**(大) 일하는 모습이 빛나고 크니 **빛날 환, 클 환**

🔊 冂(멀 경, 성 경), 勹[사람 인(人)의 변형], 儿(사람 인 발, 어진 사람 인), 大(큰 대)

換
2급 / 총12획 / 부수 扌

손(扌)으로 **빛나게**(奐), 즉 분명하게 바꾸니 **바꿀 환**

🔊 扌(손 수 변)

換氣(환기), 換骨奪胎(환골탈태), 交換(교환)

煥
2급 / 총13획 / 부수 火

불(火)처럼 **빛나고**(奐) 밝으니 **빛날 환, 밝을 환**

🔊 火(불 화)

煥然(환연), 불빛이 환(煥)하다

詹
사범 / 총13획 / 부수 言

사람들(勹·儿)이 **언덕**(厂) 위아래에 **말하며**(言) 이르러 살피니 **이를 첨, 살필 첨**

🔊 厂(언덕 엄), 言(말씀 언)

擔
3급 / 총16획 / 부수 扌

짐을 **손**(扌)으로 **살펴**(詹) 메거나 맡으니 **멜 담, 맡을 담**

🔊 扌(손 수 변)

擔當(담당), 擔保(담보), 負擔(부담), 分擔(분담)

膽
2급 / 총17획 / 부수 月

몸(月) 상태를 **살펴**(詹) 필요한 만큼의 쓸개즙을 내는 쓸개니 **쓸개 담**
또 쓸개와 관련이 있는 담력이니 **담력 담**

🔊 月(달 월, 육 달 월), 담력(膽力) - 겁이 없고 용감한 기운.

膽囊(담낭), 膽石(담석), 膽大(담대), 大膽(대담)

急
5급 / 총9획 / 부수 心

위험을 느껴 아무 **사람**(勹)이나 **손**(彐)으로 잡아야 하는 **마음**(心)처럼 급하니 **급할 급**

🔊 彐(고슴도치 머리 계, 오른손 우), 心(마음 심, 중심 심)

急求(급구), 急性(급성), 急速(급속), 急行(급행)

DAY 10

沒
2급 / 총7획 / 부수 氵

물(氵)에 사람(勹)이 또(又) 빠져 다하여 없으니 빠질 몰, 다할 몰, 없을 몰

🔊 又(오른손 우, 또 우)
🔊 沒은 중국어에서 영어 'not'처럼 부정사로 쓰입니다.

沈沒(침몰), 沒入(몰입), 沒殺(몰살), 沒人情(몰인정)

---

121 토일 면만만면[兔逸 免晚娩勉] - 兔, 免으로 된 한자

兔
2급 / 총7획 / 부수 儿

귀가 긴 토끼가 꼬리 내밀고 앉아있는 모양을 본떠서 토끼 토

🔊 원자는 兔인데 속자인 兎나 兔로 많이 쓰지요.

兔死狗烹(토사구팽), 守株待兔(수주대토)

逸
3급 / 총12획 / 부수 辶

토끼(兔)처럼 약한 짐승은 도망가서(辶) 숨는 것이 뛰어난 꾀며 그래야 편안하니
숨을 일, 뛰어날 일, 편안할 일

🔊 辶(뛸 착, 갈 착)

逸話(일화), 逸品(일품), 逸味(일미), 安逸(안일)

免
준3급 / 총8획 / 부수 儿

덫에 걸린 토끼(兔)가 꼬리(丶)만 잘리고 죽음을 면하니 면할 면

🔊 丶('점 주, 불똥 주'이지만 여기서는 꼬리의 모양), 면하다 - 어떤 상태나 처지에서 벗어나다.

免稅(면세), 免疫(면역), 免除(면제), 免職(면직)

晚
준3급 / 총11획 / 부수 日

해(日)가 면하여(免) 넘어가 늦으니 늦을 만

🔊 글자 구조가 晚 = 日 + 免이니, '해가 비추는 일을 그만두고 넘어간 늦은 시간'으로 이해해 주세요.

晚年(만년), 晚餐(만찬), 晚學(만학), 早晚間(조만간)

娩
2급 / 총10획 / 부수 女

(임신한) 여자(女)가 고생을 면하고(免) 해산하니 해산할 만

分娩(분만) - '나누어 해산함'으로, 산모가 아이를 낳음.

勉
준3급 / 총9획 / 부수 力

책임을 면하려고(免) 힘(力)쓰니 힘쓸 면

🔊 力(힘 력)

勉學(면학), 勤勉(근면), 勤勉誠實(근면성실)

122 시사사내(나) 종종종숭[示社祀奈 宗綜琮崇] - 示, 宗으로 된 한자

示
5급 / 총5획 / 부수 示

하늘 땅(二)에 작은(小) 기미가 보이니 **보일 시**
또 하늘 땅(二)의 작은(小) 것까지 본다는 신이니 **신 시**

- 글자의 변으로 쓰일 때는 '보일 시, 신 시 변(礻)'이니, 옷 의(衣)가 부수로 쓰일 때의 모양인 '옷 의 변(衤)'과 혼동하지 마세요.

示範(시범), 明示(명시) ↔ 暗示(암시), 示威(시위)

社
준3급 / 총8획 / 부수 示

신(示) 중에 토지(土)를 주관하는 토지신이니 **토지신 사**
또 토지신께 제사 지낼 때는 모두 모이니 **모일 사**

社稷(사직), 社交(사교), 社屋(사옥), 會社(회사)

祀
3급 / 총8획 / 부수 示

신(示)께 사시(巳時)에 올리는 제사니 **제사 사**

- 사시(巳時) - 오전 9시부터 11시까지 2시간. 대부분의 큰 제사는 사시에 올립니다.
- 祭祀(제사) - 신령이나 죽은 사람의 넋에게 음식을 바치면서 추모하는 일.

奈

2급 / 총8획 / 부수 大

(자기 잘못이) 커(大) 보이니(示) 어찌 할까에서 **어찌 내, 어찌 나**

- 大(큰 대)

奈何(내하), 莫無可奈(막무가내)

宗
준3급 / 총8획 / 부수 宀

집(宀) 중 조상의 신(示)을 모시는 종가니 **종가 종**
또 종가는 그 집안의 으뜸이며 마루니 **으뜸 종, 마루 종**

- 宀(집 면), 종가(宗家) - 한 문중에서 맏이로만 이어 온 큰집.
- 마루 - 일의 근원. 근본.

宗廟社稷(종묘사직), 宗敎(종교), 宗孫(종손)

綜
2급 / 총14획 / 부수 糸

(제복을 만들기 위하여) 실(糸)을 종가(宗)로 모으니 **모을 종**

- 옛날에는 실과 곡식을 종가에 모아서 제복을 만들어 입고 음식도 만들어 조상께 제사를 지냈지요.

綜理(종리), 綜合(종합), 綜合檢診(종합검진)

琮
2급 / 총12획 / 부수 王(玉)

옥(王) 중의 으뜸(宗)은 서옥이니 **서옥 종**
또 서옥으로 만든 옥홀이니 **옥홀 종**

- 서옥(瑞玉) - 상서로운 옥.
- 瑞(상서로울 서), 홀(笏 : 홀 홀) - 예전에 중국에서 천자가 제후를 봉하거나 신을 모실 때 썼던 물건.
- 인·지명용 한자

崇
준3급 / 총11획 / 부수 山

산(山)처럼 종갓(宗)집을 높이며 공경하니 **높일 숭, 공경할 숭**

崇儉(숭검), 崇高(숭고), 崇拜(숭배), 崇尙(숭상)

---

123   제제채찰[祭際蔡察] - 祭로 된 한자

祭
4급 / 총11획 / 부수 示

고기(⺼)를 손(又)으로 신(示)께 올리는 제사니 **제사 제**

또 제사처럼 많은 사람이 모여 즐기는 축제니 **축제 제**

🔊 ⺼[달 월, 육 달 월(月)의 변형], 又[오른손 우, 또 우(又)의 변형], 示(보일 시, 신 시)

祭祀(제사), 祭物(제물), 祝祭(축제), 祭典(제전)

際
준3급 / 총14획 / 부수 阝

언덕(阝)에서 제사(祭) 지낼 즈음이니 **즈음 제**

또 시간이나 장소의 어떤 즈음인 때나 경계니 **때 제, 경계 제**

또 좋을 때는 모두 모여 즐겁게 사귀니 **사귈 제**

🔊 阝(언덕 부 변), 시제(時祭) - 음력 10월에 5대 이상의 조상 무덤에 가족들이 모여 지내는 제사.

此際(차제), 交際(교제) ↔ 絶交(절교), 國際(국제)

蔡
2급 / 총15획 / 부수 ⺿

풀(⺿)로라도 제사(祭) 지냈던 채나라니 **채나라 채, 성 채**

🔊 채(蔡)나라 - 주대(周代)의 나라 *周(두루 주, 둘레 주, 주나라 주), 代(대신할 대, 세대 대)

察
4급 / 총14획 / 부수 宀

집(宀)에서 제사(祭)를 살피니 **살필 찰**

🔊 宀(집 면)

警察(경찰), 考察(고찰), 觀察(관찰), 診察(진찰)

---

124   춘진주태 봉봉[春秦奏泰 奉俸] - 夫, 奉으로 된 한자

春
5급 / 총9획 / 부수 日

하늘 땅(二)에 점점 크게(大) 해(日)가 느껴지는 봄이니 **봄 춘**

🔊 二('두 이'이지만 여기서는 하늘과 땅의 모습), 봄에는 해가 북쪽으로 올라오기 시작하여 더욱 크게 느껴지지요.

春景(춘경), 春耕(춘경), 春困(춘곤), 靑春(청춘)

秦
2급 / 총10획 / 부수 禾

하늘 땅(二) 같이 크게(大) 벼(禾)를 가꿨던 진나라니 **진나라 진, 성 진**

🔊 禾(벼 화), 진(秦)나라 – 춘추전국시대의 한 나라로, 중국 최초의 통일 왕조. 중국을 일컫는 China는 진(秦)에서 유래되었고 인도차이나 반도도 인도와 중국 사이에 있는 반도를 일컫는 말이지요.

秦始皇(진시황) – 진(秦)나라의 시조(始祖). (B.C. 259~B.C. 210)

奏
2급 / 총9획 / 부수 大

하늘 땅(二) 같은 위대(大)한 분께 예쁜(天) 것을 드리며 아뢰니 **아뢸 주**

또 아뢰듯 연주하니 **연주할 주**

🔊 天(젊을 요, 예쁠 요, 일찍 죽을 요)

伴奏(반주), 奏效(주효), 吹奏(취주), 合奏(합주)

泰
준3급 / 총10획 / 부수 氺

하늘 땅(二) 같이 큰(大) 물(氺)줄기를 이용하면 살기가 크게 편안하니 **클 태, 편안할 태**

🔊 氺(물 수 발)

泰然(태연), 太平·泰平(태평), 國泰民安(국태민안)

奉
준4급 / 총8획 / 부수 大

하늘 땅(二) 같이 위대한(大) 분을 많이(丰) 받드니 **받들 봉, 성씨 봉**

🔊 丰[일천 천, 많을 천(千)의 변형]

奉命(봉명), 奉仕(봉사), 奉養(봉양), 奉行(봉행)

俸
2급 / 총10획 / 부수 亻

사람(亻)이 받들어(奉) 일하고 받는 봉급이니 **봉급 봉**

俸給(봉급), 俸祿(봉록), 減俸(감봉), 年俸(연봉)

---

125 권권권 권권권 승등등등[𠀎拳券 卷倦圈 勝騰藤謄] – 𠀎, 卷, 朕으로 된 한자

𠀎
참고자

팔(八)자 걸음으로 사내(夫)가 걷는 모습처럼 구부정하게 구부리니 **구부릴 권**

🔊 어원 해설을 위해 가정해 본 글자로 실제 쓰이는 글자는 아님.

拳
3급 / 총10획 / 부수 手

구부려(𠀎) 손(手)을 말아 쥔 주먹이니 **주먹 권**

🔒 掌(손바닥 장, 맡을 장) – 제목번호 235

🔊 手(손 수, 재주 수, 재주 있는 사람 수)

拳鬪(권투), 赤手空拳(적수공권), 跆拳(태권)

券
3급 / 총8획 / 부수 刀

구부리고(쓰) 앉아 칼(刀)로 새겨 만든 문서니 **문서 권**

🔊 刀(칼 도), 옛날에는 나무 조각에 칼로 글자를 새겨서 문서를 펴냈지요.
🔊 칼(刀)로 새겨 만든 문서면 문서 권(券), 무릎 꿇고 앉아 읽으면 책 권(卷)으로 구분하세요.

券書(권서), 福券(복권), 食券(식권), 旅券(여권)

卷
준3급 / 총8획 / 부수 㔾(卪)

허리 구부리고(쓰) 무릎 꿇고(㔾) 앉아 읽는 책이니 **책 권**

🔊 㔾(무릎 꿇을 절, 병부 절, = 卪)

卷頭言(권두언), 壓卷(압권), 手不釋卷(수불석권)

倦
2급 / 총10획 / 부수 亻

사람(亻)이 책(卷)을 읽는 데는 게으르니 **게으를 권**

倦憩(권게), 倦勤(권근), 倦困(권곤), 倦怠(권태)

圈
2급 / 총11획 / 부수 囗

둘러싼(囗) 책(卷)의 둘레니 **둘레 권**
또 둘러싸고(囗) 짐승을 책(卷)처럼 묶어두는 우리니 **우리 권**

🔊 囗[에운담, 나라 국(國)의 약자], 우리 - 짐승을 가두는 곳.

圈內(권내), 圈圜(권환), 圈牢(권뢰), 圈養(권양)

勝
5급 / 총12획 / 부수 力

몸(月) 구부려(쓰) 힘(力)써 이기니 **이길 승**
또 이기면 뭔가 나으니 **나을 승**

🔊 月(달 월, 육 달 월)

勝利(승리), 連戰連勝(연전연승), 勝景(승경), 絶勝(절승)

騰
2급 / 총20획 / 부수 馬

몸(月) 구부려(쓰) 말(馬)에 뛰어 오르니 **오를 등**

🔊 馬(말 마)

騰落(등락), 反騰(반등), 沸騰(비등), 暴騰(폭등)

藤
2급 / 총19획 / 부수 艹

풀(艹) 중 몸(月)을 구부려(쓰) 물(氺)줄기처럼 뻗어가는 등나무니 **등나무 등**

🔊 氺(물 수 발), 등나무 - 콩과의 낙엽 덩굴성 식물. 줄기는 길이가 10미터 정도로 뻗고 마디가 있음.

藤架(등가), 葛藤(갈등)

謄
2급 / 총17획 / 부수 言

몸(月)을 구부리고(쓰) 앉아 말(言)을 베끼니 **베낄 등**

🔊 言(말씀 언)

謄本(등본), 謄寫(등사), 戶籍謄本(호적등본)

Day 10 확인문제

01~04 다음 한자에 해당하는 훈음을 오른쪽에서 찾아 연결하세요.

01. 規 •   • ㉠ 제사 제
02. 祭 •   • ㉡ 모을 종
03. 綜 •   • ㉢ 늦을 만
04. 晩 •   • ㉣ 법 규

05~12 다음 漢字의 훈(뜻)과 음(소리)을 쓰세요.

05. 途 (   )   06. 冠 (   )
07. 覓 (   )   08. 銃 (   )
09. 泰 (   )   10. 倦 (   )
11. 拳 (   )   12. 察 (   )

13~18 다음 훈음에 맞는 漢字를 쓰세요.

13. 천천히 할 서 (   )   14. 너그러울 관 (   )
15. 이길 승 (   )   16. 아뢸 주 (   )
17. 봉급 봉 (   )   18. 해산할 만 (   )

19~20 다음 문장 중 ( ) 안에 들어갈 한자어로 알맞은 것은?

19. 바쁜 농사일을 하다 보니 (   )을/를 즐길 수가 없다.
    ① 餘暇   ② 餘力
    ③ 免除   ④ 控除

20. 이 제도는 부작용이 많아서 (   )이/가 시급하다.
    ① 完了   ② 完結
    ③ 完成   ④ 補完

정답

01. ㉣   02. ㉠   03. ㉡   04. ㉢   05. 길 도
06. 갓 관   07. 찾을 멱   08. 총 총   09. 클 태   10. 게으를 권
11. 주먹 권   12. 살필 찰   13. 徐   14. 寬   15. 勝
16. 奏   17. 俸   18. 娩   19. ①   20. ④

Day 11 | 126 ~ 138

126　사사작작[乍詐作昨] - 乍로 된 한자

乍
사범 / 총5획 / 부수 丿

사람(𠂉)이 하나(l) 둘(二)을 세는 잠깐이니 **잠깐 사**

◀ 𠂉[사람 인(人)의 변형]
◀ 1급, 사범, 급외자, 부수자 – 어원 풀이를 위한 참고자로 8~2급 선정 한자에는 포함되지 않습니다.

詐
3급 / 총12획 / 부수 言

말(言)을 잠깐(乍) 사이에 꾸며대며 속이니 **속일 사**

◀ 言(말씀 언)
詐巧(사교), 詐欺(사기), 詐取(사취), 詐稱(사칭)

作
5급 / 총7획 / 부수 亻

사람(亻)이 잠깐(乍) 사이에 무엇을 지으니 **지을 작**

作家(작가), 作名(작명), 作心三日(작심삼일)

昨
5급 / 총9획 / 부수 日

하루 해(日)가 잠깐(乍) 사이에 넘어가고 되는 어제니 **어제 작**

昨今(작금), 昨日(작일), 昨年(작년), 再昨年(재작년)

127　삭궐궐역[朔厥闕逆] - 屰으로 된 한자

朔

2급 / 총10획 / 부수 月

거꾸로 선(屰) 모양의 달(月)이 생기는 초하루니 **초하루 삭**

또 초하루면 바뀌는 달이니 **달 삭**

◀ 屰 – 사람이 거꾸로 선 모양에서 '거꾸로 설 역'
◀ 달은 차서 보름달을 거쳐 그믐달이 되었다가 다시 거꾸로 선(반대의) 모습으로 초승달이 되지요.

朔望(삭망), 朔月貰(삭월세), 滿朔(만삭)

厥
2급 / 총12획 / 부수 厂

언덕(厂)은 숨차게(欮) 파 보아도 돌 그것뿐이니 **그 궐**

◀ 欮 : 거꾸로 서(屰) 있으면 산소가 모자라(欠) 숨차니 '숨찰 궐'
◀ 厂(굴 바위 엄, 언덕 엄), 欠(하품 흠, 모자랄 흠)

厥公(궐공), 厥初(궐초), 厥物(궐물)

150

闕
2급 / 총18획 / 부수 門

문(門)에서도 숨차게(欮) 많이 가야하는 대궐이니 **대궐 궐**
또 문(門)에 숨차게(欮) 뛰어와도 늦어서 빠지니 생겨서니 **빠질 궐**

🔊 門(문 문), 대궐은 넓어서 문에서도 숨차게 가야 하지요.
大闕(대궐), 補闕選擧(보궐선거), 闕席裁判(궐석재판)

逆
4급 / 총10획 / 부수 辶

거꾸로(屰) 가(辶) 거스르고 배반하니 **거스를 역, 배반할 역**

🔊 辶(뛸 착, 갈 착)
逆境(역경), 逆行(역행), 逆謀(역모), 叛逆(반역)

---

128 흠(결)흠취취연관[欠欽吹炊軟款] - 欠으로 된 한자

欠
2급 / 총4획 / 부수 欠

사람(人)이 기지개켜며 하품하는 모습에서 **하품 흠**
또 하품하며 나태하면 능력이 모자라니 **모자랄 흠**
또 **이지러질 결, 빠질 결(缺)**의 약자

欠伸(흠신), 欠缺(흠결), 欠席(흠석), 欠乏(흠핍)

欽
2급 / 총12획 / 부수 欠

금(金)덩이를 보고 하품(欠)하듯 입 벌려 부러워하고 공경하니
부러워할 흠, 공경할 흠

🔊 金(쇠 금, 금 금, 돈 금, 성 김)
欽求(흠구), 欽慕(흠모), 欽敬(흠경), 欽羨(흠선)

吹
준3급 / 총7획 / 부수 口

입(口)을 하품(欠)하듯 크게 벌리고 부니 **불 취**

吹入(취입), 吹打(취타), 吹奏(취주), 鼓吹(고취)

炊
2급 / 총8획 / 부수 火

불(火)을 하품(欠)하듯 입김을 불어 때니 **불 땔 취**

炊事(취사), 炊事兵(취사병), 自炊(자취)

軟
2급 / 총11획 / 부수 車

차(車)가 흠(欠)이 잘 날 정도로 부드럽고 연하니 **부드러울 연, 연할 연**

🔊 車(수레 거, 차 차)
軟弱(연약), 軟骨(연골) ↔ 硬骨(경골), 柔軟性(유연성)

款
2급 / 총12획 / 부수 欠

선비(士)는 보는(示) 족족 자기의 흠(欠)을 고치려고 정성을 다하여 조목마다 기록하니
정성 관, 조목 관, 기록 관

🔊 士(선비 사), 示(보일 시, 신 시)

款待(관대), 定**款**(정관), 約**款**(약관), 落**款**(낙관)

---

129 차4자[次恣姿資諮] - 次로 된 한자

次
준4급 / 총6획 / 부수 欠

두(二) 번이나 하품(欠)하며 미루는 버금(다음)이니 **버금 차**
또 버금으로 이어지는 차례와 번이니 **차례 차, 번 차**

🔊 二 [두 이(二)의 변형], 버금 – 으뜸의 바로 아래. 또는 그런 지위에 있는 사람이나 물건.

次期(차기), **次**善(차선), **次**例(차례), 數**次**(수차)

恣
2급 / 총10획 / 부수 心

본심 다음(次)가는 대충의 마음(心)으로 방자하게 마음대로니
방자할 자, 마음대로 자

🔊 방자(放恣) – 일관된 태도가 없이 제멋대로 임.
🔊 心(마음 심, 중심 심), 放(놓을 방)

恣樂(자락), **恣**意(자의), **恣**行(자행)

姿
3급 / 총9획 / 부수 女

심성 다음(次)으로 여자(女)가 가꿔야할 것은 맵시니 **맵시 자**

🔊 심성(心性) – 마음의 성품(씀씀이).

姿色(자색), **姿**勢(자세), **姿**態(자태), 雄**姿**(웅자)

資
3급 / 총13획 / 부수 貝

사업에서 사람 다음(次)으로 중요한 것은 재물(貝)이니 **재물 자**
또 재물의 정도로 따지는 신분이니 **신분 자**

🔊 貝(조개 패, 재물 패)

資金(자금), **資**本(자본), **資**産(자산), **資**格(자격)

諮
2급 / 총16획 / 부수 言

말(言)을 차례(次)로 말하며(口) 물으니 **물을 자**

동 咨 – 차례(次)로 말하여(口) 물으니 '물을 자'

諮問(자문), **諮**詢(자순), **諮**議(자의)

130   포 5순[勹 旬殉珣筍荀] - 勹와 旬으로 된 한자

勹 부수자 / 총2획

사람(人)이 몸 구부려 싸니 **쌀 포**

旬 3급 / 총6획 / 부수 日

날(日)을 열흘씩 묶어 **싼(勹)** 단위니 **열흘 순**

旬刊(순간), 旬報(순보), 上旬(상순), 七旬(칠순)

殉 2급 / 총10획 / 부수 歹

죽은(歹) 뒤 **열흘(旬)** 안에 따라 죽으니 **따라 죽을 순**

◀ 歹(뼈 부서질 알, 죽을 사 변)
殉敎(순교), 殉國(순국), 殉愛(순애), 殉職(순직)

珣 2급 / 총10획 / 부수 王(玉)

구슬 옥 변(王)에 열흘 순(旬)을 붙여서 **옥 그릇 순**

◀ 인·지명용 한자.
◀ 王(임금 왕, 으뜸 왕, 구슬 옥 변)

筍 2급 / 총12획 / 부수 ⺮

대(⺮)에서 **열흘(旬)** 정도 돋아난 죽순이니 **죽순 순**

◀ ⺮[대 죽(竹)이 부수로 쓰일 때의 모습]
竹筍(죽순), 雨後竹筍(우후죽순), 筍皮(순피)

荀 2급 / 총10획 / 부수 ⺿

풀(⺿) 중 **열흘(旬)** 정도 돋아난 연한 풀이니 **연한 풀 순, 사람 이름 순**

◀ ⺿(초 두)
松荀(송순), 松荀酒(송순주), 荀子(순자)

131   작표표 작적약조[勺杓豹 酌的約釣] - 勺, 勺으로 된 한자

勺 사범 / 총3획 / 부수 勹

싸(勹) 한(一) 점의 물이나 담을 수 있는 구기 같은 작은 그릇이니
구기 작, 작은 그릇 작

◀ 쌀 포(勹) 안에 점 주, 불똥 주(丶)를 찍기도 하고 한 일(一)을 넣기도 합니다.
◀ 구기(口器) – 곤충 따위의 입 주위에 있는 먹이를 섭취하는 기관.
◀ 작(勺) – 용량의 하나로, 한 홉의 10분의 1.

勺水不入(작수불입), 勺藥之贈(작약지증)

杓 2급 / 총7획 / 부수 木	나무(木)로 작게(勺) 박은 자루니 **자루 표** 杓庭扇(표정선) – 자루처럼 생겨 펼치면 뜰처럼 넓어지는 쥘부채의 하나.
豹 2급 / 총10획 / 부수 豸	웅크려 노려보고(豸) 작은(勺) 무늬가 있는 표범이니 **표범 표** 🔊 豸(사나운 짐승 치, 발 없는 벌레 치) 豹紋(표문), 豹變(표변), 豹皮(표피)
酌 2급 / 총10획 / 부수 酉	술(酉)을 작은 그릇(勺)에 따르니 **술 따를 작** 또 술 따를 때 상대의 건강을 참작하듯 참작하니 **참작할 작** 🔊 참작(參酌) – 참고하여 알맞게 헤아림. 🔊 酉(술 그릇 유, 술 유, 닭 유, 열째 지지 유), 參(참여할 참, 석 삼) 對酌(대작), 酬酌(수작), 酌定(작정), 斟酌(짐작)
的 준4급 / 총8획 / 부수 白	하얗게(白) 싼(勹) 판에 점(丶) 찍어 만든 과녁을 맞히니 **과녁 적, 맞힐 적** 또 과녁은 잘 보이도록 만들어 밝으니 **밝을 적** 또 '그 성격을 띠는, 그에 관계된, 그 상태로 된'의 뜻을 더하는 접미사니 **접미사 적** 🔊 白(흰 백, 밝을 백, 깨끗할 백, 아뢸 백), 丶(점 주, 불똥 주) 標的(표적), 的中(적중), 目的(목적), 的確(적확)
約 준4급 / 총9획 / 부수 糸	실(糸)로 작은(勺) 매듭을 맺듯이 약속하니 **맺을 약, 약속할 약** 🔊 糸(실 사, 실 사 변) 節約(절약), 要約(요약), 約束(약속), 約婚(약혼)
釣 2급 / 총11획 / 부수 金	쇠(金)로 작은(勺) 갈고리를 만들어 낚는 낚시니 **낚을 조, 낚시 조** 🔊 金(쇠 금, 금 금, 돈 금, 성 김) 釣竿(조간), 釣臺(조대), 釣叟(조수), 釣船(조선)

132 4구극 경경경[句拘狗苟極 敬警驚] - 句, 敬으로 된 한자

句 4급 / 총5획 / 부수 口	몇 단어씩 **싸서(勹) 입(口)**으로 읽기 좋게 나눠놓은 글귀니 **글귀 구** 또 **구부리고(勹) 구멍(口)**으로 들어가는 모습처럼 굽으니 **굽을 구** 🔊 勹(쌀 포), 口(입 구, 구멍 구, 말할 구) 句節(구절), 句讀點(구두점), 句句節節(구구절절)

拘
2급 / 총8획 / 부수 扌

손(扌)을 구부려(句) 잡으니 **잡을 구**

🔊 扌(손 수 변)

拘禁(구금), 拘束(구속), 拘礙(구애), 拘引(구인)

狗
2급 / 총8획 / 부수 犭

개(犭) 중 몸이 잘 **구부려지는**(句) 강아지니 **강아지 구, 개 구**

🔊 犭(큰 개 견, 개 사슴 록 변), 강아지는 어려서 몸이 잘 구부러지지요.

狗盜(구도), 泥田鬪狗(이전투구), 走狗(주구), 黃狗(황구)

苟
3급 / 총9획 / 부수 艹

풀(艹)처럼 굽어(句) 사는 모습이 구차하니 **구차할 구**

또 구차하지만 진실로 구하니 **진실로 구**

🔊 구차(苟且) - 군색스럽고 구구함. 가난함.
🔊 艹(초 두), 且(또 차, 구차할 차)

苟艱(구간), 苟免(구면), 苟命徒生(구명도생), 苟安(구안)

極
준4급 / 총13획 / 부수 木

나무(木) 옆에서 하나(一)의 글귀(句)를 또(又) 한(一) 번 끝까지 다하여 익히니 **끝 극, 다할 극**

🔊 木(나무 목), 又(오른손 우, 또 우)

極端(극단), 南極(남극), 至極(지극), 極盡(극진)

敬
준4급 / 총13획 / 부수 攵

진실로(苟) 대하는 줄 알면 **채찍질**(攵)해도 공경하니 **공경할 경**

🔊 공경(恭敬) - 공손히 섬김. 삼가 예를 표시함.
🔊 攵(칠 복, = 攴), 恭(공손할 공)

敬老(경로), 尊敬(존경), 敬天愛人(경천애인)

警
준3급 / 총20획 / 부수 言

진실한(苟) 마음으로 **채찍질**(攵)하며 말(言)로 경계하고 깨우치니
경계할 경, 깨우칠 경

🔊 경계(警戒) - 잘못이 없도록 주의시킴.
🔊 言(말씀 언), 戒(경계할 계)

警笛(경적), 警護(경호), 巡警(순경), 警鐘(경종)

驚
준3급 / 총23획 / 부수 馬

진실한(苟) 마음으로 **채찍질**(攵)해도 말(馬)은 놀라니 **놀랄 경**

🔊 馬(말 마)

驚異(경이), 驚蟄(경칩), 畏驚(외경), 驚天動地(경천동지)

133 5포[包抱胞飽砲] - 包로 된 한자

包
준3급 / 총5획 / 부수 勹

싸고(勹) 또 뱀(巳)처럼 긴 실로 묶어 싸니 **쌀 포**

🔊 巳(뱀 사, 여섯째 지지 사)

包括(포괄), 包圍(포위), 包裝(포장), 包含(포함)

抱
준3급 / 총8획 / 부수 扌

손(扌)으로 둘러싸(包) 안으니 **안을 포**

抱卵(포란), 抱負(포부), 抱擁(포옹), 懷抱(회포)

胞
3급 / 총9획 / 부수 月

몸(月)을 둘러싸고(包) 있는 세포니 **세포 포**

🔊 月(달 월, 육 달 월)

細胞(세포), 胞子(포자), 僑胞(교포), 同胞(동포)

飽
2급 / 총14획 / 부수 飠

음식(飠)으로 싸인(包) 듯 배부르니 **배부를 포**

🔊 飠(밥 식, 먹을 식 변)

飽滿(포만), 飽食(포식), 飽食暖衣(포식난의), 飽和(포화)

砲
2급 / 총10획 / 부수 石

돌(石)을 싸서(包) 던지는 대포니 **대포 포**

🔊 옛날의 대포는 돌을 멀리 던지기 위하여 만든 도구였지요.

砲擊(포격), 砲聲(포성), 砲彈(포탄), 大砲(대포)

134 갈갈게알갈[曷渴揭謁葛] - 曷로 된 한자

曷
사범 / 총9획 / 부수 日

해(日)를 피해 둘러싸인(勹) 곳에 사람(人)이 숨으면(乚)
어찌 더위가 그쳐 다하지 않겠는가에서 **어찌 갈, 그칠 갈, 다할 갈**

🔊 日(해 일, 날 일), 乚(감출 혜, 덮을 혜, = 匚)

渴
준3급 / 총12획 / 부수 氵

물(氵)이 다하여(曷) 목마르니 **목마를 갈**

🔊 氵(삼 수 변)

渴望(갈망), 渴症(갈증), 枯渴(고갈), 解渴(해갈)

156

揭
2급 / 총12획 / 부수 扌

손(扌)으로 힘을 다하여(曷) 높이 들어 거니 **높이 들 게, 걸 게**

🔊 扌(손 수 변)
揭記(게기), 揭示(게시), 揭揚(게양), 揭載(게재)

謁
2급 / 총16획 / 부수 言

말(言)을 다하려고(曷) 찾아가 뵙고 아뢰니 **뵐 알, 아뢸 알**

🔊 言(말씀 언)
謁告(알고), 謁見(알현), 拜謁(배알)

葛
2급 / 총13획 / 부수 艹

풀(艹) 중에 힘을 다하여(曷) 뻗어 가는 칡이니 **칡 갈**

🔊 艹(초 두)
葛巾(갈건), 葛根(갈근), 葛粉(갈분), 葛藤(갈등)

---

135 물물균홀 이(역)사석[勿物均忽 易賜錫] - 勿, 易으로 된 한자

勿
준3급 / 총4획 / 부수 勹

싸(勹) 놓은 것을 털어 버리는 모습(ノノ)에서 털어 버리면 없으니 **없을 물**
또 이처럼 털어 버리지 말라는 데서 **말 물**

🔊 ノ('삐침 별'이지만 여기서는 터는 모습)
勿驚(물경), 勿念(물념), 勿論(물론), 勿忘草(물망초)

物
준5급 / 총8획 / 부수 牛

소(牜)를 팔아 없애서(勿) 사는 물건이니 **물건 물**

🔊 牜(소 우 변). 옛날에는 소가 집안의 재산 목록 1호였으니 큰 일이 있으면 소를 팔아서 그 돈으로 필요한 물건을 샀지요.
物質(물질), 物各有主(물각유주), 寶物(보물), 膳物(선물)

均
4급 / 총7획 / 부수 土

흙(土)덩이를 없애고(勻) 평평하게 고르니 **평평할 균, 고를 균**

🔊 土(흙 토), 勻['적을 균, 두루 균'이지만 여기서는 말 물, 없을 물(勿)의 변형으로 봄]
均等(균등), 均一(균일), 均衡(균형), 平均(평균)

忽
2급 / 총8획 / 부수 心

없었던(勿) 어떤 마음(心)이 문득 떠오르니 **문득 홀**
또 준비 없이 계획 없는(勿) 마음(心)으로 대함이 소홀하니 **소홀할 홀**

🔊 心(마음 심, 중심 심)
忽變(홀변), 忽然(홀연), 疏忽(소홀), 忽待(홀대)

DAY 11

易
준3급 / 총8획 / 부수 日

해(日)가 구름에 가려 **없어(勿)**졌다 나타났다 하듯 쉽게 바뀌니 **쉬울 이, 바꿀 역**

또 사서삼경의 하나로, 점치는 **주역(周易)**도 나타내어 **주역 역, 점칠 역**

🔊 주역(周易) – 중국의 점에 관한 책으로, 五經(오경)의 하나.
安易(안이), 易地思之(역지사지), 交易(교역)

賜
2급 / 총15획 / 부수 貝

재물(貝)을 **쉽게(易)** 주니 **줄 사**

🔊 貝(조개 패, 재물 패)
賜藥(사약), 膳賜(선사), 下賜(하사), 厚賜(후사)

錫
2급 / 총16획 / 부수 金

쇠(金) 중에 가벼워 **쉽게(易)** 들 수 있는 주석이니 **주석 석**

🔊 金(쇠 금, 금 금, 돈 금, 성 김), 주석(朱錫) – 은백색의 광택이 있는 금속 원소.
'주석'은 쇠지만 가벼워서 지팡이 같은 데에 사용하지요.
錫鑛(석광), 錫杖(석장), 錫婚式(석혼식)

136　4양 장장창탕상[昜陽揚楊 場腸暢湯傷] - 昜으로 된 한자

昜
급외자 / 총9획 / 부수 日

아침(旦)마다 **없던(勿)** 해가 떠서 비치는 볕과 햇살이니 **볕 양, 햇살 양**

🔊 旦(아침 단), 볕의 뜻으로는 언덕 부 변(阝)을 붙인 陽으로 많이 씁니다.

陽

5급 / 총12획 / 부수 阝

언덕(阝) 위를 비추는 **볕(昜)**이니 **볕 양**

또 언덕을 **햇살(昜)**이 비추면 드러나니 **드러날 양**

🔊 阝(언덕 부 변)
陽刻(양각), 陽曆(양력), 陽地(양지), 陰德陽報(음덕양보)

揚
준3급 / 총12획 / 부수 扌

손(扌)으로 **햇살(昜)**처럼 빛나게 날리고 떨치니 **날릴 양, 떨칠 양**

立身揚名(입신양명), 高揚(고양), 讚揚(찬양)

楊
2급 / 총13획 / 부수 木

나뭇(木)가지가 **햇살(昜)**처럼 퍼져 늘어지는 버들이니 **버들 양, 성 양**

楊柳(양류), 綠楊(녹양), 垂楊(수양)

場
준5급 / 총12획 / 부수 土

흙(土)이 햇살(昜)처럼 넓게 퍼져 있는 마당이니 **마당 장**

🔊 土(흙 토)

場所(장소), 廣場(광장), 滿場一致(만장일치)

腸
준3급 / 총13획 / 부수 月

몸(月)속에 햇살(昜)처럼 넓게 퍼져 있는 창자니 **창자 장**

🔊 月(달 월, 육 달 월)

肝腸(간장), 胃腸(위장), 九折羊腸(구절양장)

暢
2급 / 총14획 / 부수 日

펴지는(申) 햇살(昜) 덕분에 화창하니 **화창할 창**

🔊 申(아뢸 신, 펼 신, 원숭이 신, 아홉째 지지 신)

暢達(창달), 暢茂(창무), 流暢(유창), 和暢(화창)

湯
2급 / 총12획 / 부수 氵

물(氵)을 햇살(昜) 같은 불로 끓인 국이니 **끓일 탕, 국 탕**

湯藥(탕약), 沐浴湯(목욕탕), 蔘鷄湯(삼계탕)

傷
준3급 / 총13획 / 부수 亻

사람(亻)과 사람(⺊)은 햇살(昜)에 피부가 상하니 **상할 상**

🔊 ⺊[사람 인(人)의 변형]

傷處(상처), 負傷(부상), 重傷(중상), 銃傷(총상)

---

137 녀여호 여서 노노노[女汝好 如恕 奴怒努] - 女, 如, 奴로 된 한자

女
8급 / 총3획 / 부수 女

두 손 모으고 앉아있는 여자 모습을 본떠서 **여자 녀**

男女(남녀), 淑女(숙녀), 南男北女(남남북녀)

汝
준3급 / 총6획 / 부수 氵

물(氵)을 떠 주었던 여자(女)가 바로 너였으니 **너 여, 성 여**

汝等(여등), 汝輩(여배), 汝矣島(여의도)

好
준4급 / 총6획 / 부수 女

여자(女)에게 자식(子)이 있으면 좋으니 **좋을 호**

🔊 子(아들 자, 첫째 지지 자, 자네 자, 접미사 자)

好感(호감), 好惡(호오), 好評(호평), 愛好(애호)

如
준4급 / 총6획 / 부수 女

여자(女)의 말(口)은 대부분 부모나 남편의 말과 같았으니 **같을 여**

🔊 口(입 구, 구멍 구, 말할 구), 옛날 여자들은 대부분 부모나 남편의 뜻을 따랐음을 생각하고 만든 글자.
如一(여일), 如前(여전), 百論不如一行(백론불여일행)

恕
3급 / 총10획 / 부수 心

예전과 같은(如) 마음(心)으로 용서하니 **용서할 서**

🔊 心(마음 심, 중심 심)
容恕(용서), 恕罪(서죄), 寬恕終興(관서종흥)

奴
3급 / 총5획 / 부수 女

여자(女)의 손(又)처럼 힘들게 일하는 종이니 **종 노**
또 종처럼 남을 흉하게 부르는 접미사니 **남을 흉하게 부르는 접미사 노**

🔊 又(오른손 우, 또 우), 주로 남자 종에 쓰이고, 매국노(賣國奴)·수전노(守錢奴)처럼 남을 흉하게 부르는 접미사로도 쓰이죠. 여자 종은 '여자 종 비(婢)'가 따로 있습니다.
奴名(노명), 奴婢(노비), 奴隸(노예), 賣國奴(매국노)

怒
4급 / 총9획 / 부수 心

일이 힘든 종(奴)의 마음(心)처럼 성내니 **성낼 노**

🔊 心(마음 심)
怒發大發(노발대발), 激怒(격노), 忿怒(분노), 震怒(진노)

努
준3급 / 총7획 / 부수 力

종(奴)처럼 일에 힘(力)쓰니 **힘쓸 노**

🔊 力(힘 력)
努力(노력), 努力家(노력가)

---

138 간타 처처 첩접[姦妥 妻悽 妾接] - 女, 妻, 妾으로 된 한자

姦
3급 / 총9획 / 부수 女

세 여자(女女女)를 사귀며 간사하게 간음하니 **간사할 간, 간음할 간**

🔊 간사(姦邪) - 성질이 간교하고 행실이 바르지 못함.
🔊 간음(姦淫) - 부부가 아닌 남녀가 성적 관계를 맺음. *邪(간사할 사), 淫(음란할 음)
姦邪·奸邪(간사), 强姦(강간)

妥
3급 / 총7획 / 부수 女

손톱(爪)을 가꾸는 여자(女)처럼 평온하고 온당하니 **평온할 타, 온당할 타**

🔊 爪(손톱 조), 온당(穩當) - 사리에 어그러지지 아니하고 알맞음.
*穩(평온할 온), 當(마땅할 당, 당할 당)
妥結(타결), 妥當(타당), 妥協(타협)

妻
준3급 / 총8획 / 부수 女

많이(十) 손(彐)써 주는 여자(女)는 아내니 **아내 처**

🔊 十(열 십, 많을 십), 彐(고슴도치 머리 계, 오른손 우)

妻家(처가), 妻福(처복), 賢母良妻(현모양처)

悽
2급 / 총11획 / 부수 忄

마음(忄)에 고생하는 아내(妻)를 생각하면 슬프니 **슬플 처**

🔊 忄(마음 심 변)

悽然(처연), 悽絕(처절), 悽慘(처참)

妾
3급 / 총8획 / 부수 女

서(立) 있는 본부인 아래에 있는 여자(女)는 첩이니 **첩 첩**

🔊 立(설 립), 첩(妾) - 본처 외에 데리고 사는 여자.

妾室(첩실), 妾出(첩출), 小妾(소첩), 妻妾(처첩)

接
4급 / 총11획 / 부수 扌

손(扌)으로 첩(妾)처럼 친절하게 오는 손님을 주인에게 이어주고 대접하니
이을 접, 대접할 접

接近(접근), 接觸(접촉), 待接(대접), 接待(접대)

DAY 11

Day 11 | 확인문제

01~04 다음 한자에 해당하는 훈음을 오른쪽에서 찾아 연결하세요.

01. 諮 •　　　　　　　　• ㉠ 맺을 약
02. 約 •　　　　　　　　• ㉡ 끝 극
03. 極 •　　　　　　　　• ㉢ 물을 자
04. 驚 •　　　　　　　　• ㉣ 놀랄 경

05~12 다음 漢字의 훈(뜻)과 음(소리)을 쓰세요.

05. 詐 (　　　　)　　　06. 吹 (　　　　)
07. 姿 (　　　　)　　　08. 拘 (　　　　)
09. 胞 (　　　　)　　　10. 飽 (　　　　)
11. 渴 (　　　　)　　　12. 忽 (　　　　)

13~18 다음 훈음에 맞는 漢字를 쓰세요.

13. 어제 작 (　　　)　　　14. 초하루 삭 (　　　)
15. 대궐 궐 (　　　)　　　16. 부드러울 연 (　　　)
17. 걸 게　 (　　　)　　　18. 낚시 조　 (　　　)

19~20 다음 문장 중 (　) 안에 들어갈 한자어로 알맞은 것은?

19. (　　)을/를 받기 위해서는 먼저 참된 자기 고백이 있어야만 합니다.
　　① 容恕　　　　　　② 忿怒
　　③ 努力　　　　　　④ 奴隷

20. 범죄는 중형으로 다스려 느슨해진 범죄 의식에 (　　)을/를 울릴 필요가 있다.
　　① 畏敬　　　　　　② 尊敬
　　③ 警鐘　　　　　　④ 警護

정답

01. ㉢　　02. ㉠　　03. ㉡　　04. ㉣　　05. 속일 사
06. 불 취　　07. 맵시 자　　08. 잡을 구　　09. 세포 포　　10. 배부를 포
11. 목마를 갈　　12. 문득 홀　　13. 昨　　14. 朔　　15. 闕
16. 軟　　17. 揭　　18. 釣　　19. ①　　20. ③

Day 12 | 139 ~ 150

139　5안연[安按鞍案晏宴] - 安으로 된 한자

安
준5급 / 총6획 / 부수 宀

집(宀)에서 **여자(女)**가 살림하면 편안하니 **편안할 안, 성 안**

🔊 宀(집 면)

安寧(안녕), 安否(안부), 坐不安席(좌불안석)

按
2급 / 총9획 / 부수 扌

손(扌)으로 몸이 **편안하도록(安)** 살피며 어루만지니 **살필 안, 어루만질 안**

按摩(안마), 按脈(안맥), 按舞(안무), 按配(안배)

鞍
2급 / 총15획 / 부수 革

가죽(革)으로 **편안히(安)** 타도록 만든 안장이니 **안장 안**

🔊 革(가죽 혁, 고칠 혁)

鞍裝(안장), 鞍具(안구), 鞍具馬(안구마)

案
준4급 / 총10획 / 부수 木

편안하게(安) 공부하도록 **나무(木)**로 만든 책상이니 **책상 안**

또 책상에 앉아서 짠 생각이나 계획이니 **생각 안, 계획 안**

🔊 木(나무 목)

案席(안석), 案件(안건), 代案(대안), 方案(방안)

晏
2급 / 총10획 / 부수 日

해(日)가 높이 떠오를 때까지 **편안히(安)** 자고 일어나 늦으니 **편안할 안, 늦을 안**

晏眠(안면), 晏息(안식), 晏然(안연)

宴
3급 / 총10획 / 부수 宀

좋은 **날(日)**을 맞아 **편안하게(安)** 여는 잔치니 **잔치 연**

🔊 '집(宀)에서 날(日)마다 여자(女)를 데리고 여는 잔치니 잔치 연'이라고도 합니다.

宴會(연회), 祝賀宴(축하연), 披露宴(피로연)

140　루루수(삭)루[婁樓數屢] - 婁로 된 한자

婁　사범 / 총11획 / 부수 女

쌓인 것(串)을 여자(女)가 끌어 쌓으니 **끌 루, 쌓을 루**

🔊 1급, 사범, 급외자, 부수자 - 어원 풀이를 위한 참고자로 8~2급 선정 한자에는 포함되지 않습니다.

　**樓**　2급 / 총15획 / 부수 木

나무(木)를 쌓아(婁) 세운 누각이니 **누각 루**

🔊 누각(樓閣) - 사방을 바라볼 수 있도록 문과 벽이 없이 다락처럼 높이 지은 집.

摩天樓(마천루), 望樓(망루), 鐘樓(종루)

數　준4급 / 총15획 / 부수 攵

쌓인(婁) 물건을 두어 개씩 **치면서(攵)** 세니 **셀 수, 두어 수**
또 세듯이 자주 닥쳐오는 운수니 **자주 삭, 운수 수**

🔊 攵(칠 복, = 攴)

數學(수학), 數日(수일), 數脈(삭맥), 運數(운수)

　**屢**　2급 / 총14획 / 부수 尸

몸(尸)에 실력이 쌓이도록(婁) 자주 반복하니 **자주 루**

🔊 尸(주검 시, 몸 시)

屢屢(누누), 屢代(누대), 屢歲(누세), 屢次(누차)

141　무모 매매모해회 민번[毋母 每梅侮海悔 敏繁] - 毋母와 每, 敏으로 된 한자

毋　2급 / 총4획 / 부수 毋

여자 녀(⺟)에 금지와 부정을 나타내는 (十)를 붙여 **말 무, 없을 무**

🔊 ⺟[여자 녀(女)의 변형]

毋論(무론), 毋望之福(무망지복), 毋害(무해)

母　8급 / 총5획 / 부수 毋

여자(⺟) 중 젖(⸚)을 드러낸 어미니 **어미 모, 어머니 모**

🔊 위 아래로 점(丶)이 있어 젖을 나타내면 '어미 모(母)', 안 된다는 금지의 가위표(十)가 있으면 '말 무, 없을 무(毋)'로 구분하세요.

母國(모국), 母情(모정), 慈母(자모), 子母(자모)

每　준5급 / 총7획 / 부수 毋

사람(⺀)은 매양(항상) 어머니(母)를 생각하니 **매양 매, 항상 매**

🔊 ⺀[사람 인(人)의 변형], 매양 - 번번이. 매 때마다. 항상.

每番(매번), 每日(매일), 每週(매주)

梅
3급 / 총11획 / 부수 木

나무(木) 중 항상(每) 가까이하는 매화니 **매화 매**

🔊 매화는 추위 속에서 피어나는 절개 있는 꽃으로 사군자(四君子)의 으뜸이고, 열매는 여러 용도로 쓰여 많이 심어 가꾸며, 그림으로도 그려 항상 가까이 하지요.

梅花(매화), 梅實(매실), 梅實茶(매실차), 雪中梅(설중매)

侮
2급 / 총9획 / 부수 亻

(인격 수양이 덜 된) 사람(亻)은 항상(每) 쉽게 남을 업신여기니 **업신여길 모**

侮蔑(모멸), 侮辱(모욕), 受侮(수모)

海
준5급 / 총10획 / 부수 氵

물(氵)이 항상(每) 있는 바다니 **바다 해**

🔊 큰 바다는 '큰 바다 양, 서양 양(洋)'

海警(해경), 海難(해난), 海流(해류), 山海珍味(산해진미)

悔
3급 / 총10획 / 부수 忄

지내놓고 마음(忄)으로 항상(每) 뉘우치니 **뉘우칠 회**

🔊 忄(마음 심 변)

後悔(후회), 悔改(회개), 悔悟(회오), 尤悔(우회)

敏
3급 / 총11획 / 부수 攵

항상(每) 치며(攵) 지도하면 행동이 민첩하니 **민첩할 민**

🔊 攵(칠 복, = 攴)

敏感(민감), 敏捷(민첩), 英敏(영민)

繁
3급 / 총17획 / 부수 糸

(실 뽑는 집에서) 민첩하게(敏) 실(糸)을 뽑아내면 번성하니 **번성할 번**

🔊 糸(실 사, 실 사 변)

繁盛(번성), 繁殖(번식), 繁榮(번영), 繁昌(번창)

---

142 자료 여(예)서야예서[子了 予舒野預序] - 子了와 予로 된 글자

子
8급 / 총3획 / 부수 子

아들이 두 팔 벌린 모습을 본떠서 **아들 자**
또 옛날에는 아들을 첫째로 여겼으니 **첫째 지지 자**
또 아들처럼 편하게 부르는 2인칭 대명사 자네니 **자네 자**
또 아들처럼 만들어져 나오는 물건의 뒤에 붙이는 **접미사 자**

子孫(자손), 孝子(효자), 甲子(갑자), 卓子(탁자)

了
3급 / 총2획 / 부수 亅

아들(子)이 양팔 붙이고 모체에서 나온 모습으로 나왔으니 고통을 마쳤다는 데서 **마칠 료**

滿了(만료), 修了(수료), 完了(완료), 終了(종료)

予

2급 / 총4획 / 부수 亅

좌우 손으로 주고받는 모습에서 **줄 여** (≒ 與)
또 주는 사람 자신을 뜻하여 **나 여** (≒ 余)
또 **미리 예(豫)**의 약자

予奪(여탈) - 주는 일과 빼앗는 일. *奪(빼앗을 탈)

舒

2급 / 총12획 / 부수 舌

집(舍)에서처럼 내(予)가 마음을 펴고 느긋하니 **펼 서, 느긋할 서**

◀ 舍(집 사)

舒眉(서미), 舒縮(서축), 舒遲(서지), 舒川郡(서천군)

野
5급 / 총11획 / 부수 里

마을(里)에서 내(予)가 먹을거리를 생산하는 들이니 **들 야**
또 들에서 일한 듯 손발이 거치니 **거칠 야**

◀ 里(마을 리, 거리 리)

野菜(야채), 平野(평야), 荒野(황야), 野性(야성)

預

2급 / 총13획 / 부수 頁

내(予)가 머리(頁)로 생각하고 미리 맡기니 **미리 예** (≒ 豫), **맡길 예**

◀ 頁(머리 혈)

預感·豫感(예감), 預買·豫買(예매), 預金(예금)

序
준4급 / 총7획 / 부수 广

집(广)에서도 내(予)가 먼저 지켜야 하는 차례니 **먼저 서, 차례 서**

◀ 广(집 엄)

序曲(서곡), 序論(서론), 序列(서열), 秩序(질서)

143 공승 맹맹 승증(孔承 孟猛 丞蒸) - 子, 孟 丞으로 된 한자

孔
3급 / 총4획 / 부수 子

새끼(子) 새(乚)가 자라는 구멍이니 **구멍 공**
또 구멍으로도 세상의 이치를 꿰뚫어 보았던 공자니 **공자 공, 성 공**

🔊 乚[새 을, 둘째 천간 을, 둘째 을, 굽을 을(乙)이 부수로 쓰일 때의 모양]
瞳孔(동공), 十九孔炭(십구공탄), 孔孟(공맹)

承
4급 / 총8획 / 부수 手

아들(子) 둘(二)이 양쪽(八)에서 부모를 받들며 대를 이으니 **받들 승, 이을 승**

承繼(승계), 承諾(승낙), 傳承(전승), 起承轉結(기승전결)

孟
3급 / 총8획 / 부수 子

자식(子) 중 첫째로 알고 그릇(皿)에 목욕시키며 기르는 맏이니 **맏 맹, 맹자 맹, 성 맹**

🔊 皿(그릇 명), 맏이 - 여러 형제자매 가운데서 제일 손위인 사람.
孟冬(맹동), 孟夏(맹하), 孔孟(공맹), 孟母三遷(맹모삼천)

猛
2급 / 총11획 / 부수 犭

개(犭)를 고를 때 첫째(孟)로 꼽는 날램과 사나움이니 **날랠 맹, 사나울 맹**

🔊 犭(큰 개 변, 개 사슴 록 변)
猛烈(맹렬), 猛犬(맹견), 猛獸(맹수), 勇猛(용맹)

丞
1급 / 총6획 / 부수 一

학문을 마친(了) 사람을 양쪽(八)에서 받들어(一) 도우니 **도울 승**
또 이렇게 임금을 도왔던 정승이니 **정승 승**

🔊 정승(政丞) - '다스림을 도움'으로, 조선시대 의정부의 영의정·좌의정·우의정을 일컫던 말.
🔊 了(마칠 료), 政(다스릴 정)

蒸
2급 / 총14획 / 부수 ⺿

풀(⺿) 성분의 도움(丞)을 받으려고 불(灬)에 찌니 **찔 증**

🔊 灬(불 화 발), 풀을 쪄서 나온 즙이나 향기를 약으로 이용하지요.
蒸發(증발), 蒸氣(증기), 汗蒸(한증), 薰蒸(훈증)

144 모긍모유 무무 [矛矜茅柔 務霧] - 矛, 務로 된 한자

2급 / 총5획 / 부수 矛

손잡이 있는 창을 본떠서 **창 모**

矛戈(모과), 矛盾(모순)

2급 / 총9획 / 부수 矛

창(矛)도 이제(今) 있음을 자랑하니 **자랑할 긍**
또 자랑만 일삼으면 모두 가엾이 여기니 **가엾이 여길 긍**

🔊 今(이제 금, 오늘 금)
矜持(긍지), 自矜心(자긍심), 矜恤(긍휼), 可矜(가긍)

2급 / 총9획 / 부수 ⺿

풀(⺿) 중 창(矛)처럼 길고 뾰족하게 자라는 띠니 **띠 모**

🔊 '띠'는 마디 없이 곧고 길게 자라는 질긴 풀로, 이것으로 지붕을 이고 여러 생활 도구를 만들지요.
茅舍(모사), 茅屋(모옥), 茅簷(모첨)

준3급 / 총9획 / 부수 木

창(矛)에 쓰이는 나무(木)처럼 탄력 있고 부드러우니 **부드러울 유**

柔軟性(유연성), 溫柔(온유), 外柔內剛(외유내강)

4급 / 총11획 / 부수 力

창(矛)으로 적을 치듯이(攵) 힘(力)을 다하여 일에 힘쓰니 **일 무, 힘쓸 무**

🔊 攵(칠 복, = 攴), 力(힘 력)
勤務(근무), 實務(실무), 任務(임무), 休務(휴무)

2급 / 총19획 / 부수 雨

비(雨)가 힘차게(務) 내릴 때 생기는 안개니 **안개 무**

🔊 雨(비 우)
霧散(무산), 濃霧(농무), 雲霧(운무), 噴霧器(분무기)

145 기이사 기기비배개기 [己已巳 記紀妃配改忌] - 己已巳와 己로 된 한자

준5급 / 총3획 / 부수 己

몸을 엎드려 절하는 자기 모양을 본떠서 **몸 기, 자기 기, 여섯째 천간 기**

克己(극기), 知己(지기), 知彼知己(지피지기)

已
준3급 / 총3획 / 부수 己

밭갈이를 이미 끝낸 쟁기 보습의 모양에서 **이미 이**
또 갈라 끊는 뜻의 '따름'으로도 쓰여 **따름 이**

🔊 쟁기 – 논밭을 가는 농기구. 보습 – 쟁기에서 땅 속으로 들어가는 쇠 부분.

已往(이왕), 已往之事(이왕지사), 已發之矢(이발지시)

巳
4급 / 총3획 / 부수 己

몸을 사리고 꼬리를 든 뱀의 모습에서 **뱀 사, 여섯째 지지 사**

🔊 사람이 엎드려 절하는 모습에서 '몸 기, 자기 기, 여섯째 천간 기(己)', 己의 한 쪽이 약간 올라가면 '이미 이, 따름 이(已)', 완전히 붙으면 '뱀 사, 여섯째 지지 사(巳)'로 구분하세요.

DAY 12

記
준5급 / 총10획 / 부수 言

말(言) 중에 자기(己)에게 필요한 부분은 기록하거나 기억하니
기록할 기, 기억할 기

🔊 言(말씀 언)

記錄(기록), 登記(등기), 書記(서기), 記念(기념)

紀
3급 / 총9획 / 부수 糸

실(糸)에서 몸(己)처럼 중요한 벼리니 **벼리 기**
또 벼리처럼 중요한 질서나 해니 **질서 기, 해 기**
또 벼리처럼 중요한 것은 기록하니 **기록할 기**

🔊 벼리 – 그물의 위쪽 코를 꿰어 오므렸다 폈다 하는 줄로 그물에서 제일 중요한 부분.

紀綱(기강), 軍紀(군기), 西紀(서기), 紀行文(기행문)

妃

2급 / 총6획 / 부수 女

여자(女) 중 자기(己)처럼 귀중하게 모셔야 할 왕비나 아내니 **왕비 비, 아내 비**

🔊 女(여자 녀)

王妃(왕비), 妃嬪(비빈), 妃氏(비씨)

配

준3급 / 총10획 / 부수 酉

(혼례식에서) 술(酉)을 자기(己)와 나누어 마신 짝이니 **나눌 배, 짝 배**

🔊 酉(술 그릇 유, 술 유, 닭 유, 열째 지지 유)

配達(배달), 配列(배열), 配偶者(배우자), 配匹(배필)

改
준4급 / 총7획 / 부수 攵

자기(己) 잘못을 쳐(攵) 고치니 **고칠 개**

🔊 攵(칠 복, = 攴)

改良(개량), 改善(개선), 改正(개정), 改革(개혁)

忌

2급 / 총7획 / 부수 心

자기(己)를 마음(心)으로 생각하면 아무 일이나 못하고 꺼리니 **꺼릴 기**

🔊 心(마음 심, 중심 심), 자기를 생각하면 아무 일이나 함부로 못하지요.

忌克(기극), 忌憚(기탄), 禁忌(금기), 妬忌(투기)

146 파파비읍 색절[巴把肥邑 色絶] - 巴, 色으로 된 한자

巴
2급 / 총4획 / 부수 己

뱀(巳)이 먹은 먹이가 내려가는 볼록한 모양을 본떠서 **뱀 파**
또 뱀(巳)에 먹이 내려가는 모양처럼 불룩하게 생긴 땅이니 **땅이름 파**

🔊 뱀은 먹이를 통째로 삼켜 내려가는 부분이 불룩하지요.
三巴戰(삼파전), 淋巴腺(임파선), 巴人(파인)

把

2급 / 총7획 / 부수 扌

손(扌)으로 뱀(巴)을 잡으니 **잡을 파**

把握(파악), 把守(파수), 把守兵(파수병)

肥
3급 / 총8획 / 부수 月

몸(月)이 뱀(巴) 먹이 먹는 모습처럼 불룩하게 살쪄 기름지니 **살찔 비, 기름질 비**
또 살찌게 하는 거름이니 **거름 비**

🔊 月(달 월, 육 달 월)
肥大(비대), 肥滿(비만), 肥沃(비옥), 肥料(비료)

邑

준5급 / 총7획 / 부수 邑

일정한 경계(口)의 땅(巴)에 사람이 사는 고을이니 **고을 읍**

🔊 口('입 구, 말할 구, 구멍 구'이지만 여기서는 '경계'로 봄), 글자의 왼쪽에 붙는 阝는 언덕 부(阜)가 글자의 변으로 쓰이는 것으로 '언덕 부 변'이라 부르고, 글자의 오른쪽에 붙는 阝는 고을 읍(邑)이 부수로 쓰이는 것으로 '고을 읍 방'이라 부릅니다.
邑內(읍내), 邑面(읍면), 邑長(읍장), 都邑(도읍)

色

준5급 / 총6획 / 부수 色

사람(ク)이 뱀(巴)을 보고 놀라는 얼굴빛이니 **빛 색**

🔊 ク[사람 인(人)의 변형], 옛날에는 뱀이 많아 자주 나타났지요.
色盲(색맹), 染色(염색) ↔ 脫色(탈색), 赤色(적색)

絶

준3급 / 총12획 / 부수 糸

실(糸) 자르듯 사람(ク)이 뱀(巴)을 끊어 죽이니 **끊을 절, 죽일 절**
또 잡념을 끊고 하나에만 열중하면 가장 뛰어나게 되니 **가장 절**

🔊 잡념을 다 끊고 하나에만 열중하면 가장 뛰어나게 된다는 어원, 생각할수록 진리네요.
絶交(절교), 絶命(절명), 絶頂(절정), 絶讚(절찬)

147 절범범 액위[巳(卩)犯範 厄危] - 巳, 厄로 된 한자

巳
부수자 / 총2획 / 부수 巳(卩)

사람이 무릎 꿇은 모양을 본떠서 **무릎 꿇을 절**

또 부절이나 병부의 반쪽을 본떠서 **병부 절** (= 卩)

- '부절(符節)'은 인쇄술이 발달하기 전에 대(竹)나 옥(玉)으로 만든 일종의 신분증이고, '병부(兵符)'는 병사를 동원하는 문서로 똑같이 만들거나 하나를 둘로 나누어 가졌다가 필요 시 맞춰 보았다 합니다.
- 符(부절 부, 부호 부, 들어맞을 부), 節(마디 절, 절개 절, 계절 절, 명절 절), 竹(대 죽), 玉(구슬 옥), 兵(군사 병)

犯

준3급 / 총5획 / 부수 犭

개(犭)가 무릎(巳)을 물듯이 죄를 범하니 **범할 범**

- 犭(큰 개 견, 개 사슴 록 변)

犯人(범인), 犯罪(범죄), 防犯(방범), 邪不犯正(사불범정)

範
3급 / 총15획 / 부수 ⺮

대(⺮)로 둘러 친 수레(車)에 범인을 무릎 꿇려(巳) 압송하며 법의 엄중함을 본보기로 보이니 **법 범, 본보기 범**

- ⺮[대 죽(竹)이 부수로 쓰일 때의 모습], 옛날에 죄인의 호송 방법을 생각하고 만든 글자.

敎範(교범), 規範(규범), 模範(모범), 率先垂範(솔선수범)

厄

2급 / 총4획 / 부수 厂

굴 바위(厂) 밑에 무릎 꿇어야 할(巳) 정도의 재앙이니 **재앙 액**

- 厂(굴 바위 엄, 언덕 엄)

厄運(액운), 送厄迎福(송액영복), 橫厄(횡액)

危

4급 / 총6획 / 부수 卩(巳)

사람(⺈)에게 재앙(厄)이 닥치면 위험하니 **위험할 위**

- ⺈[사람 인(人)의 변형]

危急(위급), 危篤(위독), 危殆(위태), 安危(안위)

148 즉절 원원원 보복[卽節 夗怨苑 報服] - 卩, 夗, 阝으로 된 한자

卽

준3급 / 총9획 / 부수 卩(巳)

날이 하얀(白) 비수(匕) 앞에 곧 무릎 꿇으니(卩) **곧 즉**

- 白(흰 백, 밝을 백, 깨끗할 백, 아뢸 백), 匕(비수 비, 숟가락 비)

卽刻(즉각), 卽時(즉시), 卽效(즉효), 卽興(즉흥)

節
4급 / 총15획 / 부수 ⺮

대(⺮)에 좋게(艮) 무릎 꿇은(卩) 모양으로 생기는 마디니 **마디 절**

또 마디마디 곧은 절개니 **절개 절**

또 마디처럼 나눠지는 계절이나 명절이니 **계절 절, 명절 절**

🔊 ⺮[대 죽(竹)이 부수로 쓰일 때의 모습], 艮[좋을 량, 어질 량(良)의 변형], 절개(節槪) - 신념이나 의리 따위를 굽히거나 변하지 않는 성실한 태도. 특히 지조와 정조를 깨끗하게 지키는 여자의 품성.

節度(절도), 節制(절제), 好時節(호시절)

夗
급외자 / 총5획 / 부수 夕

저녁(夕)에 무릎 꿇은(㔾) 것처럼 구부리고 뒹구니 **뒹굴 원**

🔊 夕(저녁 석)

怨
준3급 / 총9획 / 부수 心

뒹굴며(夗) 마음(心)으로 원망하니 **원망할 원**

🔊 心(마음 심, 중심 심)

怨聲(원성), 怨讐(원수), 含憤蓄怨(함분축원)

苑
2급 / 총9획 / 부수 ⺿

풀(⺿)밭에 뒹굴며(夗) 놀 수 있는 동산이니 **동산 원**

🔊 ⺿(초 두)

苑沼(원소), 苑花(원화), 鹿苑(녹원)

報
준4급 / 총12획 / 부수 土

다행히(幸) 재산을 잘 다스려(㝜) 소식도 알리고 은혜도 갚으니 **알릴 보, 갚을 보**

또 소식을 알리는 신문이니 **신문 보**

🔊 㝜 : 무릎 꿇도록(卩) 손(又)으로 잡아 다스리니 '다스릴 복'
🔊 幸(행복할 행, 바랄 행, 다행 행), 又(오른손 우, 또 우)

報告(보고), 速報(속보), 報答(보답), 報酬(보수)

服
5급 / 총8획 / 부수 月

몸(月)을 잘 다스려(㝜) 보호하기 위해서는 옷도 입어야 하고 밥도 먹어야 하며, 상관의 명령에도 복종해야 하니 **옷 복, 먹을 복, 복종할 복**

🔊 月(달 월, 육 달 월)

服裝(복장), 洋服(양복), 服用(복용), 服從(복종)

| 149 | 앙앙억인영[卬仰抑印迎] - 卬으로 된 한자 |

卬
급외자 / 총4획 / 부수 卩(㔾)

무엇에 매달려(𠂉) 무릎 꿇고(卩) 높이 바라니 **높을 앙**

仰
준3급 / 총6획 / 부수 亻

사람(亻)이 높이(卬) 우러르니 **우러를 앙**

仰天大笑(앙천대소), 信仰(신앙), 推仰(추앙)

抑
2급 / 총7획 / 부수 扌

손(扌)으로 높은(卬) 것을 누르니 **누를 억**

抑留(억류), 抑壓(억압), 抑鬱(억울), 抑制(억제)

印
4급 / 총6획 / 부수 卩(巴)

공문서를 올릴(卬) 때 한(一)결같이 찍는 도장이니 **찍을 인, 도장 인, 성 인**

刻印(각인), 印刷(인쇄), 印章(인장), 印朱(인주)

DAY 12

迎
준3급 / 총8획 / 부수 辶

높은(卬) 사람을 가서(辶) 맞이하니 **맞이할 영**

🔊 辶(뛸 착, 갈 착)

迎賓(영빈), 迎接(영접), 歡迎(환영), 送舊迎新(송구영신)

---

150 묘란 류경 류류무[卯卵 柳卿 留劉貿] - 卯로 된 한자

卯
4급 / 총5획 / 부수 卩

(봄기운이 왕성하여) 두 문짝을 활짝 열어 놓은 모양을 본떠서 **왕성할 묘**
또 귀를 쫑긋 세운 토끼로도 보아 **토끼 묘**
또 토끼는 넷째 지지니 **넷째 지지 묘**

卵
준3급 / 총7획 / 부수 卩

물고기에 두 개씩 있는 알주머니를 본떠서 **알 란**

卵生(난생), 卵巢(난소), 鷄卵(계란), 産卵(산란)

柳
준3급 / 총9획 / 부수 木

나무(木) 중 왕성하게(卯) 자라 늘어지는 버들이니 **버들 류, 성 유**

🔊 버드나무는 생명력이 강하여 굵은 줄기를 그냥 꽂아도 살고, 가지를 쳐주어도 금방 왕성하게 자라지요.

楊柳(양류), 花柳界(화류계)

卿
2급 / 총12획 / 부수 卩

의욕이 왕성하고(卯) 어진(𠂤) 사람이 하는 벼슬이니 **벼슬 경**

🔖 鄕(시골 향, 고향 향)

🔊 장관 이상의 벼슬로, 임금이 신하를 부르는 말이나 상대를 높이는 말로도 쓰입니다.
🔊 𠂤[좋을 량, 어질 량(良)의 변형으로, 밥 식, 먹을 식 변(𩙿)과 다름]

公卿大夫(공경대부), 樞機卿(추기경)

留
준3급 / 총10획 / 부수 田

왕성하게(卯) 일하려고 밭(田)에 머무르니 **머무를 류**

🔊 卯[왕성할 묘(卯)의 변형], 田(밭 전)

留任(유임), 保留(보류), 押留(압류), 滯留(체류)

劉
2급 / 총15획 / 부수 刂

왕성하게(卯) 쇠(金)로 칼(刂)을 만들어 죽이니 **죽일 류, 성 유, 묘금도 류**

🔊 金(쇠 금, 금 금, 돈 금, 성 김), 刂(칼 도 방), '묘금도 류'는 뜻과 상관없이 글자가 [묘(卯)+금(金)+도(刂)]로 나눠짐을 일컫는 말로, 성에 버들 류(柳)와 묘금도 류(劉)가 있어 구분하기 위한 것이지요.

貿
3급 / 총12획 / 부수 貝

왕성하게(卯) 재물(貝)을 무역하며 바꾸니 **무역할 무, 바꿀 무**

🔊 貝(조개 패, 재물 패)

貿易(무역), 密貿易(밀무역), 貿穀(무곡)

Day 12 | 확인문제

01~04 다음 한자에 해당하는 훈음을 오른쪽에서 찾아 연결하세요.

01. 鞍 • • ㉠ 셀 수
02. 數 • • ㉡ 이을 승
03. 序 • • ㉢ 안장 안
04. 承 • • ㉣ 차례 서

05~12 다음 漢字의 훈(뜻)과 음(소리)을 쓰세요.

05. 梅 (   )   06. 繁 (   )
07. 厚 (   )   08. 蒸 (   )
09. 矛 (   )   10. 柔 (   )
11. 霧 (   )   12. 忌 (   )

13~18 다음 훈음에 맞는 漢字를 쓰세요.

13. 어루만질 안 (   )   14. 알 란 (   )
15. 재앙 액   (   )   16. 잡을 파 (   )
17. 왕비 비   (   )   18. 나눌 배 (   )

19~20 다음 문장 중 (   ) 안에 들어갈 한자어로 알맞은 것은?

19. 땅이 (   )하여 농작물이 잘 자란다.
    ① 肥沃   ② 肥滿
    ③ 肥料   ④ 肥大

20. 욕망을 (   )하고 감정을 잘 다스려야 실수가 적습니다.
    ① 抑留   ② 抑何
    ③ 抑鬱   ④ 抑制

정답

01. ㉢   02. ㉠   03. ㉣   04. ㉡   05. 매화 매
06. 번성할 번 07. 두터울 후 08. 찔 증   09. 창 모   10. 부드러울 유
11. 안개 무   12. 꺼릴 기   13. 按   14. 卵   15. 厄
16. 把   17. 妃   18. 配   19. ①   20. ④

175

Day 13 | 151 ~ 162

151　립립랍위 읍욱 병보보[立粒拉位 泣煜 竝(並)普譜] - 立, 竝(並), 普로 된 한자

立
7급 / 총5획 / 부수 立

사람이 팔다리 벌리고 **땅(一)**에 서 있는 모습에서 **설 립**

立志(입지), 建立(건립), 獨立(독립), 自立(자립)

粒
2급 / 총11획 / 부수 米

쌀(米)을 하나하나 세운(立) 낱알이니 **낱알 립**

🔊 米(쌀 미)

粒子(입자), 顆粒(과립), 微粒子(미립자), 小粒(소립)

拉
2급 / 총8획 / 부수 扌

손(扌)으로 세워(立) 꺾거나 끌고 가니 **꺾을 랍, 끌고 갈 랍**

拉北(납북), 拉致(납치), 被拉(피랍)

位
준5급 / 총7획 / 부수 亻

사람(亻)이 서(立) 있는 자리니 **자리 위**

位格(위격), 位階(위계), 位置(위치), 品位(품위)

泣
준3급 / 총8획 / 부수 氵

물(氵)이 서(立) 있는 모습으로 눈물 흘리며 우니 **울 읍**

🔊 누워서 울어도 물은 서 있는 모습이지요.

泣訴(읍소), 感泣(감읍), 泣斬馬謖(읍참마속)

煜
2급 / 총13획 / 부수 火

불(火)이 해(日) 아래 서(立) 있는 듯 빛나니 **빛날 욱**

🔊 火(불 화)

煜煜(욱욱) - 환하게 빛남.

竝
2급 / 총10획 / 부수 立

둘이 나란히 서니(立立) **나란히 설 병**

역 並 - 둘로 나누면 설 립(立)이 둘이니 '나란히 설 병'

竝列(병렬), 竝設(병설), 竝進(병진), 竝行(병행)

普
3급 / 총12획 / 부수 日

나란히(竝) 해(日)처럼 비춤이 넓으니 **넓을 보**
또 널리 통하면 보통이니 **보통 보**

普及(보급), 普通(보통), 普遍性(보편성) ↔ 特殊性(특수성)

譜
3급 / 총19획 / 부수 言

말(言)로 널리(普) 계보를 따져 정리한 족보나 악보니 **족보 보, 악보 보**

🔊 言(말씀 언)

族譜(족보), 系譜(계보), 年譜(연보), 樂譜(악보)

---

152 부배배배 부부[咅倍培賠 部剖] - 咅로 된 한자

DAY 13

咅
급외자 / 총8획 / 부수 口

서서(立) 입(口)씨름할 때 튀기는 침처럼 갈라지니 **갈라질 부**

🔊 1급, 사범, 급외자, 부수자 - 어원 풀이를 위한 참고자로 8~2급 선정 한자에는 포함되지 않습니다.

倍
준3급 / 총10획 / 부수 亻

사람(亻)이 물건을 둘로 가르면(咅) 숫자는 곱이고 갑절이니 **곱 배, 갑절 배**

倍加(배가), 倍數(배수), 倍率(배율), 倍前(배전)

培
2급 / 총11획 / 부수 土

흙(土)을 갈라지게(咅) 부수어 나무가 잘 자라도록 북돋우니 **북돋울 배**

🔊 土(흙 토)

培養(배양), 栽培(재배), 培植(배식), 肥培(비배)

賠
2급 / 총15획 / 부수 貝

재물(貝)을 갈라(咅) 배상하니 **배상할 배**

🔊 배상(賠償) - (남에게 끼친 손해를) 갚아 줌.
🔊 貝(조개 패, 재물 패), 償(갚을 상, 보상할 상)

賠償金(배상금), 損害賠償(손해배상)

部
5급 / 총11획 / 부수 阝

갈라놓은(咅) 것처럼 고을(阝)의 여기저기 나눠진 마을이니 **나눌 부, 마을 부**
또 나눠진 마을을 함께 거느리니 **거느릴 부**

🔊 阝(고을 읍 방)

部品(부품), 部落(부락), 部隊(부대), 部下(부하)

剖
2급 / 총10획 / 부수 刂

갈라지게(音) 칼(刂)로 쪼개니 **쪼갤 부**

🔊 刂(칼 도 방)

剖檢(부검), 剖棺斬屍(부관참시), 解剖(해부)

---

153 룡롱총방습[龍籠龐寵襲] – 龍으로 된 한자

龍
3급 / 총16획 / 부수 龍

머리 세우고(立) 몸(月)을 꿈틀거리며 하늘로 오르는 용을 생각하여 **용 룡, 성 용**

🔊 立(설 립), 月(달 월, 육 달 월), 용은 전설 속의 동물로 신성하게 여겼지요.

龍頭蛇尾(용두사미), 恐龍(공룡), 臥龍(와룡)

籠
2급 / 총22획 / 부수 ⺮

대(⺮)조각을 용(龍)처럼 구부려 만든 바구니나 새장이니 **대바구니 롱, 새장 롱**

🔊 ⺮ [대 죽(竹)이 부수로 쓰일 때의 모습]

籠球(농구), 籠城(농성), 鳥籠(조롱), 鐵籠(철롱)

龐
2급 / 총19획 / 부수 龍

집(广)이 용(龍)도 살 정도로 커 어지러우니 **클 방, 어지러울 방**
또 크게 살찌니 **살찔 롱**

🔊 广(집 엄)

龐眉皓髮(방미호발), 龐錯(방착), 龐龐(농롱)

寵
2급 / 총19획 / 부수 宀

집(宀)에서 용(龍)을 대하듯이 대하는 사랑과 은혜니 **사랑 총, 은혜 총**

🔊 宀(집 면)

寵兒(총아), 寵愛(총애), 恩寵(은총), 靈寵(영총)

襲
2급 / 총22획 / 부수 衣

용(龍)이 갑자기 비를 내려 옷(衣)을 젖게 하듯 엄습하거나 이어받으니
엄습할 습, 이어받을 습

🔊 엄습(掩襲) – 가리고 불시에 습격함.
🔊 衣(옷 의), 掩(가릴 엄)

襲擊(습격), 襲攻(습공), 被襲(피습), 踏襲(답습)

154 음암 의억억희(애)[音暗 意億憶噫] - 音, 意로 된 한자

音
5급 / 총9획 / 부수 音

서서(立) 말하듯(曰) 내는 소리니 **소리 음**

🔊 曰(가로 왈, 말할 왈)

音讀(음독), 音響(음향), 讀音(독음), 防音(방음)

暗
준4급 / 총13획 / 부수 日

해(日)가 지고 소리(音)만 들릴 정도로 어두우니 **어두울 암**
또 어둡게 몰래 하니 **몰래 암**

🔊 日(해 일, 날 일)

明暗(명암), 暗去來(암거래), 暗中摸索(암중모색)

意
5급 / 총13획 / 부수 心

소리(音)를 들으면 마음(心)에 생각되는 뜻이니 **뜻 의**

🔊 心(마음 심, 중심 심)

意見(의견), 意外(의외), 意志(의지), 意向(의향)

億
준4급 / 총15획 / 부수 亻

너무 커서 사람(亻)이 뜻(意)을 생각해 보아야 하는 억이니 **억 억**

🔊 億은 1초에 하나를 세는 속도로 3년 이상을 쉬지 않고 자지도 않고 세어야 하는 큰 수지요.

億臺(억대), 億兆(억조), 億兆蒼生(억조창생)

憶
준3급 / 총16획 / 부수 忄

마음(忄)속에 뜻(意)을 기억하고 생각하니 **기억할 억, 생각할 억**

記憶(기억), 追憶(추억), 憶念(억념), 憶昔(억석)

 噫
2급 / 총16획 / 부수 口

입(口)으로 뜻(意) 없이 사무쳐 탄식하니 **탄식할 희**
또 탄식하듯이 트림하니 **트림할 애**

噫嗚(희오), 噫氣(애기)

155 4장창 경경경[章障樟璋彰 竟境鏡] - 章, 竟으로 된 한자

章
5급 / 총11획 / 부수 立

소리(音) 열(十) 개 정도 적으면 이루어지는 글이니 **글 장**

🔊 十(열 십, 많을 십)

文章(문장), 印章(인장), 勳章(훈장), 徽章(휘장)

障
3급 / 총14획 / 부수 阝

위험한 **언덕(阝)**에 **글(章)**을 붙여 막으니 **막을 장**

🔊 阝(언덕 부 변)

障壁(장벽), 障碍(장애), 障害(장해), 保障(보장)

樟
2급 / 총15획 / 부수 木

나무(木) 중 **글(章)**도 새길 수 있는 녹나무니 **녹나무 장**

🔊 녹나뭇과의 상록 활엽 교목

璋
2급 / 총15획 / 부수 王(玉)

옥(王)에 **글(章)**을 적는 홀이니 **홀 장**

🔊 홀(笏 : 홀 홀), 조선시대에, 벼슬아치가 임금을 만날 때에 손에 쥐던 물건. 일품부터 사품까지는 상아홀, 오품 이하는 목홀(木笏)을 사용했답니다.

圭璋(규장), 弄璋之慶(농장지경)

彰
2급 / 총14획 / 부수 彡

글(章)을 **붓(彡)**으로 써서 드러나게 밝히니 **드러날 창, 밝힐 창**

🔊 彡('터럭 삼'으로 여기서는 털로 만든 '붓'의 뜻)

彰善(창선), 彰惡(창악), 表彰(표창)

竟
2급 / 총11획 / 부수 立

소리(音)치며 **사람(儿)**들이 마침내 일을 다 했음을 알리니 **마침내 경, 다할 경**

🔊 儿(사람 인 발, 어진 사람 인)

畢竟(필경), 竟夜(경야), 究竟(구경)

境
준3급 / 총14획 / 부수 土

흙(土)이 **다한(竟)** 지경이니 **지경 경**
또 어떤 지경에 이른 형편이니 **형편 경**

🔊 土(흙 토), 지경(地境) - ㉠ 나라나 지역 따위의 구간을 가르는 경계. ㉡ 일정한 테두리 안의 땅.

境界(경계), 境遇(경우), 國境(국경), 逆境(역경)

鏡
준3급 / 총19획 / 부수 金

쇠(金)를 닦으면 **마침내(竟)** 광채나면서 비추는 거울이니 **거울 경**

🔊 金(쇠 금, 금 금, 돈 금, 성 김), 유리가 없던 옛날에는 쇠로 거울을 만들었지요.

鏡臺(경대), 銅鏡(동경), 眼鏡(안경), 破鏡(파경)

156 신재 변변 행집 [辛宰 辯辨 幸執] - 辛, 辛辛, 幸으로 된 한자

辛
4급 / 총7획 / 부수 辛

서(立) 있는 곳이 **십자가(十)** 위인 것처럼 고생하니 **고생할 신**

또 먹기에 고생스럽도록 매우니 **매울 신, 여덟째 천간 신, 성 신**

千辛萬苦(천신만고), 香辛料(향신료), 辛辣(신랄)

宰

2급 / 총10획 / 부수 宀

집(宀)안일을 고생하며(辛) 주관하니 **주재할 재**

또 나랏일을 주관하는 재상이니 **재상 재**

🔊 宀(집 면)

主宰(주재) – 중심이 되어 맡아 처리함. 또는 그 사람.
宰相(재상) – 임금을 돕고 모든 관원을 지휘 감독하는 2품 이상의 벼슬. 또는 그 자리에 있는 사람.

DAY 13

辯
3급 / 총21획 / 부수 辛

어려운 일 틈(辛辛)에 끼어서도 **말(言)**을 잘하니 **말 잘할 변**

🔊 言(말씀 언)

達辯(달변), 答辯(답변), 雄辯(웅변), 辯護(변호)

辨
2급 / 총16획 / 부수 辛

어려운 일 틈에 끼어(辛辛) **칼(刂)**로 딱 자르듯이 시비를 분별하니 **분별할 변**

🔊 刂(칼 도 방)

辨理士(변리사), 辨明(변명), 辨償(변상), 辨濟(변제)

幸
5급 / 총8획 / 부수 干

하나(一)만 바꿔 생각하면 **고생(辛)**도 행복하니 **행복할 행**

또 행복은 누구나 바라니 **바랄 행**

🔊 모든 것은 마음먹기에 따라 달라져, 조금만 바꿔 생각하면 고생도 행복이 되지요.

幸福(행복), 幸運(행운), 幸運兒(행운아), 多幸(다행)

執
준3급 / 총11획 / 부수 土

다행히(幸) 좋은 **환(丸)**약을 구하여 잡으니 **잡을 집**

또 잡아서 집행하니 **집행할 집**

🔊 집행(執行) – '잡아서 행함'으로, 실제로 시행함.

執權(집권), 執念(집념), 執着(집착), 固執(고집)

157 벽벽벽피 착업총대[辟僻壁避 丵業叢對] - 辟, 丵으로 된 한자

辟
사범 / 총13획 / 부수 辛

몸(尸)과 입(口)으로 백성들의 어려움(辛)을 물리치는 임금이니
물리칠 벽, 임금 벽
또 물리치고 한쪽으로 치우치니 **치우칠 벽**

◁ 尸(주검 시, 몸 시)

僻
2급 / 총15획 / 부수 亻

사람(亻)이 한쪽으로 치우쳐(辟) 후미지니 **후미질 벽**

◁ 후미지다 – 아주 구석지고 으슥하다.

僻村(벽촌), 僻地(벽지), 乖僻(괴벽), 窮僻(궁벽)

壁
3급 / 총16획 / 부수 土

물리치려고(辟) 흙(土)으로 쌓아 막은 벽이니 **벽 벽**

壁報(벽보), 壁紙(벽지), 壁畫(벽화), 絶壁(절벽)

避
3급 / 총17획 / 부수 辶

치우친(辟) 곳으로 뛰어가(辶) 피하니 **피할 피**

避難(피난), 避亂(피란), 避暑(피서), 逃避(도피)

丵
급외자 / 총10획 / 부수 丨

서(立) 있는 많은(十) 풀 위에 점 셋을 더 붙여 풀 무성한 모양을 나타내어
풀 무성할 착

◁ 立(설 립), 十(열 십, 많을 십)

業
5급 / 총13획 / 부수 木

풀 무성한(丵) 곳에 있는 나무(木)와 같이 이미 정해진 업이고 일이니
업 업, 일 업

◁ 업(業) : ㉠ 몸과 입과 뜻으로 짓는 선악의 소행. ㉡ 직업.

業苦(업고), 業報(업보), 自業自得(자업자득), 就業(취업)

叢
2급 / 총18획 / 부수 又

풀 무성하게(丵) 취한(取) 듯 모인 떨기니 **모일 총, 떨기 총**

◁ 取(취할 취, 가질 취)

叢論(총론), 叢書(총서), 論叢(논총)

對
5급 / 총14획 / 부수 寸

풀 무성하듯(丵) 많은 사람이 자리(一)에 앉아 정해진 법도(寸)에 따라 상대하고 대답하니 **상대할 대, 대답할 대**

◁ 一('한 일'이지만 여기서는 자리로 봄), 寸(마디 촌, 법도 촌)

對決(대결), 對立(대립), 對話(대화), 對答(대답)

158 역역역 택택탁석[睪譯驛 擇澤鐸釋] - 睪으로 된 한자

睪
1급 / 총13획 / 부수 目

그물(罒) 쳐 놓고 걸리기를 **바라며**(幸) 엿보니 **엿볼 역**

- 罒(그물 망, = 网, 㓁), 幸(행복할 행, 바랄 행)
- 위가 그물 망(罒)인데 부수는 눈 목(目)입니다.

譯
2급 / 총20획 / 부수 言

말(言)을 엿보아(睪) 번역하니 **번역할 역**

- 言(말씀 언)

翻譯(번역), 意譯(의역), 直譯(직역), 通譯(통역)

驛
3급 / 총23획 / 부수 馬

말(馬)을 엿보아(睪) 갈아타는 역이니 **역 역**

- 馬(말 마), 옛날의 역(驛)은 출장 나온 중앙 관리의 말을 바꿔 주거나 중앙과 지방 관청의 문서를 전달하는 일을 했습니다.

驛前(역전), 簡易驛(간이역), 終着驛(종착역)

擇
3급 / 총16획 / 부수 扌

손(扌)으로 엿보아(睪) 가리니 **가릴 택**

擇一(택일), 擇日(택일), 選擇(선택), 採擇(채택)

澤
3급 / 총16획 / 부수 氵

물(氵)을 엿보아(睪) 막아둔 연못이니 **연못 택**
또 연못물은 여러모로 잘 쓰여 은혜를 주니 **은혜 택**

沼澤(소택), 潤澤(윤택), 惠澤(혜택)

鐸
2급 / 총21획 / 부수 金

좋은 쇠(金)를 엿보아(睪) 만든 방울이니 **방울 탁**

- 金(쇠 금, 금 금, 돈 금, 성 김)

鐸鈴(탁령), 木鐸(목탁), 風鐸(풍탁)

釋
2급 / 총20획 / 부수 釆

나누고(釆) 엿보아(睪) 푸니 **풀 석**
또 석가모니와 불교도 나타내어 **석가모니 석, 불교 석**

- 釆(분별할 변, 나눌 변)

釋放(석방), 手不釋卷(수불석권), 解釋(해석)

159 건 시자폐 대체[巾 市姉肺 帶滯] - 巾과 市, 帶로 된 한자

巾
준5급 / 총3획 / 부수 巾

성(冂)처럼 **사람**(丨)이 몸에 두르는 수건이니 **수건 건**

🔊 冂(멀 경, 성 경), 丨('뚫을 곤'이지만 여기서는 사람으로 봄)

手巾(수건), 頭巾(두건), 網巾(망건), 紅巾(홍건)

市
준5급 / 총5획 / 부수 巾

머리(亠)를 수건(巾)으로라도 꾸미고 갔던 저자나 시내니 **저자 시, 시내 시**

🔊 亠(머리 부분 두), 저자 – 시장에서 물건을 파는 가게. 또는 그런 가게가 열리는 시장.

市場(시장), 市內(시내), 門前成市(문전성시)

姉
준4급 / 총8획 / 부수 女

여자(女) 중 시장(市)에 갈 정도로 큰 손위 누이니 **손위 누이 자**

㊟ 姊 : 여자(女) 중 교묘하게(丂) 사람(亻)을 잘 다스리는 손위 누이니 '손위 누이 자'

🔊 丂(공교할 교, 교묘할 교), 亻[사람 인(人)의 변형]

姉妹(자매), 姉母(자모), 姉兄(자형)

肺
3급 / 총8획 / 부수 月

몸(月)에서 시장(市)처럼 바쁜 허파니 **허파 폐**

🔊 月(달 월, 육 달 월), 저자 시, 시내 시(市)를 여기서는 4획으로 보았네요. 허파는 숨을 쉬니 바쁘지요.

肺病(폐병), 肺炎(폐염 → 폐렴), 塵肺症(진폐증)

帶
3급 / 총11획 / 부수 巾

장식을 꿰어 만든 끈(卌)으로 덮어(冖) 수건(巾)처럼 둘러차는 띠니 **찰 대, 띠 대**

🔊 冖(덮을 멱)

帶同(대동), 帶妻僧(대처승), 腰帶(요대)

滯

2급 / 총14획 / 부수 氵

물(氵)이 띠(帶) 모양의 둑에 막혀 머무르니 **막힐 체, 머무를 체**

滯症(체증), 停滯(정체), 延滯(연체), 滯留(체류)

160 제제 포포 희희[制製 布怖 希稀] - 制, 布, 希로 된 한자

制
준3급 / 총8획 / 부수 刂

소(牛)고기나 천(巾)을 칼(刂)로 잘라 마름질하는 제도니 **마름질 제, 제도 제**
또 제도에 맞도록 억제하고 절제하니 **억제할 제, 절제할 제**

🔊 마름질하다 – 옷감이나 재목 따위를 치수에 맞도록 재거나 자르다.
🔊 牛(소 우), 巾('수건 건'이지만 여기서는 '천'으로 봄), 刂(칼 도 방)

制約(제약), 制壓(제압), 制動(제동), 制御(제어)

製 4급 / 총14획 / 부수 衣	제도(制)에 따라 옷(衣)을 지어 만드니 **지을 제, 만들 제** 🔊 衣(옷 의) 製作(제작), 手製(수제), 外製(외제), 乳製品(유제품)	
布 4급 / 총5획 / 부수 巾	많이(ナ) 사용하는 수건(巾)처럼 베를 펴니 **베 포, 펼 포** 또 불교에서 펴 베푸는 보시니 **보시 보** 🔊 보시(布施) – 자비심으로 남에게 재물이나 불법을 베풂. 🔊 ナ[‛열 십, 많을 십(十)’의 변형], 施(행할 시, 베풀 시) 布袋(포대), 布石(포석), 宣布(선포), 布施(보시)	
 怖 2급 / 총8획 / 부수 忄	마음(忄)에 죽어서 베(布)옷 입을 것을 두려워하니 **두려워할 포** 怖苦(포고), 怖畏(포외), 怖慄(포율), 恐怖(공포)	DAY 13
希 4급 / 총7획 / 부수 巾	찢어진(乂) 베(布)옷이면 새 옷을 바라니 **바랄 희** 🔊 乂(벨 예, 다스릴 예, 어질 예) 希求(희구), 希念(희념), 希望(희망), 希願(희원)	
稀 2급 / 총12획 / 부수 禾	벼(禾)는 바라는(希) 만큼 수확하기가 드무니 **드물 희** 또 드물어 희미하니 **희미할 희** 🔊 禾(벼 화) 稀貴(희귀), 稀薄(희박), 稀釋(희석), 稀罕(희한)	

161 　제체 방방방[帝締 旁傍謗] – 帝, 旁으로 된 한자

帝 준3급 / 총9획 / 부수 巾	머리 부분(亠)을 받치고(丷) 덮어(冖) 수건(巾)같은 면류관을 쓴 임금이니 **임금 제** 🔊 亠(머리 부분 두), 冖(덮을 멱), 巾(수건 건) 帝王(제왕), 帝國(제국), 日帝(일제), 皇帝(황제)
 締 2급 / 총15획 / 부수 糸	실(糸)로 임금(帝)처럼 중요하게 맺으니 **맺을 체** 🔊 糸(실 사, 실 사 변) 締結(체결), 締交(체교), 締盟(체맹)

旁
2급 / 총10획 / 부수 方

머리 부분(亠) 받치듯(丷) 고개 들어 사방(方)의 곁을 두루 보니
곁 방, 두루 방

🔊 方(모 방, 방향 방, 방법 방)

旁求(방구), 旁通(방통), 神通旁通(신통방통)

傍
2급 / 총12획 / 부수 亻

사람(亻)이 두루(旁) 마음 써야 하는 곁이니 **곁 방**

🔊 가까울수록 더욱 조심하며 신경 써야 하지요.

傍觀(방관), 傍聽客(방청객), 傍若無人(방약무인)

謗
2급 / 총17획 / 부수 言

말(言)을 두루(旁) 하며 헐뜯으니 **헐뜯을 방**

🔊 言(말씀 언)

謗議(방의), 誹謗(비방), 毁謗(훼방)

---

162 수사설추견 관관관[帥師薛追遣 官館管] - 自, 官으로 된 한자

帥
2급 / 총9획 / 부수 巾

쌓이듯(self) 많은 군사를 거느리고 깃발(巾)을 든 장수니 **장수 수**

🔊 self : 비스듬히(丿) 흙이 쌓여(目) 있는 모습에서 '쌓일 퇴, 언덕 퇴'로, '쌓일 퇴, 언덕 퇴(堆)'의 원자인 垍의 획 줄임
🔊 巾('수건 건'이지만 여기서는 '깃발'로 봄)

將帥(장수), 元帥(원수), 總帥(총수), 統帥權(통수권)

師
준4급 / 10획 / 부수 巾

쌓이듯(self) 많은 제자들이 빙 둘러(帀) 있는 스승이나 전문가니
스승 사, 전문가 사
또 많이(self) 둘러싼(帀) 군사니 **군사 사**

🔊 帀 : 머리(一)에 수건(巾) 두른 모습에서 '두를 잡' *一('한 일'이지만 여기서는 머리로 봄)

師弟(사제), 敎師(교사), 醫師(의사), 師團(사단)

薛
2급 / 총17획 / 부수 艹

풀(艹) 중 언덕(self)처럼 살기 어려운(辛) 곳에도 자라는 사철쑥이니
사철쑥 설, 나라이름 설, 성 설

🔊 쑥은 생명력이 강하여 어느 곳에서도 잘 자라지요.
🔊 인·지명용 한자.

追
준3급 / 총10획 / 부수 辶

언덕(self)까지 쫓아가며(辶) 따르니 **쫓을 추, 따를 추**

追加(추가), 追擊(추격), 追更(추경), 追從(추종)

遣
2급 / 총14획 / 부수 辶

중심(中)이 되는 한(一) 사람을 뽑아 언덕(𠂤) 너머로 가게(辶) 보내니 **보낼 견**

유 遺(남길 유, 잃을 유)
中(가운데 중, 맞힐 중), 𠂤[쌓일 퇴, 언덕 퇴(𨸏)의 획 줄임]

遣歸(견귀), 分遣(분견), 增遣(증견), 派遣(파견)

官
4급 / 총8획 / 부수 宀

(옛날에) 집(宀)이 높은 언덕(𠂤)에 있으면 주로 관청이었으니 **관청 관**
또 관청에 근무하는 벼슬이니 **벼슬 관**

宀(집 면)

官權(관권), 官吏(관리), 民官(민관), 貪官汚吏(탐관오리)

館
2급 / 총17획 / 부수 食

출장가면 먹고(食) 묵을 수 있도록 관리(官)들을 위해 지은 집이니 **집 관, 객사 관**

食(밥 식, 먹을 식 변), 객사(客舍) - ㉠ 객지의 숙소. ㉡ 고려・조선 시대에 다른 곳에서 온 관원을 묵게 하던 곳.

館長(관장), 本館(본관), 旅館(여관), 會館(회관)

管
3급 / 총14획 / 부수 ⺮

대(⺮)가 벼슬(官)한 것처럼 좋게 쓰인 대롱이나 피리니 **대롱 관, 피리 관**
또 피리를 잘 관리하니 **관리할 관**

⺮[대 죽(竹)이 부수로 쓰일 때의 모습]

木管(목관), 血管(혈관), 管理(관리), 管掌(관장)

TIP

〈상황에 맞게 글자를 바꾸어 써 보세요〉

글자를 익히는 한자 학습이 한문 학습의 1단계라면, 이것을 단어나 문장에서 다양하게 활용하는 습관을 들이는 것이 한문 학습의 2단계지요. 한자는 고립(孤立)문자로, 홀로 어느 곳에 놓여도 그 뜻 그대로 쓰이니 글자만 한 번 익히면 얼마든지 새로운 단어나 구문을 만들어 낼 수 있으니까요. * 孤(외로울 고, 부모 없을 고), 立(설 립)

지금까지의 한문 교육은 사자성어나 문장을 주어진 대로 무조건 해석하고 외라는 식이었는데 이것도 열린 생각이 아니지요. 그대로만 익히고 말 것이 아니라, 상황에 맞게 글자를 바꾸어 써 보는, 즉 한자의 특성을 마음껏 활용해 보는 습관을 들이는 것이 풍부하고 다양한 어휘력 신장의 지름길입니다.

예) 1) 조득모실(朝得暮失) 아침에(처음에) 얻었다가 저녁에(나중에) 잃음.
　　　조실모득(朝失暮得) 아침에(처음에) 잃었다가 저녁에(나중에) 얻음.

　　2) 유전무죄(有錢無罪) 돈만 있으면 죄가 없음.
　　　무전유죄(無錢有罪) 돈이 없는 것이 죄가 있음(됨).
　　　유전유죄(有錢有罪) 돈이 있는 것이 죄가 있음(됨).
　　　무전무죄(無錢無罪) 돈도 없고 죄도 없음.

　　3) 우문우답(愚問愚答) 어리석은 질문에 어리석은 대답.
　　　우문현답(愚問賢答) 어리석은 질문에 현명한 대답.
　　　현문현답(賢問賢答) 현명한 질문에 현명한 대답.

위의 경우처럼 얼마든지 변용이 가능하며 실생활에서 응용하여 사용하면, 그 말의 분명한 이해는 물론 때에 맞는 적당한 표현을 할 수 있고, 어휘력과 문장력은 나날이 향상됩니다.

사자성어뿐만 아니라 실제로 〈둔감(鈍感) ↔ 민감(敏感)〉처럼 언제 어디서 무슨 말이든지 글자를 바꾸거나 새로운 말을 만들어 쓸 수 있고, 사전 없이도 그 뜻을 쉽게 알 수 있는 것이 한자의 장점이지요.
* 朝(아침 조, 조정 조, 뵐 조), 得(얻을 득), 暮(저물 모), 失(잃을 실), 有(가질 유, 있을 유), 錢(돈 전), 無(없을 무), 罪(허물 죄), 愚(어리석을 우), 問(물을 문), 答(대답할 답), 賢(어질 현), 鈍(무딜 둔, 둔할 둔), 感(느낄 감), 敏(빠를 민, 총명할 민)

Day 13 | 확인문제

01~04 다음 한자에 해당하는 훈음을 오른쪽에서 찾아 연결하세요.

01. 泣 •   • ㉠ 족보 보
02. 倍 •   • ㉡ 울 읍
03. 寵 •   • ㉢ 사랑 총
04. 譜 •   • ㉣ 곱 배

05~12 다음 漢字의 훈(뜻)과 음(소리)을 쓰세요.

05. 位 (   )   06. 剖 (   )
07. 龍 (   )   08. 億 (   )
09. 障 (   )   10. 鏡 (   )
11. 辨 (   )   12. 賠 (   )

13~18 다음 훈음에 맞는 漢字를 쓰세요.

13. 장수 수 (   )   14. 드물 희 (   )
15. 막힐 체 (   )   16. 풀 석 (   )
17. 후미질 벽 (   )   18. 번역할 역 (   )

19~20 다음 문장 중 ( ) 안에 들어갈 한자어로 알맞은 것은?

19. 우리나라는 수산업에 매우 좋은 (   ) 조건을 갖추고 있다.
　① 立地　　　　　　② 立志
　③ 建立　　　　　　④ 自立

20. 인생에서 행복과 (   )은 자기가 생각하기 나름이다.
　① 幸福　　　　　　② 不幸
　③ 近幸　　　　　　④ 多幸

정답

01. ㉡　　02. ㉣　　03. ㉢　　04. ㉠　　05. 자리 위
06. 쪼갤 부　　07. 용 룡　　08. 억 억　　09. 막을 장　　10. 거울 경
11. 분별할 변　　12. 배상할 배　　13. 帥　　14. 稀　　15. 滯
16. 釋　　17. 僻　　18. 譯　　19. ①　　20. ②

Day 14 | 163 ~ 173

163 두두단일 기개 투투[豆頭短壹 豈凱 鬥鬪] - 豆, 豈, 鬥로 된 한자

豆
준3급 / 총7획 / 부수 豆

제기(祭器)를 본떠서 **제기 두**
또 제기처럼 둥근 콩이니 **콩 두**

🔊 제기(祭器) - 제사 때 쓰는 그릇. *祭(제사 제, 축제 제), 器(그릇 기, 기구 기)
豆腐(두부), 豆油(두유)

頭
5급 / 총16획 / 부수 頁

콩(豆)처럼 둥근 머리(頁)니 **머리 두**
또 조직의 머리가 되는 우두머리니 **우두머리 두**

🔊 頁(머리 혈)
頭痛(두통), 頭角(두각), 頭目(두목), 頭領(두령)

短
5급 / 총12획 / 부수 矢

화살(矢)이 콩(豆)만하여 짧고 모자라니 **짧을 단, 모자랄 단**

🔊 矢(화살 시)
短縮(단축) ↔ 延長(연장), 長短(장단), 短點(단점)

壹

2급 / 총12획 / 부수 士

선비(士)가 덮어(冖) 싸놓은 제기(豆) 하나니 **한 일**

🔊 士(선비 사), 冖(덮을 멱), 증서 따위에서 고쳐 쓰지 못하게 할 때 一 대신 사용합니다.
壹是(일시), 壹意·一意(일의)

豈

2급 / 총10획 / 부수 豆

어찌 산(山)에 콩(豆)을 심을까에서 **어찌 기**

🔊 산(山)에 콩(豆)을 심는 것을 보고 놀라서 「어찌 산(山)에 콩(豆)을 심을까」라고 반문한다는 데서 '어찌 기(豈)'입니다.
豈敢(기감), 豈敢毁傷(기감훼상), 豈不(기불)

凱
2급 / 총12획 / 부수 几

(전쟁에 이겨 즐거우니) 어찌(豈) 안석(几)에만 앉아 있겠냐며 승전가를 부르며 개선하니 **개선할 개, 즐길 개**

🔊 안석(案席) - 앉을 때 몸을 기대는 방석.
🔊 几(안석 궤, 책상 궤), 案(책상 안, 생각 안, 계획 안), 席(자리 석)
凱歌(개가), 凱旋(개선), 凱旋將軍(개선장군)

鬥
부수자 / 총10획 / 부수 鬥

두 왕(王)이 발을 뻗어 싸우니 **싸울 투**

🔊 1급, 사범, 급외자, 부수자 – 어원 풀이를 위한 참고자로 8~2급 선정 한자에는 포함되지 않습니다.

鬪
3급 / 총20획 / 부수 鬥

싸움(鬥)을 제기(豆)의 음식이 법도(寸)에 맞지 않는다고 하니 **싸울 투**

🔊 제사를 요즘은 약식으로도 지내지만, 옛날에는 정해진 제물을, 정해진 절차에 맞게 차려, 정해진 절차에 따라 엄숙하게 지냈는데 그런 법도에 맞지 않으면 싸운다고 했네요.

鬪技(투기), 鬪病(투병), 鬪志(투지), 健鬪(건투)

---

164 계규 발폐 등등증[癸揆 發廢 登燈證] – 癸, 發, 登으로 된 한자

癸
4급 / 총9획 / 부수 癶

북방을 등지고(癶) 하늘(天)의 뜻을 헤아리니
북방 계, 헤아릴 계, 열째 천간 계, 월경 계

🔊 癶 : 등지고 걸어가는 모습에서 '등질 발, 걸을 발'
🔊 우리가 사는 북반구에서는 대부분 북쪽을 등지고 남쪽을 향하여 하늘을 관측하지요.

癸丑日記(계축일기), 天癸(천계), 癸期(계기)

揆
2급 / 총12획 / 부수 扌

손(扌)으로 헤아리는(癸) 법도니 **헤아릴 규, 법도 규**

揆度(규탁), 一揆(일규)

發
5급 / 총12획 / 부수 癶

걸어가(癶) 활(弓)과 창(殳)을 쏘면 전쟁이 일어나니 **쏠 발, 일어날 발**

🔊 弓(활 궁), 殳(칠 수, 창 수, 몽둥이 수)

發射(발사), 發砲(발포), 發動(발동), 發效(발효)

廢
2급 / 총15획 / 부수 广

집(广)에 총을 쏘면(發) 부서지고 폐하니 **부서질 폐, 폐할 폐**

🔊 폐하다 – ㉠ 있던 제도·기관·풍습 따위를 버리거나 없애다. ㉡ 해 오던 일을 중도에 그만두다.
㉢ 물건 따위를 쓰지 아니하고 버려두다.

廢家(폐가), 廢刊(폐간), 廢業(폐업), 廢車(폐차)

登
준5급 / 총12획 / 부수 癶

걸어서(癶) 제기(豆)처럼 높은 곳에 오르니 **오를 등**
또 문서에 올려 기재하니 **기재할 등**

登山(등산), 登壇(등단), 登記(등기), 登錄(등록)

燈
4급 / 총16획 / 부수 火

불(火)을 등잔에 **올려(登)** 켠 등불이니 **등불 등**

燈臺(등대), 燈下不明(등하불명), 消燈(소등) ↔ 點燈(점등)

證
준3급 / 총19획 / 부수 言

말(言)로 높은 데 올라(登)서서 떳떳하게 증명하는 증거니 **증명할 증, 증거 증**

🔊 言(말씀 언)

證明(증명), 證言(증언), 認證(인증), 確證(확증)

---

165 주고수가 희희희[壴鼓樹嘉 喜禧嬉] - 壴, 喜로 된 한자

壴
급외자 / 총9획 / 부수 士

악기를 좋게(吉) 받쳐(䒑) 세운 모습에서 **악기 이름 주, 세울 주**

🔊 吉(길할 길, 상서로울 길)

鼓

2급 / 총13획 / 부수 鼓

좋게(吉) 받쳐놓고(䒑) 두 손으로 갈라(支) 두드리는 북이니 **북 고**

또 북을 두드리니 **두드릴 고**

🔊 支(지탱할 지, 다룰 지, 가를 지, 지출할 지)

鼓動(고동), 鼓舞(고무), 鼓吹(고취), 勝戰鼓(승전고)

樹
5급 / 총16획 / 부수 木

나무(木)로 좋게(吉) 받쳐(䒑) 법도(寸)에 맞게 세우니 **세울 수**

또 세워 심는 나무니 **나무 수**

🔊 木(나무 목), 吉(길할 길, 상서로울 길), 寸(마디 촌, 법도 촌)

樹立(수립), 樹木(수목), 樹液(수액), 有實樹(유실수)

嘉
2급 / 총14획 / 부수 口

좋은(吉) 풀(艹)만 더하여(加) 먹으면 몸이 아름다우니 **아름다울 가**

🔊 艹(초 두), 加(더할 가)

嘉慶(가경), 嘉德(가덕), 嘉禮(가례), 嘉尙(가상)

喜
준3급 / 총12획 / 부수 口

좋은(吉) 음식을 받쳐 들고(䒑) 입(口)으로 먹으면 기쁘니 **기쁠 희**

🔊 䒑[받쳐 들 공(廾)의 변형]

喜悲(희비), 喜捨(희사), 喜悅(희열), 歡喜(환희)

禧
2급 / 총17획 / 부수 示

신(示)까지 기쁘게(喜) 행동하면 주는 복이니 **복 희**

◀ 示(보일 시, 신 시)

禧年(희년), 鴻禧(홍희)

嬉
2급 / 총15획 / 부수 女

여자(女)가 기쁘게(喜) 즐기니 **즐길 희**

嬉笑(희소), 嬉遊(희유), 嬉戱(희희)

---

166 곡전조 풍례 골활체[曲典曹 豊禮 骨滑體] – 曲, 豊, 骨로 된 한자

曲
준4급 / 총6획 / 부수 曰

대바구니의 굽은 모양을 본떠서 **굽을 곡**

또 굽은 듯 소리가 올라가고 내려가는 노래니 **노래 곡**

유 由(말미암을 유) – 제목번호 049

曲線(곡선), 屈曲(굴곡), 歌曲(가곡), 名曲(명곡)

DAY 14

典
준4급 / 총8획 / 부수 八

구부러진(曲) 것도 종류별로 나누어(八) 법으로 만든 책이니 **법 전, 책 전**

또 본보기로 물건을 저당잡히니 **저당잡힐 전**

◀ 曲[굽을 곡, 노래 곡(曲)의 변형], 八(여덟 팔, 나눌 팔)

典型(전형), 古典(고전), 法典(법전), 典當鋪(전당포)

曹
2급 / 총11획 / 부수 曰

하나(一)같이 구부리고(曲) 말하며(曰) 무리지어 일하는 관청이니
무리 조, 관청 조, 나라이름 조, 성 조

동 曺 – 시조 한(一) 분으로 말미암아(由) 말해지는(曰) 성이니 '성 조'

◀ 曰(가로 왈, 말할 왈)

◀ 조(曹)나라 – 주나라 무왕(武王)의 아우 숙진탁(叔振鐸)을 봉한 나라.

汝曹(여조), 六曹(육조), 吏曹(이조)

豊
준3급 / 총13획 / 부수 豆

상다리가 굽을(曲) 정도로 제기(豆)에 음식을 차리게 풍년이니 **풍년 풍**

또 풍년이 든 듯 풍성하니 **풍성할 풍**

◀ 원래는 제기에 음식이 많은 모습을 본뜬 豐이지만 약자인 豊으로 많이 씁니다.

豊盛(풍성), 豊年(풍년), 豊滿(풍만), 豊富(풍부)

禮
5급 / 총18획 / 부수 示

신(示) 앞에 풍성한(豊) 음식을 차리는 것은 신에 대한 예도니 **예도 례**

◀ 示(보일 시, 신 시)

禮度(예도), 禮物(예물), 禮拜(예배), 禮節(예절)

骨
4급 / 총10획 / 부수 骨

살 속에 들어 있는 뼈의 모습에서 **뼈 골**

骨材(골재), 骨折(골절), 刻骨難忘(각골난망)

滑
2급 / 총13획 / 부수 氵

물(氵)이 뼈(骨)처럼 딱딱한 것에 묻으면 미끄러우니 **미끄러울 활**

또 미끄러우면 어지러우니 **어지러울 골**

滑走路(활주로), 圓滑(원활), 潤滑油(윤활유), 滑稽(골계)

體
5급 / 총23획 / 부수 骨

뼈(骨)마디로 풍성하게(豊) 이루어진 몸이니 **몸 체**

역 体 : 사람(亻)에게 근본(本)은 몸이니 '몸 체'

體格(체격), 體力(체력), 體驗(체험), 身體(신체)

---

167 두상언산도 야액[亠商彦産圖 夜液] - 亠, 夜로 된 한자

亠
부수자 / 총2획 / 부수 亠

옛날 갓을 쓸 때 상투를 튼 머리 부분 모양을 본떠서 **머리 부분 두**

商
준4급 / 총11획 / 부수 口

머리(亠)에 물건을 이고(丷) 다니며 성(冂) 안에서 사람(儿)이 말하며(口) 장사하니 **장사할 상**

또 장사하듯 이익을 헤아리니 **헤아릴 상**

🔊 丷(머리에 인 모습), 冂(멀 경, 성 경), 儿(사람 인 발, 어진 사람 인), 口(입 구, 구멍 구, 말할 구)

商社(상사), 商店(상점), 商量(상량), 協商(협상)

彦
2급 / 총9획 / 부수 彡

머리(亠)를 받치고(丷) 바위(厂) 아래에서 털(彡)이 길게 자라도록 학문을 닦는 선비니 **선비 언**

🔊 丷(받친 모습), 厂(굴 바위 엄, 언덕 엄), 彡(터럭 삼, 긴 머리 삼)

彦士(언사), 彦聖(언성), 彦會(언회)

産
준4급 / 총11획 / 부수 生

머리(亠)를 받치고(丷) 바위(厂)에 의지하여 새끼를 낳으니(生) **낳을 산**

또 아이를 낳듯이 물건을 생산하니 **생산할 산**

🔊 生(날 생, 살 생, 사람을 부를 때 쓰는 접사 생)

産苦(산고), 産母(산모), 出産(출산), 産業(산업)

圖
5급 / 총14획 / 부수 囗

종이(囗)에 말하듯(口) 머리(亠) 돌려(回) 보면서 그리는 그림이니 **그림 도**

또 그림 그리듯 무슨 일을 꾀하니 **꾀할 도**

🔊 囗['에운담, 나라 국(國)의 약자'지만 여기서는 종이로 봄], 口(입 구, 구멍 구, 말할 구), 回(돌 회, 돌아올 회, 횟수 회), 꾀하다 - 어떤 일을 이루려고 뜻을 두거나 힘을 쓰다.

圖案(도안), 地圖(지도), 試圖(시도), 意圖(의도)

夜
5급 / 총8획 / 부수 夕

머리(亠) 두르고 사람(亻)이 자는 저녁(夕)부터 이어진(乀) 밤이니 **밤 야**

🔊 夕(저녁 석)

夜間(야간), 夜景(야경), 不夜城(불야성), 深夜(심야)

液

2급 / 총11획 / 부수 氵

물(氵)이 밤(夜)처럼 어두운 진액이나 즙이니 **진액 액, 즙 액**

液肥(액비), 不凍液(부동액), 溶液(용액), 血液(혈액)

---

168 5적[啇摘滴敵適] - 啇으로 된 한자

DAY 14

啇
급외자 / 총11획 / 부수 口

머리 부분(亠)을 받친(丷) 성(冂) 모양으로 오래(古)된 밑동이나 뿌리니

밑동 적, 뿌리 적

🔊 丷(받친 모습), 冂(멀 경, 성 경), 古(오랠 고, 옛 고), 밑동 - 나무줄기의 밑부분으로 사물의 제일 중요한 부분을 가리키기도 함.

摘

2급 / 총14획 / 부수 扌

손(扌)으로 과일의 밑동(啇)을 따니 **딸 적**

摘果(적과), 摘讀(적독), 摘發(적발), 指摘(지적)

滴

2급 / 총14획 / 부수 氵

물(氵)이 밑동(啇)으로 떨어지는 물방울이니 **물방울 적**

🔊 나무에 비가 오면 먼저 잎이나 줄기에 머물렀다가 방울져 떨어지지요.

滴露(적로), 滴水(적수), 餘滴欄(여적란), 硯滴(연적)

敵

4급 / 총15획 / 부수 攵

뿌리(啇), 즉 근본까지 치는(攵) 원수니 **원수 적**

🔊 攵(칠 복, = 攴)

敵國(적국), 敵軍(적군), 對敵(대적), 宿敵(숙적)

適
4급 / 총15획 / 부수 辶

뿌리(啇)가 알맞은 곳으로 뻗어가듯(辶) 알맞은 곳으로 가니 **알맞을 적, 갈 적**

🔊 辶(뛸 착, 갈 착)

適當(적당), 適性(적성), 悠悠自適(유유자적)

169 졸수쇄취[卒粹碎醉] - 卒로 된 한자

卒
준4급 / 총8획 / 부수 十

우두머리(亠) 밑에 모인 사람들의(人人) 많은(十) 졸병이니 **졸병 졸**
또 졸병은 전쟁에서 앞장서야 하기 때문에 갑자기 죽어 생을 마치니
갑자기 졸, 죽을 졸, 마칠 졸

🔊 十(열 십, 많을 십)

卒兵(졸병), 卒倒(졸도), 卒逝(졸서), 卒業(졸업)

粹
2급 / 총14획 / 부수 米

쌀(米)을 정성 다하여(卒) 깨끗이 씻어놓은 모습처럼 순수하니 **순수할 수**

🔊 米(쌀 미), 옛날에는 전부 농사를 지었기에 농사나 곡식과 관련된 한자가 많습니다.

純粹(순수), 粹美(수미), 粹集(수집), 粹學(수학)

碎
2급 / 총13획 / 부수 石

돌(石)을 졸병(卒)처럼 잘게 부수니 **부술 쇄**

🔊 石(돌 석)

粉碎(분쇄), 粉骨碎身(분골쇄신), 破碎(파쇄)

醉
2급 / 총15획 / 부수 酉

술(酉)기운에 졸병(卒)이 된 듯 취하니 **취할 취**

🔊 酉(술 그릇 유, 술 유, 닭 유, 열째 지지 유)

醉氣(취기), 醉興(취흥), 痲醉(마취), 心醉(심취)

170 6망 맹황[亡忙忘妄望茫 盲荒] - 亡으로 된 한자

亡
준4급 / 총3획 / 부수 亠

머리(亠)를 감추어야(乚) 할 정도로 망하여 달아나니 **망할 망, 달아날 망**
또 망하여 죽으니 **죽을 망**

🔊 亠(머리 부분 두), 乚(감출 혜, 덮을 혜, = 匸)

亡國(망국), 亡身(망신), 逃亡(도망), 死亡(사망)

忙
준3급 / 총6획 / 부수 忄

마음(忄)이 망할(亡) 정도로 바쁘니 **바쁠 망**

忙中閑(망중한) ↔ 閑中忙(한중망), 奔忙(분망), 忽忙(총망)

忘
4급 / 총7획 / 부수 心

망한(亡) 마음(心)처럼 잊으니 **잊을 망**

🔊 忙・忘 – 글자 구성 성분은 같지만 연결 순서가 다르니 순서대로 풀어서 '마음(忄)이 망할(亡) 정도로 바쁘면 바쁠 망(忙)', '망한(亡) 마음(心)이면 잊을 망(忘)'으로 구분하세요.

忘却(망각), 健忘症(건망증), 勿忘草(물망초), 不忘(불망)

 妄
3급 / 총6획 / 부수 女

정신이 망한(亡) 여자(女)처럼 망령되니 **망령될 망**

🔊 망령(妄靈) – 정신이 흐려서 말과 행동이 정상을 벗어난 상태. *靈(신령 령, 신령스러울 령)

妄動(망동), 輕擧妄動(경거망동), 妄想(망상), 妖妄(요망)

望
준4급 / 총11획 / 부수 月

망가진(亡), 즉 이지러진 달(月)을 보고 왕(王) 같은 보름달이 되는 보름을 바라니 **바랄 망, 보름 망**

🔊 보름 – 음력의 매월 15일. 이때 둥근 보름달이 뜨지요.

所望(소망), 熱望(열망), 希望(희망), 望月(망월)

茫
2급 / 총10획 / 부수 ⺿

풀(⺿)까지 물(氵)에 잠겨 없어져(亡) 망망하고 아득하니 **망망할 망, 아득할 망**

🔊 ⺿(초 두), 망망(茫茫)하다 – ㉠ 넓고 멀다. ㉡ 막연하고 아득하다.

茫茫大海(망망대해), 茫然(망연), 茫然自失(망연자실)

盲
3급 / 총8획 / 부수 目

망한(亡) 눈(目)처럼 눈먼 시각장애인이니 **눈멀 맹, 시각장애인 맹**

또 시각장애인처럼 잘 보지 못하여 무지하니 **무지할 맹**

🔊 目(눈 목, 볼 목, 항목 목)

盲啞(맹아), 盲人(맹인), 文盲(문맹), 色盲(색맹)

荒
2급 / 총10획 / 부수 ⺿

풀(⺿)까지 망가지게(亡) 냇(巛)물이 휩쓸어 거치니 **거칠 황**

🔊 巛 [내 천(川)의 변형]

荒唐(황당), 荒蕪地(황무지), 荒廢(황폐), 虛荒(허황)

DAY 14

171 언신어 해해핵각[言信語 亥該核刻] - 言, 亥로 된 한자

言
5급 / 총7획 / 부수 言

머리(亠)로 두(二) 번 이상 생각하고 입(口)으로 말하는 말씀이니 **말씀 언**

🔊 말은 항상 조심해야 하지요.

言動(언동), 言路(언로), 言約(언약), 確言(확언)

信
5급 / 총9획 / 부수 亻

사람(亻)이 말한(言) 대로 행하면 믿으니 **믿을 신**

또 믿을 만한 소식이니 **소식 신**

信念(신념), 信仰(신앙), 書信(서신), 答信(답신)

語
준5급 / 총14획 / 부수 言

말(言)로 나(吾)의 뜻을 알리는 말씀이니 **말씀 어**

🔊 吾(나 오)

語感(어감), 語錄(어록), 語不成說(어불성설), 用語(용어)

亥
준3급 / 총6획 / 부수 亠

돼지의 머리(亠)와 뼈대 모양을 본떠서 **돼지 해**

또 돼지는 열두째 지지니 **열두째 지지 해**

亥時(해시), 亥月(해월)

該
2급 / 총13획 / 부수 言

말(言)을 살찐 돼지(亥)처럼 넓게 갖추어 바로 그것이라 하니
넓을 해, 갖출 해, 그 해

該博(해박), 該當(해당), 該校(해교), 該洞(해동)

核
2급 / 총10획 / 부수 木

나무(木) 열매에서 돼지(亥) 가죽처럼 단단히 껍질로 둘러싸인 씨나 알맹이니
씨 핵, 알맹이 핵

🔊 木(나무 목)

核家族(핵가족), 核武器(핵무기), 核心(핵심), 結核(결핵)

刻
3급 / 총8획 / 부수 刂

돼지(亥) 뼈에 칼(刂)로 새기니 **새길 각**

또 눈금을 새겨 나타내는 시각이니 **시각 각**

🔊 刂(칼 도 방), 하루 24시간을 96각법으로 계산하면 1각(刻)은 15분입니다.

木刻(목각), 刻骨難忘(각골난망), 時時刻刻(시시각각)

172 고고호고 량호 호호[高稿鎬膏 亮毫 豪壕] – 高, 㐱, 豪으로 된 한자

高
5급 / 총10획 / 부수 高

지붕(亠)과 창틀(口)과 몸체(冂)와 출입구(口) 있는 높은 누각을 본떠서
높을 고, 성 고

高價(고가), 고결(高潔), 提高(제고), 最高(최고)

稿
3급 / 총15획 / 부수 禾

벼(禾)를 수확하여 높이(高) 쌓아놓은 볏짚이니 **볏짚 고**
또 볏짚이 무엇의 재료가 되듯 책의 재료가 되는 원고니 **원고 고**

🔊 禾(벼 화), 볏짚을 이용하여 여러 가지 생활 도구를 만들지요.

稿料(고료), 玉稿(옥고), 遺稿(유고), 投稿(투고)

鎬
2급 / 총18획 / 부수 金

쇠(金)가 최고(高)로 나던 호경이니 **호경 호**
또 쇠(金)처럼 최고(高)로 빛나니 **빛날 호**

🔊 호경(鎬京) – 중국 섬서성 서안(西安) 부근에 있는 유적으로 무왕이 처음 도읍했던 곳.

膏
2급 / 총14획 / 부수 月

최고(高)로 고기(月)에 많은 기름이니 **기름 고**

🔊 月(달 월, 육 달 월)

膏藥(고약), 膏血(고혈), 石膏(석고), 軟膏(연고)

亮
2급 / 총9획 / 부수 亠

높게(㐱) 배운 사람(儿)처럼 사리에 밝으니 **밝을 량**

🔊 㐱[높을 고(高)의 획 줄임], 儿(사람 인 발, 어진 사람 인)

貞亮(정량), 淸亮(청량), 諸葛亮(제갈량)

毫

2급 / 총11획 / 부수 毛

높게(㐱) 자란 가는 털(毛)이니 **가는 털 호**
또 가는 털로 만든 붓이니 **붓 호**

🔊 毛(털 모)

秋毫(추호), 秋毫不犯(추호불범), 揮毫(휘호)

豪

2급 / 총14획 / 부수 豕

힘 센(㐱) 멧돼지(豕)처럼 굳세고 뛰어난 호걸이니 **굳셀 호, 호걸 호**

🔊 호걸(豪傑) – 재주와 용기가 뛰어난 사람.
🔊 豕(돼지 시), 傑(뛰어날 걸)

豪氣(호기), 豪奢(호사), 豪華(호화), 強豪(강호)

DAY 14

壕
2급 / 총17획 / 부수 土

흙(土)을 파 **굳세게(豪)** 지키려고 성 주위에 만든 해자나 도랑이니
해자 호, 도랑 호

🔊 해자(垓子) - 적의 침입을 막기 위해 성벽 바깥 둘레를 도랑처럼 파서 물이 괴게 한 곳.
防空壕(방공호), 塹壕(참호)

---

173 경량량략 경경영 취축[京諒凉掠 景璟影 就蹴] - 京, 景, 就로 된 한자

京
5급 / 총8획 / 부수 亠

높은(亠) 곳에도 **작은(小)** 집들이 많은 서울이니 **서울 경**

🔊 亠[높을 고(高)의 획 줄임], 小(작을 소), 요즘은 정비되어 좋아졌지만 옛날에는 고지대에 달동네가 많았어요.
京城(경성), 歸京(귀경), 上京(상경), 在京(재경)

諒
2급 / 총15획 / 부수 言

말(言)도 **서울(京)**에서는 살펴서 해야 믿으니 **살필 량, 믿을 량**

🔊 言(말씀 언)
諒知(양지), 諒察(양찰), 諒解(양해), 海諒(해량)

凉
준3급 / 총10획 / 부수 冫

얼음(冫)이 얼면 **서울(京)**도 서늘하니 **서늘할 량**

📖 涼 - 물(氵) 있는 곳은 서울(京)도 서늘하니 '서늘할 량'
🔊 冫(이 수 변), 氵(삼 수 변)
納凉(납량), 淸凉(청량), 淸凉劑(청량제), 荒凉(황량)

掠
2급 / 총11획 / 부수 扌

손(扌)으로도 **서울(京)**에서는 잘 노략질하니 **노략질할 략**

掠奪(약탈), 擄掠(노략) - 재물 따위를 빼앗아 감. *擄(노략질 로)

景
4급 / 총12획 / 부수 日

햇(日)볕이 **서울(京)**을 비추면 경치가 커 보이니 **볕 경, 경치 경, 클 경**

景光(경광), 景致(경치), 景福(경복), 景福宮(경복궁)

璟
2급 / 총16획 / 부수 王(玉)

옥(王)에 **볕(景)**이 비치면 빛나는 옥빛이니 **옥빛 경**

🔊 王(임금 왕, 으뜸 왕, 구슬 옥 변)
🔊 인·지명용 한자

影
2급 / 총15획 / 부수 彡

빛(景)을 가려 머릿결(彡)처럼 아른거리는 그림자니 **그림자 영**

🔊 彡(터럭 삼, 긴 머리 삼)

影幀(영정), 影響(영향), 無影(무영), 撮影(촬영)

就
준3급 / 총12획 / 부수 尢

(꿈이 있는 사람은 벼슬자리가 많은) 서울(京)로 더욱(尤) 나아가 꿈을 이루니
나아갈 취, 이룰 취

🔊 尤(더욱 우, 허물 우)

就業(취업), 就任(취임), 成就(성취), 日就月將(일취월장)

蹴
2급 / 총19획 / 부수 𧾷

발(𧾷)을 앞으로 나아가게(就) 뻗어 차니 **찰 축**

🔊 𧾷[발 족, 넉넉할 족(足)의 변형]

蹴球(축구), 蹴踏(축답), 蹴殺(축살), 一蹴(일축)

DAY 14

Day 14 | 확인문제

01~04 다음 한자에 해당하는 훈음을 오른쪽에서 찾아 연결하세요.

01. 發 •   • ㉠ 아름다울 가
02. 證 •   • ㉡ 쏠 발
03. 嘉 •   • ㉢ 즙 액
04. 液 •   • ㉣ 증명할 증

05~12 다음 漢字의 훈(뜻)과 음(소리)을 쓰세요.

05. 頭 (   )   06. 壹 (   )
07. 鬪 (   )   08. 燈 (   )
09. 豊 (   )   10. 荒 (   )
11. 掠 (   )   12. 影 (   )

13~18 다음 훈음에 맞는 漢字를 쓰세요.

13. 찰 축   (   )   14. 호걸 호 (   )
15. 가는 털 호 (   )   16. 기름 고 (   )
17. 씨 핵   (   )   18. 취할 취 (   )

19~20 다음 문장 중 ( ) 안에 들어갈 한자어로 알맞은 것은?

19. 설 연휴 마지막 날 (   ) 차량으로 고속도로의 정체가 심했다.
    ① 歸京   ② 歸省
    ③ 在京   ④ 在鄕

20. 추석 보름달을 바라보면서 간절한 (   )을 빌었다.
    ① 明月   ② 絶望
    ③ 所望   ④ 望月

정답

01. ㉡   02. ㉣   03. ㉠   04. ㉢   05. 머리 두
06. 한 일   07. 싸울 투   08. 등불 등   09. 풍성할 풍 10. 거칠 황
11. 노략질할 략 12. 그림자 영 13. 蹴   14. 豪   15. 毫
16. 膏   17. 核   18. 醉   19. ①   20. ③

Day 15 | 174 ~ 184

174　요요옥소 첨첨 4교[夭妖沃笑 忝添 喬橋僑矯] - 夭, 忝, 喬로 된 한자

夭
2급 / 총4획 / 부수 大

위(丿)로 크게(大) 자라나는 모습이 젊고 예쁘니 **젊을 요, 예쁠 요**
또 기울어(丿) 큰(大) 뜻을 펼치지 못하고 일찍 죽으니 **일찍 죽을 요**

夭折(요절), 夭夭(요요), 壽夭長短(수요장단)

妖
2급 / 총7획 / 부수 女

여자(女)가 예쁘게(夭) 꾸미면 아리땁지만 요망하니 **아리따울 요, 요망할 요**

🔊 아리땁다 – 마음이나 몸가짐 따위가 맵시 있고 곱다.
🔊 요망(妖妄) – 요사하고 망령됨. 또는 그러한 짓. *妄(망령될 망)

妖艶(요염), 妖怪(요괴), 妖物(요물), 妖邪(요사)

沃
2급 / 총7획 / 부수 氵

물(氵)기처럼 예쁘게(夭) 기름지니 **기름질 옥**

沃土(옥토), 門前沃畓(문전옥답), 肥沃(비옥)

笑
4급 / 총10획 / 부수 ⺮

대(⺮)가 구부러지듯 젊은(夭) 사람이 허리 굽혀 웃으니 **웃을 소**

🔊 ⺮[대 죽(竹)이 부수로 쓰일 때의 모습]

談笑(담소), 微笑(미소), 拍掌大笑(박장대소)

忝
사범 / 총8획 / 부수 心

젊은이(夭) 마음(小)은 실수를 잘하여 욕되는 경우가 많으니 **욕될 첨**

🔊 小(마음 심 발)

添
2급 / 총11획 / 부수 氵

물(氵)을 끼얹으며 욕(忝)까지 더하니 **더할 첨**

添加(첨가), 添削(첨삭), 錦上添花(금상첨화)

喬
1급 / 총12획 / 부수 口

젊은(夭) 사람이 높이(高) 올라가 높으니 **높을 교**

🔊 高[높을 고(高)의 획 줄임]

橋
준4급 / 총16획 / 부수 木

나무(木)를 **높이(喬)** 걸쳐 만든 다리니 **다리 교**

🔊 木(나무 목), 건축자재가 귀한 옛날에는 다리도 나무로 놓았지요.
橋脚(교각), 橋梁(교량), 橋頭堡(교두보), 架橋(가교)

僑
2급 / 총14획 / 부수 亻

(먹고 살기 위해) 사람(亻)이 **높은(喬)** 곳이라도 더부살이하며 객지에 사니
더부살이 교, 객지에 살 교

僑軍(교군), 僑民(교민), 僑胞(교포), 華僑(화교)

矯
2급 / 총17획 / 부수 矢

화살(矢)을 **높이(喬)** 쏘려고 곧게 바로잡으니 **바로잡을 교**

🔊 矢(화살 시), 교정(矯正) - (틀어지거나 굽은 것을) 곧게 바로잡음.
矯導(교도), 矯角殺牛(교각살우)

---

175 정정 형 향순돈곽 숙숙[亭停 亨 享淳敦郭 孰熟] - 亭과 亨, 享, 孰으로 된 한자

亭
3급 / 총9획 / 부수 亠

높이(亠) 지어 **장정(丁)**들이 쉬도록 한 정자니 **정자 정**

🔊 亠[높을 고(高)의 획 줄임], 정(亭) - 명사 뒤에 붙어서 정자(亭子)의 뜻을 나타내는 말.
亭子(정자), 亭閣(정각), 八角亭(팔각정)

停
4급 / 총11획 / 부수 亻

사람(亻)이 **정자(亭)**에 머무르니 **머무를 정**

停車場(정거장), 停止(정지), 停車(정차), 停滯(정체)

亨
3급 / 총7획 / 부수 亠

높은(亠) 학문을 **마치면(了)** 만사형통하니 **형통할 형**

🔊 亠[높을 고(高)의 획 줄임], 了(마칠 료), 형통(亨通) - 일이 뜻과 같이 잘되어 감.
亨運(형운), 萬事亨通(만사형통), 元亨利貞(원형이정)

享
3급 / 총8획 / 부수 亠

높은(亠) 학문을 배운 **아들(子)**이 행복을 누리니 **누릴 향**

🔊 子(아들 자, 첫째 지지 자, 자네 자, 접미사 자)
享年(향년), 享樂(향락), 享有(향유)

淳
2급 / 총11획 / 부수 氵

물(氵)로도 행복을 **누리는(享)** 사람은 순박하니 **순박할 순**

淳朴(순박), 淳俗(순속), 淳厚(순후)

204

敦
2급 / 총12획 / 부수 攵

행복을 **누리도록**(享) **치면서**(攵) 가르치는 부모의 마음이 도타우니 **도타울 돈**

攵(칠 복, = 攴), 도탑다 – 서로의 관계에 사랑이나 인정이 많고 깊다.

敦篤(돈독), 敦厚(돈후)

郭
2급 / 총11획 / 부수 阝

행복을 **누리도록**(享) **고을**(阝)마다 쌀은 성곽이니 **성곽 곽, 성 곽**

또 성곽의 둘레니 **둘레 곽**

阝(고을 읍 방), 성곽 – 성. 성곽이 있으면 적이 침범하지 못하니 행복을 누릴 수 있지요.

城郭(성곽), 郭內(곽내), 郭外(곽외), 輪郭(윤곽)

孰
2급 / 총11획 / 부수 子

행복을 **누리며**(享) **둥글게**(丸) 살기를 누구나 바라니 **누구 숙**

執(잡을 집, 집행할 집) – 제목번호 156

丸(알 환, 둥글 환)

孰誰(숙수), 孰能禦之(숙능어지)

熟
3급 / 총15획 / 부수 灬

누구(孰)나 **불**(灬)에는 익으니 **익을 숙**

또 일이 익어서 익숙하니 **익숙할 숙**

熱(더울 열) – 제목번호 096

灬(불 화 발)

熟考(숙고), 熟成(숙성), 熟達(숙달), 熟讀玩味(숙독완미)

---

176 의의표 애쇠 원원원[衣依表 哀衰 袁遠園] - 衣, 哀, 袁으로 된 한자

衣
준5급 / 총6획 / 부수 衣

동정과 옷고름이 있는 옛날 저고리를 본떠서 **옷 의**

衣服(의복), 衣裳(의상), 衣食住(의식주), 好衣好食(호의호식)

依
4급 / 총8획 / 부수 亻

사람(亻)이 **옷**(衣)에 의지하듯 의지하니 **의지할 의**

依支(의지), 依他(의타), 舊態依然(구태의연)

表
5급 / 총8획 / 부수 衣

옷(衣)에 **흙**(土)이 묻은 겉이니 **겉 표, 성 표**

土(흙 토)

表面(표면), 表題(표제), 表裏不同(표리부동)

哀
준3급 / 총9획 / 부수 口

옷(衣)으로 입(口)을 가리고 울 정도로 슬프니 **슬플 애**

哀悼(애도), 哀歡(애환), 喜怒哀樂(희로애락)

衰
2급 / 총10획 / 부수 衣

슬픈(哀) 일에 한(一) 번 빠지면 기운이 쇠하니 **쇠할 쇠**

衰亡(쇠망), 衰弱(쇠약), 老衰(노쇠), 興亡盛衰(흥망성쇠)

袁
2급 / 총10획 / 부수 衣

한(一) 벌씩 옷(衣)을 식구(口) 수대로 챙기니 **옷 챙길 원, 성 원**

 口('입 구, 말할 구, 구멍 구'이지만 여기서는 '식구'로 봄)
 인·지명용 한자

遠
5급 / 총14획 / 부수 辶

옷을 챙겨(袁) 가야(辶) 할 만큼 머니 **멀 원**

 辶(뛸 착, 갈 착)
遠近(원근), 望遠鏡(망원경), 永遠不滅(영원불멸)

園
준4급 / 총13획 / 부수 囗

옷을 챙겨(袁) 싸듯 울타리를 친(囗) 동산이니 **동산 원**

 囗[에운담, 나라 국(國)의 약자]
園藝(원예), 公園(공원), 果樹園(과수원)

---

177 재재재 촌촌토수[才材財 寸村討守] - 才, 寸으로 된 한자

才
5급 / 총3획 / 제부수

땅(一)에 초목(亅)의 싹(丿)이 자라나듯이 사람에게도 그런 재주와 바탕이 있으니 **재주 재, 바탕 재**

 초목은 처음에는 작지만 자라면 꽃도 피고 열매도 맺고 큰 재목도 되는 것처럼 사람에게도 그런 재주와 바탕이 있다는 데서 만든 글자.
才能(재능), 才媛(재원), 秀才(수재), 天才(천재)

材
준4급 / 총7획 / 부수 木

나무(木) 중 무엇의 바탕(才)이 되는 재목이나 재료니 **재목 재, 재료 재**

材木(재목), 材料(재료), 骨材(골재), 教材(교재)

財
준4급 / 총10획 / 부수 貝

돈(貝) 버는 재주(才)가 있어 늘어나는 재물이니 **재물 재**

 조개 패, 재물 패(貝)는 재물을 뜻하는 부수, 재물 재(財)는 재물을 나타내는 글자.
財務(재무), 財産(재산), 財源(재원), 蓄財(축재)

寸
6급 / 총3획 / 부수 寸

손목에서 **맥박(丶)**이 뛰는 곳까지의 마디니 **마디 촌**

또 마디마디 살피는 법도니 **법도 촌**

🔊 1촌은 손목에서 손가락 하나를 끼워 넣을 수 있는 거리에 있는 맥박이 뛰는 곳까지로, 손가락 하나의 폭인 약 3cm.

寸刻(촌각), 寸志(촌지), 寸鐵殺人(촌철살인)

村
5급 / 총7획 / 부수 木

나무(木)를 마디마디(寸) 이용하여 집을 지었던 마을이니 **마을 촌**

村家(촌가), 村落(촌락), 江村(강촌), 農村(농촌)

討
준3급 / 총10획 / 부수 言

말(言)로 마디마디(寸) 치며 토론하니 **칠 토, 토론할 토**

🔊 言(말씀 언)

討伐(토벌), 聲討(성토), 討論(토론), 檢討(검토)

守
준4급 / 총6획 / 부수 宀

집(宀)에서도 **법도(寸)**는 지키니 **지킬 수**

🔊 宀(집 면)

守舊(수구), 守備(수비), 守衛(수위), 守護(수호)

DAY 15

178 사시시시 지대특등[寺詩時侍 持待特等] - 寺로 된 한자

寺
4급 / 총6획 / 부수 寸

땅(土)에 **법도(寸)**를 지키며 수도하거나 일하도록 지은 **절 사**

🔊 土(흙 토), 어느 사회에나 규칙이 있지만 절 같은 사원(寺院)이 더욱 엄격함을 생각하고 만든 글자.

寺門(사문), 寺院(사원), 寺刹(사찰), 山寺(산사)

詩
5급 / 총13획 / 부수 言

말(言)을 아끼고 **절(寺)**에서처럼 경건하게 지은 시니 **시 시**

🔊 言(말씀 언), 시는 말을 아끼고 경건하게 지으니 시를 '언어(言語)의 사원(寺院)'이라고도 하지요.

詩想(시상), 詩心(시심), 詩人(시인), 童詩(동시)

時

준5급 / 총10획 / 부수 日

(해시계로 시간을 재던 때에) **해(日)**의 위치에 따라 **절(寺)**에서 종을 쳐 알리던 때니 **때 시**

🔊 요즘에도 절에서 종을 쳐 시간을 알리는 곳이 있지요.

時刻(시각), 時間(시간), 時不再來(시불재래), 同時多發(동시다발)

207

侍
2급 / 총8획 / 부수 亻

사람(亻)이 절(寺)에 가서 부처님을 모시듯 모시니 **모실 시**

侍女(시녀), 侍奉(시봉), 內侍(내시), 嚴妻侍下(엄처시하)

持
4급 / 총9획 / 부수 扌

손(扌)에 절(寺)에서 염주를 가지듯 가지니 **가질 지**

🔊 扌(손 수 변)

持見(지견), 持病(지병), 持久力(지구력), 堅持(견지)

待
준4급 / 총9획 / 부수 彳

천천히 걸어(彳) 절(寺)에 가며 뒤에 오는 사람을 대접하여 같이 가려고 기다리니 **대접할 대, 기다릴 대**

🔊 彳(조금 걸을 척)

待接(대접), 待遇(대우), 待期(대기), 鶴首苦待(학수고대)

特
준4급 / 총10획 / 부수 牛

소(牛)가 절(寺)에 가는 일처럼 특별하니 **특별할 특**

🔊 牜[소 우(牛)가 부수로 쓰일 때의 모양으로 '소 우 변']

特別(특별), 特講(특강), 特技(특기), 特出(특출)

等
5급 / 총12획 / 부수 ⺮

대(⺮)가 절(寺) 주변에 같은 무리를 이루고 차례로 서 있으니 **같을 등, 무리 등, 차례 등**

🔊 ⺮[대 죽(竹)이 부수로 쓰일 때의 모습]

等號(등호), 平等(평등), 吾等(오등), 一等(일등)

---

179 부부부 부부[付附符 府腐] - 付, 府로 된 한자

付
3급 / 총5획 / 부수 亻

사람(亻)들은 촌수(寸) 가까운 친척끼리 서로 주기도 하고 부탁도 하니 **줄 부, 부탁할 부**

結付(결부), 交付(교부), 發付(발부), 付託(부탁)

附

2급 / 총8획 / 부수 阝

언덕(阝)이 산에 부탁하는(付) 모양으로 붙어 가까이 하니 **붙을 부, 가까이 할 부**

🔊 阝(언덕 부 변)

附錄(부록), 附屬(부속), 附和雷同(부화뇌동), 附近(부근)

符
2급 / 총11획 / 부수 ⺮

대(⺮)쪽에 글을 써 **주었다가(付)** 나중에 증거로 삼는 부절이나 부호니
부절 부, 부호 부
또 부절처럼 들어맞으니 **들어맞을 부**

⺮[대 죽(竹)이 부수로 쓰일 때의 모습], 인쇄술이 발달하지 않았던 옛날에는 대나 옥으로 똑같이 만들어 나누어 가졌다가 훗날 신표(信標)로 삼았으니 이것이 부절(符節)이지요.

符籍(부적), 符號(부호), 符合(부합), 名實相符(명실상부)

府
3급 / 총8획 / 부수 广

집(广)에서 문서를 **주고(付)**받는 관청이 있는 마을이니 **관청 부, 마을 부**
또 **집(广)**에서 **줄(付)** 물건을 넣어 두는 창고니 **창고 부**

广(집 엄), '마을 부'로는 옛날 행정 구역의 하나로 쓰였습니다.

政府(정부), 司法府(사법부), 府尹(부윤), 府庫(부고)

腐
2급 / 총14획 / 부수 肉

창고(府)에 있는 **고기(肉)**도 오래두면 썩으니 **썩을 부**

肉(고기 육)

腐蝕(부식), 腐敗(부패), 防腐劑(방부제), 陳腐(진부)

---

180 신궁 사사 수주도도[身窮 射謝 壽鑄禱燾] - 身, 射, 壽로 된 한자

身
5급 / 총7획 / 부수 身

임신한 여자 몸을 본떠서 **몸 신**

身邊(신변), 身分(신분), 身體(신체), 全身(전신)

窮
준3급 / 총15획 / 부수 穴

굴(穴) 속에서 **몸(身)**을 **활(弓)**처럼 웅크리고 사는 모습이 곤궁하니 **곤궁할 궁**
또 무엇을 찾으려고 **구멍(穴)**까지 **몸(身)**을 **활(弓)**처럼 구부리고 최선을 다하니
다할 궁

穴(구멍 혈, 굴 혈), 弓(활 궁)

窮乏(궁핍), 困窮(곤궁), 窮理(궁리), 無窮花(무궁화)

射
준3급 / 총10획 / 부수 寸

활이나 총을 **몸(身)**에 대고 조준하여 손**마디(寸)**로 당겨 쏘니 **쏠 사**

射擊(사격), 射倖心(사행심), 反射(반사), 注射(주사)

謝
4급 / 총17획 / 부수 言

말(言)을 쏘듯이(射) 갈라 끊어 분명하게 사례하고 사절하며 비니
사례할 사, 사절할 사, 빌 사

🔊 言(말씀 언)
謝禮(사례), 謝絶(사절), 謝過(사과), 謝罪(사죄)

壽
준3급 / 총14획 / 부수 士

선비(士)도 하나(一) 같이 장인(工)도 하나(一) 같이 입(口)으로 먹으며
마디마디(寸) 이어가는 목숨이고 나이니 **목숨 수, 나이 수**
또 목숨을 이어 장수하니 **장수할 수**

🔊 士(선비 사), 一[한 일(一)의 변형], 工(장인 공, 만들 공, 연장 공)
壽命(수명), 減壽(감수), 天壽(천수), 長壽(장수)

鑄
2급 / 총22획 / 부수 金

쇠(金)를 오래(壽) 녹여 부어 만드니 **쇠 부어 만들 주**

🔊 金(쇠 금, 금 금, 돈 금, 성 김)
鑄物(주물), 鑄造(주조), 鑄鐵(주철), 鑄貨(주화)

禱
2급 / 총19획 / 부수 示

신(示)에게 목숨(壽)을 보호해 달라고 비니 **빌 도**

🔊 示(보일 시, 신 시)
禱堂(도당), 祈禱(기도), 黙禱(묵도), 祝禱(축도)

燾
2급 / 총18획 / 부수 灬

오랫(壽)동안 불(灬)로 덮고 가려진 곳을 비추니 **덮을 도, 가릴 도, 비출 도**

🔊 灬(불 화 발)
燾育(도육) - 잘 보호하여 기름.

---

181 철(초) 둔둔순돈[屮 屯鈍純頓] - 屮과 屯으로 된 한자

屮
급외자 / 총3획 / 부수 屮

풀의 싹이 나는 모양을 본떠서 **싹 날 철, 풀 초**

屯
2급 / 총4획 / 부수 屮

땅(一)에 싹(屮)이 묻혀 있는 모양에서 **묻힐 둔**
또 묻히듯이 숨어 병사들이 진치니 **진칠 둔**

🔊 /('삐침 별'이지만 여기서는 땅의 모습), 屮[屮(싹 날 철, 풀 초)의 변형]
🔊 군사들이 적에게 들키지 않게 숨어 진을 침을 생각하고 만든 글자.

屯防(둔방), 屯營(둔영), 退屯(퇴둔), 駐屯(주둔)

鈍
2급 / 총12획 / 부수 金

쇠(金)가 땅에 묻혀(屯) 녹슬어 무디고 둔하니 **무딜 둔, 둔할 둔**

◀ 金(쇠 금, 금 금, 돈 금, 성 김)

鈍感(둔감), 鈍器(둔기), 鈍濁(둔탁), 愚鈍(우둔)

純
4급 / 총10획 / 부수 糸

깨끗한 흰 실(糸)과 아직 땅에 묻혀(屯) 올라오는 새싹처럼 순수하니 **순수할 순**

◀ 糸(실 사, 실 사 변)

純粹(순수), 純減(순감), 純潔(순결), 純增(순증)

頓
2급 / 총13획 / 부수 頁

묻히도록(屯) 머리(頁) 숙여 조아리니 **조아릴 돈**

또 조아리듯 고개 숙이고 잘 정돈하니 **정돈할 돈**

◀ 頁(머리 혈), 조아리다 – 상대편에게 존경의 뜻을 보이거나 애원하느라고 이마가 바닥에 닿을 정도로 머리를 자꾸 숙이다.

頓首再拜(돈수재배), 査頓(사돈), 整頓(정돈)

---

182 수 배방 모모[手 拜邦 毛耗] – 手와 拜, 毛로 된 한자

手
7급 / 총4획 / 부수 手

손가락을 편 손을 본떠서 **손 수**

또 손으로 하는 재주나 재주 있는 사람을 가리켜서 **재주 수, 재주 있는 사람 수**

◀ 글자의 변으로 쓰일 때는 '손 수 변(扌)'

手記(수기), 手足(수족), 手法(수법), 選手(선수)

拜
4급 / 총9획 / 부수 手

손(手)과 손(手)을 하나(一)로 모으고 하는 절이니 **절 배**

敬拜(경배), 歲拜(세배), 崇拜(숭배), 禮拜(예배)

邦
3급 / 총7획 / 부수 阝

풀 무성하듯(丰) 고을(阝)이 번성하여 이루어지는 나라니 **나라 방**

◀ 丰(예쁠 봉, 풀 무성한 모양 봉), 阝(고을 읍 방)

邦境(방경), 合邦(합방), 友邦(우방), 異邦人(이방인)

毛
5급 / 총4획 / 부수 毛

짐승의 꼬리털 모양을 본떠서 **털 모**

毛髮(모발), 毛皮(모피), 九牛一毛(구우일모), 羊毛(양모)

耗
2급 / 총10획 / 부수 耒

쟁기(耒)로 밭 갈듯 기계로 털(毛)을 가공하면 줄어드니 **줄어들 모**

🔊 耒(가뢰 뢰, 쟁기 뢰) - 논밭을 가는 농기구.

耗減(모감), 減耗(감모), 磨耗(마모), 消耗(소모)

---

183 해할할 계(결·글)결 헌[害轄割 契潔 憲] - 害, 契로 된 한자와 憲

害
준4급 / 총10획 / 부수 宀

집(宀)에서 어지럽게(丯) 말하며(口) 해치고 방해하니 **해칠 해, 방해할 해**

🔊 宀(집 면), 丯[풀 무성할 봉, 예쁠 봉(丰)의 변형 - 무성하니 어지럽다는 뜻도 된 것]

害惡(해악), 害蟲(해충), 公害(공해), 妨害(방해)

轄
2급 / 총17획 / 부수 車

차(車)가 다니는데 방해(害) 되지 않도록 다스리니 **다스릴 할**

🔊 車(수레 거, 차 차)

管轄(관할), 直轄(직할), 總轄(총할), 統轄(통할)

割
2급 / 총12획 / 부수 刂

해(害) 되는 것을 칼(刂)로 베어 나누니 **벨 할, 나눌 할**

割當(할당), 割引(할인), 割增(할증), 分割(분할)

契
3급 / 총9획 / 부수 大

풀 무성하듯(丯) 복잡한 일을 칼(刀)로 크게(大) 새겨서 확실하게 맺으니 **맺을 계, 부족 이름 글**

🔊 刀(칼 도)

契機(계기), 契約(계약), 假契約(가계약), 契丹(글단 → 거란)

潔
준3급 / 총15획 / 부수 氵

물(氵)로 무성하게(丯) 더러워진 칼(刀)과 실(糸)을 씻은 듯 깨끗하니 **깨끗할 결**

🔊 糸(실 사, 실 사 변)

潔白(결백), 潔癖(결벽), 純潔(순결), 淸潔(청결)

憲
3급 / 총16획 / 부수 心

집(宀)이나 나라의 어지러운(丯) 일을 법망(罒)으로 다스리기 위해 마음(心)을 다해 만든 법이니 **법 헌**

🔊 법망(法網) - '법의 그물'로, 범죄자에 대한 제재를 물고기에 대한 그물로 비유하여 이르는 말.
🔊 罒(그물 망, = 网, 㓁), 法(법 법), 網(그물 망)

憲法(헌법), 憲章(헌장), 違憲(위헌) ↔ 合憲(합헌)

184 봉봉봉 봉봉[夆峰蜂 逢縫] - 夆, 逢으로 된 한자

夆
급외자 / 총7획 / 부수 夂

뒤져오더라도(夂) 예쁜(丰) 것을 이끌어 만나니 **이끌 봉, 만날 봉**

🔊 夂(천천히 걸을 쇠, 뒤져 올 치), 丰(풀 무성할 봉, 예쁠 봉)

峰
3급 / 총10획 / 부수 山

산(山)의 양끝이 만나는(夆) 봉우리니 **봉우리 봉**

동 峯

雪峰(설봉), 連峰(연봉), 雲峰(운봉), 最高峰(최고봉)

蜂
2급 / 총13획 / 부수 虫

벌레(虫) 중 만나(夆) 무리지어 사는 벌이니 **벌 봉**

🔊 虫(벌레 충), 벌은 여왕을 중심으로 수만 마리가 모여 살지요.

蜂起(봉기), 分蜂(분봉), 養蜂(양봉)

逢
준3급 / 총11획 / 부수 辶

필요한 물건이나 사람을 이끌고(夆) 가서(辶) 만나니 **만날 봉**

🔊 辶(뛸 착, 갈 착)

逢變(봉변), 逢別(봉별), 逢着(봉착), 相逢(상봉)

縫
2급 / 총17획 / 부수 糸

베 조각을 실(糸)로 만나게(逢) 꿰매니 **꿰맬 봉**

🔊 糸(실 사, 실 사 변)

縫製(봉제), 縫合(봉합), 假縫(가봉), 天衣無縫(천의무봉)

Day 15 | 확인문제

01~04 다음 한자에 해당하는 훈음을 오른쪽에서 찾아 연결하세요.

01. 縫 •   • ㉠ 깨끗할 결
02. 潔 •   • ㉡ 익을 숙
03. 村 •   • ㉢ 꿰맬 봉
04. 熟 •   • ㉣ 마을 촌

05~12 다음 漢字의 훈(뜻)과 음(소리)을 쓰세요.

05. 轄 (   )   06. 邦 (   )
07. 憲 (   )   08. 純 (   )
09. 耗 (   )   10. 禱 (   )
11. 腐 (   )   12. 侍 (   )

13~18 다음 훈음에 맞는 漢字를 쓰세요.

13. 기름질 옥 (   )   14. 웃을 소 (   )
15. 바로잡을 교 (   )   16. 순박할 순 (   )
17. 누구 숙 (   )   18. 쇠할 쇠 (   )

19~20 다음 문장 중 (   ) 안에 들어갈 한자어로 알맞은 것은?

19. 빵도 밀가루 반죽을 (   )시켜서 만들어야 깊은 맛이 난다.
    ① 熟讀   ② 熟達
    ③ 熟考   ④ 熟成

20. 요즘 공기 좋은 시골로 (   )하는 사람이 늘어나고 있다.
    ① 農村   ② 漁村
    ③ 歸村   ④ 江村

정답

01. ㉢   02. ㉠   03. ㉣   04. ㉡   05. 다스릴 할
06. 나라 방   07. 법 헌   08. 순수할 순 09. 줄어들 모 10. 빌 도
11. 썩을 부   12. 모실 시   13. 沃   14. 笑   15. 矯
16. 淳   17. 孰   18. 衰   19. ④   20. ③

Day 16 | 185~196

185 우차우괴상 숙숙적독[又叉友怪桑 叔淑寂督] - 又, 叔으로 된 한자

준3급 / 총2획 / 부수 又

주먹을 쥔 오른손을 본떠서 **오른손 우**
또 오른손은 또 자주 쓰이니 **또 우**

又重之(우중지), 又況(우황), 日新又日新(일신우일신)

2급 / 총3획 / 부수 又

두 손(又)을 점(丶)처럼 모아 깍지 끼니 **깍지 낄 차**

叉路(차로), 交叉路(교차로), 叉銃(차총)

5급 / 총4획 / 부수 又

자주(ナ) 손(又) 잡으며 사귀는 벗이니 **벗 우**

◁ ナ['열 십, 많을 십(十)'의 변형]

友誼(우의), 友情(우정), 朋友有信(붕우유신)

2급 / 총8획 / 부수 忄

마음(忄)에 또(又) 흙(土)이 생각남은 괴이하니 **괴이할 괴**

◁ 忄(마음 심 변)

怪異(괴이), 怪物(괴물), 怪疾(괴질), 奇巖怪石(기암괴석)

2급 / 총10획 / 부수 木

여러 사람의 **손들(又又又)**이 잎을 따 누에를 먹이는 뽕나무(木)니 **뽕나무 상**

桑果(상과), 桑田(상전), 桑田碧海(상전벽해)

叔
준3급 / 총8획 / 부수 又

손위(上)로 아버지보다 **작은(小) 또(又)** 다른 작은아버지나 아저씨니
작은아버지 숙, 아저씨 숙
또 위(上)부터 작게(小) 또(又) 연달아 열린 콩이니 **콩 숙**

◁ 上(위 상, 오를 상)

叔母(숙모), 叔父(숙부), 叔姪(숙질), 堂叔(당숙)

淑 준3급 / 총11획 / 부수 氵	물(氵)로만 자란 **콩(叔)**나물처럼 깨끗하고 맑으니 **맑을 숙** 淑女(숙녀), 淑明(숙명), 窈窕淑女(요조숙녀), 貞淑(정숙)
 **寂** 2급 / 총11획 / 부수 宀	집(宀)에 아저씨(叔)만 있는 듯 고요하고 쓸쓸하니 **고요할 적, 쓸쓸할 적** 🔊 宀(집 면) 孤寂(고적), 靜寂(정적), 閑寂(한적), 寂寞(적막)
督 3급 / 총13획 / 부수 目	아저씨(叔)가 보고(目) 감독하니 **감독할 독** 🔊 目(눈 목, 볼 목, 항목 목) 監督(감독), 督勵(독려), 督納(독납), 督促(독촉)

186 반반 4판[反返 板版販阪] – 反으로 된 한자

反 5급 / 총4획 / 부수 又	굴 바위(厂)처럼 덮인 것을 손(又)으로 거꾸로 뒤집으니 **거꾸로 반, 뒤집을 반** 🔊 厂('굴 바위 엄, 언덕 엄'이지만 여기서는 가린 모습), 又(오른손 우, 또 우) 反對(반대), 反抗(반항), 違反(위반), 反哺之孝(반포지효)
返 3급 / 총8획 / 부수 辶	거꾸로(反) 가듯(辶) 돌이켜 돌아오니 **돌이킬 반, 돌아올 반** 返納(반납), 返送(반송), 返品(반품), 返還(반환)
板 준3급 / 총8획 / 부수 木	나무(木)를 톱으로 켜면 반대(反)쪽으로 벌어지면서 생기는 널빤지니 **널빤지 판** 🔊 木(나무 목) 板書(판서), 板子(판자), 看板(간판), 黑板(흑판)
版 3급 / 총8획 / 부수 片	나무 조각(片)에 글자를 새겨 뒤집어(反) 인쇄하는 판목이니 **인쇄할 판, 판목 판** 🔊 片(조각 편), 판목(板木) – 두께가 6cm 이상, 너비가 두께의 3배 이상이 되는 재목. 版權(판권), 版畵(판화), 木版(목판), 出版(출판)
販 3급 / 총11획 / 부수 貝	재물(貝)을 거꾸로(反) 주듯 팔고 장사하니 **팔 판, 장사할 판** 🔊 貝(조개 패, 재물 패) 販路(판로), 販促(판촉), 共販(공판), 自販機(자판기)

阪
2급 / 총7획 / 부수 阝

언덕(阝)이 거꾸로(反) 선 듯한 비탈이니 **비탈 판, 언덕 판**

동 坂 - 흙(土)이 거꾸로(反) 선 듯한 비탈이나 언덕이니 '비탈 판, 언덕 판'

🔊 阝(언덕 부 변)

阪路・坂路(판로), 九折阪(구절판)

---

187 4피 4파[皮彼被疲 波破坡頗] - 皮로 된 한자

皮
준3급 / 총5획 / 부수 皮

언덕(厂)처럼 둘러싸인 것을 칼(丨) 들고 손(又)으로 벗기는 가죽이니
가죽 피, 성씨 피

🔊 厂[굴 바위 엄, 언덕 엄(厂)의 변형], 丨('뚫을 곤'이지만 여기서는 칼로 봄)

皮膚(피부), 皮革(피혁), 毛皮(모피), 鐵面皮(철면피)

彼
준3급 / 총8획 / 부수 彳

벗겨 간(彳) 저 가죽(皮)이니 **저 피**

🔊 彳(조금 걸을 척), 자기를 중심으로 가까운 것은 '이 차(此)', 먼 것은 '저 피(彼)'입니다.

彼我(피아), 彼岸(피안), 彼此(피차), 知彼知己(지피지기)

被
3급 / 총10획 / 부수 衤

옷(衤)을 살가죽(皮)에 닿도록 입으니 **입을 피**
또 입은 것처럼 무슨 일을 당하니 **당할 피**

🔊 衤(옷 의 변), 피(被) - (어떤 명사 앞에 쓰이어) 동작을 받거나 입는 뜻을 나타내는 말.

被服(피복), 被擊(피격), 被告(피고), 被害(피해)

疲
준3급 / 총10획 / 부수 疒

병든(疒) 것처럼 살가죽(皮)에 드러나도록 피곤하니 **피곤할 피**

🔊 疒(병들 녁), 피곤하면 얼굴빛부터 달라지지요.

疲困(피곤), 疲倦(피권), 疲勞(피로), 疲勞感(피로감)

波
4급 / 총8획 / 부수 氵

물(氵)의 가죽(皮)에서 치는 물결이니 **물결 파**

🔊 물의 표면이 가죽인 셈이지요.

波及(파급), 波濤(파도), 波紋(파문), 防波堤(방파제)

破
준3급 / 총10획 / 부수 石

돌(石) 가죽(皮), 즉 돌 표면처럼 단단하면 잘 깨지니 **깨질 파**
또 깨져서 생명이 다하니 **다할 파**

🔊 石(돌 석)

破壞(파괴), 破損(파손), 讀破(독파), 走破(주파)

坡
2급 / 총8획 / 부수 土

흙(土)을 가죽(皮)처럼 단단하게 쌓아 만든 언덕 같은 고개나 둑이니
언덕 파, 고개 파, 둑 파

🔊 인·지명용 한자.
坡州(파주), 洪蘭坡(홍난파) - 우리나라 근대 음악(音樂)의 선구자이며, 작곡가.

頗
2급 / 총14획 / 부수 頁

머리털 없이 살가죽(皮)만 있는 머리(頁)처럼 자못 치우쳐 보이니 **자못 파, 치우칠 파**

🔊 頁(머리 혈), 자못 - 생각보다 매우.
頗多(파다), 偏頗(편파)

---

188 5위 혁화 연[韋偉緯違圍 革靴 燕] - 韋, 革으로 된 한자와 燕

韋
2급 / 총9획 / 부수 韋

위아래를 잘 다룬 가죽을 본떠서 **가죽 위**
또 서로 반대 방향으로 가는(어기는) 모양으로도 보아 **어길 위**

韋編三絶(위편삼절)

偉
4급 / 총11획 / 부수 亻

보통 사람(亻)과 달리(韋) 크고 훌륭하니 **클 위, 훌륭할 위**

偉功(위공), 偉大(위대), 偉力(위력), 偉人(위인)

緯
2급 / 총15획 / 부수 糸

실(糸) 중 날실과 어긋나게(韋) 짜는 씨실이니 **씨실 위**

🔊 베를 짤 때는 날실의 엇갈린 사이에 씨실을 담은 북이 왔다 갔다 하지요.
길게 늘어뜨린 쪽의 실을 날실 경(經), 좁은 쪽의 실을 씨실 위(緯)라 합니다.
緯度(위도), 緯線(위선), 經緯(경위)

違
2급 / 총13획 / 부수 辶

어긋나게(韋) 가며(辶) 어기고 잘못하니 **어길 위, 잘못할 위**

🔊 辶(뛸 착, 갈 착)
違骨(위골), 違反(위반), 違約(위약), 非違(비위)

圍
3급 / 총12획 / 부수 囗

가죽(韋)으로 둘레(囗)를 에워싸니 **둘레 위, 에워쌀 위**

🔊 囗[에운담, 나라 국(國)의 약자]
周圍(주위), 包圍(포위), 圍籬(위리), 圍立(위립)

革

준3급 / 총9획 / 부수 革

걸어 놓은 짐승 가죽의 **머리(廿)**와 **몸통(口)**과 **다리(一)**와 **꼬리(丨)**를 본떠서 **가죽 혁**
또 가죽으로 무엇을 만들려고 고치니(가공하니) **고칠 혁**

革帶(혁대), 皮革(피혁), 革命(혁명), 革新(혁신)

靴

2급 / 총13획 / 부수 革

가죽(革)을 **변화시켜(化)** 만든 가죽신이니 **가죽신 화**

🔊 化(변화할 화, 될 화, 가르칠 화)

靴工(화공), 軍靴(군화), 運動靴(운동화), 長靴(장화)

燕

2급 / 총16획 / 부수 灬

제비의 **주둥이(廿)**에 먹이를 문 양 **날개(北)**와 **몸통(口)**과 갈라진 꼬리 **모양(灬)**을 본떠서 **제비 연, 연나라 연**
또 제비처럼 떠들며 여는 잔치니 **잔치 연**

🔊 연경(燕京) – 북경(北京)의 옛 이름. 춘추전국시대 연(燕)나라의 수도였던 데서 유래.

燕雀(연작), 燕尾服(연미복)

189 행(항)연충위형[行衍衝衛衡] – 行으로 된 한자

行

5급 / 총6획 / 부수 行

사람이 다니며 일을 행하는 사거리를 본떠서 **다닐 행, 행할 행**
또 (친척의 이름에서 돌려) 다니며 쓰는 항렬이니 **항렬 항**

🔊 行列 – ① (행렬) ㉠ 여럿이 줄서서 감. 또는 그 줄. ㉡ 어떤 수를 몇 개의 행과 열로 나열한 표. ② (항렬) 같은 혈족에서 갈라져 나간 계통 사이의 대수(代數) 관계. 형제 관계를 같은 항렬이라 함.

行人(행인), 行動(행동), 行爲(행위)

衍

2급 / 총9획 / 부수 行

물(氵)이 물질 속으로 스미어 **가면(行)** 불어나 넓게 퍼지니 **넓을 연, 퍼질 연**

衍文(연문), 衍義(연의), 敷衍(부연)

衝

2급 / 총15획 / 부수 行

무거운(重) 물건을 들고 **가면(行)** 잘 볼 수 없어 부딪치고 찌르니
부딪칠 충, 찌를 충

🔊 重(무거울 중, 귀중할 중, 거듭 중)

衝擊(충격), 衝突(충돌), 緩衝(완충), 衝天(충천)

衛

3급 / 총15획 / 부수 行

서로 **어긋나게(韋)** 바꿔 **다니며(行)** 지키니 **지킬 위**

🔊 韋(가죽 위, 어긋날 위), 일정한 시간마다 서로 엇갈리게 다니며 지켜야 빈틈이 없지요.

衛兵(위병), 衛生(위생), 防衛(방위), 守衛(수위)

衡
2급 / 총16획 / 부수 行

물고기(魚)처럼 떠서 **움직이는(行)** 저울대니 **저울대 형**

🔊 魚[물고기 어(魚)의 변형], 옛날 저울은 막대에 추를 다는 구조였는데, 추가 물고기처럼 움직이지요.
衡平(형평), 衡平性(형평성), 均衡(균형), 平衡(평형)

190 간간건 알한한 조조묘[卓幹乾 斡翰韓 朝潮廟] – 卓, 朝로 된 한자

卓
참고자 / 총8획

나무 사이에 **해(日)** 돋는 모양에서 **해 돋을 간**

🔊 어원 해설을 위해 추정해 본 글자로 실제 쓰이지는 않습니다.

幹
2급 / 총13획 / 부수 干

해 돋을(卓) 때부터 **사람(人)**과 **방패(干)**를 관리하는 간부니 **간부 간**
또 나무에서 간부처럼 중요한 줄기니 **줄기 간**

🔊 干(방패 간, 범할 간, 얼마 간, 마를 간)
幹部(간부), 幹線(간선), 基幹産業(기간산업)

乾
4급 / 총11획 / 부수 乙

해 돋아(卓) 사람(ㅡ)과 **새(乙)** 등을 살게 하는 하늘이니 **하늘 건**
또 해 돋은 하늘에 물건은 마르니 **마를 건**

🔊 ㅡ[사람 인(人)의 변형], 乙(새 을, 둘째 천간 을, 둘째 을, 굽을 을)
乾坤(건곤), 乾坤一擲(건곤일척), 乾杯(건배), 乾燥(건조)

斡
2급 / 총14획 / 부수 斗

해 돋을(卓) 때부터 **사람(人)**이 **국자(斗)**를 젓듯 돌며 주선하니 **돌 알, 주선할 알**

🔊 斗(국자 두, 말 두)
斡流(알류), 斡旋(알선), 斡旋罪(알선죄)

翰
2급 / 총16획 / 부수 羽

해 돋으면(卓) 사람(人)이 **새의 깃(羽)**이나 짐승의 털을 묶어 글을 쓰던 붓이니 **붓 한**
또 붓으로 쓰는 글이나 편지니 **글 한, 편지 한**

🔊 羽(날개 우, 깃 우)
翰林(한림), 翰毛(한모), 公翰(공한), 書翰(서한)

韓
준5급 / 총17획 / 부수 韋

해 돋는(卓) 동쪽의 **위대한(韋)** 한국이니 **한국 한, 성 한**

🔊 韋['가죽 위, 어길 위'지만 여기서는 '클 위, 위대할 위(偉)'의 획 줄임으로 봄]
韓國(한국), 韓方(한방), 韓服(한복), 韓食(한식)

朝
5급 / 총12획 / 부수 月

해는 뜨는데(龺) 아직 달(月)도 있는 아침이니 **아침 조**
또 (신하는) 아침마다 조정에 나가 임금을 뵈었으니 **조정 조, 뵐 조**

朝刊(조간), 朝飯(조반), 朝廷(조정), 朝會(조회)

潮
3급 / 총15획 / 부수 氵

바다에서 물(氵)이 아침(朝) 저녁으로 들어왔다가 나갔다가 하는 조수니 **조수 조**

🔊 조수(潮水) - 주기적으로 들었다가 나갔다가 하는 바닷물.

滿潮(만조) ↔ 干潮(간조), 潮流(조류)

廟
2급 / 총15획 / 부수 广

집(广) 중 아침(朝)마다 제사지내는 사당이니 **사당 묘**

🔊 사당(祠堂) - 조상의 신주(神主)를 모셔 놓은 집.
🔊 广(집 엄), 祠(사당 사), 堂(집 당, 당당할 당), 神(귀신 신, 신비할 신), 主(주인 주)

廟堂(묘당), 廟社(묘사), 宗廟(종묘)

---

191 재존 유회 회탄[在存 有賄 灰炭] - 亻, 有, 灰로 된 한자

在
5급 / 총6획 / 부수 土

한(一) 사람(亻)에게 땅(土)이 있으니 **있을 재**

🔊 土('흙 토'지만 여기서는 땅으로 봄)

在庫(재고), 在室(재실), 在中(재중), 在學(재학)

存
준4급 / 총6획 / 부수 子

한(一) 사람(亻)에게 아들(子)이 있으니 **있을 존**

🔊 子(아들 자, 첫째 지지 자, 자네 자, 접미사 자)

存立(존립), 存續(존속), 共存(공존), 生存(생존)

有
준5급 / 총6획 / 부수 月

많이(𠂇) 고기(月)를 가지고 있으니 **가질 유, 있을 유**

🔊 𠂇['열 십, 많을 십(十)'의 변형], 月(달 월, 육 달 월)

所有(소유), 有罪(유죄), 有口無言(유구무언)

賄
2급 / 총13획 / 부수 貝

재물(貝)을 가지고(有) 사사로이 주는 뇌물이나 선물이니 **뇌물 회, 선물 회**

🔊 貝(조개 패, 재물 패)

賄交(회교), 賄賂(회뢰), 收賄(수회) ↔ 贈賄(증회)

灰
2급 / 총6획 / 부수 火

많이(ナ) 불(火) 타고 남은 재니 **재 회**

🔊 火(불 화)

灰色(회색), 灰心(회심), 石灰石(석회석), 洋灰(양회)

炭
준3급 / 총9획 / 부수 火

산(山)에 묻혀있는 재(灰) 같은 숯이나 석탄이니 **숯 탄, 석탄 탄**

🔊 山(산 산), 灰[재 회(灰)의 변형]

炭價(탄가), 炭坑(탄갱), 炭鑛(탄광), 煉炭(연탄)

---

192 우우우 좌좌 타(수)타수[右佑祐 左佐 隋墮隨] - 右, 左, 隋로 된 한자

右
준5급 / 총5획 / 부수 口

자주(ナ) 써서 말(口)에 잘 움직이는 오른쪽이니 **오른쪽 우**

🈯 石(돌 석), 古(오랠 고, 옛 고)

🔊 ナ['열 십, 많을 십(十)'의 변형], 요즘은 어느 손이나 잘 써야 하지만 옛날에는 오른손을 주로 써서, 습관이 되어서 오른손이 편하니 대부분의 일을 오른손으로 하지요.

右往左往(우왕좌왕), 座右銘(좌우명), 左衝右突(좌충우돌)

佑
2급 / 총7획 / 부수 亻

사람(亻)이 오른쪽(右)에서 도우니 **도울 우**

佑啓(우계), 佑命(우명), 佑助(우조)

祐
2급 / 총10획 / 부수 示

신(示)이 오른쪽(右)에서 도우는 복이니 **복 우, 도울 우**

🔊 示(보일 시, 신 시), 사람이 도우면 '도울 우(佑)', 신이 도우면 '복 우, 도울 우(祐)'지요.

天祐神助(천우신조), 幸祐(행우)

左
준5급 / 총5획 / 부수 工

(목수는 왼손에 자를 들고 오른손에 연필이나 연장을 듦을 생각하여) 많이(ナ) 자(工)를 쥐는 왼쪽이니 **왼쪽 좌**

또 왼쪽은 낮은 자리도 뜻하여 **낮은 자리 좌**

🔊 工(자를 본떠서 만든 글자로 '장인 공, 만들 공, 연장 공'이지만 여기서는 본떠 만든 '자'로 봄)
🔊 예전에 중국에서 오른쪽을 숭상하고 왼쪽을 멸시하였던 데서 유래.

左傾(좌경), 左翼(좌익), 左衝右突(좌충우돌), 左遷(좌천)

佐
2급 / 총7획 / 부수 亻

사람(亻)이 왼쪽(左)에서 도우니 **도울 좌**

佐飯(좌반 → 자반), 補佐・輔佐(보좌), 上佐(상좌)

隋 2급 / 총12획 / 부수 阝	언덕(阝) 아래 낮은 자리(左)로 몸(月)이 떨어지니 **떨어질 타** 또 중심에서 멀리 떨어져 있던 수나라니 **수나라 수** 🔊 阝(언덕 부 변), 月(달 월, 육 달 월) 🔊 수(隋)나라 – 옛날 중국에 있었던 나라. 隋游(타유)
墮 2급 / 총15획 / 부수 土	떨어져(隋) 흙(土)에 빠지니 **떨어질 타, 빠질 타** 🔊 土(흙 토) 墮落(타락), 墮漏(타루), 墮罪(타죄)
 **隨** 2급 / 총16획 / 부수 阝	(조금씩) 떨어져(隋) 따라가니(辶) **따를 수** 🔊 따라갈 때는 조금씩 떨어져 가지요. 隨伴(수반), 隨時(수시), 隨筆(수필), 隨行(수행)

193 석척(탁) 연연벽[石拓 研妍碧] – 石, 幵으로 된 한자

石 7급 / 총5획 / 부수 石	언덕(厂) 밑에 있는 돌(口)을 본떠서 **돌 석, 성 석** 🔊 厂[굴 바위 엄, 언덕 엄(厂)의 변형], 口('입 구, 말할 구, 구멍 구'지만 여기서는 돌로 봄) 石器(석기), 石造(석조), 木石(목석), 化石(화석)
拓 3급 / 총8획 / 부수 扌	손(扌)으로 돌(石)을 치워 땅을 넓히니 **넓힐 척** 또 손(扌)으로 돌(石)에 새겨진 글씨를 눌러서 박으니 **박을 탁** 開拓(개척), 干拓(간척), 拓植(척식), 拓本(탁본)
研 4급 / 총11획 / 부수 石	돌(石)을 평평하게(幵) 가니 **갈 연** 또 갈고 닦듯이 연구하니 **연구할 연** 🔊 幵 : 방패(干)와 방패(干)를 이으면 평평하니 '평평할 견' *干(방패 간, 범할 간, 얼마 간, 마를 간) 研磨(연마), 研究(연구), 研究室(연구실), 研修(연수)
妍 2급 / 총9획 / 부수 女	여자(女) 피부가 평평하여(幵) 고우니 **고울 연** 妍麗(연려), 妍艶(연염), 妍容(연용), 妍醜(연추)

碧
2급 / 총14획 / 부수 石

옥(王)으로 된 흰(白) 돌(石)처럼 희다 못해 푸르니 **푸를 벽**

🔊 王(임금 왕, 으뜸 왕, 구슬 옥 변)

碧眼(벽안), 碧海(벽해), 碧梧桐(벽오동), 碧溪水(벽계수)

---

194   계(우) 진구(귀, 균) 축수[ヨ 盡龜 丑羞] – ヨ와 ㅋ, 丑으로 된 한자

ヨ
부수자 / 총3획 / 부수 ヨ

고슴도치 머리 모양을 본떠서 **고슴도치 머리 계**
또 오른손의 손가락을 편 모양으로도 보아 **오른손 우**

🔊 오른손 주먹을 쥔 모양(✊)을 본떠서 '오른손 우, 또 우(又)', 오른손 손가락을 편 모양(✋)을 본떠서 '오른손 우(ヨ)'입니다.

盡
준3급 / 총14획 / 부수 皿

손(ヨ)에 부젓가락(⊥)을 들고 불(灬) 있는 화로 그릇(皿)을 뒤적이면 꺼져 다하니 **다할 진**

🔊 불을 뒤적이면 산소가 들어가 금방 다 타고 꺼지지요.
🔊 灬(불 화 발), 皿(그릇 명), 부젓가락 – 불을 뒤적이는 젓가락 모양의 막대.

極盡(극진), 賣盡(매진), 未盡(미진), 脫盡(탈진)

龜
2급 / 총18획 / 부수 龜

거북의 머리(⺈)와 등판(⼁) 등뼈(丨)와 꼬리(ㄴ)와 양쪽 다리(⺀)를 본떠서
거북 구, 거북 귀
또 갈라진 거북 등처럼 터지니 **터질 균**

龜尾(구미), 龜鑑(귀감), 龜裂(균열)

丑
준3급 / 총4획 / 부수 一

오른손(ヨ)에 쥔 고삐(丨)에 매인 소처럼 추하니 **소 축, 추할 추**
또 소는 12지지(地支)의 둘째니 **둘째 지지 축**

🔊 丨('뚫을 곤'이지만 여기서는 소고삐로 봄), 丑은 주로 12지지에 쓰이고, '소'의 뜻으로는 소 우(牛)를 씁니다.

丑時(축시), 己丑年(기축년)

羞
2급 / 총11획 / 부수 羊

양(羊)과 소(丑)를 잡아서(丿) 만든 맛있는 음식이니 **맛있는 음식 수**
또 (큰 잔치에) 양(羊)을 대신 잡고 비싼 소(丑)는 숨기면(丿) 부끄러우니 **부끄러울 수**

🔊 羊(양 양), 丿('삐침 별'이지만 여기서는 잡는 모습이나 숨기는 모습으로 봄), 잔치에 소 대신 양을 잡고 소를 숨기면 양심에 부끄럽다는 데서 붙여진 뜻.

珍羞盛饌(진수성찬), 羞恥(수치), 羞惡(수오)

195 윤이 군군군[尹伊 君郡群] - 尹, 君으로 된 한자

尹 (2급 / 총4획 / 부수 尸)

오른손(ㅋ)에 지휘봉(ノ) 들고 다스리는 벼슬이니 **다스릴 윤, 벼슬 윤, 성 윤**

- ノ('삐침 별'이지만 여기서는 지휘봉으로 봄)
- 부수가 주검 시, 몸 시(尸)임이 특이하네요.

府尹(부윤), 判尹(판윤)

伊 (2급 / 총6획 / 부수 亻)

사람(亻) 중 다스리는(尹) 분이 바로 저분이라는 데서 **저 이**

伊時(이시), 伊(이), 伊太利(이태리)

君 (준4급 / 총7획 / 부수 口)

다스리며(尹) 입(口)으로 명령하는 임금이니 **임금 군**
또 임금처럼 섬기는 남편이나 그대니 **남편 군, 그대 군**

君臣(군신), 聖君(성군), 郎君(낭군), 君不見(군불견)

郡 (5급 / 총10획 / 부수 阝)

임금(君)이 다스리는 고을(阝)이니 **고을 군**

- 阝(고을 읍 방)

郡民(군민), 郡守(군수), 州郡(주군)

群 (준3급 / 총13획 / 부수 羊)

임금(君)을 따르는 양(羊) 떼처럼 많은 무리니 **무리 군**

- 羊(양 양)

群島(군도), 群衆(군중), 群鷄一鶴(군계일학)

196 추소부귀 침침침[帚掃婦歸 侵浸寢] - 帚, 큣으로 된 한자

帚 (급외자 / 총8획 / 부수 巾)

한쪽은 고슴도치 머리(ㅋ)처럼 펴지게 하고, 다른 한쪽은 덮어(冖) 수건(巾) 같은 천으로 묶어 손잡이를 만든 비니 **비 추**

- 冖(덮을 멱), 巾(수건 건)

掃 (준3급 / 총11획 / 부수 扌)

손(扌)에 비(帚) 들고 쓰니 **쓸 소**

掃除(소제), 掃蕩(소탕), 一掃(일소), 淸掃(청소)

婦
4급 / 총11획 / 부수 女

여자(女) 중 비(帚) 들고 집일을 하는 아내나 며느리니 **아내 부, 며느리 부**

姑婦(고부), 夫婦有別(부부유별), 新婦(신부), 主婦(주부)

歸
준3급 / 총18획 / 부수 止

쌓이고(阝) 그쳐(止)있던 잡념을 비(帚)로 쓸어낸 듯 본심으로 돌아가니 **돌아갈 귀**

🔊 止(그칠 지), 阝: 비스듬히(丿) 흙이 쌓여(日) 있는 모양에서 '쌓일 퇴, 언덕 퇴'로, '쌓일 퇴, 언덕 퇴(堆)'의 원자인 垍의 획 줄임.

歸家(귀가), 歸結(귀결), 歸路(귀로), 歸鄕(귀향)

侵
3급 / 총9획 / 부수 亻

사람(亻)이 비(彐)를 오른손(又)에 들고 조금씩 쓸어나가듯이 남의 땅을 침노하니 **침노할 침**

🔊 彐[비 추(帚)의 획 줄임], 又(오른손 우, 또 우)

侵攻(침공), 侵略(침략), 侵犯(침범), 侵害(침해)

浸
3급 / 총10획 / 부수 氵

물(氵)이 비(彐)를 오른손(又)에 들고 조금씩 쓸어나가듯이 점점 잠겨 적시니 **잠길 침, 적실 침**

浸水(침수), 浸透(침투)

寢
2급 / 총14획 / 부수 宀

집(宀)에서 나무 조각(爿)으로 만든 침대에 비(彐)를 오른손(又)에 들고 쓸고 닦은 다음에 누워 자니 **잘 침**

🔊 宀(집 면), 爿(나무 조각 장)

寢囊(침낭), 寢臺(침대), 寢食(침식), 就寢(취침)

Day 16 | 확인문제

01~04 다음 한자에 해당하는 훈음을 오른쪽에서 찾아 연결하세요.

01. 桑 • • ㉠ 뽕나무 상
02. 督 • • ㉡ 피곤할 피
03. 疲 • • ㉢ 어길 위
04. 違 • • ㉣ 감독할 독

05~12 다음 漢字의 훈(뜻)과 음(소리)을 쓰세요.

05. 淑 (   )   06. 彼 (   )
07. 靴 (   )   08. 衛 (   )
09. 潮 (   )   10. 廟 (   )
11. 在 (   )   12. 隨 (   )

13~18 다음 훈음에 맞는 漢字를 쓰세요.

13. 잘 침   (   )   14. 저 이   (   )
15. 부끄러울 수 (   )   16. 푸를 벽   (   )
17. 고울 연   (   )   18. 도울 좌   (   )

19~20 다음 문장 중 (   ) 안에 들어갈 한자어로 알맞은 것은?

19. 한의학과에 다니는 철수는 중국어 (   )을/를 위하여 중국에 갔다.
    ① 研磨   ② 研究
    ③ 研修   ④ 專攻

20. 대접이 너무나도 (   )하여 몸 둘 바를 모르겠습니다.
    ① 極盡   ② 賣盡
    ③ 未盡   ④ 脫盡

정답

01. ㉠   02. ㉣   03. ㉡   04. ㉢   05. 맑을 숙
06. 저 피   07. 가죽신 화   08. 지킬 위   09. 조수 조   10. 사당 묘
11. 있을 재   12. 따를 수   13. 寢   14. 伊   15. 羞
16. 碧   17. 妍   18. 佐   19. ③   20. ①

Day 17 | 197 ~ 208

197 당당당(탕) 혜혜 혜[唐塘糖 彗慧 惠] – 唐, 彗로 된 한자와 惠

唐
2급 / 총10획 / 부수 口

집(广)에서라도 손(彐)에 회초리(丨) 들고 입(口)으로 갑자기 소리치면 황당하니
갑자기 당, 황당할 당, 당나라 당

🔊 황당(荒唐) – (언행이) 거칠고 거짓이 많음.
🔊 广(집 엄), 彐(고슴도치 머리 계, 오른손 우), 丨('뚫을 곤'이지만 여기서는 회초리로 봄), 荒(거칠 황)
唐突(당돌), 唐惶(당황), 荒唐無稽(황당무계)

塘
2급 / 총13획 / 부수 土

흙(土)으로 갑자기(唐) 막혀 물이 고인 연못이니 **연못 당**

池塘(지당), 春塘臺(춘당대)

糖
2급 / 총16획 / 부수 米

쌀(米)밥에 엿기름을 넣으면 갑자기(唐) 바뀌어 되는 사탕이니
사탕 당, 사탕 탕

🔊 米(쌀 미)
糖度(당도), 糖分(당분), 糖水肉(탕수육), 雪糖(설탕)

彗
1급 / 총11획 / 부수 彐

풀 무성한 가지 두 개(丰丰)를 묶어 손(彐)으로 잡은 모습에서
비 혜, 꽁지별 혜

🔊 丰 : 풀이 무성한 모습에서 '풀 무성할 봉', 또 무성하면 예쁘니 '예쁠 봉'
🔊 1급, 사범, 급외자, 부수자 – 어원 풀이를 위한 참고자로 8~2급 선정 한자에는 포함되지 않습니다.

慧
2급 / 총15획 / 부수 心

잡념을 비(彗)로 쓸어버린 마음(心)처럼 밝고 지혜로우니 **밝을 혜, 지혜 혜**

慧敎(혜교), 慧眼(혜안), 智慧(지혜)

惠
4급 / 총12획 / 부수 心

언행을 삼가고(叀) 어진 마음(心)으로 베푸는 은혜니 **은혜 혜**

🔊 叀 : 차(車)에 점(丶) 찍는 일은 삼가니 '삼갈 전' – 실제 쓰이는 글자는 아닙니다.
🔊 은혜(恩惠) – 사람이나 신(神)이 누구에게 베푸는 도움이나 고마운 일.
惠澤(혜택), 不費之惠(불비지혜), 施惠(시혜), 特惠(특혜)

198 율률진필 건건건 서주 화(획)획[聿律津筆 建健鍵 書畫 畫劃] - 聿, 建, 圭, 畫로 된 한자

聿
사범 / 총6획 / 부수 聿

오른손(彐)에 잡고 쓰는 붓을 본떠서 **붓 율**

🔊 彐(고슴도치 머리 계, 오른손 우), 붓대는 대로 만드니 대 죽(竹)을 붙인 '붓 필(筆)'로 많이 쓰지요.

律
4급 / 총9획 / 부수 彳

행할(彳) 법을 붓(聿)으로 적은 법률이니 **법률 률**
또 법률처럼 지켜야 하는 소리의 음률이니 **음률 률**

🔊 彳('조금 걸을 척'으로, 여기서는 '어떤 일을 행하다' 뜻)
律法(율법), 戒律(계율), 二律背反(이율배반), 音律(음률)

津
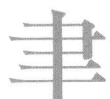
2급 / 총9획 / 부수 氵

물(氵)이 붓(聿)으로 그린 듯이 가늘게 흐르는 곳에 생긴 나루니 **나루 진**
또 물(氵)이 붓(聿)으로 그린 듯이 가늘게 흐르는 진액이니 **진액 진**

🔊 옛날 배는 작아서 물이 깊지 않고 물살이 세지 않은 곳이 배를 대기에 좋았음을 생각하고 만든 글자.
津渡(진도), 津液(진액), 松津(송진)

筆
4급 / 총12획 / 부수 ⺮

대(⺮)로 붓대를 만든 붓(聿)으로 쓰는 글씨니 **붓 필, 글씨 필**

筆記(필기), 筆答(필답), 紙筆硯墨(지필연묵)

建
4급 / 총9획 / 부수 廴

붓(聿)으로 길게 써 가며(廴) 계획을 세우니 **세울 건**

🔊 廴(길게 걸을 인)
建立(건립), 建物(건물), 建設(건설), 再建(재건)

健
준3급 / 총11획 / 부수 亻

사람(亻)이 자세를 똑바로 세울(建) 수 있으면 건강하니 **건강할 건**

🔊 어디가 아프면 자세가 바르지 못하니, 몸을 똑바로 세울 수 있으면 건강하지요.
健康(건강), 健勝(건승), 健全(건전), 强健(강건)

鍵
2급 / 총17획 / 부수 金

쇠(金)를 세워(建) 채우는 열쇠니 **열쇠 건**

🔊 金(쇠 금, 금 금, 돈 금, 성 김)
🔊 옛날의 자물쇠는 대부분 서 있는 모양으로 세워서 채움을 생각하고 만든 글자.
鍵盤(건반), 關鍵(관건)

書
5급 / 총10획 / 부수 曰

붓(聿)으로 말하듯(曰) 쓰니 **쓸 서**
또 써 놓은 글이나 책이니 **글 서, 책 서**

🔊 曰(가로 왈, 말할 왈)
書記(서기), 書簡(서간), 書堂(서당), 良書(양서)

DAY 17

229

晝
5급 / 총11획 / 부수 日

붓(聿)으로 해(日) 하나(一)를 보고 그릴 수 있는 낮이니 **낮 주**

晝間(주간), 晝耕夜讀(주경야독), 晝夜不息(주야불식)

畫
6급 / 총12획 / 부수 田

붓(聿)으로 밭(田) 하나(一)를 그린 그림이니 **그림 화**
또 그림 그리듯이 그으니 **그을 획**

- 畫 – 붓(聿)으로 밭(田)의 경계(凵)까지 그린 그림이니 '그림 화', 또 그림 그리듯이 그으니 '그을 획'
- 画 – 하나(一)를 대상으로 말미암아(由) 경계(凵)까지 그린 그림이니 '그림 화', 또 그림 그리듯이 그으니 '그을 획'
- 田(밭 전), 凵('입 벌릴 감, 그릇 감'이지만 여기서는 경계로 봄), 由(까닭 유, 말미암을 유)
- 聿[붓 율(聿)의 변형], 田(밭 전)

畫家(화가), 畫室(화실), 畫中之餅(화중지병), 畫順(획순)

劃
3급 / 총14획 / 부수 刂

그려서(畫) 칼(刂)로 나누듯이 긋고 계획하니 **그을 획, 계획할 획**

- 원래는 그림 화, 그을 획(畫)이었는데 칼로 긋고 계획한다는 데서 刂(칼 도 방)을 붙인 글자입니다.

劃一(획일), 區劃(구획), 計劃(계획), 企劃(기획), 劃順(획순)

---

199 병겸 겸혐렴(염)[秉兼 謙嫌廉] – 秉, 兼과 兼의 변형(兼)으로 된 한자

秉
2급 / 총8획 / 부수 禾

벼(禾)를 손(크)으로 잡으니 **잡을 병**

- 禾(벼 화)

秉權(병권), 秉彛(병이), 秉燭(병촉)

兼
3급 / 총10획 / 부수 八

(많이) 나뉜(八) 것을 한(一) 손(크)에 두 개(ㅣㅣ)씩 나누어(八) 잡아 겸하니 **겸할 겸**

- 八(여덟 팔, 나눌 팔)

兼備(겸비), 兼業(겸업), 兼任(겸임), 兼職(겸직)

謙
2급 / 총17획 / 부수 言

말(言)이 학식과 인품을 겸비한(兼) 사람처럼 겸손하니 **겸손할 겸**

- 言(말씀 언), 兼[겸할 겸(兼)의 변형]

謙遜(겸손), 謙讓(겸양), 謙虛(겸허), 謙恭(겸공)

嫌
2급 / 총13획 / 부수 女

여자(女) 둘을 겸하여(兼) 사귀면 싫어하고 의심하니 **싫어할 혐, 의심할 혐**

嫌忌(혐기), 嫌怒(혐노), 嫌惡(혐오), 嫌疑(혐의)

廉
2급 / 총13획 / 부수 广

집(广) 살림까지 **겸하여**(兼) 생활이 검소하고 청렴하니 **청렴할 렴**

또 (이익을 조금 남기고) 청렴하게 팔면 값싸니 **값쌀 렴, 성 염**

- 청렴(淸廉) - 성품이 고결하고 탐욕이 없음.
- 广(집 엄), 淸(맑을 청)

廉恥(염치), 廉價(염가), 低廉(저렴)

---

200 사경심숙 연[事庚尋肅 淵] - ㅋ로 된 한자와 淵

事
준5급 / 총8획 / 부수 亅

한(一) 입(口)이라도 더 먹이기 위해 손(ㅋ)에 고리(亅) 같은 도구도 들고 하는 일이니 **일 사**

또 일하며 섬기니 **섬길 사**

- ㅋ(고슴도치 머리 계, 오른손 우), 亅(갈고리 궐)

事故(사고), 事理(사리), 農事(농사), 事大(사대)

庚
4급 / 총8획 / 부수 广

집(广)에서 손(ㅋ)으로 사람(人)이 세어 보는 별이나 나이니 **별 경, 나이 경, 일곱째 천간 경**

- 广(집 엄), 人(사람 인)

庚伏(경복), 庚炎(경염), 庚辰(경진)

尋
2급 / 총12획 / 부수 寸

손(ㅋ)으로 만들어(工) 입(口)으로 마디(寸)마디 평가하며 흠을 찾으니 **찾을 심**

또 누구나 흠을 찾아 말함이 보통이니 **보통 심**

- 工(장인 공, 만들 공, 연장 공), 寸(마디 촌, 법도 촌)

尋訪(심방), 推尋(추심), 尋常(심상)

肅
2급 / 총13획 / 부수 聿

손(ㅋ)으로 노(丨)를 깊은 **연못**(淵)에서 저을 때처럼 엄숙하니 **엄숙할 숙**

- 丨('뚫을 곤'이지만 여기서는 배를 젓는 노로 봄), 淵[연못 연(淵)의 획 줄임], 잘못하면 물에 빠지니 엄숙해야지요.
- 엄숙(嚴肅) - ㉠ 장엄하고 정숙함. ㉡ 위풍 있고 엄중함. *嚴(엄할 엄)

肅敬(숙경), 肅拜(숙배), 肅然(숙연), 自肅(자숙)

淵
2급 / 총12획 / 부수 氵

물(氵)이 고여 있는 연못을 본떠서 **못 연**

淵源(연원), 淵衷(연충), 深淵(심연)

DAY 17

201 조 과고 쟁정정[爪 瓜孤 受授愛] - 爪와 瓜, 受로 된 한자

2급 / 총4획 / 부수 爪

손톱 모양을 본떠서 **손톱 조**

🔊 부수로 쓰일 때는 爫모양으로 길이가 짧습니다.

爪傷(조상), 爪痕(조흔)

2급 / 총5획 / 부수 瓜

넝쿨에 오이가 열린 모양을 본떠서 **오이 과**

瓜菜(과채) *果菜(과채), 瓜年(과년) *過年(과년)

孤

준3급 / 총8획 / 부수 子

자식(子)이 부모를 잃어 말라 버린 줄기에 오이(瓜)만 앙상하게 매달린 모양처럼 외로우니 **외로울 고**

또 외롭게 부모 없는 자식이니 **부모 없을 고**

🔊 子(아들 자, 첫째 지지 자, 자네 자, 접미사 자)

孤獨(고독), 孤軍奮鬪(고군분투), 孤兒(고아)

4급 / 총8획 / 부수 又

위 손(爫)으로 덮어(冖) 아래 손(又)으로 받으니 **받을 수**

🔊 爫('손톱 조'지만 여기서는 손으로 봄), 冖(덮을 멱), 又(오른손 우, 또 우)

授受(수수), 受容(수용), 受精(수정), 甘受(감수)

4급 / 총11획 / 부수 扌

손(扌)으로 받도록(受) 주거나 가르치니 **줄 수, 가르칠 수**

🔊 扌(손 수 변)

授與(수여), 授乳(수유), 授業(수업), 敎授(교수)

愛

5급 / 총13획 / 부수 心

손톱(爫)처럼 덮어주며(冖) 마음(心)으로 서서히 다가가는(夂) 사랑이니 **사랑 애**

또 사랑하여 즐기고 아끼니 **즐길 애, 아낄 애**

🔊 夂(천천히 걸을 쇠, 뒤져 올 치)

愛人(애인), 愛憎(애증), 愛讀(애독), 愛着(애착)

202 원원원 완난[爰援媛 緩暖] - 爰으로 된 한자

사범 / 총9획 / 부수 爫

손(爫)으로 한(一) 명의 벗(友)을 이에 끌어당기니 **이에 원, 끌 원, 당길 원**

🔊 爫('손톱 조'지만 여기서는 손으로 봄), 友(벗 우), 이에 - 이리하여 곧.

3급 / 총12획 / 부수 扌

손(扌)으로 당겨(爰) 도우니 **도울 원, 당길 원**

㊌ 授(줄 수, 가르칠 수)

援軍(원군), 援助(원조), 援護(원호), 援用(원용)

2급 / 총12획 / 부수 女

여자(女)가 시선을 끌(爰) 정도로 미인이니 **미인 원**

媛妃(원비), 令媛(영원), 才媛(재원)

2급 / 총15획 / 부수 糸

실(糸)을 당기면(爰) 늘어나 느슨하니 **느슨할 완**
또 느슨하게 행동하여 느리니 **느릴 완**

◀ 糸(실 사, 실 사 변)

緩急(완급), 緩慢(완만), 緩衝(완충), 緩行(완행)

暖

준3급 / 총13획 / 부수 日

햇(日)빛을 끌어당긴(爰)듯 따뜻하니 **따뜻할 난**

暖氣(난기), 暖帶(난대), 暖流(난류), 暖陽(난양)

---

203 부부유 쟁정정[孚浮乳 爭淨靜] - 孚, 爭으로 된 한자

1급 / 총7획 / 부수 子

새가 **발톱**(爫)으로 **알**(子)을 품어 굴리며 알 까게 기르니 **알 깔 부, 기를 부**

◀ 子('아들 자, 첫째 지지 자, 자네 자, 접미사 자'지만 여기서는 '알'로 봄), 알은 품으면서 적당히 굴려 고루 따뜻하게 해야 부화되지요.

준3급 / 총10획 / 부수 氵

물(氵) 위에 새 알 깔(孚) 때의 모양으로 뜨니 **뜰 부**

浮上(부상), 浮沈(부침), 浮萍草(부평초)

乳

준3급 / 총8획 / 부수 乚

기를(孚) 때 꼭지(乚)로 먹이는 젖이니 **젖 유**

◀ 乚[새 을, 둘째 천간 을, 둘째 을, 굽을 을(乙)이 부수로 쓰일 때의 모양이지만 여기서는 꼭지로 봄]

乳兒(유아), 母乳(모유), 牛乳(우유), 乳酸菌(유산균)

준4급 / 총8획 / 부수 爫

손톱(爫)도 세우고 오른손(ㅋ)에 갈고리(亅) 같은 도구도 들고 다투니 **다툴 쟁**

◀ ㉠ 争 - 사람(ク)이 오른손(ㅋ)에 갈고리(亅) 같은 도구도 들고 다투니 '다툴 쟁'
◀ ㅋ(고슴도치 머리 계, 오른손 우), 亅(갈고리 궐)

爭取(쟁취), 競爭(경쟁), 論爭(논쟁), 戰爭(전쟁)

淨
준3급 / 총11획 / 부수 氵

물(氵)로 경쟁하듯(爭) 씻어 깨끗하니 **깨끗할 정**

淨潔(정결), 淨化(정화), 上濁下不淨(상탁하부정), 清淨(청정)

靜
준3급 / 총16획 / 부수 靑

푸르게(靑), 즉 공정하게 경쟁하면(爭) 불평이 없어 고요하니 **고요할 정**

◀ 靑(푸를 청, 젊을 청)

靜謐(정밀), 靜寂(정적), 動靜(동정), 鎭靜(진정)

204 음작은 도칭균 [淫爵隱 稻稱菌] - 爫, 禾로 된 한자

淫

2급 / 총11획 / 부수 氵

물(氵) 묻은 손톱(爫)으로 간사하게(壬) 굴며 음란하니 **음란할 음**

◀ 壬(간사할 임, 짊어질 임)

淫談(음담), 淫亂(음란), 淫談悖說(음담패설)

爵
2급 / 총18획 / 부수 爫

손(爫)에 법망(罒)을 잡고 머물러(艮) 법도(寸)에 맞게 일하는 벼슬이니 **벼슬 작**

또 손(爫)에 그릇(罒)을 잡고 머물러(艮) 조금씩(寸) 따라 마시는 술잔이니 **술잔 작**

◀ 爫('손톱 조'지만 여기서는 손으로 봄), 罒(그물 망), 艮[멈출 간(艮)의 변형], 寸(마디 촌, 법도 촌), '술잔 작'의 어원 풀이에서는 그물 망(罒)을 그릇 명(皿)으로 본 것.
◀ 법망(法網) - 법의 그물.

爵位(작위), 高官大爵(고관대작), 獻爵(헌작)

隱
2급 / 총17획 / 부수 阝

언덕(阝)을 손톱(爫)처럼 움푹 패게 만들어(工) 손(ヨ)과 마음(心)까지 숨으니 **숨을 은**

또 숨은 듯 들려오는 소리나 풍기는 향기가 은은하니 **은은할 은**

◀ 阝(언덕 부 변), 工(장인 공, 만들 공, 연장 공), ヨ(고슴도치 머리 계, 오른손 우)

隱居(은거), 隱密(은밀), 隱隱(은은)

稻

2급 / 총15획 / 부수 禾

(옛날에 벼는 절구로 찧었으니) 벼 화(禾)에 절구 요(臼)를 붙여서 **벼 도**

◀ 禾(벼 화)

稻作(도작), 稻熱病(도열병), 立稻先賣(입도선매)

稱
3급 / 총14획 / 부수 禾

벼(禾)를 손(爫)으로 땅(土)에서 들어(冂) 달며 무게를 일컬으니 **일컬을 칭**

◀ 冂('멀 경, 성 경'이지만 여기서는 들어 올리는 모습으로 봄)

稱頌(칭송), 稱讚(칭찬), 稱號(칭호), 尊稱(존칭)

菌
3급 / 총12획 / 부수 ++

풀(++)처럼 창고(囗)의 벼(禾) 같은 곡식이 썩은 곳에 생기는 버섯이나 세균이니
버섯 균, 세균 균

🔊 囗[에운담, 나라 국(國)의 약자]

滅菌(멸균), 無菌(무균), 殺菌(살균), 細菌(세균)

---

205 5채 위위 사란[采採埰彩菜 爲僞 辭亂] – 采, 爲, 矞로 된 한자

采
2급 / 총8획 / 부수 采

손(爫)으로 나무(木)를 캐니 **캘 채**
또 가려서 꾸민 풍채니 **풍채 채**

喝采(갈채), 拍手喝采(박수갈채), 風采(풍채) – 드러나 보이는 사람의 겉모양.

採
준3급 / 총11획 / 부수 扌

손(扌)으로 가려 캐니(采) **가릴 채, 캘 채**

원 采

🔊 손으로 캔다는 데서 采에 손 수 변(扌)을 붙여 만든 글자.

採用(채용), 採集(채집), 採擇(채택), 採取(채취)

埰
2급 / 총11획 / 부수 土

흙(土)에 난 것을 캐(采) 가지는 영지니 **영지 채**

🔊 영지(領地) – 제후의 통치권이 미치는 지역.
🔊 土(흙 토), 領(거느릴 령)
🔊 인 · 지명용 한자.

彩
2급 / 총11획 / 부수 彡

캔(采) 나물의 머릿결(彡)처럼 빛나는 채색 무늬니 **채색 채, 무늬 채**

🔊 채색(彩色) – ㉠ 여러 가지의 고운 빛깔. ㉡ 그림 따위에 색을 칠함.
🔊 彡(터럭 삼, 긴 머리 삼), 色(빛 색)

光彩(광채), 多彩(다채), 水彩畵(수채화), 虹彩(홍채)

菜
준3급 / 총12획 / 부수 ++

풀(++)에서 골라 캐는(采) 나물이니 **나물 채**

🔊 ++(초 두)

菜蔬(채소), 菜食(채식), 山菜(산채), 野菜(야채)

爲
4급 / 총12획 / 부수 爫

손톱(爫) 하나(丿)로라도 허리 구부리며(彐) 불(灬)처럼 뜨겁게 일하고 위하니
할 위, 위할 위

🔊 丿('삐침 별'이지만 여기서는 '하나'로 봄), 彐(구부리는 모습), 灬(불 화 발)

當爲(당위), 行爲(행위), 爲民(위민), 爲人設官(위인설관)

僞
2급 / 총14획 / 부수 亻

(순리에 따르지 않고) **사람(亻)**이 꾸며서 **하는(爲)** 일은 거짓이니 **거짓 위**

僞善(위선), 僞裝(위장), 僞證(위증), 眞僞(진위)

辭
2급 / 총19획 / 부수 辛

손(爫)에 **창(𠂉)** 들고 **성(冂)**을 지키는 군인들이 **사사로운(厶)** 욕심으로 **또(又)** 매서운(辛) 말씀이나 글을 쓰고 물러나니 **말씀 사, 글 사, 물러날 사**

🔊 爫('손톱 조'지만 여기서는 손의 뜻), 𠂉[창 모(矛)의 획 줄임], 冂(멀 경, 성 경), 厶(사사 사, 나 사), 又(오른손 우, 또 우), 辛(매울 신, 고생할 신)

辭典(사전), 祝辭(축사), 辭意(사의), 辭讓(사양)

亂
3급 / 총13획 / 부수 乚

손(爫)에 **창(𠂉)** 들고 **성(冂)**을 지키는 군인들이 **사사로운(厶)** 욕심으로 **또(又)** **새(乚)** 떼처럼 떠들면 어지러우니 **어지러울 란**

🔊 乚[새 을, 둘째 천간 을, 둘째 을, 굽을 을(乙)이 부수로 쓰일 때의 모양]

亂動(난동), 騷亂(소란), 昏亂(혼란), 混亂(혼란)

---

206 사 이사 공송송송옹[厶 以似 公松訟頌翁] - 厶와 以, 公으로 된 한자

厶
부수자 / 총2획 / 부수 厶

팔로 사사로이 나에게 끌어당기는 모습에서 **사사 사, 나 사**

🔊 지금은 부수로만 쓰이고 '사사롭다' 뜻으로는 사사로울 사(私)를 씁니다.

以
준4급 / 총5획 / 부수 人

사사로운(厶) 욕심 까닭에 **사람(人)**으로서(써)의 가치를 잃으니 **써 이, 까닭 이**

🔊 써 - '그것을 가지고', '그것으로 인하여'의 뜻을 지닌 접속 부사.

以上(이상), 以前(이전), 以熱治熱(이열치열), 所以(소이)

似
2급 / 총7획 / 부수 亻

사람(亻)들은 **써(以)** 같거나 닮으니 **같을 사, 닮을 사**

似而非(사이비), 近似(근사), 類似(유사), 恰似(흡사)

公
준4급 / 총4획 / 부수 八

나눔(八)에 **사사로움(厶)** 없이 공평하니 **공평할 공**

또 공평한 사람이 대중에게 통하고 귀공자니 **대중 공, 귀공자 공**

🔊 귀공자(貴公子) - ㉠ 귀한 집안의 남자. ㉡ 생김새나 몸가짐 등이 고상한 남자.
🔊 八(여덟 팔, 나눌 팔), 貴(귀할 귀)

公平無私(공평무사), 公開(공개), 愚公移山(우공이산)

松
4급 / 총8획 / 부수 木

나무(木) 중 귀공자(公)처럼 모양도 빼어나고 두루 쓰이는 소나무니 **소나무 송**

🔊 木(나무 목)

松林(송림), 松柏(송백), 松津(송진), 靑松(청송)

訟
3급 / 총11획 / 부수 言

말하여(言) 공평하게(公) 판정받으려고 송사하니 **송사할 송**

🔊 송사(訟事) - 판결을 법원에 요구하는 절차.
🔊 言(말씀 언), 事(일 사, 섬길 사)

訴訟(소송), 民事訴訟(민사소송), 使無訟(사무송)

頌
3급 / 총13획 / 부수 頁

대중(公)들이 머리(頁) 들어 칭송하니 **칭송할 송**

🔊 頁(머리 혈)

稱頌(칭송), 頌歌(송가), 頌德(송덕), 讚頌(찬송)

翁
2급 / 총10획 / 부수 羽

두루(公) 새의 깃(羽)처럼 수염 난 늙은이니 **늙은이 옹**

🔊 羽(날개 우, 깃 우)

翁師(옹사), 老翁(노옹), 塞翁之馬(새옹지마)

---

207 태(이·대)이시치 4태[台怡始治 胎殆颱怠] - 台로 된 한자

台
2급 / 총5획 / 부수 口

사사로운(厶) 말(口)들처럼 무수히 뜬 별이니 **별 태**
또 사사로운(厶) 말(口)들에도 나는 기쁘니 **나 이, 기쁠 이**
또 **누각 대, 정자 대(臺)**의 약자

🔊 口(입 구, 구멍 구, 말할 구)

怡
2급 / 총8획 / 부수 忄

마음(忄)에 기쁘니(台) **기쁠 이**

🔊 忄(마음 심 변)

怡聲(이성), 怡顔(이안), 怡悅(이열)

始
5급 / 총8획 / 부수 女

여자(女)에게 별(台)처럼 새 생명이 잉태되는 처음이니 **처음 시**

始動(시동), 始作(시작), 始終一貫(시종일관)

治
4급 / 총8획 / 부수 氵

물(氵)을 기쁘게(台) 사용하도록 잘 다스리니 **다스릴 치**

🔊 수리시설이 미비했던 옛날에는 물로 인한 피해가 많았으니, 치산치수(治山治水)가 지도자의 큰 임무였답니다.

治水(치수), 治安(치안), 根治(근치), 完治(완치)

胎
2급 / 총9획 / 부수 月

몸(月)에 별(台)처럼 작은 생명이 잉태되어 임신하니 **임신할 태**
또 임신함은 생명이 시작한 처음이니 **처음 태**

🔊 태(胎) - (아기를 밴 때에) 태아를 싸고 있는 조직. 곧 태반(胎盤)과 탯줄을 말함.
🔊 月(달 월, 육 달 월), 盤(소반 반)

胎敎(태교), 胎夢(태몽), 受胎(수태), 胎動(태동)

殆
2급 / 총9획 / 부수 歹

죽을지(歹) 모르고 우선 당장 기쁜(台) 것만 찾아다니면 거의 위태하니
거의 태, 위태할 태

🔊 歹(뼈 부서질 알, 죽을 사 변), 나쁜 곳은 달콤하여 많이 뛰어들지만 결국 위태로운 지경에 빠지지요.

殆無(태무), 殆半(태반), 危殆(위태)

颱
2급 / 총14획 / 부수 風

바람(風) 중 누각(台)도 흔들릴 정도로 부는 태풍이니 **태풍 태**

🔊 風(바람 풍, 풍속·경치·모습·기질·병 이름 풍)

颱風(태풍), 颱風警報(태풍경보)

怠
2급 / 총9획 / 부수 心

누각(台)에서 놀기만 하는 마음(心)처럼 게으르니 **게으를 태**

🔊 心(마음 심, 중심 심)

怠慢(태만), 怠業(태업), 倦怠(권태), 懶怠(나태)

---

208 거법겁개 각각[去法劫蓋 却脚] - 去, 却으로 된 한자

去
5급 / 총5획 / 부수 厶

어떤 땅(土)으로 사사로이(厶) 가니 **갈 거**
또 가서 제거하니 **제거할 거**

🔊 土(흙 토), 厶(사사 사, 나 사)

去年(거년), 去來(거래), 去就(거취), 除去(제거)

法
준4급 / 총8획 / 부수 氵

물(氵)이 흘러가듯(去) 순리에 맞아야 하는 법이니 **법 법**

立法(입법), 遵法(준법), 法遠拳近(법원권근)

劫
2급 / 총7획 / 부수 力

가서(去) 힘(力)으로 위협하여 빼앗으니 **위협할 겁, 빼앗을 겁**

또 위협하고 빼앗으면 긴 시간 동안 잊지 못하니 **긴 시간 겁**

동 刧 – 가서(去) 칼(刂)로 위협하여 빼앗으니 '위협할 겁, 빼앗을 겁'
또 위협하고 빼앗으면 긴 시간 동안 잊지 못하니 '긴 시간 겁'

力(힘 력), 刂(칼 도 방), 겁(劫) – 어떤 시간의 단위로도 계산할 수 없는 무한히 긴 시간.

劫氣(겁기), 劫奪(겁탈), 億劫(억겁), 永劫(영겁)

蓋
2급 / 총14획 / 부수 ⺿

풀(⺿)을 제거하듯(去) 베어 그릇(皿)을 덮으니 **덮을 개**

또 덮개는 대개 그릇마다 있으니 **대개 개**

약 盖 – 양(䒑)고기를 담은 그릇(皿)을 뚜껑으로 덮으니 '덮을 개'
또 덮개는 대개 그릇마다 있으니 '대개 개'

⺿(초 두), 皿(그릇 명), 䒑[양 양(羊)의 변형]

覆蓋(복개), 頭蓋骨(두개골), 大蓋(대개), 蓋然性(개연성)

却
2급 / 총7획 / 부수 卩

가서(去) 무릎 꿇려(卩) 물리치니 **물리칠 각**

卩(무릎 꿇을 절, 병부 절, = 㔾)

却說(각설), 却下(각하), 忘却(망각), 燒却(소각)

脚
준3급 / 총11획 / 부수 月

몸(月)으로 물리칠(却) 때 구부려 쓰는 다리니 **다리 각**

月(달 월, 육 달 월)

橋脚(교각), 脚線美(각선미), 二人三脚(이인삼각)

DAY 17

▌TIP

〈글자의 음(音)이 단어의 위치에 따라 달라지는 이유〉
이것은 국어의 문법에 있는 두음법칙(頭音法則) 때문이지요. 두음법칙이란 '(단어의) 첫소리 법칙'으로, '리유(理由) → 이유, 녀자(女子) → 여자, 래일(來日) → 내일'처럼 단어의 첫머리에 오는 'ㄹ'과 'ㄴ'이 'ㄴ, ㅇ'으로 바뀌는 법칙입니다. 물론 원리(原理), 남녀(男女), 왕래(往來)에서처럼 이 글자가 단어의 첫머리에 오지 않을 때는 원래대로 쓰고요.

잘못하면 어떤 단어에서 익힌 대로 '이치 리(理)'를 '이치 이', '여자 녀'를 '여자 여', '올 래(來)'를 '올 내'로 잘못 알기 쉬운데 이는 국어의 두음법칙을 모르기 때문이지요.

Day 17 | 확인문제

01~04 다음 한자에 해당하는 훈음을 오른쪽에서 찾아 연결하세요.

01. 塘 • • ㉠ 은혜 혜
02. 慧 • • ㉡ 법률 률
03. 惠 • • ㉢ 연못 당
04. 律 • • ㉣ 지혜 혜

05~12 다음 漢字의 훈(뜻)과 음(소리)을 쓰세요.

05. 鍵 (   )   06. 兼 (   )
07. 謙 (   )   08. 淵 (   )
09. 受 (   )   10. 媛 (   )
11. 暖 (   )   12. 浮 (   )

13~18 다음 훈음에 맞는 漢字를 쓰세요.

13. 위협할 겁 (   )   14. 다리 각 (   )
15. 태풍 태 (   )   16. 게으를 태 (   )
17. 늙은이 옹 (   )   18. 닮을 사 (   )

19~20 다음 문장 중 (   ) 안에 들어갈 한자어로 알맞은 것은?

19. 그의 주장에 대한 (   )이/가 아직 가려지지 않고 있다.
   ① 眞僞   ② 僞善
   ③ 僞裝   ④ 僞證

20. 내 꿈이 이루어질 때까지는 어떠한 어려움도 (   )하겠다.
   ① 甘水   ② 授與
   ③ 授受   ④ 甘受

정답

01. ㉢   02. ㉣   03. ㉠   04. ㉡   05. 열쇠 건
06. 겸할 겸   07. 겸손할 겸   08. 못 연   09. 받을 수   10. 미인 원
11. 따뜻할 난   12. 뜰 부   13. 劫   14. 脚   15. 颱
16. 怠   17. 翁   18. 似   19. ①   20. ④

Day 18 | 209 ~ 220

209 귀괴괴괴 혼백추[鬼傀愧塊 魂魄醜] - 鬼로 된 한자

鬼
2급 / 총10획 / 부수 鬼

귀신 형상을 생각하고 만들어서 **귀신 귀**

🔊 甶는 머리, 儿은 다리, 厶는 사악함을 나타냄.

鬼神(귀신), 鬼才(귀재), 魔鬼(마귀), 惡鬼(악귀)

傀
2급 / 총12획 / 부수 亻

사람(亻)이 귀신(鬼)에 홀린 것처럼 남에게 조종당하는 허수아비나 꼭두각시니 **허수아비 괴, 꼭두각시 괴**

🔊 꼭두각시 - 주체성 없이 남의 조종에 의하여 행동하는 자의 비유.

傀儡(괴뢰), 傀儡軍(괴뢰군)

愧
2급 / 총13획 / 부수 忄

마음(忄)에 귀신(鬼)에게 벌 받을 것을 걱정하며 부끄러워하니 **부끄러워할 괴**

愧心(괴심), 自愧之心(자괴지심), 慙愧(참괴)

塊
2급 / 총13획 / 부수 土

흙(土)이 귀신(鬼)처럼 이상한 모양으로 뭉친 덩어리니 **덩어리 괴**

🔊 土(흙 토)

塊石(괴석), 金塊(금괴), 銀塊(은괴), 地塊(지괴)

魂
2급 / 총14획 / 부수 鬼

(몸속에 살아서) 말한다는(云) 귀신(鬼) 같은 넋이니 **넋 혼**
또 넋처럼 깊은 마음이니 **마음 혼**

🔊 云(말할 운)

魂靈(혼령), 魂魄(혼백), 招魂(초혼), 鬪魂(투혼)

魄
2급 / 총15획 / 부수 鬼

(몸속에 살아서) 말한다는(白) 귀신(鬼) 같은 넋이니 **넋 백**

🔊 魂은 정신 작용을 하고, 魄은 육체의 생명을 다스린다고 하지요.
🔊 白(흰 백, 밝을 백, 깨끗할 백, 아뢸 백), 아뢰다 - 말씀드려 알리다.

氣魄(기백), 魂魄(혼백), 魂飛魄散(혼비백산)

醜
2급 / 총17획 / 부수 酉

술(酉)을 많이 마신 귀신(鬼)처럼 용모가 추하니 **추할 추**

🔊 酉(술 그릇 유, 술 유, 닭 유, 열째 지지 유)

醜聞(추문), 醜惡(추악), 醜雜(추잡), 陋醜(누추)

210 진진 참(삼)참삼 료류교[珍診 參慘蔘 翏謬膠] - 㐱, 參, 翏으로 된 한자

珍
3급 / 총9획 / 부수 王(玉)

옥(王)을 사람(人)의 머리털(彡)처럼 작은 부분까지 정교하게 다듬은 보배니 **보배 진**

🔊 王(임금 왕, 으뜸 왕, 구슬 옥 변)

珍貴(진귀), 珍羞盛饌(진수성찬), 珍風景(진풍경)

診
2급 / 총12획 / 부수 言

말(言)도 들어보고 사람(人)의 털(彡)까지도 자세히 보며 진찰하니 **진찰할 진**

🔊 言(말씀 언)

診察(진찰), 診斷(진단), 診脈(진맥), 特診(특진)

參
준4급 / 총11획 / 부수 厶

장식품(厺)을 사람(人)이 머리(彡)에 꽂고 행사에 참여하니 **참여할 참**
또 사람 인(人)에 사사 사(厶)와 삐침 별(丿)을 셋씩 썼으니 **석 삼**

🔊 厶('사사 사, 나 사'지만 여기서는 머리에 꽂은 장식품으로 봄), 彡(터럭 삼, 긴 머리 삼), '석 삼'으로는 변조하면 안 되는 계약서 등에 쓰입니다.

參加(참가), 參觀(참관), 參席(참석), 持參(지참)

慘
2급 / 총14획 / 부수 忄

(직접 하지 못하고) 마음(忄)으로만 참여한(參)듯 참혹하니 **참혹할 참**

🔊 참혹(慘酷) - ㉠ 비참하고 끔찍함. ㉡ 지나칠 정도로 한심함. *酷(심할 혹, 독할 혹)

慘劇(참극), 慘憺(참담), 慘變(참변), 悲慘(비참)

蔘
2급 / 총15획 / 부수 艹

풀(艹) 중 병자 세(參) 사람이나 구할 수 있다는 인삼이니 **인삼 삼**

蔘鷄湯(삼계탕), 乾蔘(건삼), 山蔘(산삼), 紅蔘(홍삼)

翏
급외자 / 총11획 / 부수 羽

새 깃(羽)처럼 사람(人)의 머리털(彡)이 높이 나니 **높이 날 료**

🔊 羽(깃 우, 날개 우)

謬
2급 / 총18획 / 부수 言

말(言)이 사실을 떠나 높이 날아(翏) 그릇되게 속이니 **그릇될 류, 속일 류**

謬見(유견), 誤謬(오류), 悖謬(패류)

242

膠
2급 / 총15획 / 부수 月

죽은 동물의 몸(月)을 높은(翏) 온도로 고아서 만든 아교니 **아교 교**

- 아교(阿膠) - 가죽이나 나무를 붙이는 풀.
- 月(달 월, 육 달 월), 阿(아첨할 아, 언덕 아)

膠着(교착), 膠着語(교착어), 膠柱鼓瑟(교주고슬)

---

211 지질치실 도도 옥악 대[至姪致室 到倒 屋握 臺] - 至, 到, 屋으로 된 한자와 臺

至
준4급 / 총6획 / 부수 至

하나(一)의 사사로운(厶) 땅(土)에 이르니 **이를 지**
또 이르러(至) 돌봄이 지극하니 **지극할 지**

- 厶(사사 사, 나 사), 土(흙 토)

至今(지금), 自初至終(자초지종), 至極(지극), 至毒(지독)

姪
3급 / 총9획 / 부수 女

딸(女)처럼 이르러(至) 보살펴야 하는 조카니 **조카 질**

姪女(질녀), 姨姪女(이질녀), 堂姪(당질), 叔姪(숙질)

致
준4급 / 총10획 / 부수 至

지극하게(至) 치며(攵) 지도하면 꿈을 이루고 목표에 이르니 **이룰 치, 이를 치**

- 攵(칠 복, = 攴)

致富(치부), 拉致(납치), 格物致知(격물치지)

室
준5급 / 총9획 / 부수 宀

지붕(宀) 아래 이르러(至) 쉬는 집이나 방이니 **집 실, 방 실**
또 주로 집에서 살림하는 아내도 가리켜서 **아내 실**

- 宀(집 면)

室內(실내), 溫室(온실), 浴室(욕실), 小室(소실)

到
준4급 / 총8획 / 부수 刂

무사히 목적지에 이르려고(至) 위험을 대비하여 칼(刂)을 가지고 이를 정도로 주도면밀하니 **이를 도, 주도면밀할 도**

- 주도면밀(周到綿密) - (주의가) 두루 이르러(미쳐) 자세하고 빈틈이 없음.
*周(두루 주, 둘레 주), 綿(솜 면, 자세할 면, 이어질 면), 密(빽빽할 밀, 비밀 밀)

到達(도달), 殺到(쇄도), 用意周到(용의주도)

倒
3급 / 총10획 / 부수 亻

사람(亻)에 이르는(至) 것이 칼(刂)이면 찔려 넘어지고 거꾸로 되니 **넘어질 도, 거꾸로 도**

- 刂(칼 도 방)

罵倒(매도), 卒倒(졸도), 倒置(도치), 主客顚倒(주객전도)

DAY 18

준4급 / 총9획 / 부수 尸

몸(尸)이 이르러(至) 쉬는 집이니 **집 옥**

◉ 尸(주검 시, 몸 시)

屋上(옥상), 屋上加屋(옥상가옥), 洋屋(양옥)

2급 / 총12획 / 부수 扌

손(扌)으로 집(屋)안일을 잡아 쥐니 **잡을 악, 쥘 악**

握手(악수), 握力(악력), 掌握(장악), 把握(파악)

2급 / 총14획 / 부수 至

좋게(吉) 덮어서(冖) 꾸며 이르도록(至) 만든 대나 누각이니 **대 대, 누각 대**

◉ 吉(길할 길, 상서로울 길), 冖(덮을 멱), 대 – 높고 평평한 건축물.

舞臺(무대), 寢臺(침대), 土臺(토대), 展望臺(전망대)

---

212 요유환 후유윤습[幺幼幻 後幽胤濕] - 幺로 된 한자

幺

급외자 / 총3획 / 부수 幺

작고 어린 아기 모습을 본떠서 **작을 요, 어릴 요**

준3급 / 총5획 / 부수 幺

아직 작은(幺) 힘(力)이라 어리니 **어릴 유**

◉ 力(힘 력)

幼稚(유치), 幼兒(유아), 長幼有序(장유유서)

2급 / 총4획 / 부수 幺

작은(幺) 힘(力)에서 또 일부(丿)가 빠지면 보이는 허깨비니 **허깨비 환**

◉ 힘이 빠지고 기력이 쇠하지면 허깨비가 보이지요. 허깨비 – ㉠ 기(氣)가 허하여 착각이 일어나 없는데 있는 것처럼, 또는 다른 것처럼 보이는 물체. ㉡ 생각한 것보다 아주 가벼운 물건. 여기서는 ㉠의 뜻
◉ 丿['삐침 별'이지만 여기서는 힘 력(力)의 일부로 봄] 氣(기운 기, 대기 기)

幻滅(환멸), 幻想(환상), 幻影(환영), 幻聽(환청)

5급 / 총9획 / 부수 彳

조금씩 걷고(彳) 조금(幺)씩 천천히 걸으면(夊) 뒤지고 늦으니 **뒤 후, 늦을 후**

◉ 彳(조금 걸을 척), 夊(천천히 걸을 쇠, 뒤져 올 치)

後繼(후계), 後光(후광), 背後(배후), 前後(전후)

幽
2급 / 총9획 / 부수 幺

산(山)속에 작고(幺) 작은(幺) 것이 잘 보이지 않게 숨어 그윽하니
숨을 유, 그윽할 유

- 그윽하다 – 깊숙하여 아늑하고 고요하다.

幽獨(유독), 幽靈(유령), 深山幽谷(심산유곡)

胤
2급 / 총9획 / 부수 月

어린(幺) 몸(月)이라도 대를 잇는 사람(儿)인 맏아들이나 자손이니
맏아들 윤, 자손 윤

- 儿(사람 인 발, 어진 사람 인)

胤子(윤자), 胤嗣(윤사)

濕
2급 / 총17획 / 부수 氵

물(氵)이 햇(日)빛이나 작고(幺) 작은(幺) 불(灬)빛처럼 스며들어 젖으니 **젖을 습**

- 灬(불 화 발)

濕氣(습기), 濕度(습도), 濕疹(습진), 高溫多濕(고온다습)

---

213 기 기기 계단[畿 幾機 繼斷] - 畿와 幾, 㡭로 된 한자

畿
3급 / 총15획 / 부수 田

서울에서 얼마(幾) 떨어지지 않은 밭(田) 같은 땅이 경기니 **경기 기**

- 경기(京畿) – 왕도(王都)의 둘레 500리(里) 이내의 땅.
- 幾[몇 기, 기미 기(幾)의 획 줄임], 田(밭 전), 京(서울 경), 王(임금 왕, 으뜸 왕, 구슬 옥 변), 都(도시 도, 모두 도)

畿伯(기백), 畿甸(기전), 畿湖(기호)

幾
준3급 / 총12획 / 부수 幺

(아직은 멀어서) 작고(幺) 작게(幺) 보이는 창(戈)과 사람(人)이지만 몇이나 되는지 살피는 기미니 **몇 기, 기미 기**

- 기미(幾微·機微) – (앞일에 대한 다소 막연한 예상이나 짐작이 들게 하는) 몇 가지 작은 조짐. 낌새.
- 戈(창 과), 微(작을 미)

幾十(기십), 幾何(기하), 幾何級數(기하급수)

機
3급 / 총16획 / 부수 木

나무(木) 몇(幾) 개로 얽어 만든 베틀이니 **베틀 기**
또 베틀 같이 짜인 기계나 기회니 **기계 기, 기회 기**

- 木(나무 목)

斷機之戒(단기지계), 機械(기계), 機會(기회), 契機(계기)

繼
준3급 / 총20획 / 부수 糸

실(糸)로 상자(𠃊) 속이나 밖을 조금(幺)씩 이으니 **이을 계**

🔊 𠃊[상자 방(匚)의 변형]

繼續(계속), 繼承(계승), 繼走(계주), 後繼(후계)

斷
준3급 / 총18획 / 부수 斤

상자(𠃊)의 물건을 조금(幺)씩 꺼내어 도끼(斤)로 끊으니 **끊을 단**
또 끊듯이 무슨 일을 결단하니 **결단할 단**

🔊 斤(도끼 근, 저울 근)

斷念(단념), 斷食(단식), 決斷(결단), 勇斷(용단)

°214 해계계 향향[奚溪鷄 鄕響] - 奚, 鄕으로 된 한자

奚
2급 / 총10획 / 부수 大

손톱(爫)으로는 작고(幺) 큰(大) 일을 어찌할 수 없으니 **어찌 해**
또 손톱(爫)으로라도 작고(幺) 큰(大) 일을 해야 하는 종이니 **종 해**

🔊 爫(손톱 조), 幺(작을 요, 어릴 요)

奚暇(해가), 奚必(해필), 奚琴(해금)

溪
4급 / 총13획 / 부수 氵

물(氵)이라고 어찌(奚) 말할 수 없는 작은 시내니 **시내 계**

溪谷(계곡), 碧溪水(벽계수), 淸溪(청계)

鷄
준3급 / 총21획 / 부수 鳥

(닭은 날지 못하니) 어찌(奚) 새(鳥)란 말인가에서 **닭 계**

🔊 鳥(새 조)

群鷄一鶴(군계일학), 蔘鷄湯(삼계탕), 養鷄(양계), 肉鷄(육계)

鄕
4급 / 총13획 / 부수 阝

어린(彡) 시절 흰(白) 쌀밥을 숟가락(匕)으로 먹으며 살던 시골 고을(阝)이 고향이니
시골 향, 고향 향

📖 卿(벼슬 경) - 제목번호 150

🔊 彡[작을 요, 어릴 요(幺)의 변형], 白(흰 백, 밝을 백, 깨끗할 백, 아뢸 백), 匕(비수 비, 숟가락 비), 阝(고을 읍 방)

故鄕(고향), 鄕愁(향수), 愛鄕(애향), 錦衣還鄕(금의환향)

響
3급 / 총22획 / 부수 音

시골(鄕)에서 소리(音)치면 메아리가 울리듯 울리니 **울릴 향**

🔊 音(소리 음)

反響(반향), 影響(영향), 音響(음향), 交響曲(교향곡)

215 률(솔) 축축 악(락·요)약 [率 畜蓄 樂藥] - 率과 畜, 樂으로 된 한자

率
2급 / 총11획 / 부수 玄

우두머리(亠)가 작은(幺) 사람을 양쪽에 둘(><)씩, 아래에 열(十)의 비율로 거느리니
비율 률, 거느릴 솔
또 잘 거느리려고 솔직하니 **솔직할 솔**

🔊 亠(머리 부분 두)

比率(비율), 換率(환율), 引率(인솔), 率直(솔직)

畜
2급 / 총10획 / 부수 田

머리(亠) 작은(幺) 어린 짐승을 밭(田)에서 기르니 **기를 축**
또 이렇게 기르는 가축이니 **가축 축**

🔊 田(밭 전)

畜舍(축사), 畜産業(축산업), 畜協(축협), 家畜(가축)

蓄
2급 / 총14획 / 부수 ++

풀(++)을 가축(畜)에게 먹이려고 모아 쌓으니 **모을 축, 쌓을 축**

蓄財(축재), 蓄積(축적), 備蓄(비축), 貯蓄(저축)

樂
5급 / 총15획 / 부수 木

(악기의 대표인) 북(白)을 작고(幺) 작은(幺) 실로 나무(木) 받침대 위에 묶어놓고 치며 풍류를 즐기며 좋아하니 **풍류 악, 즐길 락, 좋아할 요**

🔊 白('흰 백, 밝을 백, 깨끗할 백, 아뢸 백'이지만 여기서는 북의 모습으로 봄)

樂器(악기), 音樂(음악), 快樂(쾌락), 樂山樂水(요산요수)

藥
5급 / 총19획 / 부수 ++

풀(++) 중에 환자에게 좋은(樂) 성분이 있는 약이니 **약 약**

🔊 옛날에는 대부분 풀에서 약을 구했지요.

藥局(약국), 藥水(약수), 藥效(약효), 藥草(약초)

216 5현 4자 [玄絃炫鉉弦 玆磁滋慈] - 玄, 玆 된 한자

玄
2급 / 총5획 / 부수 玄

머리(亠) 아래 작은(幺) 것이 검고 오묘하니 **검을 현, 오묘할 현, 성 현**

🔊 오묘(奧妙)하다 – 심오하고 묘하다. *奧(속 오), 妙(묘할 묘, 예쁠 묘)

玄米(현미) ↔ 白米(백미), 玄武巖(현무암), 玄關(현관)

DAY 18

絃
3급 / 총11획 / 부수 糸

실(糸) 중 퉁기면 **오묘한(玄)** 소리를 내는 악기 줄이니 **악기 줄 현**

🔊 糸(실 사, 실 사 변)

絃歌(현가), 絃樂器(현악기), 管絃樂(관현악)

炫
2급 / 총9획 / 부수 火

불(火)은 **깜깜한(玄)** 곳일수록 빛나고 밝으니 **빛날 현, 밝을 현**

🔊 火(불 화)

炫耀(현요), 炫惑(현혹), 炫煌(현황)

鉉
2급 / 총13획 / 부수 金

쇠(金)로 된 **검은(玄)** 솥귀니 **솥귀 현**

🔊 金(쇠 금, 금 금, 돈 금, 성 김), 솥에는 귀가 셋이 있어 이 부분을 아궁이에 걸어 밑에 불을 땠으니 검었지요.

鉉席(현석) – 삼공(三公 – 삼정승)의 지위. *席(자리 석)

弦

2급 / 총8획 / 부수 弓

활(弓)을 맨 **검은(玄)** 줄이 활시위니 **활시위 현**

🔊 弓(활 궁), 활시위 – 활 줄.

弦琴(현금), 弦矢(현시), 上弦(상현) ↔ 下弦(하현)

茲
2급 / 총10획 / 부수 玄

검은(玄)빛 두 개가 겹쳐 더 검으니 **검을 자**

또 검으면 눈에 잘 보이니 가까운 것을 가리키는 지시 대명사로도 쓰여 **이 자**

🔊 위에 초 두(艹)가 있는 것처럼 보이나 실제는 검을 현(玄) 둘입니다.

茲白(자백), 今茲(금자), 念念在茲(염념재자)

磁
2급 / 총14획 / 부수 石

돌(石) 중 **이렇게(茲)** 쇠를 끌어당기는 자석이니 **자석 자**

또 돌(石)처럼 **검게(茲)** 구워 만든 사기그릇이니 **사기그릇 자**

🔊 石(돌 석), 茲[검을 자, 이 자(茲)의 약자]

磁石(자석), 磁極(자극), 靑磁·靑瓷(청자)

滋
2급 / 총12획 / 부수 氵

(과일이나 채소가) 물(氵) 같은 형태로 영양분을 빨아들여 **이렇게(茲)** 불어나고 맛도 드니 **불을 자, 맛 자**

滋味(자미), 滋甚(자심), 滋液(자액), 滋養分(자양분)

慈
준3급 / 총13획 / 부수 心

속이 **검게(茲)** 타도 변치 않는 마음(心)으로 사랑해주는 어머니니 **사랑 자, 어머니 자**

🔊 心(마음 심, 중심 심)

慈悲(자비), 仁慈(인자), 慈堂(자당), 慈親(자친)

217 사사삭(색) 길결철 [糸絲索 吉結喆] - 糸, 吉로 된 한자

糸
부수자 / 총6획 / 부수 糸

실을 감아놓은 실타래를 본떠서 **실 사, 실 사 변**

🔊 타래 - 사리어 뭉쳐 놓은 실이나 노끈 따위의 뭉치.

絲
4급 / 총12획 / 부수 糸

실타래의 실이 겹쳐진 모양을 본떠서 **실 사**

原絲(원사), 一絲不亂(일사불란), 鐵絲(철사)

索
3급 / 총10획 / 부수 糸

많이(十) 꼬아서(冖) 만든 동아줄(糸)이니 **동아줄 삭**
또 동아줄로 묶어두었다가 잃으면 찾으니 **찾을 색**
또 누구를 찾아야 할 정도로 쓸쓸하니 **쓸쓸할 삭**

🔊 冖('덮을 멱'이지만 여기서는 꼬는 모습으로 봄)

索道(삭도), 索出(색출), 檢索(검색), 索寞(삭막)

吉
준4급 / 총6획 / 부수 口

선비(士)처럼 말하면(口) 길하고 상서로우니 **길할 길, 상서로울 길, 성 길**

🔊 길하다 - 운이 좋거나 일이 상서롭다.
🔊 상서(祥瑞)롭다 - 복되고 좋은 일이 있을 듯하다.
🔊 士(선비 사), 口(입 구, 구멍 구, 말할 구), 祥(상서로울 상), 瑞(상서로울 서)

吉運(길운), 吉日(길일), 吉兆(길조), 吉凶(길흉)

結
준4급 / 총12획 / 부수 糸

실(糸)로 좋게(吉) 맺으니 **맺을 결**

結果(결과), 結論(결론), 結婚(결혼), 凝結(응결)

喆
2급 / 총12획 / 부수 口

길할 길(吉)을 두 번 써서 길하고 밝음을 강조하여 **밝을 철**

원 哲 - 제목번호 278

前喆(전철) *電鐵(전철), *前轍(전철), 賢喆(현철)

218 련변만 만만 섭 [戀變蠻 彎灣 燮] - 䜌, 彎으로 된 한자와 燮

戀
3급 / 총23획 / 부수 心

실(絲)처럼 계속 말(言)과 마음(心)이 이어가며 사모하니 **사모할 련**

🔊 絲(실 사), 言(말씀 언), 心(마음 심, 중심 심)

戀慕(연모), 戀人(연인), 戀情(연정), 悲戀(비련)

變
4급 / 총23획 / 부수 言

실(絲)처럼 길게 말하며(言) 치면(攵) 변하니 **변할 변**

- 変 – 역시(亦) 세상 만물은 또한(又) 변하니 '변할 변'
  変 – 또(亦) 천천히(夂) 변하니 '변할 변'
- 攵(칠 복, = 攴), 亦(또 역), 又(오른손 우, 또 우), 夂(천천히 걸을 쇠, 뒤져올 치)

變更(변경), 變動(변동), 變遷(변천), 變化(변화)

蠻
2급 / 총25획 / 부수 虫

실(絲)처럼 말(言)이 길고 행동이 벌레(虫) 같은 오랑캐니 **오랑캐 만**

- 虫(벌레 충), 오랑캐 – ㉠ 예전에, 두만강 일대의 만주 지방에 살던 여진족을 멸시하여 이르던 말. ㉡ '이민족(異民族)'을 낮잡아 이르는 말로, 예의범절을 모르고 야만스럽다고 여겼음.

蠻勇(만용), 蠻行(만행), 野蠻(야만)

彎
사범 / 총22획 / 부수 弓

실(絲)처럼 길게 말하고(言) 행동은 활(弓)처럼 굽으니 **굽을 만**

- 弓(활 궁)

灣
2급 / 총25획 / 부수 氵

물(氵)이 육지로 굽어(彎) 들어온 물굽이니 **물굽이 만**

- 육지가 바다 쪽으로 뻗어 나가면 반도(半島), 굽어 들어오면 만(灣)입니다.

迎日灣(영일만), 港灣(항만), 臺灣(대만)

燮
2급 / 총17획 / 부수 火

불(火)처럼 따뜻이 말하고(言) 불(火)처럼 또(又) 마음을 쓰며 온화하게 화해하니 **온화할 섭, 화해할 섭**

- 온화(溫和)하다 – (날씨나 바람·마음 따위가) 따뜻하다.
- 又(오른손 우, 또 우), 溫(따뜻할 온, 익힐 온), 和(화목할 화)

燮理(섭리), 燮伐(섭벌), 燮和(섭화)

---

219 계계 손손 현현[系係 孫遜 縣懸] - 系, 孫, 縣으로 된 한자

系
3급 / 총7획 / 부수 糸

하나(丿)의 실(糸)처럼 이어 매진 혈통이니 **이어 맬 계, 혈통 계**

- 丿('삐침 별'이지만 여기서는 하나로 봄), 糸(실 사, 실 사 변)

系列(계열), 直系卑屬(직계비속), 母系(모계)

係
3급 / 총9획 / 부수 亻

사람(亻)들이 이어 매(系) 묶으니 **맬 계, 묶을 계**

因果關係(인과관계), 係員(계원), 係長(계장)

孫 5급 / 총10획 / 부수 子	아들(子)의 대를 이어주는(系) 손자니 **손자 손, 성 손** 🔊 子(아들 자, 첫째 지지 자, 자네 자, 접미사 자) 孫子(손자), 代代孫孫(대대손손), 祖孫(조손)
遜 2급 / 총14획 / 부수 辶	손자(孫)처럼 따르며(辶) 겸손하니 **겸손할 손** 또 손자(孫)처럼 어린 사람이 따라가며(辶) 만들어 뒤떨어지니 **뒤떨어질 손** 🔊 辶(뛸 착, 갈 착) 遜避(손피), 恭遜(공손), 不遜(불손), 遜色(손색)
縣 2급 / 총16획 / 부수 糸	한 눈(目)에 덮어(乚) 바라볼 정도로 조금(小)씩 혈통(系)이 같은 사람들이 모여 사는 고을이니 **고을 현** 🔊 目(눈 목, 볼 목, 항목 목), 乚(감출 혜, 덮을 혜, = 匸), 현(縣) – ㉠ 지방 행정 구획의 하나. ㉡ 우리나라 도에 해당하는 일본의 지방 행정 구획의 하나. ㉢ 성의 하나. 縣監(현감), 縣令(현령), 縣吏(현리)
懸 2급 / 총20획 / 부수 心	고을(縣)에서 마음(心) 나쁜 자들을 매달고 멀리하니 **매달 현, 멀 현** 🔊 心(마음 심, 중심 심) 懸賞金(현상금), 懸垂幕(현수막), 懸案(현안), 懸隔(현격)

220 복외박부부 정정정[卜外朴訃赴 貞楨偵] - 卜, 貞으로 된 한자

卜 3급 / 총2획 / 부수 卜	(불태워 갈라진 모양으로 점치던) 거북이 등껍데기 모양을 본떠서 **점 복** 卜居(복거), 卜吉(복길), 卜年(복년), 卜債(복채)
外 6급 / 총5획 / 부수 夕	저녁(夕)에 점(卜)치러 나가던 밖이니 **밖 외** 🔊 옛날 사람들은 운수를 미리 알고 운수대로 조심하기 위하여 저녁마다 다음날의 운수를 점쳤다네요. 🔊 夕(저녁 석) 外勤(외근), 外貌(외모), 外遊(외유), 內憂外患(내우외환)
朴 5급 / 총6획 / 부수 木	나무(木) 껍질이나 점(卜)칠 때 쓰는 거북 등처럼 갈라진 모양으로 순박하니 **순박할 박, 성 박** 儉朴(검박), 素朴(소박), 淳朴(순박), 質朴(질박)

訃
2급 / 총9획 / 부수 言

말(言)로 살아생전에 알았던 사람을 점(卜)치듯 가려서 알리는 부고니 **부고 부**

🔊 부고(訃告) - 사람이 죽은 것을 알리는 통지. *告(알릴 고, 뵙고 청할 곡)

訃聞(부문), 訃報(부보), 訃信(부신), 訃音(부음)

赴
2급 / 총9획 / 부수 走

달려(走) 목적지에 다다라 점(卜)친 것을 알리니 **다다를 부, 알릴 부**

🔊 走(달릴 주, 도망갈 주)

赴任(부임), 赴援(부원), 赴告(부고)

貞
준3급 / 총9획 / 부수 貝

점(卜)치듯 요모조모 따져 재물(貝)을 씀이 곧으니 **곧을 정**

🔊 貝(조개 패, 재물 패)

貞潔(정결), 貞烈(정렬), 貞淑(정숙), 貞操(정조)

楨
2급 / 총13획 / 부수 木

나무(木) 중 곧고(貞) 단단한 광나무로 만든 기둥이니 **광나무 정, 기둥 정**

🔊 木(나무 목), 광나무 - 물푸레나뭇과의 상록 활엽 교목.

楨幹(정간) - 담을 쌓을 때에 양편에 세우는 나무 기둥으로, ㉠ 나무의 으뜸이 되는 줄기. ㉡ 사물의 근본을 이르는 말. *幹(간부 간, 줄기 간)

偵
2급 / 총11획 / 부수 亻

사람(亻)들이 곧게(貞) 일하는지 정탐하니 **정탐할 정**

🔊 정탐(偵探)하다 - 드러나지 않은 사정을 몰래 살펴 알아내다. *探(찾을 탐)

偵察(정찰), 偵探(정탐), 探偵(탐정)

▎TIP

〈한자어는 먼저 글자대로 직역(直譯)해 보세요〉
사전에는 한자어도 의역만 되어 있어 한자를 알아도 잘 적용하지 못하는 경우가 많지요? 이제부터는 먼저 글자대로 직역(直譯)해 보고, 뒤에 의역(意譯)해 보는 습관을 들이세요. 그러면 한자와 그 말의 뜻을 분명히 알게 됩니다. 처음에는 좀 힘들고 어렵지만 이런 습관을 들이면 얼마 되지 않아서 한자박사, 어휘박사가 되실 거예요.

* 直(곧을 직, 바를 직), 譯(번역할 역), 意(뜻 의). 직역(直譯) - '곧게 번역함'으로, 외국어로 된 말을 글자대로 충실히 번역함. 의역(意譯) - '뜻으로 번역함'으로, 개개의 글자나 단어, 구절에 너무 구애되지 않고 전체의 뜻을 살리는 번역.

Day 18 | 확인문제

01~04 다음 한자에 해당하는 훈음을 오른쪽에서 찾아 연결하세요.

01. 縣 •   • ㉠ 약 약
02. 遜 •   • ㉡ 오랑캐 만
03. 蠻 •   • ㉢ 고을 현
04. 藥 •   • ㉣ 겸손할 손

05~12 다음 漢字의 훈(뜻)과 음(소리)을 쓰세요.

05. 貞 (   )   06. 偵 (   )
07. 變 (   )   08. 絲 (   )
09. 響 (   )   10. 鷄 (   )
11. 溪 (   )   12. 繼 (   )

13~18 다음 훈음에 맞는 漢字를 쓰세요.

13. 귀신 귀 (   )   14. 추할 추 (   )
15. 인삼 삼 (   )   16. 진찰할 진 (   )
17. 그릇될 류(   )   18. 누각 대 (   )

19~20 다음 문장 중 ( ) 안에 들어갈 한자어로 알맞은 것은?

19. 신이 인간에게 언제나 (   )롭지는 않다.
    ① 滋味   ② 慈悲
    ③ 慈親   ④ 滋甚

20. 동요를 들으면서 나는 행복했던 어린 시절의 (   )에 젖어 들었다.
    ① 香水   ② 鄕愁
    ③ 享受   ④ 享壽

정답

01. ㉢   02. ㉣   03. ㉡   04. ㉠   05. 곧을 정
06. 정탐할 정   07. 변할 변   08. 실 사   09. 울릴 향   10. 닭 계
11. 시내 계   12. 이을 계   13. 鬼   14. 醜   15. 蔘
16. 診   17. 謬   18. 臺   19. ②   20. ②

Day 19 | 221 ~ 233

221 점점 종종 찬찬찬 찬[占店 從縱 粲燦璨 餐] - 占, 從, 粲으로 된 한자와 餐

占
3급 / 총5획 / 부수 卜

점(卜)쳐서 말하니(口) 점칠 **점**
또 표지판(卜)을 땅(口)에 세우고 점령하니 점령할 **점**

占卦(점괘), 占術(점술), 占領(점령), 獨占(독점)

店
준4급 / 총8획 / 부수 广

집(广)에 점령하듯(占) 물건을 진열하여 파는 가게니 가게 **점**

🔊 广(집 엄)

飯店(반점), 商店(상점), 書店(서점), 酒店(주점)

從
준3급 / 총11획 / 부수 彳

걸어서(彳) 두 사람(人人) 중 점쳐(卜) 고른 사람(人)을 좇아 따르니
좇을 **종**, 따를 **종**

🔊 彳(조금 걸을 척), 옛날에는 점을 많이 쳐서 점과 관련된 한자가 많답니다.

追從(추종), 從屬(종속), 從多數(종다수), 順從(순종)

縱
2급 / 총17획 / 부수 糸

실(糸)을 따라(從) 세로로 놓으니 세로 **종**, 놓을 **종**

🔊 糸(실 사, 실 사 변)

縱斷(종단) ↔ 橫斷(횡단), 縱橫無盡(종횡무진), 放縱(방종)

粲
1급 / 총13획 / 부수 米

점(卜)치듯 가려 저녁(夕)마다 또(又) 쌀(米)을 정미하여 고우니 정미 **찬**, 고울 **찬**

🔊 정미(精米) - 쌀을 찧음.
🔊 쌀은 겉 부분에 영양소가 많으니 너무 찧으면 건강에 좋지 않고 덜 찧으면 먹기에 거치니 잘 가려 찧어야 하지요.
🔊 米(쌀 미), 精(정밀할 정, 찧을 정)
🔊 1급, 사범, 급외자, 부수자 - 어원 풀이를 위한 참고자로 8~2급 선정 한자에는 포함되지 않습니다.

燦
2급 / 총17획 / 부수 火

불(火)이 곱게(粲) 빛나니 빛날 **찬**

🔊 火(불 화)

燦爛(찬란), 燦然(찬연), 豪華燦爛(호화찬란)

璨
2급 / 총17획 / 부수 王(玉)

옥(王)에서 나는 고운(粲) 옥빛처럼 빛나니 **옥빛 찬, 빛날 찬**

- 王(임금 왕, 으뜸 왕, 구슬 옥 변)
- 인·지명용 한자.

餐
2급 / 총16획 / 부수 食

몸에 좋고 나쁨을 점(卜)치듯 가려 저녁(夕)마다 또(又) 먹는(食) 밥이니 **먹을 찬, 밥 찬**

- 동 湌 - 물(氵)에 밥(食) 말아 먹으니 '먹을 찬, 밥 찬'
- 夕(저녁 석), 又(오른손 우, 또 우), 食(밥 식, 먹을 식)

晩餐(만찬), 午餐(오찬), 朝餐(조찬)

---

222 흑점묵묵 훈훈훈[黑點默墨 熏薰勳] - 黑, 熏으로 된 한자

黑
준4급 / 총12획 / 부수 黑

굴뚝(里)처럼 불(灬) 때면 그을려 검으니 **검을 흑**

- 里(구멍 뚫린 굴뚝의 모양), 灬(불 화 발)

黑白(흑백), 黑字(흑자), 近墨者黑(근묵자흑)

點
준3급 / 총17획 / 부수 黑

검게(黑) 점령하듯(占) 찍은 점이니 **점 점**

點檢(점검), 點數(점수), 點綴(점철), 得點(득점)

默
2급 / 총16획 / 부수 黑

캄캄하고(黑) 개(犬)도 짖지 않는 밤처럼 말없이 잠잠하니 **말없을 묵, 잠잠할 묵**

- 犬(개 견)

默過(묵과), 默默不答(묵묵부답), 默認(묵인), 沈默(침묵)

墨
준3급 / 총15획 / 부수 土

검은(黑) 흙(土)으로 만든 먹이니 **먹 묵**

- 土(흙 토)

墨畫(묵화), 水墨畫(수묵화), 白墨(백묵)

熏
2급 / 총14획 / 부수 灬

천(千) 갈래로 퍼지는 검은(黑) 연기에 그을리니 **연기 훈, 그을릴 훈**

- 동 燻 - 불(火)이 타면서 나는 연기(熏)로 그을리니 '연기 훈, 그을릴 훈'
- 千(일천 천, 많을 천)

熏製(훈제), 熏肉(훈육), 熏蒸(훈증), 熏香(훈향)

DAY 19

薰
2급 / 총18획 / 부수 ++

풀(++) 중 **연기(熏)**처럼 향 풀에서 향내 나니 **향 풀 훈, 향내 날 훈**

薰氣(훈기), 薰風(훈풍), 薰薰(훈훈)

勳
2급 / 총16획 / 부수 力

연기(熏)처럼 솟아오르는 **힘(力)**으로 이룬 공이니 **공 훈**

🔊 力(힘 력)

勳舊(훈구), 勳章(훈장), 功勳(공훈), 報勳(보훈)

---

223 상 하변 조초 탁도[上 下卞 早草 卓悼] - 上과 下, 早, 卓으로 된 한자

上
8급 / 총3획 / 부수 一

일정한 **기준(一)**보다 위로 오르니 **위 상, 오를 상**

浮上(부상), 雪上加霜(설상가상), 上官(상관), 上京(상경)

下
8급 / 총3획 / 부수 一

일정한 **기준(一)**보다 아래로 내리니 **아래 하, 내릴 하**

下意上達(하의상달), 上濁下不淨(상탁하부정), 下山(하산)

卞
2급 / 총4획 / 부수 卜

아래(下)에서 위를 뚫을 정도로 조급하니 **조급할 변, 성 변**

🔊 원래는 머리 부분 두(亠)와 점 복(卜)으로 나뉘어, '머리(亠)로 점(卜)괘를 생각해야 할 정도로 조급하니 조급할 변, 성 변'입니다.

卞急(변급), 抗卞(항변)

早
준4급 / 총6획 / 부수 日

해(日)가 **지평선(一)** 위로 **떠오르는(丨)** 아침 일찍이니 **일찍 조**

🈯 旱(가물 한) - 제목번호 030

早期(조기), 早老(조로), 早退(조퇴), 早婚(조혼)

草
준5급 / 총10획 / 부수 ++

(대부분의) **풀(++)**은 **이른(早)** 봄부터 돋아나니 **풀 초**

🔊 부수로 쓰일 때는 ++의 형태로 대부분 글자의 머리에 쓰이므로 머리 두(頭)를 붙여 '초 두'라 부르지요.

草家(초가), 草木(초목), 山川草木(산천초목)

卓
준3급 / 총8획 / 부수 十

점(卜)치듯 미리 생각하여 **일찍(早)**부터 일하면 높고 뛰어나니
높을 탁, 뛰어날 탁
또 높게 만든 탁자니 **탁자 탁, 성 탁**

🔊 卜(점 복)

卓見(탁견), 卓越(탁월), 卓子(탁자), 卓球(탁구)

悼
2급 / 총11획 / 부수 忄

마음(忄)에 **높아진(卓)** 감정으로 슬퍼하니 **슬퍼할 도**

🔊 슬프면 마음이 격해지지요.

悼歌(도가), 悼詞(도사), 哀悼(애도), 追悼(추도)

---

224 지지지기 긍치 어어[止祉址企 肯齒 御禦] - 止, 御로 된 한자

止
준4급 / 총4획 / 부수 止

그쳐 있는(서 있는) 두 발의 정강이와 발을 본떠서 **그칠 지**

🔊 정강이 - 아랫다리 앞쪽의 뼈가 있는 부분.

止血(지혈), 禁止(금지), 防止(방지), 停止(정지)

祉
2급 / 총9획 / 부수 示

신(示)이 **머물러(止)** 위해 주는 복이니 **복 지**

🔊 示(보일 시, 신 시)

福祉(복지), 祥祉(상지)

址
2급 / 총7획 / 부수 土

땅(土) 중 건물이 **머물렀던(止)** 터니 **터 지**

🔊 土(흙 토)

寺址(사지), 史蹟址(사적지)

企
3급 / 총6획 / 부수 人

사람(人)이 **멈추어(止)** 서서 무엇을 바라며 꾀하니 **바랄 기, 꾀할 기**

🔊 꾀하다 - 어떤 일을 이루려고 뜻을 두거나 힘을 쓰다.

企待(기대), 企圖(기도), 企業(기업), 企劃(기획)

肯
2급 / 총8획 / 부수 月

일을 **그치고(止)** **몸(月)**을 쉬며 즐기니 **즐길 긍**
또 즐기며 그러하다고 긍정하니 **긍정할 긍**

🔎 背(등 배, 등질 배) - 제목번호 316

🔊 月(달 월, 육 달 월)

肯可(긍가), 肯意(긍의), 首肯(수긍)

DAY 19

齒
4급 / 총15획 / 부수 齒

그쳐(止) 윗니(人人)와 나란히(一) 아랫니(人人)가 벌린 입(凵) 속에 있는 이니
이 치

또 (옛날에) 이의 숫자로 알았던 나이니 **나이 치**

🔊 凵(입 벌릴 감, 그릇 감), 옛날에는 이(齒)의 숫자로 나이를 짐작해서 어른을 정하였다지요.

齒牙(치아), 齒藥(치약), 蟲齒(충치), 年齒(연치)

御

2급 / 총12획 / 부수 彳

가다가(彳) 정오(午)쯤 그쳐(止) 무릎 꿇고(卩) 쉬게 하며 말을 어거하고 다스리니
어거할 어, 다스릴 어

🔊 어거(馭車)하다 - 수레를 메운 소나 말을 부리어 몰다.
🔊 彳(조금 걸을 척), 午(말 오, 일곱째 지지 오, 낮 오), 卩(무릎 꿇을 절, 병부 절, = 㔾), 馭(말부릴 어)

制御(제어), 御命(어명), 御使(어사), 御用(어용)

禦
2급 / 총16획 / 부수 示

다스려(御) 보이지(示) 않게 막으니 **막을 어**

🔊 示(보일 시, 신 시)

禦冬(어동), 禦敵(어적), 防禦(방어) ↔ 攻擊(공격)

---

225 보섭사 무부[步涉徙 武賦] - 步, 武로 된 한자

步
5급 / 총7획 / 부수 止

한 발은 **멈추고(止)** 다른 발은 **조금씩(少)** 옮기는 것을 반복하며 걷는 걸음이니
걸음 보

🔊 少[적을 소, 젊을 소(少)의 획 줄임], 한발 한발 걷는 모습을 생각하고 만든 글자.

步幅(보폭), 步行(보행), 速步(속보), 進步(진보)

涉
3급 / 총10획 / 부수 氵

물(氵)길을 걸어(步) 건너니 **건널 섭**

또 자기 역할의 범위를 건너 간섭하거나 섭렵하니 **간섭할 섭, 섭렵할 섭**

🔊 涉獵(섭렵) - 많은 책을 널리 읽거나 여기저기 찾아다니며 경험함을 이르는 말.

涉歷(섭력), 涉外(섭외), 干涉(간섭), 交涉(교섭)

徙
2급 / 총11획 / 부수 彳

가서(彳) 멈추어(止) 살 곳을 점쳐(卜) 사람(人)이 옮기니 **옮길 사**

🔊 彳(조금 걸을 척), 卜(점 복)

徙植(사식), 移徙(이사), 徙家忘妻(사가망처)

武
준4급 / 총8획 / 부수 止

하나(一)의 주살(弋)로도 적의 침략을 **그치게**(止) 하는 군사니 **군사 무**
또 군사들이 사용하는 무기니 **무기 무**

◀ 弋(주살 익)

武功(무공), 武力(무력), 武裝(무장), 文武(문무)

賦
2급 / 총15획 / 부수 貝

재물(貝)을 무력(武)으로 세금 거두어 필요한 곳에 주니 **세금 거둘 부, 줄 부**
또 무슨 일에 써 주는 문체 이름이니 **문체 이름 부**

◀ 貝(조개 패, 재물 패)

賦課(부과), 賦與(부여), 天賦(천부), 赤壁賦(적벽부)

226 주도 기월추[走徒 起越趣] - 走로 된 한자

走
4급 / 총7획 / 부수 走

땅(土)을 점(卜)치듯 **사람**(人)이 가려 디디며 달리고 도망가니 **달릴 주, 도망갈 주**

◀ 土(흙 토), 卜(점 복)

走行(주행), 繼走(계주), 滑走路(활주로), 逃走(도주)

徒
4급 / 총10획 / 부수 彳

한갓 걷거나(彳) 달리는(走) 무리니 **한갓 도, 걸을 도, 무리 도**

◀ 彳(조금 걸을 척), 한갓 - 다른 것 없이 겨우.

無爲徒食(무위도식), 徒步(도보), 信徒(신도)

起
4급 / 총10획 / 부수 走

달리려고(走) 몸(己)이 일어나니 **일어날 기**
또 일어나 시작하니 **시작할 기**

◀ 己(몸 기, 자기 기)

起床(기상), 起死回生(기사회생), 起工(기공), 起源(기원)

越
2급 / 총12획 / 부수 走

달려(走)가며 도끼(戉)로 협박하면 달아나려고 뛰어넘으니 **넘을 월, 월나라 월**

◀ 戉 - 창(戈)처럼 아래로 찍는(↓) 도끼 '도끼 월' - 급수 외 한자

越權(월권), 移越(이월), 追越(추월), 吳越同舟(오월동주)

##
2급 / 총17획 / 부수 走

달려(走)가 꼴(芻)을 먹으려고 달리니 **달릴 추**

◀ 芻 - 베어 싸(勹) 놓은 풀(屮)과 싸(勹) 놓은 풀(屮)을 합쳐서 '꼴 추'
◀ 勹(쌀 포), 屮(싹 날 철, 풀 초), 꼴 - ㉠ 사물의 생김새나 됨됨이. ㉡ 마소에 먹이는 풀. 여기서는 ㉡의 뜻.

趨步(추보), 趨附(추부), 趨勢(추세), 歸趨(귀추)

DAY 19

227 연탄 4정[延誕 廷珽艇庭] - 延, 廷으로 된 한자

延
3급 / 총7획 / 부수 廴

삐뚤어져(丿) 하던 일을 그치고(止) 길게 걸으면서(廴) 끌고 늘이니
끌 연, 늘일 연, 성씨 연

- 丿(삐침 별), 止 [그칠 지(止)의 변형], 廴(길게 걸을 인)
- 延期(연기), 延長(연장), 延滯(연체), 遲延(지연)

誕
2급 / 총14획 / 부수 言

말(言)을 늘이듯(延) 길게 울면서 태어나니 **태어날 탄**

- 言(말씀 언), 아이가 울면서 태어남을 생각하고 만든 글자.
- 誕降(탄강), 誕生(탄생), 聖誕(성탄), 聖誕節(성탄절)

廷
3급 / 총7획 / 부수 廴

걸어(廴)가 임무를 맡는(壬) 조정이나 관청이니 **조정 정, 관청 정**

- 조정(朝廷) - 임금이 정사를 펴며 의식을 행하는 곳.
- 壬(간사할 임, 짊어질 임, 아홉째 천간 임), 朝(아침 조, 조정 조, 뵐 조)
- 宮廷(궁정), 退廷(퇴정), 開廷(개정), 法廷(법정)

珽
2급 / 총11획 / 부수 王(玉)

구슬(王) 중 조정(廷)에서 사용하는 옥홀이니 **옥홀 정**

- 옥홀 - 제후들을 조회할 때 천자가 지니던 옥(玉)으로 만든 홀.
- 인·지명용 한자

艇
2급 / 총13획 / 부수 舟

배(舟)가 조정(廷)만하게 작은 거룻배니 **거룻배 정, 작은 배 정**

- 舟(배 주), 거룻배 - 돛을 달지 않은 작은 배.
- 救命艇(구명정), 小艇(소정), 艦艇(함정)

庭
준4급 / 총10획 / 부수 广

집(广) 안에 조정(廷)처럼 가꾼 뜰이니 **뜰 정**

- 广(집 엄)
- 庭園(정원), 家庭(가정), 校庭(교정), 親庭(친정)

228 5정 왜(외)증[正征政定整 歪症] - 正으로 된 한자

正
6급 / 총5획 / 부수 止

(이성이나 직업이나) 하나(一)에 그쳐(止) 열중해야 바르니 **바를 정**

- 止(그칠 지)
- 正義(정의), 正直(정직), 破邪顯正(파사현정)

征
3급 / 총8획 / 부수 彳

가서(彳) 불의를 바로(正)잡으려고 치니 **칠 정**

🔊 彳(조금 걸을 척)

征伐(정벌), 征服(정복), 遠征(원정), 出征(출정)

政
4급 / 총9획 / 부수 攵

바르도록(正) 치며(攵) 다스리니 **다스릴 정**

🔊 攵(칠 복, = 攴)

政府(정부), 政治(정치), 政派(정파), 善政(선정)

定
준4급 / 총8획 / 부수 宀

집(宀) 안에 물건도 바르게(正) 자리를 정하니 **정할 정**

📌 㝎 – 집(宀)에서 갈(之) 곳을 정하니 '정할 정'

🔊 宀(집 면), 疋[바를 정(正)의 변형], 之(갈 지, ~지, 이 지)

定價(정가), 定着(정착), 安定(안정), 限定(한정)

整
3급 / 총16획 / 부수 攵

(개수가 많은 물건은 가운데를) 묶어(束) 양끝을 쳐서(攵) 바르게(正)하면 가지런하니 **가지런할 정**

🔊 束(묶을 속)

整理(정리), 整頓(정돈), 端整(단정), 調整(조정)

歪
2급 / 총9획 / 부수 止

아니(不) 바르게(正) 비뚤어져 기울고 어긋나니 **비뚤 왜, 기울 외, 어긋날 왜**

🔊 不(아닐 불·부), 正(바를 정)

歪曲(왜곡), 歪調(외조), 歪力(왜력)

症
3급 / 총10획 / 부수 疒

병(疒)을 바르게(正) 진단할 때 알아야하는 증세니 **증세 증**

🔊 疒(병들 녁)

症狀(증상), 症勢(증세), 渴症(갈증), 痛症(통증)

---

229 시식제제 제[是湜提堤 題] - 是로 된 한자

是
4급 / 총9획 / 부수 日

해(日)처럼 밝고 바르면(疋) 옳으니 **옳을 시**
또 해(日)처럼 밝고 바르게(疋) 가리키는 이것이며 ~이다니 **이 시, ~이다 시**

🔊 疋[바를 정(正)의 변형]

是非(시비), 是認(시인) ↔ 否認(부인), 實事求是(실사구시)

湜
2급 / 총12획 / 부수 氵

물(氵)의 올바른(是) 원래 모습은 맑으니 **맑을 식**

🔊 물은 원래 맑지요.
🔊 인·지명용 한자.

提
3급 / 총12획 / 부수 扌

손(扌)으로 옳게(是) 끌어 내놓으니 **끌 제, 내놓을 제**

提高(제고), 提示(제시), 提出(제출), 提供(제공)

堤
3급 / 총12획 / 부수 土

흙(土)으로 물이 옳게(是) 흐르도록 쌓은 둑이니 **둑 제**

🔊 土(흙 토)

堤防(제방), 防潮堤(방조제), 防波堤(방파제)

題
5급 / 총18획 / 부수 頁

내용을 옳게(是) 알 수 있는 글의 머리(頁)는 제목이니 **제목 제**
또 제목처럼 처음에 내는 문제니 **문제 제**

🔊 頁(머리 혈)

題目(제목), 主題(주제), 問題(문제), 宿題(숙제)

---

230 족촉착 필(소) 초초[足促捉 疋 楚礎] - 足, 疋과 楚로 된 한자

足
7급 / 총7획 / 부수 足

무릎(口)부터 발까지를 본떠서 **발 족**
또 발까지 편해야 마음이 넉넉하니 **넉넉할 족**

🔊 口('입 구, 말할 구, 구멍 구'지만 여기서는 '무릎'으로 봄)

發足(발족), 手足(수족), 滿足(만족), 充足(충족)

促
2급 / 총9획 / 부수 亻

사람(亻)이 발(足) 구르며 재촉하니 **재촉할 촉**

促求(촉구), 促迫(촉박), 督促(독촉), 再促(재촉)

捉
2급 / 총10획 / 부수 扌

손(扌)으로 발(足)목을 잡으니 **잡을 착**

捉去(착거), 捉來(착래), 捉送(착송), 捕捉(포착)

疋
1급 / 총5획 / 부수 疋

하나(一)씩 점(卜)치듯 가늠하여 사람(人)이 일정하게 묶어놓은 베를 본떠서 **필 필**
또 무릎부터 발까지의 모양으로도 보아 **발 소**

🔊 一[한 일(一)의 변형], 卜(점 복)
🔊 필(疋) - 일정한 길이로 말아 놓은 피륙을 세는 단위.

楚
2급 / 총13획 / 부수 木

수풀(林)의 발(疋), 즉 밑부분에서 자란 나무는 고우니 **고울 초**
또 곱게 자란 가지로 회초리를 만들어 쳐도 아프니 **회초리 초, 아플 초, 초나라 초**

🔊 林(수풀 림), 초(楚)나라 - 중국 춘추전국시대에 양자강 중류에 있었던 나라.
淸楚(청초), 撻楚(달초), 苦楚(고초), 四面楚歌(사면초가)

礎
3급 / 총18획 / 부수 石

돌(石)로 아프게(楚) 받친 주춧돌이나 기초니 **주춧돌 초, 기초 초**

🔊 石(돌 석)
柱礎(주초), 礎石(초석), 基礎(기초), 礎稿(초고)

---

231 경 량만만 주조조주[冂 兩滿瞞 周調彫週] - 冂과 兩, 周로 된 한자

冂
부수자 / 총2획 / 부수 冂

멀리 떨어져 윤곽만 보이는 성의 모습이니 **멀 경, 성 경**

兩
준4급 / 총8획 / 부수 入

하나(一)의 성(冂)을 나누어(丨) 양쪽에 들어(入)있는 둘이나 짝이니
두 량, 짝 량
또 화폐의 단위로도 쓰여 **냥 냥**

🔗 雨(비 우) - 제목번호 268
🔊 丨('뚫을 곤'이지만 여기서는 나뉜 모습), 入(들 입)
兩面(양면), 兩論(양론), 兩立(양립), 萬兩(만냥)

滿
4급 / 총14획 / 부수 氵

물(氵)이 여기저기 나는 잡초(艹)처럼 양(兩)쪽에 가득 차니 **찰 만**

🔊 艹[초 두(艹)의 약자]
滿開(만개), 滿期(만기), 圓滿(원만), 充滿(충만)

瞞

2급 / 총16획 / 부수 目

눈(目)을 그릇(凵)의 양(兩)면처럼 이중으로 뜨고 속이니 **속일 만**

🔊 目(눈 목, 볼 목, 항목 목)
瞞過(만과), 瞞報(만보), 瞞着(만착), 欺瞞(기만)

周
3급 / 총8획 / 부수 口

성(冂)안의 영토(土)를 입(口)으로 두루 둘레까지 설명하니
두루 주, 둘레 주, 성 주

周旋(주선), 周知(주지), 周圍(주위), 周邊(주변)

DAY 19

調
준4급 / 총15획 / 부수 言

쌍방의 **말(言)**을 **두루(周)** 듣고 고르게 잘 어울리니 **고를 조, 어울릴 조**
또 높낮음이 고르게 어울린 노래 가락이니 **가락 조**

🔊 言(말씀 언)

調和(조화), 協調(협조), 調味料(조미료), 曲調(곡조)

彫
2급 / 총11획 / 부수 彡

두루(周) 털(彡)까지 조각하여 새기니 **새길 조**

🔊 彡(터럭 삼, 긴 머리 삼)

彫刻(조각), 彫刻刀(조각도), 彫琢(조탁), 浮彫(부조)

週
2급 / 총12획 / 부수 辶

각 요일을 **두루(周) 뛰어(辶)** 돌 듯 도는 주일이니 **돌 주, 주일 주**

🔊 辶(뛸 착, 갈 착), 주일(週日) - 월요일부터 일요일까지의 이레 동안.

週刊(주간), 週年(주년), 週番(주번), 一週(일주)

---

232 4동(통) 형[同銅桐洞 炯] - 同으로 된 한자와 炯

同
6급 / 총6획 / 부수 口

성(冂)에서 **하나(一)**의 **입(口)**으로 말한 것처럼 한 가지니 **한 가지 동**

🔊 口(입 구, 구멍 구, 말할 구)

同一(동일), 同苦同樂(동고동락), 表裏不同(표리부동)

銅
3급 / 총14획 / 부수 金

금(金)과 **한 가지(同)** 빛깔의 구리니 **구리 동**

🔊 金(쇠 금, 금 금, 돈 금, 성 김), 색을 몇 가지로밖에 구분하지 못하던 옛날에 구리와 금을 같은 색으로 보고 만든 글자.

銅鏡(동경), 銅賞(동상), 銅像(동상), 銅錢(동전)

桐
2급 / 총10획 / 부수 木

나무(木)결이 **한결같은(同)** 오동나무니 **오동나무 동**

🔊 木(나무 목)

梧桐(오동), 碧梧桐(벽오동)

洞
준5급 / 총9획 / 부수 氵

물(氵)이 **한 가지(同)**로 흐르는 골이나 마을이나 동굴이니
골 동, 마을 동, 동굴 동
또 **물(氵) 같이(同)** 살아 사리에 밝으니 **밝을 통**

🔊 물은 자기 모양을 주장하지 않으며, 항상 낮은 곳으로만 흐르고, 구덩이가 있으면 채우고 넘쳐야 흐르는 등 배울 점이 많지요. 그래서 이런 물 같이 살면 사리에 밝다고 본 것이네요.

洞里(동리), 洞窟(동굴), 洞察(통찰) *通察(통찰)

炯
2급 / 총9획 / 부수 火

불(火)이 성(冂)에 뚫린 구멍(口)에서 빛나니 **빛날 형**

火(불 화), 口(입 구, 구멍 구, 말할 구)

炯炯(형형), 炯心(형심), 炯眼(형안), 炯然(형연)

---

233 육 내(나)납 4병[肉 內納 丙柄炳病] - 肉과 內, 丙으로 된 한자

肉
5급 / 총6획 / 부수 肉

고기 덩어리(冂)에 근육이나 기름이 있는 모양을 본떠서 **고기 육**

또 부수로 쓰일 때는 **육 달 월(月)**

여기서 성 경(冂)은 고기 덩어리, 사람 인(人) 둘은 살에 붙은 기름이나 근육을 나타내지요. 부수로 쓰일 때는 변형된 모습의 '月'로 쓰여 실제의 '달 월(月)'과 구분하기 위하여 '육 달 월'이라 부르는데, 글자의 좌측에 붙는 月은 대부분 육 달 월(月)입니다.

肉感(육감), 肉體(육체), 筋肉(근육), 血肉(혈육)

內
6급 / 총4획 / 부수 入

성(冂)으로 들어(入)간 안이니 **안 내**

또 궁궐 안에서 임금을 모시던 나인이니 **나인 나**

[속] 内 - 성(冂)으로 사람(人)이 들어간 안이니 '안 내'
또 궁궐 안에서 임금을 모시던 나인이니 '나인 나'

나인 - 고려·조선 시대에, 궁궐 안에서 왕과 왕비를 가까이 모시는 내명부를 통틀어 이르던 말.

內科(내과), 內部(내부), 內容(내용), 外柔內剛(외유내강)

納
준3급 / 총10획 / 부수 糸

실(糸)을 안(內)으로 들여 바치니 **들일 납, 바칠 납**

糸(실 사, 실 사 변), 화폐가 없었던 옛날에는 곡식이나 천이나 실을 돈처럼 사용했지요.

納付(납부), 納稅(납세), 未納(미납), 返納(반납)

丙
4급 / 총5획 / 부수 一

(우리가 사는 북반구의) 하늘(一)에서는 안쪽(内)이 남쪽이고 밝으니

남쪽 병, 밝을 병, 셋째 천간 병

一('한 일'이지만 여기서는 하늘로 봄), 内[안 내, 나인 나(內)의 속자]

丙種(병종), 丙子胡亂(병자호란)

柄
2급 / 총9획 / 부수 木

나무(木)로 밝게(丙), 즉 분명히 박은 자루니 **자루 병**

또 자루처럼 잡고 휘두르는 권세니 **권세 병**

[동] 棅 - 나무(木)로 잡게(秉) 만든 자루니 '자루 병'
또 자루처럼 잡고 휘두르는 권세니 '권세 병'

木(나무 목), 秉(잡을 병)

柄部(병부), 斗柄(두병), 權柄(권병)

炳
2급 / 총9획 / 부수 火

불(火)에서 밝은(丙) 불꽃이니 **불꽃 병, 밝을 병**

🔊 火(불 화)

炳然(병연), 炳映(병영), 炳燿(병요), 炳煜(병욱)

病
5급 / 총10획 / 부수 疒

병들어(疒) 밤새 불 밝혀(丙) 놓고 치료하며 근심하니 **병 병, 근심할 병**

🔊 疒(병들 녁), 병이 심하면 저녁에도 불을 켜놓고 간호해야 하고 근심하지요.

病苦(병고), 病歷(병력), 病魔(병마), 鬪病(투병)

Day 19 | 확인문제

01~04 다음 한자에 해당하는 훈음을 오른쪽에서 찾아 연결하세요.

01. 勳 •　　　　　　　　　• ㉠ 터 지
02. 址 •　　　　　　　　　• ㉡ 공 훈
03. 祉 •　　　　　　　　　• ㉢ 복 지
04. 御 •　　　　　　　　　• ㉣ 다스릴 어

05~12 다음 漢字의 훈(뜻)과 음(소리)을 쓰세요.

05. 店 (　　　　)　　06. 黑 (　　　　)
07. 點 (　　　　)　　08. 墨 (　　　　)
09. 早 (　　　　)　　10. 草 (　　　　)
11. 趨 (　　　　)　　12. 誕 (　　　　)

13~18 다음 훈음에 맞는 漢字를 쓰세요.

13. 비뚤 왜 (　　)　　14. 자루 병 (　　)
15. 빛날 형 (　　)　　16. 새길 조 (　　)
17. 속일 만 (　　)　　18. 잡을 착 (　　)

19~20 다음 문장 중 (　) 안에 들어갈 한자어로 알맞은 것은?

19. 예년보다 날씨가 따뜻해서 다음 주 중에는 벚꽃도 (　)될 것 같다.
　　① 滿期　　　　　　　② 圓滿
　　③ 滿開　　　　　　　④ 充滿

20. 명절에는 (　)의 정이 더욱 크게 느껴진다.
　　① 肉體　　　　　　　② 血肉
　　③ 肉感　　　　　　　④ 筋肉

정답

01. ㉡　　02. ㉠　　03. ㉢　　04. ㉣　　05. 가게 점
06. 검을 흑　07. 점 점　08. 먹 묵　09. 일찍 조　10. 풀 초
11. 달릴 추　12. 태어날 탄　13. 歪　14. 柄　15. 炯
16. 彫　17. 瞞　18. 捉　19. ③　20. ②

Day 20 | 234 ~ 246

234 원(엔)단(란)주 향재[円丹舟 向再] - 冂으로 된 한자

円
급외자 / 총4획 / 부수 冂

성(冂)은 세로(丨)로 가로(一)로 보아도 둥근 둘레니 **둥글 원, 둘레 원**
또 일본 화폐 단위로도 쓰여 **화폐 단위 엔**

丹
4급 / 총4획 / 부수 丶

성(冂)안에 불똥(丶) 하나(一)가 붉으니 **붉을 단**
또 붉게 꽃피는 모란이니 **모란 란**

🔊 丶(점 주, 불똥 주), 모란(牧丹)은 꽃도 좋지만 뿌리는 한약재로 사용되니, 화초명은 '모란', 약초명은 '목단'이라 합니다.
丹心(단심), 丹粧(단장), 丹楓(단풍), 牡丹(모란)

舟
3급 / 총6획 / 부수 舟

통나무를 파서 만든 작은 배를 본떠서 **배 주**

舟遊(주유), 一葉片舟(일엽편주)

向
6급 / 총6획 / 부수 口

표시(丿)된 성(冂)의 입구(口) 쪽을 향하여 나아가니 **향할 향, 나아갈 향**

🔊 丿('삐침 별'이지만 여기서는 표시로 봄)
向方(향방), 向後(향후), 趣向(취향), 回心向道(회심향도)

再
준4급 / 총6획 / 부수 冂

한(一) 개의 성(冂)처럼 흙(土)으로 다시 쌓아 올리니 **다시 재, 두 번 재**

🔊 冂(멀 경, 성 경), 土(흙 토)
再建(재건), 再起(재기), 非一非再(비일비재)

235 상 상상상장 당당당 상상[尙 常裳掌 堂當黨 賞償] - 尙과 尚, 賞으로 된 한자

尙
준3급 / 총8획 / 부수 小

조금(小)이라도 더 **높이**(冋) 쌓아 오히려 높으니 **오히려 상, 높을 상**
또 이런 일은 숭상하니 **숭상할 상**

冋[높을 고(高)의 획 줄임]

時機尙早(시기상조), 嘉尙(가상), 崇尙(숭상), 尙武(상무)

常
준4급 / 총11획 / 부수 巾

숭상하듯(尙) 수건(巾) 같은 천으로 옷을 만들어 입음은 항상 보통의 일이니
항상 상, 보통 상
또 항상 정직하게 살아 떳떳하니 **떳떳할 상**

巾(수건 건), 인간의 생존에 기본으로 필요한 것을 옷 의(衣)를 먼저 써서 '의식주(衣食住)'라고 함은 염치를 아는 인간에게 옷이 중요함을 강조한 것이지요.
食(밥 식, 먹을 식, 먹이 사), 住(살 주 – 사는 집)

恒常(항상), 常識(상식), 非常(비상), 常理(상리)

 裳
2급 / 총14획 / 부수 衣

허리에 높이(尙) 묶어 입는 옷(衣)이 치마니 **치마 상**

衣裳(의상), 同價紅裳(동가홍상), 綠衣紅裳(녹의홍상)

 掌
2급 / 총12획 / 부수 扌

숭상하듯(尙) 먹을거리를 생산하는 손(手)에서 쥐어지는 손바닥이니 **손바닥 장**

拳(주먹 권) - 제목번호 125
手(손 수, 재주 수, 재주 있는 사람 수)

掌匣(장갑), 掌握(장악), 如反掌(여반장), 合掌(합장)

堂
5급 / 총11획 / 부수 土

높이(尙) 흙(土)을 다져 세운 집이니 **집 당**
또 자기 집에서처럼 당당하니 **당당할 당**

土(흙 토)

講堂(강당), 食堂(식당), 殿堂(전당), 正正堂堂(정정당당)

當
5급 / 총13획 / 부수 田

숭상하여(尙) 먹을거리를 생산하는 전답(田)을 잘 가꾸는 일처럼 마땅하니 **마땅할 당**
또 마땅하게 어떤 일을 당하니 **당할 당**

田(밭 전)

當然(당연), 當爲(당위), 當到(당도), 當番(당번)

黨
3급 / 총20획 / 부수 黑

높은(尙) 뜻을 품고 어두운(黑) 현실을 개척하려고 모인 무리니 **무리 당**

[약] 党 - (어떤 뜻을) 숭상하는(尙) 사람(儿)의 무리니 '무리 당'

◀ 黑(검을 흑), 儿(사람 인 발, 어진 사람 인)

黨派(당파), 朋黨(붕당), 作黨(작당), 不偏不黨(불편부당)

賞
준4급 / 총15획 / 부수 貝

숭상하여(尙) 재물(貝)로 상도 주고 구경도 보내니 **상줄 상, 구경할 상**

◀ 貝(조개 패, 재물 패)

賞金(상금), 信賞必罰(신상필벌), 賞春客(상춘객)

償
3급 / 총17획 / 부수 亻

공을 세운 사람(亻)에게 상(賞)을 주어 갚고 보답하니 **갚을 상, 보답할 상**

償債(상채), 償還(상환), 辨償(변상), 補償(보상)

---

236 앙앙영영 쾌쾌결결결[央殃映英 夬快決缺訣] - 央, 夬로 된 한자

央
준3급 / 총5획 / 부수 大

성(冂)처럼 큰(大) 둘레의 가운데니 **가운데 앙**

◀ 冂(멀 경, 성 경), 大(큰 대)

中央(중앙), 中央廳(중앙청), 中央煖房(중앙난방)

殃
2급 / 총9획 / 부수 歹

죽음(歹) 가운데(央) 빠지는 재앙이니 **재앙 앙**

◀ 歹(뼈 부서질 알, 죽을 사 변)

災殃(재앙), 池魚之殃(지어지앙), 殃及子孫(앙급자손)

映
3급 / 총9획 / 부수 日

해(日)가 하늘 가운데(央)서 비치니 **비칠 영**

映畫(영화), 反映(반영), *反影(반영), 放映(방영)

英
5급 / 총9획 / 부수 ⺿

풀(⺿)의 가운데(央)에서 핀 꽃부리니 **꽃부리 영**

또 꽃부리처럼 빛나는 업적을 쌓은 영웅이니 **영웅 영**

◀ 꽃에서도 가장 아름다운 부리 부분을 가리키는 글자로, 뜻이 좋아 사람 이름에 많이 쓰입니다. '부리'는 원래 새나 짐승의 주둥이, 또는 물건의 끝이 뾰족한 부분으로 '사물의 제일 중요하고 예민한 부분'이지요.

◀ ⺿(초 두), 꽃부리 - 꽃잎 전체를 이르는 말.

英靈(영령), 英雄(영웅), 育英(육영)

夬
사범 / 총4획 / 부수 大

가운데 앙(央)의 한쪽이 터지니 **터질 쾌**

快
4급 / 총7획 / 부수 忄

막혔던 **마음(忄)**이 **터진(夬)** 듯 쾌하니 **쾌할 쾌**

◀) 쾌(快)하다 – ㉠ 마음이 유쾌하다. ㉡ 병이 다 나은 상태에 있다. ㉢ 하는 짓이 시원스럽다.

快樂(쾌락), 快晴(쾌청), 明快(명쾌), 愉快(유쾌)

決
준4급 / 총7획 / 부수 氵

물(氵)이 한쪽으로 터지니(夬) **터질 결**
또 물(氵)이 한쪽으로 터지듯(夬) 무엇을 한쪽으로 결단하니 **결단할 결**

決裂(결렬), 決定(결정), 票決(표결), 解決(해결)

缺
3급 / 총10획 / 부수 缶

장군(缶)이 터지면(夬) 이지러지고 내용물이 빠지니 **이지러질 결, 빠질 결**

◀) 缶(장군 부 – 옛날에 액체를 담았던 통으로, 나무나 도자기로 만들었음)

缺乏(결핍), 缺陷(결함), 補缺(보결), 缺席(결석)

訣
2급 / 총11획 / 부수 言

말(言)을 터놓고(夬) 다하며 이별하니 **이별할 결**
또 꽉 막혔던 말(言)을 비로소 터지게(夬) 하는 비결이니 **비결 결**

◀) 참고 지내다가도 막상 이별할 때는 할 말을 다 하지요.
◀) 비결(秘訣) – 남이 알지 못하는 가장 효과적인 방법.
◀) 言(말씀 언), 秘(숨길 비, 신비로울 비)

訣別(결별), 永訣式(영결식), 要訣(요결)

237. 력(격)격융헌 정[鬲隔融獻 鼎] – 鬲으로 된 한자와 鼎

鬲
부수자 / 총10획 / 부수 鬲

하나(一)의 구멍(口)이 성(冂)처럼 패이고(八) 아래를 막은(丅) 솥의 모양에서 **솥 력, 막을 격**

◀) 口(입 구, 구멍 구, 말할 구), 冂(멀 경, 성 경), 八(여덟 팔, 나눌 팔)

隔
2급 / 총13획 / 부수 阝

언덕(阝)처럼 막으니(鬲) **막을 격**
또 막으면 사이가 뜨니 **사이 뜰 격**

◀) 阝(언덕 부 변)

隔年(격년), 隔離(격리), 間隔(간격), 隔差(격차)

融
2급 / 총16획 / 부수 虫

솥(鬲)에 들어간 **벌레(虫)**처럼 녹아 물과 화하니 **녹을 융, 화할 융**

虫(벌레 충), 화(和)하다 - ㉠ 타거나 섞다. ㉡ 따뜻하고 부드럽다. 여기서는 ㉠의 뜻.

融合(융합), 融資(융자), 融和(융화), 融通性(융통성)

獻
2급 / 총20획 / 부수 犬

범(虍) 대신 **솥(鬲)**에 **개(犬)**를 삶아 드리고 바치니 **드릴 헌, 바칠 헌**

虍(범 호 엄), 犬(개 견)

獻金(헌금), 獻身(헌신), 獻血(헌혈), 貢獻(공헌)

鼎
2급 / 총13획 / 부수 鼎

아궁이에 걸어놓은 솥을 본떠서 **솥 정**

鼎談(정담), 鼎立(정립), 鼎足之勢(정족지세)

238 아속률패 요요[襾粟栗覇 要腰] - 襾, 要로 된 한자

襾
부수자 / 총6획 / 부수 襾

뚜껑(𠕇)을 덮으니(冂) **덮을 아**

𠕇(뚜껑의 모양), 冂('멀 경, 성 경'이지만 여기서는 덮을 멱(冖)의 모양으로 봄)

粟
2급 / 총12획 / 부수 米

껍질로 **덮인(襾) 쌀(米)**은 벼니 **벼 속**

또 벼처럼 식량으로 쓰는 조니 **조 속**

米(쌀 미)

粟米(속미), 粟田(속전), 滄海一粟(창해일속)

栗
3급 / 총10획 / 부수 木

가시로 **덮인(襾) 나무(木)** 열매는 밤이니 **밤 률**

木(나무 목)

生栗(생률), 棗栗梨柿(조율이시)

覇
2급 / 총19획 / 부수 襾

(남이 눈치채지 않게) **덮어(襾)** 숨겨 **혁명(革)**을 **달(月)**빛을 이용하여 일으켜

으뜸가는 두목이 되니 **으뜸 패, 두목 패**

霸 - (온 세상을 적시는) 비(雨)처럼 혁명(革)을 달(月)빛을 이용하여 일으켜 으뜸가는 두목이 되니 '으뜸 패, 두목 패'

革(가죽 혁, 고칠 혁), 雨(비 우)

覇道(패도), 覇業(패업), 覇者(패자), 制覇(제패)

要
준4급 / 총9획 / 부수 襾

어느 부분을 **덮어**(襾) 가림이 **여자**(女)에게는 중요하고 필요하니 **중요할 요, 필요할 요**

要人(요인), 要地(요지), 重要(중요), 必要(필요)

腰
2급 / 총13획 / 부수 月

몸(月)에서 **중요한**(要) 허리니 **허리 요**

◀ 月(달 월, 육 달 월)

腰帶(요대), 腰痛(요통), 腰折腹痛(요절복통)

---

239 천 담담 표표표[遷 覃潭 票漂標] - 遷과 覃, 票로 된 한자

遷
2급 / 총15획 / 부수 辶

덮듯(襾) **크게**(大) **무릎 꿇어**(巳) 항복하고 옮겨 **가니**(辶) **옮길 천**

◀ 巳(무릎 꿇을 절, 병부 절, = 卩)

遷都(천도), 變遷(변천), 改過遷善(개과천선)

覃
1급 / 총12획 / 부수 襾

덮여(襾) **일찍**(早)부터 생겨 깊고 넓게 미치니 **깊을 담, 넓을 담, 미칠 담**

◀ 早(일찍 조)

潭
2급 / 총15획 / 부수 氵

물(氵)이 **깊은**(覃) 못이니 **못 담**

潭水(담수), 潭深(담심), 潭陽郡(담양군), 白鹿潭(백록담)

票
준3급 / 총11획 / 부수 示

덮인(襾) 것이 잘 **보이게**(示) 표시한 표니 **표 표**

◀ 示(보일 시, 신 시)

~票(~표), 票決(표결), 開票(개표), 投票(투표)

漂
2급 / 총14획 / 부수 氵

물(氵) 위에 **표**(票)나게 뜨니 **뜰 표**
또 **물**(氵)가에서 **표**(票)나게 앉아 빨래하니 **빨래할 표**

漂流(표류), 漂白(표백), 漂母(표모)

標
2급 / 총15획 / 부수 木

나무(木)로 알리려고 **표시한**(票) 표니 **표시할 표, 표 표**

◀ 票와 標는 같이 쓰지만 엄밀히 말하면 票는 종이에 써서 만든 일반적 표시, 標는 나무로 드러나게 한 표시.

標記(표기), 標本(표본), 標示(표시), 標的(표적)

DAY 20

240 궤 범범공축 풍풍[几 凡汎恐築 風楓] - 几와 凡, 風으로 된 한자

几
사범 / 총2획 / 부수 几

안석이나 책상의 모양을 본떠서 **안석 궤, 책상 궤**

🔊 안석(案席) - 앉을 때 몸을 기대는 방석.
  *案(책상 안, 생각 안, 계획 안), 席(자리 석)

凡
준3급 / 총3획 / 부수 几

(공부하는) **책상**(几)에 **점**(丶)이 찍힘은 무릇 보통이니 **무릇 범, 보통 범**

🔊 丶(점 주, 불똥 주), 무릇 - 종합하여 살펴보건대, 헤아려 생각하건대, 대체로 보아.
凡例(범례), 凡常(범상), 非凡(비범), 平凡(평범)

汎
2급 / 총6획 / 부수 氵

물(氵)에는 **무릇**(凡) 물건이 뜨니 **뜰 범**
또 **물**(氵)은 **무릇**(凡) 넓게 퍼지고 넘치니 **넓을 범, 넘칠 범**

汎舟·泛舟(범주), 汎愛(범애), 汎濫·氾濫(범람)

恐
2급 / 총10획 / 부수 心

(잘 만드는) **장인**(工)도 **무릇**(凡) 실수할까 봐 **마음**(心)속으로는 두려우니 **두려울 공**

🔊 工(장인 공, 만들 공, 연장 공), 心(마음 심, 중심 심)
恐龍(공룡), 恐怖(공포), 可恐(가공)

築
3급 / 총16획 / 부수 ⺮

대(⺮)로도 **장인**(工)은 **무릇**(凡) **나무**(木)처럼 집을 쌓아 지으니
쌓을 축, 지을 축

🔊 ⺮[대 죽(竹)이 부수로 쓰일 때의 모습]
築臺(축대), 築造(축조), 改築(개축), 建築(건축)

風
5급 / 총9획 / 부수 風

무릇(凡) **벌레**(虫)도 옮기는 바람이니 **바람 풍**
또 바람으로 말미암은 **풍속 · 경치 · 모습 · 기질 · 병 이름 풍**

🔊 虫(벌레 충), 작은 벌레는 바람을 타고 옮겨간다고 하지요.
暴風(폭풍), 美風良俗(미풍양속), 風景(풍경), 風貌(풍모), 威風(위풍), 中風(중풍)

楓
2급 / 총13획 / 부수 木

나뭇(木)잎이 찬**바람**(風)에 물든 단풍이니 **단풍 풍, 단풍나무 풍**

🔊 木(나무 목)
丹楓(단풍), 楓菊(풍국), 楓林(풍림), 楓岳山(풍악산)

241 연연선 괘(와)화과[沿鉛船 咼禍過] - 㕣, 咼으로 된 한자

沿
3급 / 총8획 / 부수 氵

물(氵)이 늪(㕣)을 따라가듯 따르니 **물 따라갈 연, 따를 연**

㕣 : 안석(几)처럼 패인 구멍(口)에 물이 고인 늪이니 '늪 연' - 어원 풀이를 위한 참고용으로 실제 쓰이는 글자는 아님.

沿道(연도), 沿邊(연변), 沿岸(연안), 沿海(연해)

鉛
3급 / 총13획 / 부수 金

쇠(金) 중 늪(㕣)의 물처럼 잘 녹는 납이니 **납 연**

납은 낮은 온도에서도 잘 녹지요.

無鉛(무연), 鉛筆(연필), 色鉛筆(색연필), 黑鉛(흑연)

船
준4급 / 총11획 / 부수 舟

배(舟) 중 늪(㕣)에도 다니도록 만든 배니 **배 선**

舟(배 주)

船歌(선가), 船團(선단), 船上(선상), 乘船(승선)

咼
부수자 / 총9획 / 부수 口

입(口)이 삐뚤어진 모양을 본떠서 **입 비뚤어질 괘·와**

禍
2급 / 총14획 / 부수 示

신(示)에게 비뚤어지게(咼) 행동하여 닥치는 재앙이니 **재앙 화**

示(보일 시, 신 시)

禍根(화근), 遠禍召福(원화소복), 轉禍爲福(전화위복)

過
준4급 / 총13획 / 부수 辶

비뚤어지게(咼) 지나가(辶) 지나치니 **지날 과, 지나칠 과**
또 지나쳐 생기는 허물이니 **허물 과**

過가 접두사로 쓰이면 영어의 over 뜻이고, 뛰어넘을 초(超)가 접두사로 쓰이면 super의 뜻이지요.

過去(과거), 過速(과속), 過食(과식), 功過(공과)

242 수훼은역 설역투살(쇄) 찰[殳毁殷疫 設役投殺 刹] - 殳로 된 한자와 刹

殳
급외자 / 총4획 / 부수 殳

안석(几) 같은 것을 손(又)에 들고 치니 **칠 수**
또 치려고 드는 창이나 몽둥이니 **창 수, 몽둥이 수**

几(안석 궤, 책상 궤), 又(오른손 우, 또 우)

毁
2급 / 총13획 / 부수 殳

절구(臼)처럼 만들어(工) 넣고 치면(殳) 허니 헐 훼

🔊 臼(절구 구), 工(장인 공, 만들 공, 연장 공)

毁棄(훼기), 毁謗(훼방), 毁傷(훼상), 毁損(훼손)

殷
2급 / 총10획 / 부수 殳

밝게(白) 힘껏(力) 치며(殳) 일하여 성하니 성할 은
또 밝게(白) 힘껏(力) 쳐서(殳) 세웠던 은나라니 은나라 은, 성 은

🔊 은(殷)나라 - 중국 고대의 왕조.

殷殷(은은), *隱隱(은은), 殷鑑不遠(은감불원)

疫
2급 / 총9획 / 부수 疒

병(疒)이 창(殳) 들고 쳐들어오듯 빨리 전염되는 염병이니 염병 역, 전염병 역

🔊 염병(染病) : ㉠ '전염병(傳染病)'의 준말. ㉡ '장티푸스'를 속되게 이르는 말.
🔊 疒(병들 녁), 傳(전할 전, 이야기 전), 病(병 병)

檢疫(검역), 免疫(면역), 防疫(방역), 紅疫(홍역)

設
준3급 / 총11획 / 부수 言

말(言)로 상대의 주장을 치며(殳) 자기주장을 세우고 베푸니 세울 설, 베풀 설

🔊 言(말씀 언)

設計(설계), 設立(설립), 設備(설비), 爲人設官(위인설관)

役
3급 / 총7획 / 부수 彳

가서(彳) 창(殳) 들고 부리니 부릴 역
또 부림을 받듯 맡는 역할이니 역할 역

🔊 彳(조금 걸을 척)

役割(역할), 苦役(고역), 兒役(아역), 用役(용역)

投
준3급 / 총7획 / 부수 扌

손(扌)으로 창(殳)을 던져 버리니 던질 투, 버릴 투

投稿(투고), 投手(투수), 投入(투입), 全力投球(전력투구)

殺
준3급 / 총11획 / 부수 殳

베고(乂) 나무(木)로 찍고(丶) 쳐서(殳) 죽여 빨리 감하니
죽일 살, 빠를 쇄, 감할 쇄

🔊 乂(벨 예, 다스릴 예, 어질 예), 丶('점 주, 불똥 주'지만 여기서는 찍는 모습으로 봄), 감(減 : 줄어들 감)하다
- 적어지다. 줄다. 줄이다.

殺蟲(살충), 殺到(쇄도), 減殺(감쇄), 相殺(상쇄)

刹
2급 / 총8획 / 부수 刂

많은(十) 나무(木)를 칼(刂)질 하여 짧은 시간에 지은 절이니
짧은 시간 찰, 절 찰

🔊 十(열 십, 많을 십), 刂(칼 도 방)

刹那(찰나) ↔ 劫(겁), 古刹(고찰), 寺刹(사찰)

---

243 반반반 단단[般搬盤 段鍛] - 般, 段으로 된 한자

般
3급 / 총10획 / 부수 舟

옛날 배(舟)는 창(殳) 같은 노를 저어 옮겨감이 일반이었으니 **옮길 반, 일반 반**

🔊 舟(배 주)

一般(일반), 全般(전반), 諸般(제반), 彼此一般(피차일반)

搬
2급 / 총13획 / 부수 扌

손(扌)으로 옮기고(般) 나르니 **옮길 반, 나를 반**

搬送(반송), 搬入(반입), 搬出(반출), 運搬(운반)

盤
2급 / 총15획 / 부수 皿

물건을 옮길(般) 때 쓰는 그릇(皿) 같은 소반이니 **소반 반**

🔊 皿(그릇 명), 소반(小盤) - 자그마한 밥상.

盤石(반석), 盤松(반송), 基盤(기반), 骨盤(골반)

段
준3급 / 총9획 / 부수 殳

언덕(𠂆)을 치고(殳) 깎아서 일정한 간격으로 만든 계단이니 **계단 단**
또 계단 같은 차례니 **차례 단**

🔊 𠂆[언덕 애(厓)의 변형]

階段(계단), 段階(단계), 初段(초단)

鍛
2급 / 총17획 / 부수 金

쇠(金)를 차례(段)로 불에 달구어 두드리니 **쇠 불릴 단**
또 쇠 불리듯 단련하니 **단련할 단**

🔊 쇠 불리다 - 쇠를 불에 달구어 성질을 변화시키다.

鍛鋼(단강), 鍛工(단공), 鍛金(단금), 鍛鍊(단련)

244 격계 각곡 경성[擊繫 殼穀 磬聲] - 殼, 縠, 殼으로 된 한자

擊 2급 / 총17획 / 부수 手

수레(車)가 산(山)길을 갈 때 부딪치듯(殳) 손(手)으로 치니 **칠 격**

🔊 車(수레 거, 차 차), 手(손 수, 재주 수, 재주 있는 사람 수)

擊破(격파), 突擊(돌격), 反擊(반격), 打擊(타격)

繫 2급 / 총19획 / 부수 糸

수레(車)가 산(山)길을 갈 때 부딪침(殳)을 대비하여 실(糸)로 단단히 매니 **맬 계**

🔊 糸(실 사, 실 사 변)

繫留(계류), 繫留場(계류장), 連繫(연계)

殼 1급 / 총12획 / 부수 殳

군사(士)처럼 굳세게 덮이고(冖) 하나(一)의 안석(几)처럼 되어 쳐도(殳) 끄떡없는 껍질이니 **껍질 각**

🔊 士(선비 사, 군사 사, 칭호나 직업 이름에 붙이는 말 사), 冖(덮을 멱), 几(안석 궤)

穀 준3급 / 총15획 / 부수 禾

껍질(殼) 속에 여물어 차 있는 벼(禾) 같은 곡식이니 **곡식 곡**

🔊 殼[껍질 각(殼)의 획 줄임], 禾(벼 화)

穀食(곡식), 穀氣(곡기), 穀物(곡물), 雜穀(잡곡)

磬 1급 / 총16획 / 부수 石

선비(士)가 몸(尸)을 묶어(丨) 치면(殳) 소리 나도록 돌(石)로 만든 경쇠니 **경쇠 경**

🔊 士(선비 사), 尸(주검 시, 몸 시), 丨('뚫을 곤'이지만 여기서는 묶은 모습으로 봄), 石(돌 석), 경쇠 - 틀에 옥돌을 달아, 뿔 망치로 쳐 소리를 내는 악기.

聲 4급 / 총17획 / 부수 耳

경쇠(磬) 소리처럼 귀(耳)에 들려오는 소리니 **소리 성**

🔊 殸[경쇠 경(磬)의 획 줄임], 耳(귀 이)

聲明(성명), 異口同聲(이구동성), 歡呼聲(환호성)

245 항항항갱 미징(치)징[亢抗航坑 微徵懲] - 亢, 微으로 된 한자

亢 2급 / 총4획 / 부수 亠

머리(亠) 아래 안석(几)처럼 이어진 목이니 **목 항**
또 목처럼 높으니 **높을 항**

🔊 亠(머리 부분 두), 几(안석 궤, 책상 궤)

亢龍(항룡), 亢龍有悔(항룡유회), 亢鼻(항비)

抗
3급 / 총7획 / 부수 扌

손(扌)으로 높은(亢) 자와 겨루고 대항하니 **겨룰 항, 대항할 항**

抗拒(항거), 抗告(항고), 抗議(항의), 反抗(반항)

航
3급 / 총10획 / 부수 舟

(옛날 돛단배로 건너던 시절) 배(舟) 중 높이(亢) 돛을 단 배로 건너니 **배 항, 건널 항**

◀ 舟(배 주)

航路(항로), 航空(항공), 航海(항해), 歸航(귀항)

坑
2급 / 총7획 / 부수 土

흙(土)이 목(亢)구멍처럼 움푹 파인 구덩이니 **구덩이 갱**

◀ 土(흙 토)

坑內(갱내), 坑道(갱도), 坑木(갱목), 坑夫(갱부)

微
2급 / 총13획 / 부수 彳

걸어(彳) 산(山)에 가서 한(一) 개의 안석(几)을 만들기 위해 나무를 치고(攵) 보니 작다는 데서 **작을 미**

또 작으면 잘 숨으니 **숨을 미**

◀ 彳(조금 걸을 척), 攵(칠 복, = 攴)

微動(미동), 微微(미미), 微笑(미소), 微行(미행)

徵
2급 / 총15획 / 부수 彳

신분이 비록 미천하더라도(微) 실력만 있으면 왕(王)이 부르니 **부를 징, 음률 이름 치**

◀ 微[작을 미(微)의 획 줄임], 치(徵) - 동양 음악 오음계 가운데 궁에서 넷째 음.

徵兵(징병), 徵收(징수), 徵用(징용), 徵候(징후)

懲
2급 / 총19획 / 부수 心

불러서(徵) 뉘우치는 마음(心)이 들도록 징계하니 **징계할 징**

◀ 징계(懲戒) - ㉠ 허물을 뉘우치도록 경계하고 나무람. ㉡ 부당한 행위에 대하여 제재를 가함.
◀ 心(마음 심, 중심 심), 戒(경계할 계)

懲罰(징벌), 懲役(징역), 膺懲(응징), 勸善懲惡(권선징악)

DAY 20

246 서인연 유주의[西垔煙 酉酒醫] - 西, 酉로 된 한자

西
6급 / 총6획 / 부수 襾

지평선(一) 아래(口)로 해가 들어가는(儿) 서쪽이니 **서쪽 서**

- 兩(덮을 아) - 제목번호 238
- 口('에운담, 나라 국國'의 약자'지만 여기서는 지평선 아래 땅으로 봄), 儿('사람 인 발, 어진사람 인'이지만 여기서는 들어가는 모양으로 봄)
- 부수는 襾(덮을 아)네요.

東問西答(동문서답), 紅東白西(홍동백서)

垔
급외자 / 총9획 / 부수 土

서쪽(西)을 흙(土)으로 막으니 **막을 인**

煙
준3급 / 총13획 / 부수 火

불(火)을 잘 타지 못하게 막으면(垔) 나는 연기니 **연기 연**
또 연기 내며 피우는 담배니 **담배 연** (= 烟)

- 烟 - 불(火)로 말미암아(因) 나는 연기니 '연기 연', 또 연기 내며 태우는 담배니 '담배 연'

煙氣(연기), 煙幕(연막), 禁煙(금연), 吸煙(흡연)

酉
4급 / 총7획 / 부수 酉

술 담는 그릇을 본떠서 **술그릇 유, 술 유**
또 술 마시듯 고개를 쳐들고 물을 마시는 닭이니 **닭 유**
또 닭은 열째 지지니 **열째 지지 유**

- 술과 관련된 글자에 부수로 많이 쓰입니다.

酉時(유시) - 십이시(十二時)의 열째 시. 오후 다섯 시부터 일곱 시까지.

酒
준3급 / 총10획 / 부수 酉

물(氵)처럼 술그릇(酉)에 있는 술이니 **술 주**

酒量(주량), 酒店(주점), 燒酒(소주), 麥酒(맥주)

醫
준4급 / 총18획 / 부수 酉

상자(匚)처럼 패이고 화살(矢)과 창(殳)에 다친 곳을 약술(酉)로 소독하고 치료하는 의원이니 **의원 의**

- 医 : 약상자(匚)를 들고 화살(矢)처럼 달려가 치료하는 의원이니 '의원 의'
- 匚(상자 방), 矢(화살 시), 殳(칠 수, 창 수, 몽둥이 수), 소독약이 없으면 알코올 성분이 있는 술로 소독하지요.

醫院(의원), 醫療(의료), 醫師(의사), 醫術(의술)

Day 20 | 확인문제

01~04 다음 한자에 해당하는 훈음을 오른쪽에서 찾아 연결하세요.

01. 當 •   • ㉠ 드릴 헌
02. 堂 •   • ㉡ 배 선
03. 獻 •   • ㉢ 집 당
04. 船 •   • ㉣ 마땅할 당

05~12 다음 漢字의 훈(뜻)과 음(소리)을 쓰세요.

05. 裳 (   )   06. 掌 (   )
07. 栗 (   )   08. 遷 (   )
09. 腰 (   )   10. 恐 (   )
11. 禍 (   )   12. 毁 (   )

13~18 다음 훈음에 맞는 漢字를 쓰세요.

13. 부를 징 (   )   14. 작을 미 (   )
15. 소리 성 (   )   16. 맬 계 (   )
17. 칠 격 (   )   18. 소반 반 (   )

19~20 다음 문장 중 ( ) 안에 들어갈 한자어로 알맞은 것은?

19. 자꾸 (   )하지 마시고 질문에 성의 있게 답변해 주세요.
    ① 紅東白西   ② 東西南北
    ③ 東問西答   ④ 南男北女

20. (   )로/으로 인하여 거칠어진 손은 복 있는 손이다.
    ① 苦役   ② 兒役
    ③ 設計   ④ 設立

정답

01. ㉣   02. ㉢   03. ㉠   04. ㉡   05. 치마 상
06. 손바닥 장   07. 밤 률   08. 옮길 천   09. 허리 요   10. 두려울 공
11. 재앙 화   12. 헐 훼   13. 徵   14. 微   15. 聲
16. 繫   17. 擊   18. 盤   19. ③   20. ①

Day 21 | 247 ~ 258

247　추유 존준 전정[酋猶 尊遵 奠鄭] - 酋, 尊, 奠으로 된 한자

酋
사범 / 총9획 / 부수 酉

향기 나는(八) 술(酉)이 술 중에 우두머리니 **우두머리 추**

- 八('여덟 팔, 나눌 팔'이지만 여기서는 향기 나는 모습으로 봄)
- 1급, 사범, 급외자, 부수자 - 어원 풀이를 위한 참고자로 8~2급 선정 한자에는 포함되지 않습니다.

猶
준3급 / 총12획 / 부수 犭

개(犭)같이 행동하면 우두머리(酋)라도 오히려 머뭇거리니
같을 유, 오히려 유, 머뭇거릴 유

- 犭(큰 개 견, 개 사슴 록 변)

猶不足(유부족), 過猶不及(과유불급), 猶豫(유예)

尊
4급 / 총12획 / 부수 寸

우두머리(酋)에게처럼 말 한마디(寸)라도 높이니 **높일 존**

- 寸(마디 촌, 법도 촌)

尊敬(존경), 尊稱(존칭), 唯我獨尊(유아독존)

遵
2급 / 총16획 / 부수 辶

높이는(尊) 사람을 따라가며(辶) 좇으니 **좇을 준**

- 辶(뛸 착, 갈 착)

遵敎(준교), 遵法(준법), 遵奉(준봉), 遵守(준수)

奠
1급 / 12획 / 부수 大

우두머리(酋)가 크게(大) 자리를 정하고 제사 지내니 **정할 전, 제사 지낼 전**

- 辶(뛸 착, 갈 착)

遵敎(준교), 遵法(준법), 遵奉(준봉), 遵守(준수)

鄭
2급 / 총15획 / 부수 阝

미리 정한(奠) 고을(阝)에 세운 정나라니 **정나라 정, 성씨 정**
또 정해진(奠) 고을(阝)에 안정되게 살면 정중하니 **정중할 정**

- 奠 - 우두머리(酋)가 크게(大) 자리를 정하고 제사지내니 '정할 전, 제사지낼 전'
- 大(큰 대), 阝(고을 읍 방), 정(鄭)나라 - 중국 춘추시대의 나라.

鄭重(정중) - 점잖고 무게가 있음. *重(무거울 중, 귀중할 중, 거듭 중)

248 문문문섬한 개폐민관[門問聞閃閑 開閉悶關] – 門으로 된 한자

門
8급 / 총8획 / 부수 門

두 개의 문짝 있는 문을 본떠서 **문 문**

◀ 한 짝으로 된 문 모양을 본떠서는 '문 호, 집 호(戶)'

門中(문중), 家門(가문), 門前成市(문전성시), 專門家(전문가)

問
준5급 / 총11획 / 부수 口

문(門) 앞에서 **말하여**(口) 물으니 **물을 문**

◀ 口(입 구, 구멍 구, 말할 구)

問答(문답), 問安(문안), 問題(문제), 問責(문책)

聞
5급 / 총14획 / 부수 耳

문(門)에 **귀**(耳) 대고 들으니 **들을 문**

◀ 耳(귀 이)

見聞(견문), 所聞(소문), 聞一知十(문일지십), 前代未聞(전대미문)

閃
2급 / 총10획 / 부수 門

문(門)에서 불이 **번쩍이니**(人) **번쩍일 섬**

◀ 人('사람 인'이지만 여기서는 불이 번쩍이는 모습)

閃光(섬광), 閃光燈(섬광등), 天閃(천섬)

閑
준3급 / 총12획 / 부수 門

문(門) 안에서 **나무**(木)를 가꿀 정도로 한가하니 **한가할 한**

웹 閒 – 문(門) 안에서 달(月)을 볼 정도로 한가하니 '한가할 한'

閑暇(한가), 閑中忙(한중망), 閑中珍味(한중진미)

開
5급 / 총12획 / 부수 門

문(門)의 **빗장**(一)을 받들 듯(廾) 잡아 여니 **열 개**

또 문을 열고 시작하니 **시작할 개**

◀ 廾(두 손으로 받들 공)

開發(개발), 開封(개봉), 公開(공개), 開會(개회)

閉
준3급 / 총11획 / 부수 門

문(門)에 **빗장**(才)을 끼워 닫으니 **닫을 폐**

◀ 才('재주 재, 바탕 재'지만 여기서는 빗장의 모습)

閉幕(폐막), 閉鎖(폐쇄), 閉會(폐회) ↔ 開會(개회)

悶
2급 / 총12획 / 부수 心

문(門) 안에만 있는 마음(心)처럼 답답하고 민망하여 번민하니
답답할 민, 민망할 민, 번민할 민

🔊 心(마음 심, 중심 심)

苦悶(고민), 煩悶(번민)

關
준4급 / 총19획 / 부수 門

문(門)을 작고(幺) 작게(幺) 이쪽(丨)저쪽(丨)을 이어 거는 빗장이니 **빗장 관**
또 빗장처럼 이어지는 관계니 **관계 관**

🔊 幺(작을 요, 어릴 요), 관계(關係) - (두 가지 이상이 서로) 관련이 있음.

關鍵(관건), 關門(관문), 關聯(관련), 無關(무관)

---

249 민민 윤윤 간간[閔憫 閏潤 間簡] - 閔, 閏, 間으로 된 한자

閔
2급 / 총12획 / 부수 門

초상집 대문(門)에 붙은 조문(文)을 보면 가엽게 여기며 위문하니
가엽게 여길 민, 위문할 민, 성 민

🔊 文(무늬 문, 글월 문, 성 문)

閔妃(민비) - 을미사변 때 일본인에게 시해된 고종의 비 명성황후.

憫
2급 / 총15획 / 부수 忄

마음(忄)으로 대문(門)에 붙은 조문(文)을 보면 민망하고 불쌍히 여기니
민망할 민, 불쌍히 여길 민

🔊 민망(憫惘) - 답답하고 딱하여 안타까움.

憫惘(민망), 憫然(민연), 憫情(민정), 憐憫(연민)

閏
2급 / 총12획 / 부수 門

(윤달이 되면 대궐 밖에 나가지 않고) 문(門) 안에만 왕(王)이 있었던 윤달의 풍습에서
윤달 윤

🔊 태양력에는 4년마다 한 번의 윤일이 있고(2월 29일), 태음력에서는 5년에 두 번의 비율로 1년을 13개월로 하지요.

閏年(윤년) ↔ 平年(평년), 閏月(윤월), 閏秒(윤초)

潤
2급 / 총15획 / 부수 氵

물(氵)이 윤달(閏)처럼 남아돌면 잘 젖고 생활도 윤택하니 **젖을 윤, 윤택할 윤**

🔊 윤택(潤澤) - ㉠ 윤이 나서 번지르르 함. ㉡ 살림이 넉넉함. *澤(연못 택, 은혜 택)

潤濕(윤습), 潤氣(윤기), 潤文(윤문), 利潤(이윤)

間
준5급 / 총12획 / 부수 門

문(門) 틈으로 햇(日)빛이 들어오는 사이니 **사이 간**

🔊 日(해 일, 날 일)

間隔(간격), 間食(간식), 間接(간접), 間歇(간헐)

簡
2급 / 총18획 / 부수 ⺮

(종이가 없던 옛날에) 대(⺮)쪽 사이(間)에 적은 편지니 **대쪽 간, 편지 간**
또 편지처럼 줄여 써 간략하니 **간략할 간**

🔊 ⺮[대 죽(竹)이 부수로 쓰일 때의 모습]

書簡(서간), 簡單(간단), 簡潔(간결)

---

250 호소계견루 4창[戶所啓肩淚 倉滄創蒼] – 戶, 倉으로 된 한자

戶
4급 / 총4획 / 부수 戶

한 짝으로 된 문을 본떠서 **문 호**
또 (옛날에는 대부분 문이 한 짝씩 달린 집이었으니) 집도 나타내어 **집 호**

🔊 尸(주검 시, 몸 시) – 제목번호 252

門戶(문호), 窓戶(창호), 戶籍(호적), 戶主(호주)

所
준5급 / 총8획 / 부수 戶

집(戶)에 도끼(斤)를 두는 장소니 **장소 소**
또 장소처럼 앞에서 말한 내용을 이어 받는 '바'로도 쓰여 **바 소**

🔊 斤(도끼 근, 저울 근), 바 – ㉠ 앞에서 말한 내용 그 자체나 일 따위를 나타내는 말. ㉡ (어미 '~을' 뒤에 쓰여) 일의 방법이나 방도.

住所(주소), 無所不知(무소부지), 所見(소견), 所望(소망)

啓
2급 / 총11획 / 부수 口

마음의 문(戶)을 치면서(攵) 말하여(口) 열고 일깨우니 **열 계, 일깨울 계**

🔊 攵(칠 복, = 攴), 口(입 구, 구멍 구, 말할 구), 문 같은 물질적인 것을 열면 '열 개(開)', 마음의 문이 열리도록 일깨우면 '열 계, 일깨울 계(啓)'

啓導(계도), 啓蒙(계몽), 啓發(계발), 啓示(계시)

肩
2급 / 총8획 / 부수 月

문(戶)처럼 몸(月)에서 쩍 벌어진 어깨니 **어깨 견**

🔊 月(달 월, 육 달 월)

肩章(견장), 肩骨(견골), 比肩(비견)

淚
2급 / 총11획 / 부수 氵

물(氵) 중 집(戶)의 개(犬)만도 못하다고 뉘우치며 흘리는 눈물이니 **눈물 루**

🔊 犬(개 견)

落淚(낙루), 催淚(최루), 催淚彈(최루탄), 血淚(혈루)

倉
3급 / 총10획 / 부수 人

곡식을 보관하는 곳집(창고)을 본떠서 **곳집 창, 창고 창**
또 창고에 저장한 것을 꺼내 써야 할 만큼 급하니 **급할 창**

倉庫(창고), 倉卒間(창졸간)

滄
2급 / 총13획 / 부수 氵

물(氵)의 창고(倉) 같은 큰 바다니 **큰 바다 창**
또 큰 바다는 차니 **찰 창**

滄海(창해), 滄海一粟(창해일속), 滄熱(창열)

創
준3급 / 총12획 / 부수 刂

창고(倉) 짓는 일은 칼(刂)로 재목을 자르는 데서 비롯하여 시작하니
비롯할 창, 시작할 창

創刊(창간), 創作(창작), 創造(창조), 草創期(초창기)

蒼
2급 / 총14획 / 부수 艹

풀(艹)로 덮인 창고(倉)처럼 푸르니 **푸를 창**

蒼空(창공), 古色蒼然(고색창연), 萬頃蒼波(만경창파)

---

251 책 륜륜륜론 5편[冊 侖倫輪論 扁偏編篇遍] - 冊과 侖, 扁으로 된 한자

冊
4급 / 총5획 / 부수 冂

글을 적은 대 조각을 한 줄로 엮어서 만들었던 책이니 **책 책**
또 책을 세우듯 세우니 **세울 책**

🔊 종이가 없던 옛날에는 대 조각에 글을 썼지요.
冊曆(책력), 冊床(책상), 別冊(별책), 冊封(책봉)

侖
1급 / 총8획 / 부수 人

사람(人)이 한(一) 권씩 책(冊)을 들고 둥글게 모이니 **둥글 륜, 모일 륜**

倫
4급 / 총10획 / 부수 亻

사람(亻)이 모이면(侖) 지켜야 할 인륜이니 **인륜 륜**

🔊 인륜(人倫) - 군신·부자·형제·부부 따위 상하 존비의 인간관계나 질서.
倫理(윤리), 不倫(불륜), 天倫(천륜), 悖倫(패륜)

輪
3급 / 총15획 / 부수 車

수레(車)에서 둥근(侖) 바퀴니 **바퀴 륜**
또 바퀴는 둥글어 잘 도니 **둥글 륜, 돌 륜**

🔊 車(수레 거, 차 차)
車輪(차륜), 五輪(오륜), 輪番(윤번), 輪廻(윤회)

論
4급 / 총15획 / 부수 言

말(言)로 모여서(侖) 논하고 평하니 **논할 론, 평할 론**

🔊 言(말씀 언)

論述(논술), 論議(논의), 論爭(논쟁), 論評(논평)

扁
2급 / 총9획 / 부수 戶

문(戶)에 책(冊)처럼 작게 만들어 건 현판이니 **작을 편, 현판 편**

🔊 戶(문 호, 집 호)

扁桃腺(편도선), 扁額(편액), 扁題(편제)

偏
2급 / 총11획 / 부수 亻

사람(亻)은 작은(扁) 이익에도 잘 치우치니 **치우칠 편**

偏見(편견), 偏食(편식), 偏愛(편애), 偏重(편중)

編
2급 / 총15획 / 부수 糸

실(糸)로 작은(扁) 것들을 엮으니 **엮을 편**

🔊 糸(실 사, 실 사 변)

編曲(편곡), 編成(편성), 編入(편입), 編輯(편집)

篇
준3급 / 총15획 / 부수 ⺮

(종이가 없던 옛날에) 대(⺮)를 작게(扁) 잘라 글을 써서 만든 책이니 **책 편**

🔊 ⺮[대 죽(竹)이 부수로 쓰일 때의 모습]

短篇(단편), 玉篇(옥편), 全篇(전편), 千篇一律(천편일률)

遍
2급 / 총13획 / 부수 辶

작은(扁) 곳까지 두루 가니(辶) **두루 편**

🔊 辶(뛸 착, 갈 착)

遍歷(편력), 普遍(보편), 普遍性(보편성)

252 시뇨계후 척국[尸尿屆后 尺局] - 尸, 尺으로 된 한자

尸
2급 / 총3획 / 부수 尸

사람이 누워 있는 모습을 본떠서 **주검 시, 몸 시**
또 제사 때 신을 대신한 아이인 시동이니 **시동 시**

🔊 사람이나 집과 관련된 글자에 부수로도 쓰입니다.

尸祿(시록), 尸解(시해), 尸童(시동)

尿
2급 / 총7획 / 부수 尸

주검(尸)으로 소화되어 나오는 물(水)이 오줌이니 **오줌 뇨**

🔊 水(물 수)

糖尿(당뇨), 放尿(방뇨), 糞尿(분뇨), 泌尿器(비뇨기)

届
2급 / 총8획 / 부수 尸

주검(尸)이 흙(土)을 판 구덩이(凵)에 이르니 **이를 계**
또 이르러 신고하니 **신고할 계**

🔊 凵('입 벌릴 감, 그릇 감'이지만 여기서는 구덩이로 봄)

届期(계기), 届出(계출), 缺席届(결석계)

后
2급 / 총6획 / 부수 口

몸(尸)이나 입(口)으로 지시하는 임금이나 왕후니 **임금 후, 왕후 후**

🔊 厂[주검 시, 몸 시(尸)의 변형]

后妃(후비), 后蜂(후봉), 王后(왕후)

尺
준3급 / 총4획 / 부수 尸

몸(尸) 구부리고(乀) 길이를 재는 자니 **자 척**

🔊 乀('파임 불'이지만 여기서는 구부리는 모습으로 봄), 1자는 30.3㎝.

尺度(척도), 越尺(월척), 咫尺(지척), 吾鼻三尺(오비삼척)

局
준3급 / 총7획 / 부수 尸

자(月)로 재어 바둑판처럼 나눈 부분(口)이니 **판 국, 부분 국**

🔊 月[자 척(尺)의 변형], 口('입 구, 말할 구, 구멍 구'지만 여기서는 나눈 부분으로 봄)

局面(국면), 局長(국장), 局部(국부), 局限(국한)

253 거미쇄 전전 위위울[居尾刷 展殿 尉慰蔚] - 尸, 展, 尉로 된 한자

居
준3급 / 총8획 / 부수 尸

몸(尸)이 오래(古) 머물러 사니 **살 거**
또 몸(尸)이 오래(古) 머무르려고 앉으니 **앉을 거**

🔊 古(오랠 고, 옛 고)

居住(거주), 居室(거실), 同居(동거), 居間(거간)

尾
4급 / 총7획 / 부수 尸

짐승의 몸(尸)에서 털(毛)이 난 꼬리니 **꼬리 미**
또 꼬리처럼 무엇의 끝이니 **끝 미**

🔊 毛(털 모)

尾行(미행), 交尾(교미), 末尾(말미), 後尾(후미)

刷
3급 / 총8획 / 부수 刂

나무의 몸(尸)을 수건(巾)으로 닦고 칼(刂)로 새겨서 인쇄하니 **닦을 쇄, 인쇄할 쇄**

🔊 巾(수건 건), 刂(칼 도 방)

刷掃(쇄소), 刷新(쇄신), 印刷(인쇄), 縮刷版(축쇄판)

展
준4급 / 총10획 / 부수 尸

몸(尸) 앞을 가리던 풀(卄)이 쓰러져 펴지고 넓게 되니(㕚) 펼 전, 넓을 전

🔊 卄[초 두(艹)의 약자], 㕚[변화할 화, 될 화(化)의 약자]

展開(전개), 進展(진전), 展望臺(전망대), 展示(전시)

殿

2급 / 총13획 / 부수 殳

집(尸) 중 여러 사람들이 함께(共) 쳐서(殳) 지은 대궐이나 큰집이니 **대궐 전, 큰집 전**

🔊 尸('주검 시, 몸 시'지만 여기서는 집으로 봄), 共(함께 공), 殳(칠 수, 창 수, 몽둥이 수), 중요한 분을 모시거나 울안에서 제일 큰 집이 殿, 보통의 집은 집 당, 당당할 당(堂)이나 집 가, 전문가 가(家)지요.

宮殿(궁전), 聖殿(성전), 大雄殿(대웅전)

尉

2급 / 총11획 / 부수 寸

주검(尸)을 보아도(示) 두려워하지 않고 법도(寸)를 지켜 처리하는 벼슬이니 **벼슬 위**

🔊 示(보일 시, 신 시), 寸(마디 촌, 법도 촌), 위(尉) – 조선 시대 의빈부에 딸린 벼슬의 하나. 옹주와 결혼한 사람에게 주던 벼슬로 정1품에서 종2품까지 있었음.

尉官(위관), 尉級(위급)

慰
2급 / 총15획 / 부수 心

벼슬(尉)아치가 마음(心)으로 위로하니 **위로할 위**

🔊 心(마음 심, 중심 심)

慰靈祭(위령제), 慰勞(위로), 慰問(위문), 慰安(위안)

蔚
2급 / 총15획 / 부수 艹

풀(卄)이 벼슬(尉)한 것처럼 성한 고을 이름이니 **성할 울, 고을 이름 울**

蔚山(울산) – 경상남도에 있는 지명.

---

254 가가가하 병병[叚假暇瑕 幷屛] – 叚, 幷으로 된 한자

叚
급외자 / 총9획 / 부수 又

지붕(尸)을 두(二) 번이나 장인(コ)의 손(又)을 빌려 고쳐야하는 허물이니 **빌릴 가, 허물 가**

🔊 尸('주검 시, 몸 시'지만 여기서는 지붕으로 봄), コ[장인 공, 만들 공, 연장 공(工)의 변형], 又(오른손 우, 또 우)

假
4급 / 총11획 / 부수 亻

사람(亻)이 빌려서(叚) 꾸민 거짓이고 임시니 **거짓 가, 임시 가**

🈳 仮 – 사람(亻)이 거꾸로(反) 꾸민 거짓이고 임시니 '거짓 가, 임시 가'

假面(가면), 假飾(가식), 假建物(가건물), 假想(가상)

暇
3급 / 총13획 / 부수 日

날(日)을 빌려온(叚)듯 겨를이 있고 한가하니 **겨를 가, 한가할 가**

🔊 日(해 일, 날 일)

病暇(병가), 餘暇(여가), 休暇(휴가), 閑暇(한가)

瑕
2급 / 총13획 / 부수 王(玉)

옥(王)에 티 있는 허물(叚)이니 **티 하, 허물 하**

🔊 王(임금 왕, 으뜸 왕, 구슬 옥 변)

瑕疵(하자), 瑕跡(하적), 無瑕(무하)

幷
2급 / 총8획 / 부수 干

나란히(丿丿) 방패(干)를 아울러 합하니 **아우를 병, 합할 병**

🔊 丿(삐침 별), 干(방패 간, 범할 간, 얼마 간, 마를 간), 아우르다 - 여럿을 모아 한 덩어리나 한 판이 되게 하다.

屛
2급 / 총11획 / 부수 尸

몸(尸)처럼 생긴 틀에 나란히(幷) 천을 붙여 만든 병풍이니 **병풍 병**

🔊 병풍(屛風) - 바람을 막거나 무엇을 가리거나 또는 장식용으로 방안에 치는 물건.

屛巖(병암), 畫屛(화병)

---

255 용비 용용 각해[用備 庸傭 角解] - 用, 庸, 角으로 된 한자

用
5급 / 총5획 / 부수 用

성(冂)에서 두(二) 개의 송곳(丨)을 쓰니 **쓸 용**

🔊 원래는 '(옛날에는 거북이 등 껍데기도 도구로 썼으니) 거북이 등 껍데기 모양을 본떠서 쓸 용'입니다.
🔊 冂(멀 경, 성 경), 丨('뚫을 곤'이지만 여기서는 송곳으로 봄)

濫用(남용), 善用(선용) ↔ 惡用(악용), 誤用(오용)

備
준4급 / 총12획 / 부수 亻

짐승 기르는 사람(亻)은 풀(艹)을 바위(厂) 위에 말려 겨울에 쓸(用) 건초를 갖추니 **갖출 비**

🔊 艹[풀 초(艸)의 약자], 厂(굴 바위 엄, 언덕 엄)

備忘錄(비망록), 備蓄(비축), 備品(비품), 有備無患(유비무환)

庸
2급 / 총11획 / 부수 广

자기 집(广)에서는 손(彐)에 송곳(丨) 하나라도 들고 써도(用) 떳떳하니 **떳떳할 용**
또 집에서만 떳떳하면 어리석으니 **어리석을 용**

🔊 广(집 엄), 彐(고슴도치 머리 계, 오른손 우), 丨('뚫을 곤'이지만, 여기서는 송곳으로 봄)

中庸(중용), 庸劣(용렬), 庸夫(용부), 庸弱(용약)

傭
2급 / 총13획 / 부수 亻

사람(亻) 중 떳떳이(庸) 일하고 품삯을 받는 품팔이니 **품팔이 용**

傭兵(용병), 傭船(용선), 傭人(용인), 雇傭(고용)

角
준4급 / 총7획 / 부수 角

짐승의 뿔을 본떠서 **뿔 각**
또 뿔은 모나서 서로 대고 겨루니 **모날 각, 겨룰 각**

矯角殺牛(교각살우), 三角(삼각), 角逐(각축)

解
4급 / 총13획 / 부수 角

뿔(角)부터 칼(刀)로 소(牛)를 갈라 해부하니 **해부할 해**
또 해부하듯 문제를 푸니 **풀 해**

刀(칼 도), 牛(소 우)
解剖(해부), 解渴(해갈), 解決(해결), 結者解之(결자해지)

256 용용송 통통용[甬踊誦 痛通勇] – 甬으로 된 한자

甬
사범 / 총7획 / 부수 用

꽃봉오리가 부풀어 오르는 모양을 본떠서 **솟을 용**

踊
2급 / 총14획 / 부수 ⻊

발(⻊)이 솟게(甬) 뛰니 **뛸 용**

⻊[발 족, 넉넉할 족(足)의 변형]
踊躍(용약), 舞踊(무용)

誦
2급 / 총14획 / 부수 言

말(言)이 저절로 솟아(甬) 오르도록 외우니 **외울 송**

言(말씀 언)
誦讀(송독), 誦詩(송시), 朗誦(낭송), 愛誦(애송)

痛
준3급 / 총12획 / 부수 疒

병(疒) 기운이 솟으면(甬) 아프니 **아플 통**

疒(병들 녁)
痛感(통감), 痛哭(통곡), 痛症(통증), 齒痛(치통)

通
5급 / 총11획 / 부수 辶

무슨 일이나 **솟을(甬)** 정도로 **뛰며(辶)** 열심히 하면 통하니 **통할 통**

通告(통고), 通達(통달), 窮卽通(궁즉통)

勇
5급 / 총9획 / 부수 力

솟는(甬) 힘(力)이 넘쳐 날래니 **날랠 용**

🔊 力(힘 력)

勇敢(용감), 勇斷(용단), 勇猛(용맹), 勇退(용퇴)

---

257 보보보 5포[甫補輔 哺捕浦鋪葡] - 甫로 된 한자

甫
2급 / 총7획 / 부수 用

많이(十) 쓰이도록(用) 점(丶)까지 찍어가며 크고 넓게 만드니 **클 보, 넓을 보**

🔊 十(열 십, 많을 십), 用(쓸 용), 丶(점 주, 불똥 주)

甫田(보전), 酒甫(주보), 拙甫(졸보), 甫吉島(보길도)

補
3급 / 총12획 / 부수 衤

옷(衤)에 난 큰(甫) 구멍을 기우듯 보충하니 **기울 보, 보충할 보**

🔊 衤(옷 의 변)

補強(보강), 補缺(보결), 補償(보상), 補充(보충)

輔
2급 / 총14획 / 부수 車

차(車)로 널리(甫) 도우니 **도울 보**

🔊 車(수레 거, 차 차)

輔國(보국), 輔導(보도), 輔弼(보필), 輔佐(보좌)

哺
2급 / 총10획 / 부수 口

입(口)에 크게(甫) 먹여 기르니 **먹일 포, 기를 포**

哺乳動物(포유동물), 反哺之孝(반포지효)

捕
3급 / 총10획 / 부수 扌

손(扌)을 크게(甫) 벌려 잡으니 **잡을 포**

捕縛(포박), 拿捕(나포), 生捕(생포), 逮捕(체포)

浦
3급 / 총10획 / 부수 氵

물(氵)이 넓게(甫) 펴진 물가니 **물가 포**

浦口(포구), 浦村(포촌), 浦落(포락), 南浦(남포)

2급 / 총15획 / 부수 金

(도둑이 못 들도록) **쇠**(金)를 **넓게**(甫) 펴서 막은 가게니 **펼 포, 가게 포**

鋪裝道路(포장도로), 店鋪(점포), 典當鋪(전당포)

葡

2급 / 총13획 / 부수 ⺿

풀(⺿)잎 아래 **싸여**(勹) **크는**(甫) 포도니 **포도 포**

🔊 勹(쌀 포)

葡萄(포도), 乾葡萄(건포도), 靑葡萄(청포도)

258 부부박 박부[尃賻博 薄簿] - 尃, 溥으로 된 한자

급외자 / 총10획 / 부수 寸

널리(甫) **마디마디**(寸) 펴 두루 알리니 **펼 부, 두루 알릴 부**

[유] 專(오로지 전, 마음대로 할 전) - 제목번호 260

🔊 寸(마디 촌, 법도 촌)

2급 / 총17획 / 부수 貝

상가에 **돈**(貝)을 **펴**(尃) 주는 부의니 **부의 부**

🔊 부의(賻儀) - 초상집에 부조로 내는 돈이나 물품. 또는 그 일.
🔊 貝(조개 패, 재물 패), 儀(거동 의, 법도 의)

賜賻(사부), 弔賻(조부)

3급 / 총12획 / 부수 十

많은(十) 방면에 두루 **펴**(尃) 넓으니 **넓을 박**

🔊 十(열 십, 많을 십)

博士(박사), 博識(박식), 博愛(박애), 該博(해박)

薄

3급 / 총17획 / 부수 ⺿

풀(⺿)처럼 **물**(氵)에 **펴져**(尃) 엷으니 **엷을 박**

薄待(박대), 薄命(박명), 薄弱(박약), 淺薄(천박)

2급 / 총19획 / 부수 ⺮

종이가 없던 옛날 **대**(⺮) 조각을 **물**(氵)처럼 넓게 **펴지도록**(尃) 깎아 글을 적은 문서니 **문서 부**

🔊 장부(帳簿) - 물건의 출납이나 돈의 수지(收支) 계산을 적어 두는 책.
*帳(장막 장, 장부 장)

簿記(부기), 名簿(명부), 帳簿(장부), 學籍簿(학적부)

Day 21 | 확인문제

01~04 다음 한자에 해당하는 훈음을 오른쪽에서 찾아 연결하세요.

01. 間 • • ㉠ 오줌 뇨
02. 所 • • ㉡ 눈물 루
03. 淚 • • ㉢ 사이 간
04. 尿 • • ㉣ 장소 소

05~12 다음 漢字의 훈(뜻)과 음(소리)을 쓰세요.

05. 尊 (   )   06. 遵 (   )
07. 開 (   )   08. 閉 (   )
09. 蒼 (   )   10. 倫 (   )
11. 偏 (   )   12. 編 (   )

13~18 다음 훈음에 맞는 漢字를 쓰세요.

13. 부의 부 (   )   14. 문서 부 (   )
15. 가게 포 (   )   16. 외울 송 (   )
17. 뛸 용 (   )   18. 병풍 병 (   )

19~20 다음 문장 중 ( ) 안에 들어갈 한자어로 알맞은 것은?

19. 여가 (   )은 정서 함양에 큰 도움을 준다.
   ① 惡用   ② 誤用
   ③ 濫用   ④ 善用

20. 사랑과 자유가 없는 노동은 (   )이/가 아니라 모방이다.
   ① 創造   ② 創設
   ③ 創刊   ④ 創立

정답

01. ㉢   02. ㉣   03. ㉡   04. ㉠   05. 높일 존
06. 좇을 준   07. 열 개   08. 닫을 폐   09. 푸를 창   10. 인륜 륜
11. 치우칠 편   12. 엮을 편   13. 賻   14. 簿   15. 鋪
16. 誦   17. 踊   18. 屛   19. ④   20. ①

Day 22 | 259 ~ 268

259 동동동진 거(차)진고 련련[東凍棟陳 車陣庫 連蓮] - 東, 車, 連으로 된 한자

東
6급 / 총8획 / 부수 木

나무(木) 사이로 해(日)가 떠오르는 동쪽이니 **동쪽 동**

또 옛날에 동쪽에 앉았던 주인이니 **주인 동**

柬(가릴 간, 편지 간) - 제목번호 321, 束(묶을 속) - 제목번호 065

옛날에는 신분에 따라 앉는 방향이 달라서 임금은 북쪽, 신하는 남쪽, 주인은 동쪽, 손님은 서쪽에 자리하고 앉았답니다.

東洋(동양), 東問西答(동문서답), 東奔西走(동분서주)

凍
2급 / 총10획 / 부수 冫

얼음(冫)은 동쪽(東)에 더 많이 어니 **얼 동**

冫(이 수 변), 아침 햇살만 잠깐 비치는 동쪽으로 향한 언덕이 서쪽보다 얼음이 더 많이 언다는 데서 만든 글자.

凍傷(동상), 不凍液(부동액), 凍足放尿(동족방뇨)

棟
2급 / 총12획 / 부수 木

나무(木) 중 집에서 주인(東)처럼 큰 역할을 하는 마룻대니 **마룻대 동**

마룻대 - 용마루 밑에 서까래가 걸리게 된 도리.

棟梁之材(동량지재), 汗牛充棟(한우충동)

陳
3급 / 총11획 / 부수 阝

언덕(阝)의 동쪽(東)에 햇살이 퍼지듯 늘어놓고 오래 묵으니

늘어놓을 진, 묵을 진, 성 진

阝(언덕 부 변), 묵다 - 일정한 곳에서 나그네로 머무르다.

陳述(진술), 陳列(진열), 開陳(개진), 陳腐(진부)

車
준5급 / 총7획 / 부수 車

수레 모양을 본떠서 **수레 거**

또 수레처럼 물건이나 사람을 실어 옮기는 차니 **차 차, 성 차**

日은 수레의 몸통, ㅣ은 세로축, 一과 一은 가로축.

自轉車(자전거), 停車場(정거장), 車庫(차고), 列車(열차)

陣
3급 / 총10획 / 부수 阝

언덕(阝) 옆에 수레(車)들이 줄지어 진 치니 **줄 진, 진칠 진**

진(陣)을 치다 - 자리를 차지하다.

長蛇陣(장사진), 陣地(진지), 敵陣(적진), 布陣(포진)

庫
준3급 / 총10획 / 부수 广

집(广)에 차(車) 같은 물건을 넣어두는 곳집(창고)이니 **곳집 고, 창고 고**

🔊 广(집 엄), 곳집 = 고(庫) + 집
金庫(금고), 寶庫(보고), 在庫(재고), 車庫(차고)

連
4급 / 총11획 / 부수 辶

차(車)가 지나간(辶) 바퀴 자국처럼 이어지게 이으니 **이을 련**

🔊 辶(뛸 착, 갈 착)
連結(연결), 連絡(연락), 連戰連勝(연전연승)

蓮
3급 / 총15획 / 부수 艹

풀(艹)뿌리가 이어져(連) 뻗어가는 연꽃이니 **연꽃 련**

蓮根(연근), 蓮池(연지), 白蓮(백련), 紅蓮(홍련)

260 군휘휘운 전전전단[軍揮輝運 專傳轉團] - 軍, 專으로 된 한자

軍
준5급 / 총9획 / 부수 車

덮어서(冖) 차(車)까지 위장한 군사니 **군사 군**

🔊 冖(덮을 멱)
軍歌(군가), 軍紀(군기), 國軍(국군), 孤軍奮鬪(고군분투)

揮
3급 / 총12획 / 부수 扌

손(扌) 휘둘러 군사(軍)를 지휘하여 흩어지게 하니
휘두를 휘, 지휘할 휘, 흩어질 휘

🔊 군대는 모여 있으면 포탄 한 발로 당할 수 있으니 흩어져 있어야 하지요.
揮毫(휘호), 發揮(발휘), 指揮(지휘), 揮發(휘발)

輝
2급 / 총15획 / 부수 車

빛(光)에 군사(軍)의 계급장이 빛나니 **빛날 휘**

🔊 光(빛 광)
輝光(휘광), 輝煌燦爛(휘황찬란)

運
5급 / 총13획 / 부수 辶

군사(軍)들이 주둔지를 옮겨 가며(辶) 움직이니 **옮길 운, 움직일 운**
또 삶을 옮기는 운수니 **운수 운**

運轉(운전), 運動(운동), 運命(운명), 幸運(행운)

專
준3급 / 총11획 / 부수 寸

삼가고(叀) 마디마디(寸) 살피며 오로지 하나에만 전념하니 **오로지 전**
또 오로지 자기 마음대로 하니 **마음대로 할 전**

유 叀(펼 부, 두루 알릴 부) - 제목번호 258
- 叀 : 차(車)에 점(丶)찍는 일은 삼가니 '삼갈 전'
- 寸(마디 촌, 법도 촌), 車(수레 거, 차 차(車)의 변형), 丶(점 주, 불똥 주)

專攻(전공), 專權(전권), 專念(전념), 專屬(전속)

傳
준4급 / 총13획 / 부수 亻

사람(亻)들이 마음대로(專) 전하는 이야기니 **전할 전, 이야기 전**

傳達(전달), 傳承(전승), 傳記(전기), 自敍傳(자서전)

轉
준3급 / 총18획 / 부수 車

수레(車)바퀴처럼 오로지(專) 구르니 **구를 전**

轉嫁(전가), 轉科(전과), 轉勤(전근), 轉禍爲福(전화위복)

團
준3급 / 총14획 / 부수 囗

에워싼(囗) 듯 오로지(專) 하나로 둥글게 모이니 **둥글 단, 모일 단**

- 囗[에운담, 나라 국(國)의 약자]

瓊團(경단), 團結(단결), 團合(단합), 集團(집단)

---

261 천훈 주주 소소 류[川訓 州洲 疏蔬 流] - 川, 州, 疏로 된 한자와 流

川
7급 / 총3획 / 부수 川

물 흐르는 내를 본떠서 **내 천**

川邊(천변), 山川草木(산천초목), 河川(하천)

訓
준4급 / 총10획 / 부수 言

말(言)을 내(川)처럼 길게 하며 가르치니 **가르칠 훈**

- 言(말씀 언)

訓戒(훈계), 訓練(훈련), 訓手(훈수), 訓話(훈화)

州
준3급 / 총6획 / 부수 川

내(川) 사이에 점들(丶丶丶)처럼 집들이 있는 고을이니 **고을 주**

- 나주(羅州), 충주(忠州)처럼 고을 이름에 주(州)가 들어가면 물가에 있지요.

州郡(주군), 州牧(주목), 全州(전주)

洲 2급 / 총9획 / 부수 氵

물(氵)로 둘러싸인 고을(州)이면 섬이나 물가니 **섬 주, 물가 주**

洲島(주도), 三角洲(삼각주), 六大洲(육대주)

疏 2급 / 총12획 / 부수 疋

발(疋)로 차며 소리치면(云) 막힘이 내(巛)처럼 트이니 **트일 소**

또 트인 듯 관계가 성기니 **성길 소**

동 疎 - 발(疋)을 묶어(束) 놓은 듯 왕래가 드무니 '드물 소', 또 왕래가 드물면 도로는 잘 트이니 '트일 소', 또 트인 듯 관계가 성기니 '성길 소'

疋(발 소, 필 필), 云(이를 운, 말할 운), 束(묶을 속), 성기다 - ㉠ 물건의 사이가 뜨다. ㉡ 관계가 깊지 않고 서먹하다.

疏通(소통), 疏外·疎外(소외), 疏忽·疎忽(소홀), 親疏·親疎(친소)

蔬 3급 / 총16획 / 부수 艹

풀(艹) 중 트인(疏) 듯 누구나 자주 먹는 나물이나 채소니 **나물 소, 채소 소**

蔬飯(소반), 蔬食(소식), 蔬店(소점), 菜蔬(채소)

流 준4급 / 총10획 / 부수 氵

물(氵)이 소리 내며(云) 내(巛)를 이루어 흐르고 번져나가니
흐를 류, 번져나갈 류

云(이를 운, 말할 운), 巛[내 천(川)의 변형]

流失(유실), 流浪(유랑), 流行(유행), 流言蜚語(유언비어)

---

262 천재순 4경 뇌뇌 렵[巛災巡 巠輕經徑 腦惱 獵] - 巛, 巠, 甾으로 된 한자와 獵

巛 부수자 / 총3획 / 부수 巛

내 천(川)이 부수로 쓰일 때의 모양으로 개미허리 같다 하여 **개미허리 천**

1급, 사범, 급외자, 부수자 - 어원 풀이를 위한 참고자로 8~2급 선정 한자에는 포함되지 않습니다.

災 준3급 / 총7획 / 부수 火

물(巛)이나 불(火)로 인하여 입는 재앙이니 **재앙 재**

재앙(災殃) - 뜻하지 아니하게 생긴 불행한 변고. 또는 천재지변으로 인한 불행한 사고.

災難(재난), 災害(재해), 水災(수재), 火災(화재)

巡 3급 / 총7획 / 부수 巛

냇물(巛)이 아래로 방향을 찾아 흘러가듯(辶) 여기저기를 순행하며 도니
순행할 순, 돌 순

순행(巡行) - 여행이나 공부, 또는 감독하거나 단속하기 위하여 여러 곳으로 돌아다님.

辶(뛸 착, 갈 착), 行(다닐 행, 행할 행, 항렬 항)

巡警(순경), 巡訪(순방), 巡視(순시), 巡廻(순회)

巠 급외자 / 총7획 / 부수 巛	하나(一)의 냇물(巛)처럼 만들어져(工) 흐르는 물줄기니 **물줄기 경** 🔊 工(장인 공, 만들 공, 연장 공)
輕 준4급 / 총14획 / 부수 車	수레(車)가 물줄기(巠)처럼 저절로 달리도록 가벼우니 **가벼울 경** 🔊 車(수레 거, 차 차) 輕減(경감), 輕微(경미), 輕傷(경상), 輕率(경솔)
經 4급 / 총13획 / 부수 糸	실(糸)이 물줄기(巠)처럼 길게 지나가는 날실이니 **지날 경, 날실 경** 또 베를 짤 때 날실이 기본이듯이 사람 사는 기본을 적어놓은 글이니 **글 경** 🔊 糸(실 사, 실 사 변), 베를 짤 때 길게 늘어뜨린 쪽의 실을 날실(經), 좁은 쪽의 실을 씨실(緯 : 씨실 위)이라 하지요. 經歷(경력), 經費(경비), 經緯(경위), 經書(경서)
徑 2급 / 총10획 / 부수 彳	걸을(彳) 때 물줄기(巠)처럼 빨리 가는 지름길이니 **지름길 경** 图 俓 - 사람(亻)이 물줄기(巠)처럼 빨리 가는 지름길이니 '지름길 경' 🔊 彳(조금 걸을 척) 徑路(경로), 半徑(반경), 直徑(직경), 捷徑(첩경)
腦 3급 / 총13획 / 부수 月	몸(月)에서 흐르는 냇물(巛)처럼 쉴 새 없이 생각하는 정수리(囟)의 뇌니 **뇌 뇌** 🔊 囟(정수리 신), 정수리 - 머리 위에 있는 자리. 腦裏(뇌리), 頭腦(두뇌), 洗腦(세뇌), 首腦(수뇌)
惱 2급 / 총12획 / 부수 忄	어떤 생각(忄)이 냇물(巛)처럼 정수리(囟)에 계속 흘러 괴로워하니 **괴로워할 뇌** 苦惱(고뇌), 煩惱(번뇌), 百八煩惱(백팔번뇌)
獵 2급 / 총18획 / 부수 犭	개(犭)가 짐승의 목 갈기(巤)를 물며 사냥하니 **사냥할 렵** 🔊 犭(큰 개 견, 개 사슴 록 변), 巤 : 내(巛)처럼 흘러내린 목(囟)에 털이 난(䍱) 갈기니 '목 갈기 렵' 🔊 개가 짐승을 잡을 때는 짐승의 목을 물지요. 獵師(엽사), 獵銃(엽총), 狩獵(수렵)

263 4유 수유[兪喩楡踰 輸愈] - 兪로 된 한자

兪
2급 / 총9획 / 부수 入

산에 들어가(入) 한(一) 달(月)에 걸쳐 흐르는 냇(巜)물로 씻으며 치료하면 대답하듯 통하고 병이 나으니 **대답할 유, 통할 유, 병 나을 유**

◀ 巜[내 천(川)의 부수인 개미허리 천(巛)이 줄어든 모양]
◀ 위가 들 입(入)이지만 사람 인(人)으로 써도 됩니다.

喩
2급 / 총12획 / 부수 口

입(口)으로 대답하며(兪) 비유하고 깨우치니 **비유할 유, 깨우칠 유**

◀ 비유(比喩) - 어떠한 사물이나 관념을 그와 비슷한 사물이나 관념에 끌어대어 설명하는 일.
隱喩(은유), 直喩(직유), 訓喩(훈유)

楡
2급 / 총13획 / 부수 木

나무(木) 중 병을 낫게(兪) 하는 성분이 있는 느릅나무니 **느릅나무 유**

◀ 느릅나무 - 봄에 어린잎은 식용하며 한방에서 껍질을 약재로 씀.
楡皮(유피) - 느릅나무의 껍질. *皮(가죽 피)

踰
2급 / 총16획 / 부수 𧾷

발(𧾷)로 대답하듯(兪) 걸어 넘으니 **넘을 유**

◀ 𧾷[발 족, 넉넉할 족(足)의 변형]
踰年(유년), 踰嶺(유령), 踰越(유월), 踰限(유한)

輸
3급 / 총16획 / 부수 車

차(車)로 대답하듯(兪) 짐을 실어 보내고 나르니 **보낼 수, 나를 수**

◀ 車(수레 거, 차 차)
輸送(수송), 輸血(수혈), 輸出入(수출입), 禁輸(금수)

愈
2급 / 총13획 / 부수 心

병이 낫는다(兪)는 마음(心)이 들면 더욱 좋아 병도 나으니
더욱 유, 좋을 유, 병 나을 유

◀ 心(마음 심, 중심 심)
愈愈(유유), 愈往愈甚(유왕유심), 治愈·治癒(치유)

264 화 염담담담 형로영영영(형)[火 炎談淡毯 螢勞榮營瑩] - 火와 炎, 𤇾으로 된 한자

火
8급 / 총4획 / 부수 火

타오르는 불을 본떠서 **불 화**

◀ 4획이니 글자의 발로 쓰일 때도 네 점을 찍어서 '불 화 발(灬)'입니다.
火力(화력), 火災(화재), 發火(발화), 放火(방화)

炎
준3급 / 총8획 / 부수 火

불(火)과 불(火)이 타오르는 불꽃처럼 더우니 **불꽃 염, 더울 염**

또 덥게 열나면서 아픈 염증이니 **염증 염**

炎凉(염량), 炎天(염천), 暴炎(폭염), 炎症(염증)

談
준4급 / 총15획 / 부수 言

말(言) 중 따뜻한(炎) 마음으로 하는 말씀이니 **말씀 담**

🔊 言(말씀 언)

談笑(담소), 談合(담합), 美談(미담), 情談(정담)

DAY 22

淡
3급 / 총11획 / 부수 氵

물(氵)을 덥게(炎) 끓여 소독하면 맑고 깨끗하니 **맑을 담, 깨끗할 담**

淡水(담수), 濃淡(농담), 淡淡(담담), 淡白(담백)

毯
2급 / 총12획 / 부수 毛

덥도록(炎) 털(毛)로 만든 담요니 **담요 담**

🔊 毛(털 모)

毯子(담자) - 담요(毯-) - 속에 솜 대신 짐승의 털을 넣어서 만든 요.

螢

2급 / 총16획 / 부수 虫

불(火)과 불(火)에 덮인(冖) 듯 벌레(虫)에서 빛나는 반딧불이니 **반딧불 형**

🔊 冖(덮을 멱), 虫(벌레 충)

螢光燈(형광등), 螢雪之功(형설지공)

勞
준4급 / 총12획 / 부수 力

불(火)과 불(火)에 덮인(冖) 것 같은 어려운 상황에서도 힘(力)써 수고하며 일하니 **수고할 로, 일할 로**

[약] 労 🔊 力(힘 력)

勞苦(노고), 過勞(과로), 徒勞無功(도로무공)

榮
4급 / 총14획 / 부수 木

불(火)과 불(火)에 덮인(冖) 듯 나무(木)에 꽃이 피어 성하니 **성할 영**

또 성하여 누리는 영화니 **영화 영**

🔊 木(나무 목)

榮光(영광), 榮達(영달), 繁榮(번영), 榮華(영화) *映畵(영화)

營
준3급 / 총17획 / 부수 火

불(火)과 불(火)에 덮인(冖) 듯 열성으로 음률(呂)을 다스리듯 일을 경영하니 **다스릴 영, 경영할 영**

🔊 呂(등뼈 려, 음률 려), 음률 – 음악. 음악의 곡조.

營利(영리), 營業(영업), 營爲(영위), 國營(국영)

瑩
2급 / 총15획 / 부수 王(玉)

불(火)과 불(火)에 덮인(冖) 듯 밝게 만든 귀막이 옥(玉)이니
밝을 영, 귀막이 옥 영
또 귀막이로 가린 듯 의심쩍어 의혹하니 **의혹할 형**

🔊 玉(구슬 옥), 귀막이 – 면류관의 양쪽으로 비녀 끝에 구슬을 꿴 줄을 귀까지 늘어뜨린 물건.
瑩澈(영철), 未瑩(미형)

265 역적적 적혁사[亦跡迹 赤赫赦] - 亦, 赤으로 된 한자

亦
준3급 / 총6획 / 부수 亠

머리(亠)가 불(小)처럼 뜨겁게 또 고민하니 **또 역**

🔊 亠(머리 부분 두), 小[불 화(火)의 변형]
亦是(역시), 全亦(전역), 此亦(차역)

跡
2급 / 총13획 / 부수 🦶

발(𧾷)로 밟으면 또(亦) 생기는 발자취니 **발자취 적**

🔊 𧾷[발 족, 넉넉할 족(足)의 변형]
人跡(인적), 遺跡・遺蹟(유적), 追跡(추적), 痕跡(흔적)

迹
2급 / 총10획 / 부수 辶

또(亦) 가면(辶) 남는 자취니 **자취 적**

통 蹟 – 발(足)로 책임(責)을 다하면서 남긴 자취니 '자취 적'
통 跡

🔊 辶(뛸 착, 갈 착), 責(꾸짖을 책, 책임 책)
軌迹(궤적), 人迹(인적), 足迹(족적)

赤
준4급 / 총7획 / 부수 赤

흙(土)이 불(小)타듯이 붉으니 **붉을 적**
또 붉게 발가벗으니 **발가벗을 적**

🔊 土(흙 토), 小[불 화(火)의 변형]
赤色(적색), 赤字(적자) ↔ 黑字(흑자), 赤裸裸(적나라)

赫
2급 / 총14획 / 부수 赤

붉고(赤) 붉게(赤) 빛나고 붉으니 **빛날 혁, 붉을 혁**

赫赫(혁혁), 赫業(혁업), 赫怒(혁노)

赦
2급 / 총11획 / 부수 赤

(용서는 하지만 두고 보기 위하여) 붉게(赤) 칠하고 쳐서(攵) 놓아주며 용서하니
용서할 사

🔊 攵(칠 복, = 攴), 눈에 잘 띄도록 붉게 표시했겠지요.
赦過(사과), 赦免(사면), 赦罪(사죄), 特赦(특사)

266 수함칠지 구구구[氷函漆遲 求救球] - 氷, 求로 된 한자

氷
부수자 / 총5획 / 부수 氺

물 수(水)가 글자의 발 부분에 붙는 부수인 발로 쓰일 때의 모양으로 **물 수 발**

函
2급 / 총8획 / 부수 凵

한(一) 방울의 흘러내리는(丨) 물(氺)이라도 받게 만든 그릇(凵)같은 함이니 **함 함**

또 함처럼 몸을 둘러싸게 만든 갑옷이니 **갑옷 함**

◁ 凵(입 벌릴 감, 그릇 감)
◁ 함(函) - 옷이나 물건을 넣어 두는 상자.

函籠(함롱), 私書函(사서함), 書函(서함), 函人(함인)

漆
2급 / 총14획 / 부수 氵

물(氵)처럼 나무(木) 상처(人)에서 뽑아 쓰는 액(氺)은 옻이니 **옻 칠**

또 옻은 검으니 **검을 칠**

◁ 人('사람 인'이지만 여기서는 액을 뽑기 위해 낸 상처로 봄), 옻은 약용, 공업용 등 여러 용도로 쓰입니다.

漆器(칠기), 漆板(칠판), 漆黑(칠흑)

遲
2급 / 총16획 / 부수 辶

몸(尸)이 물(⺀丨)에 젖은 무소(牛)처럼 천천히 가(辶) 더디고 늦으니 **더딜 지, 늦을 지**

遲刻(지각), 遲延(지연), 遲遲不進(지지부진), 遲滯(지체)

求
준4급 / 총7획 / 부수 氺

하나(一)의 물(氺)방울(丶)이라도 구하니 **구할 구**

◁ 丶('점 주, 불똥 주'지만 여기서는 물방울로 봄)

求乞(구걸), 求道(구도), 求愛(구애), 求職(구직)

救
4급 / 총11획 / 부수 攵

(나쁜 길에 빠진 사람을 쳐서라도) **구하기(求)** 위하여 **치며(攵)** 구원하고 도우니 **구원할 구, 도울 구**

◁ 攵(칠 복), 내가 필요해서 구하면 구할 구(求), 남을 도와주면 구원할 구, 도울 구(救)

救命(구명), 救援(구원), 救助(구조), 救急(구급)

球
준3급 / 총11획 / 부수 王(玉)

구슬(王)을 구해(求) 보면 둥글어 공 같으니 **둥글 구, 공 구**

◁ 王(임금 왕, 으뜸 왕, 구슬 옥 변), 대부분의 옥은 둥글게 가공함을 생각하고 만든 글자.

球根(구근), 地球(지구), 球技(구기), 排球(배구)

267 이(대)례(예)강체 4록 단연 [隶隸康逮 彔錄祿綠 象緣] - 隶, 彔, 象으로 된 한자

隶
급외자 / 총8획 / 부수 隶

씻기 위하여 **손(⺕)**이 **물(氺)**에 이르러 미치니 **미칠 이, 미칠 대**

🔊 ⺕(고슴도치 머리 계, 오른손 우), 氺(물 수 발)
🔊 여기서 '미치다'는 ㉠ 정신에 이상이 생기다. ㉡ 보통 때와는 달리 몹시 흥분하다. ㉢ 어떤 일에 자기를 잃을 만큼 열중하다. ㉣ (어느 곳에) 이르다. 닿다. 중 ㉣의 뜻.

隸
2급 / 총16획 / 부수 隶

선비(士) 같은 주인이 **보이는(示)** 곳에 **미쳐(隶)** 있는 종처럼 붙으니
종 례(예), 붙을 예

🔊 示(보일 시, 신 시)
奴隸(노예), 隸屬(예속), 隸書(예서)

康
준3급 / 총11획 / 부수 广

일 끝내고 **집(广)**에서 **손(⺕)**을 **물(氺)**에 씻은 것처럼 편안하니
편안할 강, 성씨 강

🔊 广(집 엄)
康健(강건), 健康(건강), 壽福康寧(수복강녕)

逮
2급 / 총12획 / 부수 辶

미치도록(隶) 가서(辶) 잡으니 **미칠 체, 잡을 체**

逮捕(체포), 被逮(피체)

彔
사범 / 총8획 / 부수 ⺕(彑)

엇갈리게(彑) 한(一) 곳으로 **물(氺)** 같은 진액이 나오도록 나무를 깎고 새기니
나무 깎을 록, 새길 록

🔊 원래는 彑와 氺로 나누어 부수가 ⺕입니다. ⺕(고슴도치 머리 계, 오른손 우)는 변형하여 彑로도 쓰이니까요.

錄
준3급 / 총16획 / 부수 金

쇠(金)로 **깎아(彔)** 기록하니 **기록할 록**

🔊 金(쇠 금, 금 금, 돈 금, 성 김)
錄音(녹음), 錄畫(녹화), 記錄(기록), 附錄(부록)

祿
2급 / 총13획 / 부수 示

신(示)에게 나무 **깎아(彔)** 만든 위패를 모시고 제사 지내면 복을 주듯
일하면 주는 녹(봉급)이니 **녹 록, 봉급 록**

🔊 示(보일 시, 신 시)
祿俸(녹봉), 國祿(국록), 福祿(복록)

5급 / 총14획 / 부수 糸

실(糸)이 나무 깎을(彔) 때 나오면 푸르니 **푸를 록**

◀ 糸(실 사, 실 사 변)

綠色(녹색), 綠陰(녹음), 綠茶(녹차), 常綠樹(상록수)

사범 / 총9획 / 부수 彑(彑)

엇갈려(彑) 돼지(豕)가 여기저기를 물어 끊으니 **끊을 단**

◀ 豕(돼지 시)
◀ 원래는 彑와 豕로 나누어 부수가 크입니다. 크(고슴도치 머리 계, 오른손 우)는 변형하여 彑로도 쓰이니까요.

3급 / 총15획 / 부수 糸

실(糸)로 끊어진(彖) 곳을 잇듯이 서로를 이어주는 인연이니 **인연 연**

緣故(연고), 緣分(연분), 緣由(연유), 結緣(결연)

268 우로설루 뢰전령 무령(雨露雪漏 雷電零 巫靈) - 雨, 巫로 된 한자

DAY 22

준4급 / 총8획 / 부수 雨

하늘(一)의 구름(冂)에서 물(氺)로 내리는 비니 **비 우**

◀ 一('한 일'이지만 여기서는 하늘의 모양), 冂('멀 경, 성 경'이지만 여기서는 구름의 모양), 氺(물 수 발), 雨는 날씨와 관계되는 글자의 부수로도 쓰입니다.

雨傘(우산), 雨後竹筍(우후죽순), 降雨(강우), 暴雨(폭우)

준3급 / 총21획 / 부수 雨

빗(雨)방울처럼 길(路)가에 이슬이 맺혀 드러나니 **이슬 로, 드러날 로**

◀ 路(길 로)

寒露(한로), 露出(노출), 吐露(토로), 暴露(폭로)

雪

준4급 / 총11획 / 부수 雨

비(雨)가 얼어 고슴도치 머리(크)처럼 어지럽게 내리는 눈이니 **눈 설**

또 눈처럼 깨끗하게 씻으니 **씻을 설**

◀ 크(고슴도치 머리 계, 오른손 우), 그릇 등을 씻는다는 '설거지'라는 말도 여기서 유래된 것 같아요.

雪景(설경), 雪糖(설탕), 雪憤(설분), 雪辱(설욕)

2급 / 총14획 / 부수 氵

물(氵)이 뚫어진 지붕(尸)에서 비(雨)만 오면 새니 **샐 루**

◀ 尸['주검 시, 몸 시'지만 여기서는 '지붕'의 모습으로 봄]

漏落(누락), 漏泄(누설), 漏水(누수), 脫漏(탈루)

雷

2급 / 총13획 / 부수 雨

비(雨) 올 때 밭(田)처럼 넓은 구름 사이에서 치는 천둥이니 **천둥 뢰, 우레 뢰**

🔊 田(밭 전), 천둥 – 뇌성과 번개를 동반하는 대기 중의 방전현상. '우레'와 같은 말.

雷聲(뇌성), 地雷(지뢰), 附和雷同(부화뇌동)

電
준5급 / 총13획 / 부수 雨

비(雨) 올 때 번쩍 빛을 펼치는(电) 번개니 **번개 전**

또 번개처럼 빛나는 전기니 **전기 전**

🔊 电[아뢸 신, 펼 신, 원숭이 신, 아홉째 지지 신(申)의 변형]

電擊(전격), 電燈(전등), 電池(전지), 充電(충전)

零

2급 / 총13획 / 부수 雨

비(雨)와 명령(令)은 위에서 아래로 떨어지니 **떨어질 령**

또 떨어지면 영이니 **영 령**

🔊 令(하여금 령, 명령할 령)

零細(영세), 零上(영상), 零點(영점), 零下(영하)

巫
2급 / 총7획 / 부수 工

하늘(一)과 땅(一)을 연결하여(丨) 사람들(人人)의 악귀를 쫓는 무당이니 **무당 무**

巫女(무녀), 巫俗(무속), 巫覡信仰(무격신앙)

靈
2급 / 총24획 / 부수 雨

비(雨) 오게 해 달라고 여러 사람의 입들(口口口)이 무당(巫)처럼 비는 대상인 신령스러운 신령이니 **신령스러울 령, 신령 령**

🔊 巫(무당 무), 신령하다 – 신기하고 영묘하다.

靈感(영감), 靈肉(영육), 靈魂(영혼), 靈藥(영약)

Day 22 | 확인문제

01~04 다음 한자에 해당하는 훈음을 오른쪽에서 찾아 연결하세요.

01. 凍 • • ㉠ 마룻대 동
02. 陳 • • ㉡ 늘어놓을 진
03. 棟 • • ㉢ 얼 동
04. 陣 • • ㉣ 진칠 진

05~12 다음 漢字의 훈(뜻)과 음(소리)을 쓰세요.

05. 連 (   ) 06. 輝 (   )
07. 轉 (   ) 08. 訓 (   )
09. 輕 (   ) 10. 獵 (   )
11. 談 (   ) 12. 營 (   )

13~18 다음 훈음에 맞는 漢字를 쓰세요.

13. 연꽃 련 (   ) 14. 샐 루 (   )
15. 봉급 록 (   ) 16. 잡을 체 (   )
17. 늦을 지 (   ) 18. 옻 칠 (   )

19~20 다음 문장 중 (   ) 안에 들어갈 한자어로 알맞은 것은?

19. 탄광에 갇힌 광부들을 (   )하기 위해 구조대가 들어갔습니다.
    ① 久遠   ② 救出
    ③ 求愛   ④ 球技

20. 천재는 99%의 노력과 1%의 (   )으로 이루어진다.
    ① 靈感   ② 靈肉
    ③ 靈魂   ④ 靈藥

정답

01. ㉢   02. ㉡   03. ㉠   04. ㉣   05. 이을 련
06. 빛날 휘   07. 구를 전   08. 가르칠 훈   09. 가벼울 경   10. 사냥할 렵
11. 말씀 담   12. 경영할 영   13. 蓮   14. 漏   15. 祿
16. 逮   17. 遲   18. 漆   19. ②   20. ①

307

Day 23 | 269 ~ 280

269 운운음 육철철철[云雲陰 育撤徹澈] - 云, 育으로 된 한자

云
준3급 / 총4획 / 부수 二

둘(二)이 사사롭게(厶) 이르니(말하니) **이를 운, 말할 운**

+ 厶(사사 사, 나 사), 이르다 - 무엇이라고 말하다.
云云(운운), 云爲(운위), 云謂(운위)

雲
준4급 / 총12획 / 부수 雨

비(雨)가 오리라고 말해(云) 주는 구름이니 **구름 운**

+ 구름이 끼면 비가 올 것을 알게 되지요.
雲集(운집), 雲海(운해), 靑雲(청운)

陰
4급 / 총11획 / 부수 阝

언덕(阝) 아래는 지금(今)도 말하자면(云) 그늘이니 **그늘 음**

+ 阝(언덕 부 변), 今(이제 금, 오늘 금)
光陰(광음), 陰曆(음력), 陰地(음지), 陰凶(음흉)

育
준5급 / 총8획 / 부수 月

머리(亠)부터 내(厶) 몸(月)처럼 기르니 **기를 육**

+ 亠(머리 부분 두), 厶(사사 사, 나 사)
育林(육림), 育苗(육묘), 育成(육성), 育兒(육아)

撤
2급 / 총15획 / 부수 扌

손(扌)으로 길러서(育) 쳐(攵) 거두니 **거둘 철**

+ 攵(칠 복, = 攴)
撤去(철거), 撤軍(철군), 撤收(철수), 不撤晝夜(불철주야)

徹
2급 / 총15획 / 부수 彳

걸을(彳) 때부터 기르기(育)를 치며(攵) 엄하게 하면 사리에 통하고 뚫어지니 **통할 철, 뚫을 철**

+ 彳(조금 걸을 척)
徹夜(철야), 貫徹(관철), 透徹(투철), 徹底(철저)

澈
2급 / 총15획 / 부수 氵

물(氵)을 기르듯(育) 쳐(攵) 거르면 맑으니 **맑을 철**

+ 인·지명용 한자

270 거신 호와 [巨臣 互瓦] - 巨와 비슷한 한자

4급 / 총5획 / 부수 工

匚자형의 큰 자를 손에 든 모습을 본떠서 **클 거**

🔊 지금도 큰 작업을 하는 분들은 匚자나 T자 모양의 자를 사용하지요. 원래는 '큰 자'라는 뜻이었는데, 후대로 내려오면서 '크다'의 뜻으로 쓰이게 되었어요.

巨金(거금), 巨物(거물), 巨富(거부), 巨人(거인)

臣

준4급 / 총6획 / 부수 臣

임금 앞에 엎드려 눈을 크게 뜬 신하를 본떠서 **신하 신**

臣道(신도), 奸臣(간신), 功臣(공신), 忠臣(충신)

2급 / 총4획 / 부수 二

새끼줄이 서로 번갈아 꼬이는 모습을 본떠서 **서로 호**

互角之勢(호각지세), 互相(호상), 互換(호환)

瓦

준3급 / 총5획 / 부수 瓦

지붕에 엇갈리게 겹쳐놓은 기와 모습을 본떠서 **기와 와**

또 기와처럼 구워 만든 질그릇이나 실패니 **질그릇 와, 실패 와**

瓦屋(와옥), 瓦解(와해), 弄瓦之慶(농와지경)

---

271 거거 와림 희희 [拒距 臥臨 姬熙] - 巨, 臥, 臣로 된 한자

3급 / 총8획 / 부수 扌

손(扌)을 크게(巨) 벌려 막거나 물리치니 **막을 거, 물리칠 거**

🔊 扌(손 수 변)

拒否(거부), 拒逆(거역), 拒絶(거절), 抗拒(항거)

3급 / 총12획 / 부수 𧾷

발(𧾷)로 크게(巨) 걸어야 할 정도로 떨어진 거리니 **떨어질 거, 거리 거**

🔊 𧾷[발 족, 넉넉할 족(足)의 변형]

距離(거리), 長距離(장거리), 近距離(근거리)

준3급 / 총8획 / 부수 臣

임금 앞에 허리 굽히던 신하(臣)처럼 사람(人)이 엎드리거나 누우니
엎드릴 와, 누울 와

🔊 人(사람 인)

臥病(와병), 臥床(와상), 臥薪嘗膽(와신상담)

臨
3급 / 총17획 / 부수 臣

엎드려(臥) 물건(品)에 가까이 임하니 **임할 림**

◁ 臥[엎드릴 와, 누울 와(臥)의 변형], 品(물건 품, 등급 품, 품위 품)

臨迫(임박), 臨終(임종), 降臨(강림), 君臨(군림)

姬
2급 / 총9획 / 부수 女

여자(女) 중 신하(臣)처럼 친절한 아가씨니 **아가씨 희, 아씨 희, 성 희**

姬妾(희첩), 舞姬(무희), 美姬(미희)

熙
2급 / 총14획 / 부수 灬

신하(臣)의 지혜가 뱀(巳)처럼 슬기롭고 불(灬)처럼 빛나니 **빛날 희**

◁ 臣[신하 신(臣)의 변형], 巳(뱀 사, 여섯째 지지 사), 灬(불 화 발)

熙光(희광), 熙隆(희륭), 熙笑(희소)

---

272 감감람 람람함 염[監鑑濫 藍覽艦 鹽] - 監으로 된 한자와 鹽

監
준3급 / 총14획 / 부수 皿

(거울이 없던 옛날에는) 엎드려(臥) 물(一) 있는 그릇(皿)에 비추어 보았으니 **볼 감**

◁ 臥[엎드릴 와, 누울 와(臥)의 변형], 一('한 일'이지만 여기서는 평평한 물의 모양으로 봄), 皿(그릇 명)

監禁(감금), 監督(감독), 監査(감사), 監視(감시)

鑑
2급 / 총22획 / 부수 金

쇠(金)를 갈아 잘 보이도록(監) 만든 거울이니 **거울 감**

또 거울로 보니 **볼 감**

◁ 金(쇠 금, 금 금, 돈 금, 성 김), 옛날에는 쇠로 거울을 만들었지요.

龜鑑(귀감), 鑑定(감정), 鑑別(감별), 鑑賞(감상)

濫
2급 / 총17획 / 부수 氵

물(氵)이 밖으로 보이게(監) 넘치니 **넘칠 람**

濫用(남용), 濫發(남발), 氾濫(범람)

藍
2급 / 총18획 / 부수 ++

풀(++) 중 잘 보이는(監) 물감이 나오는 쪽이니 **쪽 람**

◁ 쪽 - 마디풀과에 딸린 한해살이풀로, 남빛(짙은 푸른빛)을 냄.

藍色(남색), 伽藍(가람), 靑出於藍(청출어람)

覽
준3급 / 총21획 / 부수 見

보고(監) 또 보니(見) **볼 람**

◁ 見(볼 견, 뵐 현)

觀覽(관람), 博覽(박람), 要覽(요람), 展覽會(전람회)

艦
2급 / 총20획 / 부수 舟

적의 배(舟)를 감시하며(監) 싸울 수 있도록 만든 싸움배니 **싸움배 함**

🔊 舟(배 주)

艦船(함선), 驅逐艦(구축함), 巡洋艦(순양함), 敵艦(적함)

鹽
2급 / 총24획 / 부수 鹵

엎드린(臥)듯 허리 구부리고 **소금밭(鹵)**에서 만들어 **그릇(皿)**에 담는 소금이니 **소금 염**

🔊 鹵 : 소금 가마니를 본떠서 '소금 로, 소금밭 로'

鹽度(염도), 鹽分(염분), 鹽田(염전), 鹽藏(염장)

---

273 견현신긴 장장장[堅賢腎緊 臧藏臟] - 臥, 臧으로 된 한자

DAY 23

堅
준3급 / 총11획 / 부수 土

신하(臣)처럼 또(又) 흙(土)을 파는 힘이 굳고 강하니 **굳을 견, 강할 견**

🔊 臣(신하 신), 又(오른손 우, 또 우), 土(흙 토)

堅固(견고), 堅實(견실), 堅持(견지), 堅強(견강)

賢
준3급 / 총15획 / 부수 貝

신하(臣)처럼 또(又) 재물(貝)을 벌어 봉사함이 어지니 **어질 현**

賢明(현명), 賢淑(현숙), 賢哲(현철), 賢母良妻(현모양처)

腎
2급 / 총12획 / 부수 月

조정에서 궂은일을 하는 신하(臣)처럼 또(又) 몸(月)에서 노폐물을 배설시키는 콩팥이니 **콩팥 신**

🔊 신장(腎臟) - 사람이나 동물의 오줌을 내보내는 기관. 콩팥.
🔊 又(오른손 우, 또 우), 月(달 월, 육 달 월), 臟(오장 장)

腎不全(신부전), 副腎(부신)

緊
2급 / 총14획 / 부수 糸

신하(臣)가 또(又) 실(糸)을 급하게 찾아 긴하게 쓰니 **급할 긴, 긴할 긴**

🔊 糸(실 사, 실 사 변), 긴하다 - ㉠ 꼭 필요하다. ㉡ 매우 간절하다.

緊急(긴급), 緊密(긴밀), 緊迫(긴박), 緊縮(긴축)

臧
사범 / 총14획 / 부수 臣

나무 조각(爿)이나 창(戈)으로라도 신하(臣)를 착하게 숨겨주니 **착할 장, 숨길 장**

🔊 爿(나무 조각 장), 戈(창 과)
🔊 1급, 사범, 급외자, 부수자 - 어원 풀이를 위한 참고자로 8~2급 선정 한자에는 포함되지 않습니다.

藏
2급 / 총18획 / 부수 ⺾

풀(⺾)로 숨겨(臧) 감추니 **감출 장**
또 감추듯 저장해 두는 곳간이니 **곳간 장**

秘藏(비장), 死藏(사장), 貯藏(저장)

臟
2급 / 총22획 / 부수 月

몸(月)속에 곳간(藏) 같은 오장이니 **오장 장**

◀ 오장육부(五臟六腑) - 폐장, 심장, 비장, 간장, 신장의 다섯 가지 내장과 대장(大腸), 소장(小腸), 위(胃), 담(膽), 방광(膀胱), 삼초(三焦)의 총칭.

臟器(장기), 肝臟(간장), 內臟(내장), 心臟(심장)

---

274 공강홍공공 공감 엄암[工江紅功貢 攻敢 嚴巖] - 工, 攻, 嚴으로 된 한자

工
7급 / 총3획 / 부수 工

장인이 물건을 만들 때 쓰는 자를 본떠서 **장인 공, 만들 공, 연장 공**

◀ 장인(匠人) - 물건 만듦을 업으로 하는 사람. 기술자. ㊟ 장인(丈人) - 아내의 친아버지.

木工(목공), 工業(공업), 工作(공작), 工具(공구)

江
7급 / 총6획 / 부수 氵

물(氵)이 흘러가며 만들어지는(工) 강이니 **강 강**

江山(강산), 江南(강남), 江村(강촌)

紅
준3급 / 총9획 / 부수 糸

(붉은 색을 좋아하는 중국에서) 실(糸)을 가공하면(工) 주로 붉으니 **붉을 홍**

◀ 지금도 중국인들은 붉은 색을 좋아하여 환영, 찬양, 축하의 뜻으로 많이 사용하지요.

紅蔘(홍삼), 紅柿(홍시), 紅顔(홍안), 紅一點(홍일점)

功
5급 / 총5획 / 부수 力

만드는(工) 데 힘(力)들인 공이니 **공 공, 공로 공**

◀ 공로(功勞) - 일에 애쓴 공적.
◀ 力(힘 력), 勞(수고할 로, 일할 로)

功過(공과), 功德(공덕), 成功(성공), 有功(유공)

貢
3급 / 총10획 / 부수 貝

만든(工) 재물(貝)을 바치니 **바칠 공**

◀ 貝(조개 패, 재물 패)

貢納(공납), 貢物(공물), 貢獻(공헌), 朝貢(조공)

攻
3급 / 총7획 / 부수 攵

연장(工)으로 치며(攵) 닦으니 **칠 공, 닦을 공**

- 攵(칠 복, = 攴)

攻擊(공격), 攻略(공략), 侵攻(침공), 專攻(전공)

敢
준3급 / 총12획 / 부수 攵

적을 치고(攻) 감히 귀(耳)를 잘라옴이 용감하니 **감히 감, 용감할 감**

- 옛날에는 잘라온 귀의 수로 그 공을 따졌으니 그것을 생각하고 만든 글자지요.
- 감(敢)히 - ㉠ 두려움이나 송구함을 무릅쓰고. ㉡ 말이나 행동이 주제넘게.

勇敢(용감), 敢行(감행), 果敢(과감), 敢不生心(감불생심)

嚴
준3급 / 총20획 / 부수 口

소리소리(口口)치며 바위(厂)도 용감히(敢) 오르는 모습이 엄하니 **엄할 엄, 성 엄**

- 口(입 구, 구멍 구, 말할 구), 厂(굴 바위 엄, 언덕 엄)

嚴格(엄격), 嚴選(엄선), 嚴守(엄수), 嚴肅(엄숙)

巖
준3급 / 총23획 / 부수 山

산(山)에 엄한(嚴) 모양으로 서 있는 바위니 **바위 암**

- 岩 - 산(山)에서 보이는 돌(石)은 바위니 '바위 암'
- 石(돌 석), 바위는 바람에도 흔들리지 않고 무뚝뚝하게 있으니 엄한 모습이지요.

巖壁(암벽), 巖盤(암반), 奇巖怪石(기암괴석)

275 　 교혜빙과오[巧兮聘誇汚] - 丂로 된 한자

巧
2급 / 총5획 / 부수 工

(예술을 하는) 장인(工)은 크게(丂) 공교하니 **공교할 교**

- 공교(工巧)하다 - 솜씨나 꾀 따위가 재치가 있고 교묘하다.
- 丂['공교할 교, 교묘할 교'지만 여기서는 큰 대(大)의 변형으로 봄], 工(장인 공, 만들 공, 연장 공)

奸巧(간교), 計巧(계교), 技巧(기교), 精巧(정교)

兮
2급 / 총4획 / 부수 八

입김 퍼져(八) 나감이 큰(丂) 어조사니 **어조사 혜**

- 감동을 나타내는 어조사로 쓰입니다.

聘
2급 / 총13획 / 부수 耳

귀(耳)로 말미암아(由) 들리도록 크게(丂) 부르니 **부를 빙**
또 하객들을 불러 놓고 장가드니 **장가들 빙**

- 耳(귀 이), 由(말미암을 유)

招聘(초빙), 聘母(빙모), 聘父(빙부), 聘丈(빙장)

誇
2급 / 총13획 / 부수 言

말(言)을 크게(大) 한(一) 번 하고도 또 크게(ㄅ) 부풀려 자랑하니 **자랑할 과**

🔊 言(말씀 언)

誇大(과대), 誇負(과부), 誇示(과시), 誇張(과장)

汚
2급 / 총6획 / 부수 氵

물(氵)에 한(一) 번 크게(ㄅ) 젖은 듯 더러우니 **더러울 오**

汚物(오물), 汚水(오수), 汚染(오염), 汚點(오점)

---

276 근석사기장 근질 신친[斤析斯祈匠 近質 新親] - 斤, 亲으로 된 한자

斤
3급 / 총4획 / 부수 斤

도끼나 옛날 저울을 본떠서 **도끼 근, 저울 근**

🔊 옛날의 저울은 물건을 들어 올린 한쪽에 추를 달아 저울대를 평평하게 하여 무게를 달았지요.
🔊 근(斤) - 재래식 척관법으로 나타내는 저울로 다는 무게 단위. 1근은 보통 약 600g이 원칙이나 약재 같은 것은 375g으로 재지요.

斤斧(근부), 斤量(근량), 千斤萬斤(천근만근)

析
2급 / 총8획 / 부수 木

나무(木)를 도끼(斤)로 쪼개고 가르니 **쪼갤 석, 가를 석**

🔗 折(꺾을 절) - 제목번호 278
🔊 木(나무 목)

析出(석출), 分析(분석), 解析(해석) *解釋(해석)

斯
3급 / 총12획 / 부수 斤

그(其) 도끼(斤)가 바로 이 도끼라는 데서 **이 사**

🔊 其(그 기)

斯界(사계), 斯文(사문), 斯民(사민)

祈
3급 / 총9획 / 부수 示

신(示) 앞에 두 손을 도끼(斤) 날처럼 모으고 비니 **빌 기**

🔊 示(보일 시, 신 시)

祈求(기구), 祈禱(기도), 祈願(기원), 祈雨祭(기우제)

匠
2급 / 총6획 / 부수 匚

상자(匚)에 도끼(斤) 같은 연장을 가지고 다니며 물건을 만드는 장인이니 **장인 장**

🔊 장인(匠人) - 물건 만드는 일을 업으로 삼는 사람.

巨匠(거장), 名匠(명장), 藥匠(약장), 意匠(의장)

近
5급 / 총8획 / 부수 辶

(저울에 물건을 달 때) **저울(斤)**의 막대가 조금씩 **움직이는(辶)** 거리처럼 가깝고 비슷하니 **가까울 근, 비슷할 근**

🔊 辶(뛸 착, 갈 착), 저울에 물건을 달면 눈금을 가리키는 막대가 조금씩 좌우로 움직이지요.

附近(부근), 遠近(원근), 親近(친근), 近似(근사)

質
준4급 / 총15획 / 부수 貝

도끼(斤)나 **저울(斤)**로 **재물(貝)**을 나눌 때 드러나는 바탕이니 **바탕 질**

🔊 貝(조개 패, 재물 패), 재물을 나눌 때 본심, 즉 그 사람의 바탕이 드러나지요.

質量(질량), 質問(질문), 性質(성질)

新
5급 / 총13획 / 부수 斤

서(立) 있는 **나무(木)**를 **도끼(斤)**로 잘라 새로 만들어 새로우니 **새로울 신**

🔊 立(설 립), 木(나무 목)

新銳(신예), 新型(신형), 溫故知新(온고지신), 斬新(참신)

親
5급 / 총16획 / 부수 見

서(立) 있는 **나무(木)**를 **돌보듯(見)** 자식을 보살피는 어버이니 **어버이 친**
또 어버이처럼 친하니 **친할 친**

🔊 見(볼 견, 뵐 현)

母親(모친), 兩親(양친), 親睦(친목), 親密(친밀)

---

277   척소 구구악병[斥訴 丘邱岳兵] - 斥, 丘로 된 한자

斥
2급 / 총5획 / 부수 斤

도끼(斤)를 **불똥(丶)** 튀듯 휘둘러 물리치니 **물리칠 척**

🔊 丶(점 주, 불똥 주)

斥拒(척거), 斥棄(척기), 斥邪(척사), 排斥(배척)

訴
2급 / 총12획 / 부수 言

말(言)로 **물리치기(斥)** 위해 하소연하고 고소하니 **하소연할 소, 고소할 소**

🔊 폭력으로 하지 않고 말로 물리치기 위하여 고소하지요.

泣訴(읍소), 呼訴(호소), 起訴(기소), 上訴(상소)

丘
2급 / 총5획 / 부수 一

도끼(斤)를 **하나(一)**씩 들고 적을 지키는 언덕이니 **언덕 구, 성 구**

🔊 언덕은 숨어서 적을 지키기 좋은 곳이지요. 무기가 별로 없었던 옛날에는 도끼로도 싸웠던가 봐요.

丘陵(구릉), 靑丘永言(청구영언), 波丘(파구)

邱
2급 / 총8획 / 부수 阝

언덕(丘) 중 고을(阝)처럼 큰 언덕이니 **언덕 구**

🔊 보통의 언덕보다 큰 언덕에 쓰이는 글자.
🔊 阝(고을 읍 방)

大邱(대구), 首邱初心(수구초심)

岳
2급 / 총8획 / 부수 山

언덕(丘)처럼 넓게 솟은 큰 산(山)이니 **큰 산 악**

원 嶽 - 산(山)이 감옥(獄)처럼 둘러싼 큰 산이니 '큰 산 악' *獄(감옥 옥)

岳頭(악두), 山岳(산악), 楓岳山(풍악산)

兵
준4급 / 총7획 / 부수 八

언덕(丘) 밑에 여덟(八) 명씩 있는 군사니 **군사 병**

🔊 지금도 군대의 작은 단위인 1개 분대는 약 8~9명으로 편성되지요.

兵士(병사), 將兵(장병), 千兵萬馬(천병만마)

---

278 절철서서 참점잠참[折哲逝誓 斬漸暫慙] - 折, 斬으로 된 한자

折
2급 / 총7획 / 부수 扌

손(扌)에 도끼(斤) 들고 찍어 꺾으니 **꺾을 절**

🔊 斤(도끼 근, 저울 근)

曲折(곡절), 屈折(굴절), 夭折(요절), 折半(절반)

哲
3급 / 총10획 / 부수 口

(옳고 그름을 분명히) 꺾어서(折) 말할(口) 정도로 사리에 밝으니 **밝을 철**

속 喆 - 제목번호 217

哲學(철학), 明哲(명철), 明哲保身(명철보신), 賢哲(현철)

逝
2급 / 총11획 / 부수 辶

(생명이) 꺾어져(折) 가(辶) 죽으니 **갈 서, 죽을 서**

🔊 辶(뛸 착, 갈 착)

逝去(서거), 逝者(서자), 急逝(급서), 卒逝(졸서)

誓
2급 / 총14획 / 부수 言

꺾듯이(折) 딱 잘라서 말(言)로 분명히 맹세하니 **맹세할 서**

🔊 言(말씀 언), 맹세하는 말은 대부분 짧고 단정적이지요.
🔊 盟誓(맹서 → 맹세) - (신이나 사람에게 하는) 굳은 약속

誓文(서문), 誓盟(서맹), 誓詞(서사), 誓約(서약)

斬

2급 / 총11획 / 부수 斤

(옛날에는 죄인을) **수레(車)**에 매달거나 **도끼(斤)**로 베어 죽였으니 **벨 참, 죽일 참**

🔊 車(수레 거, 차 차)

斬首(참수), 斬新(참신), 剖棺斬屍(부관참시)

漸

2급 / 총14획 / 부수 氵

물가는 **물(氵)**로 **베인(斬)** 듯 점점 깎이니 **점점 점**

🔊 점점(漸漸) - 조금씩 더하거나 덜하여지는 모양.

漸減(점감), 漸入佳境(점입가경), 漸增(점증), 漸次(점차)

暫

2급 / 총15획 / 부수 日

무엇을 싹둑 **베듯(斬) 해(日)**가 비치는 잠깐이니 **잠깐 잠**

暫間(잠간 → 잠깐), 暫見(잠견), 暫時(잠시)

慙

2급 / 총15획 / 부수 心

베어(斬) 버리고 싶도록 **마음(心)**에 부끄러우니 **부끄러울 참**

[동] 慚 - 마음(忄)에 베어(斬) 버리고 싶도록 부끄러우니 '부끄러울 참'

🔊 心(마음 심, 중심 심), 忄(마음 심 변)

慙愧(참괴), 慙色(참색), 慙悔(참회) *懺悔(참회)

---

279 무잠잠 기개개[旡(无)潛蠶 旣慨槪] - 旡(无), 旣로 된 한자

旡

사범 / 총4획 / 부수 无

(태초에는) **하늘과 땅(二)** 사이에 **사람(儿)**도 없었으니 **없을 무** (= 无)

[동] 无 : 하나(一)도 숨은(亅) 사람(儿)이 없으니 '없을 무'

🔊 없을 무(無)의 고자(古字)지만 현재는 약자로 쓰임.

🔊 二('두 이'지만 여기서는 하늘과 땅으로 봄), 儿(사람 인 발, 어진 사람 인), 亅[감출 혜, 덮을 혜(匸, = 匚)의 변형], 古(오랠 고, 옛 고), 字(글자 자)

潛

2급 / 총15획 / 부수 氵

물(氵)에 자취 **없이(旡)** 소리 **없이(旡)** 말하지도(曰) 못하고 잠기니 **잠길 잠**

또 잠기게 감추고 숨기니 **감출 잠, 숨길 잠**

🔊 曰(가로 왈, 말할 왈)

潛水(잠수), 潛跡(잠적), 潛伏(잠복)

蠶

2급 / 총24획 / 부수 虫

자취 **없이(旡)** 소리 **없이(旡)** 말하듯(曰) 입으로 실을 토해내는 **벌레(虫)**와 **벌레(虫)**들은 누에니 **누에 잠**

🔊 누에 실은 잘 보이지 않으니 없을 무(无)와 누에는 여러 마리가 모여 사니 虫(벌레 충)을 겹쳐서 만든 글자.

蠶食(잠식), 蠶室(잠실), 養蠶(양잠)

旣
준3급 / 총11획 / 부수 旡

날이 **하얀**(白) **비수**(匕)로 이미 **없애니**(旡) **이미 기**

🔊 白(흰 백, 밝을 백, 깨끗할 백, 아뢸 백), 匕(비수 비, 숟가락 비)

旣得權(기득권), 旣往之事(기왕지사), 旣婚(기혼)

慨
2급 / 총14획 / 부수 忄

마음(忄)속으로 **이미**(旣) 때가 늦었음을 슬퍼하니 **슬퍼할 개**

🔊 忄(마음 심 변)

慨嘆(개탄), 感慨(감개), 感慨無量(감개무량), 憤慨(분개)

概
2급 / 총15획 / 부수 木

나무(木)가 **이미**(旣) 다 자라면 대개 대강 살피니 **대개 개, 대강 개**

🔊 木(나무 목), 대개(大槪) - 대체의 큰 사연. 줄거리. 대강(大綱) - (자세한 내용이 아닌) 큰 줄기.
   *綱(벼리 강, 대강 강)

概括(개괄), 概論(개론), 概要(개요), 概觀(개관)

---

280 익이 4대 식시시[弋貳 代垈袋貸 式試弑] - 弋, 代, 式으로 된 한자

弋
급외자 / 총3획 / 부수 弋

주살을 본떠서 **주살 익**

🔊 주살 - 줄을 매어 쏘는 화살. 원래 '줄살'에서 ㄹ이 빠져 이루어진 말.

貳
2급 / 총12획 / 부수 貝

주살(弋) **두**(二) 개를 **돈**(貝) 주고 사니 **두 이**

🔊 貝(조개 패, 재물 패), 계약서 같은 데서 쉽게 변조하지 못하게 할 때 貳를 사용하지요.

貳車(이거), 貳心(이심), 懷貳(회이)

代
준5급 / 총5획 / 부수 亻

전쟁터에서는 **사람**(亻)이 할 일을 **주살**(弋)이 대신하니 **대신할 대**

또 할아버지 아버지를 대신하여 이어가는 세대니 **세대 대**

또 물건을 대신하여 치르는 대금이니 **대금 대**

🔊 화살이나 주살은 멀리 떨어져 있는 적을 향해 쏠 수도 있고 글이나 불을 묶어 보낼 수도 있으니 사람이 할 일을 대신하지요.

代價(대가), 代辯(대변), 代表(대표), 代代孫孫(대대손손), 代金(대금)

垈
2급 / 총8획 / 부수 土

농사짓는 **대신**(代) 집을 짓는 **땅**(土)은 집터니 **집터 대**

垈田(대전), 垈地(대지), 裸垈地(나대지)

袋
2급 / 총11획 / 부수 衣

보자기 대신(代) 옷(衣)처럼 씌우는 자루니 **자루 대**

🔊 衣(옷 의)

麻袋(마대), 負袋(부대), 布袋(포대), 包袋(포대)

貸
3급 / 총12획 / 부수 貝

사는 대신(代) 돈(貝) 주고 빌리니 **빌릴 대**

🔊 貝(조개 패, 재물 패)

貸與(대여), 貸付(대부), 貸出(대출), 賃貸(임대)

式
5급 / 총6획 / 부수 弋

주살(弋)을 만들(工) 때 따르는 법과 의식이니 **법 식, 의식 식**

🔊 의식(儀式) - 예식을 갖추는 법식.
🔊 工(장인 공, 만들 공, 연장 공), 儀(거동 의, 법도 의)

格式(격식), 正式(정식), 定式(정식) *定食(정식)

DAY 23

試
준4급 / 총13획 / 부수 言

말(言)이 법도(式)에 맞는지 시험하니 **시험할 시**

🔊 言(말씀 언)

試圖(시도), 試鍊(시련), 試驗(시험), 應試(응시)

弑
2급 / 총13획 / 부수 弋

베고(乂) 나무(木)로 쳐서 법(式)에 어긋나게 죽이니 **죽일 시**

🔊 乂(벨 예, 다스릴 예, 어질 예), 주로 법을 어겨 높은 사람을 죽일 때 쓰는 말입니다.

弑君(시군), 弑殺(시살), 弑害(시해), 被弑(피시)

Day 23 | 확인문제

01~04 다음 한자에 해당하는 훈음을 오른쪽에서 찾아 연결하세요.

01. 蠶 •   • ㉠ 이미 기
02. 旣 •   • ㉡ 큰 산 악
03. 暫 •   • ㉢ 누에 잠
04. 岳 •   • ㉣ 잠깐 잠

05~12 다음 漢字의 훈(뜻)과 음(소리)을 쓰세요.

05. 匠 (   )   06. 汚 (   )
07. 誇 (   )   08. 巖 (   )
09. 貢 (   )   10. 賢 (   )
11. 鹽 (   )   12. 監 (   )

13~18 다음 훈음에 맞는 漢字를 쓰세요.

13. 거둘 철 (   )   14. 통할 철 (   )
15. 콩팥 신 (   )   16. 서로 호 (   )
17. 빛날 희 (   )   18. 쪽 람   (   )

19~20 다음 문장 중 ( ) 안에 들어갈 한자어로 알맞은 것은?

19. 약 좋다고 (   ) 말고 약 모르고 오용 말자.
    ① 鑑別   ② 濫發
    ③ 濫用   ④ 鑑定

20. 우리 모두의 슬기와 (   )함이 요구되는 때이다.
    ① 賢明   ② 緊急
    ③ 聖賢   ④ 緊迫

정답

01. ㉢   02. ㉠   03. ㉣   04. ㉡   05. 장인 장
06. 더러울 오 07. 자랑할 과 08. 바위 암   09. 바칠 공   10. 어질 현
11. 소금 염   12. 볼 감   13. 撤   14. 徹   15. 腎
16. 互   17. 熙   18. 藍   19. ③   20. ①

Day 24 | 281~291

281 과 벌벌 혹역혹국[戈 伐閥 或域惑國] - 戈와 伐, 或으로 된 한자

戈
2급 / 총4획 / 부수 戈

몸체가 구부러지고 손잡이 있는 창을 본떠서 **창 과**

戈甲(과갑), 戈劍(과검), 戈矛(과모), 干戈(간과)

伐
4급 / 총6획 / 부수 亻

사람(亻)이 창(戈)으로 적을 치니 **칠 벌**

伐木(벌목), 伐草(벌초), 征伐(정벌), 討伐(토벌)

閥
2급 / 총14획 / 부수 門

문(門)을 사람(亻)이 창(戈) 들고 지키는 지체 높은 집의 문벌이니 **문벌 벌**

◀ 門(문 문), 문벌(門閥) - 대대로 내려오는 그 집안의 사회적 신분이나 지위.

門閥(문벌), 財閥(재벌), 派閥(파벌), 學閥(학벌)

或
준3급 / 총8획 / 부수 戈

창(戈) 들고 식구(口)와 땅(一)을 지키며 혹이라도 있을지 모르는 적의 침입에 대비하니 **혹 혹**

◀ 口('입 구, 말할 구, 구멍 구'지만 여기서는 '식구'의 뜻)

或間(혹간), 或時(혹시), 或如(혹여), 或者(혹자)

域
준3급 / 총11획 / 부수 土

땅(土)에서 혹(或) 있을지 모르는 분쟁을 막기 위하여 나눠 놓은 지경이니 **지경 역**

◀ 지경(地境) - ㉠ 나라나 지역 따위의 구간을 가르는 경계. ㉡ 일정한 테두리 안의 땅.
◀ 土(흙 토), 地(땅 지, 처지 지)

域內(역내), 區域(구역), 領域(영역), 異域(이역)

惑
2급 / 총12획 / 부수 心

혹시(或)나 하는 마음(心)으로 미혹하니 **미혹할 혹**

◀ 미혹(迷惑)하다 - ㉠ 무엇에 홀려 정신을 차리지 못하다. ㉡ 정신이 헷갈리어 갈팡질팡 헤매다.
  *迷(미혹할 미)

魅惑(매혹), 當惑(당혹), 誘惑(유혹), 疑惑(의혹)

國
준5급 / 총11획 / 부수 囗

사방을 에워싸고(囗) 혹시(或)라도 쳐들어올 것을 지키는 나라니 **나라 국**

약 国, 国

🔊 囗[에운담, 나라 국(國)의 약자]

國歌(국가), 國境(국경), 國利民福(국리민복), 母國(모국)

282 잔(전)전잔 천천천[戔錢殘 踐賤淺] - 戔으로 된 한자

戔
급외자 / 총8획 / 부수 戈

창(戈)을 쌓아 놓고 무엇을 해치니 **쌓을 전, 해칠 잔**

🔊 戈(창 과)
🔊 1급, 사범, 급외자, 부수자 - 어원 풀이를 위한 참고자로 8~2급 선정 한자에는 포함되지 않습니다.

錢
준3급 / 총16획 / 부수 金

쇠(金)로 만들어 쌓아(戔) 두는 돈이니 **돈 전**

🔊 金(쇠 금, 금 금, 돈 금, 성 김)

錢穀(전곡), 銅錢(동전), 紙錢(지전), 本錢(본전)

殘
3급 / 총12획 / 부수 歹

죽도록(歹) 잔인하게 해쳐도(戔) 남는 나머지니
잔인할 잔, 해칠 잔, 나머지 잔

🔊 잔인(殘忍) - 인정이 없고 모짊.
🔊 歹(뼈 부서질 알, 죽을 사 변), 忍(참을 인, 잔인할 인)

骨肉相殘(골육상잔), 殘金(잔금), 敗殘兵(패잔병)

踐
3급 / 총15획 / 부수 𧾷

발(𧾷)을 해치도록(戔) 많이 밟고 행하니 **밟을 천, 행할 천**

🔊 𧾷[발 족, 넉넉할 족(足)의 변형]

踐歷(천력), 實踐(실천), 實踐躬行(실천궁행)

賤
3급 / 총15획 / 부수 貝

재물(貝)을 해치도록(戔) 낭비하면 천하여 업신여기니 **천할 천, 업신여길 천**

🔊 貝(조개 패, 재물 패)

賤民(천민), 貴賤(귀천), 賤待(천대), 賤視(천시)

淺
준3급 / 총11획 / 부수 氵

물(氵)속에 돌이나 흙이 쌓이면(戔) 얕으니 **얕을 천**

淺薄(천박), 深淺(심천), 淺學菲才(천학비재)

283 4재대 재철[𢦏栽裁載戴 哉鐵] - 𢦏, 哉로 된 한자

𢦏
참고자 / 총6획

많이(十) 창(戈)으로 찍어 끊으니 **끊을 재**

🔊 이 글자가 쓰인 글자들을 참고하여 추정해본 글자로 실제 쓰이지는 않음.
🔊 十(열 십, 많을 십), 戈(창 과)

栽
준3급 / 총10획 / 부수 木

자른(𢦏) 나무(木) 묘목을 심고 기르니 **심을 재, 기를 재**

🔊 木(나무 목)

栽培(재배), 盆栽(분재), 植栽(식재)

裁
2급 / 총12획 / 부수 衣

잘라(𢦏) 옷(衣)감을 마르듯 결단하니 **마를 재, 결단할 재**

🔊 衣(옷 의), 마르다 - 옷감이나 재목 따위의 재료를 치수에 맞게 자르다.

裁判(재판), 裁量(재량), 獨裁(독재), 決裁(결재)

載
2급 / 총13획 / 부수 車

물건을 잘라(𢦏) 수레(車)에 실으니 **실을 재**
또 모든 것을 싣고 가는 해(年)의 뜻도 있어서 **해 재**

🔊 車(수레 거, 차 차), 年(해 년, 나이 년)

揭載(게재), 積載(적재), 千載一遇(천재일우)

戴
2급 / 총17획 / 부수 戈

끊어(𢦏) 버리고 다른(異) 사람을 추대하여 받드니 **받들 대**
또 받들듯 머리에 이니 **일 대**

🔊 異(다를 이)

推戴(추대), 戴冠式(대관식), 男負女戴(남부여대)

哉
준3급 / 총9획 / 부수 口

끊어서(𢦏) 말할(口) 때 붙이는 어조사니 **어조사 재**
또 끊어서(𢦏) 말하며(口) 비로소 일을 시작하니 **비로소 재**

🔊 비로소 - 어느 한 시점을 기준으로 그 전까지 이루어지지 아니하였던 사건이나 사태가 이루어지거나 변화하기 시작함을 나타내는 말.

嗚呼痛哉(오호통재), 哀哉(애재), 快哉(쾌재)

鐵
준4급 / 총21획 / 부수 金

쇠(金) 중에 비로소(哉) 왕(王)이 된 철이니 **쇠 철**

🔊 철은 쇠 중에 제일 많이 쓰이니 쇠 중의 왕인 셈이죠.

鐵鋼(철강), 鐵骨(철골), 鐵道(철도), 鐵則(철칙)

284 무무술척 수멸 5성[戊茂戌戚 戍蔑 成城誠晟盛] - 戊, 戌, 成으로 된 한자

戊
준3급 / 총5획 / 부수 戈

초목(l)이 창(戈)처럼 자라 무성하니 **무성할 무, 다섯째 천간 무**

- 주로 다섯째 천간으로 쓰이고, '무성하다'의 뜻으로는 茂(무성할 무)를 많이 씁니다.
- ノ('삐침 별'이지만 여기서는 서 있는 초목의 모습으로 봄], 戈(창 과)

戊夜(무야), 戊午士禍(무오사화)

茂
준3급 / 총9획 / 부수 ++

풀(++)이 무성하게(戊) 우거지니 **무성할 무, 우거질 무**

茂林(무림), 茂盛(무성), 松茂柏悅(송무백열)

戌
4급 / 총6획 / 부수 戈

무성하던(戊) 잎 하나(一)까지 떨어지는 구월이니 **구월 술**

또 무성하게(戊) 하나(一) 같이 짖는 개니 **개 술**

또 개는 열한 번째 지지니 **열한 번째 지지 술**

- 서리 내리는 9월이 되면 무성하던 초목도 잎이 떨어지지요. 여기서 9월은 음력 9월, 한자 어원에 나오는 월일(月日)은 모두 음력입니다.

戌方(술방), 戌時(술시), 戌日(술일)

戚

2급 / 총11획 / 부수 戈

무성하게(戊) 콩(尗)이 한 줄기에 여러 개 열리듯이 같은 줄기에서 태어난 친척이고 겨레니 **친척 척, 겨레 척**

- 戊(무성할 무), 尗[작은 아버지 숙, 아저씨 숙, 콩 숙(叔)의 획 줄임] - 제목번호 185

親戚(친척), 外戚(외척), 姻戚(인척)

戍
2급 / 총6획 / 부수 戈

무성해도(戊) 점(丶) 하나까지 따지며 지키는 수자리니 **지킬 수, 수자리 수**

- 丶(점 주, 불똥 주), 수(戍)자리 - 국경을 지키던 일. 또는 그런 병사.

戍樓(수루), 戍兵(수병), 戍卒(수졸), 衛戍令(위수령)

蔑
2급 / 총15획 / 부수 ++

풀(++)로 만든 엉성한 그물(罒)을 쳐 놓고 지키며(戍) 무엇을 잡으려 하면 모두 업신여기니 **업신여길 멸**

- 罒(그물 망, = 网, ㄇ)

蔑視(멸시), 蔑稱(멸칭), 輕蔑(경멸), 侮蔑(모멸)

成
5급 / 총6획 / 부수 戈

무성하게(戊) 장정(丁)처럼 일하여 이루니 **이룰 성, 성 성**

- 丁[고무래 정, 못 정, 장정 정, 넷째 천간 정(丁)의 변형]

成功(성공), 成就(성취), 完成(완성), 自手成家(자수성가)

城
준4급 / 총9획 / 부수 土

흙(土)으로 이루어진(成) 재나 성이니 **재 성, 성 성**

🔊 土(흙 토), 재 – 높은 산의 고개.

城壁(성벽), 山城(산성), 籠城(농성), 入城(입성)

誠
준4급 / 총13획 / 부수 言

말(言)한 대로 이루려고(成) 들이는 정성이니 **정성 성**

🔊 言(말씀 언)

誠金(성금), 誠實(성실), 忠誠(충성), 孝誠(효성)

晟
2급 / 총10획 / 부수 日

해(日)처럼 이루어져(成) 밝고 성하니 **밝을 성, 성할 성**

大晟樂(대성악) – 중국 송나라 때 대성부(大晟府)에서 작곡한 음악. 고려 때 전래되어 궁중 음악으로 발전함.

盛
4급 / 총11획 / 부수 皿

이루어진(成) 음식을 그릇(皿)에 많이 차려 성하니 **성할 성**

🔊 皿(그릇 명), 성하다 – 한창 왕성하다.

盛大(성대), 盛衰(성쇠), 盛業(성업), 盛況(성황)

285 위멸세 함감감감[威滅歲 咸減感憾] - 戌, 咸으로 된 한자

威
준3급 / 총9획 / 부수 女

개(戌)처럼 못난 사람이 여자(女) 같은 약자에게 부리는 위엄이니 **위엄 위**

🔊 위엄(威嚴) – 위세가 있어 의젓하고 엄숙한 태도. *嚴(엄할 엄)

威風(위풍), 威脅(위협), 權威(권위), 示威(시위)

滅

2급 / 총13획 / 부수 氵

물(氵)을 개(戌)에 붙은 불(火)에 뿌리면 꺼지니 **꺼질 멸**

또 꺼지듯 멸하니 **멸할 멸**

滅菌(멸균), 滅亡(멸망), 滅私奉公(멸사봉공)

歲
준4급 / 총13획 / 부수 止

크기를 그치고(止) 개(戌)가 작은(少) 새끼를 낳으면 태어난 지 벌써 한 해가 된 세월이고 먹는 나이니 **해 세, 세월 세, 나이 세**

🔊 止(그칠 지), ⺌[적을 소, 젊을 소(少)의 획 줄임], 개는 태어난 지 1년쯤 되면 크기를 그치고(다 커서) 새끼를 낳는다는 데서 만든 글자.

🔊 세월(歲月) – ㉠ 흘러가는 시간. ㉡ 지내는 형편이나 사정 또는 재미. ㉢ 살아가는 세상. 여기서는 ㉠의 뜻.

歲暮(세모), 歲拜(세배), 年年歲歲(연년세세), 萬歲(만세)

咸
3급 / 총9획 / 부수 口

개(戌)는 한 마리만 짖어도(口) 다 짖으니 **다 함, 성 함**

咸告(함고), 咸悅(함열), 咸平(함평), 咸興差使(함흥차사)

減
4급 / 총12획 / 부수 氵

물(氵)기가 다하면(咸) 줄어들듯 더니 **줄어들 감, 덜 감**

🔊 氵(삼 수 변)

減少(감소), 減免(감면), 減速(감속), 加減乘除(가감승제)

感
5급 / 총13획 / 부수 心

(정성을) 다하여(咸) 마음(心) 쓰면 누구나 느끼고 감동하니
느낄 감, 감동할 감

🔊 心(마음 심, 중심 심)

感覺(감각), 感動(감동), 生動感(생동감), 多情多感(다정다감)

憾

2급 / 총16획 / 부수 忄

마음(忄)에 느낌(感)만 있고 실제 하지 못하면 섭섭하고 한하니
섭섭할 감, 한할 감

🔊 한(恨)하다 - 몹시 억울하거나 원통하여 원망스럽게 생각하다. *恨(한할 한)

憾恨(감한), 私憾(사감), 遺憾(유감), 含憾(함감)

286 이치야 련섭집[耳恥耶 聯攝輯] - 耳로 된 한자

耳
준5급 / 총6획 / 부수 耳

귀를 본떠서 **귀 이**

耳順(이순), 牛耳讀經(우이독경), 忠言逆耳(충언역이)

恥
3급 / 총10획 / 부수 心

잘못을 귀(耳)로 들은 마음(心)처럼 부끄러우니 **부끄러울 치**

🔊 心(마음 심, 중심 심)

恥部(치부), 恥辱(치욕), 廉恥(염치), 破廉恥(파렴치)

耶

2급 / 총9획 / 부수 耳

귀(耳)에 고을(阝)에서 들려오는 소문처럼 별 뜻이 없는 어조사니 **어조사 야**

🔊 阝(고을 읍 방)

有耶無耶(유야무야), 耶蘇(야소), 耶蘇敎(야소교)

聯
3급 / 총17획 / 부수 耳

바늘 귀(耳)에 실을 꿰어 작고(幺) 작게(幺) 이쪽(卝)저쪽(卝)을 잇닿아 이으니
잇닿을 련, 이을 련

🔊 幺(작을 요, 어릴 요)

聯立(연립), 聯想(연상), 聯合(연합), 關聯(관련)

攝
2급 / 총21획 / 부수 扌

손(扌)으로 소곤거리는(聶) 것을 끌어 잡아 알맞게 다스리니
끌어 잡을 섭, 다스릴 섭

🔊 聶 : 귀(耳)들을 대고 소곤거리니 '소곤거릴 섭'

攝取(섭취), 包攝(포섭), 攝生(섭생), 攝理(섭리)

輯
2급 / 총16획 / 부수 車

차(車) 타고 다니며 사람들이 입(口)으로 하는 말을 귀(耳)로 듣고 모아 편집하니
모을 집, 편집할 집

🔊 車(수레 거, 차 차)

輯要(집요), 輯載(집재), 編輯(편집)

---

287 취취최 직직식(지)[取趣最 職織識] - 取, 戠으로 된 한자

取
4급 / 총8획 / 부수 又

귀(耳)로 듣고 손(又)으로 취하여 가지니 **취할 취, 가질 취**

🔊 又(오른손 우, 또 우), 원래는 적군을 죽이고 그 전공을 알리기 위하여 귀(耳)를 잘라 손(又)으로 취하여 가져온다는 데서 생긴 글자지요. 일본에 가면 임진왜란 때 잘라간 귀를 묻은 이총(耳塚)이 있답니다.

取得(취득), 取消(취소), 取捨選擇(취사선택), 爭取(쟁취)

趣
2급 / 총15획 / 부수 走

달려가(走) 취할(取) 정도로 느끼는 재미와 취미니 **재미 취, 취미 취**

🔊 취미(趣味) - '재미를 느끼는 맛'으로, (마음에 끌려 일정한 방향으로 쏠리는) 흥미.
🔊 走(달릴 주, 도망갈 주), 味(맛 미)

興趣(흥취), 趣味(취미), 趣旨(취지), 趣向(취향)

最
4급 / 총12획 / 부수 日

(무슨 일을 결정할 때) 여러 사람의 말(曰)을 취하여(取) 들음이 가장 최선이니 **가장 최**

🔊 曰(가로 왈, 말할 왈)

最強(최강), 最高(최고), 最古(최고), 最善(최선)

職
준3급 / 총18획 / 부수 耳

귀(耳)로 들은 상관의 소리(音)대로 창(戈) 들고 일하는 직업이나 직장이니
직업 직, 직장 직

🔊 音(소리 음), 戈(창 과), 싸움이 많았던 옛날에는 무기를 갖고 일했으니 이런 어원이 가능하지요.

求職(구직), 天職(천직), 賤職(천직), 遷職(천직)

織
3급 / 총18획 / 부수 糸

실(糸)치는 소리(音)가 창(戈) 부딪치는 소리를 내며 베를 짜니 **짤 직**

🔊 糸(실 사, 실 사 변), 베를 짤 때 날실에 씨실이 촘촘하게 박히도록 바디치는 소리가 나지요.

織工(직공), 織物(직물), 紡織(방직), 組織(조직)

識
준4급 / 총19획 / 부수 言

말(言)이나 소리(音)를 창(戈)으로 알게 기록하니 **알 식, 기록할 지**

🔊 言(말씀 언)

識見(식견), 博學多識(박학다식), 知識(지식), 標識(표지)

---

288 4정타 정녕[丁訂汀町打 頂寧] – 丁으로 된 한자

丁
준3급 / 총2획 / 부수 一

고무래나 못을 본떠서 **고무래 정, 못 정**

또 고무래처럼 튼튼한 장정도 가리켜서 **장정 정, 넷째 천간 정, 성 정**

🔊 '고무래'는 곡식을 말릴 때 넓게 펴서 고르는 도구니, 단단한 나무로 튼튼하게 만들었지요.
🔊 장정(壯丁) – 나이가 젊고 기운이 좋은 남자.

丁男(정남), 丁女(정녀), 白丁(백정), 兵丁(병정)

訂
3급 / 총9획 / 부수 言

말(言)을 고무래(丁)로 곡식을 펴듯 바로잡으니 **바로잡을 정**

🔊 言(말씀 언)

訂正(정정), 改訂(개정), 修訂(수정)

汀
2급 / 총5획 / 부수 氵

물(氵) 옆의 고무래(丁)처럼 두둑한 물가니 **물가 정**

汀線(정선), 汀岸(정안), 汀洲(정주)

町
2급 / 총7획 / 부수 田

밭(田)에 고무래(丁)처럼 두둑하게 만든 밭두둑이니 **밭두둑 정**

또 밭두둑으로 일정하게 나눠 놓은 면적 단위니 **면적단위 정**

🔊 1町步(정보) – 3000평(坪), 99.17아르.
*坪(평 평), 1坪은 1.818m × 1.818m = $3.305124m^2$

打
준4급 / 총5획 / 부수 扌

손(扌)에 망치 들고 못(丁)을 치듯이 치니 **칠 타**

🔊 扌(손 수 변)

打開(타개), 打擊(타격), 打破(타파), 安打(안타)

頂
준3급 / 총11획 / 부수 頁

고무래(丁)처럼 굽은 **머리**(頁)의 정수리니 **정수리 정**
또 정수리가 있는 머리 꼭대기니 **꼭대기 정**

頁(머리 혈), 정수리 – 머리 위의 숫구멍이 있는 자리로, 정문(頂門), 뇌천(腦天)이라고도 함.
頂門一鍼(정문일침), 頂上(정상), 絶頂(절정)

寧
2급 / 총14획 / 부수 宀

집(宀)에서 **마음껏**(心) **그릇**(皿)에 음식을 담아 먹는 **장정**(丁)이니 어찌 편안하지
않을까에서 **어찌 녕, 편안할 녕**

宀(집 면), 皿(그릇 명)
寧日(영일), 安寧(안녕), 壽福康寧(수복강녕)

289 가아하가 하하[可阿河歌 何荷] - 可, 何로 된 한자

可
준4급 / 총5획 / 부수 口

장정(丁)처럼 씩씩하게 **말할**(口) 수 있는 것이면 옳으니 **옳을 가**
또 옳으면 가히 허락하니 **가히 가, 허락할 가**

가히 : ('~ㄹ 만하다', '~ㄹ 수 있다', '~ㅁ직하다' 따위와 함께 쓰여) '능히', '넉넉히'의 뜻을 나타내어,
영어의 can과 같은 뜻입니다.
可否(가부), 不問可知(불문가지), 許可(허가)

阿
2급 / 총8획 / 부수 阝

언덕(阝)에 오를 때처럼 허리 굽히고 **옳다**(可)고만 하며 아첨하니 **아첨할 아**
또 아첨하듯 구부러진 언덕이니 **언덕 아**

阝(언덕 부 변)
阿附(아부), 阿膠(아교), 阿丘(아구)

河
준4급 / 총8획 / 부수 氵

물(氵)이 **가히**(可) 틀을 잡고 흘러가는 내나 강이니 **내 하, 강 하, 성 하**

河川(하천), 渡河(도하), 氷河(빙하), 運河(운하)

歌
준5급 / 총14획 / 부수 欠

옳다(可) **옳다**(可) 하며 **하품**(欠)하듯 입 벌리고 부르는 노래니 **노래 가**

欠(하품 흠, 모자랄 흠)
歌曲(가곡), 歌手(가수), 歌謠(가요), 戀歌(연가)

何
준3급 / 총7획 / 부수 亻

사람(亻)이 옳은(可) 일만 하는데 누가 무엇을 어찌 하겠는가에서
어찌 하, 무엇 하

何等(하등), 何時(하시), 何處(하처), 誰何(수하)

荷
2급 / 총11획 / 부수 ⺾

풀(⺾) 중 사람(亻)에게 가히(可) 쓰이는 연이니 **연 하**
또 풀(⺾) 같은 것을 사람(亻)이 옳게(可) 잘 묶어 메는 짐이니 **멜 하, 짐 하**

◀ 연은 뿌리나 줄기, 잎까지도 음식이나 차로 이용되지요. 또 옛날에는 퇴비로 쓰거나 짐승을 먹여 기르기 위하여 산과 들에 나가 풀을 베었는데, 풀은 짧아서 잘 묶어지지 않으니 요령 있게 잘 묶어 짊어져야 했지요.

荷香(하향), 負荷(부하), 荷重(하중), 荷役(하역)

---

290 4기 4사[奇騎琦寄 司詞飼祠] - 奇, 司로 된 한자

奇
3급 / 총8획 / 부수 大

크게(大) 옳으면(可) 기이하니 **기이할 기**
또 기이함이 짝도 없는 홀수니 **홀수 기, 성 기**

◀ 大(큰 대)

奇異(기이), 奇特(기특), 好奇心(호기심), 奇數(기수)

騎
2급 / 총18획 / 부수 馬

말(馬)을 기이하게(奇) 잘 타니 **말 탈 기**

◀ 馬(말 마)

騎馬隊(기마대), 騎馬戰(기마전), 騎士(기사), 騎手(기수)

琦
2급 / 총12획 / 부수 王(玉)

옥(王) 중에 기이한(奇) 옥 이름이니 **옥 이름 기, 기이할 기**

◀ 王(임금 왕, 으뜸 왕, 구슬 옥 변)
◀ 인·지명용 한자

寄
3급 / 총11획 / 부수 宀

집(宀)에 기이하게(奇) 붙어사니 **붙어살 기**
또 붙어살도록 부치니 **부칠 기**

◀ 宀(집 면), 부치다 - 편지나 물건 따위를 일정한 수단이나 방법을 써서 상대에게로 보내다.

寄生(기생), 寄宿舍(기숙사), 寄稿(기고), 寄贈(기증)

司
3급 / 총5획 / 부수 口

허리 구부리고(𠃌) 한(一) 사람의 입(口)에서 나온 명령을 맡으니 **맡을 사**
또 (취직할 곳이 관청밖에 없던 옛날) 관청에서 일을 맡아하는 벼슬이니 **벼슬 사**

◀ 벼슬 - 관청에서 일을 맡아 다스리는 자리. 또는 그런 일.

司牧(사목), 司正(사정), 司會(사회), 上司(상사)

詞
2급 / 총12획 / 부수 言

말(言)을 맡아서(司) 하는 말이나 쓰는 글이니 **말 사, 글 사**

◀ 言(말씀 언)

歌詞(가사), 感歎詞(감탄사), 臺詞(대사), 作詞(작사)

飼
2급 / 총14획 / 부수 食

먹이(食)를 맡아(司) 먹이고 기르니 **먹일 사, 기를 사**

◀ 食(밥 식, 먹을 식 변)

飼料(사료), 飼養(사양), 飼育(사육), 放飼(방사)

祠
2급 / 총10획 / 부수 示

신(示)을 맡아(司) 모시는 사당이니 **사당 사**

◀ 示(보일 시, 신 시), 사당(祠堂) - 조상의 신주(神主 : 죽은 사람의 위패)를 모셔 놓은 집.

神祠(신사), 忠烈祠(충렬사), 顯忠祠(현충사)

---

291 궁인조 홍강 약익[弓引弔 弘強 弱溺] - 弓, 弘, 弱으로 된 한자

弓
4급 / 총3획 / 부수 弓

등이 굽은 활을 본떠서 **활 궁**

弓道(궁도), 洋弓(양궁), 傷弓之鳥(상궁지조)

引
4급 / 총4획 / 부수 弓

활(弓)시위에 화살(丨)을 걸고 잡아끄니 **끌 인**

◀ 丨('뚫을 곤'이지만 여기서는 화살로 봄)

引上(인상), 引率(인솔), 牽引(견인), 割引(할인)

弔
3급 / 총4획 / 부수 弓

(옛날 전쟁터에서 전우가 죽으면) 막대(丨)에 활(弓)을 걸고 조문했으니 **조문할 조**

◀ 丨('뚫을 곤'이지만 여기서는 막대로 봄), 조문(弔問) - 상주(喪主)된 사람을 위문함.

弔文(조문), 弔詞·弔辭(조사), 謹弔(근조)

弘
3급 / 총5획 / 부수 弓

활(弓)시위를 내(厶) 앞으로 당기면 넓게 커지니 **넓을 홍, 클 홍**

◀ 厶(사사 사, 나 사)

弘敎(홍교), 弘報(홍보), 弘益人間(홍익인간), 弘大(홍대)

強
5급 / 총12획 / 부수 弓

큰(弘) 벌레(虫)는 강하니 **강할 강**
또 강하게 밀어붙이는 억지니 **억지 강**

속 强 – 활(弓)처럼 당겨 입(口)으로 벌레(虫)가 무는 힘이 강하니 '강할 강'
또 강하게 밀어붙이는 억지니 '억지 강'
* 虫(벌레 충)

強弱(강약), 強制(강제), 自強不息(자강불식), 強賣(강매)

弱
5급 / 총10획 / 부수 弓

한 번에 활(弓) 두 개에다 화살 두 개(ノノ)씩을 끼워 쏜 듯 힘이 약하니
약할 약

ノ('삐침 별'이지만 여기서는 화살로 봄)

微弱(미약), 虛弱(허약), 弱肉強食(약육강식)

溺
2급 / 총13획 / 부수 氵

물(氵)에 약하면(弱) 빠지니 **물에 빠질 닉**

참 泳(헤엄칠 영) – 제목번호 048

溺死(익사), 溺愛(익애), 耽溺(탐닉)

Day 24 | 확인문제

01~04 다음 한자에 해당하는 훈음을 오른쪽에서 찾아 연결하세요.

01. 閥 •
02. 惑 •
03. 錢 •
04. 載 •

• ㉠ 미혹할 혹
• ㉡ 실을 재
• ㉢ 문벌 벌
• ㉣ 돈 전

05~12 다음 漢字의 훈(뜻)과 음(소리)을 쓰세요.

05. 誠 (   )   06. 盛 (   )
07. 滅 (   )   08. 恥 (   )
09. 輯 (   )   10. 最 (   )
11. 織 (   )   12. 訂 (   )

13~18 다음 훈음에 맞는 漢字를 쓰세요.

13. 물에 빠질 닉 (   )   14. 먹일 사   (   )
15. 말 탈 기   (   )   16. 짐 하   (   )
17. 사당 사   (   )   18. 편안할 녕 (   )

19~20 다음 문장 중 (   ) 안에 들어갈 한자어로 알맞은 것은?

19. 이 안건은 표결에 부쳐 (   )를 묻기로 하겠습니다.
① 阿附   ② 可否
③ 許可   ④ 認可

20. 30인 이상이어야 단체로 (   )된 요금이 적용된다.
① 引上   ② 引率
③ 牽引   ④ 割引

정답

01. ㉢   02. ㉠   03. ㉣   04. ㉡   05. 정성 성
06. 성할 성   07. 꺼질 멸   08. 부끄러울 치   09. 모을 집   10. 가장 최
11. 짤 직   12. 바로잡을 정   13. 溺   14. 飼   15. 騎
16. 荷   17. 祠   18. 寧   19. ②   20. ④

Day 25 | 292 ~ 302

292 불불불비 제제 이이[弗佛拂費 弟第 夷姨] – 弗, 弟, 夷로 된 한자

弗
2급 / 총5획 / 부수 弓

하나의 **활**(弓)로 동시에 **두 개의 화살**(ㅣㅣ)은 쏘지 않으니 **아닐 불**
또 글자가 미국 돈 달러($)와 비슷하니 **달러 불**

🔊 ㅣ('뚫을 곤'이지만 여기서는 화살로 봄), 한 활에 동시에 두 개의 화살을 쏘면 힘이 약하고 조준이 어려우니 잘 쏘지 않지요.

中人弗勝(중인불승), 弗貨(불화), 歐洲弗(구주불)

佛
4급 / 총7획 / 부수 亻

보통 **사람**(亻)이 **아닌**(弗) 도를 깨친 부처니 **부처 불**
또 발음이 프랑스와 비슷하니 **프랑스 불**

🔊 부처 – ㉠ 큰 도를 깨친 불교의 성자. ㉡ 화낼 줄 모르고 자비심이 두터운 사람을 비유하여 이르는 말.

佛敎(불교), 佛經(불경), 念佛(염불), 佛語(불어)

拂
3급 / 총8획 / 부수 扌

손(扌)으로 **아니라며**(弗) 떨치니 **떨칠 불**

拂拭(불식), 先拂(선불), 完拂(완불), 支拂(지불)

費
준3급 / 총12획 / 부수 貝

귀하지 **않게**(弗) **재물**(貝)을 쓰니 **쓸 비**
또 쓰는 비용이니 **비용 비**

🔊 貝(조개 패, 재물 패)

浪費(낭비), 消費(소비), 費用(비용), 旅費(여비)

弟
6급 / 총7획 / 부수 弓

머리를 **가장귀**(丫)처럼 묶고 **활**(弓)과 **화살**(丿)을 가지고 노는 아이는 아우나 제자니
아우 제, 제자 제

🔊 丫 : 나무줄기가 갈라지게 묶은 모양(가장귀)을 본떠서 만든 상형문자로 '가장귀 아, 가장귀지게 묶은 머리 아, 丿('삐침 별'이지만 여기서는 화살의 모양)

兄弟(형제), 妻弟(처제), 弟子(제자), 師弟(사제)

第
5급 / 총11획 / 부수 ⺮

대(⺮) 마디나 **아우**(弔)처럼 있는 차례니 **차례 제**

🔊 弔[아우 제(弟)의 변형]

第三者(제삼자), 第一(제일), 及第(급제) ↔ 落第(낙제)

夷
2급 / 총6획 / 부수 大

크게(大) 활(弓) 잘 쏘는 동쪽 민족이니 **동쪽 민족 이**
또 크게(大) 활(弓) 들고 싸우려고만 했던 오랑캐니 **오랑캐 이**

🔊 중국에서는 우리 민족을 동이(東夷)족이라 불러 무시했지만, 글자의 어원을 보면 크게 활을 잘 쏘는 동쪽민족이라는 의미가 있으니, 오늘날 우리나라 양궁이 세계를 제패하고 있는 것도 결코 우연이 아니지요.

東夷(동이), 以夷制夷(이이제이), 征夷(정이)

姨
2급 / 총9획 / 부수 女

여자(女) 중 오랑캐(夷) 같은 나쁜 것도 물리쳐 주는 이모니 **이모 이**

姨母(이모), 姨從(이종), 姨姪女(이질녀)

---

293 시실 지지 의질 후후후[矢失 知智 矣疾 侯喉候] - 矢失과 知, 矢, 侯로 된 한자

矢
2급 / 총5획 / 부수 矢

화살을 본떠서 **화살 시**

矢線(시선), 已發之矢(이발지시)

失
5급 / 총5획 / 부수 大

화살 시(矢)의 위를 연장하여
(이미 쏘아버린 화살을 나타내어 쏘아진 화살은 잃어버린 것이란 데서) **잃을 실**

失格(실격), 失望(실망), 失業(실업), 喪失(상실)

知
준4급 / 총8획 / 부수 矢

(과녁을 맞히는) 화살(矢)처럼 사실에 맞추어 말할(口) 정도로 아니 **알 지**

🔊 과녁을 맞히는 화살처럼 사실에 맞추어 말하면 아는 것이지요.

知覺(지각), 知己(지기), 知性(지성), 親知(친지)

智
준3급 / 총12획 / 부수 日

아는(知) 것을 응용하여 해(日)처럼 비추는 지혜니 **지혜 지**

🔊 지혜(智慧) - 사물의 이치를 빨리 깨닫고 정확하게 처리하는 정신적 능력. *慧(지혜 혜)

智略(지략), 奇智(기지), 銳智(예지), 衆智(중지)

矣
준3급 / 총7획 / 부수 矢

내()가 쏜 화살(矢)이 목표에 다다랐다는 데서, 문장의 끝에 쓰여 완료를 나타내는 어조사니 **어조사 의**

🔊 厶(사사 사, 나 사)

鮮矣仁(선의인), 足且足矣(족차족의)

疾
2급 / 총10획 / 부수 疒

병(疒) 중 화살(矢)처럼 빨리 번지는 병이니 **병 질, 빠를 질**

疒(병들 녁), 병들 병(病)은 걸리기도 어렵고 낫기도 어려운 고질병을, 질(疾)은 화살 시(矢)가 들어갔으니 걸리기도 쉽고 낫기도 쉬운 가벼운 병을 뜻하지만 보통 같이 쓰입니다.

疾病(질병), 疾患(질환), 疾走(질주)

侯
2급 / 총9획 / 부수 亻

사람(亻)이 만들어(⺕) 화살(矢)을 쏘는 과녁이니 **과녁 후**

또 과녁을 잘 맞힌 사람이 제후가 되었으니 **제후 후**

⺕[장인 공, 만들 공, 연장 공(工)의 변형], 제후(諸侯) - 봉건시대에 제왕으로부터 일정한 영토(領土)를 받아 영내의 백성을 다스렸던 영주.

侯鵠(후곡), 侯爵(후작), 王侯將相(왕후장상)

喉
2급 / 총12획 / 부수 口

입(口)안에 과녁(侯)처럼 둥근 목구멍이니 **목구멍 후**

과녁의 둥근 구멍처럼 생긴 목구멍을 생각하고 만든 글자.

喉頭(후두), 咽喉(인후), 耳鼻咽喉科(이비인후과)

候
준3급 / 총10획 / 부수 亻

바람에 날릴까봐 과녁(侯)에 화살(丨)을 쏠 때는 기후를 염탐하니 **기후 후, 염탐할 후**

氣候(기후), 候鳥(후조), 候補(후보), 徵候(징후)

---

294 편 장상(장) 장장장 상(장) 장장쟁[片 爿狀 將蔣獎 壯莊裝] - 片과 爿, 將, 壯으로 된 한자

片
4급 / 총4획 / 부수 片

나무를 세로로 나눈 오른쪽 조각을 본떠서 **조각 편**

片紙・便紙(편지), 片肉(편육), 一片丹心(일편단심), 破片(파편)

爿
급외자 / 총4획 / 부수 爿

나무를 세로로 나눈 왼쪽 조각을 본떠서 **나무 조각 장**

약 丬

1급, 사범, 급외자, 부수자 - 어원 풀이를 위한 참고자로 8~2급 선정 한자에는 포함되지 않습니다.

狀
준3급 / 총8획 / 부수 犬

나무 조각(爿)에 개(犬)를 새긴 모양이니 **모양 상**

또 옛날에 이렇게 작성했던 문서니 **문서 장**

犬(개 견)

症狀(증상), 形狀(형상), 答狀(답장), 案內狀(안내장)

將
4급 / 총11획 / 부수 寸

(전쟁터에 나가기 전에) **나무 조각**(爿)에 **고기**(夕)를 차려 놓고 **법도**(寸)에 따라 제사 지내는 장수니 **장수 장**

또 장수는 장차 전쟁이 나면 나아가 싸워야 하니 **장차 장, 나아갈 장**

🔊 夕[달 월, 육 달 월(月)의 변형], 寸(마디 촌, 법도 촌), 장차(將次) – '앞으로'로, 미래의 어느 때를 나타내는 말.

將兵(장병), 將來(장래), 日就月將(일취월장)

蔣
2급 / 총15획 / 부수 艹

풀(艹) 중 물속에서도 **장수**(將)처럼 씩씩하게 자라는 줄이니 **줄 장, 성 장**

🔊 줄 – 볏과의 여러해살이 풀.

蔣茅(장모), 蔣介石(장개석), 蔣英實(장영실)

奬
3급 / 총14획 / 부수 大

장차(將) **크게**(大) 되도록 권면하니 **권면할 장**

🔊 권면(勸勉) – 알아듣도록 권하고 격려하여 힘쓰게 함. *勸(권할 권), 勉(힘쓸 면)

奬學金(장학금), 奬勵(장려), 勸奬(권장)

壯
준3급 / 총7획 / 부수 士

나무 조각(爿)이라도 들고 **군사**(士)가 싸우는 모습이 장하고 씩씩하니 **장할 장, 씩씩할 장**

🔊 士(선비 사, 군사 사, 칭호나 직업 이름에 붙이는 말 사), 장하다 – ㉠ 기상이나 인품이 훌륭하다. ㉡ 크고 성대하다.

壯士(장사), 壯元(장원), 壯談(장담), 雄壯(웅장)

莊
2급 / 총11획 / 부수 艹

초목(艹)을 **장하게**(壯) 가꾸어 장엄하니 **장엄할 장**

또 **초목**(艹)을 **장하게**(壯) 가꾼 곳에 지은 별장이니 **별장 장, 성 장**

🔊 장엄(莊嚴) – 경건하고 엄숙함. *嚴(엄할 엄)

莊重(장중), 莊園(장원), 別莊(별장), 山莊(산장)

裝
3급 / 총13획 / 부수 衣

장하게(壯) **옷**(衣)으로 꾸미니 **꾸밀 장**

🔊 衣(옷 의)

裝備(장비), 裝飾(장식), 裝置(장치), 包裝(포장)

---

295 부(관)도도 요요요[缶陶萄 搖謠遙] – 缶, 䍃로 된 한자

##
사범 / 총6획 / 부수 缶

옛날에 물 같은 액체를 담던 그릇인 장군을 본떠서 **장군 부**

337

陶
2급 / 총11획 / 부수 阝

언덕(阝)의 가마(匋)에서 구워 만든 질그릇이니 **질그릇 도**

또 질그릇으로 술을 마시며 즐기니 **즐길 도**

- 匋 : 싸인(勹) 가마에 장군(缶)처럼 구워 만든 질그릇이나 질그릇 가마니 '질그릇 도, 질그릇 가마 도'
- 阝(언덕 부 변), 勹(쌀 포), 缶(장군 부 – 장군은 물이나 술·오줌 같은 액체를 담아 나르던 도구로, 배가 부른 달걀을 눕혀 놓은 모습)

陶工(도공), 陶器(도기), 陶磁器(도자기), 陶醉(도취)

葡
2급 / 총12획 / 부수 ⺾

풀(⺾) 덩굴이 가마(匋)처럼 덮인 채 열리는 포도나 머루니 **포도 도, 머루 도**

- 포도나 머루는 덩굴이 위를 덮고 그 아래에 열매가 열리지요.

葡萄(포도), 乾葡萄(건포도), 靑葡萄(청포도)

搖
2급 / 총13획 / 부수 扌

손(扌)으로 질그릇(䍃)을 흔드니 **흔들 요**

- 䍃 : 고기(夕) 등을 넣도록 장군(缶)처럼 만든 질그릇이니 '질그릇 요'

搖動(요동), 搖亂(요란), 搖之不動(요지부동)

謠
준3급 / 총17획 / 부수 言

말(言)하듯 질그릇(䍃) 같은 술잔을 두드리며 부르는 노래니 **노래 요**

- 言(말씀 언)

歌謠(가요), 童謠(동요), 民謠(민요), 俗謠(속요)

遙
2급 / 총14획 / 부수 辶

(상점이 없었던 옛날에) 질그릇(䍃)을 사러 가는(辶) 곳처럼 머니 **멀 요**

또 멀리 거니니 **거닐 요**

- 辶(뛸 착, 갈 착), 질그릇 굽는 가마는 진흙과 땔나무가 많은 먼 산골에 있었음을 생각하고 만든 글자.

遙拜(요배), 遙昔(요석), 遙遠(요원), 逍遙(소요)

---

296 도나 인인인 분분분빈[刀那 刃忍認 分粉紛貧] - 刀, 刃, 分으로 된 한자

刀
5급 / 총2획 / 부수 刀

옛날 칼을 본떠서 **칼 도**

- 글자의 오른쪽에 붙는 부수인 방으로 쓰일 때는 '칼 도 방(刂)'입니다.

短刀(단도), 面刀(면도), 一刀兩斷(일도양단), 寶刀(보도)

那
2급 / 총7획 / 부수 阝

칼(刀) 두(二) 개로 고을(阝)을 어찌 지킬 것인가에서 **어찌 나**

또 칼(刀) 두(二) 개로 고을을 지키면 짧은 시간에 당하니 **짧은 시간 나**

- 邦(나라 방) – 제목번호 182
- 阝(고을 읍 방)

那邊(나변), 那落(나락), 刹那(찰나) ↔ 劫(겁)

刃
2급 / 총3획 / 부수 刀

칼 도(刀)의 날 부분(丿)을 강조하려고 점(丶)을 찍어서 **칼날 인**

🔊 丶(점 주, 불똥 주), 한자에서는 점 주(丶)나 삐침 별(丿)로 무엇을 강조하기도 합니다.

刃器(인기), 刃傷(인상)

忍
준3급 / 총7획 / 부수 心

칼날(刃)로 심장(心)을 위협하는 것 같은 상황도 참으니 **참을 인**

또 칼날(刃)로 심장(心)을 위협하듯이 잔인하니 **잔인할 인**

🔊 잔인(殘忍) - 인정이 없고 모짐.
🔊 心(심장을 본떠서 만든 글자로 '마음 심, 중심 심'), 殘(잔인할 잔, 해칠 잔, 나머지 잔)

忍耐(인내), 忍之爲德(인지위덕), 目不忍見(목불인견)

認
4급 / 총14획 / 부수 言

남의 말(言)을 참고(忍) 들어 알고 인정하니 **알 인, 인정할 인**

🔊 言(말씀 언)

認可(인가), 認定(인정), 認知(인지), 默認(묵인)

分
준5급 / 총4획 / 부수 刀

여덟(八) 번이나 칼(刀)질하여 나누니 **나눌 분**

또 나누어 놓은 단위나 신분이니 **단위 분, 단위 푼, 신분 분**

또 나누어 분별할 줄 아는 분수니 **분별할 분, 분수 분**

🔊 분수(分數) - 주어진 자기의 처지. 제 신분에 알맞은 한도.
🔊 八(여덟 팔, 나눌 팔), 數(셀 수, 두어 수, 운수 수)

兩分(양분), 一分(일분), 分錢(푼전), 身分(신분), 分別(분별)

粉
3급 / 총10획 / 부수 米

쌀(米) 같은 곡식을 나눈(分) 가루니 **가루 분**

🔊 米(쌀 미)

粉食(분식), 粉碎(분쇄), 粉骨碎身(분골쇄신), 粉塵(분진)

紛
3급 / 총10획 / 부수 糸

실(糸)을 나누어(分) 놓은 듯 헝클어져 어지러우니 **어지러울 분**

🔊 糸(실 사, 실 사 변), 실을 나눠놓으면 헝클어져 어지럽지요.

紛糾(분규), 紛亂(분란), 紛爭(분쟁), 內紛(내분)

貧
준4급 / 총11획 / 부수 貝

나눈(分) 재물(貝)이면 몫이 적어 가난하니 **가난할 빈**

🔊 貪(탐낼 탐) - 제목번호 111
🔊 조개(貝) 한 마리도 나누어(分) 먹을 정도로 가난하니 '가난할 빈(貧)'이라고도 합니다.

貧困(빈곤), 貧富(빈부), 貧弱(빈약), 淸貧(청빈)

DAY 25

297 소소소초초 소조 [召沼紹招超 昭照] - 召로 된 한자

召
2급 / 총5획 / 부수 口

칼(刀)로 위엄을 보이듯 엄하게 **말하여**(口) 부르니 **부를 소**

🔊 口(입 구, 구멍 구, 말할 구), 상관의 명령은 칼처럼 예민하고 위엄 있게 들림을 생각하고 만든 글자.
召集(소집), 召喚(소환), 遠禍召福(원화소복)

沼
2급 / 총8획 / 부수 氵

물(氵)이 불러(召)온 듯 항상 고여 있는 늪이니 **늪 소**

🔊 늪 - 물이 항상 고여 있는 곳.
沼畔(소반), 沼澤(소택), 沼湖(소호), 龍沼(용소)

紹
2급 / 총11획 / 부수 糸

실(糸)로 불러(召) 이으니 **이을 소**
또 이어서 소개하니 **소개할 소**

🔊 糸(실 사, 실 사 변)
紹絶(소절), 紹介(소개), 紹介狀(소개장)

招
준3급 / 총8획 / 부수 扌

손(扌)으로 부르니(召) **부를 초**

🔊 扌(손 수 변), 초대(招待) - (손님을) 불러 대접함.
招來(초래), 招請(초청), 招魂(초혼), 自招(자초)

超
3급 / 총12획 / 부수 走

달려(走)가며 급히 부르면(召) 빨리 오려고 이것저것을 뛰어넘으니 **뛰어넘을 초**

🔊 走(달릴 주, 도망갈 주), 過(지날 과, 지나칠 과, 허물 과)가 접두사 '지나치다'의 뜻으로 쓰일 때는 영어의 over와 같고, 뛰어넘을 초(超)가 접두사 '뛰어나다'의 뜻으로 쓰일 때는 super와 같지요.
超過(초과), 超然(초연), 超越(초월), 超人(초인)

昭
2급 / 총9획 / 부수 日

해(日)를 불러(召)온 듯 밝으니 **밝을 소**

昭光(소광), 昭明(소명), 昭詳(소상), 昭陽江(소양강)

照
3급 / 총13획 / 부수 灬

해(日)를 불러(召)온 듯 불(灬)이 비치니 **비칠 조**

🔊 灬(불 화 발)
照度(조도), 照明(조명), 照準(조준), 觀照(관조)

298 초체(절) 별반[初切 別班] - 刀, 刂로 된 한자

初
준4급 / 총7획 / 부수 刀

옷(衤)을 만드는 데는 옷감을 **칼(刀)**로 자르는 일이 처음이니 **처음 초**

🔊 衤(옷 의 변)

初期(초기), 初面(초면), 初志一貫(초지일관), 始初(시초)

切
준3급 / 총4획 / 부수 刀

일곱(七) 번이나 **칼(刀)**질 하면 모두 끊어지니 **모두 체, 끊을 절**

또 끊어지는 듯한 간절한 마음이니 **간절할 절**

🔊 七(일곱 칠)

一切(일체), 切斷(절단), 懇切(간절), 親切(친절)

別
5급 / 총7획 / 부수 刂

입(口)으로 먹기 위해 **칼(刀)**과 **칼(刂)**로 나누어 다르니 **나눌 별, 다를 별**

🔊 口(입 구, 구멍 구, 말할 구), 刀(칼 도), 刂(칼 도 방)

別個(별개), 別居(별거), 別名(별명), 差別(차별)

班
준3급 / 총10획 / 부수 王(玉)

구슬(王)과 **구슬(王)**을 **칼(刂)**로 나누니 **나눌 반**

또 옛날에 서민과 나누어 대접했던 양반이니 **양반 반**

🔊 양반(兩班) – 고려·조선 시대에, 지배층을 이루던 신분. 원래 관료 체제를 이루는 동반과 서반.
🔊 王(임금 왕, 으뜸 왕, 구슬 옥 변), 兩(두 량, 짝 량)

班長(반장), 越班(월반), 班常(반상)

299 력조렬 죽근 가가가하 협협협[力助劣 竹筋 加伽架賀 劦協脅] - 力, 竹, 加, 劦으로 된 한자

力
7급 / 총2획 / 부수 力

팔에 힘줄이 드러난 모습에서 **힘 력**

🔊 칼 도(刀)의 칼날(丿)을 연장하여 칼, 즉 무기가 있으니 힘이 있다는 데서 생긴 글자라고도 합니다.

力說(역설), 努力(노력), 能力(능력), 風力(풍력)

助
준4급 / 총7획 / 부수 力

또(且) 힘(力)을 다해 도우니 **도울 조**

🔊 且(또 차)

內助(내조), 補助(보조), 協助(협조), 相扶相助(상부상조)

劣
2급 / 총6획 / 부수 力

적은(少) 힘(力)이면 못나니 **못날 렬**

🔊 少(적을 소, 젊을 소), 힘이 적다는 말은 능력이 적다는 말이지요.
劣等(열등), 劣勢(열세), 劣惡(열악), 優劣(우열)

竹
5급 / 총6획 / 부수 竹

댓잎을 본떠서 **대 죽**

🔊 부수로 쓰일 때는 내려 그은 획을 짧게 씁니다. 종이가 없었던 옛날에는 대쪽에 글을 썼기 때문에 책과 관련된 글자에 竹이 들어가지요.
竹刀(죽도), 竹筍(죽순), 竹馬故友(죽마고우)

筋
2급 / 총12획 / 부수 ⺮

대(⺮) 조각처럼 생겨 몸(月)에서 힘(力)쓰는 힘줄이니 **힘줄 근**

🔊 月(달 월, 육 달 월), 力(힘 력)
筋力(근력), 筋肉(근육), 心筋(심근), 鐵筋(철근)

加
준4급 / 총5획 / 부수 力

힘(力)써 말하며(口) 용기를 더하니 **더할 가**

🔊 口(입 구, 구멍 구, 말할 구)
加減(가감), 加入(가입), 加重(가중), 雪上加霜(설상가상)

伽
2급 / 총7획 / 부수 亻

사람(亻)이 정성을 더하여(加) 수도하는 절이니 **절 가**

🔊 亻(사람 인 변)
伽藍(가람), 僧伽(승가), 伽倻琴(가야금)

架
3급 / 총9획 / 부수 木

더하여(加) 나무(木)로 꾸민 시렁이니 **꾸밀 가, 시렁 가**

🔊 木(나무 목), 시렁 - 물건을 얹어 놓기 위해 벽에 붙여 만든 선반.
架空(가공), 架橋(가교), 架設(가설), 書架(서가)

賀
준3급 / 총12획 / 부수 貝

더하여(加) 재물(貝)을 주며 축하하니 **축하할 하**

🔊 축하(祝賀) - 기뻐하고 즐거워한다는 뜻으로 인사하는 것.
🔊 加(더할 가), 貝(조개 패, 재물 패), 祝(빌 축, 축하할 축)
賀客(하객), 賀禮(하례), 慶賀(경하), 謹賀(근하)

劦
급외자 / 총6획 / 부수 力

힘(力)을 셋이나 합하니 **힘 합할 협**

協
4급 / 총8획 / 부수 十

많이(十) 힘 합하여(劦) 도우니 **도울 협**

🔊 十(열 십, 많을 십)

協同(협동), 協助(협조), 妥協(타협), 農協(농협)

脅

2급 / 총10획 / 부수 月

힘을 합하여(劦) 몸(月)을 눌러 위협하고 협박하니 **위협할 협, 협박할 협**

동 脇

🔊 月(달 월, 육 달 월), 으르다 – 상대편이 겁을 먹도록 무서운 말이나 행동으로 위협하다.

威脅(위협), 脅迫(협박), 脅迫狀(협박장)

---

300 6방 방방[方訪防妨肪紡 芳房] - 方으로 된 한자

方
6급 / 총4획 / 부수 方

(쟁기로 갈아지는 흙이 모나고 넘어가는 방향이 일정하니) 쟁기 모습을 본떠서
모 방, 방향 방
또 쟁기질은 밭을 가는 중요한 방법이니 **방법 방**

方圓(방원), 雙方(쌍방), 方法(방법), 處方(처방)

訪
4급 / 총11획 / 부수 言

좋은 말씀(言)을 듣기 위해 어느 방향(方)으로 찾아 방문하니 **찾을 방, 방문할 방**

🔊 言(말씀 언)

尋訪(심방), 探訪(탐방), 訪問(방문), 巡訪(순방)

防
4급 / 총7획 / 부수 阝

언덕(阝)처럼 일정한 방향(方)에 둑을 쌓아 막으니 **둑 방, 막을 방**

🔊 阝(언덕 부 변)

堤防(제방), 防犯(방범), 防禦(방어), 防音(방음)

妨
3급 / 총7획 / 부수 女

여자(女)가 여러 방법(方)으로 유혹하듯 방해하니 **방해할 방**

妨害(방해), 無妨(무방)

肪
2급 / 총8획 / 부수 月

몸(月)을 사방(方)으로 살찌게 하는 기름이니 **살찔 방, 기름 방, 비계 방**

🔊 月(달 월, 육 달 월), 비계 – 가죽 안쪽에 두껍게 붙은 기름 조각.

脂肪(지방), 脂肪分(지방분), 脂肪油(지방유)

紡
2급 / 총10획 / 부수 糸

실(糸)을 정해진 **방향**(方)으로 뽑으며 길쌈하니 **길쌈할 방**

🔊 糸(실 사, 실 사 변), 길쌈하다 – 실을 내어 옷감을 짜다.
紡絲(방사), 紡績(방적), 紡織(방직), 混紡(혼방)

芳
3급 / 총8획 / 부수 ⺾

풀(⺾) 향기가 **사방**(方)으로 퍼지며 꽃다우니 **꽃다울 방**

芳甘(방감), 芳年(방년), 芳香(방향), 流芳百世(유방백세)

房
4급 / 총8획 / 부수 戶

집(戶)의 어떤 **방향**(方)에 설치한 방이니 **방 방, 성 방**

🔊 戶(문 호, 집 호)
煖房(난방), 獨房(독방), 貰房(세방), 廚房(주방)

---

301 려족시선기정[旅族施旋旗旌] – 𭤨로 된 한자

旅
4급 / 총10획 / 부수 方

사방(方)의 **사람**(𠂉)들이 **씨족**(氏)처럼 모인 군사니 **군사 려**

또 군사처럼 자주 이동하는 나그네니 **나그네 려**

🔊 𠂉[사람 인(人)의 변형], 氏(성 씨, 뿌리 씨)
旅團(여단), 旅券(여권), 旅費(여비), 旅行(여행)

族
5급 / 총11획 / 부수 方

사방(方)에서 **사람**(𠂉)과 **사람**(𠂉)이 **크게**(大) 모여 이룬 겨레니 **겨레 족**

族譜(족보), 家族(가족), 氏族(씨족), 同族相殘(동족상잔)

施
준3급 / 총9획 / 부수 方

사방(方)에서 **사람**(𠂉)이 **또한**(也) 일을 행하며 은혜를 베푸니 **행할 시, 베풀 시**

🔊 也(또한 야, 어조사 야)
施賞(시상), 施政(시정), 施惠(시혜), 實施(실시)

旋
2급 / 총11획 / 부수 方

사방(方)으로 **사람**(𠂉)이 **발**(疋)을 움직여 도니 **돌 선**

🔊 疋(필 필, 짝 필, 발 소)
旋風(선풍), 旋回(선회), 斡旋(알선), 周旋(주선)

旗
준3급 / 총14획 / 부수 方

사방(方) **사람**(𠂉)들이 알아보도록 만든 **그**(其)것은 기니 **기 기**

🔊 其(그 기)
旗手(기수), 國旗(국기), 叛旗(반기), 太極旗(태극기)

旌
2급 / 총11획 / 부수 方

사방(方) 사람(仁)들이 알아보도록 살아(生) 나부끼게 끝을 꾸민 기니 **기 정**

- 정(旌) - 깃대 끝을 깃으로 꾸민 기.
- 生(날 생, 살 생, 사람을 부를 때 쓰는 접사 생)

旌旗(정기), 旌銘(정명), 旌門(정문)

---

302   방방오격 유어(오)[放倣傲激 遊於] - 放으로 된 한자와 遊於

放
5급 / 총8획 / 부수 攵

아무 방향(方)이나 가도록 쳐(攵) 놓으니 **놓을 방**

- 攵(칠 복, = 攴)

放牧(방목), 放置(방치), 放學(방학), 釋放(석방)

倣
2급 / 총10획 / 부수 亻

사람(亻)이 주체성을 놓아(放) 버리고 남을 본뜨니 **본뜰 방**

模倣(모방), 倣古(방고), 倣似(방사)

傲
2급 / 총13획 / 부수 亻

사람(亻)을 흙(土)바닥에 놓고(放) 대함이 거만하니 **거만할 오**

傲氣(오기), 傲慢(오만) ↔ 謙遜(겸손), 傲霜孤節(오상고절)

激
3급 / 총16획 / 부수 氵

물(氵)결이 하얗게(白) 일어나도록 격하게 놓아(放) 부딪치니 **격할 격, 부딪칠 격**

- 白(흰 백, 밝을 백, 깨끗할 백, 아뢸 백)

激突(격돌), 激勵(격려), 激烈(격렬), 自激之心(자격지심)

遊
준3급 / 총13획 / 부수 辶

사방(方)으로 사람(仁)이 아들(子)을 데리고 다니며(辶) 놀고 여행하니
놀 유, 여행할 유

- 子(아들 자, 첫째 지지 자, 자네 자, 접미사 자), 辶(뛸 착, 갈 착)

遊興(유흥), 遊覽(유람), 遊說(유세), 遊學(유학)

於
준3급 / 총8획 / 부수 方

사방(方)으로 사람(人) 둘(冫)씩 인연 맺어주듯 말과 말을 연결시켜주는 어조사니
어조사 어

또 어조사처럼 소리 내며 탄식하니 **탄식할 오**

於中間(어중간), 於此彼(어차피), 於乎(오호)

DAY 25

Day 25 | 확인문제

01~04 다음 한자에 해당하는 훈음을 오른쪽에서 찾아 연결하세요.

01. 姨 •　　　　　　　　　　　• ㉠ 병 질
02. 疾 •　　　　　　　　　　　• ㉡ 이모 이
03. 喉 •　　　　　　　　　　　• ㉢ 권면할 장
04. 獎 •　　　　　　　　　　　• ㉣ 목구멍 후

05~12 다음 漢字의 훈(뜻)과 음(소리)을 쓰세요.

05. 第 (　　　　)　　　06. 智 (　　　　)
07. 裝 (　　　　)　　　08. 搖 (　　　　)
09. 謠 (　　　　)　　　10. 遙 (　　　　)
11. 紛 (　　　　)　　　12. 粉 (　　　　)

13~18 다음 훈음에 맞는 漢字를 쓰세요.

13. 본뜰 방　(　　)　　14. 거만할 오 (　　)
15. 길쌈할 방 (　　)　　16. 위협할 협 (　　)
17. 못날 렬　(　　)　　18. 힘줄 근　 (　　)

19~20 다음 문장 중 (　) 안에 들어갈 한자어로 알맞은 것은?

19. 그와는 (　　)이었지만 오래 사귄 것처럼 낯설지 않았다.
　① 初期　　　　　　② 初面
　③ 始初　　　　　　④ 當初

20. 그는 재산 (　　)을/를 모교에 기부하였다.
　① 一切　　　　　　② 懇切
　③ 親切　　　　　　④ 切斷

정답

01. ㉡　02. ㉠　03. ㉣　04. ㉢　05. 차례 제
06. 지혜 지　07. 꾸밀 장　08. 흔들 요　09. 노래 요　10. 멀 요
11. 어지러울 분　12. 가루 분　13. 倣　14. 傲　15. 紡
16. 脅　17. 劣　18. 筋　19. ②　20. ①

Day 26 | 303~313

303 비 지지지상 니니 화화화[匕 旨脂指嘗 尼泥 化花貨] - 匕와 旨, 尼, 化로 된 한자

匕
2급 / 총2획 / 부수 匕

비수를 본떠서 **비수 비**
또 비수로 찌르듯 입에 넣어 먹는 숟가락이니 **숟가락 비**

🔊 匕首(비수) - 짧고 날이 날카로운 칼.
匕箸(비저) - 숟가락과 젓가락을 아울러 이르는 말. *箸(젓가락 저)

旨
2급 / 총6획 / 부수 日

비수(匕)로 햇빛(日)에 익은 과일을 잘라 먹어보는 맛이니 **맛 지**
또 말이나 글에 담긴 맛은 뜻이니 **뜻 지**

甘旨(감지), 論旨(논지), 要旨(요지), 趣旨(취지)

脂
2급 / 총10획 / 부수 月

고기(月)에서 맛(旨)을 내는 비계 기름이니 **비계 지, 기름 지**

🔊 月(달 월, 육 달 월)
脂肪(지방), 脂肪肝(지방간), 脫脂綿(탈지면)

指
4급 / 총9획 / 부수 扌

손(扌)으로 맛(旨)볼 때 쓰는 손가락이니 **손가락 지**
또 손가락으로 무엇을 가리키니 **가리킬 지**

指壓(지압), 指南(지남), 指導(지도), 指示(지시)

嘗
2급 / 총14획 / 부수 口

숭상하는(尙) 맛(旨)을 내려고 맛보니 **맛볼 상**
또 맛은 먹기 전에 일찍 보니 **일찍 상**

🔊 尙(오히려 상, 높을 상, 숭상할 상)
嘗味(상미), 臥薪嘗膽(와신상담), 未嘗不(미상불)

尼
2급 / 총5획 / 부수 尸

몸(尸)의 머리털을 비수(匕)로 깎은 여승이니 **여승 니**

🔊 尸(주검 시, 몸 시)
尼僧(이승), 比丘尼(비구니), 釋迦牟尼(석가모니)

泥
2급 / 총8획 / 부수 氵

물(氵)에 이겨 집의 몸(尸) 같은 벽에 비수(匕) 같은 흙손으로 바르는 진흙이니 **진흙 니**

泥工(이공), 泥路(이로), 泥田鬪狗(이전투구)

化
준4급 / 총4획 / 부수 匕

사람(亻)이 비수(匕) 같은 마음을 품고 일하면 안 되는 일도 되고 변하니 **될 화, 변화할 화**

또 되도록 가르치니 **가르칠 화**

開化(개화), 變化(변화), 馴化(순화), 敎化(교화)

花
5급 / 총8획 / 부수 艹

풀(艹)에서 일부가 변하여(化) 피는 꽃이니 **꽃 화**

🔊 艹(초 두)

花壇(화단), 花盆(화분), 開花(개화), 生花(생화)

貨
4급 / 총11획 / 부수 貝

변하여(化) 돈(貝)이 되는 재물이나 물품이니 **돈 화, 재물 화, 물품 화**

🔊 貝(조개 패, 재물 패)

貨物(화물), 貨幣(화폐), 雜貨(잡화), 鑄貨(주화)

---

304 진진신전 능태파 의응[眞鎭愼顚 能態罷 疑凝] - 眞, 能, 疑로 된 한자

眞
준4급 / 총10획 / 부수 目

비수(匕)처럼 눈(目) 뜨고 감추어진(乚) 것을 나누고(八) 파헤쳐 보아도 참되니 **참 진**

🔊 目(눈 목, 볼 목, 항목 목), 乚(감출 혜, 덮을 혜, = 匸), 八(여덟 팔, 나눌 팔)

眞價(진가), 眞假(진가), 眞善美(진선미), 寫眞(사진)

鎭
3급 / 총18획 / 부수 金

쇠(金)처럼 무거운 것으로 참되게(眞) 눌러 진압하니 **누를 진, 진압할 진**

🔊 진압(鎭壓) - '누르고 누름'으로, 눌러 진정시킴을 말함.
🔊 金(쇠 금, 금 금, 돈 금, 성 김), 壓(누를 압)

鎭靜(진정), 鎭痛劑(진통제), 鎭魂(진혼), 鎭火(진화)

愼
2급 / 총13획 / 부수 忄

마음(忄)까지 참(眞)되게 하려고 삼가니 **삼갈 신, 성 신**

愼獨(신독), 愼慮(신려), 愼重(신중), 謹愼(근신)

顚
2급 / 총19획 / 부수 頁

참(眞)으로 빛나는 **머리(頁)** 부분은 이마나 꼭대기니 **이마 전, 꼭대기 전**
또 꼭대기처럼 높은 것은 잘 넘어지니 **넘어질 전**

🔊 頁(머리 혈)
顚末(전말), 顚覆(전복), 七顚八起(칠전팔기)

能
준4급 / 총10획 / 부수 月

곰은 **주둥이(厶)**와 **몸뚱이(月)**, 그리고 **네 발(比)**로 재주 부림이 능하니 **능할 능**

🔊 厶('사사 사, 나 사'지만 여기서는 곰의 주둥이로 봄), 月(달 월, 육 달 월), 比('비수 비, 숟가락 비' 둘이지만 여기서는 곰의 네 발로 봄)
能動(능동), 能力(능력), 可能(가능), 有能(유능)

態
3급 / 총14획 / 부수 心

능히(能) 할 수 있다는 **마음(心)**이 얼굴에 나타나는 모양이나 태도니
모양 태, 태도 태

🈴 熊(곰 웅) - 1급
🔊 心(마음 심, 중심 심)
動態(동태), 世態(세태), 態度(태도), 姿態(자태)

罷
2급 / 총15획 / 부수 罒

법망(罒)에 걸리면 **유능한(能)** 사람도 파하여 마치니 **파할 파, 마칠 파**

🔊 罒(그물 망, = 网, 罓), 법망(法網) – 범죄자에 대한 제재를 물고기에 대한 그물로 비유하여 이르는 말.
🔊 파(罷)하다 – 어떤 일을 마치거나 그만두다.
罷免(파면), 罷業(파업), 罷場(파장)

疑
3급 / 총14획 / 부수 疋

비수(匕)와 **화살(矢)**과 **창(矛)**으로 무장하고 **점(卜)**치며 **사람(人)**이 의심하니
의심할 의

🔊 矢(화살 시), 龴[창 모(矛)의 변형], 卜(점 복)
疑懼(의구), 疑問(의문), 疑心(의심), 疑惑(의혹)

凝
2급 / 총16획 / 부수 冫

얼음(冫)인가 **의심할(疑)** 정도로 엉기니 **엉길 응**

🔊 冫[얼음 빙(氷)이 부수로 쓰일 때의 모습으로 점이 둘이니 '이 수 변'이라 부름]
凝結(응결), 凝固(응고), 凝視(응시), 凝集(응집)

305　충충사 마소독[虫蟲蛇 馬騷篤] - 虫, 馬로 된 한자

부수자 / 총6획 / 부수 虫

벌레 충(蟲)이 약자나 부수로 쓰일 때의 모양으로 **벌레 충**

🔊 1급, 사범, 급외자, 부수자 – 어원 풀이를 위한 참고자로 8~2급 선정 한자에는 포함되지 않습니다.

蟲 4급 / 총18획 / 부수 虫	(벌레는 한 마리가 아니니) 많은 벌레가 모인 모양을 본떠서 **벌레 충** 蟲齒(충치), 害蟲(해충) ↔ 益蟲(익충), 殺蟲劑(살충제)
 **蛇** 2급 / 총11획 / 부수 虫	벌레(虫)처럼 집(宀)에서 비수(匕) 같은 혀를 날름거리는 뱀이니 **뱀 사** 🔊 宀(집 면) 毒蛇(독사), 長蛇陣(장사진), 龍頭蛇尾(용두사미)
馬 준5급 / 총10획 / 부수 馬	서 있는 말을 본떠서 **말 마, 성 마** 馬力(마력), 馬術(마술), 乘馬(승마), 走馬看山(주마간산)
 **騷** 2급 / 총20획 / 부수 馬	말(馬)이 벼룩(蚤)처럼 날뛰면 시끄러우니 **시끄러울 소** 또 시끄럽게 없던 일도 꾸며서 글 지으니 **글 지을 소** 🔊 蚤 - 또(又) 자꾸 콕콕(丶丶) 쏘는 벌레(虫)는 벼룩이니 '벼룩 조' 🔊 馬(말 마), 又(오른손 우, 또 우), 丶('점 주, 불똥 주'지만 여기서는 여기저기 쏘는 모습) 騷動(소동), 騷亂(소란), 騷音(소음), 騷人(소인)
篤 2급 / 총16획 / 부수 ⺮	대(⺮)로 말(馬)을 타던 어린 시절 친구처럼 정이 도타우니 **도타울 독** 🔊 ⺮[대 죽(竹)이 부수로 쓰일 때의 모습], 도탑다 - 사랑이나 인정이 많고 깊다. 篤實(독실), 敦篤(돈독), 篤志家(독지가), 危篤(위독)

306 간한한근은 흔퇴 금(김)은부[艮恨限根垠 痕退 金銀釜] - 艮, 金으로 된 한자

艮 1급 / 총6획 / 부수 艮	눈(目)에 비수(ヒ)를 품고 멈추어 바라볼 정도로 어긋나니 **멈출 간, 어긋날 간, 괘 이름 간** 🔊 目[눈 목, 볼 목, 항목 목(目)의 변형], ヒ[비수 비, 숟가락 비(匕)의 변형]
恨 준3급 / 총9획 / 부수 忄	항상 마음(忄)에 머물러(艮) 한하고 뉘우치니 **한할 한, 뉘우칠 한** 🔊 한(恨) - ㉠ 억울하고 원통한 일이 풀리지 못하고 응어리져 맺힌 마음. ㉡ '한탄(恨歎)'의 준말. 恨歎(한탄), 怨恨(원한), 恨不早圖(한불조도)
限 4급 / 총9획 / 부수 阝	언덕(阝)에 막혀 멈춰야(艮) 하는 한계니 **한계 한** 限界(한계), 限定(한정), 局限(국한), 時限(시한)

根
5급 / 총10획 / 부수 木

나무(木)를 머물러(艮) 있게 하는 뿌리니 **뿌리 근**

根幹(근간), 根據(근거), 根本(근본), 事實無根(사실무근)

垠
2급 / 총9획 / 부수 土

흙(土)이 멈춘(艮) 땅 끝이니 **땅 끝 은**

🔊 土(흙 토)

垠際(은제), 俯仰無垠(부앙무은) – 아래를 굽어보고 위를 우러러봐도 끝이 없음.
*俯(구부릴 부), 仰(우러를 앙), 無(없을 무)

痕
2급 / 총11획 / 부수 疒

병(疒)이 그치고(艮) 나아도 남는 흉터니 **흉터 흔**

또 흉터처럼 남는 흔적이니 **흔적 흔**

🔊 疒(병들 녁)

痕跡(흔적), 傷痕(상흔), 戰痕(전흔), 血痕(혈흔)

退
4급 / 총10획 / 부수 辶

(하던 일을) 멈추고(艮) 물러나니(辶) **물러날 퇴**

🔊 辶(뛸 착, 갈 착)

退勤(퇴근), 勇退(용퇴), 早退(조퇴), 後退(후퇴)

金
7급 / 총8획 / 부수 金

덮여있는(人) 한(一)곳의 흙(土) 속에 반짝반짝(ヽヽ) 빛나는 쇠나 금이니

쇠 금, 금 금

또 금처럼 귀한 돈이니 **돈 금, 성 김**

🔊 人('사람 인'이지만 여기서는 덮여있는 모양), ヽ('점 주, 불똥 주'지만 여기서는 반짝반짝 빛나는 모양), 土(흙 토)

金庫(금고), 金銀(금은), 現金(현금)

銀
5급 / 총14획 / 부수 金

(가치가) 금(金) 다음에 머물러(艮) 있는 은이니 **은 은**

🔊 최고는 금이고 다음이 은이라는 데서 만든 글자지요.

銀塊(은괴), 銀賞(은상), 銀河水(은하수)

釜
2급 / 총10획 / 부수 金

아버지(父)처럼 크게 쇠(釜)로 만든 가마니 **가마 부**

🔊 釜[쇠 금, 금 금, 돈 금, 성 김(金)의 획 줄임], 가마 : 가마솥 – 아주 크고 우묵한 솥.

釜中魚(부중어), 釜中生魚(부중생어), 釜山(부산)

307 량랑낭낭 랑랑[良浪娘朗 郞廊] - 良, 郞으로 된 한자

良
준4급 / 총7획 / 부수 艮

점(丶) 같은 작은 잘못도 그쳐(艮) 좋고 어지니 **좋을 량, 어질 량**

🔊 丶(점 주, 불똥 주), 艮(멈출 간, 어긋날 간)

良質(양질), 改良(개량), 良心(양심), 賢母良妻(현모양처)

浪
준3급 / 총10획 / 부수 氵

물(氵)이 보기 **좋게(良)** 출렁이는 물결이니 **물결 랑**

또 물결치듯 함부로 하니 **함부로 랑**

風浪(풍랑), 放浪(방랑), 流浪(유랑), 浪費(낭비)

娘
3급 / 총10획 / 부수 女

여자(女) 중 젊어서 **좋게(良)** 보이는 아가씨니 **아가씨 낭**

娘子(낭자) ↔ 郞君(낭군), 娘子軍(낭자군)

朗

2급 / 총11획 / 부수 月

어질어(良) 마음 씀이 달빛(月)처럼 밝으니 **밝을 랑**

🔊 月(달 월, 육 달 월)

朗讀(낭독), 朗報(낭보), 朗誦(낭송), 明朗(명랑)

郞
준3급 / 총10획 / 부수 阝

어짊(良)이 고을(阝)에서 뛰어난 사내니 **사내 랑**

🔊 阝(고을 읍 방)

郞君(낭군) ↔ 娘子(낭자), 新郞(신랑), 花郞(화랑)

廊

2급 / 총13획 / 부수 广

집(广)에서 주로 사내(郞)가 거처하는 행랑이니 **행랑 랑**

🔊 广(집 엄), 행랑(行廊) - 한옥에서 대문의 양쪽이나 문간 옆에 있는 방.

舍廊房(사랑방), 畫廊(화랑), 回廊(회랑)

308 식(사) 기음반식[食 飢飮飯飾] - 食과 飠으로 된 한자

食
준5급 / 총9획 / 부수 食

사람(人) 몸에 좋은(良) 밥을 먹으니 **밥 식, 먹을 식**

또 밥 같은 먹이니 **먹이 사**

🔊 글자의 변으로 쓰일 때는 飠(밥 식, 먹을 식 변)입니다.

食堂(식당), 飮食(음식), 食事(식사), 簞食瓢飮(단사표음)

飢
2급 / 총11획 / 부수 食

밥(食)을 못 먹어 **책상**(几)에 기대야 할 정도로 굶주리니 **굶주릴 기**

[동] 饑 – 먹을(食) 기미(幾)만 살필 정도로 굶주리니 '굶주릴 기'
几(안석 궤, 책상 궤), 幾(몇 기, 기미 기)

飢渴(기갈), 飢餓(기아), 虛飢(허기), 療飢(요기)

飮
5급 / 총13획 / 부수 食

먹을(食) 때 **하품**(欠)하듯 입 벌리고 마시니 **마실 음**

欠(하품 흠, 모자랄 흠)
飮食(음식), 飮酒(음주), 過飮(과음), 米飮(미음)

飯
4급 / 총13획 / 부수 食

먹을(食) 때 혀로 **뒤집으며**(反) 씹는 밥이니 **밥 반**

反(거꾸로 반, 돌이킬 반)
飯店(반점), 飯酒(반주), 白飯(백반), 朝飯(조반)

飾
2급 / 총14획 / 부수 食

밥(食) 먹는 식탁을 **사람**(𠂉)이 **수건**(巾) 같은 천으로 꾸미니 **꾸밀 식**

𠂉[사람 인(人)의 변형], 巾(수건 건)
假飾(가식), 裝飾(장식), 粧飾(장식), 虛飾(허식)

---

309 경환환 장장장[睘環還 長張帳] – 睘, 長으로 된 한자

睘
급외자 / 총13획 / 부수 目

눈(罒)이 하나(一)의 입(口)처럼 크게 변하며(㐬) 휘둥그레지니

눈 휘둥그레질 경

휘둥그레지다 – 놀라거나 두려워서 눈이 크고 둥그렇게 되다.
罒 ['그물 망'이지만 여기서는 눈 목(目)을 눕혀 놓은 모양으로 봄], 㐬[변화할 화, 될 화(化)의 변형]

環
3급 / 총17획 / 부수 王(玉)

옥(王)으로 눈 **휘둥그레지듯이**(睘) 둥글게 만든 고리니 **고리 환**

또 고리처럼 두르니 **두를 환**

王(임금 왕, 으뜸 왕, 구슬 옥 변)
環境(환경), 環太平洋(환태평양), 花環(화환)

還
2급 / 총17획 / 부수 辶

놀라서 눈이 **휘둥그레졌다가**(睘) 다시 제 위치로 **돌아오니**(辶) **돌아올 환**

還甲(환갑), 還元(환원), 返還(반환), 償還(상환)

長
준5급 / 총8획 / 부수 長

입(一)의 위아래에 난 긴 수염을 본떠서 **길 장**
또 수염도 긴 어른이니 **어른 장**

長短(장단), 校長(교장), 長幼有序(장유유서)

張
3급 / 총11획 / 부수 弓

활(弓)시위를 길게(長) 벌리니 **벌릴 장**
또 벌리듯 마음을 열고 베푸니 **베풀 장, 성 장**

🔊 弓(활 궁)

張力(장력), 誇張(과장), 主張(주장), 擴張(확장)

帳
3급 / 총11획 / 부수 巾

수건(巾) 같은 천으로 길게(長) 둘러 가린 장막이니 **장막 장**
또 장막처럼 가리고 쓰는 장부니 **장부 장**

🔊 장부(帳簿) - 금품의 수입 지출을 기록하는 책.
🔊 巾(수건 건), 簿(장부 부)

帳幕(장막), 布帳馬車(포장마차), 元帳(원장), 通帳(통장)

---

310 이내 수유 단서[而耐 需儒 端瑞] - 而, 需, 耑으로 된 한자

而
준3급 / 총6획 / 부수 而

입(一) 아래(丿) 이어진 수염(冂)처럼 말이 이어지는 어조사니
말 이을 이, 어조사 이

🔊 一('한 일'이지만 여기서는 다문 입으로 봄)

博而不精(박이부정), 似而非(사이비)

耐
3급 / 총9획 / 부수 而

이어지는(而) 고통도 법도(寸)에 따라 참고 견디니 **참을 내, 견딜 내**

🔊 寸(마디 촌, 법도 촌)

忍耐(인내), 耐久性(내구성), 耐乏(내핍), 耐震(내진)

需

2급 / 총14획 / 부수 雨

비(雨)가 이어져(而) 내리면 구하여 쓰니 **구할 수, 쓸 수**

🔊 雨(비 우)

需給(수급), 需要(수요), 需用(수용), 婚需(혼수)

儒
준3급 / 총16획 / 부수 亻

사람(亻)에게 쓰이는(需) 도를 공부하고 가르치는 선비나 유교니 **선비 유, 유교 유**

- 선비 – 학식이 있고 행동과 예절이 바르며 의리와 원칙을 지키고 관직과 재물을 탐내지 않는 고결한 인품을 지닌 사람을 이르는 말.
- 유교(儒敎) – 공자를 시조로 삼고 인의도덕(仁義道德)을 가르치는 유학(儒學)을 종교적인 관점에서 이르는 말.

儒生(유생), 儒家(유가), 焚書坑儒(분서갱유)

端
4급 / 총14획 / 부수 立

서(立) 있는 곳이 산(山)으로 이어진(而) 끝이니 **끝 단**

또 끝에 서면 마음이나 옷차림을 바르게 하여 찾는 실마리니 **바를 단, 실마리 단**

- 立(설 립)

末端(말단), 尖端(첨단), 端整(단정), 端緒(단서)

瑞
2급 / 총13획 / 부수 王(玉)

구슬(王)로 된 산(山)이 이어진(而) 듯 상서로우니 **상서로울 서**

- 상서(祥瑞)롭다 – 복되고 좋은 일이 있을 듯하다.
- 王(임금 왕, 으뜸 왕, 구슬 옥 변), 祥(상서로울 상)

瑞光(서광), 瑞氣(서기), 瑞夢(서몽)

---

311 렬례렬렬 사시장[列例烈裂 死屍葬] - 列, 死로 된 한자

列
4급 / 총6획 / 부수 刂

짐승을 잡아(歹) 칼(刂)로 잘라 벌이니 **벌일 렬**

또 벌여 서는 줄이니 **줄 렬**

- 歹[하루(一) 저녁(夕) 사이에 뼈만 앙상하게 말라 죽으니 '뼈 앙상할 알, 죽을 사 변'], 刂(칼 도 방), 벌이다 – 여러 가지 물건을 늘어놓다.

列擧(열거), 列車(열차), 系列(계열), 行列 ① (행렬) ㉠ 여럿이 줄서서 감. 또는 그 줄. ㉡ 어떤 수를 몇 개의 행과 열로 나열한 표. ② (항렬) 같은 혈족에서 갈라져 나간 계통 사이의 대수(代數) 관계. 형제 관계를 같은 항렬이라 함.

例
준4급 / 총8획 / 부수 亻

사람(亻)이 물건을 벌여(列) 놓는 법식과 보기니 **법식 례, 보기 례**

- 법식(法式) – 법도와 양식. *法(법 법), 式(법 식, 의식 식)

例規(예규), 條例(조례), 例示(예시), 例外(예외)

烈
4급 / 총10획 / 부수 灬

거세게 퍼지는(列) 불(灬)처럼 세차고 매우니 **세찰 렬, 매울 렬**

- 灬(불 화 발)

烈女(열녀), 强烈(강렬), *熾烈(치열), 痛烈(통렬)

裂
2급 / 총12획 / 부수 衣

벌려진(列) 옷(衣)처럼 찢어지고 터지니 **찢어질 렬, 터질 렬**

◁ 衣(옷 의)

決裂(결렬), 分裂(분열), 龜裂(균열), 破裂(파열)

死
5급 / 총6획 / 부수 歹

죽도록(歹) 비수(匕)에 찔려 죽으니 **죽을 사**

◁ 匕(비수 비, 숟가락 비)

死境(사경), 死亡(사망), 決死(결사), 生死(생사)

屍
2급 / 총9획 / 부수 尸

몸(尸)이 죽은(死) 주검이니 **주검 시**

◁ 尸(주검 시, 몸 시)

屍身(시신), 屍體(시체), 檢屍(검시)

葬
2급 / 총13획 / 부수 ⺾

풀(⺾)로 죽은(死) 사람을 덮어 들고(廾) 가 장사지내니 **장사지낼 장**

◁ 장사(葬事) - 죽은 사람을 땅에 묻거나 화장하는 일.
◁ 廾(두 손으로 받들 공), 事(일 사, 섬길 사)

葬禮(장례), 葬地(장지), 埋葬(매장) *埋藏(매장)

312 진(신)진신 신진욕순 농농[辰振娠 晨震辱脣 農濃] - 辰, 農으로 된 한자

辰
4급 / 총7획 / 부수 辰

전갈자리별 모양을 본떠서 **별 진, 날 신, 다섯째 지지 진**

辰宿(진수), 生辰(생신), 日辰(일진)

振
2급 / 총10획 / 부수 扌

손(扌)으로 만든 물건이 별(辰)처럼 빛나 이름을 떨치니 **떨칠 진, 떨 진**

振作(진작), 振興(진흥), 振動(진동) *震動(진동)

娠
2급 / 총10획 / 부수 女

여자(女)에게 별(辰)처럼 작은 생명이 잉태되어 임신하니 **임신할 신**

姙娠(임신), 姙娠婦(임신부)

晨

2급 / 총11획 / 부수 日

해(日)는 뜨는데 아직 별(辰)도 있는 새벽이니 **새벽 신**

晨明(신명), 晨夕(신석), 晨出夜歸(신출야귀), 淸晨(청신)

震
2급 / 총15획 / 부수 雨

비(雨) 올 때 별(辰)처럼 번쩍이며 치는 벼락이니 **벼락 진**
또 벼락이 치면 천지가 진동하니 **진동할 진**

◀ 雨(비 우)

震怒(진노), 地震(지진), 震動(진동), 耐震(내진)

辱
3급 / 총10획 / 부수 辰

별(辰)처럼 빛나는 사람을 시기하여 **한마디(寸)**씩 욕되게 하는 욕이니
욕될 욕, 욕 욕

◀ 寸(마디 촌, 법도 촌)

侮辱(모욕), 榮辱(영욕), 恥辱(치욕), 辱說(욕설)

脣
2급 / 총11획 / 부수 月

별(辰)처럼 **몸(月)**에서 붉게 빛나는 입술이니 **입술 순**

◀ 月(달 월, 육 달 월)

脣亡齒寒(순망치한), 口脣(구순), 丹脣皓齒(단순호치)

農
준5급 / 총13획 / 부수 辰

허리 **구부리고(曲)** 별(辰) 있는 새벽부터 짓는 농사니 **농사 농**

◀ 曲(굽을 곡, 노래 곡), 농사는 힘든 육체노동이지요.

農夫(농부), 農村(농촌), 都農(도농), 農繁期(농번기)

濃
2급 / 총16획 / 부수 氵

물(氵)이 넉넉하여 **농사(農)**가 잘되면 곡식의 색도 짙으니 **짙을 농**

濃淡(농담), 濃度(농도), 濃霧(농무), 濃厚(농후)

---

313 비비혼 개계[比批混 皆階] - 比, 皆로 된 한자

比
준4급 / 총4획 / 부수 比

두 사람이 나란히 앉은 모습을 본떠서 **나란할 비**
또 나란히 앉혀놓고 견주니 **견줄 비**

⊞ 北(등질 배, 달아날 배, 북쪽 북) - 제목번호 316

比例(비례), 比較(비교), 比喩(비유), 比率(비율)

批
3급 / 총7획 / 부수 扌

손(扌)으로 **견주어(比)** 비평하니 **비평할 비**

◀ 비평(批評) - ㉠ (사물의 미추(美醜)·선악·장단·시비를) 평가하여 가치를 판단하는 것.
㉡ 남의 결점을 드러내어 말하는 것.

批正(비정), 批准(비준), 批判(비판)

混
준3급 / 총11획 / 부수 氵

물(氵)과 햇(日)빛이 적당히 **비례하는(比)** 곳에 동식물이 섞여 살듯 섞으니 **섞을 혼**

混同(혼동), 混食(혼식), 混用(혼용), 混濁(혼탁)

皆
준3급 / 총9획 / 부수 白

나란히(比) 앉아 **말하는(白)** 모두 다니 **다 개**

🔊 白(흰 백, 밝을 백, 깨끗할 백, 아뢸 백)

皆骨山(개골산), 皆勤(개근), 皆兵(개병), 擧皆(거개)

階
준3급 / 총12획 / 부수 阝

언덕(阝)에 오르도록 다(皆) 같은 간격으로 만든 섬돌이나 계단이니
섬돌 계, 계단 계
또 계단처럼 단계가 있는 계급이니 **계급 계**

🔊 阝(언덕 부 변), 섬돌 – 오르내릴 수 있게 놓은 돌층계.

階層(계층), 層階(층계), 段階(단계), 階級(계급)

Day 26 | 확인문제

01~04 다음 한자에 해당하는 훈음을 오른쪽에서 찾아 연결하세요.

01. 指 •   • ㉠ 진흙 니
02. 泥 •   • ㉡ 파할 파
03. 罷 •   • ㉢ 흉터 흔
04. 痕 •   • ㉣ 손가락 지

05~12 다음 漢字의 훈(뜻)과 음(소리)을 쓰세요.

05. 眞 (   )   06. 能 (   )
07. 疑 (   )   08. 凝 (   )
09. 篤 (   )   10. 退 (   )
11. 釜 (   )   12. 瑞 (   )

13~18 다음 훈음에 맞는 漢字를 쓰세요.

13. 짙을 농 (   )   14. 벼락 진 (   )
15. 입술 순 (   )   16. 아이 밸 신 (   )
17. 찢어질 렬 (   )   18. 구할 수 (   )

19~20 다음 문장 중 (   ) 안에 들어갈 한자어로 알맞은 것은?

19. (   )은/는 쓰지만 열매는 달다.
    ① 忍耐   ② 需要
    ③ 儒生   ④ 端緒

20. (   )은/는 두 지아비를 섬기지 않는 법이다.
    ① 烈士   ② 忠烈
    ③ 孝烈   ④ 烈女

정답

01. ㉣   02. ㉠   03. ㉡   04. ㉢   05. 참 진
06. 능할 능   07. 의심할 의 08. 엉길 응   09. 도타울 독 10. 물러날 퇴
11. 가마 부   12. 상서로울 서 13. 濃   14. 震   15. 脣
16. 娠   17. 裂   18. 需   19. ①   20. ④

Day 27 | 314 ~ 325

314 록려진 경천[鹿麗塵 慶薦] - 鹿, 严으로 된 한자

鹿
3급 / 총11획 / 부수 鹿

사슴을 본떠서 **사슴 록**

鹿角(녹각), 鹿茸(녹용)

麗
2급 / 총19획 / 부수 鹿

고운(丽) 사슴(鹿)처럼 곱고 빛나니 **고울 려, 빛날 려**

약 丽 - 이쪽(丌)저쪽(丌)을 꾸며 곱고 빛나니 '고울 려, 빛날 려'

秀麗(수려), 流麗(유려), 華麗(화려), 美辭麗句(미사여구)

塵
2급 / 총14획 / 부수 土

사슴(鹿)이 마른 흙(土)에서 뛸 때처럼 날리는 티끌이니 **티끌 진**

土(흙 토)

塵境(진경), 塵界(진계), 塵埃(진애), 風塵(풍진)

慶
4급 / 총15획 / 부수 心

사슴(严)처럼 하나(一)씩 기쁜 마음(心)으로 서서히(夊) 모여드는 경사니 **경사 경**

严[사슴 록(鹿)의 획 줄임], 一[한 일(一)의 변형], 夊(천천히 걸을 쇠, 뒤져 올 치), 경사스러운 좋은 날에는 많은 사람이 모임을 사슴이 모여 사는 모습으로 나타냈네요.

慶事(경사), 慶弔(경조), 慶祝(경축), 慶賀(경하)

薦
2급 / 총17획 / 부수 艹

약초(艹)와 사슴(严)과 새(鸟)를 잡아 천거하여 드리니 **천거할 천, 드릴 천**

천거(薦擧)하다 - 쓰도록 소개하거나 추천하다.
鸟[새 조(鳥)의 획 줄임], 擧(들 거, 일으킬 거)

公薦(공천), 落薦(낙천), 推薦(추천), 薦新(천신)

315 차자자자시 [此雌疵紫柴] - 此로 된 한자

此
준3급 / 총6획 / 부수 止

멈추어(止) 비수(匕)로도 잴 만한 가까운 이것이니 **이 차**

止(그칠 지), 匕(비수 비, 숟가락 비 - '비수'는 날카롭고 짧은 칼)

此際(차제), 此後(차후), 於此彼(어차피), 彼此(피차)

雌
2급 / 총14획 / 부수 隹

수컷 옆에 그쳐(止) 비수(匕) 같은 부리로 먹이를 먹는 새(隹)는 암컷이니 **암컷 자**

隹(새 추)

雌犬(자견), 雌雄(자웅), 雌性(자성)

疵
2급 / 총11획 / 부수 疒

병(疒)든 이(此) 부분이 흠이니 **흠 자**

疒(병들 녁)

疵痕(자흔), 隱疵(은자), 瑕疵(하자)

紫
2급 / 총12획 / 부수 糸

이(此) 세상에서 가장 아름다운 실(糸)의 색은 자줏빛이니 **자줏빛 자**

중국 베이징에 있는 명(明)·청(淸)시대의 궁전을 자금성(紫禁城)이라 한 것처럼 중국에서는 옛날부터 붉은 색을 좋아했지요.

紫色(자색), 紫外線(자외선), 山紫水明(산자수명)

柴
2급 / 총10획 / 부수 木

그쳐(止) 비수(匕) 같은 낫으로 자른 나무(木) 같은 섶이니 **섶 시**

木(나무 목), 섶 - 땔나무 또는 잡목.

柴奴(시노), 柴糧(시량), 柴木(시목)

316 배(북)배 괴승 [北背 乖乘] - 北, 乖로 된 한자

北
6급 / 총5획 / 부수 匕

두 사람이 등지고 달아나는 모습에서 **등질 배, 달아날 배**

또 항상 남쪽을 향하여 앉았던 임금의 등진 북쪽이니 **북쪽 북**

比(나란할 비, 견줄 비) - 제목번호 313, 兆(조짐 조, 조 조) - 제목번호 317

敗北(패배), 北極(북극), 北進(북진), 北韓(북한)

DAY 27

背
준3급 / 총9획 / 부수 月

등진(北) 몸(月)의 등이니 **등질 배, 등 배**

+ 肯(즐길 긍, 긍정할 긍) - 제목번호 224
- 月(달 월, 육 달 월), 북쪽의 뜻으로는 北을, '등지다'의 뜻으로는 背를 많이 씁니다.

背景(배경), 背叛(배반), 背信(배신), 違背(위배)

乖
사범 / 총8획 / 부수 丿

많이(千) 등져(北) 어긋나니 **어긋날 괴**

- 千(일천 천, 많을 천)
- 1급, 사범, 급외자, 부수자 - 어원 풀이를 위한 참고자로 8~2급 선정 한자에는 포함되지 않습니다.

乘
준3급 / 총10획 / 부수 丿

두 발을 어긋나게(乖) 디디며 사람(人)이 타니 **탈 승**

또 수레를 세는 단위나 어긋나게 곱하는 뜻으로도 쓰여 **대 승, 곱할 승**

- 나무에 오르거나 차를 탈 때는 두 발을 어긋나게 디디지요.

乘車(승차), 萬乘之國(만승지국), 加減乘除(가감승제)

---

317 조요 4도[兆姚 挑桃跳逃] - 兆로 된 한자

兆
4급 / 총6획 / 부수 儿

옛날에 점치던 거북이 등껍질에 나타난 조짐이니 **조짐 조**

또 큰 숫자인 조를 나타내어 **조 조**

- 옛날에는 거북이 등 껍데기를 불에 태워 갈라진 모습을 보고 길흉화복의 조짐을 점쳤답니다.
- 조짐(兆朕) - 어떤 일이 일어날 기미가 미리 보이는 변화 현상. *朕(조짐 짐)

吉兆(길조) ↔ 凶兆(흉조), 亡兆(망조), 億兆(억조)

姚
2급 / 총9획 / 부수 女

여자(女)가 조짐(兆)이 좋게 예쁘고 날래니 **예쁠 요, 날랠 요**

姚冶(요야) - 요염함, 嫖姚(표요) - 굳세고 날랜 모습. *冶(대장간 야, 단련할 야), 嫖(날랠 표)

挑

2급 / 총9획 / 부수 扌

손(扌)으로 조짐(兆)을 보여 돋우고 끌어내니 **돋울 도, 끌어낼 도**

挑發(도발), 挑戰(도전), 挑出(도출)

桃
2급 / 총10획 / 부수 木

나무(木)에 열린 조(兆)자 모양의 무늬가 있는 복숭아니 **복숭아 도**

- 木(나무 목), 복숭아나 앵두에는 조(兆)자 모양의 무늬가 있지요.

桃花(도화), 黃桃(황도), 武陵桃源(무릉도원)

跳
2급 / 총13획 / 부수 𧾷

발(𧾷)로 무슨 조짐(兆)이라도 본 듯 뛰니 뛸 도

🔊 𧾷[발 족, 넉넉할 족(足)의 변형]

跳舞(도무), 跳躍(도약), 棒高跳(봉고도)

逃
3급 / 총10획 / 부수 辶

조짐(兆)을 알아차리고 뛰어(辶) 달아나니 달아날 도

🔊 辶(뛸 착, 갈 착)

逃亡(도망), 逃走(도주), 逃避(도피)

---

318 비비배배 죄비배 배섬[非匪排俳 罪悲輩 裵纖] - 非로 된 한자

非
4급 / 총8획 / 부수 非

양쪽으로 달린 새 날개처럼 어긋나니 어긋날 비
또 어긋나면 아니라고 나무라니 아닐 비, 나무랄 비

非理(비리), 是非(시비), 非常(비상), 非難(비난)

匪
2급 / 총10획 / 부수 匚

물건을 상자(匚)에 그릇되게(非) 담아 가는 도둑이니 도둑 비

🔊 匚(상자 방)

匪徒(비도), 匪擾(비요), 共匪(공비), 武裝共匪(무장공비)

排
2급 / 총11획 / 부수 扌

손(扌)으로 아니라며(非) 물리치니 물리칠 배
또 손(扌)으로 그게 아니라며(非) 다시 배열하니 배열할 배

排他(배타), 排斥(배척), 排列(배열), 按排(안배)

俳
2급 / 총10획 / 부수 亻

사람(亻) 중 실제가 아닌(非) 것을 실제처럼 연기하는 배우나 광대니
배우 배, 광대 배

俳優(배우), 俳諧(배해), 嘉俳(가배)

罪
준4급 / 총13획 / 부수 罒

법망(罒)에 어긋난(非) 일로 걸린 허물이니 허물 죄

🔊 법망(法網) - 법의 그물.
🔊 罒(그물 망, = 网, 罓), 法(법 법), 網(그물 망)

罪囚(죄수), 罪人(죄인), 犯罪(범죄), 謝罪(사죄)

DAY 27

悲
4급 / 총12획 / 부수 心

아니(非) 된다고 느끼는 마음(心)은 슬프니 **슬플 비**

🔊 心(마음 심, 중심 심), '일이 어긋날(非) 때 느끼는 마음(心)은 슬프니 슬플 비(悲)'라고도 합니다.
悲歌(비가), 悲觀(비관), 喜悲(희비), 興盡悲來(흥진비래)

輩
3급 / 총15획 / 부수 車

어긋날(非) 정도로 수레(車)에 많이 탄 무리니 **무리 배**

🔊 車(수레 거, 차 차)
輩出(배출), 先輩(선배) ↔ 後輩(후배), 不良輩(불량배)

裵
2급 / 총14획 / 부수 衣

옷(衣)자락이 어긋날(非) 정도로 재미있게 노니니 **노닐 배, 성 배**

[속] 裴

🔊 노닐다 – 한가하게 이리저리 왔다 갔다 하면서 놀다.
裵裨將傳(배비장전) – 판소리 〈배비장〉을 소설화한 조선 후기의 소설.

纖
2급 / 총23획 / 부수 糸

실(糸)을 두 사람(人人)이 창(戈)으로 부추(韭)처럼 쪼개서 가느니 **가늘 섬**

🔊 韭(부추 구)
纖細(섬세), 纖纖玉手(섬섬옥수), 纖維(섬유)

---

319 망벌 서치라매 매독(두)속[罒罰 署置羅買 賣讀續] – 罒, 賣로 된 한자

罒
부수자 / 총5획 / 부수 罒

양쪽 기둥에 그물을 얽어 맨 모양을 본떠서 **그물 망**

[동] 网, 网

🔊 罒은 5획, 网은 6획, 网은 4획입니다.

罰
준3급 / 총14획 / 부수 罒

법망(罒)에 걸린 사람을 말(言)로 꾸짖고 칼(刂)로 베어 벌하니 **벌할 벌**

🔊 言(말씀 언), 刂(칼 도 방)
罰金(벌금), 罰則(벌칙), 一罰百戒(일벌백계), 處罰(처벌)

署
3급 / 총14획 / 부수 罒

그물(罒) 같은 촘촘한 법으로 사람(者)을 다스리는 관청이니 **관청 서**
또 촘촘한 그물(罒)처럼 사람(者)이 철저히 책임진다고 서명하니 **서명할 서**

🔊 署가 붙은 관청은 세무서, 경찰서처럼 그물(罒)같은 촘촘한 법으로 사람(者)을 다스리는 곳이죠.
署長(서장), 官署(관서), 署名(서명), 連署(연서)

置
3급 / 총13획 / 부수 罒

(새를 잡기 위해) 그물(罒)을 곧게(直) 쳐 두니 **둘 치**

🔊 直(곧을 직, 바를 직)

放置(방치), 備置(비치), 位置(위치), 措置(조치)

羅
준3급 / 총19획 / 부수 罒

그물(罒) 중 실(糸)로 떠서 새(隹)를 잡으려고 만든 새그물을 벌이니
새 그물 라, 벌일 라

또 그물 같은 얇은 비단도 뜻하여 **비단 라, 성 라**

🔊 罒(그물 망, = 网, 冈), 隹(새 추), 벌이다 – ㉠ 일을 계획하여 시작하거나 펼쳐 놓다. ㉡ 놀이판이나 노름판 따위를 차려 놓다. ㉢ 여러 가지 물건을 늘어놓다.

羅列(나열), 網羅(망라), 綾羅(능라)

買
준4급 / 총12획 / 부수 貝

가져온 그물(罒)에 물건(貝)을 넣으며 사니 **살 매**

🔊 어려우니 쉽게 풀어 '그물(罒)을 돈(貝) 주고 사니 살 매'로 풀어도 되네요.
🔊 貝(조개 패, 재물 패)

買占(매점), 競買(경매) ↔ 競賣(경매), 豫買(예매)

賣
준4급 / 총15획 / 부수 貝

열(十)한(一) 배의 이익을 남기고 산(買) 것을 파니 **팔 매**

賣買(매매), 賣物(매물), 強賣(강매), 買占賣惜(매점매석)

讀
5급 / 총22획 / 부수 言

말(言)하여 물건을 팔(賣)듯 소리 내어 읽으니 **읽을 독**

또 띄어 읽는 글의 구절이니 **구절 두**

🔊 言(말씀 언)

愛讀(애독), 晝耕夜讀(주경야독), 句讀點(구두점)

續
4급 / 총21획 / 부수 糸

실(糸)을 팔려고(賣) 이으니 **이을 속**

🔊 糸(실 사, 실 사 변)

續開(속개), 續出(속출), 繼續(계속), 永續性(영속성)

---

320 촉촉촉독탁속[蜀觸燭獨濁屬] - 蜀으로 된 한자

蜀
2급 / 총13획 / 부수 虫

그물(罒) 같은 집에 싸여(勹) 있는 애벌레(虫)니 **애벌레 촉**

또 그물(罒) 같은 집에 싸여(勹) 있는 애벌레(虫)처럼 산과 물로 둘러싸여 있던 촉나라니
촉나라 촉

🔊 罒(그물 망, = 网, 冈), 勹(쌀 포), 虫(벌레 충), 촉(蜀)나라 – 촉한(蜀漢). 유비(劉備)가 세운 나라.

觸
2급 / 총20획 / 부수 角

뿔(角)로 애벌레(蜀)는 촉감을 알려고 휘둘러 닿으니 **닿을 촉**

🔊 角(뿔 각, 모날 각, 겨룰 각)

觸覺(촉각), 觸感(촉감), 觸手(촉수), 一觸卽發(일촉즉발)

燭
2급 / 총17획 / 부수 火

불(火)꽃이 애벌레(蜀)가 꿈틀거리듯 흔들리는 촛불이니 **촛불 촉**

🔊 火(불 화), 촛불은 불꽃이 꿈틀거리지요.

燭光(촉광), 秉燭(병촉), 華燭(화촉)

獨
4급 / 총16획 / 부수 犭

개(犭)와 애벌레(蜀)의 관계처럼 어울리지 못하고 홀로니 **홀로 독**
또 늙어서 홀로 지내게 자식 없으니 **자식 없을 독**

🔊 犭(큰 개 견, 개 사슴 록 변)

獨立(독립), 單獨(단독), 孤獨(고독)

濁
2급 / 총16획 / 부수 氵

물(氵)속에 애벌레(蜀)가 꿈틀거린 듯 흐리니 **흐릴 탁**

濁水(탁수), 濁酒(탁주), 淸濁(청탁), 混濁(혼탁)

屬
2급 / 총21획 / 부수 尸

몸(尸)에서 진액(氺)을 빨아먹기 위하여 벌레(蜀)들이 붙어사니 **붙어살 속**
또 붙어사는 무리니 **무리 속**

🔊 尸(주검 시, 몸 시), 氺(물 수 발)

專屬(전속), 從屬(종속), 直屬(직속), 等屬(등속)

---

321 간간련련련 4란[柬諫練鍊煉 闌欄爛蘭] - 柬, 闌으로 된 한자

柬
사범 / 총9획 / 부수 木

나무(木)를 가려 그물(罒)처럼 촘촘하게 썼던 편지니 **가릴 간, 편지 간**

🔊 木(나무 목)

諫
2급 / 총16획 / 부수 言

말(言)을 가려(柬) 윗사람에게 간하고 충고하니 **간할 간, 충고할 간**

🔊 言(말씀 언), 간(諫)하다 - 어른이나 임금께 옳지 못하거나 잘못된 일을 고치도록 말하다.

諫戒(간계), 諫官(간관), 諫言(간언), 司諫院(사간원)

練
4급 / 총15획 / 부수 糸

실(糸)을 가려(柬) 짜듯 무엇을 가려 익히니 **익힐 련**

🔊 糸(실 사, 실 사 변)

練習(연습), *演習(연습), 修練(수련), 訓練(훈련)

鍊
2급 / 총17획 / 부수 金

쇠(金)를 가려(柬) 쇠 불리며 단련하니 **쇠 불릴 련, 단련할 련**

🔊 金(쇠 금, 금 금, 돈 금, 성 김), 쇠 불리다 – 쇠를 불에 달구어 불순물을 가려내고 성질을 변화시키다.

敎鍊(교련), 老鍊(노련), 鍛鍊(단련), 試鍊(시련)

煉
2급 / 총13획 / 부수 火

쇠를 불(火)에 달구어 불순물을 가려(柬)내며 쇠 불리니 **달굴 련, 쇠 불릴 련**
또 불(火)에 잘 타는 것을 가려(柬) 만든 연탄이니 **연탄 련**

煉瓦(연와), 煉乳(연유), 煉炭(연탄)

闌
사범 / 총17획 / 부수 門

문(門)에 적당한 것을 가려(柬) 막으니 **막을 란**

🔊 門(문 문)

欄
2급 / 총21획 / 부수 木

(사람이 떨어지지 않도록) 나무(木)로 막은(闌) 난간이나 테두리니
난간 란, 테두리 란

欄干(난간), 空欄(공란), 餘滴欄(여적란)

爛
2급 / 총21획 / 부수 火

불(火)을 바람 막고(闌) 켜 놓은 듯 빛나고 분위기가 무르익으니
빛날 란, 무르익을 란

🔊 火(불 화)

燦爛(찬란), 豪華燦爛(호화찬란), 能手能爛(능수능란)

蘭
2급 / 총21획 / 부수 ⺿

풀(⺿) 중 문(門) 안에 장소를 가려(柬) 키우는 난초니 **난초 란**

🔊 난초(蘭草)는 직사광선이 없는 반그늘 상태에서 잘 자란다지요.

梅蘭菊竹(매란국죽), 芝蘭之交(지란지교)

DAY 27

322 회회괴 만만만[褱懷壞 曼慢漫] - 褱, 曼으로 된 한자

褱
급외자 / 총16획 / 부수 衣

옷(衣)으로 그물(罒)처럼 가리고 눈물(氺)을 흘릴 정도로 사연을 품으니 **품을 회**

유 襄 (도울 양, 오를 양) - 제목번호 340

衣(옷 의), 罒(그물 망), 氺(물 수 발)

懷
2급 / 총19획 / 부수 忄

마음(忄)에 품고(褱) 생각하니 **품을 회, 생각할 회**

忄(마음 심 변)

懷疑(회의), 懷抱(회포), 懷古(회고), 感懷(감회)

壞
2급 / 총19획 / 부수 土

흙(土)으로만 품으면(褱) 단단하지 못하여 무너지니 **무너질 괴**

유 壤(고운 흙 양, 땅 양) - 제목번호 340

土(흙 토)

壞滅(괴멸), 壞變(괴변), 崩壞(붕괴), 破壞(파괴)

曼
1급 / 총11획 / 부수 曰

말하면(曰) 그 말이 그물(罒)처럼 또(又) 길고 넓게 퍼지니 **길 만, 넓을 만**

曰(가로 왈), 罒(그물 망, = 网, ⺲), 발 없는 말이 천리 간다는 속담도 있지요.

慢
2급 / 총14획 / 부수 忄

마음(忄)이 넓게(曼) 늘어져 거만하고 게으르니 **거만할 만, 게으를 만**

倨慢(거만), 驕慢(교만), 慢性(만성), 怠慢(태만)

漫
2급 / 총14획 / 부수 氵

물(氵)이 넓게(曼) 흩어져 질펀하니 **흩어질 만, 질펀할 만**
또 흩어지면 부질없으니 **부질없을 만**

부질없다 - 대수롭지 않고 쓸모가 없다.

散漫(산만), 漫談(만담), 漫評(만평), 漫畫(만화)

323 4증승층 회[曾增贈憎僧層 會] - 曾으로 된 한자와 會

曾
준3급 / 총12획 / 부수 日

열고(八) 창문(罒) 사이로 말할(曰) 정도로 거듭 만나던 사이니
일찍 증, 거듭 증

🔊 八(여덟 팔, 나눌 팔), 曰(가로 왈), 罒: 창문의 모습을 본떠서 '창문 창' - 실제 쓰이는 글자는 아님, 그물 망(罒)과 혼동하지 마세요.

未曾有(미증유), 曾孫(증손), 曾思(증사) - 거듭하여서 신중히 생각함.

增
4급 / 총15획 / 부수 土

흙(土)을 거듭(曾) 더하니 **더할 증**

🔊 土(흙 토)

增資(증자) ↔ 減資(감자), 增築(증축), 割增(할증)

贈
2급 / 총19획 / 부수 貝

재물(貝)을 거듭(曾) 주니 **줄 증**

🔊 貝(조개 패, 재물 패)

贈呈(증정), 贈與(증여), 贈與稅(증여세), 寄贈(기증)

憎
2급 / 총15획 / 부수 忄

섭섭한 마음(忄)이 거듭(曾) 쌓여 미워하니 **미워할 증**

憎惡(증오), 可憎(가증), 愛憎(애증)

僧
2급 / 총14획 / 부수 亻

사람(亻) 중 거듭(曾) 도를 닦는 중이니 **중 승**

僧侶(승려), 僧舞(승무), 帶妻僧(대처승) - 살림을 차리고 아내와 자식을 거느린 승려.

層
준3급 / 총15획 / 부수 尸

지붕(尸) 위에 거듭(曾) 지은 층이니 **층 층**

🔊 尸('주검 시, 몸 시'지만 여기서는 지붕의 모양)

層階(층계), 加一層(가일층), 階層(계층), 深層(심층)

會
5급 / 총13획 / 부수 日

사람(人)이 하나(一)같이 마음의 창(罒)을 열고 말하기(曰) 위해 모이니 **모일 회**

會見(회견), 會談(회담), 會食(회식), 會議(회의)

324 망망 4강[罔網 岡鋼綱剛] - 罔, 岡으로 된 한자

罔
2급 / 총8획 / 부수 网

그물(冂)로 고기를 잡아 죽여(亡) 없으니 **없을 망**

- 冂[그물 망(网, = 罒, 皿)의 변형]

罔極(망극), 罔測(망측), 昊天罔極(호천망극)

網
2급 / 총14획 / 부수 糸

실(糸)로 만들어 없는(罔) 것처럼 쳐놓는 그물이니 **그물 망**

- 糸(실 사, 실 사 변)

法網(법망), 一網打盡(일망타진), 投網(투망)

岡
2급 / 총8획 / 부수 山

그물(冂)을 친 것 같은 산(山)등성이나 언덕이니 **산등성이 강, 언덕 강**

- 동 崗 - 산(山)의 산등성이(岡)나 언덕이니 '산등성이 강, 언덕 강'
- 山(뫼 산)

岡陵(강릉), 丘岡(구강)

鋼
준3급 / 총16획 / 부수 金

쇠(金) 중에 산등성이(岡)처럼 강한 강철이니 **강철 강**

- 金(쇠 금, 금 금, 돈 금, 성 김)

鋼管(강관), 鋼鐵(강철), 鋼板(강판), 粗鋼(조강)

綱
2급 / 총14획 / 부수 糸

실(糸) 중에 산등성이(岡)처럼 강한 벼리니 **벼리 강**
또 벼리처럼 중요한 것만 대강 처리하니 **대강 강**

- 糸(실 사, 실 사 변), 벼리 - 그물코를 꿴 굵은 줄. 일이나 글의 뼈대가 되는 줄거리.
- 대강(大綱) - (자세한 내용이 아닌) 큰 줄기.

綱領(강령), 紀綱(기강), 要綱(요강), 三綱五倫(삼강오륜)

剛
2급 / 총10획 / 부수 刂

산등성이(岡)도 자를 만큼 칼(刂)이 굳세고 단단하니 **굳셀 강, 단단할 강**

- 刂(칼 도 방)

剛健(강건), 剛直(강직), 外柔內剛(외유내강)

325 명분도 익애일 혈중 [皿盆盜 益隘鎰 血衆] - 皿, 益, 血로 된 한자

皿
사범 / 총5획 / 부수 皿

받침 있는 그릇을 본떠서 **그릇 명**

盆
2급 / 총9획 / 부수 皿

위가 **나누어진(分)** 듯 벌어진 **그릇(皿)**은 동이니 **동이 분**

🔊 分(나눌 분, 단위 분, 단위 푼, 신분 분, 분별할 분, 분수 분)

盆栽(분재), 盆地(분지), 花盆(화분)

盜
3급 / 총12획 / 부수 皿

침(氵) 흘리며 **하품(欠)**하듯 입 벌리고 **그릇(皿)**의 음식을 먹으려고 훔치는 도둑이니 **훔칠 도, 도둑 도**

🔊 氵('삼 수 변'이지만 여기서는 침으로 봄), 欠(하품 흠)

盜用(도용), 盜聽(도청), 強盜(강도), 竊盜(절도)

益
4급 / 총10획 / 부수 皿

나누고(八) 한(一) 번 더 **나누어(八) 그릇(皿)**에 더하면 유익하니 **더할 익, 유익할 익**

🔊 八(여덟 팔, 나눌 팔)

老益壯(노익장), 多多益善(다다익선), 損益(손익)

隘
2급 / 총13획 / 부수 阝

언덕(阝)이 **더해지면(益)** 좁으니 **좁을 애**

🔊 阝(언덕 부 변)

隘路(애로) - ㉠ 좁고 험한 길. ㉡ 어떤 일을 하는 데 장애가 되는 것, 狹隘(협애) - ㉠ 지세가 좁고 험함. ㉡ 마음이 너그럽지 못하고 소견이 좁음. ㉢ 범위가 좁고 제한되어 있음.
*路(길 로), 狹(좁을 협)

鎰
2급 / 총18획 / 부수 金

금(金)을 **더하여(益)** 재는 무게 단위로, 1일(鎰)이 스물 넉 냥이니 **무게 단위 일, 스물 넉 냥 일**

🔊 金(쇠 금, 금 금, 돈 금, 성 김)

血
5급 / 총6획 / 부수 血

칼질(丿)하여 나온 피를 **그릇(皿)**에 담아 놓은 모습에서 **피 혈**

🔊 옛날에는 칼질(丿)하여 흘러나온 피를 그릇(皿)에 담아놓고 고사를 지냈답니다.

血氣(혈기), 血統(혈통), 獻血(헌혈), 鳥足之血(조족지혈)

衆
4급 / 총12획 / 부수 血

핏(血)줄 가까운 **우두머리(丿)**를 **따라(丨) 양쪽(ᾰ)**으로 모인 무리니 **무리 중**

🈶 象(코끼리 상, 모습 상, 본뜰 상) - 제목번호 345
🔊 丿('삐침 별'이지만 여기서는 우두머리로 봄)

衆口難防(중구난방), 觀衆(관중), 群衆(군중)

DAY 27

Day 27 | 확인문제

01~04 다음 한자에 해당하는 훈음을 오른쪽에서 찾아 연결하세요.

01. 麗 •　　　　　　　　　• ㉠ 탈 승
02. 疵 •　　　　　　　　　• ㉡ 고울 려
03. 乘 •　　　　　　　　　• ㉢ 조짐 조
04. 兆 •　　　　　　　　　• ㉣ 흠 자

05~12 다음 漢字의 훈(뜻)과 음(소리)을 쓰세요.

05. 鹿 (　　　)　　06. 塵 (　　　)
07. 慶 (　　　)　　08. 桃 (　　　)
09. 跳 (　　　)　　10. 逃 (　　　)
11. 輩 (　　　)　　12. 罰 (　　　)

13~18 다음 훈음에 맞는 漢字를 쓰세요.

13. 동이 분 (　　)　　14. 좁을 애 (　　)
15. 벼리 강 (　　)　　16. 굳셀 강 (　　)
17. 그물 망 (　　)　　18. 중 승 (　　)

19~20 다음 문장 중 (　) 안에 들어갈 한자어로 알맞은 것은?

19. 주택 수요 침체기에는 법원 (　)에 나온 부동산을 노려볼 만하다.
　① 競買　　　　② 賣出
　③ 買入　　　　④ 賣買

20. 나는 힘든 일이 닥칠 때마다 (　)라는 말을 생각하며 참아 냈다.
　① 興盡悲來　　② 興亡盛衰
　③ 苦肉之策　　④ 苦盡甘來

정답

01. ㉡　　02. ㉣　　03. ㉠　　04. ㉢　　05. 사슴 록
06. 티끌 진　07. 경사 경　08. 복숭아 도　09. 뛸 도　10. 달아날 도
11. 무리 배　12. 벌할 벌　13. 盆　14. 隘　15. 綱
16. 剛　17. 網　18. 僧　19. ①　20. ④

372

Day 28 | 326 ~ 337

326　패 구구 즉(칙)측측측[貝 具俱 則側測惻] - 貝와 具, 則으로 된 한자

貝
5급 / 총7획 / 부수 貝

아가미가 나온 조개를 본떠서 **조개 패**
또 인쇄술이 발달하기 전에는 조개껍데기를 재물이나 돈으로도 썼으니 **재물 패, 돈 패**

[윤] 頁(머리 혈) - 제목번호 330, 見(볼 견, 뵐 현) - 제목번호 116

貝類(패류), 貝物(패물), 貝殼(패각), 貝塚(패총)

具
준3급 / 총8획 / 부수 八

재물(貝)을 하나(一)씩 갖추니 **갖출 구**
또 갖추어 놓고 쓰는 기구니 **기구 구, 성 구**

具備(구비), 家具(가구), 工具(공구), 玩具(완구)

 **俱**
2급 / 총10획 / 부수 亻

사람(亻)들이 뜻을 갖추어(具) 함께 하니 **함께 구**

父母俱存(부모구존), 玉石俱焚(옥석구분), 俱樂部(구락부)

則
4급 / 총9획 / 부수 刂

재물(貝)을 칼(刂)로 나눌 때 곧 있어야 하는 법칙이니 **곧 즉, 법칙 칙**

 刂(칼 도 방)

然則(연즉), 規則(규칙), 罰則(벌칙), 原則(원칙)

側
3급 / 총11획 / 부수 亻

사람(亻)이 곧(則)바로 알 수 있는 곁이니 **곁 측**

側近(측근), 側面(측면), 兩側(양측), 輾轉反側(전전반측)

測
3급 / 총12획 / 부수 氵

물(氵)의 양이나 깊이를 정해진 **법칙(則)**에 따라 헤아리니 **헤아릴 측**

測量(측량), 測定(측정), 計測(계측), 觀測(관측)

惻
2급 / 총12획 / 부수 忄

마음(忄)에 법(則)을 생각할 정도로 슬퍼하고 가엾게 여기니
슬퍼할 측, 가엾게 여길 측

🔊 인간적으로나 정(情)으로 처리하지 못하고 법까지 갈은 슬픈 일이지요. '법대로 해'라는 말보다 더 막된 말은 없을 성싶어요. 인간적으로 정으로 해결하지 못할 때나 법을 생각해야지요.

惻然(측연), 惻隱(측은), 惻隱之心(측은지심)

---

327 원손운원 연연견[員損韻圓 肙捐絹] - 員, 肙으로 된 한자

員
준3급 / 총10획 / 부수 口

입(口)에 먹기 위하여 재물(貝) 받고 일하는 관원이나 인원이니
관원 원, 인원 원

🔊 옛날에는 취직할 곳이 관청밖에 없었으니 '관원 원'이 되지요.
🔊 관원(官員) - 관청의 직원. * 官(관청 관, 벼슬 관)

減員(감원) ↔ 增員(증원), 隊員(대원), 滿員(만원)

損
준3급 / 총13획 / 부수 扌

손(扌)으로 사람(員)이 물건을 덜어낸 듯 잃으니 **덜 손, 잃을 손**

損益(손익), 損害(손해), 破損(파손), 損失(손실)

韻
2급 / 총19획 / 부수 音

소리(音)를 사람(員)이 운치 있게 내는 운이니 **운치 운, 운 운**

🔊 음(소리 음), 운치 - 고상하고 우아한 멋. 운(韻) - 운자(韻字)의 준말로, 한시에서 가락을 맞추는 것을 말합니다.

餘韻(여운), 韻致(운치), 韻律(운율), 韻文(운문)

圓
준3급 / 총13획 / 부수 囗

사람(員)을 에워싼(囗) 모습처럼 둥그니 **둥글 원**
또 옛날 돈은 둥글었으니 화폐 단위로도 쓰여 **화폐 단위 원**

🔊 囗[에운담, 나라 국(國)의 약자]

圓角(원각), 圓滿(원만), 圓滑(원활), 方圓(방원)

肙
급외자 / 총7획 / 부수 月

입(口)만 드러난 몸(月)의 장구벌레 같은 작은 벌레니
장구벌레 연, 작은 벌레 연

🔊 月(달 월, 육 달 월)
🔊 1급, 사범, 급외자, 부수자 - 어원 풀이를 위한 참고자로 8~2급 선정 한자에는 포함되지 않습니다.

捐
2급 / 총10획 / 부수 扌

손(扌)으로 작은 벌레(肙)를 잡아 버리니 **버릴 연**

捐忘(연망), 義捐金(의연금), 出捐金(출연금)

絹
2급 / 총13획 / 부수 糸

실(糸)을 작은 벌레(月)인 누에에서 나온 것으로 짠 비단이니 **비단 견**

🔊 糸(실 사, 실 사 변)

絹絲(견사), 絹織物(견직물), 人造絹(인조견)

---

328 저적 부뢰쇄[貯賊 負賴鎖] - 貝로 된 한자

貯
준4급 / 총12획 / 부수 貝

재물(貝)을 집(宀)에 고무래(丁)로 당기듯이 모아 쌓으니 **쌓을 저**

🔊 宀(집 면), 丁(고무래 정, 못 정, 장정 정, 넷째 천간 정)

貯金(저금), 貯水池(저수지), 貯藏(저장)

賊
3급 / 총13획 / 부수 貝

재물(貝)을 창(戈) 들고 많이(十) 훔치는 도둑이니 **도둑 적**

🔊 戈(창 과), 十(열 십, 많을 십)

賊反荷杖(적반하장), 逆賊(역적), 海賊(해적)

負
3급 / 총9획 / 부수 貝

사람(⺈)이 재물(貝)을 가져가려고 짊어지니 **질 부**
또 싸움에도 지고 빚도 지니 **패할 부, 빚질 부**

🔊 ⺈[사람 인(人)의 변형], 貝(조개 패, 재물 패)

負荷(부하), 男負女戴(남부여대), 勝負(승부), 負債(부채)

賴
2급 / 총16획 / 부수 貝

묶어(束) 놓은 칼(刀)과 돈(貝)에 힘입어 의지하니 **힘입을 뢰, 의지할 뢰**

🔊 束(묶을 속), 刀(칼 도)

信賴(신뢰), 依賴(의뢰), 無賴漢(무뢰한)

鎖
2급 / 총18획 / 부수 金

쇠(金)로 작은(小) 조개(貝)를 엮듯이 만든 쇠사슬이니 **쇠사슬 쇄**
또 쇠사슬처럼 걸어 채우는 자물쇠니 **자물쇠 쇄**

🔊 金(쇠 금, 금 금, 돈 금, 성 김), 小(작을 소)

連鎖(연쇄), 連鎖店(연쇄점), 鎖國(쇄국), 閉鎖(폐쇄)

329 귀유 고(가)가 관관실 보[貴遺 賈價 貫慣實 寶] - 貴, 賈, 貫으로 된 한자와 寶

貴
준4급 / 총12획 / 부수 貝

가운데(中) 간직한 하나(一)의 재물(貝)이 귀하니 **귀할 귀**
또 상대를 높여 부르는 **말 귀**

🔊 中(가운데 중, 맞힐 중), 위험할 때는 물건들 사이에 귀한 것을 넣어 보관하지요.

貴重(귀중), 貴賤(귀천), 高貴(고귀), 富貴功名(부귀공명)

遺
4급 / 총16획 / 부수 辶

귀한(貴) 물건을 가면서(辶) 남기거나 잃으니 **남길 유, 잃을 유**

遺物(유물), 遺産(유산), 遺言(유언), 遺失(유실) *流失(유실)

賈
2급 / 총13획 / 부수 貝

덮어(襾) 쌓아 놓고 재물(貝)을 파는 장사니 **장사 고, 성 가**

🔊 襾 [덮을 아(襾)의 변형] - 제목번호 329
🔊 장사(事) : 물건 파는 일. 장수(手) : 물건 파는 사람. - 장사와 장수는 事(일 사, 섬길 사)와 手(손 수, 재주 수, 재주 있는 사람 수)로 구분하세요.

賈人(고인), 賈島(가도) - 중국 당나라의 시인(779-843)

價
준4급 / 총15획 / 부수 亻

사람(亻)이 장사(賈)할 때 부르는 값이니 **값 가**
또 값을 매기는 가치니 **가치 가**

약 価

單價(단가), 原價(원가), 定價(정가), 價値(가치)

貫
3급 / 총11획 / 부수 貝

(옛날 돈인 엽전은 구멍이 있어서 일정한 양만큼 꿰어 보관했으니) 꿰어(毌) 놓은 돈(貝)을 생각하여 **꿸 관, 무게 단위 관**

🔊 毌(꿰뚫을 관), 1관은 3.75kg.

貫通(관통), 始終一貫(시종일관), 尺貫法(척관법)

慣
3급 / 총14획 / 부수 忄

마음(忄)에 꿰어져(貫) 버리지 못하는 버릇이니 **버릇 관**

🔊 忄(마음 심 변)

慣性(관성), 慣習(관습), 慣行(관행), 習慣(습관)

實
준4급 / 총14획 / 부수 宀

수확하여 집(宀)에 꿰어(貫) 놓은 열매니 **열매 실**
또 열매처럼 중요한 실제니 **실제 실**

🔊 宀(집 면)

果實(과실), 有實樹(유실수), 實感(실감), 實勢(실세)

寶
준3급 / 총20획 / 부수 宀

집(宀) 안의 구슬(玉)과 장군(缶) 속에 간직한 재물(貝) 같은 보배니 **보배 보**

역 宝

🔊 玉(임금 왕, 으뜸 왕, 구슬 옥 변), 缶(옛날 물 같은 액체를 담던 그릇으로 '장군 부')

寶庫(보고), 寶物(보물), 寶石(보석), 國寶(국보)

---

330 혈항순수번 경경[頁項順須煩 頃傾] - 頁, 頃으로 된 한자

頁
사범 / 총9획 / 부수 頁

머리(一)에서 이마(丿)와 눈(目) 있는 얼굴 아래 목(八)까지를 본떠서 **머리 혈**

項
3급 / 총12획 / 부수 頁

공(工)자 모양으로 머리(頁) 부분에 있는 목이니 **목 항**

🔊 工(장인 공, 만들 공, 연장 공)

項硬症(항경증), 項目(항목), 各項(각항), 事項(사항)

順
준4급 / 총12획 / 부수 頁

(위에서 아래로 흐르는) 냇물(川)처럼 우두머리(頁)의 명령을 따름이 순하니 **순할 순**

🔊 川(내 천)

順理(순리), 順産(순산), 順序(순서), 順從(순종)

須
준3급 / 총12획 / 부수 頁

터럭(彡)은 머리(頁)에 모름지기 필요하니 **모름지기 수**
또 터럭(彡) 중 머리(頁)에서 잠깐 사이에 자라는 수염이니 **잠깐 수, 수염 수**

🔊 彡(터럭 삼, 긴 머리 삼), 모름지기 - 사리를 따져 보건대 마땅히. 또는 반드시.

須知(수지), 必須(필수), 須臾(수유), 須髮(수발)

煩
2급 / 총13획 / 부수 火

불(火)난 것처럼 머릿(頁)속이 번거로우니 **번거로울 번**

🔊 火(불 화)

煩惱(번뇌), 煩悶(번민), 煩雜(번잡), 頻煩(빈번)

頃
2급 / 총11획 / 부수 頁

비수(匕)처럼 번쩍 머리(頁)에 어떤 생각이 떠오르는 잠깐이니 **잠깐 경**
또 잠깐 사이의 어떤 즈음이니 **즈음 경**
또 잠깐 사이에 만들어지는 이랑이니 **이랑 경**

🔊 匕(비수 비, 숟가락 비), 이랑 - 갈아 놓은 밭의 한 두둑과 한 고랑을 아울러 이르는 말.

頃刻(경각), ~頃(경), 萬頃蒼波(만경창파)

DAY 28

傾
3급 / 총13획 / 부수 亻

사람(亻)은 잠깐(頃) 사이에 어느 쪽으로 기우니 **기울 경**

傾斜(경사), 傾聽(경청), 傾向(경향), 左傾(좌경)

---

331 석빈안류 액현과 우우[碩頻顏類 額顯冥 憂優] - 頁, 憂로 된 한자

碩
2급 / 총14획 / 부수 石

돌(石)처럼 머리(頁)가 크니 **클 석**

🔊 石(돌 석)

碩德(석덕), 碩士(석사), 碩學(석학)

頻
2급 / 총16획 / 부수 頁

걸을(步) 때도 머리(頁)에 자주 생각나니 **자주 빈**

🔊 步(걸음 보)

頻起(빈기), 頻度(빈도), 頻發(빈발), 頻繁(빈번)

顏
준3급 / 총18획 / 부수 頁

선비(彦)처럼 머리(頁)에서 빛나는 얼굴이니 **얼굴 안**

🔊 彦(선비 언)

顏面(안면), 紅顏(홍안), 厚顏無恥(후안무치)

類
준3급 / 총19획 / 부수 頁

쌀(米)밥을 보고 달려오는 개(犬)들의 머리(頁)처럼 닮으니 **닮을 류**

또 닮은 것끼리 모인 무리니 **무리 류**

🔊 米(쌀 미), 犬(개 견)

類似(유사), 類類相從(유유상종), 貝類(패류)

額
3급 / 총18획 / 부수 頁

손님(客)의 머리(頁)에서 잘 드러나는 이마니 **이마 액**

또 손님(客)의 머릿(頁)수로 계산한 액수니 **액수 액**

또 이마처럼 드러나게 걸어 놓은 현판이니 **현판 액**

🔊 현판(懸板) - 글자나 그림을 새겨 벽에 거는 널조각.
🔊 客(손님 객), 懸(매달 현), 板(널빤지 판)

額面(액면), 總額(총액), 額子(액자), 額字(액자)

顯
2급 / 총23획 / 부수 頁

햇(日)빛이나 작고(幺) 작은(幺) 불(灬)빛에도 머리(頁)는 드러나니 **드러날 현**

🔊 幺(작을 요, 어릴 요), 灬(불 화 발)

顯功(현공), 顯警(현경), 顯著(현저), 顯忠日(현충일)

寡
2급 / 총14획 / 부수 宀

집(宀) 재산을 사람 머릿(頁)수대로 칼(刀)로 나누면 몫이 적으니 **적을 과**
또 집(宀)의 머리(頁) 같은 남편이 칼(刀) 들고 전쟁터에 나가 죽으니 홀로된 과부를 뜻하여 **과부 과**

🔊 宀(집 면), 刀(칼 도)

衆寡不敵(중과부적), 獨寡占(독과점), 寡婦(과부)

憂
준3급 / 총15획 / 부수 心

머리(頁)에 걱정하는 마음(心)이 있어 천천히 걸으며(夂) 근심하니 **근심할 우**

🔊 頁[머리 혈(頁)의 변형], 夂(천천히 걸을 쇠, 뒤져 올 치)

憂慮(우려), 憂愁(우수), 憂鬱(우울), 憂患(우환)

優
3급 / 총17획 / 부수 亻

사람(亻)이 근심하며(憂) 노력하여 우수하니 **우수할 우**
또 사람(亻)이 근심하며(憂) 머뭇거리니 **머뭇거릴 우**
또 사람(亻)이 근심하듯(憂) 주어진 대본을 생각하며 연기하는 배우니 **배우 우**

優秀(우수), 優柔不斷(우유부단), 俳優(배우)

332　령령령랭명 령령[令齡玲冷命 領嶺] - 令, 領으로 된 한자

令
준4급 / 총5획 / 부수 人

사람(人)으로 하여금 하나(一)같이 무릎 꿇게(卩) 명령하니
하여금 령, 명령할 령
또 명령을 잘 따르며 착하고 아름다우니 **착할 령, 아름다울 령**
또 하늘의 명령에 따라 바뀌는 계절이니 **계절 령**

🔊 卩[무릎 꿇을 절, 병부 절(卩)의 변형]

假令(가령), 命令(명령), 待令(대령), 指令(지령)

玲
2급 / 총9획 / 부수 王(玉)

옥(王)이 명령하듯(令) 내는 옥소리가 고우니 **옥 소리 령, 고울 령**

🔊 王(임금 왕, 으뜸 왕, 구슬 옥 변)

玲瓏(영롱), 五色玲瓏(오색영롱)

齡
2급 / 총20획 / 부수 齒

(옛날에) 이(齒)의 개수로 하여금(令) 알았던 나이니 **나이 령**

🔊 과학이 발달하지 못한 옛날에는 사람의 나이도 이(齒)의 숫자로 짐작했답니다. 지금도 짐승의 나이는 이의 개수로 알지요.

高齡(고령), 老齡(노령), 年齡(연령), 適齡(적령)

冷
준4급 / 총7획 / 부수 冫

얼음(冫)처럼 상관의 **명령(令)**은 차니 **찰 랭**

🔊 冫(이 수 변)

冷氣(냉기), 冷溫(냉온), 冷戰(냉전), 冷情(냉정)

命
5급 / 총8획 / 부수 口

입(口)으로 명령하니(令) 명령할 **명**
또 명령으로 좌우되었던 목숨이나 운명이니 **목숨 명, 운명 명**

🔊 令은 문서로 내리는 명령, 令에 입 구(口)를 더한 명령할 명, 목숨 명(命)은 입으로 하는 명령으로 구분되지요.

命令(명령), 救命(구명), 生命(생명), 薄命(박명)

領
준4급 / 총14획 / 부수 頁

명령하여(令) 거느리는 우두머리(頁)니 **거느릴 령, 우두머리 령**

🔊 頁(머리 혈)

領導(영도), 大統領(대통령), 首領(수령), 占領(점령)

嶺
3급 / 총17획 / 부수 山

산(山)이 거느린(領) 고개나 재니 **고개 령, 재 령**

🔊 고개 아래로 산이 이어져 있으니 마치 고개가 산을 거느린 것 같지요.
🔊 영동(嶺東) 영서(嶺西)는 대관령(大關嶺)을 중심으로 나눈 것이고, 영남(嶺南)은 문경에 있는 조령(鳥嶺)의 남쪽이란 데서 붙여진 말입니다.

分水嶺(분수령), 峻嶺(준령), 泰山峻嶺(태산준령)

| 333 | 치하 동종 총총총[夊夏 冬終 悤總聰] – 夊, 冬, 悤으로 된 한자 |

夊
부수자 / 총3획 / 부수 夊

사람(ク)이 다리를 끌며(ㄟ) 천천히 걸어 뒤져 오니 **천천히 걸을 쇠, 뒤져 올 치**

🔊 ク[사람 인(人)의 변형], ㄟ('파임 불'이지만 여기서는 다리를 끄는 모습으로 봄)

夏
5급 / 총10획 / 부수 夊

(너무 더워서) 하나(一)같이 스스로(自) 천천히 걸으려고(夊) 하는 여름이니
여름 하

🔊 自(자기 자, 스스로 자, 부터 자)

夏服(하복), 夏節(하절), 夏至(하지), 春夏秋冬(춘하추동)

冬
5급 / 총5획 / 부수 冫

(사철 중) 뒤에 와서(夊) 물이 어는(冫) 겨울이니 **겨울 동**

🔊 冫[얼음 빙(氷)이 부수로 쓰일 때의 모양인 이 수 변(冫)의 변형]

冬至(동지), 嚴冬雪寒(엄동설한), 異常暖冬(이상난동)

380

終
준4급 / 총11획 / 부수 糸

(누에 같은 벌레가) **실(糸)** 뽑아 집 짓는 일은 **겨울(冬)**이 되기 전에 다하여 마치니
다할 종, 마칠 종

🔊 糸(실 사, 실 사 변)

終結(종결), 終日(종일), 終點(종점), 臨終(임종)

恖
급외자 / 총11획 / 부수 心

끈(丿)으로 **게으름(夂)**을 **에워싸(囗)** 버린 듯 **마음(心)**이 바쁘거나 밝으니
바쁠 총, 밝을 총

🔊 丿('삐침 별'이지만 여기서는 끈으로 봄), 夂('천천히 걸을 쇠, 뒤져 올 치'로 여기서는 게으름으로 봄), 囗[에운담, 나라 국(國)의 약자]

總
준3급 / 총17획 / 부수 糸

실(糸)로 **바쁘고(恖)** 복잡한 것을 모두 모아 거느리니
모두 총, 모을 총, 거느릴 총

總計(총계), 總括(총괄), 總論(총론), 總督(총독)

聰
3급 / 총17획 / 부수 耳

귀(耳) 밝아(恖) 말을 빨리 알아듣고 총명하니 **귀 밝을 총, 총명할 총**

🔊 耳(귀 이), 귀 밝을 총(聰)에 '총명하다'의 뜻이 있듯이, 귀머거리 롱(聾)에는 '어리석다, 어둡다'의 뜻도 있어요. 욕으로 쓰는 '농판'이라는 말도 무엇을 잘 알아듣지 못하는 사람이라는 데서 나왔습니다.

聰氣(총기), 聰明(총명), 聰明不如鈍筆(총명불여둔필)

---

334 윤윤 4준사산[允鈗 俊埈峻駿唆酸] - 允, 夋으로 된 한자

允

2급 / 총4획 / 부수 儿

나(厶)와 뜻이 같은 **사람(儿)**이면 진실로 믿고 허락하니
진실로 윤, 믿을 윤, 허락할 윤

🔊 厶(사사 사, 나 사), 儿(사람 인 발, 어진 사람 인)

允君(윤군), 允當(윤당), 允許(윤허), 允可(윤가)

鈗
2급 / 총12획 / 부수 金

쇠(金)로 만들어 **진실로(允)** 필요할 때 쓰는 병기니 **병기 윤**

🔊 주로 시신(侍臣), 즉 경비원이 가졌던 병기로 창의 일종.
🔊 金(쇠 금, 금 금, 돈 금, 성 김), 侍(모실 시), 臣(신하 신)
🔊 인·지명용 한자.

俊
3급 / 총9획 / 부수 亻

사람(亻)이 의젓하게 **갈(夋)** 정도로 실력이 뛰어나니 **뛰어날 준**

🔊 자신이 있으면 걸음걸이부터 의젓하지요.
🔊 夋 - 믿음직스럽게(允) 천천히 의젓하게 걸어(夂) 가니 '의젓하게 걸을 준, 갈 준'

俊傑(준걸), 俊德(준덕), 俊秀(준수), 俊才(준재)

DAY 28

埈
2급 / 총10획 / 부수 土

흙(土)이 의젓하게(夋) 선 모습으로 가파르고 높으니 **가파를 준, 높을 준**

🔊 인·지명용 한자

峻
2급 / 총10획 / 부수 山

산(山)이 의젓한(夋) 모습으로 높으니 **높을 준**

峻嶺(준령), 峻嚴(준엄), 峻險(준험), 險峻(험준)

駿
2급 / 총17획 / 부수 馬

말(馬) 중 의젓한 모양으로 잘 달리는(夋) 준마니 **준마 준**

🔊 馬(말 마), 준마(駿馬) - 잘 달리는 말.
駿敏(준민), 駿逸(준일), 駿足(준족)

唆
2급 / 총10획 / 부수 口

입(口)으로 가도록(夋) 부추기니 **부추길 사**

敎唆(교사), 示唆(시사)

酸
2급 / 총14획 / 부수 酉

발효시킨 술(酉)은 시간이 가면(夋) 시어져 시니 **실 산**

酸味(산미), 酸性(산성), 酸素(산소), 炭酸(탄산)

---

335 복 유유수조[夂 攸悠修條] - 夂과 攸로 된 한자

夂
부수자 / 총4획 / 부수 夂

이리(丿)저리(一) 엇갈리게(乂) 치니 **칠 복**

동 攴 - 점(卜)칠 때 오른손(又)에 회초리를 들고 툭툭 치니 '칠 복'
혼 夊(천천히 걸을 쇠, 뒤져 올 치) - 제목번호 333
🔊 卜(점 복), 又(오른손 우, 또 우)
🔊 칠 복(夂, = 攴)은 4획, 천천히 걸을 쇠, 뒤져 올 치(夊)는 3획.

攸
1급 / 총7획 / 부수 夂

사람(亻)이 지팡이(丨)로 땅을 치면서(夂) 사라져 아득하니 **아득할 유**

🔊 丨('뚫을 곤'이지만 여기서는 지팡이로 봄), 아득하다 - ㉠ 보이는 것이나 들리는 것이 희미하고 매우 멀다.
  ㉡ 까마득히 오래되다.

悠
3급 / 총11획 / 부수 心

아득히(攸) 먼 옛날까지 마음(心)에 생각할 정도로 한가하니 **한가할 유**
또 아득하게(攸) 마음(心)에 느껴질 정도로 머니 **멀 유**

🔊 心(마음 심, 중심 심)
悠悠自適(유유자적), 悠久(유구), 悠遠(유원)

修
4급 / 총10획 / 부수 亻

아득히(攸) 흘러가는 깨끗한 물에 **머리(彡)** 감듯이 마음을 닦고 다스리니 **닦을 수, 다스릴 수**

- 彡(터럭 삼, 긴 머리 삼)

修女(수녀), 修道(수도), 修練(수련), 修身(수신)

條
3급 / 총11획 / 부수 木

아득히(攸) 나무(木)에서 뻗어 가는 가지니 **가지 조**
또 가지처럼 나눠진 조목이니 **조목 조**

- 木(나무 목)

鐵條網(철조망), 條目(조목), 條件(조건), 條約(조약)

336 고패교목 산살[故敗敎牧 散撒] - 攵, 散으로 된 한자

故
4급 / 총9획 / 부수 攵

오래(古)된 일이지만 하나씩 **짚으며(攵)** 묻는 연고 있는 옛날이니 **연고 고, 옛 고**

- 오랠 고, 옛 고(古)는 단순히 시간상으로 옛날이고, 연고 고, 옛 고(故)는 연고 있는 옛날, 즉 사연 있는 옛날이라는 뜻입니다.
- 연고(緣故) - ㉠ 사유(事由). ㉡ 혈통·정분·법률 따위로 맺어진 관계. ㉢ 인연(因緣).
- 攵(칠 복, = 攴), 緣(인연 연)

故鄕(고향), 故意(고의) ↔ 過失(과실), 故事(고사)

敗
준4급 / 총11획 / 부수 攵

재물(貝) 때문에 **치고(攵)** 싸워서 패하니 **패할 패**

- 貝(조개 패, 재물 패)

敗亡(패망), 敗北(패배), 敗因(패인), 失敗(실패)

敎
준5급 / 총11획 / 부수 攵

어질게(乂) 많이(𠂆) 자식(子)을 치며(攵) 가르치니 **가르칠 교**

- 乂(벨 예, 다스릴 예, 어질 예), 𠂆[열 십, 많을 십(十)의 변형], 子(아들 자, 첫째 지지 자, 자네 자, 접미사 자)

敎育(교육), 敎材(교재), 說敎(설교), 布敎(포교)

牧
준3급 / 총8획 / 부수 牛

소(牛)를 치며(攵) 기르니 **칠 목, 기를 목**

- 枚(줄기 매, 낱 매) - 제목번호 060
- 牛(소 우 변)

牧童(목동), 牧夫(목부), 牧場(목장), 牧畜(목축)

散
4급 / 총12획 / 부수 攵

풀(卄)이 난 땅(一)에 **고기(月)**를 놓고 **친(攵)** 듯 여러 조각으로 흩어지니 **흩어질 산**

- 一('한 일'이지만 여기서는 땅으로 봄), 月(달 월, 육 달 월)

散髮(산발), 散發(산발), 散在(산재), 離散(이산)

撒
2급 / 총15획 / 부수 扌

손(扌)으로 흩어(散) 뿌리니 **뿌릴 살**

撒肥(살비), 撒砂(살사), 撒水(살수), 撒布(살포)

---

337   복복복 부(복)복리[复腹複 復覆履] - 复, 復으로 된 한자

复
급외자 / 총9획 / 부수 夂

사람(亠)들은 해(日)가 지면 **천천히 걸어(夂)** 날마다 집으로 돌아옴을 거듭하니
거듭 복, 돌아올 복

🔊 亠[사람 인(人)의 변형]

腹
3급 / 총13획 / 부수 月

몸(月)에서 거듭(复) 포개진 내장이 들어있는 배니 **배 복**

🔊 月(달 월, 육 달 월)

腹部(복부), 腹案(복안), 腹痛(복통), 空腹(공복)

複
3급 / 총14획 / 부수 衤

옷(衤)을 거듭(复) 입어 겹치니 **겹칠 복**

🔊 衤(옷 의 변)

複數(복수), 複雜(복잡), 複寫(복사), 複線(복선)

復
4급 / 총12획 / 부수 彳

걸어서(彳) 다시 돌아오니(复) **다시 부, 돌아올 복**

🔊 彳(조금 걸을 척)

復舊(복구), 回復(회복), 復活(부활), 復興(부흥)

覆
2급 / 총18획 / 부수 襾

덮어(襾)버리고 다시(復) 하도록 뒤집히니 **덮을 부, 다시 복, 뒤집힐 복**

🔊 襾[덮을 아(襾)의 변형]

天覆(천부) - ㉠ 하늘이 덮은 그 아래. ㉡ 하늘이 넓게 덮이듯이 널리 미침.
覆蓋(복개), 覆面(복면), 飜覆(번복), 顚覆(전복)

履
3급 / 총15획 / 부수 尸

몸(尸)이 가거나 돌아올(復) 때 신는 신이니 **신 리**
또 신을 신고 밟으니 **밟을 리**

🔊 尸(주검 시, 몸 시)

曳履聲(예리성), 履行(이행), 履歷書(이력서)

Day 28 | 확인문제

01~04 다음 한자에 해당하는 훈음을 오른쪽에서 찾아 연결하세요.

01. 貯 •   • ㉠ 열매 실
02. 賊 •   • ㉡ 쌓을 저
03. 實 •   • ㉢ 자주 빈
04. 頻 •   • ㉣ 도둑 적

05~12 다음 漢字의 훈(뜻)과 음(소리)을 쓰세요.

05. 側 (   )   06. 測 (   )
07. 慣 (   )   08. 寶 (   )
09. 煩 (   )   10. 傾 (   )
11. 憂 (   )   12. 齡 (   )

13~18 다음 훈음에 맞는 漢字를 쓰세요.

13. 뒤집힐 복 (   )   14. 뿌릴 살 (   )
15. 실 산   (   )   16. 준마 준 (   )
17. 부추길 사 (   )   18. 적을 과 (   )

19~20 다음 문장 중 (   ) 안에 들어갈 한자어로 알맞은 것은?

19. 지도자가 되려면 (   )을/를 받아들이고 고집을 꺾을 필요도 있다.
    ① 順理   ② 順序
    ③ 順從   ④ 順産

20. 어느 누가 자신의 (   )와/과 돈을 바꾸려고 하겠는가?
    ① 占領   ② 生命
    ③ 命令   ④ 領導

정답

01. ㉡   02. ㉣   03. ㉠   04. ㉢   05. 곁 측
06. 헤아릴 측   07. 버릇 관   08. 보배 보   09. 번거로울 번   10. 기울 경
11. 근심할 우   12. 나이 령   13. 覆   14. 撒   15. 酸
16. 駿   17. 唆   18. 寡   19. ①   20. ②

Day 29 | 338 ~ 348

338　4폐 료료료[敝蔽弊幣 尞僚療] - 敝, 尞로 된 한자

敝
급외자 / 총12획 / 부수 攵

작은(小) 성(冂)은 조금(小)만 쳐도(攵) 해지고 깨지니 **해질 폐, 깨질 폐**

- 小(작을 소), 冂(멀 경, 성 경), 攵(칠 복, = 攴)
- 1급, 사범, 급외자, 부수자 - 어원 풀이를 위한 참고자로 8~2급 선정 한자에는 포함되지 않습니다.

蔽
2급 / 총16획 / 부수 艹

풀(艹)로 해진(敝) 곳을 덮으니 **덮을 폐**

蔽空(폐공), 建蔽率(건폐율), 隱蔽(은폐)

弊
2급 / 총15획 / 부수 廾

해져(敝) 두 손으로 받쳐야(廾) 하는 폐단이니 **해질 폐, 폐단 폐**

- 폐단(弊端) - 괴롭고 번거로운 일.
- 廾(두 손으로 받들 공), 端(끝 단, 단정할 단, 실마리 단)

疲弊(피폐), 弊習(폐습), 弊害(폐해), 民弊(민폐)

幣
2급 / 총15획 / 부수 巾

(너무 많이 써서) 해진(敝) 수건(巾) 같은 돈이니 **돈 폐**
또 돈이나 선물을 넣어 보내는 폐백이니 **폐백 폐**

- 폐백(幣帛) - 신부가 처음으로 시부모를 뵐 때 올리는 것.
- 巾(수건 건), 帛(비단 백, 폐백 백)

僞幣(위폐), 造幣(조폐), 紙幣(지폐), 貨幣(화폐)

尞
급외자 / 총12획 / 부수 小

크게(大) 양쪽(丶丶)에 해(日)처럼 작은(小) 것까지 보이도록 햇불을 피워 밝으니
햇불 료, 밝을 료

僚

2급 / 총14획 / 부수 亻

사람(亻) 중 불 밝히고(尞) 함께 일하는 동료니 **동료 료**

閣僚(각료), 官僚(관료), 同僚(동료), 幕僚(막료)

療
2급 / 총17획 / 부수 疒

병(疒)을 밝게(尞) 고치니 **병 고칠 료**

◀ 疒(병들 녁)

療法(요법), 療養(요양), 診療(진료), 治療(치료)

---

339 정경정 한색(새) 형형 형형[井耕穽 寒塞 形邢 刑型] - 井, 寒, 开, 刑으로 된 한자

井
4급 / 총4획 / 부수 二

나무로 엇갈리게 쌓아 만든 우물이나 우물틀 모양을 본떠서 **우물 정, 우물틀 정**

◀ 옛날에는 우물을 파고 흙이 메워지지 않도록 통나무를 井자 모습으로 짜서 쌓아 올렸지요.

井華水(정화수), 油井(유정), 坐井觀天(좌정관천)

耕
4급 / 총10획 / 부수 耒

가래(耒)로 우물(井)을 파듯 깊게 밭을 가니 **밭 갈 경**

◀ 耒(가래 뢰, 쟁기 뢰 - 밭을 가는 농기구)

耕作(경작), 耕地(경지), 晝耕夜讀(주경야독), 休耕(휴경)

穽
2급 / 총9획 / 부수 穴

구멍(穴)을 우물(井)처럼 깊게 파 놓은 함정이니 **함정 정**

◀ 함정(陷穽) - ㉠ 짐승을 잡기 위하여 파놓은 구덩이. ㉡ 빠져 나올 수 없는 곤경이나 계략을 비유하여 이르는 말.
◀ 穴(구멍 혈), 陷(빠질 함)

寒
준4급 / 총12획 / 부수 宀

집(宀) 우물(井) 하나(一)에서 나뉘어(八) 나온 물이 얼음(冫)처럼 차니 **찰 한**

◀ 宀(집 면), 八(여덟 팔, 나눌 팔), 冫(이 수 변)

寒氣(한기), 酷寒(혹한) ↔ 酷暑(혹서), 脣亡齒寒(순망치한)

塞
2급 / 총13획 / 부수 土

집(宀)에 우물(井)을 하나(一)씩 나누어(八) 흙(土)으로 막으니 **막을 색**

또 출입을 막고 지키는 변방이니 **변방 새**

◀ 土(흙 토)

梗塞(경색), 窮塞(궁색), 要塞(요새), 塞翁之馬(새옹지마)

形
5급 / 총7획 / 부수 彡

우물(开)에 머리털(彡)이 비친 모양이니 **모양 형**

◀ 开[우물 정, 우물틀 정(井)의 변형], 彡(터럭 삼, 긴 머리 삼), 거울이 없던 옛날에는 우물에 자기의 모습을 비추어 보기도 했지요.

形狀(형상), 形式(형식), 形言(형언), 成形(성형)

邢
2급 / 총7획 / 부수 阝

우물틀(开)처럼 짜인 고을(阝)에 세운 형나라니 **형나라 형, 성 형**

🔊 阝(고을 읍 방)
🔊 인·지명용 한자.

刑
준3급 / 총6획 / 부수 刂

우물틀(开) 같은 형틀에 매어 칼(刂)로 집행하는 형벌이니 **형벌 형**

🔗 刊(책 펴낼 간) - 제목번호 030
🔊 刂(칼 도 방)

刑期(형기), 刑罰(형벌), 刑法(형법), 減刑(감형)

型
2급 / 총9획 / 부수 土

우물틀(开)처럼 칼(刂)로 흙(土)을 새겨서 만든 틀 같은 본보기니
틀 형, 본보기 형

🔊 형(型) - ㉠ 거푸집. ㉡ 꼴. ㉢ 다른 것들과 구별되는 특징을 이루는 유형이나 형태.

大型(대형), 模型(모형), 新型(신형)

---

340 구구강 4양[構購講 襄讓壤孃] - 冓, 襄으로 된 한자

構
3급 / 총14획 / 부수 木

나무(木)를 쌓아(冓) 얽으니 **얽을 구**

🔊 冓 : 우물 틀(井)처럼 다시(再) 쌓으니 '쌓을 구'

構想(구상), 構成(구성), 構圖(구도), 虛構性(허구성)

購
2급 / 총17획 / 부수 貝

돈(貝)을 쌓듯(冓) 모아 물건을 사니 **살 구**

🔊 貝(조개 패, 재물 패)

購讀(구독), 購買(구매), 購入(구입), 購販場(구판장)

講
3급 / 총17획 / 부수 言

말(言)을 쌓듯이(冓) 여러 번 익혀 강의하니 **익힐 강, 강의할 강**

🔊 言(말씀 언)

講論(강론), 講習(강습), 講義(강의), 講師(강사)

襄
1급 / 총17획 / 부수 衣

(드러나지 않게) 옷(衣) 속에 입들(口口)을 가리고 우물틀(井)처럼 얽혀
한결같이(一) 도우니 **도울 양**

🔗 褱(품을 회) - 제목번호 322

讓
준3급 / 총24획 / 부수 言

말(言) 한마디라도 도움(襄)되게 사양하고 겸손하니 **사양할 양, 겸손할 양**

讓渡(양도), 讓步(양보), 讓位(양위), 辭讓(사양)

壤
3급 / 총20획 / 부수 土

흙(土)이 일을 도와주려는(襄) 듯 고운 흙으로 된 땅이니 **흙 양, 땅 양**

🔊 고운 흙이 곡식의 생육에 도움을 주지요.

擊壤歌(격양가), 土壤(토양), 天壤之差(천양지차)

孃
2급 / 총20획 / 부수 女

여자(女) 중 일을 도와주는(襄) 아가씨니 **아가씨 양**

貴孃(귀양), 令孃(영양) – 영애(令愛 – 윗사람의 딸을 높여 이르는 말). *令(하여금 령, 명령할 령, 남을 높이는 말 령), 愛(사랑 애, 즐길 애, 아낄 애)

---

341   양양상상 강양 달달[羊洋祥詳 姜樣 達撻] – 羊, 達로 된 한자

羊
준5급 / 총6획 / 부수 羊

앞에서 바라본 양 모양을 본떠서 **양 양**

🔊 양은 성질이 온순하여 방목하거나 길들이기도 좋으며, 부드럽고 질긴 털과 가죽과 고기를 주는 이로운 짐승이니, 양(羊)이 부수로 쓰이면 대부분 좋은 의미의 글자랍니다.

羊毛(양모), 羊肉(양육), 羊頭狗肉(양두구육), 山羊(산양)

洋
5급 / 총9획 / 부수 氵

물결(氵)이 수만 마리 양(羊) 떼처럼 출렁이는 큰 바다니 **큰 바다 양**

또 큰 바다 건너편에 있는 서양이니 **서양 양**

太平洋(태평양), 洋食(양식), 洋裝(양장), 洋酒(양주)

祥
3급 / 총11획 / 부수 示

보임(示)이 양(羊)처럼 좋아 상서로운 조짐이니 **상서로울 상, 조짐 상**

🔊 상서(祥瑞) – 경사로운 일이 있을 징조.
🔊 조짐(兆朕) – 어떤 일이 생길 기미가 보이는 현상.
🔊 示(보일 시, 신 시), 瑞(상서로울 서), 兆(조짐 조, 조 조), 朕(조짐 짐)

發祥地(발상지), 不祥事(불상사), 吉祥(길상)

詳
2급 / 총13획 / 부수 言

말(言)을 양(羊)처럼 순하고 좋게 하여 자상하니 **자상할 상**

🔊 자상(仔詳) – 자세하고 찬찬함.
🔊 言(말씀 언), 仔(자세할 자, 새끼 자)

詳報(상보), 詳細(상세), 詳述(상술), 未詳(미상)

DAY 29

姜
2급 / 총9획 / 부수 女

양(羊)처럼 순한 여자(女)지만 지금은 성으로만 쓰여 **성 강**

🔊 女(여자 녀)

姜太公(강태공) - ㉠ 중국 주나라의 신하인 태공망(太公望)을 그의 성씨인 강(姜)과 함께 이르는 말. ㉡ '낚시꾼'을 비유적으로 이르는 말.
🔊 太(클 태), 公(공평할 공, 대중 공, 귀공자 공), 望(바랄 망, 보름 망)

樣
3급 / 총15획 / 부수 木

나무(木) 옆에 양(羊) 떼가 길게(永) 늘어선 모양이니 **모양 양**

🔊 木(나무 목), 永(길 영, 오랠 영)

樣式(양식), 各樣各色(각양각색), 多樣(다양), 貌樣(모양)

達
4급 / 총13획 / 부수 辶

흙(土)에만 살던 양(羊)도 뛰어서(辶) 풀밭에 잘도 이르니 **이를 달**

또 완전에 이르도록 익혀 통달하니 **통달할 달**

🔊 통달(通達) - (어떤 일에) 막힘없이 통하여 훤히 앎.
🔊 辶(뛸 착, 갈 착), 通(통할 통)

達成(달성), 傳達(전달), 達辯(달변), 達人(달인)

撻
2급 / 총16획 / 부수 扌

손(扌)으로 빨리 이르도록(達) 매질하니 **매질할 달**

撻楚(달초), 鞭撻(편달), 指導鞭撻(지도편달)

---

342 미양착채(차) 선선선[美養着差 善繕膳] – 羊의 변형(⺷), 善으로 된 한자

美
5급 / 총9획 / 부수 羊(⺷)

양(⺷)이 커가는(大) 모양처럼 아름다우니 **아름다울 미**

🔊 ⺷[양 양(羊)의 변형]

美觀(미관), 美德(미덕), 美術(미술), 美人(미인)

養
준4급 / 총15획 / 부수 食

양(⺷)을 먹여(食) 기르니 **기를 양**

🔊 食(밥 식, 먹을 식, 먹이 사)

養鷄(양계), 養殖(양식), 養虎遺患(양호유환)

着
4급 / 총12획 / 부수 目

털에 가린 양(⺷)의 붙은(丿) 눈(目)처럼 붙으니 **붙을 착**

🔊 目(눈 목, 볼 목, 항목 목), 丿('삐침 별'이지만 여기서는 붙은 모양)

着陸(착륙), 着眼(착안), 接着(접착), 定着(정착)

差
3급 / 총10획 / 부수 工

(붙어 다니는) 양(羊)처럼 붙어(丿) 서서 똑같이 만들도록(工) 부려도 다르고 어긋나니
부릴 채, 다를 차, 어긋날 치

🔊 丿('삐침 별'이지만 여기서는 붙은 모습으로 봄), 工(장인 공, 만들 공, 연장 공)

差備(채비), 差別(차별), 誤差(오차), 參差(참치)

善
준4급 / 총12획 / 부수 口

양(羊)처럼 풀(丷)만 입(口)으로 먹는 짐승은 순하고 착하니 **착할 선**
또 착하면 좋고 시키는 일도 잘하니 **좋을 선, 잘할 선**

🔊 丷[초 두(艹)의 약자(䒑)의 변형], 초식동물은 대부분 순하지요.

善良(선량), 改善(개선), 善戰(선전), 善防(선방)

繕
2급 / 총18획 / 부수 糸

실(糸)로 좋게(善) 기우니 **기울 선**

🔊 糸(실 사, 실 사 변)

繕補(선보), 繕寫(선사), 修繕(수선), 營繕(영선)

膳
2급 / 총16획 / 부수 月

고기(月)로 먹기 좋게(善) 만든 반찬이니 **반찬 선**
또 관계를 좋도록 해주는 선물도 뜻하여 **선물 선**

🔊 月(달 월, 육 달 월)

膳物(선물), 膳賜(선사)

343 아아 의의의 희희[我餓 義議儀 犧犧] - 我, 義, 犧로 된 한자

我
준3급 / 총7획 / 부수 戈

손(手)에 창(戈) 들고 지켜야 할 존재는 바로 나니 **나 아**

🔊 手(손 수, 재주 수, 재주 있는 사람 수), 戈(창 과), 조금만 방심하면 잡념이 생기고 엉뚱한 짓을 하게 되고, 남에게 침입 받게 되지요.

我軍(아군), 我執(아집), 沒我(몰아), 自我(자아)

餓
3급 / 총16획 / 부수 食

밥(食)이 나(我)에게 제일 생각나도록 굶주리니 **굶주릴 아**

🔊 食(밥 식, 먹을 식 변)

餓鬼(아귀), 餓倒(아도), 餓死(아사), 飢餓(기아)

DAY 29

義
준4급 / 총13획 / 부수 羊(𦍌)

양(羊)처럼 내(我)가 행동함이 옳고 의로우니 **옳을 의, 의로울 의**

義擧(의거), 義理(의리), 義士(의사), 正義(정의)

議
준3급 / 총20획 / 부수 言

(좋은 결론을 위해) 말(言)로 의롭게(義) 의논하니 **의논할 의**

議決(의결), 會議(회의), 謀議(모의), 不可思議(불가사의)

儀
3급 / 총15획 / 부수 亻

사람(亻)이 의리(義)에 맞게 움직이는 거동이니 **거동 의**

🔊 거동(擧動) - 몸을 움직임. 또는 그런 짓이나 태도.
🔊 擧(들 거, 일으킬 거), 動(움직일 동)

儀禮(의례), 儀式(의식), 儀典(의전), 儀仗隊(의장대)

羲
1급 / 총16획 / 부수 羊

양(羊)이 벼(禾)를 많이(丂) 먹고 창(戈)처럼 길게 쉬는 숨이니 **숨 희**
또 중국 전설상의 제왕 중 복희씨니 **복희씨 희**

🔊 禾(벼 화), 丂['공교할 교, 교묘할 교'지만 여기서는 큰 대(大)의 변형으로 봄], 戈(창 과)
🔊 복희씨(羲氏·伏羲氏) - 중국 고대 전설상의 제왕. (삼황오제의 우두머리이며, 팔괘를 처음으로 만들고 그물을 발명하여 고기잡이의 방법을 가르쳤다고 함)

犧
2급 / 총20획 / 부수 牛

소(牛) 중 살아 숨(羲)쉬는 채로 바쳐졌던 희생이니 **희생 희**

🔊 牺 - 소(牛) 중 의로운(義) 일에 바쳐지는 희생이니 '희생 희'
🔊 희생(犧牲) - ㉠ 제사 지낼 때 제물로 바치는 산 짐승. ㉡ 다른 사람이나 어떤 목적을 위하여 자신의 목숨·재산·명예·이익 따위를 바치거나 버림. 또는 그것을 빼앗김.
🔊 牛(소 우 변), 牲(희생 생)

犧牲物(희생물), 犧牲心(희생심), 犧牲打(희생타)

---

344 시돈탁가대 축수[豕豚琢家隊 逐遂] - 豕, 逐으로 된 한자

豕
사범 / 총7획 / 부수 豕

서 있는 돼지를 본떠서 **돼지 시**

豚
3급 / 총11획 / 부수 豕

(다른 짐승에 비해) 살(月)이 많은 돼지(豕)니 **돼지 돈**

🔊 月(달 월, 육 달 월). 돼지는 다른 짐승에 비해 살이 많기 때문에 돼지 시(豕)에 육 달 월(月)을 붙여 만든 글자.

豚舍(돈사), 豚肉(돈육), 養豚(양돈), 種豚(종돈)

琢
2급 / 총12획 / 부수 王(玉)

구슬(王)을 돼지(豕)가 발로 땅을 찍듯이(丶) 정으로 쪼며 다듬으니
쫄 탁, 다듬을 탁

🔊 王(임금 왕, 으뜸 왕, 구슬 옥 변), 쪼다 – ㉠ 뾰족한 끝으로 쳐서 찍다. ㉡ 조금 어리석고 모자라 제구실을 못하는 사람을 속되게 이르는 말. 여기서는 ㉠의 뜻.

琢器(탁기), 琢磨(탁마), 切磋琢磨(절차탁마)

家
준5급 / 총10획 / 부수 宀

지붕(宀) 아래 돼지(豕)처럼 먹고 자는 집이니 **집 가**
또 하나의 집처럼 어느 분야에 일가를 이룬 전문가니 **전문가 가**

🔊 宀(집 면), 일가(一家) – ㉠ 한집안. ㉡ 성(姓)과 본이 같은 겨레붙이. ㉢ 어느 분야에 뛰어나 독자적인 경지나 체계를 이루는 상태. 여기서는 ㉢의 뜻.

家庭(가정), 家族(가족), 作家(작가), 一家見(일가견)

隊
준3급 / 총12획 / 부수 阝

언덕(阝)에 여덟(八) 마리의 돼지(豕)처럼 모인 무리니 **무리 대**
또 무리를 이루는 군대도 뜻하여 **군대 대**

🔊 阝(언덕 부 변), 八(여덟 팔, 나눌 팔)

隊員(대원), 軍隊(군대), 入隊(입대), 除隊(제대)

逐
2급 / 총11획 / 부수 辶

돼지(豕)를 뛰어가(辶) 쫓으니 **쫓을 축**

🔊 辶(뛸 착, 갈 착), 지금도 농촌에는 멧돼지의 피해가 심하다지요.

逐條審議(축조심의), 逐出(축출), 角逐(각축), 驅逐艦(구축함)

遂
2급 / 총13획 / 부수 辶

팔(八)방을 쫓아(逐) 다니는 정성으로 드디어 이루니 **드디어 수, 이룰 수**

遂行(수행), 完遂(완수), 遂人事待天命(수인사대천명)

---

345 상상예 치모간 몽몽[象像豫 豸貌懇 夢蒙] – 象, 豸로 된 한자와 夢蒙

象
준3급 / 총12획 / 부수 豕

코끼리 모양을 본떠서 **코끼리 상, 모양 상, 본뜰 상**

유 衆(무리 중) – 제목번호 325
🔊 원래는 '코끼리 상'인데 뜻이 확대되어 '모양 상, 본뜰 상'으로도 쓰입니다.

象牙(상아), 象徵(상징), 印象(인상), 象形(상형)

像
3급 / 총14획 / 부수 亻

사람(亻)이 코끼리(象) 모양을 본떠 그리니 **모양 상, 본뜰 상**

銅像(동상), 佛像(불상), 受像機(수상기), 自畫像(자화상)

2급 / 총16획 / 부수 豕

자기(予)가 할 일을 **코끼리**(象)는 미리 아니 **미리 예**

역 予

🔊 묻기도 전에 대답하는 글자는? 미리 예(豫) – 미리 예하고 대답하므로.
🔊 予[줄 여, 나 여, 미리 예(豫)의 약자]

豫告(예고), 豫報(예보), 豫備(예비), 豫想(예상)

부수자 / 총7획

먹이를 잡기 위해 몸을 웅크리고 노려보는 모양을 본떠서 **웅크리고 노려볼 치**
또 지렁이 같은 발 없는 벌레의 총칭으로 **발 없는 벌레 치**

2급 / 총14획 / 부수 豸

발 없는 벌레(豸)가 흰(白) 탈을 쓴 **사람**(儿) 모양이니 **모양 모**

역 皃

🔊 白(흰 백, 밝을 백, 깨끗할 백, 아뢸 백), 儿(사람 인 발, 어진 사람 인)

面貌(면모), 美貌(미모), 外貌(외모), 全貌(전모)

2급 / 총17획 / 부수 心

발 없는 벌레(豸)가 계속 머물러(艮) 먹이를 구하는 마음(心)처럼 정성스럽고 간절하니
정성 간, 간절할 간

🔊 艮(멈출 간) – 제목번호 306

懇曲(간곡), 懇求(간구), 懇切(간절), 懇請(간청)

2급 / 총14획 / 부수 夕

풀(艹)로 만든 **그물**(冂) 같은 이불을 덮고(冖) 자는 저녁(夕)에 꾸는 꿈이니 **꿈 몽**

🔊 冂(그물 망, = 网, 罒), 冖(덮을 멱), 夕(저녁 석)

吉夢(길몽) ↔ 凶夢(흉몽), 惡夢(악몽), 胎夢(태몽)

2급 / 총14획 / 부수 艹

풀(艹)에 덮인(冖) 한(一) 마리 돼지(豕)처럼 어리석고 어리니
어리석을 몽, 어릴 몽, 몽골 몽

啓蒙(계몽), 無知蒙昧(무지몽매), 蒙古(몽고) – 어리석고 고집이 셈.

346 어어선소로(노)[魚漁鮮蘇魯] – 魚로 된 한자

魚

5급 / 총11획 / 부수 魚

물고기를 잡아서 걸어 놓은 모양을 본떠서 **물고기 어, 성 어**

🔊 勹는 머리, 田은 몸통, 灬는 지느러미와 꼬리

魚類(어류), 魚族(어족), 活魚(활어), 一魚濁水(일어탁수)

漁
준4급 / 총14획 / 부수 氵

물(氵)에서 물고기(魚)를 잡으니 **고기 잡을 어**

🔊 물고기 모양을 본떠서 '물고기 어(魚)', 물에서 물고기를 잡으니 물을 뜻하는 삼 수 변(氵)을 붙여서 '고기 잡을 어(漁)'로 구분하세요.

漁夫·漁父(어부), 漁父之利(어부지리), 豊漁(풍어)

鮮
4급 / 총17획 / 부수 魚

물고기(魚)가 양(羊)처럼 곱게 깨끗하고 싱싱하니
고울 선, 깨끗할 선, 싱싱할 선

🔊 羊(양 양)이 들어가면 대부분 좋은 의미의 글자입니다.

鮮明(선명), 新鮮(신선), 生鮮(생선), 鮮度(선도)

蘇
2급 / 총20획 / 부수 艹

(못 먹어 영양실조에 걸린 사람은) 야채(艹)와 물고기(魚)와 곡식(禾)을 먹이면 소생하니 **소생할 소, 성 소**

🔊 艹(초 두), 禾('벼 화'로 곡식의 대표)

蘇生(소생), 蘇聯(소련)

魯
2급 / 총15획 / 부수 魚

물고기(魚)가 해(日)를 따라 나와 말라 죽듯이 자기 죽는 줄도 모르게 어리석으니
어리석을 로, 노나라 노

魚魯不辨(어로불변), 愚魯(우로)

---

347 아아사아[牙雅邪芽] - 牙로 된 한자

牙
2급 / 총4획 / 부수 牙

코끼리 어금니를 본떠서 **어금니 아**

牙城(아성), 象牙塔(상아탑), 齒牙(치아)

雅
3급 / 총12획 / 부수 隹

어금니(牙)를 가는 것처럼 내는 새(隹) 소리는 맑고 바르니 **맑을 아, 바를 아**

🔊 隹(새 추)

雅潔(아결), 雅量(아량), 優雅(우아), 淸雅(청아)

邪
2급 / 총7획 / 부수 阝

어금니(牙)처럼 구석진 고을(阝)에 숨어사는 사람은 간사하니 **간사할 사**

🔊 간사(奸邪) - 성질이 간교하고 행실이 바르지 못함.
🔊 阝(고을 읍 방), 奸(간사할 간)

邪惡(사악), 妖邪(요사), 破邪顯正(파사현정)

芽
2급 / 총8획 / 부수 ++

풀(++) 중 어금니(牙)처럼 돋아나는 싹이니 **싹 아**

麥芽(맥아), 萌芽(맹아), 發芽(발아)

---

348 호학 처거극 려로부[虍虐 處據劇 慮虜膚] - 虍로 된 한자

虍
부수자 / 총6획 / 부수 虍

범 가죽 무늬를 본떠서 **범 호 엄**

🔊 범과 관련된 글자에 부수로 쓰임. '엄'은 부수이름이고 이 글자를 독음으로 찾으려면 '호'로 찾아야 하니 제목을 '호'로 했어요.

虐
2급 / 총9획 / 부수 虍

범(虍)이 발톱(ᄐ)으로 해치듯이 사납게 학대하니 **사나울 학, 학대할 학**

🔊 ᄐ[손톱 조(爪)의 변형],
🔗 ᄏ(고슴도치 머리 계, 오른손 우) - 제목번호 194

虐殺(학살), 殘虐(잔학), 虐待(학대), 自虐(자학)

處
4급 / 총11획 / 부수 虍

범(虍)처럼 천천히 걸으며(夊) 안석(几) 같이 편한 곳에 사니 **곳 처, 살 처**

또 살면서 많은 일을 처리하니 **처리할 처**

🔊 夊(천천히 걸을 쇠, 뒤져 올 치), 几(안석 궤 - 앉을 때 편안하게 기대는 도구)

處所(처소), 處世(처세), 處方(처방), 處置(처치)

據
2급 / 총16획 / 부수 扌

손(扌)으로 범(虍)이나 돼지(豕)를 잡으려고 도구에 의지하니 **의지할 거**

또 의지하는 증거니 **증거 거**

🔊 扌(손 수 변), 豕(돼지 시)

據點(거점), 占據(점거), 證據(증거)

劇
2급 / 총15획 / 부수 刂

범(虍)과 돼지(豕)를 잡으려고 칼(刂)로 찌르는 것이 심하니 **심할 극**

또 실제와 똑같이 심하게 하는 연극이니 **연극 극**

🔊 刂(칼 도 방)

劇藥(극약), 劇場(극장), 悲劇(비극), 喜劇(희극)

慮
3급 / 총15획 / 부수 心

범(虍)처럼 무서운 것을 자꾸 생각하고(思) 염려하니 **생각할 려, 염려할 려**

🔊 思(생각할 사)

念慮(염려), 考慮(고려), 思慮(사려), 憂慮(우려)

虜
2급 / 총12획 / 부수 虍

범(虍)을 꿰듯(毌) 힘(力)으로 사로잡으니 **사로잡을 로**

🔊 毌(꿰뚫을 관), 力(힘 력)

虜獲(노획), 捕虜(포로)

膚
2급 / 총15획 / 부수 月

범(虍) 무늬와 위(胃)의 주름처럼 생긴 살갗이니 **살갗 부**

🔊 胃(밥통 위)

膚見(부견), 皮膚(피부)

▌TIP

〈한자에 많이 쓰인 소재들〉
한자의 어원을 생각할 때는 한자가 만들어진 당시의 옛날을 생각해야 쉽게 풀립니다. 한자가 만들어질 당시에 많이 쓰인 소재들을 큰 줄기만 골라보면 다음과 같은데, 이 소재들을 나타내는 글자가 부수가 되어 수많은 글자들이 만들어지지요.

① 사람과 관련된 사람 인(人), 입 구(口), 손 수(手), 발 족(足), 눈 목(目), 마음 심(心), 힘 력(力), 육 달 월(月), 아들 자(子), 여자 녀(女) 등으로 된 글자.
② 대부분 농사를 지었기 때문에 농사와 곡식과 관련된 밭 전(田), 벼 화(禾), 쌀 미(米) 등으로 된 글자.
③ 농사와 전쟁과 관련된 동물인 소 우(牛), 양 양(羊), 말 마(馬), 사슴 록(鹿), 범 호(虎) 등으로 된 글자.
④ 다른 종족과 전쟁을 많이 했기 때문에 전쟁과 관련된 칼 도(刀), 활 궁(弓), 화살 시(矢), 주살 익(弋), 창 과(戈), 창 모(矛) 등으로 된 글자.
⑤ 소재가 대부분 나무나 대였기 때문에 나무 목(木), 대 죽(竹), 풀 초(草), 물 수(水), 실 사(絲), 옷 의(衣) 등으로 된 글자.
⑥ 생활에 큰 영향을 미치는 하늘 천(天), 해 일(日), 달 월(月), 비 우(雨), 산 산(山) 등으로 된 글자.
⑦ 신께 제사를 많이 지냈으니 신과 제사와 관련된 보일 시, 신 시(示), 제사 제(祭) 등으로 된 글자.

Day 29 | 확인문제

01~04 다음 한자에 해당하는 훈음을 오른쪽에서 찾아 연결하세요.

01. 蔽 • • ㉠ 함정 정
02. 穽 • • ㉡ 모양 양
03. 樣 • • ㉢ 덮을 폐
04. 撻 • • ㉣ 매질할 달

05~12 다음 漢字의 훈(뜻)과 음(소리)을 쓰세요.

05. 耕 (   )   06. 寒 (   )
07. 形 (   )   08. 刑 (   )
09. 購 (   )   10. 構 (   )
11. 詳 (   )   12. 繕 (   )

13~18 다음 훈음에 맞는 漢字를 쓰세요.

13. 사나울 학 (   )   14. 전할 체 (   )
15. 의지할 거 (   )   16. 소생할 소 (   )
17. 간사할 사 (   )   18. 싹 아 (   )

19~20 다음 문장 중 (   ) 안에 들어갈 한자어로 알맞은 것은?

19. 우리 사회에 그들을 용서하고 받아들일 수 있는 (   )이/가 필요하다.
   ① 雅潔   ② 雅量
   ③ 優雅   ④ 清雅

20. 우리는 드디어 임무를 (   )했다.
   ① 完遂   ② 未遂
   ③ 逐出   ④ 角逐

정답

01. ㉢	02. ㉠	03. ㉡	04. ㉣	05. 밭갈 경
06. 찰 한	07. 모양 형	08. 형벌 형	09. 살 구	10. 얽을 구
11. 자상할 상	12. 기울 선	13. 虐	14. 遞	15. 據
16. 蘇	17. 邪	18. 芽	19. ②	20. ①

Day 30 | 349 ~ 360

349 호호체 허희 로로로려[虎號遞 虛戲 盧爐蘆廬] – 虎, 虛, 盧로 된 한자

虎
준3급 / 총8획 / 부수 虍

범(虎)은 사람처럼 영리하니 **사람 인 발(儿)**을 붙여서 **범 호**

🔊 儿(사람 인 발, 어진 사람 인), 범 – 호랑이.

虎死留皮(호사유피), 騎虎之勢(기호지세), 猛虎(맹호)

號
5급 / 총13획 / 부수 虍

입(口)을 크게(丂) 벌리고 범(虎)처럼 부르짖으니 **부르짖을 호**
또 부르는 이름이나 부호니 **이름 호, 부호 호**

얭 号 – 입(口)을 크게(丂) 벌리고 부르짖으니 '부르짖을 호'
또 부르는 이름이나 부호니 '이름 호, 부호 호'

🔊 丂['공교할 교, 교묘할 교'지만 여기서는 큰 대(大)의 변형으로 봄]

號令(호령), 國號(국호), 番號(번호), 暗號(암호)

遞
2급 / 총14획 / 부수 辶

언덕(厂)을 범(虎)이 왔다갔다(辶)하듯 갈마들며 전하니 **갈마들 체, 전할 체**

🔊 厂(굴 바위 엄, 언덕 엄), 辶(뛸 착, 갈 착), 갈마들다 – 서로 번갈아들다. 교대하다.

遞來(체래), 遞信(체신), 遞信廳(체신청), 郵遞局(우체국)

虛
준3급 / 총12획 / 부수 虍

범(虎)이 이쪽(丿) 저쪽(ㅐ)으로 다니는 땅(一)은 다른 동물이 모두 도망가 비니 **빌 허**
또 비어 아무 것도 못 잡아 헛되니 **헛될 허**

虛空(허공), 虛飢(허기), 虛妄(허망), 虛費(허비)

戲
2급 / 총16획 / 부수 戈

헛된(虛), 즉 거짓 창(戈)으로 놀라게만 하며 놀고 희롱하니 **놀 희, 희롱할 희**

웬 戲 – 범 무늬(虍)를 제기(豆) 위에 놓고 창(戈)으로 찌르는 시늉을 하며 놀고 희롱하니 '놀 희, 희롱할 희'

🔊 戈(창 과), 豆(제기 두, 콩 두)

戲曲(희곡), 戲劇(희극), 戲弄(희롱), 戲筆(희필)

盧
2급 / 총16획 / 부수 皿

범(虍)과 밭(田) 무늬를 검게 넣은 그릇(皿)인 목로나 밥그릇이니
검을 로, 목로 로, 밥그릇 로, 성 로

田(밭 전), 皿(그릇 명), 목로 – 주로 선술집에서 술잔을 놓기 위하여 쓰는, 널빤지로 좁고 기다랗게 만든 상.

盧生之夢(노생지몽), 毘盧峯(비로봉)

爐
2급 / 총20획 / 부수 火

불(火)을 담는 그릇(盧) 같은 화로니 **화로 로**

火(불 화), 화로(火爐) – 불을 담아 두는 그릇.

煖爐(난로), 香爐(향로), 鎔鑛爐(용광로)

蘆
2급 / 총20획 / 부수 ⺾

풀(⺾) 중 그릇(盧)도 만들어 쓰는 갈대니 **갈대 로**

蘆笛(노적), 蘆花(노화)

廬
2급 / 총19획 / 부수 广

(세간이 없고) 집(广)에 밥그릇(盧)만 있는 오두막집이니 **오두막집 려**
또 오두막집처럼 허술한 여인숙이니 **여인숙 려**

广(집 엄)

草廬(초려), 三顧草廬(삼고초려), 廬舍(여사)

---

350 을걸 지지핍 야지지타[乙乞 之芝乏 也地池他] – 乙, 之, 也로 된 한자

乙
4급 / 총1획 / 부수 乙

목과 가슴 사이가 굽은 새 모양을 본떠서 **새 을**
또 십간(十干)의 둘째 천간으로도 쓰여 **둘째 천간 을, 둘째 을**
또 새처럼 굽은 모습이니 **굽을 을**

부수로 쓰일 때는 변형된 모습(乚)으로도 쓰입니다.

甲男乙女(갑남을녀), 甲論乙駁(갑론을박)

乞

2급 / 총3획 / 부수 乙

사람(𠂉)이 새 을(乙) 자처럼 몸을 구부리고 비니 **빌 걸**

𠂉[사람 인(人)의 변형]

乞客(걸객), 乞人(걸인), 求乞(구걸), 伏乞(복걸)

之
준3급 / 총4획 / 부수 丿

초목의 싹이 움터서 자라 나가는 모양을 본떠서 **갈 지**
또 가듯이 무엇에 속하는 '~의'니 **~의 지**
또 향하여 가듯이 향하여 가리키는 이것이니 **이 지**

之東之西(지동지서), 師弟之間(사제지간)

芝
2급 / 총8획 / 부수 ++

풀(++)처럼 번져 **가며**(之) 자라는 지초나 버섯이니 **지초 지, 버섯 지**

🔊 지초(芝草) – ㉠ 지치. 지치과에 딸린 다년생 풀. ㉡ 영지(靈芝). 활엽수의 그루터기에 나는 버섯.
芝蘭(지란), 芝蘭之交(지란지교)

乏
2급 / 총5획 / 부수 丿

삐뚤어진(丿) 마음으로 살아**가면**(之) 가난하고 모자라니 **가난할 핍, 모자랄 핍**

🔊 丿(삐침 별)
乏盡(핍진), 窮乏(궁핍), 耐乏(내핍), 缺乏(결핍)

也
준3급 / 총3획 / 부수 乙

힘껏(ㄣ) 새(乚) 같은 힘이라도 또한 보태는 어조사니 **또한 야, 어조사 야**

🔊 乚[乙(새 을, 둘째 천간 을, 둘째 을, 굽을 을)이 부수로 쓰일 때의 모양], ㄣ[힘 력(力)의 변형]
獨也靑靑(독야청청), 言則是也(언즉시야)

地
준5급 / 총6획 / 부수 土

흙(土) 또한(也) 온 누리에 깔린 땅이니 **땅 지**
또 어떤 땅 같은 처지니 **처지 지**

🔊 土(흙 토)
地表(지표), 驚天動地(경천동지), 易地思之(역지사지)

池
3급 / 총6획 / 부수 氵

물(氵) 또한(也) 넓게 고인 못이니 **못 지, 성 지**

池塘(지당), 電池(전지), 貯水池(저수지), 蓄電池(축전지)

他
준4급 / 총5획 / 부수 亻

사람(亻) 또한(也) 모두 다르고 남이니 **다를 타, 남 타**

他道(타도), 他鄕(타향), 排他(배타), 依他(의타)

DAY 30

351 신 기기기 승승 비번[迅 气汽氣 升昇 飛鬴] - 迅과 气, 升, 飛로 된 한자

迅
2급 / 총7획 / 부수 辶

빨리(卂) 가니(辶) 빠를 신

🔊 卂 : 많은(十) 것을 재빨리 감고 날아가는(乁) 모습에서 '빠를 신'
迅擊(신격), 迅速(신속), 迅疾(신질), 迅風(신풍)

气
급외자 / 총4획 / 부수 气

사람(𠂉) 입에서 입김(一)이 나오는(乁) 기운이니 기운 기

🔊 𠂉[사람 인(人)의 변형]
🔊 1급, 사범, 급외자, 부수자 – 어원 풀이를 위한 참고자로 8~2급 선정 한자에는 포함되지 않습니다.

汽
2급 / 총7획 / 부수 氵

물(氵)이 끓으면서 기운(气)차게 올라가는 김이니 물 끓는 김 기

汽管(기관), 汽船(기선), 汽笛(기적), 汽車(기차)

氣
준5급 / 총10획 / 부수 气

기운(气)이 쌀(米)밥을 지을 때처럼 올라가는 기운이니 기운 기

또 이런 기운으로 이루어지는 대기니 **대기 기**

🔊 米(쌀 미), 대기(大氣) – 공기를 달리 이르는 말.
氣力(기력), 氣稟(기품), 感氣(감기), 氣象(기상)

升
2급 / 총4획 / 부수 十

천(千), 십(十) 등의 숫자로 곡식의 양을 헤아리는 되니 되 승

또 되에 곡식을 퍼 올리듯 오르니 **오를 승**

🔊 千[일천 천, 많을 천(千)의 변형], '되'나 '말'은 옛날에 곡식의 양을 헤아렸던 도구로, 되나 말에 퍼 올려 '한 되 두 되, 한 말 두 말' 등으로 그 양을 헤아렸지요.
升斗之利(승두지리), 升級·昇級(승급)

昇
2급 / 총8획 / 부수 日

해(日)가 떠오르듯이(升) 오르니 오를 승

昇降機(승강기), 昇進(승진), 昇天(승천)

飛
준3급 / 총9획 / 부수 飛

새가 날개 치며 날아오르는(升) 모양을 본떠서 날 비

또 날면 높고 빠르니 **높을 비, 빠를 비**

飛行(비행), 雄飛(웅비), 飛躍(비약), 飛虎(비호)

402

翻

2급 / 총21획 / 부수 飛

차례(番)로 날아(飛)오르듯 뒤집어 나부끼니 **뒤집을 번, 나부낄 번**

또 말을 뒤집어 번역하니 **번역할 번**

🔊 番(차례 번, 번지 번)

翻覆(번복), 翻譯(번역), 翻案(번안)

---

352 조명홍 도봉언 오오[鳥鳴鴻 島鳳焉 烏鳴] - 鳥, 烏로 된 한자

鳥

준4급 / 총11획 / 부수 鳥

앉아있는 새의 옆모양을 본떠서 **새 조**

鳥類(조류), 鳥足之血(조족지혈), 一石二鳥(일석이조)

鳴

준3급 / 총14획 / 부수 鳥

입(口)으로 새(鳥)처럼 우니 **울 명**

悲鳴(비명), 自鳴鐘(자명종), 春雉自鳴(춘치자명)

鴻

2급 / 총17획 / 부수 鳥

강(江)에 사는 새(鳥) 중 기러기니 **기러기 홍**

🔊 江(강 강)

鴻鵠(홍곡), 鴻功(홍공), 鴻基(홍기)

島

준4급 / 총10획 / 부수 山

(바다에서) 새(鳥)들이 사는 산(山)처럼 높은 섬이니 **섬 도**

동 嶋 – (바다에서) 산(山)처럼 높아 새(鳥)들도 사는 섬이니 '섬 도'

🔊 鸟[새 조(鳥)의 획 줄임]

島嶼(도서), 群島(군도), 半島(반도), 列島(열도)

鳳

2급 / 총14획 / 부수 鳥

(신성하게 여겨) 안석(几)에 새기는 하나(一)의 새(鳥)는 봉황새니 **봉황새 봉**

🔊 几(안석 궤), 봉황새를 신성하게 여겨 귀한 분의 의자나 안석, 상장의 테두리 등에 새기지요. 봉(鳳)은 수컷, 봉황새 황(凰)은 암컷.

鳳仙花(봉선화), 龍味鳳湯(용미봉탕) – 매우 맛있는 음식을 비유하여 이르는 말.

焉

2급 / 총11획 / 부수 灬

(나뭇가지에도) 바르게(正) 새(烏)는 어찌 앉을 수 있을까에서 **어찌 언, 어조사 언**

🔊 烏[새 조(鳥)의 획 줄임]

焉敢生心(언감생심), 於焉間(어언간), 終焉(종언)

烏
준3급 / 총10획 / 부수 灬

(너무 검어 눈이 구분되지 않아) 새 조(鳥)에서 눈을 나타내는 일(一)을 빼서 **까마귀 오**
또 까마귀처럼 검으니 어찌 할까에서 **검을 오, 어찌 오**

◀ 一('한 일'이지만 여기서는 '눈'으로 봄)
烏飛梨落(오비이락), 烏竹(오죽), 烏石(오석)

 嗚
2급 / 총13획 / 부수 口

입(口)으로 까마귀(烏) 울음처럼 슬프게 탄식하니 **탄식할 오**

◀ 탄식(歎息) - 한탄하며 한숨을 쉼. *歎(탄식할 탄, 감탄할 탄), 息(쉴 식, 숨 쉴 식, 자식 식)
嗚咽(오열), 嗚泣(오읍), 嗚呼痛哉(오호통재)

---

353 추추(퇴) 수수웅 치치[隹推 誰雖雄 稚雉] - 隹로 된 한자1

隹
급외자 / 총8획 / 부수 隹

꽁지 짧은 새를 본떠서 **새 추**

推
준3급 / 총11획 / 부수 扌

(놓아주려고) 손(扌)으로 새(隹)를 미니 **밀 추, 밀 퇴**

◀ '밀 퇴'로는 퇴고(推敲)에만 쓰입니다.
推戴(추대), 推仰(추앙), 推薦(추천), 推敲(퇴고)

誰
준3급 / 총15획 / 부수 言

말(言)을 새(隹)처럼 하니 누가 알아들을까에서 **누구 수**

◀ 言(말씀 언)
誰某(수모), 誰何(수하), 誰怨誰咎(수원수구)

雖
준3급 / 총17획 / 부수 隹

입(口)에 벌레(虫)를 문 새(隹)는 비록 작아도 새끼를 기르니 **비록 수**

◀ 口(입 구, 구멍 구, 말할 구), 虫(벌레 충)
雖然(수연), 雖乞食厭拜謁(수걸식염배알)

雄
4급 / 총12획 / 부수 隹

열(十) 마리를 사사로이(厶) 거느린 새(隹)는 수컷이며 크니 **수컷 웅, 클 웅**

◀ 厶(사사 사, 나 사), 보통 수컷 한 마리에 암컷 열 마리의 비율로 짐승을 기르지요.
雌雄(자웅), 雄辯(웅변), 雄壯(웅장), 英雄(영웅)

稚
2급 / 총13획 / 부수 禾

벼(禾)가 작은 새(隹)만큼 겨우 자라 어리니 **어릴 치**

◀ 禾(벼 화)
稚拙(치졸), 幼稚(유치), 幼稚園(유치원)

雉
2급 / 총13획 / 부수 隹

(걷다가) **화살**(矢)처럼 갑자기 날아오르는 **새**(隹)는 꿩이니 **꿩 치**

🔊 矢(화살 시), 꿩은 걷다가 급하면 갑자기 화살처럼 공중으로 날아오름을 생각하고 만든 글자.
雉湯(치탕), 雉兔(치토), 春雉自鳴(춘치자명)

---

354 유유유 회잡[維惟唯 淮雜] - 隹로 된 한자2

維
3급 / 총14획 / 부수 糸

실(糸)로 엮어 **새**(隹)를 잡는 그물의 벼리니 **벼리 유**

또 벼리처럼 묶는 끈이니 **묶을 유, 끈 유**

🔊 벼리 – 그물코를 꿴 굵은 줄, 일이나 글의 뼈대가 되는 줄거리
🔊 유신(維新) – '새롭게 묶음'으로, 정치체제(政治體制)나 어떤 일이 새롭게 혁신되는 것을 말함.
維持(유지), 進退維谷(진퇴유곡), 纖維(섬유)

惟
2급 / 총11획 / 부수 忄

마음(忄)이 앞으로만 나는 **새**(隹)처럼 오직 한 곳으로만 생각하니
생각할 유, 오직 유

思惟(사유), 惟獨(유독), 惟一(유일)

唯
준3급 / 총11획 / 부수 口

입(口)으로 **새**(隹)가 지저귐은 뜻을 알 수 없는 오직 소리뿐이니 **오직 유**

또 **입**(口)으로 **새**(隹) 지저귀듯 대답하니 **대답할 유**

🔊 입으로 대답하니 입 구(口)면 대답할 유(唯), 마음으로 생각하니 마음 심 변(忄)이면 생각할 유(惟), 실로 묶으니 실 사(糸)면 벼리 유, 묶을 유, 끈 유(維), 그리고 대답할 유(唯)와 생각할 유(惟)는 '오직 유'로도 쓰인다고 익히세요.
唯物(유물), 唯一(유일), 唯唯諾諾(유유낙낙), 唯一無二(유일무이)

淮
2급 / 총11획 / 부수 氵

물(氵) 중 **새**(隹)들이 많이 사는 곳의 물 이름이니 **물 이름 회**

🔸 准(승인할 준) – 1급
🔊 회수(淮水) – 중국 하남성(河南省) 동백산에서 발원하여 황하로 흘러드는 강.
淮南子(회남자), 淮陽郡(회양군) – 강원도 동북쪽에 있는 군으로, 금강산이 있음.

雜
3급 / 총18획 / 부수 隹

우두머리(亠) 아래 모인 **사람**(人)과 **사람**(人)들이 **나무**(木)에 여러 종류의 **새**(隹)들처럼 섞이니 **섞일 잡**

🔊 亠(머리 부분 두)
雜穀(잡곡), 雜技(잡기), 雜多(잡다), 雜務(잡무)

355 안응 준휴 진초 [雁應 準携 進焦] - 隹로 된 한자3

雁
2급 / 총12획 / 부수 隹

바위(厂) 틈에 살며 사람(亻)처럼 예의 바른 새(隹·鳥)는 기러기니 **기러기 안**

[원] 鴈

🔊 厂(굴 바위 엄, 언덕 엄), 기러기 안(雁)은 작은 기러기, 기러기 홍(鴻)은 큰기러기.

雁書(안서), 雁信(안신), 雁柱(안주), 雁行(안항)

應
4급 / 총17획 / 부수 心

집(广)에서 사람(亻)이 키운 새(隹)가 주인을 따르듯 마음(心)에 응하니 **응할 응**

[약] 応

🔊 广(집 엄), 心(마음 심, 중심 심), 대답하는 소리 '응'도 이 글자에서 유래되었지요.

應感(응감), 應擧(응거), 應急(응급), 應試(응시)

準
준3급 / 총13획 / 부수 氵

물(氵) 위에 새(隹) 열(十) 마리가 평평하게 법도에 준하여 날아가니 **평평할 준, 법도 준, 준할 준**

🔊 준하다 - 어떤 본보기에 비추어 그대로 좇다.
🔊 새들은 법도에 준하듯 일정한 대열을 이루며 날아가지요.

平準化(평준화), 基準(기준), 準決勝(준결승)

携
2급 / 총13획 / 부수 扌

손(扌)으로 새(隹)를 곧(乃) 끌어 가지니 **끌 휴, 가질 휴**

🔊 乃(곧 내, 이에 내)

携引(휴인), 提携(제휴), 携帶(휴대), 携帶品(휴대품)

進
준4급 / 총12획 / 부수 辶

(앞으로만 나아가는) 새(隹)처럼 나아가니(辶) **나아갈 진**

🔊 새는 앞으로만 나아가지요.

進級(진급), 進度(진도), 前進(전진) ↔ 後退(후퇴)

焦
2급 / 총12획 / 부수 灬

새(隹)의 깃처럼 불(灬)에 잘 타니 **탈 초**

🔊 灬(불 화 발)

焦眉(초미), 焦思(초사), 焦燥(초조), 焦土(초토)

356 구분탈 확학 호확획[舊奮奪 確鶴 護穫獲] - 隹, 崔, 蒦로 된 한자

舊
4급 / 총18획 / 부수 臼

풀(艹)로 새(隹)들이 절구(臼) 같은 둥지를 만듦은 오래된 옛날부터니
오랠 구, 옛 구

약 旧

🔊 艹(초 두)

舊殼(구각), 舊式(구식), 舊態依然(구태의연), 親舊(친구)

奮
2급 / 총16획 / 부수 大

큰(大) 새(隹)가 밭(田)에서 먹이를 찾으려고 다른 일을 떨치고 힘쓰니
떨칠 분, 힘쓸 분

🔊 田(밭 전), 떨치다 - ㉠ 위세나 명성 같은 것이 널리 알려지다. ㉡ 세게 떨어지게 하다. 여기서는 ㉡의 뜻.

奮起(분기), 奮發(분발), 興奮(흥분), 孤軍奮鬪(고군분투)

奪
2급 / 총14획 / 부수 大

큰(大) 새(隹)가 발 마디(寸)를 굽혀 잡듯 남의 것을 빼앗으니 **빼앗을 탈**

🔊 寸(마디 촌, 법도 촌)

奪骨(탈골), 奪取(탈취), 強奪(강탈), 掠奪(약탈)

確
3급 / 총15획 / 부수 石

돌(石)로 덮으면(冖) 새(隹)도 날지 못함이 굳게 확실하니 **굳을 확, 확실할 확**

🔊 石(돌 석), 冖(덮을 멱)

確固不動(확고부동), 確實(확실), 確答(확답), 正確(정확)

鶴
2급 / 총21획 / 부수 鳥

목이 길어 하늘(一)을 찌르는(丿) 모양으로 날아가는 작은 새(隹)나 큰 새(鳥)는 모두 학이니 **학 학**

🔊 一('덮을 멱'이지만 여기서는 하늘 모양), 丿('삐침 별'이지만 여기서는 찌르는 모습), 鳥(새 조)

鶴舞(학무), 鶴髮(학발), 群鷄一鶴(군계일학)

護
2급 / 총21획 / 부수 言

말(言) 못하는 풀(艹) 속의 새(隹)들도 또(又)한 보호하니 **보호할 호**

🔊 言(말씀 언), 又(오른손 우, 또 우)

護國(호국), 看護(간호), 辯護(변호), 保護(보호)

穫
2급 / 총19획 / 부수 禾

벼(禾)를 풀(艹) 속의 새(隹)들이 또(又) 먹을까 염려되어 거두니 **거둘 확**

🔊 禾(벼 화), 艹(초 두)

收穫(수확), 多收穫(다수확)

獲
2급 / 총17획 / 부수 犭

개(犭)가 풀(⺿) 속에 있는 새(隹)를 또(又) 잡아와 얻으니 **얻을 획**

🔊 犭(큰 개 견, 개 사슴 록 변)

獲得(획득), 濫獲(남획), 虜獲(노획), 漁獲(어획)

---

357 최최 집척쌍[崔催 集隻雙] - 崔, 隹로 된 한자4

崔
2급 / 총11획 / 부수 山

산(山)에 새(隹)가 나는 것처럼 높으니 **높을 최, 성 최**

🔊 새가 평지에서 날 때보다 산에서 날 때가 더 높겠지요.

崔崔(최최), 崔致遠(최치원) - 신라 말의 학자(857~?).

催
2급 / 총13획 / 부수 亻

사람(亻)에게 높이(崔) 오르라고 재촉하며 열고 베푸니
재촉할 최, 열 최, 베풀 최

催告(최고), 催淚彈(최루탄), 開催(개최), 主催(주최)

集
준4급 / 총12획 / 부수 隹

새(隹)가 나무(木) 위에 모이듯 모으니 **모일 집, 모을 집**

또 여러 내용을 모아 만든 책이니 **책 집**

集合(집합), 採集(채집), 文集(문집), 全集(전집)

隻
2급 / 총10획 / 부수 隹

새(隹) 한 마리만 또(又) 날아가는 홀로니 **홀로 척**

또 홀로 한 척씩 배를 세는 단위니 **외짝 척**

🔊 又(오른손 우, 또 우), 척(隻) - 배의 수효를 세는 단위.

隻手(척수), 隻身(척신), 隻愛(척애) - 짝사랑.

雙
2급 / 총18획 / 부수 隹

새 두 마리(隹隹)가 손(又) 위에 있는 쌍이니 **쌍 쌍**

雙雙(쌍쌍), 雙發(쌍발), 雙方(쌍방), 雙壁(쌍벽)

358 고고 금리 작옹구[雇顧 禽離 雀擁懼] – 雇, 离, 隹로 된 한자5

雇
2급 / 총12획 / 부수 隹

집(戶)에 갇힌 새(隹)처럼 남의 집에서 품 파는 품팔이니 **품 팔 고, 품팔이 고**

戶(문 호, 집 호)

雇價(고가), 雇傭(고용), 雇用(고용), 解雇(해고)

顧
2급 / 총21획 / 부수 頁

집(戶)에서 키우는 새(隹)의 머리(頁)처럼 주인을 자주 돌아보니 **돌아볼 고**

頁(머리 혈)

顧客(고객), 顧問(고문), 回顧(회고), 三顧草廬(삼고초려)

禽
2급 / 총13획 / 부수 内

그물(人)로 씌워 잡는 짐승(离)은 날짐승이니 **날짐승 금**

离 – 머리 부분(亠)에 베인(乂) 듯 입 벌리고(凵)의 성(冂) 같은 발자국을 남기고 사사로이(厶) 떠나는 짐승이니 '떠날 리, 짐승 리'

人('사람 인'이지만 여기서는 그물로 봄), 날짐승 – 날아다니는 짐승.

禽獸(금수), 禽獸魚蟲(금수어충), 禽獸行(금수행)

離
3급 / 총19획 / 부수 隹

짐승(离)이나 새(隹)처럼 기약 없이 헤어지니 **헤어질 리**

离 – 머리 부분(亠)에 베인(乂) 듯 입 벌린 모습(凵)이 있는 짐승이 사사로이(厶) 성(冂) 같은 발자국을 남기고 떠나니 '짐승 리, 떠날 리'
*亠(머리 부분 두), 乂(벨 예, 다스릴 예, 어질 예), 凵(입 벌릴 감, 그릇 감), 厶(사사 사, 나 사), 冂(멀 경, 성 경)

離別(이별), 離散(이산), 會者定離(회자정리)

雀
2급 / 총11획 / 부수 隹

작은(小) 새(隹)는 주로 참새니 **참새 작**

雀羅(작라), 燕雀(연작), 朱雀(주작), 黃雀(황작)

擁
2급 / 총16획 / 부수 扌

손(扌)으로 머리(亠)까지 작은(纟) 새(隹)처럼 안으니 **안을 옹**

扌(손 수 변), 亠(머리 부분 두), 纟[작을 요, 어릴 요(幺)의 변형]

擁立(옹립), 擁壁(옹벽), 擁護(옹호), 抱擁(포옹)

懼
2급 / 총21획 / 부수 忄

마음(忄)이 두 눈(目目) 두리번거리는 새(隹)처럼 두려워하니 **두려워할 구**

忄(마음 심 변)

疑懼(의구), 疑懼心(의구심), 悚懼(송구)

359 우습익 요요약탁[羽習翌 曜耀躍濯] - 羽, 翟로 된 한자

羽
3급 / 총6획 / 부수 羽

새의 양쪽 날개와 깃을 본떠서 **날개 우, 깃 우**

羽角(우각), 羽毛(우모), 羽化而登仙(우화이등선)

習
5급 / 총11획 / 부수 羽

아직 깃(羽)이 흰(白) 어린 새가 나는 법을 익히니 **익힐 습**

🔊 白(흰 백, 밝을 백, 깨끗할 백, 아뢸 백), 새는 종류에 관계없이 아주 어릴 때는 모두 깃이 흰색이고, 처음부터 나는 것이 아니고 익혀서 낢을 생각하고 만든 글자.

習慣(습관), 習性(습성), 熟習難防(숙습난방), 因習(인습)

翌
2급 / 총11획 / 부수 羽

닭이 깃(羽)을 세워(立) 치면서 울면 밝아오는 다음날이니 **다음날 익**

🔊 이른 새벽에 닭이 욻을 생각하고 만든 글자.

翌日(익일), 翌年(익년), 翌翌年(익익년)

曜

2급 / 총18획 / 부수 日

해(日) 뜨면 날개(羽) 치는 새(隹)들처럼 빛나게 활동하는 요일이니 **빛날 요, 요일 요**

🔊 요일(曜日) - 1주일의 각 날을 이르는 말.

曜魄(요백), 曜日表(요일표)

耀
2급 / 총20획 / 부수 羽

빛(光)이 날개(羽) 치는 새(隹)처럼 빛나니 **빛날 요**

🔊 光(빛 광), 아름답게 빛나는 깃을 가진 새도 많지요.

耀耀(요요), 耀德(요덕), 光耀(광요)

躍

2급 / 총21획 / 부수 ⻊

발(⻊)로 날개(羽) 가진 새(隹)가 땅에서 다닐 때처럼 팔짝팔짝 뛰니 **뛸 약**

🔊 ⻊[발 족, 넉넉할 족(足)의 변형]

躍動(약동), 躍進(약진), 跳躍(도약), 飛躍(비약)

濯
3급 / 총17획 / 부수 氵

물(氵) 속에 날개(羽)를 넣고 새(隹)들도 몸을 씻으니 **씻을 탁**
또 씻듯이 옷을 빠니 **빨 탁**

濯足(탁족), 洗濯(세탁)

360 관권 환권관[雚權 歡勸觀] – 雚으로 된 한자

雚
급외자 / 총18획 / 부수 隹

풀(艹) 속에 여기저기 **입**(口口)을 넣어 먹이를 찾는 **새**(隹)는 황새니 **황새 관**

🔊 황새는 물가에서 고기나 여러 생물을 잡아먹고 사니 다리도 길고 목과 부리도 길지요.

權
4급 / 총22획 / 부수 木

나무(木)에 앉은 **황새**(雚)처럼 의젓해 보이는 권세니 **권세 권, 성 권**

🔊 木(나무 목)

權勢(권세), 權座(권좌), 棄權(기권), 債權(채권)

歡
준3급 / 총22획 / 부수 欠

황새(雚)가 **하품**(欠)하듯 입 벌리며 기뻐하니 **기뻐할 환**

🔊 欠(하품 흠, 모자랄 흠)

歡談(환담), 歡迎(환영) ↔ 歡送(환송), 哀歡(애환)

勸
준3급 / 총20획 / 부수 力

황새(雚)처럼 의젓하도록 **힘**(力)써 권하니 **권할 권**

🔁 勤(부지런할 근, 일 근) – 제목번호 083

🔊 力(힘 력)

勸學(권학), 勸善懲惡(권선징악), 勸誘(권유), 勸酒(권주)

觀
준4급 / 총25획 / 부수 見

황새(雚)처럼 목을 늘이고 **보니**(見) **볼 관**

🔊 見(볼 견, 뵐 현)

觀光(관광), 觀覽(관람), 觀相(관상), 觀衆(관중)

DAY 30

Day 30 | 확인문제

01~04 다음 한자에 해당하는 훈음을 오른쪽에서 찾아 연결하세요.

01. 鴻 •   • ㉠ 기러기 안
02. 雁 •   • ㉡ 기러기 홍
03. 應 •   • ㉢ 응할 응
04. 舊 •   • ㉣ 오랠 구

05~12 다음 漢字의 훈(뜻)과 음(소리)을 쓰세요.

05. 迅 (   )   06. 鳴 (   )
07. 嗚 (   )   08. 誰 (   )
09. 雖 (   )   10. 稚 (   )
11. 焦 (   )   12. 雜 (   )

13~18 다음 훈음에 맞는 漢字를 쓰세요.

13. 사로잡을 로 (   )   14. 화로 로 (   )
15. 지초 지   (   )   16. 모자랄 핍 (   )
17. 빌 걸   (   )   18. 뛸 약   (   )

19~20 다음 문장 중 (   ) 안에 들어갈 한자어로 알맞은 것은?

19. 우리 마을에서는 귀농, 귀촌을 (   )합니다.
    ① 歡送   ② 歡迎
    ③ 歡談   ④ 哀歡

20. 링컨은 온갖 (   )의 굴레를 벗어던지고 차별 받는 사람들의 편이 되었다.
    ① 因習   ② 習慣
    ③ 習性   ④ 學習

정답

01. ㉡   02. ㉠   03. ㉢   04. ㉣   05. 빠를 신
06. 울 명   07. 탄식할 오   08. 누구 수   09. 비록 수   10. 어릴 치
11. 탈 초   12. 섞일 잡   13. 虜   14. 爐   15. 芝
16. 乏   17. 乞   18. 躍   19. ②   20. ①

제3편
실용 한자어 · 한자성어

제1장　　실용 한자어
제2장　　한자성어

 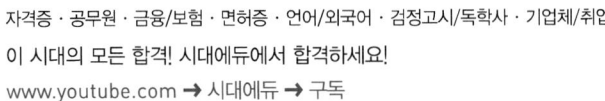 

자격증 · 공무원 · 금융/보험 · 면허증 · 언어/외국어 · 검정고시/독학사 · 기업체/취업

이 시대의 모든 합격! 시대에듀에서 합격하세요!

www.youtube.com → 시대에듀 → 구독

CHAPTER 01 | 실용 한자어

실용 한자어도 무조건 외지 마시고 글자대로 해석하여 정확하게 알아두세요.

1. 경제 용어

價格景氣 가격 경기	價(값/가치 **가**), 格(격식 **격**), 景(볕 **경**), 氣(기운 **기**) 물가가 오름에 따라 생산과 거래가 활발해져 기업의 이익이 늘어나는 상태.
價格告示 가격 고시	價(값/가치 **가**), 格(격식 **격**), 告(알릴 **고**), 示(보일 **시**) 증권 시장에서 거래되는 유가 증권이나 외환 시장에서 거래되는 각종 외환에 대해 가격을 산정하여 제시하는 일.
價格構成 가격 구성	價(값/가치 **가**), 格(격식 **격**), 構(얽을 **구**), 成(이룰 **성**) 상품의 가격을 구성하는 비용이나 이익의 합계.
價格危險 가격 위험	價(값/가치 **가**), 格(격식 **격**), 危(위태할 **위**), 險(험할 **험**) 시장에서 가격의 변동 때문에 손해를 입는 위험.
價格指數 가격 지수	價(값/가치 **가**), 格(격식 **격**), 指(가리킬 **지**), 數(셈 **수**) 경제적 변동 상황을 가격 면에서 나타내는 지수.
價格效果 가격 효과	價(값/가치 **가**), 格(격식 **격**), 效(본받을 **효**), 果(과실 **과**) 가격 변화나 환시세의 변화가 생산, 수요 따위에 미치는 영향. 가격이 오르면 기업의 이윤이 늘어나 생산을 증가시키게 됨.
價格制限幅 가격 제한 폭	價(값/가치 **가**), 格(격식 **격**), 制(제도 **제**), 限(한정 **한**), 幅(폭 **폭**) 주식 시장에서 하루 동안에 개별 종목의 주가가 오르내릴 수 있는 한계를 정해 놓은 범위.

價格安定措置	價(값/가치 **가**), 格(격식 **격**), 安(편안할 **안**), 定(정할 **정**), 措(둘 **조**), 置(둘 **치**)
가격 안정 조치	채권 가격을 안정시키는 일. 채권은 일정 기간에 발행 가격으로 투자가에게 판매되어야 하며, 이를 위반하면 판매 회사는 판매 수수료를 주간사 은행에 반납하여야 하고 주간사 회사는 발행 가격 이하로 거래되는 채권을 매입하여 가격을 안정시켜야 함.

家計所得	家(집 **가**), 計(셀 **계**), 所(바/곳 **소**), 得(얻을 **득**)
가계 소득	근로 소득, 사업 소득 및 집세·땅세·이자·배당금과 같은 재산 소득 따위를 합한 가족의 총소득.

家計收支	家(집 **가**), 計(셀 **계**), 收(거둘 **수**), 支(지탱할 **지**)
가계 수지	한 가정에서 일정 기간 동안 집계된 수입과 지출.

家計手票	家(집 **가**), 計(셀 **계**), 手(손 **수**), 票(표 **표**)
가계 수표	은행에 가계 종합 예금 계좌를 가진 사람이 그 은행 앞으로 발행하는 소액 수표.

家計調査	家(집 **가**), 計(셀 **계**), 調(고를 **조**), 査(조사할 **사**)
가계 조사	국민의 생활 실태를 알아보기 위하여 각 가구의 수입과 지출을 조사하는 일.

家計生活指數	家(집 **가**), 計(셀 **계**), 生(날 **생**), 活(살 **활**), 指(지탱할 **지**), 數(셈 **수**)
가계 생활 지수	일반 가계의 경제적 상황에 대하여 가계 구성원의 체감 정도를 나타내는 지수.

落札	落(떨어질 락(**낙**)), 札(패 **찰**)
낙찰	경매나 경쟁 입찰 따위에서 물건이나 일이 어떤 사람이나 업체에 돌아가도록 결정함.

南南問題	南(남녘 **남**), 南(남녘 **남**), 問(물을 **문**), 題(제목 **제**)
남남 문제	개발 도상국 사이에 생기는 여러 문제. 자원이 풍부한 나라나 신흥 공업 경제 지역과 자원이 없는 다른 여러 나라와의 경제적 격차가 원인임.

南南協力	南(남녘 **남**), 南(남녘 **남**), 協(도울 **협**), 力(힘 **력**)
남남 협력	개발 도상국 간에 서로 경제적으로 또는 기술적으로 협력하는 일.

納入資本金	納(들일 **납**), 入(들 **입**), 資(재물 **자**), 本(근본 **본**), 金(쇠/돈 **금**)
납입 자본금	주식회사의 사업 경영에 쓰이는, 납입이 완료된 자금.

納入資本利益率	納(들일 **납**), 入(들 **입**), 資(재물 **자**), 本(근본 **본**), 利(이로울 **이**), 益(더할 **익**), 率(비율 **률**)
납입 자본 이익률	주식회사의 평균 납입 자본금에 대한 일정 기간의 순이익금 비율.

納稅義務의 確定	納(들일 **납**), 稅(세금 **세**), 義(옳을 **의**), 務(일/힘쓸 **무**), 確(굳을 **확**), 定(정할 **정**)
납세 의무의 확정	이자·배당·급여 따위가 발생하여 납세의 의무가 성립한 경우, 법에서 정한 절차에 따라 납부해야 할 세액을 확정하는 일.

內國換	內(안 **내**), 國(나라 **국**), 換(바꿀 **환**)
내국환	한 나라 안에서 거래를 결제할 때 쓰는 환어음.

納稅者保護擔當官制度	納(들일 **납**), 稅(세금 **세**), 者(사람 **자**), 保(지킬 **보**), 護(보호할 **호**), 擔(멜 **담**), 當(마땅할 **당**), 官(관청 **관**), 制(제도 **제**), 度(법도 **도**)
납세자 보호 담당관 제도	세금을 억울하게 부과 받았거나 세무 조사 과정에서 부당한 대우를 받은 사람을 보호하기 위한 담당관 제도.

內國貿易	內(안 **내**), 國(나라 **국**), 貿(무역할 **무**), 易(바꿀 **역**)
내국 무역	국내에 있는 외국인과 거래한다든지 하여 국내에서도 대외 무역과 똑같이 외화 출납이 생기는 거래.

內國民待遇	內(안 **내**), 國(나라 **국**), 民(백성 **민**), 待(기다릴 **대**), 遇(만날 **우**)
내국민 대우	국내의 여러 가지 활동 사항에 대하여 다른 나라 사람을 자기 나라 사람과 동등하게 대우함.

內國信用狀	內(안 **내**), 國(나라 **국**), 信(믿을 **신**), 用(쓸 **용**), 狀(문서 **장**)
내국 신용장	수출업자가 해외의 수입업자로부터 받은 신용장을 근거로 국내의 납품 업체나 하청 업체에 발행하는 신용장.

內國人所有化 내국인 소유화	內(안 **내**), 國(나라 **국**), 人(사람 **인**), 所(바/곳 **소**), 有(있을 **유**), 化(될/변화할 **화**) 외국인이 직접 투자하여 소유한 경영권을 정부가 압력을 가해 내국인이 소유하도록 유도하는 일.
內國支給手段 내국 지급 수단	內(안 **내**), 國(나라 **국**), 支(지탱할 **지**), 給(줄 **급**), 手(손 **수**), 段(층계 **단**) 국내에서 물품 대금으로 지급하는 결제 수단.
內部者 내부자	內(안 **내**), 部(거느릴 **부**), 者(사람 **자**) 어떤 조직의 안에 속해 있는 사람.
內部監査 내부 감사	內(안 **내**), 部(거느릴 **부**), 監(볼 **감**), 査(조사할 **사**) 기업 내부의 감사 기관이 행하는 감사. 회계나 업무에 있어서 부정이나 오류를 발견하거나 방지하고 경영 관리 제도를 평가하기 위하여 함.
內部金融 내부 금융	內(안 **내**), 部(거느릴 **부**), 金(쇠/돈 **금**), 融(녹을/화할 **융**) '내부 유보'나 감가상각 적립금 따위의 기업 내부에 축적된 자금으로 기업이 필요한 자금의 일부를 충당하는 일.
內部市場 내부 시장	內(안 **내**), 部(거느릴 **부**), 市(저자 **시**), 場(마당 **장**) 딜러들 사이에서 거래가 이루어지는 시장.
內部要因 내부 요인	內(안 **내**), 部(거느릴 **부**), 要(구할 **요**), 因(인할 **인**) 주가를 변동시키는 요인 가운데, 시장의 내부에 있는 요인.
內部留保 내부 유보	內(안 **내**), 部(거느릴 **부**), 留(머무를 **유**), 保(지킬 **보**) 기업의 순이익에서 외부에 유출되는 부분을 뺀 나머지 금액.
內部理事 내부 이사	內(안 **내**), 部(거느릴 **부**), 理(다스릴 **이**), 事(일 **사**) 한 회사에서 이사회의 임원이면서 동시에 그 회사의 다른 직무도 수행하는 사람.

內部資金 내부 자금	內(안 **내**), 部(거느릴 **부**), 資(재물 **자**), 金(쇠/돈 **금**) 감가상각 충당금이나 내부 유보 따위와 같이 기업이 내부에서 조달하는 자금.
內部情報 내부 정보	內(안 **내**), 部(거느릴 **부**), 情(뜻 **정**), 報(갚을/알릴 **보**) 일반 투자자에게 알려지지 않은, 기업이나 시장 내부의 정보.
內部收益率 내부 수익률	內(안 **내**), 部(거느릴 **부**), 收(거둘 **수**), 益(더할 **익**), 率(비율 **율**) 예측한 미래의 순수익이 실현될 것이라고 가정하였을 때, 일정 금액의 투자에 대한 수익률.
內部持分率 내부 지분율	內(안 **내**), 部(거느릴 **부**), 持(가질 **지**), 分(나눌 **분**), 率(비율 **율**) 전체 발행 주식 가운데, 기업의 소유주나 법인, 특수 관계인 등이 보유한 주식의 비율.
內部者去來 내부자 거래	內(안 **내**), 部(거느릴 **부**), 者(사람 **자**), 去(갈 **거**), 來(올 **래**) 증권 회사의 임직원이나 주요 주주가 그의 입장을 이용하여 입수한 정보를 기초로 주식을 사고파는 일. 증권 거래법에서 금지하고 있음.
內部勞動市場 내부 노동 시장	內(안 **내**), 部(거느릴 **부**), 勞(일할 로(**노**)), 動(움직일 **동**), 市(저자 **시**), 場(마당 **장**) 임금이나 직위 체계 따위가 기업 내의 규칙에 따라 결정되는 구조. 기업 내의 규칙이나 관리가 노동 시장의 기능을 대신하여 노동 시장 기능이 기업 내로 옮겨진 것을 말함. (→ 외부 노동 시장)
多國籍企業 다국적 기업	多(많을 **다**), 國(나라 **국**), 籍(문서 **적**), 企(꾀할 **기**), 業(일 **업**) 여러 나라에 계열 회사를 거느리고 세계적 규모로 생산·판매하는 대기업.
多國籍銀行 다국적 은행	多(많을 **다**), 國(나라 **국**), 籍(문서 **적**), 銀(은 **은**), 行(다닐/행할 **행**) 여러 나라의 은행이 자금을 내어 설립한 은행. 다국적 기업의 거액 자금 수요에 대응하면서 거액의 자금을 지원하는 것에 대한 위험을 분산하기 위해 설립함.

多國間貿易機構 다국간 무역 기구	多(많을 **다**), 國(나라 **국**), 間(사이 **간**), 貿(무역할 **무**), 易(바꿀 **역**), 機(베틀 **기**), 構(얽을 **구**) 자유 무역의 추진을 제창한 관세 무역 일반 협정(GATT)의 규정의 집행이나 분쟁을 처리할 목적으로 설립 구상이 이루어진 신 국제 기구.
多國間纖維協定 다국간 섬유 협정	多(많을 **다**), 國(나라 **국**), 間(사이 **간**), 纖(가늘 **섬**), 維(벼리 **유**), 協(도울 **협**), 定(정할 **정**) 1973년 12월에 관세 무역 일반 협정이 섬유 무역의 확대와 자유화를 도모하고 수출입 시장에서의 장애를 없애기 위하여 마련한 협정.
多國間通貨調整 다국간 통화 조정	多(많을 **다**), 國(나라 **국**), 間(사이 **간**), 通(통할 **통**), 貨(재화 **화**), 調(고를 **조**), 整(가지런할 **정**) 여러 국가가 각국 통화의 교환 비율을 조정하는 일. 1971년 12월의 스미소니언 협정 따위가 있다.
反騰 반등	反(돌이킬 **반**), 騰(오를 **등**) 물가나 주식 따위의 시세가 떨어지다가 오름.
反落 반락	反(돌이킬 **반**), 落(떨어질 **락**) 오르던 시세가 갑자기 떨어짐.
反投資 반투자	反(돌이킬 **반**), 投(던질 **투**), 資(재물 **자**) 사용 중인 자본재를 처분해 버리거나 대체하지 않음으로써 자본 투자를 한 금액의 전부나 일부를 거두어들이는 일.
反對賣買 반대 매매	反(돌이킬 **반**), 對(대할 **대**), 賣(팔 **매**), 買(살 **매**) 매매 계약을 한 상품을 다시 사거나 파는 일.
發起設立 발기 설립	發(필 **발**), 起(일어날 **기**), 設(베풀 **설**), 立(설 **립**) 주식회사를 설립할 때에 발행하는 주식의 전부를 발기인이 인수하여 회사를 설립하는 일.

惡材	惡(악할 **악**), 材(재목 **재**)
악재	증권 거래소에서 시세 하락의 원인이 되는 조건.

安全性分析	安(편안할 **안**), 全(온전할 **전**), 性(성품 **성**), 分(나눌 **분**), 析(가를 **석**)
안전성 분석	기업의 재무 상태를 측정·분석하여 지급 능력을 판단하는 일.

借款	借(빌릴 **차**), 款(정성/조목 **관**)
차관	한 나라의 정부나 기업, 은행 따위가 외국 정부나 공적 기관으로부터 자금을 빌려 옴.

差別關稅	差(어긋날 **차**), 別(다를 **별**), 關(관계할/빗장 **관**), 稅(세금 **세**)
차별 관세	특정한 나라에서 수입되는 물품에 대하여 일반적인 관세율과 다른 세율을 적용하는 관세.

差益去來	差(어긋날 **차**), 益(더할 **익**), 去(갈 **거**), 來(올 **래**)
차익 거래	어떤 상품의 시장 가격이 지역마다 서로 다를 때, 가격이 싼 시장에서 상품을 사서 비싼 시장에 팔아 매매 차익을 얻는 거래.

創立總會	創(비롯할 **창**), 立(설 **립**), 總(모을 **총**), 會(모일 **회**)
창립총회	주식회사를 새로 설립할 때에, 설립 중인 회사의 의결 기관으로서 발기인과 주식 인수인이 모여 사무를 보고하고 의사를 결정하는 총회.

他人資本	他(다를 **타**), 人(사람 **인**), 資(재물 **자**), 本(근본 **본**)
타인 자본	기업의 자본 가운데 출자자 이외의 제삼자로부터 끌어들인 자본. 차입금, 사채 등.

他人資本回轉率	他(다를 **타**), 人(사람 **인**), 資(재물 **자**), 本(근본 **본**), 回(돌 **회**), 轉(구를 **전**), 率(비율 **율**)
타인 자본 회전율	타인 자본과 매출액의 비율. 타인 자본이 일정한 기간 중에 몇 번이나 회전하였는가 하는 회전 속도를 나타내는 비율.

宅地所有上限制	宅(집 **택**), 地(땅 **지**), 所(바/곳 **소**), 有(있을 **유**), 上(위 **상**), 限(한정 **한**), 制(제도 **제**)
택지 소유 상한제	서울, 부산, 인천, 대전, 광주, 대구 등의 6대 도시의 경우에, 한 가구당 661㎡가 넘는 택지를 신규로 취득할 수 없게 한 제도. 토지 공개념의 일종.

土地去來許可制	土(흙 **토**), 地(땅 **지**), 去(갈 **거**), 來(올 **래**), 許(허락할 **허**), 可(옳을 **가**), 制(제도 **제**)
토지 거래 허가제	투기 억제를 위해 국토 교통부 장관 등이 특정 지역을 국토의 계획 및 이용에 관한 법률에 따라 거래 규제 지역으로 지정하는 제도.

土地超過利得稅	土(흙 **토**), 地(땅 **지**), 超(넘을 **초**), 過(지날 **과**), 利(이로울 **이**), 得(얻을 **득**), 稅(세금 **세**)
토지 초과 이득세	유휴지나 공한지에서 발생한 토지의 초과 이득에 대하여 부과되는 세금. 땅값 상승 이익을 노린 유휴지와 기업의 비업무용 토지를 대상으로 1990년 1월 1일부터 시행됨.

限界企業	限(한정 **한**), 界(지경 **계**), 企(꾀할 **기**), 業(일 **업**)
한계 기업	임금 상승을 비롯해 경제 여건 변화로 인해 경쟁력을 상실하여 더 이상의 성장에 어려움을 겪는 기업.

限界稅率	限(한정 **한**), 界(지경 **계**), 稅(세금 **세**), 率(비율 **율**)
한계 세율	일정한 소득이 있는 상태에서 소득이 더 증가되었을 때 증가된 소득에 적용되는 세율.

限界預貸率	限(한정 **한**), 界(지경 **계**), 預(미리/맡길 **예**), 貸(빌릴 **대**), 率(비율 **율**)
한계 예대율	일정 기간 동안 예금 증가액에 대하여 대출 증가액이 어느 정도인가를 나타내는 비율.

限界支給準備率	限(한정 **한**), 界(지경 **계**), 支(지탱할 **지**), 給(줄 **급**), 準(준할 **준**), 備(갖출 **비**), 率(비율 **율**)
한계 지급 준비율	특정 시점의 예금을 기준으로 하여 상한선을 정한 뒤, 그 선을 넘는 예금에 부과하는 높은 지급 준비율. 은행의 예금 수준을 통제하기 위한 수단임.

2. 경영 용어

監督職 (감독직)	監(볼 **감**), 督(감독할 **독**), 職(벼슬 **직**) 일이나 사람 등이 잘못되지 아니하도록 살피어 단속하는 일을 맡은 사람의 직위나 직무.
降職 (강직)	降(내릴 **강**), 職(벼슬 **직**) 직위가 낮아짐. 또는 직위를 낮춤.
經營權 (경영권)	經(지날/글 **경**), 營(경영할 **영**), 權(권세 **권**) 기업가가 자신의 기업체를 관리·경영하는 권리. 기업가가 가지는 기본적인 권리로, 법률로 규정되어 있지는 않으나 재산권의 하나로 보기도 함.
經營參加 (경영 참가)	經(지날/글 **경**), 營(경영할 **영**), 參(참여할 **참**), 加(더할 **가**) 노동자 또는 노동조합이 기업 경영에 관한 여러 문제의 토의와 결정에 참가하는 기업 경영 방식. 기업 경영의 민주적 방식으로 관리 참가, 분배 참가, 자본 참가의 세 가지 형태가 있음.
高齡化社會 (고령화 사회)	高(높을 **고**), 齡(나이 **령**), 化(될/변화할 **화**), 社(모일 **사**), 會(모일 **회**) 의학의 발달과 식생활의 향상 따위로 인하여 평균 수명이 늘어남에 따라 총인구에서 65세 이상인 고령자의 인구 비율이 점차 높아져 가는 사회.
雇傭 (고용)	雇(품팔이 **고**), 傭(품팔이 **용**) 삯을 받고 남의 일을 해 줌.
雇傭者 (고용자)	雇(품팔이 **고**), 傭(품팔이 **용**), 者(사람 **자**) 삯을 받고 남의 일을 해 주는 사람.
雇傭調整 (고용 조정)	雇(품팔이 **고**), 傭(품팔이 **용**), 調(고를 **조**), 整(가지런할 **정**) 기업이 노동 수요의 변화에 따라 고용 인원의 수를 삭감하거나 조정하는 일.

雇傭者所得	雇(품팔이 고), 傭(품팔이 용), 者(사람 자), 所(바/곳 소), 得(얻을 득)
고용자 소득	국민 경제 계산에 있어서 분배 국민 소득의 한 항목으로, 노동자의 임금.

過勞死	過(지날 과), 勞(수고로울 로), 死(죽을 사)
과로사	직장에서의 과중한 업무로 생긴 질병으로 인한 죽음.

管理職	管(대롱/관리할 관), 理(다스릴 리), 職(벼슬 직)
관리직	기업, 관공서 따위에서 관리 또는 감독의 직무를 맡아보는 직위.

管理職任期制	管(대롱/관리할 관), 理(다스릴 리), 職(벼슬 직), 任(맡길 임), 期(기약할 기), 制(제도 제)
관리직 임기제	관리직 정년제와 같이 신진대사의 촉진에 의한 조직의 활성화, 인재의 육성, 종업원의 의식 개혁을 목적으로 하여 실시하고 있는 제도.

管理職停年制	管(대롱/관리할 관), 理(다스릴 리), 職(벼슬 직), 停(머무를 정), 年(해 년), 制(제도 제)
관리직 정년제	일반적으로 정년제 연장에 따라 구 정년 연령 혹은 어느 일정 연령에서 관리직의 자리를 떠나, 그 전문 능력을 갖고 전문직 등으로 이동하는 제도.

交替勤務制	交(사귈 교), 替(바꿀 체), 勤(부지런할 근), 務(일/힘쓸 무), 制(제도 제)
교체 근무제	일 근무 시간을 2 이상으로 분할하여 노동자를 교체하여 근무시키는 방식, 교체 근무의 형태로는, 2교대, 3교대, 4교대 등 여러 형태가 있음.

企業內福祉	企(꾀할 기), 業(일 업), 內(안 내), 福(복 복), 祉(복 지)
기업 내 복지	기업 내의 복지 활동을 일컬음. 기업이 종업원을 대상으로 하는 것과 노동조합이 종업원을 대상으로 하는 것이 있다. 보통 기업 복지라 함은 전자를 일컬으며, 이는 복리후생이라고 불리는 경우가 많음.

能力給	能(능할 능), 力(힘 력), 給(줄 급)
능력급	근로자의 일에 대한 능력에 따라 임금을 지급하는 급여 제도. 연령, 기능, 학력, 경험 따위가 결정 기준임.

能力主義 능력주의	能(능할 **능**), 力(힘 **력**), 主(주인 **주**), 義(옳을 **의**) 학력이나 학벌, 연고 따위와 관계없이 본인의 능력만을 기준으로 평가하려는 태도.
勞動條件 노동 조건	勞(일할 로(**노**)), 動(움직일 **동**), 條(조목 **조**), 件(사건 **건**) 근로자가 사용자에게 고용되어 일하는 데에 따르는 여러 가지 조건. 임금, 근로 시간, 작업 환경, 휴가 따위를 말함.
多面評價 다면 평가	多(많을 **다**), 面(얼굴/향할 **면**), 評(평할 **평**), 價(값/가치 **가**) 인사의 공정성과 객관성을 확보하기 위해 평가의 주체를 다양화하는 인사 평가 제도.
同一勞動 同一賃金의 原則 동일 노동 동일 임금의 원칙	同(한 가지 **동**), 一(한 **일**), 勞(일할 로(**노**)), 動(움직일 **동**), 同(한 가지 **동**), 一(한 **일**), 賃(품팔이 **임**), 金(쇠/돈 **금**), 原(언덕/근본 **원**), 則(법칙 **칙**) 동일한 질과 양의 노동에 대해서는 동일한 임금을 지불한다는 원칙. 임금에 대한 차별대우를 배제하고 공정한 임금 결정을 시행하고자 하는 것을 말함.
復職 복직	復(돌아올 **복**), 職(벼슬 **직**) 일반적으로 어떤 직에서 떨어져 나왔던 자가 원직으로 복귀하는 것을 말함.
昇級 승급	昇(오를 **승**), 級(등급 **급**) 직급이나 등급이 오름.
昇進 승진	昇(오를 **승**), 進(나아갈 **진**) 조직상 직위가 상승하는 것을 말함.
市場賃金 시장 임금	市(저자 **시**), 場(마당 **장**), 賃(품팔이 **임**), 金(쇠/돈 **금**) 노동 시장에 있어서 노동력의 수요와 공급의 관계에서 결정되는 임금.

失業率 실업률	失(잃을 **실**), 業(일 **업**), 率(비율 **률**) 노동할 의사와 능력을 가진 인구 가운데 실업자가 차지하는 비율.
實質賃金 실질 임금	實(열매 **실**), 質(바탕 **질**), 賃(품팔이 **임**), 金(쇠/돈 **금**) 임금의 실질적인 가치를 나타내는 금액. 명목 임금을 물가 지수로 나눈 값으로 나타냄.
人事權 인사권	人(사람 **인**), 事(일 **사**), 權(권세 **권**) 인사 문제를 다룰 수 있는 권한.
人事管理 인사 관리	人(사람 **인**), 事(일 **사**), 管(대롱/관리할 **관**), 理(다스릴 **리**) 일하는 사람들이 각자의 능력을 최대로 발휘하여 좋은 성과를 거두도록 관리하는 일.
在宅勤務 재택근무	在(있을 **재**), 宅(집 **택**), 勤(부지런할 **근**), 務(일/힘쓸 **무**) 집에 회사와 통신 회선으로 연결된 정보 통신 기기를 설치하여 놓고 집에서 회사의 업무를 보는 일.
終身雇傭 종신 고용	終(마칠 **종**), 身(몸 **신**), 雇(품팔이 **고**), 傭(품팔이 **용**) 기업이 특별한 경우를 제외하고는 노동자를 해고하지 않고 정년까지 부림.
職務 직무	職(벼슬 **직**), 務(일/힘쓸 **무**) 직책이나 직업상에서 책임을 지고 담당하여 맡은 사무.
職務分析 직무 분석	職(벼슬 **직**), 務(일/힘쓸 **무**), 分(나눌 **분**), 析(가를 **석**) 무엇을 어떻게 해야 직무를 잘 수행할 수 있는지 알아내기 위해, 종업원이 수행하는 업무를 분석하는 일.
職務忠實 직무 충실	職(벼슬 **직**), 務(일/힘쓸 **무**), 忠(충성 **충**), 實(열매 **실**) 계획, 조직, 검사 등의 다양한 작업 기능 및 권한을 작업자에게 부여함으로써 직무를 수직적으로 확대하는 일.

最低賃金	最(가장 **최**), 低(낮을 **저**), 賃(품팔이 **임**), 金(쇠/돈 **금**)
최저 임금	근로자에게 그 아래로 지급하여서는 안 된다고 정한 임금의 액수.

最低生計費	最(가장 **최**), 低(낮을 **저**), 生(날 **생**), 計(셀 **계**), 費(쓸 **비**)
최저 생계비	임금 산출의 기초로서 이론적으로 계산해 낸 생활에 필요한 최소 비용.

退職金	退(물러날 **퇴**), 職(벼슬 **직**), 金(쇠/돈 **금**)
퇴직금	퇴직하는 사람에게 근무처에서 지급하는 돈.

3. 교육 용어

感受性訓練	感(느낄 **감**), 受(받을 **수**), 性(성품 **성**), 訓(가르칠 **훈**), 練(익힐 **련**)
감수성 훈련	소집단 모임의 상호 작용을 통하여 인간관계에 대한 이해와 기술을 향상시키고자 하는 사회성 훈련 기법.

特殊敎育	特(특별할 **특**), 殊(다를 **수**), 敎(가르칠 **교**), 育(기를 **육**)
특수 교육	신체적·정신적·사회적 발달의 장애 등으로 인하여 특수한 교육적 요구를 지닌 아동을 대상으로 하는 교육.

假說檢證	假(거짓/임시 **가**), 說(말씀 **설**), 檢(검사할 **검**), 證(증명할 **증**)
가설 검증	가설의 옳고 그름을 따져 보는 일. 모집단의 모수 또는 분포에 대해 버릴 것이 예상되는 가설과 그에 대립되는 가설을 설정한 후 표본을 통해 얻는 정보에 따라 어떤 가설이 맞는지를 결정하는 통계적 절차를 말함.

感覺主義	感(느낄 **감**), 覺(깨달을 **각**), 主(주인 **주**), 義(옳을 **의**)
감각주의	모든 지식과 인식이 감각을 자료로 해서 감각에 의해서만 이루어진다고 생각하여 내적인 경험을 독립한 인식의 원천으로 인식하지 않는 극단적인 경험론의 한 형태를 말함.

開放學校	開(열 **개**), 放(놓을 **방**), 學(배울 **학**), 校(학교 **교**)
개방 학교	아동의 건강 증진이나 자연 관찰 따위의 교육을 위하여 교외나 숲속, 바닷가 같은 곳에 임시로 세운 학교.

開放敎育課程 개방 교육 과정	開(열 **개**), 放(놓을 **방**), 敎(가르칠 **교**), 育(기를 **육**), 課(매길 **과**), 程(길/법 **정**) 1960년대의 후반에 발달되어 70년대에 진행되어 오고 있는 영국의 초등학교의 개혁 운동이 미국에 파급된 인간 중심적인 교육개혁 운동의 한 갈래.
個別化授業 개별화 수업	個(낱 **개**), 別(다를 **별**), 化(될/변화할 **화**), 授(줄 **수**), 業(일 **업**) 학습 양식, 경험, 태도, 능력, 관심, 교육 정도가 달라 개인차가 있는 교육 참가자들에게 각기 다른 학습 활동을 제공하도록 설계하는 수업 방법.
經驗論 경험론	經(지날/글 **경**), 驗(시험 **험**), 論(논할 **론**) 인식·지식의 근원을 오직 경험에서만 찾는 철학적 입장 및 경향.
經驗中心 敎育課程 경험 중심 교육 과정	經(지날/글 **경**), 驗(시험 **험**), 中(가운데 **중**), 心(마음 **심**), 敎(가르칠 **교**), 育(기를 **육**), 課(매길 **과**), 程(길/법 **정**) 학생이 교육의 중심적 존재가 되어야 한다는 입장에서 교육 과정의 중심이 되는 내용을 학생이 행해야 할 경험으로 구성하는 교육 과정.
繼續性의 原理 계속성의 원리	繼(이를 **계**), 續(이를 **속**), 性(성품 **성**), 原(언덕/근본 **원**), 理(다스릴 **리**) 시행착오의 원리에 있어서 연습의 법칙, 즉 빈도의 법칙과 같은 성질의 것을 말함.
公敎育費 공교육비	公(공변될 **공**), 敎(가르칠 **교**), 育(기를 **육**), 費(쓸 **비**) 국가 또는 공공 단체의 예산 회계 절차를 거쳐 교육에 투입되는 경비.
觀念論 관념론	觀(볼 **관**), 念(생각 **념**), 論(논할 **론**) 정신, 이성, 이념 따위를 본질적인 것으로 보고, 이것으로 물질적 현상을 밝히려는 이론.
敎授管理 교수 관리	敎(가르칠 **교**), 授(줄 **수**), 管(대롱/관리할 **관**), 理(다스릴 **리**) 계획, 조직, 조정, 감독 등을 통해 상기 영역을 통제하는 것을 말함.

教授設計	教(가르칠 **교**), 授(줄 **수**), 設(베풀 **설**), 計(셀 **계**)
교수 설계	교수 학습 원리를 자료, 활동, 정보 자원과 평가를 위한 계획으로 전환하는 체계적인 성찰 과정.

教授評價	教(가르칠 **교**), 授(줄 **수**), 評(평할 **평**), 價(값/가치 **가**)
교수평가	대학교수의 교육 업적과 연구 활동을 종합적으로 평가하는 것.

教育隔差	教(가르칠 **교**), 育(기를 **육**), 隔(막힐/사이 뜰 **격**), 差(어긋날 **차**)
교육 격차	지역과 제도적 요인, 학교 특성, 개인의 지적 능력, 사회 경제적 배경, 성별 따위와 같은 다양한 요인에 따라 개인이나 집단 사이에서 발생하는 교육적 수준 차이.

教育豫算	教(가르칠 **교**), 育(기를 **육**), 豫(미리 **예**), 算(셈 **산**)
교육 예산	교육부가 주관하는 국가의 예산 및 지방 자치 단체의 교육에 관한 세출 예산을 말함.

教育委員會	教(가르칠 **교**), 育(기를 **육**), 委(맡길 **위**), 員(인원 **원**), 會(모일 **회**)
교육 위원회	교육・학예에 관한 사항을 심의・의결하는 기구. 1948년 10월에 문교 사회 위원회로 설립되었다가 2008년 8월 교육 과학 기술 위원회로 개편되었음.

教育自治制	教(가르칠 **교**), 育(기를 **육**), 自(스스로 **자**), 治(다스릴 **치**), 制(제도 **제**)
교육 자치제	자율적인 교육 활동을 전개하여 교육 성과를 거둘 수 있도록 교육 행정을 펴는 제도. 교육 행정의 지방 분권을 통하여 각 지방의 실정에 맞는 교육 정책을 실시하려는 것이다.

教育的社會學	教(가르칠 **교**), 育(기를 **육**), 的(과녁 **적**), 社(모일 **사**), 會(모일 **회**), 學(배울 **학**)
교육적 사회학	교육 이론과 실제의 기초가 되는 사회적 요소를 연구하는 학문.

教育의 機會均等	教(가르칠 **교**), 育(기를 **육**), 機(베틀 **기**), 會(모일 **회**), 均(고를 **균**), 等(무리 **등**)
교육의 기회균등	교육을 받을 수 있는 기회가 모든 사람에게 균등하게 보장되어야 한다는 이념.

權威主義教育 권위주의 교육	權(권세 **권**), 威(위엄 **위**), 主(주인 **주**), 義(옳을 **의**), 敎(가르칠 **교**), 育(기를 **육**) 교사 중심의 교육이 성행하던 시대에 있었던 교육으로서, 교사라는 권위와 지위가 가지는 권위를 강조하여 위협이나 처벌을 통해서 학생을 다루고 지도하는 것.
期待效果 기대 효과	期(기약할 **기**), 待(기다릴 **대**), 效(본받을 **효**), 果(과실 **과**) 타인이나 자신의 성취에 대해 갖는 기대가 성취에 미치는 효과를 말하는 것으로 주로 긍정적인 효과를 의미함.
機會均等의 原理 기회균등의 원리	機(베틀 **기**), 會(모일 **회**), 均(고를 **균**), 等(무리 **등**), 原(언덕/근본 **원**), 理(다스릴 **리**) 성별, 신분 등 차별받지 않고 교육을 받을 수 있는 기회가 누구에게나 보장되어 있다는 것은 법에 의해 제도적으로 주어지는 교육 기회에 적용되는 원리이다.
論理的誤謬 논리적 오류	論(논할 **론(논)**), 理(다스릴 **리**), 的(과녁 **적**), 誤(그릇될 **오**), 謬(그릇될 **류**) 어떤 문제의 진리를 확증하는 과정에서 논증의 규칙이나 사유의 법칙을 위반하는 데서 오는 오류.
能力檢查 능력 검사	能(능할 **능**), 力(힘 **력**), 檢(검사할 **검**), 査(조사할 **사**) 수학과 같은 특정 분야에서의 현재 능력을 측정하는 데 사용하는 검사.
單答型問項作成 단답형 문항 작성	單(홑 **단**), 答(대답 **답**), 型(틀/본보기 **형**), 問(물을 **문**), 項(목 **항**), 作(지을 **작**), 成(이룰 **성**) 필기시험 문제 형식의 하나. 간단한 단어·구·절, 문장, 숫자, 그림 등으로 답을 적도록 하는 형식.
代案教育 대안 교육	代(대신할 **대**), 案(책상/생각 **안**), 敎(가르칠 **교**), 育(기를 **육**) 공교육 제도의 문제점을 극복하고자 만들어진, 종래의 학교 교육과는 다른 교육.
心理治療 심리 치료	心(마음 **심**), 理(다스릴 **리**), 治(다스릴 **치**), 療(병 고칠 **료**) 마음의 작용과 의식의 상태를 이용하여 병을 치료하는 방법.

遂行評價 수행 평가	遂(드디어/이룰 **수**), 行(다닐/행할 **행**), 評(평할 **평**), 價(값/가치 **가**)
	학생의 학습 과제 수행 과정 및 결과를 직접 관찰하여 그 관찰 결과를 전문적으로 판단하는 일.

生活指導 생활 지도	生(날 **생**), 活(살 **활**), 指(가리킬 **지**), 導(인도할 **도**)
	학생들의 일상생활 활동을 지도하여 좋은 습관이나 태도를 기르는 일.

事例研究法 사례 연구법	事(일 **사**), 例(법식 **례**), 硏(갈 **연**), 究(궁구할 **구**), 法(법 **법**)
	특정한 개인이나 집단체에 초점을 두고 검사, 관찰, 면접 따위의 방법으로 자료를 수집하여 종합적으로 그 사례의 문제를 이해하고 해결하려는 연구 방법.

人性敎育 인성 교육	人(사람 **인**), 性(성품 **성**), 敎(가르칠 **교**), 育(기를 **육**)
	마음의 바탕이나 사람의 됨됨이 등의 성품을 함양시키기 위한 교육.

認知構造 인지 구조	認(알 **인**), 知(알 **지**), 構(얽을 **구**), 造(지을 **조**)
	생활체의 행동을 규정하는 환경의 요인은 객관적인 것이 아니라, 생활체에 의하여 인지된 내적 환경이라고 주장하는 입장에서 그 내적 환경의 구조를 이름.

人文主義 인문주의	人(사람 **인**), 文(글월 **문**), 主(주인 **주**), 義(옳을 **의**)
	서양의 문예 부흥기에 이탈리아에서 발생하여 유럽에 널리 퍼진 정신 운동.

遠隔敎育 원격 교육	遠(멀 **원**), 隔(막힐/사이 뜰 **격**), 敎(가르칠 **교**), 育(기를 **육**)
	텔레비전이나 통신 회선 따위를 이용하여 멀리 떨어져 있는 학생을 지도하는 교육.

外在的動機 외재적 동기	外(바깥 **외**), 在(있을 **재**), 的(과녁 **적**), 動(움직일 **동**), 機(베틀 **기**)
	학습자의 내적인 면에 긍정적인 영향을 줄 수도 있지만 대체로 학습자 내부의 동기를 감소시키거나 학습자에게 낮은 자기 인식과 편협한 동기.

兒童中心敎育 아동 중심 교육	兒(아이 **아**), 童(아이 **동**), 中(가운데 **중**), 心(마음 **심**), 敎(가르칠 **교**), 育(기를 **육**) 사회 중심·성인 중심·교과 중심·교사 중심·서적 중심 등 과거의 전통적 교육에 대하여 아동 중심을 주장하는 교육 운동의 하나.
診斷評價 진단 평가	診(진찰할 **진**), 斷(끊을 **단**), 評(평할 **평**), 價(값/가치 **가**) 학생들의 학습 수준을 판단하고 평가하는 일.
集團相談 집단 상담	集(모일 **집**), 團(둥글/모일 **단**), 相(서로 **상**), 談(말씀 **담**) 비슷한 문제에 처해 있는 여러 사람을 대상으로 하여 그들의 상태를 파악하고 심리가 안정될 수 있도록 적절하게 조언 등을 하는 일.
自己主導的學習 자기 주도적 학습	自(스스로 **자**), 己(몸 **기**), 主(주인 **주**), 導(인도할 **도**), 的(과녁 **적**), 學(배울 **학**), 習(익힐 **습**) 학습자가 학습 참여 여부 결정, 학습 목표 설정, 학습 프로그램 선정, 학습 결과 평가 등 학습의 전체 과정을 본인의 의사에 따라 선택하고 결정하여 행하는 학습 형태.
情報處理理論 정보처리이론	情(뜻 **정**), 報(갚을/알릴 **보**), 處(곳/살 **처**), 理(다스릴 **리**), 理(다스릴 **이**), 論(논할 론(**론**)) 새로운 정보가 투입되고 저장되며 기억으로부터 인출되는 방식에 대한 연구를 통해 학습자의 내부에서 학습이 발생하는 기제를 설명함.
靑少年非行 청소년 비행	靑(푸를 **청**), 少(적을 **소**), 年(해 **년**), 非(아닐 **비**), 行(다닐/행할 **행**) 미성년인 청소년이 반사회적 행위를 하거나 사회규범에 어긋나는 행위를 하는 것.
退行 퇴행	退(물러날 **퇴**), 行(다닐/행할 **행**) 극도의 스트레스나 좌절을 경험할 때 이전 발달 단계에서 욕구를 충족해 주었던 미성숙한 행동을 함으로써 현재의 불안에 대처하려는 것.
討議法 토의법	討(칠 **토**), 議(의논할 **의**), 法(법 **법**) 학습자들로 하여금 토의를 통하여 서로 지식과 경험을 교류하게 하여 교육 목표를 달성하려는 교육 지도 방법.

學制	學(배울 학), 制(제도 제)
학제	학교 또는 교육에 관한 제도.

統合敎育課程	統(거느릴 통), 合(합할 합), 敎(가르칠 교), 育(기를 육), 課(매길 과), 程(길/법 정)
통합 교육 과정	교과 영역에 구애됨이 없이 이들을 횡단하여 일정한 기준에 따라 학습 내용 및 경험을 선정, 조직하려는 교육과정.

平生敎育	平(평평할 평), 生(날 생), 敎(가르칠 교), 育(기를 육)
평생 교육	인간의 교육은 가정, 학교, 사회에서 전 생애에 걸쳐 이루어져야 한다는 교육관.

學習戰略	學(배울 학), 習(익힐 습), 戰(싸움 전), 略(간략할 략)
학습 전략	학습 기법들을 적용하기 전의 계획.

協同學習	協(도울 협), 同(한 가지 동), 學(배울 학), 習(익힐 습)
협동 학습	학습 능력이 각기 다른 학생들이 동일한 학습 목표를 향하여 소집단 내에서 함께 활동하는 수업 방법.

形成評價	形(모양 형), 成(이룰 성), 評(평할 평), 價(값/가치 가)
형성 평가	교수·학습이 진행되는 과정에서 아동의 진전을 점검하고 필요한 경우 교과 과정이나 수업 방법을 개선시키기 위해 실시하는 평가.

學習不振兒	學(배울 학), 習(익힐 습), 不(아닐 부), 振(떨칠 진), 兒(아이 아)
학습 부진아	비교적 정상적인 지능과 잠재적 학습 능력을 지니고 있으면서도 학업 성취도가 뒤떨어지는 다양한 유형의 아동을 지칭함.

學校運營委員會	學(배울 학), 校(학교 교), 運(옮길 운), 營(경영할 영), 委(맡길 위), 員(인원 원), 會(모일 회)
학교 운영 위원회	학교에서, 경영과 운용의 실무를 처리하기 위해 만든 합의제 기관.

4. 국사 용어

奎章閣	奎(별이름 **규**), 章(글 **장**), 閣(누각 **각**)
규장각	조선 시대 왕실 도서관이면서 학술 및 정책을 연구한 관서.

國子監	國(나라 **국**), 子(아들 **자**), 監(볼 **감**)
국자감	고려 시대에, 유학을 가르치던 최고의 국립 교육 기관.

畿湖學派	畿(경기 **기**), 湖(호수 **호**), 學(배울 **학**), 派(물갈래 **파**)
기호학파	조선 시대 경기도·충청도 지역의 유학자였던 이이를 중심으로 하는 성리학자들을 일컬음.

江華島條約	江(강 **강**), 華(빛날 **화**), 島(섬 **도**), 條(조목 **조**), 約(맺을 **약**)
강화도 조약	1876년에 조선과 일본 사이에 체결한 조약.

國債報償運動	國(나라 **국**), 債(빛 **채**), 報(갚을/알릴 **보**), 償(갚을 **상**), 運(옮길 **운**), 動(움직일 **동**)
국채 보상 운동	대한 제국 때에, 일본으로부터 빌려 쓴 1,300만 원을 갚기 위하여 벌인 거족적인 애국 운동.

廣開土大王陵碑	廣(넓을 **광**), 開(열 **개**), 土(흙 **토**), 大(큰 **대**), 王(임금 **왕**), 陵(언덕 **릉**), 碑(비석 **비**)
광개토 대왕릉비	고구려의 제19대 임금인 광개토 대왕의 업적을 기념하기 위해 아들인 장수왕이 414년에 세운 비석임. 우리나라에서 가장 큰 비석.

光州學生 抗日運動	光(빛 **광**), 州(고을 **주**), 學(배울 **학**), 生(날 **생**), 抗(막을 **항**), 日(날/해 **일**), 運(옮길 **운**), 動(움직일 **동**)
광주 학생 항일 운동	1929년 11월 광주에서 시작되어 이듬해 3월까지 전국에서 벌어진 학생들의 시위운동으로 3·1운동 이후 가장 큰 규모로 벌어진 항일 운동.

奴婢按檢法	奴(종 **노**), 婢(여자종 **비**), 按(살필 **안**), 檢(검사할 **검**), 法(법 **법**)
노비안검법	고려 광종 7년(956)에 본디 양민이었던 노비를 해방시켜 주기 위하여 만든 법.

東學	東(동녘 **동**), 學(배울 **학**)
동학	19세기 중엽에 탐관오리의 수탈과 외세의 침입에 저항하여 수운 최제우가 세상과 백성을 구제하려는 뜻으로 창시한 민족 종교.

斷髮令	斷(끊을 **단**), 髮(터럭 **발**), 令(명령할 **령**)
단발령	1895년 백성들에게 상투를 자르고 서양식 머리를 하도록 한 명령.

東醫寶鑑	東(동녘 **동**), 醫(의원 **의**), 寶(보배 **보**), 鑑(거울 **감**)
동의보감	조선 시대에, 의관(醫官)인 허준이 선조의 명에 따라 편찬한 의학 서적.

東史綱目	東(동녘 **동**), 史(역사 **사**), 綱(벼리 **강**), 目(눈 **목**)
동사강목	조선 후기 순암 안정복이 고조선으로부터 고려 말까지를 다룬 역사책.

東道西器論	東(동녘 **동**), 道(길 **도**), 西(서녘 **서**), 器(그릇 **기**), 論(논할 **론**))
동도서기론	1876년 개항을 전후로 하여 형성된 서양 문명에 대한 수용 논리.

東洋拓植株式會社	東(동녘 **동**), 洋(큰 바다 **양**), 拓(넓힐 **척**), 植(심을 **식**), 株(그루 **주**), 式(법 **식**), 會(모일 **회**), 社(모일 **사**)
동양 척식 주식회사	1908년 일본이 조선의 토지와 자원을 빼앗을 목적으로 설치한 식민지 착취 기관.

牧民心書	牧(칠 **목**), 民(백성 **민**), 心(마음 **심**), 書(쓸/글/책 **서**)
목민심서	조선 시대 다산 정약용이 지방관의 올바른 마음가짐과 몸가짐에 대해 기록한 책.

萬民共同會	萬(일만 **만**), 民(백성 **민**), 共(함께 **공**), 同(한 가지 **동**), 會(모일 **회**)
만민 공동회	1898년에 독립 협회가 행한 정치 활동의 하나로 시민·단체 회원·정부 관료 등이 참여한 대중 집회.

物産獎勵運動 물산 장려 운동	物(물건 물), 産(낳을 산), 獎(권면할 장), 勵(힘쓸 려), 運(옮길 운), 動(움직일 동) 1920년대에 일제의 경제적 수탈 정책에 항거하여 벌였던 범국민적 민족 경제 자립 실천 운동.
渤海 발해	渤(바다 이름 발), 海(바다 해) 698년에 대조영이 고구려 유민들과 말갈족을 모아 만주 지방에 세운 나라.
北伐論 북벌론	北(북녘 북), 伐(칠 벌), 論(논할 논(론)) 명나라와의 의리를 지키고 병자호란의 치욕을 갚기 위하여 청나라와 전쟁을 준비해야 한다는 주장.
成均館 성균관	成(이룰 성), 均(고를 균), 館(집/객사 관) 조선 시대에 인재 양성을 위하여 서울에 설치한 국립 대학격의 유학 교육 기관.
司諫院 사간원	司(맡을 사), 諫(간할 간), 院(집 원) 조선 시대 언론을 담당했던 기관. 국왕에 대한 간쟁과 논박을 담당한 관청.
斯文亂賊 사문난적	斯(속일 사), 文(글월 문), 亂(어지러울 란(난)), 賊(도둑 적) 교리에 어긋나는 언행으로 유교의 질서와 학문을 어지럽히는 사람.
三國遺事 삼국유사	三(석 삼), 國(나라 국), 遺(남길 유), 事(일 사) 고려 후기 충렬왕 때 승려였던 일연이 펴낸 역사책.
三國史記 삼국사기	三(석 삼), 國(나라 국), 史(역사 사), 記(기록할 기) 1145년에 고려의 학자 김부식이 삼국 시대의 역사를 정리해 만든 책으로 현재 가장 오래된 역사책.

西遊見聞 (서유견문)	西(서녘 **서**), 遊(놀 **유**), 見(볼 **견**), 聞(들을 **문**) 조선 고종 32년(1895)에 유길준이 미국과 유럽을 여행하면서 보고 느낀 바를 적은 책.
四捨五入改憲 (사사오입 개헌)	四(넉 **사**), 捨(버릴 **사**), 五(다섯 **오**), 入(들 **입**), 改(고칠 **개**), 憲(법 **헌**) 1954년 제일 공화국 제3대 국회에서 헌법 개정안이 통과된 일.
是日也放聲大哭 (시일야방성대곡)	是(옳을 **시**), 日(날/해 **일**), 也(어조사 **야**), 放(놓을 **방**), 聲(소리 **성**), 大(큰 **대**), 哭(울 **곡**) 1905년에 일본의 강요로 을사조약이 체결된 것을 슬퍼하여 장지연이 민족적 울분을 표현한 논설.
閭田論 (여전론)	閭(마을 **여**), 田(밭 **전**), 論(논할 논(**론**)) 조선 후기에, 실학자 정약용이 주장한 토지 제도 이론.
義禁府 (의금부)	義(옳을 **의**), 禁(금할 **금**), 府(관청 **부**) 조선 시대에 임금의 명령을 받들어 중죄인을 신문하는 일을 맡아 하던 관아.
議政府 (의정부)	議(의논할 **의**), 政(다스릴 **정**), 府(관청 **부**) 백관을 통솔하고 서정을 총리하던 조선 시대 최고의 행정 기관.
壬辰倭亂 (임진왜란)	壬(천간/북방 **임**), 辰(별 **진**), 倭(왜나라 **왜**), 亂(어지러울 **란**) 1592년(선조 25년)부터 1598년까지 2차에 걸쳐서 우리나라에 침입한 일본과의 싸움.
乙巳條約 (을사조약)	乙(새 **을**), 巳(뱀/지지 **사**), 條(조목 **조**), 約(맺을 **약**) 1905년에 일본이 우리나라 외교권을 빼앗기 위하여 강제적으로 맺은 조약.

五家作統法 오가작통법	五(다섯 **오**), 家(집 **가**), 作(지을 **작**), 統(거느릴 **통**), 法(법 **법**) 조선 시대에, 범죄자의 색출과 세금 징수·부역의 동원 따위를 위하여 다섯 민호(民戶)를 한 통씩 묶던 호적 제도.
鄭鑑錄 정감록	鄭(나라 **정**), 鑑(거울 **감**), 錄(기록할 **록**) 조선 중기 이후 백성들 속에 유포된, 나라의 운명과 백성의 앞날에 대한 예언서.
朝鮮上古史 조선 상고사	朝(아침 **조**), 鮮(고울 **선**), 上(위 **상**), 古(예 **고**), 史(역사 **사**) 신채호가 우리나라의 상고 시대의 역사를 서술한 책. 단군 시대로부터 백제의 멸망과 그 부흥 운동까지가 담겨 있으며, 1931년에 ≪조선일보≫ 학예란에 연재되고, 1948년에 종로서원에서 단행본으로 출간된 책.
朝鮮總督府 조선 총독부	朝(아침 **조**), 鮮(고울 **선**), 總(모을 **총**), 督(감독할 **독**), 府(관청 **부**) 일제가 1910년부터 1945년까지 우리나라를 지배하기 위하여 설치하였던 최고 행정 관청.
濟州島 四三事件 제주도 4·3 사건	濟(건널 **제**), 州(고을 **주**), 島(섬 **도**), 四(넉 **사**), 三(석 **삼**), 事(일 **사**), 件(사건 **건**) 1948년부터 1954년까지, 제주도에서 일어난 민중 항쟁에서 민간인이 희생된 사건.
斥和碑 척화비	斥(물리칠 **척**), 和(화할 **화**), 碑(비석 **비**) 흥선 대원군이 서양과의 통상을 금지하는 글을 새겨 한양과 전국 각지에 세운 비석.
淸海鎭 청해진	淸(맑을 **청**), 海(바다 **해**), 鎭(진압할 **진**) 신라 흥덕왕 때에, 장보고가 지금의 전라남도 완도에 설치한 진.
蕩平論 탕평론	蕩(쓸어버릴 **탕**), 平(평평할 **평**), 論(논할 논(**론**)) 조선 영조 때에, 노론과 소론의 인재를 고루 등용하여 당파 경쟁을 없애자고 한 의논.

號牌法	號(이름/부호 **호**), 牌(패 **패**), 法(법 **법**)
호패법	조선 시대에, 16세 이상의 남자들에게 호패를 가지고 다니게 하던 제도.

訓民正音	訓(가르칠 **훈**), 民(백성 **민**), 正(바를 **정**), 音(소리 **음**)
훈민정음	백성을 가르치는 바른 소리라는 뜻으로, 1443년에 세종이 창제한 우리나라 글자를 이르는 말.

韓人愛國團	韓(나라이름 **한**), 人(사람 **인**), 愛(사랑 **애**), 國(나라 **국**), 團(둥글/모일 **단**)
한인 애국단	1931년에, 김구가 중국 상하이에서 일본의 주요 인물을 암살하려는 목적으로 조직한 비밀 결사 단체.

韓日議定書	韓(나라이름 **한**), 日(날/해 **일**), 議(의논할 **의**), 定(정할 **정**), 書(쓸/글/책 **서**)
한일 의정서	1904년 2월 23일 러시아와 전쟁을 일으킨 일본이 한국을 그들의 세력권에 넣으려고 공수 동맹을 전제로 하여 체결한 외교 문서.

洪範十四條	洪(넓을 **홍**), 範(법 **범**), 十(열 **십**), 四(넉 **사**), 條(조목 **조**)
홍범 십사 조	조선 고종 31년(1894)에 제정한 정치 혁신을 위한 14개 조목의 강령.

八萬大藏經	八(여덟 **팔**), 萬(일만 **만**), 大(큰 **대**), 藏(감출 **장**), 經(지날/글 **경**)
팔만대장경	고려 고종 때 부처의 힘으로 외적을 물리치기 위해 목판에 글자를 새겨 만든 것. 국보 제 32호, 경상남도 합천군 가야면 해인사 경내의 4동의 장경판고에 보관되어 있는 대장경판.

5. 국제 금융 용어

競爭入札	競(다툴 **경**), 爭(다툴 **쟁**), 入(들 **입**), 札(패 **찰**)
경쟁 입찰	여러 입찰자 가운데 가장 적당한 조건을 제시한 사람에게 낙찰시키는 입찰.

景氣動向指數	景(볕 **경**), 氣(기운 **기**), 動(움직일 **동**), 向(향할 **향**), 指(가리킬 **지**), 數(셈 **수**)
경기 동향 지수(DI)	경기 변동을 민감하게 반영하는 자료를 바탕으로 작성한 지수.

經濟的附加價值 경제적 부가 가치	經(지날/글 **경**), 濟(건널 **제**), 的(과녁 **적**), 附(붙을 **부**), 加(더할 **가**), 價(값/가치 **가**), 値(값 **치**) 기업의 투하 자본과 대비하여 실제로 벌어들인 이익이 얼마인지를 나타내는 경영 지표.
固定評價 고정 평가	固(굳을 **고**), 定(정할 **정**), 評(평할 **평**), 價(값/가치 **가**) 화폐 제도가 서로 다른 국가 간에 자본 이동이나 거래가 있어 통화의 교환 비율을 확정할 필요가 있을 때, 일국 통화의 확정된 대외 가치.
公開市場操作 공개 시장 조작	公(공변될 **공**), 開(열 **개**), 市(저자 **시**), 場(마당 **장**), 操(잡을 **조**), 作(지을 **작**) 중앙은행이 공개 시장에 개입하여 시장 가격으로 유가 증권 등의 매매를 함으로써 금융 조절을 꾀하는 일.
公的對外 準備資産 공적 대외 준비 자산	公(공변될 **공**), 的(과녁 **적**), 對(대할 **대**), 外(바깥 **외**), 準(준할 **준**), 備(갖출 **비**), 資(재물 **자**), 産(낳을 **산**) 한 나라의 통화 당국이 보유하고 있는 대외 자본 준비 자산.
國家危險度 국가 위험도	國(나라 **국**), 家(집 **가**), 危(위태할 **위**), 險(험할 **험**), 度(법도 **도**) 해외 투자 대상국의 신용 위험도. 투자나 차관을 제공한 국가에 전쟁 등 예기치 못한 사태가 발생하여, 투자나 차관을 회수하는 데 어려움을 겪을 수 있는 상태.
國際收支 국제 수지	國(나라 **국**), 際(사이 **제**), 收(거둘 **수**), 支(지탱할 **지**) 한 나라가 일정한 기간 동안 다른 나라와 거래한 것을 모두 집계한 계정.
國際流動性 국제 유동성	國(나라 **국**), 際(사이 **제**), 流(흐를 **유**), 動(움직일 **동**), 性(성품 **성**) 국제 경제를 원활하게 하기 위하여 필요한 대외 지급 준비금의 비율.
國際通貨基金 국제 통화 기금(IMF)	國(나라 **국**), 際(사이 **제**), 通(통할 **통**), 貨(재화 **화**), 基(터 **기**), 金(쇠/돈 **금**) 브레턴우즈 협정에 따라 가맹국의 출자로 공동의 기금을 만들어, 각국이 이용하도록 함으로써 외화 자금의 조달을 원활히 하기 위하여 설립한 국제 금융 결제 기관.

管理通貨制度 관리 통화 제도	管(대롱/관리할 **관**), 理(다스릴 **리**), 通(통할 **통**), 貨(재화 **화**), 制(제도 **제**), 度(법도 **도**) 한 나라의 통화 수량을 금의 보유량에 따라 정하지 않고, 통화 당국이 국민 경제 전체의 견지에서 가장 적당하다고 판단하는 선에서 자유로이 통화 발행액을 결정하는 통화 제도.
金本位制度 금 본위 제도	金(쇠/돈 **금**), 本(근본 **본**), 位(자리 **위**), 制(제도 **제**), 度(법도 **도**) 금의 일정량의 가치를 기준으로 단위 화폐의 가치를 재는 화폐 제도.
金融先物去來 금융 선물 거래	金(쇠/돈 **금**), 融(녹을/화할 **융**), 先(먼저 **선**), 物(물건 **물**), 去(갈 **거**), 來(올 **래**) 공인된 거래소에서 주식이나 채권, 외국 통화 따위의 금융 상품을 대상으로 하여 미래의 약속한 시기에 상품을 인도하거나 인수하기로 하고 계약을 맺는 거래.
基準換率 기준 환율	基(터 **기**), 準(준할 **준**), 換(바꿀 **환**), 率(비율 **율**) 한 나라가 자국 통화와 각국 통화간의 환율을 결정할 때, 그 기준으로 삼기 위해 먼저 결정되는 특정국 통화와의 환율.
基礎收支 기초 수지	基(터 **기**), 礎(주춧돌 **초**), 收(거둘 **수**), 支(지탱할 **지**) 국제 수지 가운데 단기의 자본 수지를 제외 하고, 경상 수지와 장기 자본 수지를 합한 수지로, 한 나라의 장기적 결제 능력을 평가하는 데 가장 유용한 지표임.
技術的分析 기술적 분석	技(재주 **기**), 術(재주 **술**), 的(과녁 **적**), 分(나눌 **분**), 析(가를 **석**) 미래의 주가를 예측하기 위하여 과거의 주가와 거래량의 흐름을 분석하는 방법.
基金型投資信託 기금형 투자 신탁	基(터 **기**), 金(쇠/돈 **금**), 型(틀/본보기 **형**), 投(던질 **투**), 資(재물 **자**), 信(믿을 **신**), 託(부탁할 **탁**) 단위별 구분 없이 전체 자금을 하나의 기금으로 하여 수익 증권을 발행하는 증권 투자 신탁.
收入關稅 수입 관세	收(거둘 **수**), 入(들 **입**), 關(관계할/빗장 **관**), 稅(세금 **세**) 재정 수입을 늘리기 위하여 부과하는 관세.

信用危險	信(믿을 **신**), 用(쓸 **용**), 危(위태할 **위**), 險(험할 **험**)
신용 위험	금융 거래의 상대편이 계약에 명시한 채무를 이행하지 않아 손실이 발생할 위험.

新株引受權	新(새로울 **신**), 株(그루 **주**), 引(끌 **인**), 受(받을 **수**), 權(권세 **권**)
신주 인수권	신주를 발행할 경우에 우선적으로 신주를 인수할 수 있는 권리.

信用派生商品	信(믿을 **신**), 用(쓸 **용**), 派(물갈래 **파**), 生(날 **생**), 商(장사할 **상**), 品(물건 **품**)
신용 파생 상품	금융 기관 등이 신용 대출이나 금융 자산 투자에 따른 신용 리스크를 회피하기 위하여 신용 리스크를 이전하고 상대방은 신용 리스크를 흡수함으로써 수익을 올릴 수 있는 파생 금융 상품.

消費者信用規制	消(사라질 **소**), 費(쓸 **비**), 者(사람 **자**), 信(믿을 **신**), 用(쓸 **용**), 規(법 **규**), 制(제도 **제**)
소비자 신용 규제	내구 소비재의 할부 구입에 대한 신용 여건의 제 조건을 규제하여 소비자 신용의 공급을 제한하는 일.

讓渡性預託證書	讓(사양할 **양**), 渡(건널 **도**), 性(성품 **성**), 預(미리/맡길 **예**), 託(부탁할 **탁**), 證(증명할 **증**), 書(쓸/글/책 **서**)
양도성 예탁 증서	바하마 국제 금융 시장에서 발행되는 유로 달러 시디(CD)의 하나.

旅行者手票	旅(군사/나그네 려(**여**)), 行(다닐/행할 **행**), 者(사람 **자**), 手(손 **수**), 票(표 **표**)
여행자 수표(T/C)	해외여행자가 외국에서 현금 대신 쓸 수 있는 수표.

調整計定	調(고를 **조**), 整(가지런할 **정**), 計(셀 **계**), 定(정할 **정**)
조정 계정	국제 수지표상 자율 계정에 불균형이 발생할 때 이를 조정하기 위하여 설치하는 계정.

電子商去來	電(번개 **전**), 子(아들 **자**), 商(장사할 **상**), 去(갈 **거**), 來(올 **래**)
전자 상거래	온라인에서 물건을 사고파는 행위.

電子資金移替制度	電(번개 **전**), 子(아들 **자**), 資(재물 **자**), 金(쇠/돈 **금**), 移(옮길 **이**), 替(바꿀 **체**), 制(제도 **제**), 度(법도 **도**)
전자 자금 이체 제도	고객과 은행 사이, 은행과 은행 사이에 문서에 의하지 않고 전화나 컴퓨터 따위를 이용하여 자금을 이체하는 제도.

資産擔保證券	資(재물 **자**), 産(낳을 **산**), 擔(멜 **담**), 保(지킬 **보**), 證(증명할 **증**), 券(문서 **권**)
자산 담보 증권	대출 채권이나 외상 매출 채권 따위의 금융 자산을 담보로 하여 발행하는 증권.

債券	債(빚 **채**), 券(문서 **권**)
채권	국가, 지방 자치 단체, 은행, 회사 따위가 사업에 필요한 자금을 차입하기 위하여 발행하는 유가 증권.

6. 무역 용어

價格	價(값/가치 **가**), 格(격식 **격**)
가격	물건이 지니고 있는 가치를 돈으로 나타낸 것.

檢數	檢(검사할 **검**), 數(셈 **수**)
검수	물건의 개수를 헤아려 검사하는 일.

國際協力關稅	國(나라 **국**), 際(사이 **제**), 協(도울 **협**), 力(힘 **력**), 關(관계할/빗장 **관**), 稅(세금 **세**)
국제 협력 관세	국제 무역에 있어 무역 장벽 제거 혹은 완화나 관세 제도의 국제적 조화 및 개선을 도모하고, 국제 무역을 증대시킬 목적으로 각국 정부나 국제기구에 의해 국제간 관세 협력을 형성하는 것을 말함.

檢疫	檢(검사할 **검**), 疫(염병 **역**)
검역	해외에서 전염병이나 해충이 들어오는 것을 막기 위하여 공항과 항구에서 하는 일.

空積 (공적)	空(빌 **공**), 積(쌓을 **적**) 화물의 실제 선적 수량이 예약한 선적 수량보다 부족함.
見本割引 (견본 할인)	見(볼 **견**), 本(근본 **본**), 割(벨 **할**), 引(끌 **인**) 시가보다 싸게 상품 견본의 비용을 청구하는 일.
告知義務 (고지 의무)	告(알릴 **고**), 知(알 **지**), 義(옳을 **의**), 務(일/힘쓸 **무**) 보험 계약자나 피보험자가 보험 계약을 체결할 때에 중요한 사실을 알리거나, 중요한 사실에 관하여 거짓말을 하지 않을 의무.
公正貿易 (공정 무역)	公(공변될 **공**), 正(바를 **정**), 貿(무역할 **무**), 易(바꿀 **역**) 국제 무역이 이뤄지는 상호 국가 간에 무역 혜택이 동등하게 이뤄지도록 하는 무역.
課稅標準 (과세 표준)	課(매길 **과**), 稅(세금 **세**), 標(표 **표**), 準(준할 **준**) 세금을 부과하는데 있어서 그 기준이 되는 것. 세금을 부과하는데 있어서 그 기준이 되는 것을 말함.
單純信用狀 (단순 신용장)	單(홑 **단**), 純(순수할 **순**), 信(믿을 **신**), 用(쓸 **용**), 狀(문서 **장**) 개설 은행의 '예치 환 거래 은행'이 서류 매입을 취급하는 경우의 신용장.
保稅區域 (보세 구역)	保(지킬 **보**), 稅(세금 **세**), 區(나눌 **구**), 域(지경 **역**) 수입 절차를 밟지 아니하였거나 수출 절차를 밟지 아니한 화물을 관세를 매기지 아니한 채 놓아둘 수 있는 지역.
保護貿易 (보호 무역)	保(지킬 **보**), 護(보호할 **호**), 貿(무역할 **무**), 易(바꿀 **역**) 자기 나라의 산업을 보호·육성하기 위하여 국가가 대외 무역을 간섭하고 수입에 여러 가지 제한을 두는 무역.
輸入代行 (수입 대행)	輸(보낼/나를 **수**), 入(들 **입**), 代(대신할 **대**), 行(다닐/행할 **행**) 수입하려는 물품을 대행자의 이름으로 대신하여 수입하는 것.

輸出代行 수출 대행	輸(보낼/나를 **수**), 出(날 **출**), 代(대신할 **대**), 行(다닐/행할 **행**) 수출하려는 물품을 대행자의 이름으로 대신하여 수출하는 것.
輸出保險 수출 보험	輸(보낼/나를 **수**), 出(날 **출**), 保(지킬 **보**), 險(험할 **험**) 수출 무역에서, 보통의 보험으로는 구제하기 어려운 재산상의 손실에 대하여 수출업자나 그 융자 은행을 보호하기 위한 보험.
輸出信用保證 수출 신용 보증	輸(보낼/나를 **수**), 出(날 **출**), 信(믿을 **신**), 用(쓸 **용**), 保(지킬 **보**), 證(증명할 **증**) 담보나 신용이 부족한 수출업체에 대해 신용 보증 기관이 제공하는 신용 보증.
引受銀行 인수은행	引(끌 **인**), 受(받을 **수**), 銀(은 **은**), 行(다닐/행할 **행**) 어음 금액의 지급을 떠맡은 은행.
通關 통관	通(통할 **통**), 關(관계할/빗장 **관**) 관세법에 따른 절차를 이행하여 물품을 수출, 수입, 반송 하는 일.
海上保險 해상 보험	海(바다 **해**), 上(위 **상**), 保(지킬 **보**), 險(험할 **험**) 항해 중에 사고로 생기는 선박이나 화물의 피해를 보상하는 보험.

7. 유통 물류 용어

假需要 가수요	假(거짓/임시 **가**), 需(다를 **수**), 要(구할 **요**) 당장 필요가 없으면서도 일어나는 수요.
價格彈力性 가격 탄력성	價(값/가치 **가**), 格(격식 **격**), 彈(탄알 **탄**), 力(힘 **력**), 性(성품 **성**) 상품의 가격이 달라질 때 그 수요량이나 공급량이 변화하는 정도.

假處分所得	假(거짓/임시 **가**), 處(곳/살 **처**), 分(나눌 **분**), 所(바/곳 **소**), 得(얻을 **득**)
가처분 소득	국민 소득 중 가계가 임의로 처분이 가능한 소득을 말함.

價格破壞小賣店	價(값/가치 **가**), 格(격식 **격**), 破(깨뜨릴 **파**), 壞(무너질 **괴**), 小(작을 **소**), 賣(팔 **매**), 店 (가게 **점**)
가격 파괴 소매점	상품 가격에서 불필요한 비용을 제거하여 저렴한 가격으로 판매하는 가게.

間接廣告	間(사이 **간**), 接(이을 **접**), 廣(넓을 **광**), 告(알릴 **고**)
간접 광고	중간에 매개가 되는 사람이나 사물 따위를 통하여 공지 사항이나 상품 따위를 널리 알림.

間接物流費	間(사이 **간**), 接(이을 **접**), 物(물건 **물**), 流(흐를 **류**), 費(쓸 **비**)
간접 물류비	직접 재료비와 직접 노무비 이외의 간접적으로 소비되는 물적 유통비.

檢字表示	檢(검사할 **검**), 字(글자 **자**), 表(겉 **표**), 示(보일 **시**)
검자 표시	어떤 물품이 정부의 품질 검사를 받았음을 증명하는 표시.

經濟財	經(지날/글 **경**), 濟(건널 **제**), 財(재물 **재**)
경제재	경제적 가치를 가지며 점유나 매매 같은 경제 행위의 대상이 되는 재화.

經濟5團體	經(지날/글 **경**), 濟(건널 **제**), 五(다섯 **오**), 團(둥글/모일 **단**), 體(몸 **체**)
경제 5단체	각종 경제 현안과 사회 문제에 대한 기업의 입장을 대변하는 역할을 하고 있는 경제 주요 5단체.

景品附販賣	景(볕 **경**), 品(물건 **품**), 附(붙을 **부**), 販(팔 **판**), 賣(팔 **매**)
경품부 판매	경품이나 경품권이 붙어 있는 것을 팖.

季節的失業 계절적 실업	季(철 계), 節(마디 절), 的(과녁 적), 失(잃을 실), 業(일 업) 계절에 따라 상품의 생산이나 수요가 한정된 산업에서 생기는 실업.
顧客指向 고객 지향	顧(돌아볼 고), 客(손님 객), 指(가리킬 지), 向(향할 향) 실질적인 고객이나 어떤 시장에 있어 그들이 충족을 느끼지 못하고 어떤 욕구를 찾아내어 그를 반드시 충족시켜주는 것을 기본으로 하는 사고.
顧客滿足經營 고객 만족 경영	顧(돌아볼 고), 客(손님 객), 滿(찰 만), 足(발/넉넉할 족), 經(지날/글 경), 營(경영할 영) 고객의 만족을 궁극적 경영 목표로 삼음으로써 시장 변화에 흔들리지 않는 안정적 수익 기반을 장기적, 지속적으로 확보해 나가려는 경영 방식.
固定資産回轉率 고정 자산 회전율	固(굳을 고), 定(정할 정), 資(재물 자), 産(낳을 산), 回(돌 회), 轉(구를 전), 率(비율 율) 매출액을 토지, 건물, 기계 따위와 같은 고정 자산의 총액으로 나눈 비율.
共同出荷 공동 출하	共(함께 공), 同(한 가지 동), 出(날 출), 荷(짐 하) 생산자들이 공동으로 소비자 시장 따위에 생산물을 출하하는 일.
工業所有權 공업 소유권	工(장인/만들 공), 業(일 업), 所(바/곳 소), 有(있을 유), 權(권세 권) 공법에서, 의장(意匠)·발명 따위를 독점적으로 이용할 수 있는 권리.
公正去來法 공정 거래법	公(공변될 공), 正(바를 정), 去(갈 거), 來(올 래), 法(법 법) 시장을 지배할 수 있는 기업가의 지위가 남용되거나 과도한 경제력이 집중되는 것을 방지하고, 부당한 공동 행위 및 부정 거래 행위를 규제하도록 규정한 법률.
共同施工契約 공동 시공 계약	共(함께 공), 同(한 가지 동), 施(베풀 시), 工(장인/만들 공), 契(맺을 계), 約(맺을 약) 건축물 등의 구체적인 건설 공사, 즉 시공을 실시하기 위한 계약.

共同集配送團地 공동 집배송 단지	共(함께 **공**), 同(한 가지 **동**), 配(짝 **배**), 送(보낼 **송**), 團(둥글/모일 **단**), 地(땅 **지**) 판매 시설을 갖추지 않은 집배송 센터를 집단적으로 설치하여 여러 유통 사업자나 제조업자가 그 시설물을 공동으로 사용할 수 있도록 만든 구역.
寡占 과점	寡(적을 **과**), 占(점칠 **점**) 몇몇 기업이 어떤 상품 시장의 대부분을 지배하는 상태.
關稅還給 관세 환급	關(관계할/빗장 **관**), 稅(세금 **세**), 還(돌아올 **환**), 給(줄 **급**) 수출용 상품의 원자재를 수입할 때 부과하였던 관세를, 그 재료로 상품을 만들어 수출할 때 되돌려주는 제도.
關稅支給引導條件 관세 지급 인도 조건	關(관계할/빗장 **관**), 稅(세금 **세**), 支(지탱할 **지**), 給(줄 **급**), 引(끌 **인**), 導(인도할 **도**), 條(조목 **조**), 件(사건 **건**) 매도인이 목적지에서 수입 통관을 이행하고, 운송 수단에서 물품을 내리지 않은 상태로 매수인에게 인도하는 정형 거래 조건.
購買管理 구매 관리	購(살 **구**), 買(살 **매**), 管(대롱/관리할 **관**), 理(다스릴 **리**) 제품 생산에 필요한 원료 및 상품을 필요한 시기에 적당한 가격으로 구입하기 위한 관리.
購買承認書 구매 승인서	購(살 **구**), 買(살 **매**), 承(이을 **승**), 認(알 **인**), 書(쓸/글/책 **서**) 구매자가 물품 구입을 승인하는 문서. 주문되는 제품, 서비스의 수량과 명칭, 가격에 대한 항목, 지불 조건, 할인율, 인도일, 운송 방법 따위를 기술함.
購買時點廣告 구매 시점 광고	購(살 **구**), 買(살 **매**), 時(때 **시**), 點(점 **점**), 廣(넓을 **광**), 告(알릴 **고**) 소비자가 광고 상품을 직접적으로 구입하는 곳에서 이루어지는 광고.
國際物流 국제 물류	國(나라 **국**), 際(사이 **제**), 物(물건 **물**), 流(흐를 **류**) 나라와 나라 사이에 재화를 효과적으로 옮겨 주는 활동.

基準率 (기준율)

基(터 기), 準(준할 준), 率(비율 율)

외화의 교환 비율을 결정하고 이를 바탕으로 기타 통화의 환율을 산출할 때, 그 기준이 되는 환율.

基幹産業 (기간산업)

基(터 기), 幹(줄기 간), 産(낳을 산), 業(일 업)

한 나라의 경제기초를 이루는 산업을 말함.

期待接近 (기대 접근)

期(기약할 기), 待(기다릴 대), 接(이을 접), 近(가까울 근)

환율은 수요자가 외환을 보유함으로써 갖게 되는 기대에 의하여 결정된다는 이론.

企業引受合倂 (기업 인수 합병)

企(꾀할 기), 業(일 업), 引(끌 인), 受(받을 수), 合(합할 합), 倂(아우를 병)

기업이 다른 기업을 합병하거나 매수하는 일.

勸奬消費者價格 (권장 소비자 가격)

勸(권할 권), 奬(권면할 장), 消(사라질 소), 費(쓸 비), 者(사람 자), 價(값/가치 가), 格(격식 격)

소비자가 어떤 상품이나 용역을 사들일 때 이에 대한 참고 목적으로 제조업자 또는 수입업자가 표시하는 가격.

綠色商品 (녹색 상품)

綠(푸를 녹), 色(빛 색), 商(장사할 상), 品(물건 품)

비교적 쓰레기 발생량이 적거나 없는 제품이나 환경친화적인 상품 또는 환경 적합성이 큰 제품.

耐久消費財 (내구 소비재)

耐(견딜 내), 久(오랠 구), 消(삭을 소), 費(쓸 비), 財(재물 재)

내구성이 좋아 오랫동안 사용할 수 있는 소비재.

農産物價格支持制度 (농산물 가격 지지 제도)

農(농사 농), 産(낳을 산), 物(물건 물), 價(값/가치 가), 格(격식 격), 支(지탱할 지), 持(가질 지), 制(제도 제), 度(법도 도)

농산물 가격이 크게 떨어졌을 때 생산자의 피해를 막기 위해 정부가 농산물의 실제적 가격을 보장하여 주는 제도.

代替商品 대체 상품	代(대신할 **대**), 替(바꿀 **체**), 商(장사할 **상**), 品(물건 **품**) 어느 특정 제품과 직접적으로 경쟁하지는 않지만, 그 특정 업체의 판매 수익에 영향을 미치는 상품.
都賣物流業 도매 물류업	都(도읍/모두 **도**), 賣(살 **매**), 物(물건 **물**), 流(흐를 **류**), 業(일 **업**) 중간상인이 상품을 생산자로 부터 구입하여 다른 중간상, 또는 소비자에게 실물의 보관이나 운송의 흐름을 관리하는 산업.
默示擔保 묵시 담보	默(묵묵할 **묵**), 示(보일 **시**), 擔(멜 **담**), 保(지킬 **보**) 서면에 명시하지는 않았지만, 당사자가 암묵적으로 당연한 일로서 어떤 행위를 하거나 하지 않으면 안 된다는 것을 보증하는 담보.
背書 배서	背(등 **배**), 書(쓸/글/책 **서**) 책장이나 어떤 문서의 뒷면에 글씨를 씀. 또는 그 글씨.
配送 배송	配(짝 **배**), 送(보낼 **송**) 물자를 여러 곳에 나누어 보내 줌.
不渡 부도	不(아닐 **부**), 渡(건널 **도**) 어음이나 수표를 가진 사람이 기한이 되어도 어음이나 수표에 적힌 돈을 지급받지 못하는 일.
報復關稅 보복 관세	報(갚을/알릴 **보**), 復(돌아올 **복**), 關(관계할/빗장 **관**), 稅(세금 **세**) 어떤 나라가 자기 나라의 수출품에 대하여 부당하게 높은 관세를 부과한 것에 복수하려고 그 나라의 수입품에 높게 부과하는 관세.
保險價額 보험 가액	保(지킬 **보**), 險(험할 **험**), 價(값/가치 **가**), 額(이마 **액**) 손해 보험에서 피보험자가 얼마만큼의 손해를 볼지를 금전으로 평가한 액수.
産地都買 산지 도매	産(낳을 **산**), 地(땅 **지**), 都(도읍/모두 **도**), 買(살 **매**) 산지에서 상품을 수집하여 집산지 도매상에게 판매하는 산지 도매.

輸出免狀 수출 면장	輸(보낼/나를 **수**), 出(날 **출**), 免(면할 **면**), 狀(문서 **장**) 세관에서 발급하는, 수출을 허가하는 문서.
商品回轉率 상품 회전율	商(장사할 **상**), 品(물건 **품**), 回(돌 **회**), 轉(구를 **전**), 率(비율 **율**) 일정한 기간에 상품이 몇 번 회전하였는가를 나타내는 지수.
損益計算書 손익 계산서	損(덜 **손**), 益(더할 **익**), 計(셀 **계**), 算(셈 **산**), 書(쓸/글/책 **서**) 한 회계 기간에 기업의 모든 비용과 수익을 비교하여서 손익의 정도를 밝히는 계산서.
損益分岐點 손익 분기점	損(덜 **손**), 益(더할 **익**), 分(나눌 **분**), 岐(갈림길 **기**), 點(점 **점**) 한 기간의 매출액이 당해 기간의 총비용과 일치하는 점.
需要彈力性 수요 탄력성	需(다를 **수**), 要(구할 **요**), 彈(탄알 **탄**), 力(힘 **력**), 性(성품 **성**) 수요량이 소비자의 소득이나 가격 변화로 어느 정도 변화하는가를 나타내는 지표.
潛在瑕疵 잠재 하자	潛(잠길 **잠**), 在(있을 **재**), 瑕(티/흠 **하**), 疵(흠 **자**) 상당한 주의로도 쉽게 발견할 수 없는 화물의 성질상, 성능상의 결함.
赤色製品 적색 제품	赤(붉을 **적**), 色(빛 **색**), 製(지을 **제**), 品(물건 **품**) Aspinwall(아스핀월)의 제품 분류 중에서 대체율이 높고 총마진, 탐색 기간, 소비 기간, 조정 정도가 낮은 상품을 말하며, 식품류, 담배, 껌 등이 이에 속함.
中繼貿易 중계 무역	中(가운데 **중**), 繼(이을 **계**), 貿(무역할 **무**), 易(바꿀 **역**) 다른 나라로부터 사들인 물자를 그대로 제삼국으로 수출하는 형식의 무역.

8. 법률 용어

假登記 가등기	假(거짓/임시 **가**), 登(오를 **등**), 記(기록할 **기**) 본등기를 할 요건이 갖추어지지 못하였을 경우, 본등기의 순위를 보전하기 위하여 임시로 하는 등기.
假釋放 가석방	假(거짓/임시 **가**), 釋(풀 **석**), 放(놓을 **방**) 형기(刑期)가 끝나지 않은 죄수를 일정한 조건하에 미리 풀어 주는 행정 처분.
假押留 가압류	假(거짓/임시 **가**), 押(누를/수결 **압**), 留(머무를 **류**) 민사 소송법에서, 법원이 채권자를 위하여 나중에 강제 집행을 할 목적으로 채무자의 재산을 임시로 확보하는 일.
却下 각하	却(물리칠 **각**), 下(아래 **하**) 행정법에서, 국가 기관에 대한 행정상 신청을 배척하는 처분.
監事 감사	監(볼 **감**), 事(일 **사**) 법인의 내부에서 법인의 재산기록이나 이사의 업무 집행 상태가 적정한가를 심사·감독하는 법인의 기관.
强迫 강박	强(굳셀/억지 **강**), 迫(핍박할 **박**) 사람을 고의로 위협하여 공포감을 일으키게 하는 위법한 행위.
監視權 감시권	監(볼 **감**), 視(볼 **시**), 權(권세 **권**) 감시를 할 수 있는 법적인 권리나 자격.
强要罪 강요죄	强(굳셀/억지 **강**), 要(구할 **요**), 罪(허물 **죄**) 폭행 또는 협박으로 사람의 권리 행사를 방해하거나 의무 없는 일을 하게 함으로써 성립하는 범죄.

強行法 (強行規定) 강행법(강행 규정)	強(굳셀/억지 **강**), 行(다닐/행할 **행**), 法(법 **법**) 強(굳셀/억지 **강**), 行(다닐/행할 **행**), 規(법 **규**), 定(정할 **정**) 당사자의 의사와 상관없이 강제적으로 적용되는 규범.
簡易引渡 간이 인도	簡(대쪽/간략할 **간**), 易(쉬울 **이**), 引(끌 **인**), 渡(건널 **도**) 소유권을 양도할 때 받을 사람이 이미 물건을 점유하고 있는 경우 건네준다는 합의만으로 소유권을 양도하여 그 물건을 인도하는 것.
間接正犯 간접 정범	間(사이 **간**), 接(이을 **접**), 正(바를 **정**), 犯(범할 **범**) 책임 능력이 없는 사람이나 범죄 의사가 없는 다른 사람의 행위를 이용하여 행하는 범죄. 또는 그 범인.
間接證據 간접 증거	間(사이 **간**), 接(이을 **접**), 證(증명할 **증**), 據(의거할 **거**) 주요 사실의 증명에 간접적으로 이용하는 증거.
強制保險 강제 보험	強(굳셀/억지 **강**), 制(제도 **제**), 保(지킬 **보**), 險(험할 **험**) 법률의 규정에 따라 일정한 사람들에게 의무적으로 가입하게 하는 보험.
強制分家 강제 분가	強(굳셀/억지 **강**), 制(제도 **제**), 分(나눌 **분**), 家(집 **가**) 민법에서, 호주가 가족을 일방적으로 분가시키던 일.
強制投票 강제 투표	強(굳셀/억지 **강**), 制(제도 **제**), 投(던질 **투**), 票(표 **표**) 선거권자가 정당한 사유 없이 기권하는 경우 일정한 제재를 가함으로써 강제로 투표하게 하는 제도.
強制和議 강제 화의	強(굳셀/억지 **강**), 制(제도 **제**), 和(화할 **화**), 議(의논할 **의**) 파산 절차에서, 배당(配當)을 대신하여 파산자와 채권자의 합의로 빚 갚는 방법을 정하는 일.

間接審理主義	間(사이 **간**), 接(이을 **접**), 審(살필 **심**), 理(다스릴 **리**), 主(주인 **주**), 義(옳을 **의**)
간접 심리주의	소송을 맡은 법원이 직접 변론을 듣고 증거 조사를 하지 아니하고, 다른 재판 기관이 행한 변론 또는 증거 조사의 결과를 소송 자료로 삼는 태도.

強制執行免脫罪	強(굳셀/억지 **강**), 制(제도 **제**), 執(잡을 **집**), 行(다닐/행할 **행**), 免(면할 **면**), 脫(벗을 **탈**), 罪(허물 **죄**)
강제 집행 면탈죄	강제 집행을 피하려고 재산을 은닉하거나 허위로 양도하여 채권자에게 손해를 끼치는 범죄.

強制執行請求權	強(굳셀/억지 **강**), 制(제도 **제**), 執(잡을 **집**), 行(다닐/행할 **행**), 請(청할 **청**), 求(구할 **구**), 權(권세 **권**)
강제 집행 청구권	사법상의 권리자가 국가에 대하여 강제 집행을 구할 수 있는 권리.

槪括的故意	槪(대개 **개**), 括(묶을 **괄**), 的(과녁 **적**), 故(연고 **고**), 意(뜻 **의**)
개괄적 고의	결과가 발생하는 것 자체는 확정적이지만, 결과에 대한 인식 또는 예견이 불명확한 고의.

個人訴權主義	個(낱 **개**), 人(사람 **인**), 訴(하소연할 **소**), 權(권세 **권**), 主(주인 **주**), 義(옳을 **의**)
개인 소권 주의	기소의 권리를 피해자 또는 일반 사인에게 인정하는 주의.

客觀的處罰條件	客(손님 **객**), 觀(볼 **관**), 的(과녁 **적**), 處(곳/살 **처**), 罰(벌할 **벌**), 條(조목 **조**), 件(사건 **건**)
객관적 처벌 조건	무죄의 판결이 선고되는 범죄의 성립 요건과는 구별되는 개념으로서 사전 수뢰죄에서 공무원 또는 중재인이 된 사실과 같이 일단 성립한 범죄에 대한 형벌권의 발생을 좌우하는 외부적, 객관적 사유.

檢事	檢(검사할 **검**), 事(일 **사**)
검사	검찰권을 행사하는 사법관. 범죄를 수사하고 공소를 제기하며 재판을 집행함.

檢證	檢(검사할 **검**), 證(증명할 **증**)
검증	법관이나 수사관이 자기의 감각으로 어떤 대상의 성질이나 상태 따위를 인식하여 증거를 조사하는 일.

警察 경찰	警(경계할 **경**), 察(살필 **찰**) 국민의 생명과 재산 보호 및 사회 공공의 질서를 유지하기 위하여 일반 통치권에 의거, 국민에게 명령·강제하여 그 자연적 자유를 제한하는 행정 작용.
契約 계약	契(맺을 **계**), 約(맺을 **약**) 일정한 법률 효과의 발생을 목적으로 두 사람의 의사를 표시함.
戒嚴 계엄	戒(경계할 **계**), 嚴(엄할 **엄**) 전시·사변 또는 이에 준하는 국가 비상사태에서 그 지역 내의 행정권 또는 사법권을 군의 권력하로 이관하고 헌법에 보장된 국민의 기본권을 제한할 수 있는 법 제도.
故殺 고살	故(연고 **고**), 殺(죽일 **살**) 사람을 고의로 죽인 것.
告訴 고소	告(알릴 **고**), 訴(하소연할 **소**) 범죄의 피해자 또는 고소할 권리를 가진 사람이 범죄 사실을 수사 기관에 신고하여 그 수사와 범인에 대한 법원의 심판을 요구하는 일.
管轄 관할	管(대롱/관리할 **관**), 轄(다스릴 **할**) 일정한 권한을 가지고 통제하거나 지배함. 또는 그런 지배가 미치는 범위.
競合犯 경합범	競(다툴 **경**), 合(합할 **합**), 犯(범할 **범**) 판결이 확정되지 않은 여러 개의 죄. 또는 판결이 확정된 죄와 그 판결이 확정되기 전에 범한 죄.
官僚主義 관료주의	官(관청 **관**), 僚(동료 **료**), 主(주인 **주**), 義(옳을 **의**) 관료 정치 아래에 있는 관청이나 사회 집단에서 흔히 나타나는 독특한 행동 양식이나 의식 상태를 비판적으로 이르는 말.
緊急避難 긴급 피난	緊(긴할 **긴**), 急(급할 **급**), 避(피할 **피**), 難(어려울 **난**) 급박한 위급하고 곤란한 경우를 피하기 위하여 부득이 남에게 손해를 입히는 행위.

累犯	累(여러/묶을 루(누)), 犯(범할 범)
누범	형법에서, 금고 이상의 형을 받아 그 집행이 끝나거나 면제된 사람이 3년 안에 다시 금고 이상에 해당하는 죄를 범하는 일. 또는 그런 사람.

落胎罪	落(떨어질 락(낙)), 胎(아이 밸 태), 罪(허물 죄)
낙태죄	태아를 인위적으로 모체 안에서 죽이거나 조산시킴으로써 성립하는 범죄.

單純承認	單(홀 단), 純(순수할 순), 承(이을 승), 認(알 인)
단순 승인	상속인이 피상속인의 모든 권리와 의무를 이어받을 것을 인정하는 의사 표시.

名譽毀損罪	名(이름 명), 譽(기릴 예), 毀(헐 훼), 損(덜 손), 罪(허물 죄)
명예 훼손죄	다른 사람의 명예를 손상하는 사실 또는 허위 사실을 공공연히 지적함으로써 성립하는 범죄.

物權的請求權	物(물건 물), 權(권세 권), 的(과녁 적), 請(청할 청), 求(구할 구), 權(권세 권)
물권적 청구권	물권의 행사가 침해당하거나 침해당할 염려가 있을 때, 그 침해의 제거나 예방을 청구할 수 있는 물권자의 권리.

辯護士	辯(말 잘할 변), 護(보호할 호), 士(선비 사)
변호사	법률에 규정된 자격을 가지고 소송 당사자나 관계인의 의뢰 또는 법원의 명령에 따라 피고나 원고를 변론하며 그 밖의 법률에 관한 업무에 종사하는 사람.

法醫學	法(법 법), 醫(의원 의), 學(배울 학)
법의학	의학을 기초로 하여 법률적으로 중요한 사실 관계를 연구하고 해석하며 감정하는 학문.

保護觀察	保(지킬 보), 護(보호할 호), 觀(볼 관), 察(살필 찰)
보호 관찰	범죄인을 교도소 등에 수용하지 않고 자유로운 사회생활을 하면서 일정한 감독과 지도를 받도록 하는 처분.

僞證罪	僞(거짓 위), 證(증명할 증), 罪(허물 죄)
위증죄	법원이나 국회 등에서, 법률에 의하여 선서를 한 증인이 고의로 허위 진술을 함으로써 성립하는 죄.

一般赦免 일반 사면	一(한 **일**), 般(일반 **반**), 赦(용서할 **사**), 免(면할 **면**) 죄의 종류를 정하여 그에 해당하는 모든 죄인에 대하여 형을 사면하는 일.
類推解釋 유추 해석	類(무리 류(**유**)), 推(밀 **추**), 解(풀 **해**), 釋(풀 **석**) 어떤 사항을 직접 규정한 법규가 없을 때 그와 비슷한 사항을 규정한 법규를 적용하는 방법.
抑制理論 억제 이론	抑(누를 **억**), 制(제도 **제**), 理(다스릴 리(**이**)), 論(논할 **론**) 범죄자에 대한 체포, 기소, 처벌의 가능성이 증가할수록 범죄율은 줄어든다는 이론.
軟性憲法 연성 헌법	軟(연할 **연**), 性(성품 **성**), 憲(법 **헌**), 法(법 **법**) 특별하게 엄격한 절차를 필요로 하지 않고 일반 법률과 같은 개정 절차로 개헌이 가능한 헌법.
遺棄의 罪 유기의 죄	遺(남길 **유**), 棄(버릴 **기**), 罪(허물 **죄**) 자기 힘으로 생활할 수 없는 노인, 어린이, 병자 따위를 보호할 의무가 있는 사람이 그 보호를 하지 않음으로써 성립하는 죄.
留止請求權 유지 청구권	留(머무를 **유**), 止(그칠 **지**), 請(청할 **청**), 求(구할 **구**), 權(권세 **권**) 주식회사 또는 그 이사(理事)가 위법 행위를 할 염려가 있을 때, 주주가 사전에 그러한 행위의 금지를 청구할 수 있는 권리.
抗訴 항소	抗(막을 **항**), 訴(하소연할 **소**) 하급 법원에서 받은 제일심의 판결에 불복할 때 그 파기 또는 변경을 직접 상급 법원에 신청하는 일.
解除 해제	解(풀 **해**), 除(덜 **제**) 민법상 계약 당사자의 일방적인 의사 표시에 의하여 유효하게 성립된 계약의 효력을 소급적으로 소멸시켜 계약이 처음부터 없었던 것과 같은 법률 효과를 발생시키는 일.
橫領罪 횡령죄	橫(가로/마음대로 할 **횡**), 領(거느릴 **령**), 罪(허물 **죄**) 타인의 재물을 보관하는 자가 그 재물을 횡령하거나 그 반환을 거부함으로써 성립하는 죄.

環境權 환경권	環(고리 환), 境(지경 경), 權(권세 권) 모든 국민이 건강하고 쾌적한 생활을 누리기 위하여 필요한 조건을 갖춘 환경을 가질 권리.
裁判 재판	裁(마를/결단할 재), 判(판단할 판) 구체적인 소송 사건을 해결하기 위하여 법원 또는 법관이 공권적 판단을 내리는 일. 또는 그 판단.
空轉 공전	空(빌 공), 轉(구를 전) 회의를 열도록 예정은 되었으나 의원 간의 이견으로 의사 일정, 회의 운영 방법 등을 결정하지 못하고 장기간 회의를 하지 못하는 일.

9. 정치 용어

國政監査權 국정 감사권	國(나라 국), 政(다스릴 정), 監(볼 감), 査(조사할 사), 權(권세 권) 국회가 국정 전반에 관하여 직접 감사할 수 있는 권리.
國政調査權 국정 조사권	國(나라 국), 政(다스릴 정), 調(고를 조), 査(조사할 사), 權(권세 권) 국회가 국정에 관하여 직접 조사할 수 있는 권리.
勞使政委員會 노사정 위원회	勞(일할 로(노)), 使(하여금 사), 政(다스릴 정), 委(맡길 위), 員(인원 원), 會(모일 회) 1997년 경제 위기 극복의 일환으로 노동자·사용자·정부의 대표들이 참여하여, 1998년 1월에 만든 대통령 직속 자문 기구.
大統領制 대통령제	大(큰 대), 統(거느릴 통), 領(거느릴 령), 制(제도 제) 대통령을 중심으로 국정이 운영되는 정부 형태. 또는 그런 통치 구조.
免責特權 면책 특권	免(면할 면), 責(꾸짖을/책임 책), 特(특별할 특), 權(권세 권) 국회 의원이 국회에서 직무상 행한 발언과 표결에 관하여 국회 밖에서 책임을 지지 아니하는 특권.

無所屬議員	無(없을 **무**), 所(바/곳 **소**), 屬(무리/붙일 **속**), 議(의논할 **의**), 員(인원 **원**)
무소속 의원	정당에 가입하지 않은 의원.

附議	附(붙을 **부**), 議(의논할 **의**)
부의	토의에 부침. 구체적인 의안을 회의에 내놓는 일.

比例代表制	比(견줄 **비**), 例(법식 **례**), 代(대신할 **대**), 表(겉 **표**), 制(제도 **제**)
비례 대표제	각 정당의 득표수에 비례하여 의원을 선출하는 선거 제도.

不逮捕特權	不(아닐 **불**), 逮(미칠 **체**), 捕(잡을 **포**), 特(특별할 **특**), 權(권세 **권**)
불체포 특권	국회 의원은 현행범인 경우를 제외하고는 회기 중 국회의 동의 없이 체포 또는 구금되지 아니하는 것을 말함.

選擧公營制	選(가릴 **선**), 擧(들 **거**), 公(공변될 **공**), 營(경영할 **영**), 制(제도 **제**)
선거 공영제	공정한 선거를 치르기 위하여, 선거에 필요한 비용의 일부를 국가나 지방 자치 단체에서 부담하고 이를 관리하는 제도.

審議와 審査	審(살필 **심**), 議(의논할 **의**), 審(살필 **심**), 査(조사할 **사**)
심의와 심사	행정부의 최고 심의 기관인 국무 회의에서는 정부의 정책을 심사하고 의논함.

壓力團體	壓(누를 **압**), 力(힘 **력**), 團(둥글/모일 **단**), 體(몸 **체**)
압력 단체	특정한 이익이나 주장을 관철하기 위하여 의회나 행정 기관 따위에 압력을 가하는 단체나 조직.

院內交涉團體	院(집 **원**), 內(안 **내**), 交(사귈 **교**), 涉(건널 **섭**), 團(둥글/모일 **단**), 體(몸 **체**)
원내 교섭 단체	국회에서, 단체 교섭회에 참가하여 의사 진행에 관한 중요한 안건을 협의하기 위하여 의원들이 구성하는 단체.

政黨	政(다스릴 **정**), 黨(무리 **당**)
정당	정치적인 주의나 주장이 같은 사람들이 정권을 잡고 정치적 이상을 실현하기 위하여 조직한 단체.

中選擧區制 大選擧區制 중선거구제 대선거구제	中(가운데 **중**), 選(가릴 **선**), 擧(들 **거**), 區(나눌 **구**), 制(제도 **제**) 大(큰 **대**), 選(가릴 **선**), 擧(들 **거**), 區(나눌 **구**), 制(제도 **제**) 1개의 선거구에서 2~3인의 대표를 선출하는 제도를 중선거구제, 4인 이상의 다수인을 대표자로 선출하는 제도를 대선거구제
聽聞會 청문회	聽(들을 **청**), 聞(들을 **문**), 會(모일 **회**) 국회에서 필요한 경우 증인, 참고인, 감정인을 채택하여 신문하는 제도.

10. 행정 용어

加算金 가산금	加(더할 **가**), 算(셈 **산**), 金(쇠/돈 **금**) 세금이나 공공요금 따위를 납부 기한까지 내지 않은 경우, 원래 금액에 일정한 비율로 덧붙여 매기는 금액.
加算稅 가산세	加(더할 **가**), 算(셈 **산**), 稅(세금 **세**) 규정한 세금을 납부하지 않았을 때 본래 부과된 금액에 일정 비율로 금액을 부과하는 세금.
計算證明 계산 증명	計(셀 **계**), 算(셈 **산**), 證(증명할 **증**), 明(밝을 **명**) 회계 책임자가 회계 사무 집행에 대하여 일정한 계산서를 작성하고 이에 증거 서류를 붙여 감사원에 제출하는 일.
固定汚染源 고정 오염원	固(굳을 **고**), 定(정할 **정**), 汚(더러울 **오**), 染(물들 **염**), 源(근원 **원**) 일정한 지점에 고정되어 있으면서 오염 물질을 발생하는 원인이 되는 것.
國家非常事態 국가 비상사태	國(나라 **국**), 家(집 **가**), 非(아닐 **비**), 常(항상 **상**), 事(일 **사**), 態(모양 **태**) 나라에 천재지변이나 중요한 재정 경제상의 위기, 또는 전시와 사변 및 이에 준하는 사태가 벌어져 통상적인 방법으로는 공공의 안녕 및 질서를 유지할 수 없는 상태.
都給經費 도급 경비	都(도읍/모두 **도**), 給(줄 **급**), 經(지날/글 **경**), 費(쓸 **비**) 특수한 경리(經理)를 요하는 관서의 경비로서, 대통령령이 정하는 바에 따라 전부나 일부를 충당하게 하기 위하여 도급으로 지급하는 경비.

明示移越	明(밝을 **명**), 示(보일 **시**), 移(옮길 **이**), 越(넘을 **월**)
명시 이월	예산 집행 시 해당 연도 내에 지출하지 못한 항목의 예산을 다음 연도로 이월하여 사용하는 일.

保證履行業體	保(지킬 **보**), 證(증명할 **증**), 履(밟을 리(**이**)), 行(다닐/행할 **행**), 業(일 **업**), 體(몸 **체**)
보증이행 업체	기업이 정부, 지방 자치 단체, 정부 투자 기관 등과 건설 공사 또는 용역 제공을 위한 계약 체결에 따라 부담하는 각종 보증금의 지급 채무에 대한 보증을 대신함.

先制行政	先(먼저 **선**), 制(제도 **제**), 行(다닐/행할 **행**), 政(다스릴 **정**)
선제행정	선수를 쳐서 상대편을 제압하는 정치나 사무를 말함.

社會間接資本	社(모일 **사**), 會(모일 **회**), 間(사이 **간**), 接(이을 **접**), 資(재물 **자**), 本(근본 **본**)
사회 간접 자본	국민 경제 발전의 기초가 되는 도로, 항만, 철도, 통신, 전력, 수도 따위의 공공시설.

輸入先多邊化	輸(보낼/나를 **수**), 入(들 **입**), 先(먼저 **선**), 多(많을 **다**), 邊(가 **변**), 化(될/변화할 **화**)
수입선 다변화	무역 역조 현상이 심한 특정 국가로부터의 수입을 제한하는 일.

日沒制	日(날/해 **일**), 沒(빠질 **몰**), 制(제도 **제**)
일몰제	법률이나 각종 규제의 효력이 일정 기간이 지나면 자동으로 없어지게 하는 제도.

用度變更承認	用(쓸 **용**), 度(법도 **도**), 變(변할 **변**), 更(고칠 **경**), 承(이을 **승**), 認(알 **인**)
용도 변경 승인	건축물의 용도를 타 용도로 변경하는 행위를 승낙이나 동의함.

制限稅率	制(제도 **제**), 限(한정 **한**), 稅(세금 **세**), 率(비율 **율**)
제한 세율	초과할 수 없는 최고 한도가 규정된 세율.

標準稅率	標(표 **표**), 準(준할 **준**), 稅(세금 **세**), 率(비율 **율**)
표준 세율	지방 자치 단체가 지방세를 부과할 때에 적용하는 세율.

還付制度	還(돌아올 **환**), 付(부칠 **부**), 制(제도 **제**), 度(법도 **도**)
환부 제도	초과 납부 또는 납입된 징수금을 납부 또는 납입한 자에게 반환해 주는 제도.

行政情報公開制度	行(다닐/행할 **행**), 政(다스릴 **정**), 情(뜻 **정**), 報(갚을/알릴 **보**), 公(공변될 **공**), 開(열 **개**), 制(제도 **제**), 度(법도 **도**)
행정 정보 공개 제도	사인의 청구에 의하여 국가 따위의 공공 기관이 그곳에서 보유하는 행정 정보를 공개하는 제도.

特別徵收	特(특별할 **특**), 別(다를 **별**), 徵(부를 **징**), 收(거둘 **수**)
특별 징수	수입 원천에서 직접 세금을 징수하는 방법.

11. 군사 용어

國防	國(나라 **국**), 防(막을 **방**)
국방	외국의 침략에 대비 태세를 갖추고 국토를 방위하는 일.

軍需	軍(군사 **군**), 需(다를 **수**)
군수	군사상 필요한 것.

間接戰略	間(사이 **간**), 接(이을 **접**), 戰(싸움 **전**), 略(간략할 **략**)
간접 전략	국가 전략의 한 형태. 핵 억제력 또는 정치적 억제력에 의해서 무력 행사가 제한되어 있는 경우에 군사력은 제2차적으로 사용하고, 주로 정치·외교·경제·심리 등의 비군사적 방법을 사용하여 소기의 정치 목표를 달성하려는 국가 전략.

國家戰略	國(나라 **국**), 家(집 **가**), 戰(싸움 **전**), 略(간략할 **략**)
국가 전략	국가 목표의 달성, 특히 국가의 안전 보장을 위하여 전시와 평시에 국가의 모든 저력을 종합적으로 발전시키고 그것들을 효과적으로 운용하기 위한 방책.

軍費競爭 군비 경쟁	軍(군사 군), 費(쓸 비), 競(다툴 경), 爭(다툴 쟁) 군사 시설이나 장비를 늘리거나 새로운 무기를 만들어 앞서고자 하는 나라들 간의 경쟁.
軍事敎理 군사 교리	軍(군사 군), 事(일 사), 敎(가르칠 교), 理(다스릴 리) 군대가 국가에서 정한 안보 분야의 목표를 달성하기 위해 준수해야 할, 공식적으로 승인된 군사력 운용에 관한 기본 원칙과 지침.
多變軍 다변군	多(많을 다), 變(변할 변), 軍(군사 군) 군대가 많이 변함.
民防衛 민방위	民(백성 민), 防(막을 방), 衛(지킬 위) 적의 침략이나 천재지변 따위로 인한 피해를 막기 위하여 민간인이 주축이 되어 행하는 비군사적 방어 행위.
心理戰爭 심리 전쟁	心(마음 심), 理(다스릴 리), 戰(싸움 전), 爭(다툴 쟁) 명백한 군사적 적대 행위 없이 적군이나 상대국 국민에게 심리적인 자극과 압력을 주어 자기 나라의 정치·외교·군사 면에 유리하도록 이끄는 전쟁.
相互抑制 상호 억제	相(서로 상), 互(서로 호), 抑(누를 억), 制(제도 제) 둘 또는 그 이상의 국가 혹은 국가 연합이 보복으로 초래하게 될 손실과 파괴가 감당하기 어려운 것이 될 것이므로 서로를 공격하는 것이 억지되고 있는 안정된 상태.
人道主義的 國際法 인도주의적 국제법	人(사람 인), 道(길 도), 主(주인 주), 義(옳을 의), 的(과녁 적), 國(나라 국), 際(사이 제), 法(법 법) 인도주의의 태도를 지닌 국가 간의 의논에 따라 국가 간의 권리·의무에 대하여 규정한 국제 사회의 법률.
電子戰 전자전	電(번개 전), 子(아들 자), 戰(싸움 전) 적의 전파 사용을 탐지, 이용, 감소 또는 방해하고, 아군 전자파의 사용을 보장하기 위한 전자 에너지의 사용과 관련된 군사 활동.

12. 사회 용어

公民 공민	公(공변될 공), 民(백성 민) 국가 사회의 일원으로서 그 나라 헌법에 의한 모든 권리와 의무를 가지는 자유민.
大衆 대중	大(큰 대), 衆(무리 중) 대량 생산·대량 소비를 특징으로 하는 현대 사회를 구성하는 대다수의 사람.
民衆 민중	民(백성 민), 衆(무리 중) 국가나 사회를 구성하는 일반 국민.
人民 인민	人(사람 인), 民(백성 민) 국가나 사회를 구성하고 있는 사람들.
家父長制 가부장제	家(집 가), 父(아비 부), 長(길 장), 制(제도 제) 가부장이 가족에 대한 지배권을 행사하는 가족 형태. 또는 그런 지배 형태.
社會指標 사회 지표	社(모일 사), 會(모일 회), 指(가리킬 지), 標(표 표) 사회 시스템의 상태를 평가적인 시점에서 기술할 때에 이용되는 모든 척도화 된 지표.
黑白論理 흑백 논리	黑(검을 흑), 白(흰 백), 論(논할 론(논)), 理(다스릴 리) 모든 문제를 흑과 백, 선과 악, 득과 실의 양극단으로만 구분하고 중립적인 것을 인정하지 아니하려는 편중된 사고방식이나 논리.
國民年金法 국민연금법	國(나라 국), 民(백성 민), 年(해 년/(연)), 金(쇠/돈 금), 法(법 법) 노령·장애·사망 따위로 소득 획득 능력이 없어졌을 때 국가가 생활 보장을 위하여 정기적으로 지급하는 금액에 관한 법률.

多元的無知	多(많을 **다**), 元(으뜸 **원**), 的(과녁 **적**), 無(없을 **무**), 知(알 **지**)
다원적 무지	사회 심리학에서, 특정한 문제에 관하여 다수 의견을 소수 의견이라고 오해하거나 소수 의견을 다수 의견이라고 오해하는 일을 이르는 말.

13. 시사 용어

家計信用	家(집 **가**), 計(셀 **계**), 信(믿을 **신**), 用(쓸 **용**)
가계 신용	일반 가정이 은행 따위의 금융 기관에서 빌린 돈과 외상으로 물품을 구입하고 진 빚을 모두 합해 이르는 말.

期待壽命	期(기약할 **기**), 待(기다릴 **대**), 壽(목숨 **수**), 命(목숨 **명**)
기대 수명	출생자가 출생 직후부터 생존할 것으로 기대되는 평균 생존 연수.

國民住宅	國(나라 **국**), 民(백성 **민**), 住(살 **주**), 宅(집 **택**)
국민 주택	국가가 무주택자들에게 싼값으로 임대·분양하기 위하여 주택 은행이나 지방 자치 단체, 농업 협동조합 따위에서 조달하는 자금으로 짓는 주택.

可變車路制	可(옳을 **가**), 變(변할 **변**), 車(수레 **차**), 路(길 **로**), 制(제도 **제**)
가변 차로제	양방향 교통량이 시간별·요일별로 일정 기준 이상 차이가 나는 경우에, 교통량이 적은 방향 찻길을 임시로 사용하는 제도.

氣候經濟學	氣(기운 **기**), 候(기후 **후**), 經(지날/글 **경**), 濟(건널 **제**), 學(배울 **학**)
기후 경제학	기후의 변화를 경제와 관련지어 분석하고 연구하는 학문.

金融實名制	金(쇠/돈 **금**), 融(녹을/화할 **융**), 實(열매 **실**), 名(이름 **명**), 制(제도 **제**)
금융 실명제	은행 예금이나 증권 투자 따위 금융 거래를 할 때에 실제 명의로 하여야 하며, 가명이나 무기명 거래는 인정하지 않는 제도.

金融專業家	金(쇠/돈 **금**), 融(녹을/화할 **융**), 專(오로지 **전**), 業(일 **업**), 家(집 **가**)
금융 전업가	일반적으로 주식 소유를 매개로 공동 소유관계에 있는 동일 그룹 내의 금융 기관을 통해 은행, 증권, 보험, 기타 금융 서비스업 등 다양한 금융업에 종사하는 집단.

企業支配構造
기업 지배 구조

企(꾀할 **기**), 業(일 **업**), 支(지탱할 **지**), 配(짝 **배**), 構(얽을 **구**), 造(지을 **조**)

기업 경영의 통제에 관한 전체적인 체계.

代表訴訟制
대표 소송제

代(대신할 **대**), 表(겉 **표**), 訴(하소연할 **소**), 訟(송사할 **송**), 制(제도 **제**)

회사의 운영 책임을 맡은 이사가 배임 행위를 했을 때, 회사가 이사에 대해 책임을 추궁하지 않으면 회사의 주주가 이를 대신하여 소송을 제기하는 제도.

道德指數
도덕 지수(MQ)

道(길 **도**), 德(덕 **덕**), 指(가리킬 **지**), 數(셈 **수**)

사람이 얼마나 양심적인지를 측정하는 지수.

民營住宅
민영 주택

民(백성 **민**), 營(경영할 **영**), 住(살 **주**), 宅(집 **택**)

국민 주택 등을 제외한 주택으로 민간 주택 건설 사업자들이 자기 자본을 투입하여 건설하여 분양하는 주택.

白騎士
백기사

白(흰 **백**), 騎(말탈 **기**), 士(선비 **사**)

경영권을 위협받는 기업이 경영권 방어를 위해 끌어들이는 우호적인 세력.

不實與信
부실 여신

不(아닐 **부**), 實(열매 **실**), 與(더불/줄 **여**), 信(믿을 **신**)

부실 대출금과 부실 지급 보증액을 합한 금액.

上場企業
상장 기업

上(위 **상**), 場(마당 **장**), 企(꾀할 **기**), 業(일 **업**)

증권 거래소·코스닥 등의 유가 증권 시장에 등록되어 주식이 거래되고 있는 기업.

上場株式
상장 주식

上(위 **상**), 場(마당 **장**), 株(그루 **주**), 式(법 **식**)

자유롭게 매매할 수 있도록 주식 시장에 올려진 주식.

新部族主義
신부족주의

新(새로울 **신**), 部(거느릴 **부**), 族(겨레 **족**), 主(주인 **주**), 義(옳을 **의**)

지역이나 혈연 따위에 국한되었던 과거의 부족 사회와는 달리 개인의 개성을 중시하는 미래 사회에서 또 다른 형태의 다양한 문화 그룹이 형성된다는 이론.

黑騎士	黑(검을 **흑**), 騎(말탈 **기**), 士(선비 **사**)
흑기사	경영권을 인수하려는 개인이나 기업이 경영권 인수를 용이하게 하기 위해 끌어들이는 우호적인 세력.

14. 건축 용어

改築	改(고칠 **개**), 築(쌓을 **축**)
개축	집이나 축조물 따위가 허물어지거나 낡아서 새로 짓거나 고쳐 쌓음.

工程率	工(장인/만들 **공**), 程(길/법 **정**), 率(비율 **율**)
공정율	공사의 진행 순서와 작업 일정을 종합한 공사의 진도 과정에 따라 투입된 공사비의 총 공사비에 대한 비율.

工程表	工(장인/만들 **공**), 程(길/법 **정**), 表(겉 **표**)
공정표	물품을 만드는 과정이나 일정을 나타낸 도표.

鑑定評價	鑑(거울 **감**), 定(정할 **정**), 評(평할 **평**), 價(값/가치 **가**)
감정 평가	감정업자가 동산이나 부동산 따위와 같은 재산의 경제적 가치를 판단하여 그 결과를 가격으로 표시하는 일.

共同住宅	共(함께 **공**), 同(한 가지 **동**), 住(살 **주**), 宅(집 **택**)
공동 주택	여러 가구가 한 건축물 안에서 각각 따로 생활을 할 수 있게 설계하여 지은 큰 집.

公示地價	公(공변될 **공**), 示(보일 **시**), 地(땅 **지**), 價(값/가치 **가**)
공시 지가	'지가 공시 및 토지 등의 평가에 관한 법률'에 의한 절차에 따라 조사·평가하여 국토교통부 장관의 명의로 공시한 표준지의 단위 면적당 가격.

開發負擔金	開(열 **개**), 發(필 **발**), 負(질 **부**), 擔(멜 **담**), 金(쇠/돈 **금**)
개발 부담금	개발 사업을 하거나 토지 이용 계획을 변경하거나 그밖에 사회·경제 요인에 따라 정상적으로 상승하는 땅값을 초과하여 개발 사업을 하는 자나 토지 소유자가 갖는 땅값의 증가분에 국가가 부과·징수하는 금액.

開發制限區域	開(열 개), 發(필 발), 制(제도 제), 限(한정 한), 區(나눌 구), 域(지경 역)
개발 제한 구역	도시의 무질서한 확산 방지와 도시의 자연환경 보전 따위를 위하여 국토 교통부 장관이 도시 개발을 제한하도록 지정한 구역.

競爭過熱地域	競(다툴 경), 爭(다툴 쟁), 過(지날 과), 熱(더울 열), 地(땅 지), 域(지경 역)
경쟁 과열 지역	민영주택 입주자 선정 시 경쟁 과열이 예상되는 지역에 대하여 시장 군수가 경쟁 과열 지역으로 지정하고 이 구역 내에서 입주자 선정은 공급하는 세대수의 20배수를 초과하지 않는 범위 내에서 청약할 수 있음.

多世帶住宅	多(많을 다), 世(세대 세), 帶(찰/띠 대), 住(살 주), 宅(집 택)
다세대 주택	여러 가구가 들어 사는 공동 주택의 하나. 현행법에는, 4층 이하로 동당(棟當) 건축 연면적이 660㎡ 이하인 건물.

日照權	日(날/해 일), 照(비칠 조), 權(권세 권)
일조권	태양 광선을 확보할 수 있는 권리. 인접 건물 따위에 의하여 자기 집에 태양 광선이 충분히 닿지 못하여 생기는 신체, 정신, 재산의 피해에 대하여 보상을 청구할 수 있는 권리.

延面積	延(끌/늘일 연), 面(얼굴/향할 면), 積(쌓을 적)
연면적	건물 각 층의 바닥 면적을 합한 전체 면적.

聯立住宅	聯(잇닿을 련(연)), 立(설 립), 住(살 주), 宅(집 택)
연립 주택	한 건물 안에서 여러 가구가 각각 독립된 주거 생활을 할 수 있도록 지은 공동 주택. 아파트보다 작으며, 동당 건축 연면적이 660㎡를 초과하는 4층 이하의 건물.

一般工業地域	一(한 일), 般(일반 반), 工(장인/만들 공), 業(일 업), 地(땅 지), 域(지경 역)
일반 공업 지역	도시 계획법상 용도 지역의 하나. 환경을 저해하지 아니하는 공업을 배치하기 위하여 필요한 때 지정함.

一般商業地域	一(한 일), 般(일반 반), 商(장사할 상), 業(일 업), 地(땅 지), 域(지경 역)
일반 상업 지역	'국토의 계획 및 이용에 관한 법률'에 의거하여 구분된 상업 지역의 하나. 일반적인 상업 기능 및 업무 기능을 담당하게 하기 위하여 필요한 때 지정함.

一般住居地域	一(한 일), 般(일반 반), 住(살 주), 居(살 거), 地(땅 지), 域(지경 역)
일반 주거 지역	주거 지역 가운데 일반인의 주거를 목적으로 한 주택이 밀집한 지역.

傳貰權 전세권	傳(전할 **전**), 貰(세낼 **세**), 權(권세 **권**) 전세금을 지불한 사람이 남의 부동산을 이용할 수 있는 권리.
地役權 지역권	地(땅 **지**), 役(부릴 **역**), 權(권세 **권**) 자신의 토지에 내 건물을 짓기 위해 타인의 토지를 자신의 토지의 편익에 이용하는 권리.
準工業地域 준공업 지역	準(준할 **준**), 工(장인/만들 **공**), 業(일 **업**), 地(땅 **지**), 域(지경 **역**) 공업 지역과 주거 지역의 성격이 한데 합해진 지역.
準住居地域 준주거 지역	準(준할 **준**), 住(살 **주**), 居(살 **거**), 地(땅 **지**), 域(지경 **역**) 도시 계획법에 의하여 주거 지역을 다시 세분한 지역.
推定價格 추정 가격	推(밀 **추**), 定(정할 **정**), 價(값/가치 **가**), 格(격식 **격**) 물품·공사·용역 따위의 조달 계약을 체결할 때 국제 입찰 대상 여부를 판단하는 기준으로 삼기 위하여 예정 가격이 결정되기 전에 산정된 가격. 예정 가격에서 부가 가치세를 제외한 금액.

15. 과학 용어

肝腦 간뇌	肝(간 **간**), 腦(뇌 **뇌**) ① 간과 뇌. ② 육체와 정신을 비유적으로 이르는 말.
可鍛性 가단성	可(옳을 **가**), 鍛(단련할 **단**), 性(성품 **성**) 고체가 외부의 충격에 깨지지 않고 늘어나는 성질.
假想年 가상년	假(거짓/임시 **가**), 想(생각 **상**), 年(해 **년**) 평균 태양의 적경이 280도 되는 때나 18시 40분이 되는 때를 연초(年初)로 하여 다음 연초에 이를 때까지 걸리는 시간.

可塑物 가소물	可(옳을 **가**), 塑(흙 빚을 **소**), 物(물건 **물**) 열이나, 압력 또는 이 두 가지로 성형(成形)할 수 있는 고분자 화합물을 통틀어 이르는 말.
假電子 가전자	假(거짓/임시 **가**), 電(번개 **전**), 子(아들 **자**) 화학 결합을 이룰 때 주로 기여하는 전자. 원자의 가장 바깥 껍질에 있는 궤도를 돌고 있는 전자.
感覺毛 감각모	感(느낄 **감**), 覺(깨달을 **각**), 毛(털 **모**) 기부에 있는 감각 세포가 외부의 자극을 수용하는 털.
減衰機 감쇠기	減(덜 **감**), 衰(쇠약할 **쇠**), 機(베틀 **기**) 전기 신호의 전압이나 전류를 일정한 비만큼 작게 하는 장치.
鑑識學 감식학	鑑(거울 **감**), 識(알 **식**), 學(배울 **학**) 생물의 분류군을 정하고 그 원리를 정하는 학문.
感熱紙 감열지	感(느낄 **감**), 熱(더울 **열**), 紙(종이 **지**) 화학 물질을 표면에 발라 열을 가하면 색이 나타나는 종이.
感染熱 감염열	感(느낄 **감**), 染(물들일 **염**), 熱(더울 **열**) 감염에 수반하여 발생하는 열.
降交點 강교점	降(내릴 **강**), 交(사귈 **교**), 點(점 **점**) 천체(天體)가 북쪽에서 남쪽으로 내려가면서 황도면을 지나는 점.
強振計 강진계	強(굳셀/억지 **강**), 振(떨칠 **진**), 計(셀 **계**) 강한 진동을 재는 기구.

加工硬化 가공 경화	加(더할 **가**), 工(장인/만들 **공**), 硬(굳을 **경**), 化(될/변화할 **화**) 소성을 가진 물체를 가공하여 변형시키면, 변형을 거치지 않은 원래의 물체보다 굳어지는 현상.
可鍛鑄鐵 가단주철	可(옳을 **가**), 鍛(단련할 **단**), 鑄(부어만들 **주**), 鐵(쇠 **철**) 열처리를 해서 가단성을 늘린 주철. 얇으면서도 단단한 주물(鑄物)을 만들 수 있어 자동차나 기계의 부품 따위에 쓰임.
加算混合 가산 혼합	加(더할 **가**), 算(셈 **산**), 混(섞을 **혼**), 合(합할 **합**) 빛을 가해 색을 혼합할 때 혼합한 색이 원래 색보다 밝아지는(명도가 높아지는) 혼합.
加水分解 가수 분해	加(더할 **가**), 水(물 **수**), 分(나눌 **분**), 解(풀 **해**) ① 무기 염류가 물과 작용하여 산 또는 알칼리로 분해되는 반응. ② 화합물이 물과 반응하여 분해됨.
可逆變化 가역 변화	可(옳을 **가**), 逆(거스를 **역**), 變(변할 **변**), 化(될/변화할 **화**) 어떤 물질이 A라는 상태에서 B라는 상태로 변화시켰을 때, B에서 A로 되돌릴 수가 있는 경우.
可逆電池 가역 전지	可(옳을 **가**), 逆(거스를 **역**), 電(번개 **전**), 池(못 **지**) 충전과 방전을 반복할 수 있는 전지. 충전 시와 방전 시에 일어나는 전극 반응의 방향은 서로 반대임.
可融合金 가융 합금	可(옳을 **가**), 融(녹을/화할 **융**), 合(합할 **합**), 金(쇠/돈 **금**) 녹는점이 낮은 합금으로 일반적으로 녹는점이 200℃ 이하 합금.
可聽範圍 가청 범위	可(옳을 **가**), 聽(들을 **청**), 範(법 **범**), 圍(에울 **위**) 사람의 귀로 들을 수 있는 소리의 표준 범위.
假現運動 가현 운동	假(거짓/임시 **가**), 現(나타날 **현**), 運(옮길 **운**), 動(움직일 **동**) 실제로는 움직이지 않는 대상이 어떤 조건 아래에서 움직이는 것처럼 보이는 현상.

覺醒反應	覺(깨달을 **각**), 醒(깰 **성**), 反(돌이킬 **반**), 應(응할 **응**)
각성 반응	뇌의 중심축에 50 사이클 이상의 고빈도로 전기 자극을 주면 잠들어 있던 동물이 잠을 깨고 대뇌 피질 뇌파는 저진폭속파가 되며 그 뇌파의 저진폭속파화.

褐色火藥	褐(털옷 **갈**), 色(빛 **색**), 火(불 **화**), 藥(약 **약**)
갈색 화약	초석(硝石), 유황, 숯가루 따위를 혼합하여 만든 갈색의 화약. 총알이 총구를 지날 때 속도가 높다는 이점이 있음.

感覺神經	感(느낄 **감**), 覺(깨달을 **각**), 神(귀신 **신**), 經(지날/글 **경**)
감각 신경	감각 기관이 외부에서 받은 자극을 신경 중추에 전하는 신경.

減數分裂	減(덜 **감**), 數(셈 **수**), 分(나눌 **분**), 裂(찢을 렬(**열**))
감수 분열	염색체의 수가 반으로 줄어드는 세포 분열.

降雨遮斷	降(내릴 **강**), 雨(비 **우**), 遮(막을 **차**), 斷(끊을 **단**)
강우 차단	강우가 지표면에 도달하기 전에 나무의 수관이나 임상의 낙엽층에 의하여 일시적으로 또는 장기간 차단되는 일.

强誘電體	强(굳셀/억지 **강**), 誘(꾈 **유**), 電(번개 **전**), 體(몸 **체**)
강유전체	외부에서 전기장을 가하지 아니하여도 전기 분극(分極)을 나타내는 물질.

腔腸動物	腔(빈속 **강**), 腸(창자 **장**), 動(움직일 **동**), 物(물건 **물**)
강장동물	말미잘, 해파리 등을 포함하는 하등한 동물군의 이름.

假說演繹法	假(거짓/임시 **가**), 說(말씀 **설**), 演(펼 **연**), 繹(풀어낼/실마리 **역**), 法(법 **법**)
가설 연역법	이제까지의 지식이나 관찰을 모아 하나의 가설을 세우고, 이 가설로부터 필연적으로 연역되는 명제를 실험적으로 검토하는 방법.

干涉屈折計	干(방패 **간**), 涉(건널 **섭**), 屈(굽힐 **굴**), 折(꺾을 **절**), 計(셀 **계**)
간섭 굴절계	빛의 간섭 현상을 이용하여 빛의 굴절률을 측정하는 계기.

交流電壓計
교류 전압계

交(사귈 **교**), 流(흐를 **류**), 電(번개 **전**), 壓(누를 **압**), 計(셀 **계**)

교류 전압을 측정하는 계기.

可變速度電動機
가변 속도 전동기

可(옳을 **가**), 變(변할 **변**), 速(빠를 **속**), 度(법도 **도**), 電(번개 **전**), 動(움직일 **동**), 機(베틀 **기**)

회전 속도를 자유로이 바꿀 수 있는 전동기.

假像變位의 原理
가상변위의 원리

假(거짓/임시 **가**), 像(형상 **상**), 變(변할 **변**), 位(자리 **위**), 原(언덕/근본 **원**), 理(다스릴 **리**)

가상변위에 기초하여 질점계(質點系)의 평형 조건을 설명하는 원리.

加壓水形原子爐
가압수형 원자로

加(더할 **가**), 壓(누를 **압**), 水(물 **수**), 形(모양 **형**), 原(언덕/근본 **원**), 子(아들 **자**), 爐(화로 **로**)

수증기로 터빈을 돌리는 발전용 원자로. 증기 발생기로 냉각재인 물에 100℃의 온도와 약 150기압의 압력을 가하면 증기가 발생하는데, 이 증기를 이용하여 발전기의 터빈을 돌림.

假性貧血
가성 빈혈

假(거짓/임시 **가**), 性(성품 **성**), 貧(가난할 **빈**), 血(피 **혈**)

혈색이 좋지 않아서 마치 빈혈과 같으나, 실제로는 혈액 중의 혈색소가 줄지 않은 상태.

南極氣團
남극 기단

南(남녘 **남**), 極(다할 **극**), 氣(기운 **기**), 團(둥글/모일 **단**)

남극 대륙과 그 둘레의 빙산 위에 형성되는 기단.

富營養化
부영양화

富(부자 **부**), 營(경영할 **영**), 養(기를 **양**), 化(될/변화할 **화**)

호수 등의 물속에 유기 물질에 의한 많은 영양 물질이 들어 있는 현상.

16. 정보 통신 용어

假想共同體 (가상 공동체)
假(거짓/임시 **가**), 想(생각 **상**), 共(함께 **공**), 同(한 가지 **동**), 體(몸 **체**)

특정 매체를 통해 상호 작용 하는 개인들로 구성된 사회 조직.

諒解覺書 (양해 각서)
諒(살필/믿을 량(**양**)), 解(풀 **해**), 覺(깨달을 **각**), 書(쓸/글/책 **서**)

국가 간의 외교 교섭 결과, 서로 수용하기로 한 내용을 확인하고 기록하기 위하여 정식 계약 체결에 앞서 작성하는 문서.

全社的資源管理 (전사적 자원관리)
全(온전할 **전**), 社(모일 **사**), 的(과녁 **적**), 資(재물 **자**), 源(근원 **원**), 管(대롱/관리할 **관**), 理(다스릴 **리**)

기업의 경쟁력을 강화하기 위하여 경영 활동에 쓰이는 기업 내의 모든 자원을 효율적으로 관리하는 통합 정보 시스템.

假想記憶裝置 (가상기억 장치)
假(거짓/임시 **가**), 想(생각 **상**), 記(기록할 **기**), 憶(생각할 **억**), 裝(꾸밀 **장**), 置(둘 **치**)

사용자가 보조 기억 장치를 주기억 장치의 확장으로 생각하여 큰 주기억 장치가 있다고 생각하는 기억 장치.

17. 산업 공학 용어

價値工學 (가치 공학)
價(값/가치 **가**), 値(값 **치**), 工(장인/만들 **공**), 學(배울 **학**)

제품이나 서비스의 가치를 떨어뜨리지 않고 최저의 비용으로 그것을 생산할 수 있는 방법을 연구하는 학문.

經營科學 (경영 과학)
經(지날/글 **경**), 營(경영할 **영**), 科(과목 **과**), 學(배울 **학**)

수학적인 이론과 통계적인 분석 기법을 이용하여 경영에서 발생하는 여러 가지 문제를 해결하려는 학문.

相互背反性 (상호 배반성)
相(서로 **상**), 互(서로 **호**), 背(등 **배**), 反(돌이킬 **반**), 性(성품 **성**)

두 사건이 동시에 발생할 수 없는 경우, 두 사건의 관계를 이르는 말.

事務生産性向上	事(일 사), 務(일/힘쓸 무), 生(날 생), 産(낳을 산), 性(성품 성), 向(향할 향), 上(위 상)
사무 생산성 향상	경제학에서 생산의 효율성을 측정하는 척도.

原價節減	原(언덕/근본 원), 價(값/가치 가), 節(마디 절), 減(덜 감)
원가 절감	제품을 생산할 때 원가를 낮추는 일.

意識改革	意(뜻 의), 識(알 식), 改(고칠 개), 革(가죽 혁)
의식 개혁	이전부터 지금까지의 사고방식·관심 등을 새로운 것으로 바꾸는 것.

綜合生産性革新	綜(모을 종), 合(합할 합), 生(날 생), 産(낳을 산), 性(성품 성), 革(가죽 혁), 新(새로울 신)
종합 생산성 혁신	경영 목표를 달성하기 위해 경영 전반을 다시 분석하고 경쟁력 향상을 위해 필요한 전략을 결정, 추진하는 기법.

18. 의학 용어

壞死	壞(무너질 괴), 死(죽을 사)
괴사	생체 내의 조직이나 세포가 부분적으로 죽는 일.

肝硬化	肝(간 간), 硬(굳을 경), 化(될/변화할 화)
간경화	광범위한 간세포 파괴와 섬유 조직의 증식과 결절 형성이 일어나는 간 질환.

骨多孔症	骨(뼈 골), 多(많을 다), 孔(구멍 공), 症(증세 증)
골다공증	뼈 속의 칼슘이 줄어들어 뼈에 작은 구멍들이 생기고 뼈가 약해지는 증상.

境界性人格障碍 경계성 인격 장애	境(지경 **경**), 界(지경 **계**), 性(성품 **성**), 人(사람 **인**), 格(격식 **격**), 障(막을 **장**), 碍(막을 **애**) 감정의 기복이 심하고 행동이나 대인 관계 따위가 매우 불안정한 인격 장애.
白內障 백내장	白(흰 **백**), 內(안 **내**), 障(막을 **장**) 수정체가 회백색으로 흐려져서 시력이 떨어지는 질병.

CHAPTER 02 한자성어

〈한자성어 3박자 학습법〉
1박자 : 쓰인 글자대로 해석해 보면서 뜻을 생각해 보세요.
2박자 : 어느 상황에 쓰이는지 생각해보고 실제 생활에 많이 활용하세요.
3박자 : 상황에 맞게 글자를 바꾸거나 새로 만들어 써 보세요.

한자성어	풀이
街談巷說 가담항설	街(거리 **가**) 談(말씀 **담**) 巷(거리 **항**) 說(말씀 **설**) 거리나 항간에 떠도는 소문.
甘言利說 감언이설	甘(달 **감**), 言(말씀 **언**), 利(이로울 리(**이**)), 說(말씀 **설**) (남의 비위에 맞도록) 달콤한 말과 이로운 조건을 내세워 꾀는 말.
改過遷善 개과천선	改(고칠 **개**), 過(허물 **과**), 遷(옮길 **천**), 善(착할 **선**) 허물을 고치고 선한 길로 옮김.
去舊生新 거구생신	去(갈 **거**), 舊(옛 **구**), 生(날 **생**), 新(새로울 **신**) '옛 것이 가고 새로운 것이 생김'으로, 묵은 것을 버리고 새로운 것을 마련함.
擧案齊眉 거안제미	擧(들 **거**), 案(밥상 **안**), 齊(가지런할 **제**), 眉(눈썹 **미**) '밥상을 눈썹과 가지런하도록 (공손히) 듦'으로, 남편을 깍듯이 공경함.
隔世之感 격세지감	隔(사이 뜰 **격**), 世(세상 **세**), 之(~의 **지**), 感(느낄 **감**) '세상(세대)과 사이가 뜸(벌어짐)의 느낌'으로, 세상(세대)의 제도나 문물이 변천하여 아주 동떨어진 곳에 온 것 같은 느낌.
牽强附會 견강부회	牽(끌 **견**), 强(억지 **강**), 附(붙을 **부**), 會(모일 **회**) '억지로 끌어다 붙임'으로, 이치에 맞지 않는 말을 억지로 끌어다 붙여 자기주장을 합리화시킴.

見利思義 (견리사의)
見(볼 **견**), 利(이로울 **리**), 思(생각할 **사**), 義(의로울 **의**)

'이로움을 보면 의를 생각하라'로, 이로움을 보면 그것이 의에 맞는가 어떤가를 먼저 생각하라는 말.

謙讓之德 (겸양지덕)
謙(겸손할 **겸**), 讓(사양할 **양**), 之(~의 **지**), 德(덕 **덕**)

'겸손하고 사양함의 덕'으로, 겸손한 태도로 남에게 양보하거나 사양하는 아름다운 마음씨나 행동.

驚天動地 (경천동지)
驚(놀랄 **경**), 天(하늘 **천**), 動(움직일 **동**), 地(땅 **지**)

'하늘이 놀라고 땅이 움직임'으로, 세상을 몹시 놀라게 함.

鷄鳴狗盜 (계명구도)
鷄(닭 **계**), 鳴(울 **명**), 狗(개 **구**), 盜(훔칠 **도**)

'닭 울음소리를 잘 내는 사람과 개 흉내를 잘 내는 좀도둑'으로, ㉠ 천한 재주를 가진 사람도 때로는 요긴하게 쓸모가 있음. ㉡ 야비하게 남을 속이는 꾀.

鼓腹擊壤 (고복격양)
鼓(칠 **고**), 腹(배 **복**), 擊(칠 **격**), 壤(흙 **양**)

'배를 두드리고 흙덩이를 침'으로, 근심 걱정 없는 태평성대를 이르는 말.
🔊 요(堯)임금 때 백성들이 배불리 먹어 배를 두드리고 흙덩이를 치면서(농사를 지으면서) 요임금의 덕을 찬양했다는 데서 유래.

苦肉之策 (고육지책)
苦(괴로울 **고**), 肉(고기 **육**), 之(~의 **지**), 策(꾀 **책**)

'괴로운 몸의 꾀'로, 적을 속이거나 어려운 사태를 벗어나기 위한 수단으로 제 몸을 괴롭혀 가면서까지 짜내는 계책.

孤掌難鳴 (고장난명)
孤(외로울 **고**), 掌(손바닥 **장**), 難(어려울 **난**), 鳴(울 **명**)

'외손바닥(한 손바닥)은 울리기가 어려움'으로, ㉠ 혼자서는 어떤 일도 이룰 수 없음. ㉡ 상대 없이는 싸움이 일어나지 않음.

苦盡甘來 (고진감래)
苦(쓸 **고**), 盡(다할 **진**), 甘(달 **감**), 來(올 **래**)

'쓴 것이 다하면 단 것이 옴'으로, 고생 끝에 즐거움이 온다는 말. 凹 興盡悲來(흥진비래)
🔊 興(흥겨울 흥), 悲(슬플 비)

過恭非禮 (과공비례)
過(지나칠 **과**), 恭(공손할 **공**), 非(아닐 **비**), 禮(예도 **례**)

지나친 공손은 예의가 아님.

한자성어	풀이
寬恕終興 관서종흥	寬(너그러울 **관**), 恕(용서할 **서**), 終(마칠 **종**), 興(흥할 **흥**) 너그럽게 용서하면 마칠 때(나중에) 흥함(좋음).
群鷄一鶴 군계일학	群(무리 **군**), 鷄(닭 **계**), 一(한 **일**), 鶴(학 **학**) '닭 무리 가운데 한 마리 학'으로, 여러 평범한 사람 가운데 유독 뛰어난 사람을 이르는 말.
矯角殺牛 교각살우	矯(바로잡을 **교**), 角(뿔 **각**), 殺(죽일 **살**), 牛(소 **우**) '뿔을 바로잡으려다 소를 죽임'으로, 조그만 일을 고치려다 지나쳐 큰일을 그르침.
口蜜腹劍 구밀복검	口(입 **구**), 蜜(꿀 **밀**), 腹(배 **복**), 劍(칼 **검**) '입으로는 달콤하게 말하나 뱃속에는 칼을 감추고 있음'으로, 겉으로는 달콤한 태도로 상대를 유혹하면서 속으로는 상대를 해칠 생각을 가짐.
群雄割據 군웅할거	群(무리 **군**), 雄(클 **웅**), 割(벨 **할**), 據(의지할 **거**) '여러 영웅이 (각지의 땅을) 베어 의지함'으로, 여러 영웅이 각각 한 지방씩 차지하고 위세를 부림.
權謀術數 권모술수	權(권세 **권**), 謀(꾀할 **모**), 術(재주 **술**), 數(꾀 **수**) (목적을 위해서 인정이나 도덕을 가리지 않고) 권세(權勢)와 모략중상(謀略中傷) 등 온갖 수단 방법을 쓰는 술책.
勸善懲惡 권선징악	勸(권할 **권**), 善(착할 **선**), 懲(징계할 **징**), 惡(악할 **악**) 착한 행실을 권장하고 악한 행실을 징계함.
近墨者黑 근묵자흑	近(가까울 **근**), 墨(먹 **묵**), 者(놈 **자**), 黑(검을 **흑**) '먹을 가까이하는 사람은 검어짐'으로, 나쁜 친구를 사귀면 나빠지기 쉬움.
勤者得之 근자득지	勤(부지런할 **근**), 者(놈 **자**), 得(얻을 **득**), 之(갈 **지**) 부지런한 자가 얻음.

騎虎之勢
기호지세

騎(말 탈 **기**), 虎(범 **호**), 之(~의 **지**), 勢(형세 **세**)

'범을 타고 가는 형세'로, (범을 타고 가다 내리면 잡아먹히니 그냥 가야 한다는 데서) 이미 한 일이라 중도에서 그만두기 어려움을 이르는 말.

男負女戴
남부여대

男(사내 **남**), 負(질 **부**), 女(여자 녀(**여**)), 戴(일 **대**)

'남자는 등에 지고 여자는 머리에 임'으로, 가난한 사람들이나 재난을 당한 사람들이 살 곳을 찾아 이리저리 떠돌아다님.

綠衣紅裳
녹의홍상

綠(푸를 록(**녹**)), 衣(옷 **의**), 紅(붉을 **홍**), 裳(치마 **상**)

'푸른 저고리와 다홍치마'로, 곱게 차려 입은 젊은 아가씨의 옷차림.

累卵之危
누란지위

累(쌓일 루(**누**)), 卵(알 **란**), 之(~의 **지**), 危(위험할 **위**)

'쌓인 알의 위험'으로, (알을 쌓아 놓으면 한꺼번에 깨질 수 있으니) 매우 위험한 형세.

大器晚成
대기만성

大(큰 **대**), 器(그릇 **기**), 晚(늦을 **만**), 成(이룰 **성**)

'큰 그릇은 늦게 이루어짐'으로, 큰일이나 큰 인물은 오랜 세월 꾸준한 노력 끝에 이루어짐을 말함.

道聽塗說
도청도설

道(길 **도**), 聽(들을 **청**), 塗(길 **도**), 說(말씀 **설**)

'길에서 듣고 길에서 이야기함'으로, ㉠ 거리에서 들은 것을 남에게 아는 체하며 말함. ㉡ 깊이 생각하지 않고 예사로 듣고 말함. ㉢ 길거리에 떠돌아다니는 뜬소문.

塗炭之苦
도탄지고

塗(진흙 **도**), 炭(숯 **탄**), 之(~의 **지**), 苦(괴로울 **고**)

'진구렁에 빠지고 숯불에 타는 괴로움'으로, 몹시 곤궁함이나 말할 수 없이 비참함을 이르는 말.

同價紅裳
동가홍상

同(한 가지 **동**), 價(값 **가**), 紅(붉을 **홍**), 裳(치마 **상**)

'같은 값이면 다홍치마'로, 같은 조건이라면 좀 더 낫고 편리한 것을 택함.

萬頃蒼波
만경창파

萬(일만 **만**), 頃(이랑 **경**), 蒼(푸를 **창**), 波(물결 **파**)

'만 이랑의 푸른 바다'로, 한없이 넓고 푸른 바다.

孟母三遷

맹모삼천

孟(맹자 **맹**), 母(어미 **모**), 三(석 **삼**), 遷(옮길 **천**)

'맹자 어머니가 (집을) 세 번 옮김'으로, (맹자를 제대로 교육하기 위하여 집을 세 번이나 옮겼다는 데서) 교육에는 환경이 매우 중요함을 이르는 말.

面從腹背

면종복배

面(얼굴 **면**), 從(좇을 **종**), 腹(배 **복**), 背(등질 **배**)

'얼굴로는 좇는(따르는) 척하나 배(마음)속으로는 배반함'으로, 겉으로는 복종하는 체하면서 속으로는 반대함.

毛遂自薦

모수자천

毛(털 **모**), 遂(이룰 **수**), 自(자기 **자**), 薦(추천할 **천**)

'모수(毛遂)가 자기를 추천함'으로, 자기가 자기를 추천함을 이르는 말.

武陵桃源

무릉도원

武(군사 **무**), 陵(큰 언덕 **릉**), 桃(복숭아 **도**), 源(근원 **원**)

'무릉(武陵)의 복숭아꽃이 떠내려 오는 근원'으로, 사람들이 화목하고 행복하게 살 수 있는 이상향을 이르는 말.
🔊 무릉(武陵)에 사는 한 어부가 물에 떠내려 오는 복숭아 꽃잎을 따라가 이상향을 찾았다는 이야기에서 유래.

拔本塞源

발본색원

拔(뽑을 **발**), 本(뿌리 **본**), 塞(막을 **색**), 源(근원 **원**)

'뿌리를 뽑고 근원을 막음'으로, 사물의 폐단을 없애기 위해서 아주 뿌리째 뽑아버림.

夫唱婦隨

부창부수

夫(남편 **부**), 唱(노래 부를 **창**), 婦(아내 **부**), 隨(따를 **수**)

'남편이 노래하면 아내가 따라함'으로, 남편이 주장하고 아내가 이에 따름이나 부부가 화합하는 도리.

附和雷同

부화뇌동

附(붙을 **부**), 和(화할 **화**), 雷(우뢰 **뢰**), 同(한 가지 **동**)

'붙어서 화하고 우레같이 소리침'으로, 확실한 주관도 없이 남의 의견이나 행동에 덩달아 따름을 이르는 말.

不狂不及

불광불급

不(아닐 **불**(부)), 狂(미칠 **광**), 不(아닐 **불**(부)), 及(이를 **급**)

'미치지 않으면 이르지 못함'으로, 어떤 일에 미치듯 열심히 하지 않으면 이룰 수 없다는 말.

不費之惠

불비지혜

不(아닐 **불**(부)), 費(쓸 **비**), 之(~의 **지**), 惠(은혜 **혜**)

'비용 드리지 않음의 은혜'로, 밝은 미소, 상냥한 인사, 따뜻한 마음처럼 돈 들이지 않고 은혜를 베푸는 것을 말함.

朋友責善
붕우책선

朋(벗 붕), 友(벗 우), 責(꾸짖을 책), 善(착할 선)

'친구는 꾸짖어 착하게 해야 함'으로, 참다운 친구라면 나쁜 짓을 못하게 하고 좋은 길로 이끌어야 한다는 말.

氷姿玉質
빙자옥질

氷(얼음 빙), 姿(모습 자), 玉(구슬 옥), 質(바탕 질)

'얼음같이 투명한 모습과 옥같이 뛰어난 바탕'으로, ㉠ 용모와 재주가 모두 뛰어남. ㉡ 매화(梅花)의 다른 이름.

三顧草廬
삼고초려

三(석 삼), 顧(돌아볼 고), 草(풀 초), 廬(오두막집 려)

'초가집을 세 번 돌아봄(방문함)'으로, 인재를 맞이하기 위해서 여러 번 찾아가 예를 다하는 일.

🔊 중국 촉한(蜀漢)의 유비(劉備)가 제갈량(諸葛亮)의 초려(草廬)를 세 번 찾아가 드디어 제갈량을 군사(軍師)로 맞아들였다는 데서 유래.

森羅萬象
삼라만상

森(빽빽할 삼), 羅(벌일 라), 萬(일만 만), 象(모양 상)

우주 사이에 벌여 있는 수많은 사물과 현상.

上通下達
상통하달

上(위 상), 通(통할 통), 下(아래 하), 達(이를 달)

'위로 통하고 아래로 이름'으로, 위아래로 명령이나 의사가 잘 통함.

塞翁之馬
새옹지마

塞(변방 새), 翁(늙은이 옹), 之(~의 지), 馬(말 마)

'변방에 사는 늙은이의 말'로, 인생의 길흉화복(吉凶禍福)은 늘 바뀌어 변화가 많음을 이르는 말.

🔊 말이 달아나 슬펐는데 뒤에 준마를 데리고 돌아와 기뻤고, 아들이 그 말을 타다가 떨어져 절름발이가 되어 슬펐는데, 난리가 나 모두 전쟁터에 끌려가 죽었으나 아들은 절름발이였기 때문에 목숨을 보전하여 기뻤다는 데서 유래.

生者必滅
생자필멸

生(날 생), 者(놈 자), 必(반드시 필), 滅(멸할 멸)

태어나는 것은 반드시 죽게 마련임.

先病者醫
선병자의

先(먼저 선), 病(병 병), 者(놈 자), 醫(의원 의)

'먼저 병을 앓아본 사람이 의원'으로, 경험 있는 사람이 남을 인도할 수 있다는 말.

纖纖玉手
섬섬옥수

纖(가늘 섬), 纖(가늘 섬), 玉(구슬 옥), 手(손 수)

'가녀리고 가녀린 옥 같은 손'으로, 가냘프고 고운 여자의 손을 이르는 말.

小貪大失	小(작을 **소**), 貪(탐낼 **탐**), 大(큰 **대**), 失(잃을 **실**)
소탐대실	작은 것을 탐내다가 큰 것을 잃음. ㈜ 멧돼지 잡으려다 집돼지 잃는다.

脣亡齒寒	脣(입술 **순**), 亡(망할 **망**), 齒(이 **치**), 寒(찰 **한**)
순망치한	'입술이 없어지면 이가 시림'으로, ㉠ 이해관계가 서로 밀접하여 한 쪽이 망하면 다른 한 쪽도 위태로움. ㉡ 서로 도우며 떨어질 수 없는 밀접한 관계.

神出鬼沒	神(귀신 **신**), 出(날 **출**), 鬼(귀신 **귀**), 沒(없을 **몰**)
신출귀몰	귀신처럼 자유자재로 나타났다 사라졌다 함.

惡戰苦鬪	惡(악할 **악**), 戰(싸울 **전**), 苦(괴로울 **고**), 鬪(싸울 **투**)
악전고투	'악한 싸움과 괴로운 싸움'으로, ㉠ 강력한 적을 만나 괴롭게 싸움. ㉡ 곤란한 상태에서도 노력을 계속함.

羊頭狗肉	羊(양 **양**), 頭(머리 **두**), 狗(개 **구**), 肉(고기 **육**)
양두구육	'양 머리에 개고기'로, (양의 머리를 내걸어 놓고 실제로는 개고기를 판다는 데서) ㉠ 겉과 속이 다름. ㉡ 말과 행동이 일치하지 않음.

梁上君子	梁(들보 량(**양**)), 上(위 **상**), 君(임금 **군**), 子(접미사 **자**)
양상군자	'들보 위의 군자'로, 도둑을 미화하여 점잖게 부르는 말. ◉ 후한(後漢) 때 진식(陳寔)의 집에 도둑이 들어 들보 위에 숨었는데, 진식이 자손을 불러 앉히고 "본성은 모두 선한데 스스로 힘쓰지 않으면 저 들보 위의 군자와 같이 된다"고 훈계하니, 도둑이 놀라 내려와 용서를 빌었다는 데서 유래.

量入爲出	量(헤아릴 량(**양**)), 入(들 **입**), 爲(할 **위**), 出(날 **출**)
양입위출	수입을 헤아려 지출을 함.

魚變成龍	魚(물고기 **어**), 變(변할 **변**), 成(이룰 **성**), 龍(용 **룡**)
어변성룡	'물고기가 변해서 용이 됨'으로, 아주 곤궁하던 사람이 부귀를 누리게 되거나 보잘것없던 사람이 큰 인물이 됨.

如履薄氷	如(같을 **여**), 履(밟을 **리**), 薄(엷을 **박**), 氷(얼음 **빙**)
여리박빙	'살얼음을 밟는 것 같음'으로, ㉠ 몹시 위험함. ㉡ 행동에 극히 조심함.

한자성어	풀이
如拔痛齒 (여발통치)	如(같을 여), 拔(뽑을 발), 痛(아플 통), 齒(이 치) '앓던 이를 뽑은 것 같음'으로, 괴로운 일에서 벗어나 시원함을 이르는 말.
炎凉世態 (염량세태)	炎(더울 염), 凉(서늘할 량), 世(세상 세), 態(모양 태) '(금방) 뜨겁다가 (금방) 차갑다가 하는 세상 모습'으로, 세력이 있을 때는 아첨하여 쫓고 권세가 없어지면 푸대접하는 세속의 인심.
榮枯盛衰 (영고성쇠)	榮(영화 영), 枯(마를 고), 盛(성할 성), 衰(쇠할 쇠) '영화롭고 마르고 성하고 쇠함'으로, 사물의 성함과 쇠함이 서로 뒤바뀌는 현상.
溫故知新 (온고지신)	溫(익힐 온), 故(옛 고), 知(알 지), 新(새로울 신) 옛 것을 익히면 그것을 미루어 새것을 앎.
外柔內剛 (외유내강)	外(밖 외), 柔(부드러울 유), 內(안 내), 剛(굳셀 강) 겉으로는 부드럽게 보이나 속은 곧고 굳셈. 凹 外剛內柔(외강내유)
愚公移山 (우공이산)	愚(어리석을 우), 公(귀공자 공), 移(옮길 이), 山(산 산) '우공(愚公)이 산을 옮김'으로, 어리석은 일처럼 보이지만 한 가지 일을 끝까지 밀고 나가면 언젠가는 목적을 달성할 수 있다는 말. 🔊 愚公이 산을 옮기려하자 그 어리석음을 비웃으니, 愚公이 "이 일은 내가 죽더라도 자자손손(子子孫孫) 이어질 것이나 산은 커지지 않을 것이니 어찌 이루지 못 하리오?"라고 질책하였다는 데서 유래.
以民爲天 (이민위천)	以(써 이), 民(백성 민), 爲(할 위), 天(하늘 천) '백성으로써 하늘을 삼음'으로, 백성을 하늘같이 소중히 여김.
泥田鬪狗 (이전투구)	泥(진흙 니(이)), 田(밭 전), 鬪(싸울 투), 狗(개 구) '진흙 밭에서 싸우는 개'로, 볼썽사납게 서로 헐뜯거나 다투는 모양.
仁者無敵 (인자무적)	仁(어질 인), 者(놈 자), 無(없을 무), 敵(원수 적) 어진 사람은 (모든 사람이 사랑하므로 세상에) 적이 없음.

한자성어	풀이
一觸卽發 일촉즉발	一(한 **일**), 觸(닿을 **촉**), 卽(곧 **즉**), 發(쏠 **발**) '한 번만 닿아도 곧 폭발함'으로, 조그만 자극에도 큰 일이 벌어질 것 같은 아슬아슬한 상태.
日就月將 일취월장	日(날 **일**), 就(나아갈 **취**), 月(달 **월**), 將(나아갈 **장**) '날로 나아가고 달로 나아감'으로, 계속 발전해 나아감.
臨渴掘井 임갈굴정	臨(임할 **림**), 渴(목마를 **갈**), 掘(팔 **굴**), 井(우물 **정**) '목이 말라서 우물을 팜'으로, 미리 준비하고 있지 않다가 다급해져서야 허둥지둥 서두름을 이르는 말.
自力更生 자력갱생	自(자기 **자**), 力(힘 **력**), 更(다시 **갱**), 生(살 **생**) '자기 힘으로 다시 살아남'으로, 자기의 어려웠던 환경을 딛고 다시 재기함.
賊反荷杖 적반하장	賊(도둑 **적**), 反(거꾸로 **반**), 荷(멜 **하**), 杖(몽둥이 **장**) '도둑이 거꾸로 몽둥이를 듦'으로, 잘못한 사람이 도리어 잘한 사람을 나무람. 속 방귀 뀐 놈이 성낸다.
切齒腐心 절치부심	切(끊을 **절**), 齒(이 **치**), 腐(썩을 **부**), 心(마음 **심**) (몹시 분하여) 이를 끊고(끊어지도록 갈고) 마음(속)을 썩힘.
漸入佳境 점입가경	漸(점점 **점**), 入(들 **입**), 佳(아름다울 **가**), 境(경계 **경**) 점점 아름다운(재미있는) 경지(지경)로 들어감.
種豆得豆 종두득두	種(심을 **종**), 豆(콩 **두**), 得(얻을 **득**), 豆(콩 **두**) '콩 심으면 콩을 얻음'으로, 원인에 따라 결과를 얻는다는 말. 속 콩 심은 데 콩 나고 팥 심은 데 팥 난다. 뿌린 대로 거둔다.
指鹿爲馬 지록위마	指(가리킬 **지**), 鹿(사슴 **록**), 爲(할 **위**), 馬(말 **마**) '사슴을 가리키며 말이라고 함'으로, ㉠ 사실이 아닌 것을 사실로 만들어 강압으로 인정하게 함. ㉡ 윗사람을 농락하여 권세를 마음대로 부림을 이르는 말.

支離滅裂 지리멸렬	支(가를 **지**), 離(헤어질 **리**), 滅(멸할 **멸**), 裂(찢을 **렬**) '갈라지고 헤어지고 멸하고 찢어짐'으로, 이리저리 흩어져 갈피를 잡을 수 없음.
知恩報恩 지은보은	知(알 **지**), 恩(은혜 **은**), 報(갚을 **보**), 恩(은혜 **은**) 은혜를 알고 은혜를 갚음.
滄海一粟 창해일속	滄(푸를 **창**), 海(바다 **해**), 一(한 **일**), 粟(조 **속**) '푸른 바다에 좁쌀 하나'로, ㉠ 지극히 작거나 보잘것없는 존재. ㉡ 무한한 세상에서 인간 존재의 허무함을 이르는 말.
天衣無縫 천의무봉	天(하늘 **천**), 衣(옷 **의**), 無(없을 **무**), 縫(꿰맬 **봉**) 하늘의 옷처럼 꿰맨(억지로 꾸민) 흔적이 없음(매우 자연스러움).
草綠同色 초록동색	草(풀 **초**), 綠(푸를 **록**), 同(한 가지 **동**), 色(빛 **색**) '풀색과 녹색은 한 가지 색'으로, 처지가 같은 사람들끼리 한패가 되는 경우를 비유하여 이르는 말.
寸鐵殺人 촌철살인	寸(마디 **촌**), 鐵(쇠 **철**), 殺(죽일 **살**), 人(사람 **인**) '조그만 쇠로 사람을 죽임'으로, ㉠ 간단한 말로도 남을 감동시킴. ㉡ 사물의 급소를 찌름.
快刀亂麻 쾌도난마	快(쾌할 **쾌**), 刀(칼 **도**), 亂(어지러울 란(**난**)), 麻(삼 **마**) '쾌한(잘 드는) 칼로 어지럽게 헝클어진 삼실을 벰'으로, 복잡하게 얽힌 사물이나 비꼬인 문제들을 솜씨 있고 바르게 처리함.
貪官汚吏 탐관오리	貪(탐낼 **탐**), 官(관청 **관**), 汚(더러울 **오**), 吏(관리 **리**) 탐욕이 많고 더러운(행실이 깨끗하지 못한) 벼슬아치.
破邪顯正 파사현정	破(깨뜨릴 **파**), 邪(사악할 **사**), 顯(드러날 **현**), 正(바를 **정**) '사악한 것을 깨뜨리고 바른 것을 드러냄'으로, 그릇된 생각을 버리고 올바른 도리를 행함.

下學上達	下(아래 **하**), 學(배울 **학**), 上(위 **상**), 達(이를 **달**)
하학상달	'아래부터 배워서 위에 이름'으로, 쉬운 것을 깨쳐 어려운 이치에 통함.

鶴首苦待	鶴(학 **학**), 首(머리 **수**), 苦(괴로울 **고**), 待(기다릴 **대**)
학수고대	목을 학의 머리처럼 길게 늘여 괴롭게(애타게) 기다림.

含憤蓄怨	含(머금을 **함**), 憤(분할 **분**), 蓄(쌓을 **축**), 怨(원망할 **원**)
함분축원	분을 머금고 원망을 쌓음.

虛張聲勢	虛(헛될 **허**), 張(넓힐 **장**), 聲(소리 **성**), 勢(기세 **세**)
허장성세	'헛되이 소리와 세력만 키움'으로, 실력이 없으면서도 허세로만 떠벌림.

好事多魔	好(좋을 **호**), 事(일 **사**), 多(많을 **다**), 魔(마귀 **마**)
호사다마	'좋은 일에는 마귀(魔鬼)가 많음'으로, 좋은 일에는 흔히 방해되는 일이 잘생김.

呼兄呼弟	呼(부를 **호**), 兄(형 **형**), 呼(부를 **호**), 弟(아우 **제**)
호형호제	'형이라 부르고 동생이라 부름'으로, 형이니 아우니 할 정도로 썩 가까운 사이를 가리키는 말.

魂飛魄散	魂(넋 **혼**), 飛(날 **비**), 魄(넋 **백**), 散(흩어질 **산**)
혼비백산	'혼(魂)과 백(魄)이 날아서 흩어짐'으로, 몹시 놀라 넋을 잃음.

昏定晨省	昏(저물 **혼**), 定(정할 **정**), 晨(새벽 **신**), 省(살필 **성**)
혼정신성	'저녁에는 부모의 잠자리를 정해 드리고 이른 아침에는 부모의 밤새 안부를 살핌'으로, 부모를 잘 섬기고 효성을 다함을 이르는 말.

紅爐點雪	紅(붉을 **홍**), 爐(화로 **로**), 點(점 **점**), 雪(눈 **설**)
홍로점설	'벌겋게 단 화로에 내리는 한 점의 눈'으로, ㉠ 큰일에 작은 힘은 아무 보탬이 되지 않음. ㉡ 의혹이 일시에 없어지고 마음이 탁 트여 맑음.

花容月態	花(꽃 **화**), 容(얼굴 **용**), 月(달 **월**), 態(모양 **태**)
화용월태	'꽃다운 얼굴과 달 같은 자태'로, 아름다운 여자의 모습.

換骨奪胎	換(바꿀 **환**), 骨(뼈 **골**), 奪(빼앗을 **탈**), 胎(아이 밸 **태**)
환골탈태	'뼈를 바꾸고 태를 빼앗음'으로, ㉠ 시문(詩文)의 형식을 바꾸어 그 짜임새와 수법이 보다 잘되게 함. ㉡ 사람이 보다 나은 방향으로 변하여 전혀 딴사람처럼 됨.

會者定離	會(모일 **회**), 者(놈 **자**), 定(정할 **정**), 離(떠날 **리**)
회자정리	'만남에는 이별이 정해짐'으로, 만나는 사람은 반드시 헤어질 운명에 있음을 이르는 말.

厚顔無恥	厚(두터울 **후**), 顔(얼굴 **안**), 無(없을 **무**), 恥(부끄러울 **치**)
후안무치	두꺼운 낯가죽이라(뻔뻔하여) 부끄러움을 모름.

제4편
최신 기출문제
· 실전 모의고사

최신 기출문제 5회분

실전 모의고사 1회분

정답 및 해설

 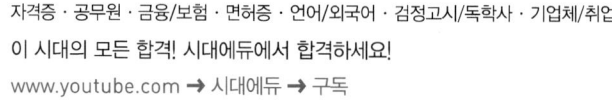 

제117회 한자실력급수 [2급] 문제지

시험시간 60분

객관식 01~30번

※ [ ] 안의 한자와 음이 같은 한자는?

01 [堯] ① 巢 ② 粟 ③ 妖 ④ 照
02 [俱] ① 弊 ② 驅 ③ 派 ④ 輩
03 [纖] ① 閃 ② 尖 ③ 漸 ④ 諜
04 [幹] ① 旦 ② 朔 ③ 懇 ④ 拍
05 [惹] ① 楊 ② 隘 ③ 驛 ④ 耶

※ [ ] 안의 한자와 뜻이 비슷하거나 같은 한자는?

06 [愧] ① 慨 ② 慙 ③ 憩 ④ 慣
07 [覽] ① 屈 ② 怠 ③ 閱 ④ 嘉
08 [握] ① 把 ② 掛 ③ 掘 ④ 搬

※ [ ] 안의 한자와 뜻이 반대되거나 상대되는 한자는?

09 [淡] ① 濃 ② 汽 ③ 溺 ④ 濫
10 [伸] ① 鳴 ② 梁 ③ 購 ④ 屈
11 [略] ① 佑 ② 懸 ③ 詳 ④ 鍵

※ 〈보기〉의 단어들과 가장 관련이 깊은 한자는?

12
〈보기〉	단백질	운동	스트레칭
① 伴	② 筋	③ 舶	④ 杜

13
〈보기〉	바늘	실	헝겊
① 姚	② 役	③ 縫	④ 郊

14
〈보기〉	효	주역	점
① 梨	② 封	③ 晟	④ 卦

※ 다음 중 한자어의 독음이 바르지 않은 것은?

15 ① 燕息: 안식 ② 曉星: 효성
   ③ 中尉: 중위 ④ 哀憐: 애련
16 ① 虛飢: 허기 ② 賠償: 보상
   ③ 挑發: 도발 ④ 切膚: 절부
17 ① 駐屯: 주둔 ② 潤澤: 윤택
   ③ 戚臣: 척신 ④ 胡蝶: 호접

※ [ ] 안의 단어를 한자로 알맞게 쓴 것은?

18 한의사는 환자를 [진맥]하고 침을 놓았다.
   ① 秦脈 ② 津脈 ③ 診脈 ④ 振脈

19 국가발전에 이바지한 공로로 [표창]을 받았다.
   ① 表昌 ② 表滄 ③ 表暢 ④ 表彰

20 참석인 [명부]에 기록된 사람들에게 답례품을 증정하였다.
   ① 名部 ② 名負 ③ 名賦 ④ 名簿

※ 주어진 뜻에 알맞은 한자어는?

21 학생의 학습 과제 수행 과정 및 결과를 직접 관찰하여 그 관찰 결과를 전문적으로 판단하는 일.
   ① 敎授評價 ② 遂行評價
   ③ 形成評價 ④ 固定評價

22 당사국 사이의 외교교섭 결과 서로 양해된 내용을 확인·기록하기 위해 정식계약 체결에 앞서 행하는 문서로 된 합의.
   ① 諒解刻書 ② 諒該刻書
   ③ 諒該覺書 ④ 諒解覺書

23 호수 등의 물속에 유기물질에 의한 많은 영양물질이 들어 있는 현상.
   ① 富營養化 ② 副營養化
   ③ 附營養化 ④ 腐營養化

24 눈의 수정체가 흐려져서 시력장애를 일으키는 병.
① 帛內藏　② 白內藏
③ 白內障　④ 帛內障

25 수요량이 소비자의 소득이나 가격 변화로 어느 정도 변화하는가를 나타내는 지표.
① 須要彈力性　② 受要彈力性
③ 收要彈力性　④ 需要彈力性

※ [ ] 안에 들어갈 한자어로 알맞은 것은?

26 고발제와 연좌제의 성격을 지닌 [ ]은 강력한 통제 수단이기도 하였다.
① 奴婢按檢法　② 公正去來法
③ 事例研究法　④ 五家作統法

27 [ ]는 한민족에 대한 정치적 탄압과 경제적 착취를 자행하였다.
① 朝鮮總督府　② 議政府
③ 義禁府　④ 院內交涉團體

28 청년 [ ] 증대를 위한 실질적인 대책이 절실하다.
① 樹脂　② 雇傭　③ 沈着　④ 裁判

29 그는 투자를 앞두고 해당 기업의 재무상태표를 보고 [ ]까지 마쳤다.
① 安全性分析　② 交通調査
③ 調整計定　④ 技術的分析

30 그는 이산화탄소 배출과 경제 성장의 관계를 분석한 [ ] 논문을 발표하였다.
① 鑑識學　② 經營科學
③ 價値工學　④ 氣候經濟學

주관식 01~70번

※ 다음 한자의 훈과 음을 쓰시오.

주01 牽 (　　)　주02 闕 (　　)

주03 撻 (　　)　주04 齡 (　　)

주05 篤 (　　)　주06 灣 (　　)

주07 鳩 (　　)　주08 閏 (　　)

※ 다음 훈과 음에 맞는 한자를 〈보기〉에서 찾아 쓰시오.

〈보기〉	況　侶　騏　熏　煜　茅　雉　娛　莊　讚　藤

주09 준마 기　(　　)

주10 즐거워할 오　(　　)

주11 띠 모　(　　)

주12 등나무 등　(　　)

주13 짝 려　(　　)

주14 불꽃빛날 욱　(　　)

주15 기릴 찬　(　　)

※ 다음 한자어의 독음을 쓰시오.

주16 觸媒劑 (　　)　주17 魂魄 (　　)

주18 華僑 (　　)　주19 荒廢 (　　)

주20 燭淚 (　　)　주21 輔弼 (　　)

주22 窒塞 (　　)　주23 靈芝 (　　)

주24 琢磨 (　　)　주25 抽拔 (　　)

주26 壞死 (　　)　주27 誓約 (　　)

주28 豪傑 (　　)　주29 魯鈍 (　　)

주30 薛聰 (　　)

※ 〈보기〉의 뜻을 참고하여 ○안에 공통으로 들어갈 한자를 쓰시오.

주31　(1) ○動　(2) 地○　(　　)

〈보기〉	(1) 물체가 몹시 울리어 흔들림. (2) 오랫동안 누적된 변형 에너지가 갑자기 방출되면서 지각이 흔들리는 일.

주32　(1) ○信　(2) 昏○　(　　)

〈보기〉	(1) 비과학적이고 비합리적으로 여겨지는 믿음. (2) 의식이 흐림. 또는 그런 상태.

주33 (1) 墓○ (2) ○銘 (   )

<보기> (1) 무덤 앞에 세우는 비석.
(2) 비석에 새긴 글자.

※ ○ 안에 공통으로 들어갈 한자를 <보기>에서 찾아 쓰시오.

| <보기> | 哭 | 臺 | 燒 | 殆 | 傍 | 募 | 徵 |

주34 ○觀 ○白 ○聽客 (   )

주35 燈○ ○本 舞○ (   )

주36 ○兵 象○ ○集 (   )

주37 卒○ ○聲 痛○ (   )

※ 문장에서 잘못 쓴 한자를 바르게 고쳐 쓰시오. (단, 음이 같은 한자로 고칠 것)

주38 그는 선거에서 **公遷**을 받기 위해 분주히 움직였다. (→ 　　)

주39 우연한 기회로 오랜 친구와 **連諾**이 닿았다. (→ 　　)

주40 그녀는 처음 만나는 사람들과도 **激意** 없이 잘 어울렸다. (→ 　　)

※ [ ] 안 한자어의 독음을 쓰시오.

주41 자각 증상이 없기 때문에 [肝硬化]는 조기에 발견되지 않는 수가 많다. (   )

주42 [奎章閣]에 있던 상당수의 문화유산이 해외로 유출되었다. (   )

주43 [強迫]장애의 흔한 증상으로는 더러운 것이나 병에 오염되는 것에 대해 극도로 두려워하는 것이다. (   )

주44 재판부는 원고의 [抗訴]를 기각했다. (   )

주45 국회의원은 현행범이 아니면 회기 중에 국회의 동의 없이 체포 또는 구금되지 않는 권리를 [不逮捕特權]이라 한다. (   )

주46 그는 결혼 준비에서 신혼여행까지 [斡旋]해 주는 결혼 대행업을 하고 있다. (   )

주47 [被拉] 지점에서 범인의 것으로 추정되는 소지품이 발견되었다. (   )

주48 정부군은 반란을 [鎭壓]하고 주모자를 체포했다. (   )

주49 '시간은 금이다.'라는 격언은 워낙 상투적이라서 [隱喩]의 힘을 잃었다. (   )

주50 그는 당초의 주장을 [飜覆]했다. (   )

주51 누리꾼들의 이용 후기도 썩 [信賴]하지 못하겠다. (   )

주52 이곳의 [淳厚]한 인심을 다른 고장에서는 찾아보기 힘들다. (   )

주53 건축 폐기물을 [破碎]해 골재나 매립물로 재활용할 수 있다. (   )

주54 자동차로 [循環] 도로를 일주하는 데 한 시간이 걸렸다. (   )

주55 그는 [拙劣]하기 짝이 없는 변명을 늘어놓았다. (   )

※ [ ] 안의 단어를 한자로 쓰시오.

주56 고지대에서는 산소가 [희박]하므로 호흡수가 늘어난다. (   )

주57 그녀는 양로원에 의류 몇 점을 [기증]하였다. (   )

주58 식전 공복에 먹는 달콤하고 씁쓸한 초콜릿은 입맛을 떨어뜨리며 [포만감]을 준다. (   )

주59 이렇게 갑자기 스승님의 부고를 받으니 슬픔이 [망극]하기 이를 데 없습니다. (   )

주60 명분에 치우쳐 실상을 보지 못하는 [편협]한 태도는 버려야 한다. (   )

주61 우리는 이성과 감정이 [충돌]하는 경우를 종종 겪는다. (   )

주62 석가의 탄신일인 [음력] 사월 초파일에는 연등 행사가 해마다 열린다. (   )

주63 비가 오려는지 [회색] 구름이 하늘을 뒤덮었다.
( )

주64 고소 [공포]증이 있는 그녀는 절대로 비행기를 타지 않았다. ( )

주65 최근 들어 [가계수표] 발행 한도액이 늘어났다.
( )

※ 한자성어의 설명을 읽고 ○ 안에 들어갈 한자를 차례대로 쓰시오.

주66 吐○○髮　　(　, 　)

| [토포착발] | 민심을 수람하고 정무를 보살피기에 잠시도 편안함이 없음을 이르는 말. |

주67 ○上○花　　(　, 　)

| [금상첨화] | 좋은 일 위에 또 좋은 일이 더하여짐을 비유적으로 이르는 말. |

주68 ○到○密　　(　, 　)

| [주도면밀] | 주의가 두루 미쳐 자세하고 빈틈이 없음. |

주69 ○○之慶　　(　, 　)

| [농장지경] | 아들을 낳은 즐거움. |

주70 支離○○　　(　, 　)

| [지리멸렬] | 이리저리 흩어지고 찢기어 갈피를 잡을 수 없음. |

— 수고하셨습니다. —

제118회 한자실력급수 [2급] 문제지

시험시간 60분

객관식 01~30번

※ [ ] 안의 한자와 음이 같은 한자는?

01 [析] ① 竊 ② 碩 ③ 閃 ④ 訴
02 [廟] ① 姚 ② 苗 ③ 笛 ④ 弔
03 [兮] ① 奚 ② 凱 ③ 慧 ④ 涯
04 [滯] ① 逮 ② 戴 ③ 裵 ④ 塞
05 [奏] ① 振 ② 輯 ③ 宴 ④ 鑄

※ [ ] 안의 한자와 뜻이 비슷하거나 같은 한자는?

06 [壞] ① 灰 ② 庵 ③ 累 ④ 崩
07 [侶] ① 夷 ② 愧 ③ 伴 ④ 傍
08 [慢] ① 怠 ② 忽 ③ 懲 ④ 怖

※ [ ] 안의 한자와 뜻이 반대되거나 상대되는 한자는?

09 [偶] ① 眉 ② 奇 ③ 牽 ④ 擊
10 [沈] ① 汶 ② 漠 ③ 汪 ④ 浮
11 [奪] ① 喩 ② 與 ③ 裂 ④ 厥

※ 〈보기〉의 단어들과 가장 관련이 깊은 한자는?

12 | 〈보기〉 | 화덕 | 불씨 | 숯불 |
① 曜 ② 噴 ③ 爐 ④ 瑩

13 | 〈보기〉 | 쿠키 | 비스킷 | 간식 |
① 菓 ② 簿 ③ 衰 ④ 迫

14 | 〈보기〉 | 올가미 | 활 | 그물 |
① 賂 ② 沼 ③ 鎔 ④ 獵

※ 다음 중 한자어의 독음이 바르지 않은 것은?

15 ① 遞增: 체증 ② 坑儒: 항유
   ③ 求乞: 구걸 ④ 悽絶: 처절
16 ① 珪幣: 규폐 ② 變遷: 변천
   ③ 狹隘: 협애 ④ 酷毒: 고독
17 ① 鄰接: 연접 ② 殊常: 수상
   ③ 憤慨: 분개 ④ 卞急: 변급

※ [ ] 안의 단어를 한자로 알맞게 쓴 것은?

18 발표자는 [편파] 보도 사례를 열거했다.
   ① 偏波 ② 偏派 ③ 偏把 ④ 偏頗
19 어머니는 항시 똑같은 말로 나를 [위로]했다.
   ① 慰勞 ② 委勞 ③ 圍勞 ④ 衛勞
20 그는 세상살이에 심한 [염증]을 느껴 결국에는 산으로 들어갔다.
   ① 鹽症 ② 厭症 ③ 染症 ④ 廉症

※ 주어진 뜻에 알맞은 한자어는?

21 개인이나 사법인이 100호 이상 또는 100세대 이상이 들 수 있는 집단적 규모로 건설하여 공급하는 주택.
   ① 民榮株宅 ② 民營住宅
   ③ 民營株宅 ④ 民榮住宅
22 일정한 중계 수수료를 받을 목적으로 물품을 수입하여 가공하지 아니하고 원형 그대로 수출하는 거래 방식.
   ① 中繼務易 ② 中係貿易
   ③ 中繼貿易 ④ 中係務易
23 브레턴우즈 협정에 따라 협정 가맹국의 출자로 1946년에 설립된 국제 금융 결제 기관.
   ① 國際統貨基金 ② 國際統貨企金
   ③ 國際通貨基金 ④ 國際通貨企金

24 사회 시스템의 상태를 평가적인 시점에서 기술할 때에 이용되는 모든 척도화된 지표.
　① 社會指標　　② 社會持標
　③ 社會持票　　④ 社會指票

25 법원이 채권자를 위하여 채무자의 재산을 잠정적으로 처분하지 못하게 함.
　① 架押留　　② 假押類
　③ 架押類　　④ 假押留

※ [ ] 안에 들어갈 한자어로 알맞은 것은?

26 그녀는 제품 하단에 [ ]가 있는 것을 확인한 후 구매했다.
　① 檢字標示　　② 檢字表示
　③ 檢字標視　　④ 檢字表視

27 [ ]의 인상을 둘러싼 각계각층의 의견이 분분하다.
　① 最貯臨金　　② 最貯賃金
　③ 最低賃金　　④ 最低臨金

28 [ ] 설정은 임대인의 동의가 필요하다.
　① 展貰權　　② 傳勢權
　③ 傳貰權　　④ 展勢權

29 장보고는 [ ]을 중심으로 한 해상 무역의 패권을 잡게 되었다.
　① 淸海鎭　　② 淸海津
　③ 靑海津　　④ 靑海鎭

30 납기 안에 공과금을 내지 않으면 [ ]이 붙는다.
　① 賈算金　　② 加算金
　③ 加散金　　④ 賈散金

```
주관식 01~70번
```

※ 다음 한자의 훈과 음을 쓰시오.

주01 徒 (　　)　주02 弑 (　　)
주03 排 (　　)　주04 宴 (　　)
주05 弄 (　　)　주06 薦 (　　)
주07 逝 (　　)　주08 蓄 (　　)

※ 다음 훈과 음에 맞는 한자를 〈보기〉에서 찾아 쓰시오.

| 〈보기〉 | 暢 臟 | 變 閣 | 裏 燃 | 隔 劫 | 燒 薰 | 蠶 |

주09 오장 장　　(　　)
주10 위협할 겁　(　　)
주11 막힐 격　　(　　)
주12 불꽃 섭　　(　　)
주13 누에 잠　　(　　)
주14 향내 훈　　(　　)
주15 불사를 소　(　　)

※ 다음 한자어의 독음을 쓰시오.

주16 卑屈 (　　)　주17 缺乏 (　　)
주18 鍵盤 (　　)　주19 義捐 (　　)
주20 醉氣 (　　)　주21 佐郞 (　　)
주22 讚辭 (　　)　주23 構築 (　　)
주24 絹紡 (　　)　주25 船舶 (　　)
주26 液晶 (　　)　주27 敍述 (　　)
주28 拍掌 (　　)　주29 痕跡 (　　)
주30 鞍馬 (　　)

※ 〈보기〉의 뜻을 참고하여 ○안에 공통으로 들어갈 한자를 쓰시오.

주31 (1) 刹○　(2) ○落　(　　)

| 〈보기〉 | (1) 어떤 일이나 사물 현상이 일어나는 바로 그때.
(2) 벗어나기 어려운 절망적인 상황을 비유적으로 이르는 말. |

주32 (1) ○着　(2) 阿○　(　　)

| 〈보기〉 | (1) 어떤 상태가 굳어 조금도 변동이나 진전이 없이 머묾.
(2) 쇠가죽, 힘줄, 뼈 따위를 끈끈하도록 진하게 고아서 말린 접착제. |

주33 (1) ○生   (2) ○理   (   )

<보기>
(1) 병에 걸리지 아니하도록 건강 관리를 잘 하여 오래 살기를 꾀함.
(2) 자연계를 지배하고 있는 원리와 법칙.

※ ○ 안에 공통으로 들어갈 한자를 <보기>에서 찾아 쓰시오.

<보기>	療 渡 抑 俸 趣 措 篤

주34 ○味　情○　○向　(   )
주35 醫○　○飢　治○　(   )
주36 ○給　年○　○祿　(   )
주37 讓○　○河　賣○　(   )

※ 문장에서 잘못 쓴 한자를 바르게 고쳐 쓰시오. (단, 음이 같은 한자로 고칠 것)

주38 적십자사 봉사원이 보여 준 고귀한 이웃 사랑 정신은 많은 사람들의 **鬼鑑**이 될 것이다.
(→   )

주39 그 연주자는 공연의 마지막을 아름다운 소나타로 **張飾**했다.　(→   )

주40 그들은 귀국을 결단할 수 없는 **尙況**에 놓였다.
(→   )

※ [　] 안 한자어의 독음을 쓰시오.

주41 일부 [**壓力團體**]는 기자회견을 열어 지자체가 강행하는 무리한 사업을 중단할 것을 촉구했다.　(   )

주42 칸트와 헤겔은 [**觀念論**]의 대표적인 철학자이다.　(   )

주43 선생님께서 내일 이번 단원의 [**診斷評價**]를 실시한다고 말씀하셨다.　(   )

주44 왕권이 강화될수록 [**議政府**]의 기능은 약화되는 경향이 있었다.　(   )

주45 경기가 회복세를 띠면서 [**失業率**]도 점차 감소하는 추세에 있다.　(   )

주46 정부는 학계에 [**諮問**]을 구하여 환경 보호 구역을 정하였다.　(   )

주47 그 시인은 스물두 살을 일기로 [**夭折**]하였다.　(   )

주48 정부는 농민들에게 영농 자금을 [**融資**]해 주고 있다.　(   )

주49 쉽게 비가 내릴 것 같은 [**徵候**]는 어디에서도 안 보였다.　(   )

주50 그날의 [**感懷**]가 새삼스럽게 기억이 난다.
(   )

주51 이 능을 짓는 데 동원된 인부들은 모두 무덤 안에 [**殉葬**]된 것으로 전해지고 있다.
(   )

주52 우리나라는 팔만대장경 등 [**燦爛**]하게 빛나는 인쇄 문화를 가지고 있다.　(   )

주53 아버지께서는 대청마루에서 [**午睡**]를 즐기고 계신다.　(   )

주54 고인을 [**哀悼**]하기 위한 조문객들이 줄을 이었다.　(   )

주55 그는 적군에 [**捕虜**]로 잡혔다가 이듬해 천신만고 끝에 탈주했다.　(   )

※ [　] 안의 단어를 한자로 쓰시오.

주56 그는 가끔 자신이 하늘을 날 수 있다는 [**환상**]에 사로잡히곤 한다.　(   )

주57 밖에는 비가 쉬지 않고 내리고 있었으나, 대부분의 승객은 우산을 [**휴대**]하지 않았다.
(   )

주58 고속도로에서는 순간적인 실수나 판단 [**착오**]로 큰 사고가 날 수 있다.　(   )

주59 본사에서는 운영상의 이유로 지역별 몇 개 지점들의 [**폐쇄**]를 결정하였다.　(   )

주60 물가 상승을 가장 먼저 [**피부**]로 느끼는 사람이 바로 주부들이다.　(   )

주61 올해 영화제는 국제 행사와 연계해서 대규모로 [**개최**]할 예정이다.　(   )

주62 그녀는 별것도 아닌 일에 [**흥분**]해서 소리를 질렀다.　(   )

주63 생활 환경 오염이 이미 극도로 달해 마음 놓고 마실 수 있는 물과 공기가 [고갈]되어 가고 있다. (　　　　)

주64 조문객들은 고개 숙여 고인의 [명복]을 빌었다. (　　　　)

주65 주민들은 가축을 해치는 늑대를 잡기 위해 [함정]을 파 놓았다. (　　　　)

※ 한자성어의 설명을 읽고 ○ 안에 들어갈 한자를 차례대로 쓰시오.

주66　破○○正　　　(　　　,　　　)

| [파사현정] | 사견이나 사도를 깨어 버리고 정도를 나타냄. |

주67　○勝長○　　　(　　　,　　　)

| [승승장구] | 싸움에 이긴 형세를 타고 계속 몰아침. |

주68　○官○吏　　　(　　　,　　　)

| [탐관오리] | 백성의 재물을 탐내어 빼앗는, 행실이 깨끗하지 못한 관리. |

주69　○和○同　　　(　　　,　　　)

| [부화뇌동] | 줏대 없이 남의 의견에 따라 움직임. |

주70　○○之材　　　(　　　,　　　)

| [동량지재] | 마룻대와 들보로 쓸 만한 재목이라는 뜻으로, 집안이나 나라를 떠받치는 중대한 일을 맡을 만한 인재를 이르는 말. |

- 수고하셨습니다. -

제119회 한자실력급수 [2급] 문제지

시험시간 60분

객관식 01~30번

※ [　] 안의 한자와 음이 같은 한자는?

01 [僧] ① 縱 ② 憎 ③ 升 ④ 蒸
02 [愼] ① 硯 ② 紳 ③ 輯 ④ 稙
03 [軸] ① 抽 ② 雉 ③ 喩 ④ 逐
04 [程] ① 璋 ② 軟 ③ 牽 ④ 艇
05 [炊] ① 紹 ② 稚 ③ 臭 ④ 后

※ [　] 안의 한자와 뜻이 비슷하거나 같은 한자는?

06 [著] ① 葛 ② 顯 ③ 枯 ④ 怪
07 [沒] ① 邱 ② 邪 ③ 陷 ④ 陶
08 [惑] ① 迷 ② 途 ③ 迫 ④ 遜

※ [　] 안의 한자와 뜻이 반대되거나 상대되는 한자는?

09 [飽] ① 館 ② 飢 ③ 餘 ④ 餐
10 [銳] ① 欽 ② 鎬 ③ 鉉 ④ 鈍
11 [狹] ① 獻 ② 廣 ③ 怖 ④ 琢

※ 〈보기〉의 단어들과 가장 관련이 깊은 한자는?

12 | 〈보기〉 | 항구 | 배 | 닻 |

　　① 沐　② 沙　③ 淳　④ 泊

13 | 〈보기〉 | 거지 | 비럭질 | 동냥 |

　　① 御　② 乞　③ 弑　④ 燕

14 | 〈보기〉 | 식초 | 산성 | 레몬 |

　　① 鹽　② 鎔　③ 酸　④ 殷

※ 다음 중 한자어의 독음이 바르지 않은 것은?

15 ① 獵銃: 엽총　② 狂亂: 광란
　 ③ 滅裂: 멸렬　④ 傲氣: 방기

16 ① 訴追: 척추　② 篤敬: 독경
　 ③ 掠奪: 약탈　④ 漆板: 칠판

17 ① 祕訣: 비결　② 偵探: 염탐
　 ③ 歲暮: 세모　④ 珠算: 주산

※ [　] 안의 단어를 한자로 알맞게 쓴 것은?

18 일성호가가 나의 [심금]을 울리는구나.
　 ① 心禁　② 心禽　③ 心錦　④ 心琴

19 나는 그의 [간절]한 애원에 설복되었다.
　 ① 諫絶　② 懇絶　③ 懇切　④ 諫切

20 이 우주의 본체를 [규명]하기란 매우 어려운 일이다.
　 ① 糾明　② 奎明　③ 規明　④ 閨明

※ 주어진 뜻에 알맞은 한자어는?

21 기업이 노동 수요의 변화에 따라 고용 인원의 수를 삭감하거나 조정하는 일.
　 ① 雇用調整　② 雇用調停
　 ③ 雇傭調整　④ 雇傭調停

22 기업이 벌어들인 이익금 중, 기업 밖으로 분배되지 않고 기업 안에 적립되는 부분.
　 ① 內部類保　② 內部留保
　 ③ 內部留報　④ 內部類報

23 가격 인상이나 물자 부족이 예상될 경우, 당장 필요가 없으면서도 일어나는 수요.
　 ① 加需要　② 加受要
　 ③ 假受要　④ 假需要

24 정당에 가입하지 않은 의원.
　 ① 無所續議員　② 無所屬議員
　 ③ 無所屬儀員　④ 無所續儀員

499

25 다른 사람의 사회적 평가를 공개적으로 깎아내리거나 더럽힘으로써 이루어지는 죄.
① 名譽毀損罪　② 名藝毀捐罪
③ 名藝毀損罪　④ 名譽毀捐罪

※ [　] 안에 들어갈 한자어로 알맞은 것은?

26 현대 사회에서 물은 환경 오염 등으로 인하여 [　]에 해당한다.
① 經營權　② 經濟財
③ 能力給　④ 傳貰權

27 우리나라의 [　]은/는 주로 생계형 범죄나 혹은 도로교통법 사범에 대한 것이 많은 편이다.
① 固定評價　② 一般赦免
③ 強制分家　④ 間接正犯

28 무분별한 카드 사용은 [　]을 높이는 지름길이다.
① 輸出保險　② 價格危險
③ 強制保險　④ 信用危險

29 농부는 비닐하우스를 운영하여 겨울철에도 [　]을/를 겪지 않을 수 있다.
① 外在的動機　② 論理的誤謬
③ 季節的失業　④ 多元的無知

30 저 3층짜리 [　]에는 9세대가 입주하여 살고 있다.
① 聯立住宅　② 模型住宅
③ 移動住宅　④ 單獨住宅

주관식 01~70번

※ 다음 한자의 훈과 음을 쓰시오.

주01 袞 (　)　주02 諮 (　)

주03 豈 (　)　주04 迅 (　)

주05 殆 (　)　주06 埋 (　)

주07 覓 (　)　주08 駿 (　)

※ 다음 훈과 음에 맞는 한자를 〈보기〉에서 찾아 쓰시오.

〈보기〉	叛　搬　樟　瞬　暫　冒 粧　棋　墻　憩　鬼

주09 무릎쓸 모　(　)

주10 귀신 귀　(　)

주11 바둑 기　(　)

주12 운반할 반　(　)

주13 쉴 게　(　)

주14 눈깜짝할 순　(　)

주15 단장할 장　(　)

※ 다음 한자어의 독음을 쓰시오.

주16 煩惱 (　)　주17 隱蔽 (　)

주18 逝去 (　)　주19 墮淚 (　)

주20 障碍 (　)　주21 橫死 (　)

주22 憐憫 (　)　주23 粉碎 (　)

주24 悽慘 (　)　주25 舞姬 (　)

주26 帳簿 (　)　주27 欺瞞 (　)

주28 偏僻 (　)　주29 軌跡 (　)

주30 掛圖 (　)

※ 〈보기〉의 뜻을 참고하여 ○ 안에 공통으로 들어갈 한자를 쓰시오.

주31　(1) 雨○　　(2) 陽○　　(　)

〈보기〉	(1) 비가 올 때 머리에 받쳐 비를 가리는 물건. (2) 볕을 가리기 위하여 쓰는 우산 모양의 물건.

주32　(1) ○望　　(2) 喪○　　(　)

〈보기〉	(1) 많은 사람들이 간절히 기대하고 바람. (2) 사람의 시체를 실어서 묘지까지 나르는 도구.

주33 (1) 毒○   (2) ○足   (   )

<보기>
(1) 이빨에 독이 있어 독액을 분비하는 뱀.
(2) 쓸데없는 군짓을 하여 도리어 잘못되게 함을 이르는 말.

※ ○ 안에 공통으로 들어갈 한자를 <보기>에서 찾아 쓰시오.

<보기> 媒 飾 霧 樓 旨 夢 殿

주34 虛○ 服○ 修○ (   )
주35 要○ 論○ 趣○ (   )
주36 宮○ ○下 神○ (   )
주37 溶○ ○介 仲○ (   )

※ 문장에서 잘못 쓴 한자를 바르게 고쳐 쓰시오. (단, 음이 같은 한자로 고칠 것)

주38 음악 시간에 여러 악기들의 이름과 바른 **演週法**을 배웠다.   (→)

주39 소생의 몸이 백골이 **鎭土**가 된들 어이내 나라와 내 겨레를 잊어버리겠소이까.
(→)

주40 **超戒艦**은 적의 기습공격에 대비해 연안을 경비하는 임무를 수행한다. (→)

※ [ ] 안 한자어의 독음을 쓰시오.

주41 고려시대 광종은 왕권강화와 호족세력의 약화를 위해 [奴婢按檢法]을 실시하였다.
(   )

주42 초음파는 [可聽範圍]를 넘는 음이기 때문에 사람이 들을 수 없다.   (   )

주43 [特別徵收]의 대표적 세목에는 주민세가 있다.
(   )

주44 [官僚主義]에 젖은 관리들은 문제의 심각성을 제대로 인식하지 못하고 있다. (   )

주45 [課稅標準]에 세율을 곱하여 세액이 결정된다.
(   )

주46 가벼운 해수욕과 모래찜질은 [腰痛]의 치료에 도움이 된다.   (   )

주47 그의 발상은 [奇拔]하고 참신했다.
(   )

주48 그는 이번 진급 대상에서 [漏落]되었다.
(   )

주49 나는 삼 개월 만에 [蝶泳]까지 다 배웠다.
(   )

주50 그 팀은 골밑 주도권을 [掌握]하면서 경기를 승리로 이끌었다.   (   )

주51 유럽 각국은 축제를 문화 상품화하여 많은 관광객을 [誘致]했다.   (   )

주52 그는 여러 신하들의 [推戴]를 받아 왕위에 올랐다.   (   )

주53 숨소리 하나 들리지 않을 만큼 [靜寂]이 감돌았다.   (   )

주54 경쟁사들이 신제품 [販促]에 열을 올리고 있다.
(   )

주55 조선의 왕은 문묘에 참배한 뒤 [謁聖試]를 실시하였다.   (   )

※ [ ] 안의 단어를 한자로 쓰시오.

주56 산호는 바닷속을 [표류]하는 동물성 플랑크톤을 먹이로 하는 동물이다.   (   )

주57 그는 일제의 탄압에도 불구하고 많은 애국시를 써서 민족의식을 [고취]하고자 하였다.
(   )

주58 여름철에는 식품이 쉽게 [부패]하여 식중독을 많이 일으킨다.   (   )

주59 그 제품은 판매가 [부진]해서 생산이 중단되었다.   (   )

주60 지방선 [완행]열차는 장사꾼들과 일요일을 이용한 여행객들로 붐비고 있었다.
(   )

주61 이 마을에는 [연탄]보일러를 사용하는 집이 많다.   (   )

501

주62 대통령은 헌법을 준수하고 국정을 성실히 수행하겠다고 [선서]했다. (　　　　)

주63 이 지역은 오래전에 내전이 끝났지만 아직 전쟁의 [상흔]이 가시지 않았다. (　　　　)

주64 국기를 국기 게양대에 [게양]하는 동안 모두 경건하게 국기를 향했다. (　　　　)

주65 그는 옆에서 뭐라고 하든 [침묵]한 채 일만 했다. (　　　　)

※ 한자성어의 설명을 읽고 ○ 안에 들어갈 한자를 차례대로 쓰시오.

주66　○入佳○　(　　　,　　　)

| [점입가경] | 들어갈수록 점점 재미가 있음. |

주67　一○○發　(　　　,　　　)

| 일촉즉발 | 한 번 건드리기만 해도 폭발할 것같이 몹시 위급한 상태. |

주68　靑出○○　(　　　,　　　)

| [청출어람] | 제자나 후배가 스승이나 선배보다 나음을 비유적으로 이르는 말. |

주69　三○草○　(　　　,　　　)

| [삼고초려] | 인재를 맞아들이기 위하여 참을성 있게 노력함. |

주70　賊反○○　(　　　,　　　)

| [적반하장] | 잘못한 사람이 아무 잘못도 없는 사람을 나무람을 이르는 말. |

- 수고하셨습니다. -

제120회 한자실력급수 [2급] 문제지

시험시간 60분

객관식 01~30번

※ [ ] 안의 한자와 음이 같은 한자는?

01 [揆] ① 圭 ② 閣 ③ 桂 ④ 抗
02 [微] ① 疆 ② 郭 ③ 迷 ④ 槪
03 [折] ① 矯 ② 竊 ③ 巧 ④ 壞
04 [暢] ① 圈 ② 渡 ③ 朗 ④ 彰
05 [鈞] ① 幕 ② 劣 ③ 組 ④ 賴

※ [ ] 안의 한자와 뜻이 비슷하거나 같은 한자는?

06 [寺] ① 裹 ② 刹 ③ 柏 ④ 甫
07 [殃] ① 禍 ② 嘗 ③ 隋 ④ 遂
08 [陵] ① 升 ② 碍 ③ 丘 ④ 飾

※ [ ] 안의 한자와 뜻이 반대되거나 상대되는 한자는?

09 [添] ① 踊 ② 削 ③ 祐 ④ 偶
10 [伸] ① 諮 ② 艇 ③ 媛 ④ 縮
11 [眞] ① 袁 ② 尉 ③ 僞 ④ 楡

※ 〈보기〉의 단어들과 가장 관련이 깊은 한자는?

12

〈보기〉	돌	대국	자충수
① 尹	② 棋	③ 粧	④ 趙

13

〈보기〉	실	고치	뽕나무
① 蠶	② 佐	③ 彫	④ 註

14

〈보기〉	곰	토끼	호랑이
① 戚	② 衷	③ 楓	④ 獸

※ 다음 중 한자어의 독음이 바르지 않은 것은?

15 ① 纖細: 섬세 ② 水旱: 수조
③ 同僚: 동료 ④ 促迫: 촉박

16 ① 頃刻: 경각 ② 陷沒: 염몰
③ 鼓膜: 고막 ④ 破裂: 파열

17 ① 禦寒: 어한 ② 懇求: 간구
③ 痛哭: 통곡 ④ 宮闕: 궁전

※ [ ] 안의 단어를 한자로 알맞게 쓴 것은?

18 과학자는 어떤 대상이든지 [면밀]하게 분석을 한다.
① 面密 ② 綿蜜 ③ 綿密 ④ 面蜜

19 세계 선수권 대회에서 우리나라 농구 팀이 우승했다는 [낭보]가 전해졌다.
① 朗報 ② 娘報 ③ 朗普 ④ 娘普

20 그는 일심에서 패소한 뒤에 [항소]를 포기했다.
① 抗素 ② 項訴 ③ 抗訴 ④ 項素

※ 주어진 뜻에 알맞은 한자어는?

21 국가 또는 공공 단체의 예산 회계 절차를 거쳐 교육에 투입되는 경비.
① 公敎育費 ② 公校育費
③ 公敎肉費 ④ 公校肉費

22 궁극적인 실재를 관념, 정신, 마음이라고 주장하는 철학적 입장.
① 司諫院 ② 義禁府
③ 經濟財 ④ 觀念論

23 외재적 강화인의 만족을 위한 동기.
① 外再的洞機 ② 外在的動機
③ 畏在的動機 ④ 畏再的洞機

24 컴퓨터를 이용해 인터넷이나 피시 통신에 접속하여 물건을 사고파는 행위.
① 電自商去來 ② 電子賞擧來
③ 電自賞擧來 ④ 電子商去來

25 다른 나라로부터 사들인 물자를 그대로 제삼국으로 수출하는 형식의 무역.
① 中界貿易 ② 中繼務易
③ 中繼貿易 ④ 中界務易

※ [ ] 안에 들어갈 한자어로 알맞은 것은?

26 형기(刑期)가 끝나지 않은 죄수를 일정한 조건 하에 미리 풀어 주는 행정 처분을 [ ]이라고 한다.
① 街釋放 ② 假夕放
③ 假釋放 ④ 街夕放

27 [ ]는 가부장이 가족에 대한 지배권을 행사하는 가족 형태이다.
① 歌父長制 ② 家父長制
③ 家婦長制 ④ 歌婦長制

28 건설 회사가 [ ]을 무시한 채 공사를 진행해 주민들이 구청에 민원을 제기했다.
① 鄭鑑錄 ② 內國換
③ 可鍛性 ④ 日照權

29 이 센터에서는 휴식처를 제공할 뿐만 아니라 [ ]와/과 음악 치료를 병행한다.
① 國際收支 ② 集團相談
③ 海上保險 ④ 綠色商品

30 그는 오랜 수사 끝에 [ ]을/를 확보했다.
① 間接證據 ② 軟性憲法
③ 明示移越 ④ 東醫寶鑑

주관식 01~70번

※ 다음 한자의 훈과 음을 쓰시오.

주01 瑕 (   )   주02 貪 (   )
주03 護 (   )   주04 祜 (   )
주05 巷 (   )   주06 覇 (   )
주07 編 (   )   주08 佐 (   )

※ 다음 훈과 음에 맞는 한자를 〈보기〉에서 찾아 쓰시오.

〈보기〉	瓊 侍 腔 伯 雁 款 藏 淚 艮 僑 附

주09 감출 장   (   )
주10 모실 시   (   )
주11 기러기 안 (   )
주12 붙을 부   (   )
주13 빛날 경   (   )
주14 맏 백   (   )
주15 눈물 루   (   )

※ 다음 한자어의 독음을 쓰시오.

주16 暢達 (   )   주17 醜雜 (   )
주18 潛跡 (   )   주19 韻律 (   )
주20 純粹 (   )   주21 飜譯 (   )
주22 誦讀 (   )   주23 將帥 (   )
주24 豪傑 (   )   주25 編輯 (   )
주26 鬱蒼 (   )   주27 推戴 (   )
주28 燦爛 (   )   주29 停滯 (   )
주30 傳染 (   )

※ 〈보기〉의 뜻을 참고하여 ○ 안에 공통으로 들어갈 한자를 쓰시오.

주31 (1) ○門   (2) ○絶   (   )

〈보기〉	(1) 밖으로 출입을 아니하려고 방문을 닫아 막음. (2) 교통이나 통신 따위가 막히거나 끊어짐.

주32 (1) ○着   (2) 阿○   (   )

〈보기〉	(1) 어떤 상태가 굳어 조금도 변동이나 진전이 없이 머묾. (2) 짐승의 가죽, 힘줄, 뼈 따위를 진하게 고아서 굳힌 끈끈한 것.

주33 (1) ○引　　(2) 役○　　(　　　)

| 〈보기〉 | (1) 정한 값에서 얼마를 뺌.
(2) 자신이 하여야 할 맡은 바의 직책이나 임무. |

※ ○ 안에 공통으로 들어갈 한자를 〈보기〉에서 찾아 쓰시오.

| 〈보기〉 | 誇 | 糾 | 咸 | 抑 | 徵 | 愧 | 殖 |

주34　生○　繁○　增○　　(　　　)

주35　紛○　○明　○彈　　(　　　)

주36　○揚　○留　○壓　　(　　　)

주37　○用　特○　○兵　　(　　　)

※ 문장에서 잘못 쓴 한자를 바르게 고쳐 쓰시오. (단, 음이 같은 한자로 고칠 것)

주38 설명이 잘못된 부분은 **朔除**하였다.
　　　　　　　　　　(　　　→　　　)

주39 우리는 **演克** 공연을 관람하기 위해 줄을 서서 표를 샀다.　　(　　　→　　　)

주40 그 신하는 목숨을 걸고 임금의 과오에 대하여 **刊言**하였다가 결국 파직당했다.
　　　　　　　　　　(　　　→　　　)

※ [ ] 안 한자어의 독음을 쓰시오.

주41 [**骨多孔症**]은 뼈에 무기질과 단백질이 줄어들어 뼈조직이 엉성해지는 증상이다.
　　　　　　　　　　　　(　　　　)

주42 수학적인 이론과 통계적인 분석 기법을 이용하여 경영에서 발생하는 여러 가지 문제를 해결하려는 학문을 [**經營科學**]이라고 한다.
　　　　　　　　　　　　(　　　　)

주43 재화, 용역의 가격 변화나 환시세의 변화가 생산, 수요 따위에 미치는 영향을 [**價格效果**]라고 한다.　　　　　　(　　　　)

주44 [**東史綱目**]은 조선 영조 때 안정복이 지은 역사책이다.　　　　　　(　　　　)

주45 [**南南問題**]는 개발 도상국 사이에 생기는 여러 문제를 뜻한다.　　(　　　　)

주46 주가가 지난주 시세를 회복하면서 4일 만에 [**反騰**]했다.　　　(　　　　)

주47 자유로운 경쟁을 제한하는 행위로는 공급의 독점이나 [**寡占**] 행위를 들 수 있다.
　　　　　　　　　　　　(　　　　)

주48 곧 예산안 [**審議**]가 있을 예정이다.
　　　　　　　　　　　　(　　　　)

주49 나의 잦은 잘못에도 그는 언제나 [**寬大**]하다.
　　　　　　　　　　　　(　　　　)

주50 흥선대원군은 서양 제국주의 세력의 침략을 경계하기 위해 전국 각지에 [**斥和碑**]를 세웠다.
　　　　　　　　　　　　(　　　　)

주51 소수의 양심 있는 자들만이 [**慙悔**]의 자세를 보이고 있다.　　(　　　　)

주52 [**侯爵**]은 공작의 아래, 백작의 위이다.
　　　　　　　　　　　　(　　　　)

주53 아침 안개가 걷히자 [**峽谷**]이 드러났다.
　　　　　　　　　　　　(　　　　)

주54 묵은 것과 새것의 [**交替**]가 아주 서서히 진행되었다.　　　　　　(　　　　)

주55 그는 출판사에서 [**校閱**]을 보면서 비문을 고치는 일을 한다.　　(　　　　)

※ [ ] 안의 단어를 한자로 쓰시오.

주56 어린 병사가 [**대오**]에서 이탈하는 사건이 발생했다.　　　　　　(　　　　)

주57 그는 일주일 후 박사 논문 [**심사**]를 받을 예정이다.　　　　　　(　　　　)

주58 그의 책 출판은 아직 [**계약**] 단계에 머물러 있다.　　　　　　(　　　　)

주59 [**정당**]의 당원이 되기 위해서는 시·도당 또는 그 창당준비위원회에 입당신청을 해야 한다.
　　　　　　　　　　　　(　　　　)

주60 기축옥사는 정여립이 [**모반**]을 꾸민다는 고변에서 시작되었다.　　(　　　　)

주61 삼촌은 며칠 전 제출했던 사표의 [**철회**]를 고민하고 있다. (　　　)

주62 이 보리싹은 [**발아**]된 지 2주 정도 지났다. (　　　)

주63 고민 끝에 법적 [**조치**]를 취하기로 했다. (　　　)

주64 그는 이 공무원 조직에서 [**동량**]과 같은 존재이다. (　　　)

주65 형은 앞날을 내다볼 줄 아는 [**혜안**]을 가지고 있다. (　　　)

※ 한자성어의 설명을 읽고 ○ 안에 들어갈 한자를 차례대로 쓰시오.

주66 ○邪顯○　　(　　　,　　　)

| [파사현정] | 사견과 사도를 깨고 정법을 드러내는 일. |

주67 花○○態　　(　　　,　　　)

| [화용월태] | 아름다운 여인의 얼굴과 맵시를 이르는 말. |

주68 謙讓○○　　(　　　,　　　)

| [겸양지덕] | 겸손한 태도로 남에게 양보하거나 사양하는 아름다운 마음씨나 행동. |

주69 ○○無縫　　(　　　,　　　)

| [천의무봉] | 천사의 옷은 꿰맨 흔적이 없다는 뜻으로, 일부러 꾸민 데 없이 자연스럽고 아름다우면서 완전함을 이르는 말. |

주70 ○從腹○　　(　　　,　　　)

| [면종복배] | 앞에서는 복종하나 속마음은 배반한다는 뜻으로, 겉과 속이 다름을 의미함. |

– 수고하셨습니다. –

제121회 한자실력급수 [2급] 문제지

시험시간 60분

객관식 01~30번

※ [ ] 안의 한자와 음이 같은 한자는?

01 [伽] ① 嘉 ② 恐 ③ 潭 ④ 禱
02 [桂] ① 驅 ② 啓 ③ 侮 ④ 謬
03 [購] ① 掠 ② 微 ③ 仇 ④ 迫
04 [陶] ① 旁 ② 冥 ③ 灰 ④ 萄
05 [昧] ① 挑 ② 桐 ③ 枚 ④ 伴

※ [ ] 안의 한자와 뜻이 비슷하거나 같은 한자는?

06 [懼] ① 妃 ② 紋 ③ 畏 ④ 奭
07 [洪] ① 閃 ② 貫 ③ 覆 ④ 博
08 [瑕] ① 隋 ② 疵 ③ 燕 ④ 疫

※ [ ] 안의 한자와 뜻이 반대되거나 상대되는 한자는?

09 [雌] ① 紳 ② 譽 ③ 雄 ④ 雁
10 [緩] ① 急 ② 殖 ③ 沃 ④ 遙
11 [淸] ① 濁 ② 蔣 ③ 凰 ④ 韋

※ 〈보기〉의 단어들과 가장 관련이 깊은 한자는?

12 | 〈보기〉 | 뒤통수 | 음모 | 배은망덕 |
    ① 穽 ② 潛 ③ 叛 ④ 況

13 | 〈보기〉 | 성묘 | 벌초 | 비석 |
    ① 衷 ② 遷 ③ 託 ④ 墳

14 | 〈보기〉 | 바다 | 배 | 새 |
    ① 寢 ② 塵 ③ 鷗 ④ 犧

※ 다음 중 한자어의 독음이 바르지 않은 것은?

15 ① 老翁: 노옹 ② 微細: 미전
    ③ 庵子: 암자 ④ 蠶室: 잠실

16 ① 謙遜: 겸손 ② 所謂: 소위
    ③ 隱匿: 은폐 ④ 巨匠: 거장

17 ① 圖鑑: 도감 ② 警笛: 경유
    ③ 忽待: 홀대 ④ 痕迹: 흔적

※ [ ] 안의 단어를 한자로 알맞게 쓴 것은?

18 관광 사업은 자국의 문화와 역사를 세계 각지로 [전파]하는 역할을 한다.
    ① 傳播 ② 全播 ③ 前播 ④ 電播

19 세계 곳곳에는 아직도 [기아]에 허덕이는 어린이들이 많다.
    ① 己餓 ② 飢餓 ③ 氣餓 ④ 記餓

20 비록 그는 떠났지만 머지않아 [필경] 돌아올 것이다.
    ① 必竟 ② 畢鏡 ③ 必鏡 ④ 畢竟

※ 주어진 뜻에 알맞은 한자어는?

21 신체적·정신적으로 특별한 아동에게 행하는 교육.
    ① 特收敎育 ② 特修敎育
    ③ 特受敎育 ④ 特殊敎育

22 고려 말과 조선시대에 유학(儒學)을 전수하던 최고 국립 교육기관.
    ① 成均館 ② 聖均館
    ③ 盛均館 ④ 聲均館

23 시가보다 싼 비용으로 상품견본의 대가를 청구하는 것.
    ① 犬本割引 ② 見本割引
    ③ 見本割因 ④ 犬本割因

24 행정법에서 국가 기관에 대한 행정상 신청을 배척하는 처분.
① 各下 ② 却河 ③ 各河 ④ 却下

25 범죄의 피해자나 다른 고소권자가 범죄 사실을 수사 기관에 신고하여 그 수사와 범인의 기소를 요구하는 일.
① 固訴 ② 告巢 ③ 告訴 ④ 固巢

※ [ ] 안에 들어갈 한자어로 알맞은 것은?

26 한 나라의 정부나 기업, 은행 따위가 외국 정부나 공적 기관으로부터 자금을 빌려 오는 것을 [ ]이라고 한다.
① 借款 ② 此款 ③ 借官 ④ 此官

27 [ ]은 경매나 경쟁 입찰 따위에서 물건이나 일이 어떤 사람이나 업체에 돌아가도록 결정하는 일을 말한다.
① 諾札 ② 落札 ③ 落刹 ④ 諾刹

28 삯을 받고 남의 일을 해 주는 사람을 [ ]라고 한다.
① 雇用者 ② 鼓傭者
③ 雇傭者 ④ 鼓用者

29 [ ]은 강우가 지표에 도달하기 전에 증발하거나 나무의 줄기, 가지 혹은 건조물 등에 의해 차단되는 경우를 뜻한다.
① 降遇遮斷 ② 降雨且斷
③ 降遇且斷 ④ 降雨遮斷

30 [ ]는 안건이 본회의에서 심의할 수 있는 상태에 놓는다는 의미로 사용되는데, 이 용어는 본회의에만 사용한다.
① 簿議 ② 附議 ③ 附衣 ④ 簿衣

주관식 01~70번

※ 다음 한자의 훈과 음을 쓰시오.

주01 腔 (   ) 주02 卿 (   )
주03 塘 (   ) 주04 津 (   )
주05 坡 (   ) 주06 穴 (   )
주07 藍 (   ) 주08 絹 (   )

※ 다음 훈과 음에 맞는 한자를 〈보기〉에서 찾아 쓰시오.

〈보기〉	肪 網 矢 寞 壇 匕 綿 蜜 鋼 掘 矛

주09 꿀 밀 (   )
주10 창 모 (   )
주11 비계 방 (   )
주12 비수 비 (   )
주13 화살 시 (   )
주14 팔 굴 (   )
주15 그물 망 (   )

※ 다음 한자어의 독음을 쓰시오.

주16 高踏 (   ) 주17 欠缺 (   )
주18 巢窟 (   ) 주19 屈伏 (   )
주20 頗多 (   ) 주21 急騰 (   )
주22 謄寫 (   ) 주23 淸廉 (   )
주24 輕蔑 (   ) 주25 一蹴 (   )
주26 紹介 (   ) 주27 攝取 (   )
주28 碩學 (   ) 주29 晩餐 (   )
주30 諮問 (   )

※ 〈보기〉의 뜻을 참고하여 ○ 안에 공통으로 들어갈 한자를 쓰시오.

주31 (1) 吟○ (2) ○歎 (   )

〈보기〉	(1) 시가(詩歌) 따위를 읊음. (2) 목소리를 길게 뽑아 깊은 정회(情懷)를 읊음.

주32 (1) 奢○ (2) 豪○ (   )

〈보기〉	(1) 필요 이상의 돈이나 물건을 쓰거나 분수에 지나친 생활을 함. (2) 사치스럽고 화려함.

주33 ⑴ ○俸　　⑵ 國○　　(　　　)

〈보기〉	⑴ 벼슬아치에게 일 년 또는 계절 단위로 나누어 주던 금품을 통틀어 이르는 말. ⑵ 나라에서 주는 녹봉.

※ ○ 안에 공통으로 들어갈 한자를 〈보기〉에서 찾아 쓰시오.

〈보기〉	恐　融　邪　冒　漆　屯　朗

주34 ○通　鎔○　核○合　(　　　)

주35 ○板　色○　○黑　(　　　)

주36 ○誦　明○　○讀　(　　　)

주37 ○念　奸○　○惡　(　　　)

※ 문장에서 잘못 쓴 한자를 바르게 고쳐 쓰시오. (단, 음이 같은 한자로 고칠 것)

주38 교정을 볼 때는 특수한 **符好**를 사용한다.
(　　→　　)

주39 그는 어제 산 옷이 마음에 들지 않아서 오늘 다른 옷으로 **校換**할 예정이다.
(　　→　　)

주40 나는 교내 신문을 **編集**하는 일을 맡고 있다.
(　　→　　)

※ [　] 안 한자어의 독음을 쓰시오.

주41 내 바둑 급수가 2급에서 1급으로 [**昇級**]되었다. (　　　)

주42 수출용 상품의 원자재를 수입할 때 부과하였던 관세를, 그 재료로 상품을 만들어 수출할 때 되돌려주는 제도를 [**關稅還給**]이라고 한다. (　　　)

주43 법원이나 국회 등에서 법률에 의하여 선서를 한 증인이 고의로 허위 진술을 함으로써 성립하는 죄를 [**僞證罪**]라고 한다. (　　　)

주44 [**八萬大藏經**]은 고려 후기 대장도감에서 판각한 대장경으로 해인사에 소장된 불교경전이다. (　　　)

주45 [**日沒制**]는 공공 정책에서 법을 연장하기 위한 추가 입법 조치가 취해지지 않는 한 특정 날짜 이후에 해당 법률의 효력이 중단되도록 규정하는 법령이다. (　　　)

주46 나는 앞날을 위하여 더욱 [**奮發**]해야겠다고 다짐했다. (　　　)

주47 성격이 [**傲慢**]한 사람은 겸손의 덕을 배워야 한다. (　　　)

주48 우습게 보았던 상대방이 만만찮은 저력을 [**誇示**]했다. (　　　)

주49 그의 논문은 유명 학회지에 [**揭載**]될 예정이다. (　　　)

주50 우리 팀은 우승을 위하여 힘찬 [**跳躍**]을 시작했다. (　　　)

주51 산성비는 식물을 [**衰弱**]하게 하고 토양을 메마르게 한다. (　　　)

주52 장마철에는 [**濕度**]가 높아서 빨래가 잘 마르지 않는다. (　　　)

주53 할아버지께서는 [**古稀**]가 지나셨는데도 운동을 통해 건강을 철저히 관리하신다. (　　　)

주54 그는 수업 시간에 [**核心**]을 찌르는 질문을 잘 던지는 편이다. (　　　)

주55 나는 부모님께 드릴 [**膳物**]을 예쁘게 포장했다. (　　　)

※ [　] 안의 단어를 한자로 쓰시오.

주56 우리는 높은 [**기백**]과 호탕한 성품을 지녔던 옛 선비들의 정신을 본받아야 한다. (　　　)

주57 [**목욕**]을 너무 자주 하면 피부가 건조해지기 쉽다. (　　　)

주58 오늘은 구름 한 점 없는 [**화창**]한 날씨이다. (　　　)

주59 나는 면접 순서를 [**초조**]하게 기다렸다. (　　　)

주60 사랑이란 때로는 [애증]으로 영원히 가슴에 남을 수 있다. (　　　)

주61 이 물건은 생김새가 너무나 비슷하기 때문에 [변별]이 어렵다. (　　　)

주62 식목일에 [묘목]을 정성 들여 심었다. (　　　)

주63 혼자 [고민]해 오던 가족 문제를 상담 선생님께 털어 놓았다. (　　　)

주64 어머니께서는 출판사로부터 영어책 번역 [의뢰]를 자주 받으신다. (　　　)

주65 상을 받는 사람에게 찬사의 [박수]가 쏟아졌다. (　　　)

※ 한자성어의 설명을 읽고 ○ 안에 들어갈 한자를 차례대로 쓰시오.

주66　天○○助　　(　　,　　)

| [천우신조] | 하늘이 돕고 신령이 도움. 또는 그런 일. |

주67　○腹絕○　　(　　,　　)

| [포복절도] | 배를 그러안고 넘어질 정도로 몹시 웃음. |

주68　龍○○搏　　(　　,　　)

| [용호상박] | 용과 범이 서로 싸운다는 뜻으로, 강자끼리 서로 싸움을 이르는 말. |

주69　○頭狗○　　(　　,　　)

| [양두구육] | 양의 머리를 걸어 놓고 개고기를 판다는 뜻으로, 겉보기만 그럴듯하게 보이고 속은 변변하지 아니함을 이르는 말. |

주70　厚○○恥　　(　　,　　)

| [후안무치] | 뻔뻔스러워 부끄러움이 없음. |

- 수고하셨습니다. -

한자실력급수 [2급] 실전 모의고사

시험시간 60분

객관식 01~30번

※ [　] 안의 한자와 음이 같은 한자는?

01 [歪] ① 悼 ② 塗 ③ 整 ④ 倭

02 [幹] ① 揭 ② 謁 ③ 葛 ④ 渴

03 [携] ① 昊 ② 鉉 ③ 峴 ④ 烋

04 [案] ① 按 ② 雀 ③ 刹 ④ 讚

05 [屢] ① 戚 ② 遷 ③ 樓 ④ 澈

※ [　] 안의 한자와 뜻이 비슷하거나 같은 한자는?

06 [穫] ① 桓 ② 促 ③ 收 ④ 扁

07 [紊] ① 漠 ② 蔡 ③ 杏 ④ 亂

08 [寢] ① 閱 ② 睡 ③ 瞬 ④ 郵

※ [　] 안의 한자와 뜻이 반대되거나 상대되는 한자는?

09 [銳] ① 釣 ② 鈍 ③ 鉉 ④ 錦

10 [緩] ① 急 ② 欽 ③ 誇 ④ 葡

11 [優] ① 驅 ② 郭 ③ 狂 ④ 劣

※ 〈보기〉의 단어들과 가장 관련이 깊은 한자는?

12 | 〈보기〉 | 물고기 | 새 | 실 |

① 掛　② 網　③ 透　④ 綱

13 | 〈보기〉 | 청렴 | 가격 | 염치 |

① 獵　② 奢　③ 槿　④ 廉

14 | 〈보기〉 | 글 | 붓 | 편지 |

① 翰　② 墮　③ 佐　④ 坐

※ 다음 중 한자어의 독음이 바르지 않은 것은?

15 ① 撒布 : 산포　② 隨時 : 수시
　 ③ 閃影 : 섬영　④ 巢窟 : 소굴

16 ① 旅程 : 여정　② 純粹 : 순수
　 ③ 覆蓋 : 개복　④ 紹介 : 소개

17 ① 紅蔘 : 홍삼　② 購買 : 구매
　 ③ 禪師 : 단사　④ 醜雜 : 추잡

※ [　] 안의 단어를 한자로 알맞게 쓴 것은?

18 장마철에는 [습도]가 높아서 빨래가 잘 마르지 않는다.
　 ① 濕度　② 習度　③ 濕道　④ 習渡

19 이젠 도리 없이 [포기]해야겠다.
　 ① 抛棄　② 捕期　③ 砲紀　④ 胞旗

20 대학 도서관의 [장서]가 매년 증가하고 있다.
　 ① 掌書　② 粧書　③ 莊書　④ 藏書

※ 주어진 뜻에 알맞은 한자어는?

21 자기 나라 돈과 다른 나라 돈의 교환 비율.
　 ① 換律　② 換率　③ 換錢　④ 換乘

22 드러나지 않은 사정을 몰래 살펴 알아냄. 또는 그런 일을 하는 사람.
　 ① 貪政　② 探情　③ 探偵　④ 貪情

23 사는 곳을 다른 데로 옮김.
　 ① 異士　② 李斯　③ 理事　④ 移徙

24 어지럽게 흩어진 것을 규모 있게 고쳐 놓거나 가지런히 바로잡아 정리함.
　 ① 停頓　② 整頓　③ 正頓　④ 庭頓

25 재산권의 하나로, 특정인이 다른 특정인에게 어떤 행위를 청구할 수 있는 권리.
　 ① 債券　② 債權　③ 債卷　④ 責卷

511

※ [ ] 안에 들어갈 한자어로 알맞은 것은?

26 이 사업에 천 명의 [   ]을 창출하게 될 것으로 예상된다.
    ① 孤傭   ② 苦庸   ③ 雇傭   ④ 雇庸

27 정부는 종합 운동장 건설을 지역 회사에 [   ] 하기로 하였다.
    ① 落札   ② 裁判   ③ 反騰   ④ 空轉

28 신약 관련주들이 일제히 [   ]까지 올랐다.
    ① 假說演繹法   ② 價格彈力性
    ③ 假處分所得   ④ 價格制限幅

29 이번에 수입된 열대 과일들은 모두 철저한 [   ]을 마쳤다.
    ① 險疫   ② 檢役   ③ 檢疫   ④ 儉域

30 그는 이번 사건으로 과장으로 [   ]을 당할 것으로 예상된다.
    ① 降職   ② 下等   ③ 降伏   ④ 降直

주관식 01~70번

※ 다음 한자의 훈과 음을 쓰시오.

주01 窄 (   )   주02 禍 (   )
주03 懲 (   )   주04 遵 (   )
주05 孃 (   )   주06 詳 (   )
주07 逐 (   )   주08 涙 (   )

※ 다음 훈과 음에 맞는 한자를 〈보기〉에서 찾아 쓰시오.

〈보기〉	邪 膚 凍 壹 蘇 遍 簿 幅 姚 幕 芽

주09 싹 아   (   )
주10 장막 막   (   )
주11 두루 편   (   )
주12 간사할 사   (   )
주13 살갗 부   (   )
주14 문서 부   (   )
주15 얼 동   (   )

※ 다음 한자어의 독음을 쓰시오.

주16 徑路 (   )   주17 駐屯 (   )
주18 扁額 (   )   주19 暫時 (   )
주20 遲延 (   )   주21 蒸發 (   )
주22 橫厄 (   )   주23 賻儀 (   )
주24 飜覆 (   )   주25 掛圖 (   )
주26 提携 (   )   주27 皓齒 (   )
주28 憐憫 (   )   주29 滿醉 (   )
주30 思惟 (   )

※ 〈보기〉의 뜻을 참고하여 ○ 안에 공통으로 들어갈 한자를 쓰시오.

주31 (1) ○嚴   (2) ○林   (   )

〈보기〉	(1) 무서우리만큼 질서가 바로 서고 엄숙함. (2) 나무가 많이 우거진 숲.

주32 (1) ○年   (2) ○期   (   )

〈보기〉	(1) 결혼하기에 적당한 여자의 나이. (2) 벼슬의 임기가 끝나는 시기를 이르던 말.

주33 (1) ○惑   (2) 勸○   (   )

〈보기〉	(1) 꾀어서 정신을 혼미하게 하거나 좋지 아니한 길로 이끎. (2) 어떤 일 따위를 하도록 권함.

※ ○ 안에 공통으로 들어갈 한자를 〈보기〉에서 찾아 쓰시오.

〈보기〉	克 聘 參 禽 漏 惑 鹽

주34 ○落 ○泄 ○水   (   )
주35 ○度 ○分 ○田   (   )
주36 ○母 ○丈 招○   (   )
주37 誘○ 魅○ 疑○   (   )

※ 문장에서 잘못 쓴 한자를 바르게 고쳐 쓰시오. (단, 음이 같은 한자로 고칠 것)

주38 이 우산은 접을 수 있어 **休帶**가 간편하다.
(→)

주39 지나치게 발달한 기술 문명이 **災仰**을 가져올 수 있다. (→)

주40 지나친 **吸燃**은 건강에 좋지 않다.
(→)

※ [ ] 안 한자어의 독음을 쓰시오.

주41 집단 재배로 [共同出荷] 하여 수익을 올리는 계획을 세웠다. ( )

주42 지역 간 [敎育隔差]를 해소할 방안을 발표했다. ( )

주43 국제 통화 기금은 세계 여러 국가에 [借款]을 제공한다. ( )

주44 [奎章閣]은 정조에 의해 설립된 정치·문화 기구이다. ( )

주45 [課稅標準]에 세율을 곱하여 세액이 결정된다.
( )

주46 공직에 있는 사람은 [滅私奉公]의 정신을 가지고 일해야 한다. ( )

주47 이곳의 경치는 [感歎詞]가 절로 나올 만큼 일품이다. ( )

주48 이 일을 오늘 안에 하기에는 시간적으로 [促迫]하다. ( )

주49 우리는 경찰에게 과잉 [鎭壓]을 항의했다.
( )

주50 고속도로 하행선이 귀성 차량으로 [停滯]되었다. ( )

주51 존댓말의 발달은 우리말의 두드러진 [特徵]이다. ( )

주52 해변을 따라 송림이 [鬱蒼]하게 우거져 있다.
( )

주53 농장에서 소와 돼지, 닭 따위가 [飼育]된다.
( )

주54 생필품 값이 오르면 [零細民]은 더욱더 살기 힘들어진다. ( )

주55 이 소설의 주인공은 한 시대를 풍미했던 [英雄豪傑]이다. ( )

※ [ ] 안의 단어를 한자로 쓰시오.

주56 엄정한 [심사]를 통과한 작품들만 이 곳에 전시될 수 있다. ( )

주57 심한 가뭄으로 저수지의 물마저 [고갈]되었다.
( )

주58 법률에 의하여 선서한 후 허위 진술을 하면 [위증죄]가 성립된다. ( )

주59 세계 각국에서 [보호무역]주의가 확대되고 있다. ( )

주60 그는 배임 및 [횡령죄]로 구속되었다.
( )

주61 목표 [완수]를 위하여 최선을 다했다.
( )

주62 점심은 간단히 [분식]으로 하자. ( )

주63 그녀는 오는 손님 모두에게 [친절]을 보였다.
( )

주64 양보와 타협은 [협동] 생활에 꼭 필요한 덕목이다. ( )

주65 물건 운반 시 유의할 [사항]을 알려 드리겠습니다. ( )

※ 한자성어의 설명을 읽고 ○ 안에 들어갈 한자를 차례대로 쓰시오.

주66 類類○○ (,)

| [유유상종] | 같은 무리끼리 서로 사귐. |

주67 晝○夜○ (,)

| [주경야독] | 낮에는 농사짓고, 밤에는 글을 읽는다는 뜻으로, 어려운 여건 속에서도 꿋꿋이 공부함을 이르는 말. |

주68 養○遺○   (,   )

| [양호유환] | 범을 길러서 화근을 남긴다는 뜻으로, 화근이 될 것을 길러서 후환을 당하게 됨을 이르는 말. |

주69 ○強○會   (,   )

| [견강부회] | 이치에 맞지 않는 말을 억지로 끌어 붙여 자기에게 유리하게 함. |

주70 群○一○   (,   )

| [군계일학] | '닭의 무리 가운데에서 한 마리의 학'으로, 많은 사람 가운데서 뛰어난 인물을 이르는 말. |

- 수고하셨습니다. -

제117회 한자실력급수 [2급] 정답 및 해설

객관식 01~30번

01	③	06	②	11	③	16	②	21	②	26	④
02	②	07	③	12	②	17	①	22	④	27	①
03	①	08	①	13	③	18	③	23	①	28	②
04	③	09	①	14	④	19	④	24	③	29	①
05	④	10	④	15	①	20	④	25	④	30	④

* 학습의 편의를 위하여 꼭 필요한 부분만 해설하였습니다.

※ [01~05] [　] 안의 한자와 음이 같은 한자는?

01 　[堯(높을 요, 요임금 요)]
　　① 巢(새집 소)
　　② 粟(벼 속, 조 속)
　　❸ 妖(아리따울 요, 요망할 요)
　　④ 照(비칠 조)

02 　[俱(함께 구)]
　　① 弊(해질 폐, 폐단 폐)
　　❷ 驅(몰 구, 달릴 구)
　　③ 派(물갈래 파, 파벌 파)
　　④ 輩(무리 배)

03 　[纖(가늘 섬)]
　　❶ 閃(번쩍일 섬)
　　② 尖(뾰족할 첨)
　　③ 漸(점점 점)
　　④ 諜(염탐할 첩, 간첩 첩)

04 　[幹(간부 간, 줄기 간)]
　　① 旦(아침 단)
　　② 朔(초하루 삭, 달 삭)
　　❸ 懇(정성 간, 간절할 간)
　　④ 拍(칠 박)

05 　[惹(끌 야)]
　　① 楊(버들 양, 성 양)
　　② 隘(좁을 애)
　　③ 驛(역 역)
　　❹ 耶(어조사 야)

※ [06~08] [　] 안의 한자와 뜻이 비슷하거나 같은 한자는?

06 　[愧(부끄러워할 괴)]
　　① 慨(슬퍼할 개)
　　❷ 慙(부끄러울 참)
　　③ 憩(쉴 게)
　　④ 慣(버릇 관)

07 　[覽(볼 람)]
　　① 屆(이를 계, 신고할 계)
　　② 怠(게으를 태)
　　❸ 閱(검열할 열)
　　④ 嘉(아름다울 가)

08 　[握(잡을 악, 쥘 악)]
　　❶ 把(잡을 파)
　　② 掛(걸 괘)
　　③ 掘(팔 굴)
　　④ 搬(옮길 반, 나를 반)

※ [09~11] [　] 안의 한자와 뜻이 반대되거나 상대되는 한자는?

09 　[淡(맑을 담, 깨끗할 담)]
　　❶ 濃(짙을 농)
　　② 汽(물 끓는 김 기)
　　③ 溺(물에 빠질 닉)
　　④ 濫(넘칠 람)

515

10 [伸(펼 신, 늘일 신)]
① 嗚(탄식할 오)
② 梁(들보 량, 다리 량, 성 양)
③ 購(살 구)
❹ 屈(굽을 굴, 굽힐 굴)

11 [略(간략할 략)]
① 佑(도울 우)
② 懸(매달 현, 멀 현)
❸ 詳(자세할 상)
④ 鍵(열쇠 건)

※ [12~14] 〈보기〉의 단어들과 가장 관련이 깊은 한자는?

12 ① 伴(짝 반, 따를 반)
❷ 筋(힘줄 근)
③ 舶(큰 배 박)
④ 杜(막을 두, 성 두)

13 ① 姚(예쁠 요, 날랠 요)
② 役(부릴 역)
❸ 縫(꿰맬 봉)
④ 郊(들 교, 교외 교)

14 ① 梨(배 리)
② 封(봉할 봉)
③ 晟(밝을 성, 성할 성)
❹ 卦(점괘 괘)

※ [15~17] 다음 중 한자어의 독음이 바르지 않은 것은?

15 ❶
풀이 燕息 : 연식 – 燕(제비 연, 연나라 연, 잔치 연), 息(쉴 식, 숨 쉴 식, 소식 식, 자식 식)

16 ❷
풀이 賠償 : 배상 – 賠(배상할 배), 償(갚을 상, 보답할 상)

17 ❶
풀이 駐屯 : 주둔 – 駐(머무를 주), 屯(묻힐 둔, 진칠 둔)

※ [18~20] [   ] 안의 단어를 한자로 알맞게 쓴 것은?

18 ❸
풀이 診脈(진맥) – 診(진찰할 진), 脈(줄기 맥)

19 ❹
풀이 表彰(표창) – 表(겉 표, 성 표), 彰(드러날 창, 밝힐 창)

20 ❹
풀이 名簿(명부) – 名(이름 명, 이름날 명), 簿(문서 부)

※ [21~25] 주어진 뜻에 알맞은 한자어는?

21 ❷ 遂行評價 – 학생의 학습 과제 수행 과정 및 결과를 직접 관찰하여 그 관찰 결과를 전문적으로 판단하는 일.
풀이 遂(드디어 수, 이룰 수), 行(다닐 행, 행할 행, 항렬 항), 評(평할 평), 價(값 가, 가치 가)

22 ❹ 諒解覺書 – 당사국 사이의 외교교섭 결과 서로 양해된 내용을 확인·기록하기 위해 정식계약 체결에 앞서 행하는 문서로 된 합의.
풀이 諒(살필 량, 믿을 량), 解(해부할 해, 풀 해), 覺(깨달을 각), 書(쓸 서, 글 서, 책 서)

23 ❶ 富營養化 – 호수 등의 물속에 유기물질에 의한 많은 영양물질이 들어 있는 현상.
풀이 富(넉넉할 부, 부자 부), 營(다스릴 영, 경영할 영), 養(기를 양), 化(될 화, 변화할 화, 가르칠 화)

24 ❸ 白內障 – 눈의 수정체가 흐려져서 시력장애를 일으키는 병.
풀이 白(흰 백, 밝을 백, 깨끗할 백, 아뢸 백, 성 백), 內(안 내, 나인 나), 障(막을 장)

25 ❹ 需要彈力性 – 수요량이 소비자의 소득이나 가격 변화로 어느 정도 변화하는가를 나타내는 지표.
풀이 需(구할 수, 쓸 수), 要(중요할 요, 필요할 요), 彈(튕길 탄, 탄알 탄), 力(힘 력), 性(성품 성, 바탕 성, 성별 성)

※ [26~30] [　] 안에 들어갈 한자어로 알맞은 것은?

26 ❹

풀이 五家作統法(오가작통법) – 조선 시대에, 범죄자의 색출과 세금 징수·부역의 동원 따위를 위하여 다섯 민호(民戶)를 한 통씩 묶던 호적 제도.
+ 五(다섯 오), 家(집 가, 전문가 가), 作(지을 작), 統(묶을 통, 거느릴 통), 法(법 법)

27 ❶

풀이 朝鮮總督府(조선총독부) – 일본이 1910년부터 1945년까지 우리나라를 다스리기 위하여 설치하였던 최고 행정 관청.
+ 朝(아침 조, 조정 조, 뵐 조), 鮮(고울 선, 깨끗할 선, 싱싱할 선), 總(모두 총, 거느릴 총), 督(감독할 독), 府(관청 부, 마을 부, 창고 부)

28 ❷

풀이 雇傭(고용) – 삯을 주고 사람을 부림.
+ 雇(품 팔 고, 품팔이 고), 傭(품팔이 용)

29 ❶

풀이 安全性分析(안전성분석) – 기업의 재무 상태를 측정·분석하여 지급 능력을 판단하는 일.
+ 安(편안할 안, 성 안), 全(온전할 전, 성 전), 性(성품 성, 바탕 성, 성별 성), 分(나눌 분), 析(쪼갤 석, 가를 석)

30 ❹

풀이 氣候經濟學(기후경제학) – 기후의 변화를 경제와 관련지어 분석하고 연구하는 학문.
+ 氣(기운 기, 대기 기), 候(기후 후, 염탐할 후), 經(지날 경, 날실 경, 글 경), 濟(건널 제, 구제할 제), 學(배울 학)

주관식 01~70번

주01	끌 견	주15	讚	주29	노둔	주43	강박	주57	寄贈
주02	집 궐	주16	촉매제	주30	설총	주44	항소	주58	飽滿感
주03	매질할 달	주17	혼백	주31	震	주45	불체포특권	주59	罔極
주04	나이 령	주18	화교	주32	迷	주46	알선	주60	偏/褊狹
주05	도타울 독	주19	황폐	주33	碑	주47	피랍	주61	衝突
주06	물굽이 만	주20	촉루	주34	傍	주48	진압	주62	陰曆
주07	비둘기 구	주21	보필	주35	臺	주49	은유	주63	灰色
주08	윤달 윤	주22	질색	주36	徵	주50	번복	주64	恐怖
주09	騏	주23	영지	주37	哭	주51	신뢰	주65	家計手票
주10	娛	주24	탁마	주38	遷→薦	주52	순후	주66	哺, 捉
주11	茅	주25	추발	주39	諾→絡	주53	파쇄	주67	錦, 添
주12	藤	주26	괴사	주40	激→隔	주54	순환	주68	周, 綿
주13	侶	주27	서약	주41	간경화	주55	졸렬	주69	弄, 璋
주14	煜	주28	호걸	주42	규장각	주56	稀薄	주70	滅, 裂

* 학습의 편의를 위하여 꼭 필요한 부분만 해설하였습니다.

[주01~08] 해설 생략

[주09~15] 다음 훈과 음에 맞는 한자를 〈보기〉에서 찾아 쓰시오.

況	상황/하물며 황	雉	꿩 치
侶	짝 려	娛	즐거워할 오
騏	준마 기	莊	장엄할/별장/성 장
熏	연기/그을릴 훈	讚	칭찬할/기릴 찬
煜	불꽃빛날 욱	藤	등나무 등
茅	띠 모		

[주16~30] 다음 한자어의 독음을 쓰시오.

주16 정답 촉매제
풀이 觸(닿을 촉), 媒(중매할 매), 齊(약 지을 제)

주17 정답 혼백
풀이 魂(넋 혼, 마음 혼), 魄(넋 백)

주18 정답 화교
풀이 華(화려할 화, 빛날 화), 僑(더부살이 교, 객지에 살 교)

주19 정답 황폐
풀이 荒(거칠 황), 廢(부서질 폐, 폐할 폐)

주20 정답 촉루
풀이 燭(촛불 촉), 淚(눈물 루)

주21 정답 보필
풀이 輔(도울 보), 弼(도울 필)

주22 정답 질색
풀이 窒(막힐 질), 塞(막을 색, 변방 새)

주23 정답 영지
풀이 靈(신령스러울 령, 신령 령), 芝(지초 지, 버섯 지)

주24 정답 탁마
풀이 琢(쫄 탁, 다듬을 탁), 磨(갈 마)

주25 정답 추발
풀이 抽(뽑을 추), 拔(뺄 발, 뽑을 발)

주26 정답 괴사
풀이 壞(무너질 괴), 死(죽을 사)

주27 정답 서약
풀이 誓(맹세할 서), 約(맺을 약, 약속할 약)

주28 정답 호걸
풀이 豪(굳셀 호, 호걸 호), 傑(뛰어날 걸, 호걸 걸)

주29 **정답** 노둔
풀이 魯(어리석을 로, 노나라 노), 鈍(무딜 둔, 둔할 둔)

주30 **정답** 설총
풀이 薛(사철쑥 설, 나라이름 설, 성 설), 聰(귀 밝을 총, 총명할 총)

[주31~33] 〈보기〉의 뜻을 참고하여 ○ 안에 공통으로 들어갈 한자를 쓰시오.

주31 震(벼락 진, 진동할 진) – 진동, 지진

주32 迷(미혹할 미) – 미신, 혼미

주33 碑(비석 비) – 묘비, 비명

[주34~37] ○ 안에 공통으로 들어갈 한자를 〈보기〉에서 찾아 쓰시오.

주34 傍(곁 방) – 방관, 방백, 방청객

주35 臺(대 대) – 등대, 대본, 무대

주36 徵(부를 징) – 징병, 상징, 징집

주37 哭(울 곡) – 졸곡, 곡성, 통곡

[주38~40] 문장에서 잘못 쓴 한자를 바르게 고쳐 쓰시오. (단, 음이 같은 한자로 고칠 것)

주38 遷(옮길 천) → 薦(천거할 천)

주39 諾(허락할 락) → 絡(맥락 락)

주40 激(부딪칠 격) → 隔(막힐 격)

[주41~55] [ ] 안의 한자어 독음을 쓰시오.

주41 **정답** 간경화
풀이 肝硬化 – 광범위한 간세포 파괴와 섬유 조직의 증식과 결절 형성이 일어나는 간 질환.
+ 肝(간 간), 硬(굳을 경), 化(될 화, 변화할 화, 가르칠 화)

주42 **정답** 규장각
풀이 奎章閣 – 조선 말기, 정조 때 설치하여 역대 임금의 글, 글씨, 보감 등을 보관하고 관리하던 도서관.
+ 奎(별 이름 규, 글 규), 章(글 장), 閣(누각 각)

주43 **정답** 강박
풀이 強迫 – 남의 뜻을 무리하게 내리누르거나 자기 뜻에 억지로 따르게 함.
+ 強(강할 강, 억지 강), 迫(핍박할 박)

주44 **정답** 항소
풀이 抗訴 – ① 민사 소송에서, 제일심의 종국 판결 판결에 불복하여 상소함. ② 형사 소송에서, 제일심 판결에 불복하여 제이심 법원에 상소함.
+ 抗(겨룰 항, 대항할 항), 訴(하소연할 소, 고소할 소)

주45 **정답** 불체포특권
풀이 不逮捕特權 – 국회의원이 가지는 특권의 하나. 국회의원은 현행범이 아니면 회기 중에 국회의 동의 없이 체포 또는 구금되지 않는 권리.
+ 不(아닐 불·부), 逮(미칠 체, 잡을 체), 捕(잡을 포), 特(특별할 특), 權(권세 권, 성 권)

주46 **정답** 알선
풀이 斡旋 – 남의 일이 잘되도록 주선하는 일.
+ 斡(돌 알, 주선할 알), 旋(돌 선)

주47 **정답** 피랍
풀이 被拉 – 납치를 당함.
+ 被(입을 피, 당할 피), 拉(꺾을 랍, 끌고 갈 랍)

주48 **정답** 진압
풀이 鎭壓 – 강압적인 힘으로 억눌러 진정시킴.
+ 鎭(누를 진, 진압할 진), 壓(누를 압)

주49 **정답** 은유
풀이 隱喩 – 사물의 상태나 움직임을 암시적으로 나타내는 수사법. 예로는 "내 마음은 호수요." 따위가 있다.
+ 隱(숨을 은, 은은할 은), 喩(비유할 유, 깨우칠 유)

주50 **정답** 번복
풀이 翻覆 – 이리저리 뒤집히거나 뒤쳐 고침.
+ 翻(뒤집을 번, 나부낄 번, 번역할 번), 覆(덮을 부, 다시 복, 뒤집힐 복)

주51 **정답** 신뢰
　풀이 信賴 - 굳게 믿고 의지함.
　+ 信(믿을 신, 소식 신), 賴(힘입을 뢰, 의지할 뢰)

주52 **정답** 순후
　풀이 淳厚 - ① 온순하고 인정이 두터움. ② 날씨가 적당하게 따뜻하고 좋음.
　+ 淳(순박할 순), 厚(두터울 후)

주53 **정답** 파쇄
　풀이 破碎 - 깨뜨려 부숨.
　+ 破(깨질 파, 다할 파), 碎(부술 쇄)

주54 **정답** 순환
　풀이 循環 - 주기적으로 자꾸 되풀이하여 돎. 또는 그런 과정.
　+ 循(돌 순, 좇을 순), 環(고리 환, 두를 환)

주55 **정답** 졸렬
　풀이 拙劣 - 옹졸하고 천하여 서투름.
　+ 拙(못날 졸), 劣(못날 렬)

[주56~65] [ ] 안의 단어를 한자로 쓰시오.

주56 **정답** 稀薄
　풀이 희박 - ① 기체나 액체 따위의 밀도나 농도가 짙지 못하고 낮거나 엷음. ② 감정이나 정신 상태 등이 부족하거나 약함. ③ 어떤 일이 이루어질 가능성이 적음.
　+ 稀(드물 희, 희미할 희), 薄(엷을 박)

주57 **정답** 寄贈
　풀이 기증 - 선물이나 기념으로 남에게 물품을 거저 줌.
　+ 寄(붙어살 기, 부칠 기), 贈(줄 증)

주58 **정답** 飽滿感
　풀이 포만감 - 넘치도록 가득 차 있는 느낌.
　+ 飽(배부를 포), 滿(찰 만), 感(느낄 감, 감동할 감)

주59 **정답** 罔極
　풀이 망극 - 끝이 없이 크고 넓음.
　+ 罔(없을 망), 極(끝 극, 다할 극)

주60 **정답** 偏/褊狹
　풀이 편협 - 한쪽으로 치우쳐 도량이 좁고 너그럽지 못함.
　+ 偏(치우칠 편)/褊(좁을 편), 狹(좁을 협)

주61 **정답** 衝突
　풀이 충돌 - ① 입장이 다른 세력이나 집단이 서로 맞서 싸움. ② 움직이는 두 물체가 접촉하는 순간에 서로의 압력으로 움직임의 상태가 변하는 일. ③ 의견이나 사상 등이 서로 맞섬.
　+ 衝(부딪칠 충, 찌를 충), 突(갑자기 돌, 부딪칠 돌, 내밀 돌, 굴뚝 돌)

주62 **정답** 陰曆
　풀이 음력 - 우리나라의 전통 역법. 1896년에 양력으로 역법이 고쳐지기 전까지 우리나라에서 공식적으로 사용하였음. 현재에도 설, 추석과 같은 명절 등의 날짜를 정할 때 사용함.
　+ 陰(그늘 음), 曆(책력 력)

주63 **정답** 灰色
　풀이 회색 - ① 재의 빛깔과 같이 흰빛을 띤 검정. ② 정치적·사상적 경향이 뚜렷하지 아니한 상태를 비유적으로 이르는 말.
　+ 灰(재 회), 色(빛 색)

주64 **정답** 恐怖
　풀이 공포 - 두렵고 무서움.
　+ 恐(두려울 공), 怖(두려워할 포)

주65 **정답** 家計手票
　풀이 가계수표 - 은행에 가계 종합 예금 계좌를 가진 사람이 그 은행 앞으로 발행하는 소액 수표.
　+ 家(집 가, 전문가 가), 計(셀 계, 꾀할 계), 手(손 수, 재주 수, 재주 있는 사람 수), 票(표 표)

[주66~70] 한자성어의 설명을 읽고 ○ 안에 들어갈 한자를 차례대로 쓰시오.

주66 **정답** 哺, 捉
　풀이 吐哺捉髮(토포착발)
　+ 吐(토할 토), 哺(먹일 포, 기를 포), 捉(잡을 착), 髮(터럭 발)

주67 **정답** 錦, 添

풀이 錦上添花(금상첨화)

+ 錦(비단 금), 上(위 상, 오를 상), 添(더할 첨), 花(꽃 화)

주68 **정답** 周, 綿

풀이 周到綿密(주도면밀)

+ 周(두루 주, 둘레 주, 성 주), 到(이를 도, 주도면밀할 도), 綿(솜 면, 자세할 면, 이어질 면), 密(빽빽할 밀, 비밀 밀)

주69 **정답** 弄, 璋

풀이 弄璋之慶(농장지경)

+ 弄(희롱할 롱), 璋(홀 장), 之(갈 지, ~의 지, 이 지), 慶(경사 경)

주70 **정답** 滅, 裂

풀이 支離滅裂(지리멸렬)

+ 支(지탱할 지, 다룰 지, 가를 지, 지출할 지), 離(헤어질 리), 滅(꺼질 멸, 멸할 멸), 裂(찢어질 렬, 터질 렬)

제118회 한자실력급수 [2급] 정답 및 해설

| 객관식 01~30번 |

01	②	06	④	11	②	16	④	21	②	26	②
02	②	07	③	12	③	17	①	22	③	27	③
03	③	08	①	13	①	18	④	23	③	28	③
04	①	09	②	14	④	19	①	24	①	29	①
05	④	10	④	15	②	20	②	25	④	30	②

* 학습의 편의를 위하여 꼭 필요한 부분만 해설하였습니다.

※ [01~05] [　] 안의 한자와 음이 같은 한자는?

01　[析(쪼갤 석, 가를 석)]
　　① 竊(훔칠 절)
　　❷ 碩(클 석)
　　③ 閃(번쩍일 섬)
　　④ 訴(하소연할 소, 고소할 소)

02　[廟(사당 묘)]
　　① 姚(예쁠 요, 날랠 요)
　　❷ 苗(싹 묘)
　　③ 笛(피리 적)
　　④ 弔(조문할 조)

03　[兮(어조사 혜)]
　　① 奚(어찌 해, 종 해)
　　② 凱(개선할 개, 즐길 개)
　　❸ 慧(밝을 혜, 지혜 혜)
　　④ 涯(물가 애, 끝 애)

04　[滯(막힐 체, 머무를 체)]
　　❶ 逮(미칠 체, 잡을 체)
　　② 戴(받들 대, 일 대)
　　③ 裵(노닐 배, 성 배)
　　④ 塞(막을 색, 변방 새)

05　[奏(아뢸 주)]
　　① 振(떨칠 진, 떨 진)
　　② 輯(모을 집)
　　③ 宴(잔치 연)
　　❹ 鑄(쇠 부어 만들 주)

※ [06~08] [　] 안의 한자와 뜻이 비슷하거나 같은 한자는?

06　[壞(무너질 괴)]
　　① 灰(재 회)
　　② 庵(암자 암)
　　③ 累(여러 루, 쌓일 루, 폐 끼칠 루)
　　❹ 崩(무너질 붕)

07　[侶(짝 려)]
　　① 夷(동쪽 민족 이, 오랑캐 이)
　　② 愧(부끄러워할 괴)
　　❸ 伴(짝 반, 따를 반)
　　④ 傍(곁 방)

08　[慢(거만할 만, 게으를 만)]
　　❶ 怠(게으를 태)
　　② 忽(문득 홀, 소홀할 홀)
　　③ 懲(징계할 징)
　　④ 怖(두려워할 포)

※ [09~11] [　] 안의 한자와 뜻이 반대되거나 상대되는 한자는?

09　[偶(우연 우, 짝 우, 허수아비 우)]
　　① 眉(눈썹 미)
　　❷ 奇(기이할 기, 홀수 기, 성 기)
　　③ 牽(끌 견)
　　④ 擊(칠 격)

10 [沈(잠길 침, 성 심)]
① 汶(물 이름 문)
② 漠(사막 막, 막막할 막)
③ 汪(넓을 왕)
❹ 浮(뜰 부)

11 [奪(빼앗을 탈)]
① 喩(비유할 유, 깨우칠 유)
❷ 與(줄 여, 더불 여, 참여할 여)
③ 裂(찢어질 렬, 터질 렬)
④ 厥(그 궐)

※ [12~14] 〈보기〉의 단어들과 가장 관련이 깊은 한자는?

12 ① 曜(빛날 요, 요일 요)
② 噴(뿜을 분)
❸ 爐(화로 로)
④ 瑩(밝을 영, 귀막이 옥 영, 의혹할 형)

13 ❶ 菓(과자 과)
② 簿(문서 부)
③ 衰(쇠할 쇠)
④ 迫(핍박할 박)

14 ① 賂(뇌물 뢰)
② 沼(늪 소)
③ 鎔(녹일 용)
❹ 獵(사냥할 렵)

※ [15~17] 다음 중 한자어의 독음이 바르지 않은 것은?

15 ❷
풀이 坑儒 : 갱유 – 坑(구덩이 갱), 儒(선비 유, 유교 유)

16 ❹
풀이 酷毒 : 혹독 – 酷(심할 혹, 독할 혹), 毒(독 독, 독할 독)

17 ❶
풀이 鄰接 : 인접 – 鄰(이웃 린), 接(이을 접, 대접할 접)

※ [18~20] [   ] 안의 단어를 한자로 알맞게 쓴 것은?

18 ❹
풀이 偏頗(편파) – 偏(치우칠 편), 頗(자못 파, 치우칠 파)

19 ❶
풀이 慰勞(위로) – 慰(위로할 위), 勞(수고할 로, 일할 로)

20 ❷
풀이 厭症(염증) – 厭(싫어할 염), 症(증세 증)

※ [21~25] 주어진 뜻에 알맞은 한자어는?

21 ❷ 民營住宅 – 개인이나 사법인(私法人)이, 100호 이상 또는 100가구 이상이 들 수 있게 지은 주택.
풀이 民(백성 민), 營(다스릴 영, 경영할 영), 住(살 주, 사는 곳 주), 宅(집 택, 집 댁)

22 ❸ 中繼貿易 – 다른 나라로부터 사들인 물자를 그대로 제삼국으로 수출하는 형식의 무역.
풀이 中(가운데 중, 맞힐 중), 繼(이을 계), 貿(무역할 무, 바꿀 무), 易(쉬울 이, 바꿀 역)

23 ❸ 國際通貨基金 – 1947년 3월에 설립한 국제 연합의 전문 기관의 하나. 브레턴우즈 협정에 따라 가맹국의 출자로 공동의 기금을 만들어, 각국이 이용하도록 함으로써 외화 자금의 조달을 원활히 하고, 나아가서는 세계 각국의 경제적 번영을 도모하기 위하여 설립한 국제 금융 결제 기관.
풀이 國(나라 국), 際(즈음 제, 때 제, 경계 제, 사귈 제), 通(통할 통), 貨(재물 화, 물품 화), 基(터 기, 기초 기), 金(쇠 금, 금 금, 돈 금, 성 김)

24 ❶ 社會指標 – 사회 시스템의 상태를 평가적인 시점에서 기술할 때에 이용되는 모든 척도화된 지표.
풀이 社(토지신 사, 모일 사), 會(모일 회), 指(손가락 지, 가리킬 지), 標(표시할 표, 표 표)

25 ❹ 假押留 - 민사소송법에서, 법원이 채권자를 위하여 나중에 강제 집행을 할 목적으로 채무자의 재산을 임시로 확보하는 일.
  [풀이] 假(거짓 가, 임시 가), 押(누를 압, 압수할 압), 留(머무를 류)

※ [26~30] [　] 안에 들어갈 한자어로 알맞은 것은?

26 ❷
  [풀이] 檢字表示(검자표시) - 어떤 물품이 정부의 품질 검사를 받았음을 증명하는 표시.
  ✚ 檢(검사할 검), 字(글자 자), 表(겉 표, 성 표), 示(보일 시, 신 시)

27 ❸
  [풀이] 最低賃金(최저임금) - 근로자에게 그 아래로 지급하여서는 안 된다고 정한 임금의 액수.
  ✚ 最(가장 최), 低(낮을 저), 賃(품삯 임, 품팔이 임, 빌릴 임), 金(쇠 금, 금 금, 돈 금, 성 김)

28 ❸
  [풀이] 傳貰權(전세권) - 전세금을 지불한 사람이 남의 부동산을 이용할 수 있는 권리.
  ✚ 傳(전할 전, 이야기 전), 貰(세낼 세, 빌릴 세), 權(권세 권, 성 권)

29 ❶
  [풀이] 淸海鎭(청해진) - 신라 흥덕왕 때에, 장보고가 지금의 전라남도 완도에 설치한 진.
  ✚ 淸(맑을 청), 海(바다 해), 鎭(누를 진, 진압할 진)

30 ❷
  [풀이] 加算金(가산금) - 세금이나 공공요금 따위를 납부 기한까지 내지 않은 경우, 원래 금액에 일정한 비율로 덧붙여 매기는 금액.
  ✚ 加(더할 가), 算(셈 산), 金(쇠 금, 금 금, 돈 금, 성 김)

주관식 01~70번

주01	옮길 사	주15	燒	주29	흔적	주43	진단평가	주57	携帶
주02	죽일 시	주16	비굴	주30	안마	주44	의정부	주58	錯誤
주03	물리칠 배	주17	결핍	주31	邪	주45	실업률	주59	閉鎖
주04	편안할/늦을 안	주18	건반	주32	膠	주46	자문	주60	皮膚
주05	희롱할 롱	주19	의연	주33	攝	주47	요절	주61	開催
주06	천거할 천	주20	취기	주34	趣	주48	융자	주62	興奮
주07	갈 서	주21	좌랑	주35	療	주49	징후	주63	枯渴
주08	모을/저축할 축	주22	찬사	주36	俸	주50	감회	주64	冥福
주09	臟	주23	구축	주37	渡	주51	순장	주65	陷/檻穽
주10	劫	주24	견방	주38	鬼 → 龜	주52	찬란	주66	邪, 顯
주11	隔	주25	선박	주39	張 → 裝	주53	오수	주67	乘, 驅
주12	燮	주26	액정	주40	尙 → 狀	주54	애도	주68	貪, 汚
주13	蠶	주27	서술	주41	압력단체	주55	포로	주69	附, 雷
주14	薰	주28	박장	주42	관념론	주56	幻想	주70	棟, 梁

* 학습의 편의를 위하여 꼭 필요한 부분만 해설하였습니다.

[주01~08] 해설 생략

[주09~15] 다음 훈과 음에 맞는 한자를 〈보기〉에서 찾아 쓰시오.

暢	화창할 창	臟	오장 장
燮	불꽃/화해할/조화할 섭	閣	누각/내각 각
裏	속 리	燃	불탈/태울 연
隔	막을/사이 뜰/막힐 격	劫	위협할/빼앗을/긴 시간 겁
燒	불사를 소	薰	향 풀/향내 날 훈
蠶	누에 잠		

[주16~30] 다음 한자어의 독음을 쓰시오.

주16 **정답** 비굴
  풀이 卑(낮을 비, 천할 비), 屈(굽을 굴, 굽힐 굴)

주17 **정답** 결핍
  풀이 缺(이지러질 결, 빠질 결), 乏(가난할 핍, 모자랄 핍)

주18 **정답** 건반
  풀이 鍵(열쇠 건), 盤(소반 반)

주19 **정답** 의연
  풀이 義(옳을 의, 의로울 의), 捐(버릴 연)

주20 **정답** 취기
  풀이 醉(취할 취), 氣(기운 기, 대기 기)

주21 **정답** 좌랑
  풀이 佐(도울 좌), 郞(사내 랑)

주22 **정답** 찬사
  풀이 讚(칭찬할 찬, 기릴 찬), 辭(말씀 사, 글 사, 물러날 사)

주23 **정답** 구축
  풀이 構(얽을 구), 築(쌓을 축, 지을 축)

주24 **정답** 견방
  풀이 絹(비단 견), 紡(길쌈할 방)

주25 **정답** 선박
  풀이 船(배 선), 舶(큰 배 박)

주26 **정답** 액정
  풀이 液(진액 액, 즙 액), 晶(수정 정, 맑을 정)

주27 **정답** 서술
  풀이 敍(펼 서, 차례 서, 베풀 서), 述(말할 술, 지을 술)

주28 **정답** 박장
　　풀이 拍(칠 박), 掌(손바닥 장)

주29 **정답** 흔적
　　풀이 痕(흉터 흔, 흔적 흔), 跡(발자취 적)

주30 **정답** 안마
　　풀이 鞍(안장 안), 馬(말 마)

[주31~33] 〈보기〉의 뜻을 참고하여 ○ 안에 공통으로 들어갈 한자를 쓰시오.

주31 剎(어찌 나, 짧은 시간 나) – 찰나, 나락

주32 膠(아교 교) – 교착, 아교

주33 攝(끌어 잡을 섭, 다스릴 섭) – 섭생, 섭리

[주34~37] ○ 안에 공통으로 들어갈 한자를〈보기〉에서 찾아 쓰시오.

주34 趣(재미 취, 취미 취) – 취미, 정취, 취향

주35 療(병 고칠 료) – 의료, 요기, 치료

주36 俸(봉급 봉) – 봉급, 연봉, 봉록

주37 渡(건널 도) – 양도, 도하, 매도

[주38~40] 문장에서 잘못 쓴 한자를 바르게 고쳐 쓰시오. (단, 음이 같은 한자로 고칠 것)

주38 鬼(귀신 귀) → 龜(거북 구, 거북 귀, 터질 균)

주39 張(벌릴 장, 베풀 장, 성 장) → 裝(꾸밀 장)

주40 尙(오히려 상, 높을 상, 숭상할 상) → 狀(모양 상, 문서 장)

[주41~55] [ ] 안의 한자어 독음을 쓰시오.

주41 **정답** 압력단체
　　풀이 壓力團體 – 특정한 이익이나 주장을 관철하기 위하여 의회나 행정 기관 따위에 압력을 가하는 단체나 조직.
　　　+ 壓(누를 압), 力(힘 력), 團(둥글 단, 모일 단), 體(몸 체)

주42 **정답** 관념론
　　풀이 觀念論 – 정신, 이성, 이념 따위를 본질적인 것으로 보고, 이것으로 물질적 현상을 밝히려는 이론.
　　　+ 觀(볼 관), 念(생각 념), 論(논할 론, 평할 론)

주43 **정답** 진단평가
　　풀이 診斷評價 – 학생들의 학습 수준을 판단하고 평가하는 일.
　　　+ 診(진찰할 진), 斷(끊을 단, 결단할 단), 評(평할 평), 價(값 가, 가치 가)

주44 **정답** 의정부
　　풀이 議政府 – 조선 시대에 둔, 행정부의 최고 기관.
　　　+ 議(의논할 의), 政(다스릴 정), 府(관청 부, 마을 부, 창고 부)

주45 **정답** 실업률
　　풀이 失業率 – 노동할 의사와 능력을 가진 인구 가운데 실업자가 차지하는 비율.
　　　+ 失(잃을 실), 業(업 업, 일 업), 率(비율 률, 거느릴 솔, 솔직할 솔)

주46 **정답** 자문
　　풀이 諮問 – 어떤 일을 좀 더 효율적이고 바르게 처리하려고 그 방면의 전문가나, 전문가들로 이루어진 기구에 의견을 물음.
　　　+ 諮(물을 자), 問(물을 문)

주47 **정답** 요절
　　풀이 夭折 – 젊은 나이에 죽음.
　　　+ 夭(젊을 요, 예쁠 요, 일찍 죽을 요), 折(꺾을 절)

주48 **정답** 융자
　　풀이 融資 – 자금을 융통함. 또는 그 자금.
　　　+ 融(녹을 융, 화할 융), 資(재물 자, 신분 자)

주49 **정답** 징후
　　풀이 徵候 – 겉으로 나타나는 낌새.
　　　+ 徵(부를 징, 음률 이름 치), 候(기후 후, 염탐할 후)

주50 **정답** 감회
　풀이 感懷 – 지난 일을 돌이켜 볼 때 느껴지는 회포.
　+ 感(느낄 감, 감동할 감), 懷(품을 회, 생각할 회)

주51 **정답** 순장
　풀이 殉葬 – 한 집단의 지배층 계급에 속하는 사람이 죽었을 때 그 사람의 뒤를 따라 강제로 혹은 자진하여 산 사람을 함께 묻던 일.
　+ 殉(따라죽을 순), 葬(장사지낼 장)

주52 **정답** 찬란
　풀이 燦爛 – 일이나 이상(理想) 따위가 매우 훌륭함.
　+ 燦(빛날 찬), 爛(빛날 란, 무르익을 란)

주53 **정답** 오수
　풀이 午睡 – 낮에 자는 잠.
　+ 午(말 오, 일곱째 지지 오, 낮 오), 睡(졸 수, 잘 수)

주54 **정답** 애도
　풀이 哀悼 – 사람의 죽음을 슬퍼함.
　+ 哀(슬플 애), 悼(슬퍼할 도)

주55 **정답** 포로
　풀이 捕虜 – 사로잡은 적.
　+ 捕(잡을 포), 虜(사로잡을 로)

[주56~65] [ ] 안의 단어를 한자로 쓰시오.

주56 **정답** 幻想
　풀이 환상 – 현실적인 기초나 가능성이 없는 헛된 생각이나 공상.
　+ 幻(허깨비 환), 想(생각할 상)

주57 **정답** 携帶
　풀이 휴대 – 손에 들거나 몸에 지니고 다님.
　+ 携(끌 휴, 가질 휴), 帶(찰 대, 띠 대)

주58 **정답** 錯誤
　풀이 착오 – 착각을 하여 잘못함.
　+ 錯(섞일 착, 어긋날 착), 誤(그르칠 오)

주59 **정답** 閉鎖
　풀이 폐쇄 – ① 문 따위를 닫아걸거나 막아 버림. ② 기관이나 시설을 없애거나 기능을 정지함. ③ 외부와의 문화적·정신적인 교류를 끊거나 막음.
　+ 閉(닫을 폐), 鎖(쇠사슬 쇄, 자물쇠 쇄)

주60 **정답** 皮膚
　풀이 피부 – 척추동물의 몸을 싸고 있는 조직.
　+ 皮(가죽 피, 성씨 피), 膚(살갗 부)

주61 **정답** 開催
　풀이 개최 – 모임이나 회의 따위를 주최하여 엶.
　+ 開(열 개, 시작할 개), 催(재촉할 최, 열 최, 베풀 최)

주62 **정답** 興奮
　풀이 흥분 – 어떤 자극을 받아 감정이 북받쳐 일어남. 또는 그 감정.
　+ 興(일어날 흥, 흥겨울 흥), 奮(떨칠 분, 힘쓸 분)

주63 **정답** 枯渴
　풀이 고갈 – ① 물이 말라서 없어짐. ② 어떤 일의 바탕이 되는 돈, 물자, 소재, 인력 따위가 다하여 없어짐. ③ 느낌이나 생각 따위가 다 없어짐.
　+ 枯(마를 고), 渴(목마를 갈)

주64 **정답** 冥福
　풀이 명복 – 죽은 뒤 저승에서 받는 복.
　+ 冥(어두울 명, 저승 명, 아득할 명), 福(복 복)

주65 **정답** 陷/檻穽
　풀이 함정 – 짐승 따위를 잡기 위하여 땅바닥에 구덩이를 파고 그 위에 약한 너스레를 쳐서 위장한 구덩이.
　+ 陷(함정 함, 빠질 함)/檻(우리 함), 穽(함정 정)

[주66~70] 한자성어의 설명을 읽고 ○ 안에 들어갈 한자를 차례대로 쓰시오.

주66 **정답** 邪, 顯

풀이 破邪顯正(파사현정)

+ 破(깨질 파, 다할 파), 邪(간사할 사), 顯(드러날 현), 正(바를 정)

주67 **정답** 乘, 驅

풀이 乘勝長驅(승승장구)

+ 乘(탈 승, 대 승, 곱할 승), 勝(이길 승, 나을 승), 長(길 장, 어른 장), 驅(몰 구, 달릴 구)

주68 **정답** 貪, 汚

풀이 貪官汚吏(탐관오리)

+ 貪(탐낼 탐), 官(관청 관, 벼슬 관), 汚(더러울 오), 吏(관리 리)

주69 **정답** 附, 雷

풀이 附和雷同(부화뇌동)

+ 附(붙을 부, 가까이 할 부), 和(화목할 화, 화할 화), 雷(천둥 뢰, 우레 뢰), 同(한가지 동)

주70 **정답** 棟, 梁

풀이 棟梁之材(동량지재)

+ 棟(마룻대 동), 梁(들보 량, 다리 량), 之(갈 지, ~의 지, 이 지), 材(재목 재, 재료 재)

제119회 한자실력급수 [2급] 정답 및 해설

객관식 01~30번

01	③	06	②	11	②	16	①	21	③	26	②
02	②	07	③	12	④	17	②	22	②	27	②
03	④	08	①	13	②	18	④	23	④	28	④
04	④	09	②	14	③	19	③	24	②	29	③
05	③	10	④	15	④	20	①	25	①	30	①

* 학습의 편의를 위하여 꼭 필요한 부분만 해설하였습니다.

※ [01~05] [　] 안의 한자와 음이 같은 한자는?

01 　[僧(중 승)]
　　① 縱(세로 종, 놓을 종)
　　② 憎(미워할 증)
　　❸ 升(되 승, 오를 승)
　　④ 蒸(찔 증)

02 　[愼(삼갈 신, 성 신)]
　　① 硯(벼루 연)
　　❷ 紳(큰 띠 신, 신사 신)
　　③ 輯(모을 집, 편집할 집)
　　④ 稙(올벼 직)

03 　[軸(굴대 축)]
　　① 抽(뽑을 추)
　　② 雉(꿩 치)
　　③ 喩(비유할 유, 깨우칠 유)
　　❹ 逐(쫓을 축)

04 　[程(법 정, 정도 정, 길 정)]
　　① 璋(홀 장)
　　② 軟(부드러울 연, 연할 연)
　　③ 牽(끌 견)
　　❹ 艇(거룻배 정, 작은 배 정)

05 　[炊(불 땔 취)]
　　① 紹(이을 소, 소개할 소)
　　② 稚(어릴 치)
　　❸ 臭(냄새 취)
　　④ 后(임금 후, 왕후 후)

※ [06~08] [　] 안의 한자와 뜻이 비슷하거나 같은 한자는?

06 　[著(글 지을 저, 드러날 저, 붙을 착, 입을 착)]
　　① 葛(칡 갈)
　　❷ 顯(드러날 현)
　　③ 枯(마를 고, 죽을 고)
　　④ 怪(괴이할 괴)

07 　[沒(빠질 몰, 다할 몰, 없을 몰)]
　　① 邱(언덕 구)
　　② 那(어찌 나, 짧은 시간 나)
　　❸ 陷(함정 함, 빠질 함)
　　④ 陶(질그릇 도, 즐길 도)

08 　[惑(미혹할 혹)]
　　❶ 迷(미혹할 미)
　　② 途(길 도)
　　③ 迫(핍박할 박)
　　④ 遜(겸손할 손, 뒤떨어질 손)

※ [09~11] [　] 안의 한자와 뜻이 반대되거나 상대되는 한자는?

09 　[飽(배부를 포)]
　　① 館(집 관, 객사 관)
　　❷ 飢(굶주릴 기)
　　③ 餘(남을 여)
　　④ 餐(먹을 찬, 밥 찬)

10 [銳(날카로울 예)]
　① 欽(부러워할 흠, 공경할 흠)
　② 鎬(호경 호, 빛날 호)
　③ 鉉(솥귀 현)
　❹ 鈍(무딜 둔, 둔할 둔)

11 [狹(좁을 협)]
　① 獻(드릴 헌, 바칠 헌)
　❷ 廣(넓을 광)
　③ 怖(두려워할 포)
　④ 琢(쫄 탁, 다듬을 탁)

※ [12~14] 〈보기〉의 단어들과 가장 관련이 깊은 한자는?

12 　① 沐(목욕할 목)
　② 沙(모래 사)
　③ 淳(순박할 순)
　❹ 泊(배 댈 박, 묵을 박, 산뜻할 박)

13 　① 御(어거할 어, 다스릴 어)
　❷ 乞(빌 걸)
　③ 弒(죽일 시)
　④ 燕(제비 연, 연나라 연, 잔치 연)

14 　① 鹽(소금 염)
　② 鎔(녹일 용)
　❸ 酸(실 산)
　④ 殷(성할 은, 은나라 은, 성 은)

※ [15~17] 다음 중 한자어의 독음이 바르지 않은 것은?

15 ❹
　풀이 傲氣 : 오기 - 傲(거만할 오), 氣(기운 기, 대기 기)

16 ❶
　풀이 訴追 : 소추 - 訴(하소연할 소, 고소할 소), 追(쫓을 추, 따를 추)

17 ❷
　풀이 偵探 : 정탐 - 偵(정탐할 정), 探(찾을 탐)

※ [18~20] [ ] 안의 단어를 한자로 알맞게 쓴 것은?

18 ❹
　풀이 心琴(심금) - 心(마음 심, 중심 심), 琴(거문고 금)

19 ❸
　풀이 懇切(간절) - 懇(정성 간, 간절할 간), 切(모두 체, 끊을 절, 간절할 절)

20 ❶
　풀이 糾明(규명) - 糾(얽힐 규, 모일 규, 살필 규), 明(밝을 명, 성 명)

※ [21~25] 주어진 뜻에 알맞은 한자어는?

21 ❸ 雇傭調整 - 기업이 노동 수요의 변화에 따라 고용 인원의 수를 삭감하거나 조정하는 일.
　풀이 雇(품 팔 고, 품팔이 고), 傭(품팔이 용), 調(고를 조, 어울릴 조, 가락 조), 整(가지런할 정)

22 ❷ 內部留保 - 기업 이익금 중, 분배되지 않고 내부에 적립되는 부분.
　풀이 內(안 내, 나인 나), 部(나눌 부, 마을 부, 거느릴 부), 留(머무를 류), 保(지킬 보, 보호할 보)

23 ❹ 假需要 - 당장 필요가 없으면서도 일어나는 수요. 가격 인상이나 물자 부족이 예상될 경우에 생겨남.
　풀이 假(거짓 가, 임시 가), 需(구할 수, 쓸 수), 要(중요할 요, 필요할 요)

24 ❷ 無所屬議員 - 정당에 가입하지 않은 의원.
　풀이 無(없을 무), 所(장소 소, 바 소), 屬(붙어 살 속, 무리 속), 議(의논할 의), 員(관원 원, 인원 원)

25 ❶ 名譽毀損罪 - 다른 사람의 사회적 평가를 공개적으로 깎아내리거나 더럽힘으로써 이루어지는 죄.
　풀이 名(이름 명, 이름날 명), 譽(기릴 예), 毀(헐 훼), 損(덜 손, 잃을 손), 罪(허물 죄)

※ [26~30] [　] 안에 들어갈 한자어로 알맞은 것은?

26　❷ 經濟財(경제재) – 희소하여 값을 지불하고 획득해야 하는 재화. 현대 사회의 물은 정수·운송·처리 비용 등이 들어 '공짜'가 아니므로 경제재에 해당.

풀이

① 經營權(경영권) – 기업 경영을 지배·통제하는 권리.
③ 能力給(능력급) – 능력·성과에 따라 임금을 차등 지급하는 제도.
④ 傳貰權(전세권) – 일정 금액을 맡기고 부동산을 사용·수익할 수 있는 권리.

27　❷ 一般赦免(일반사면) – 일정한 범위의 범죄인에 대하여 형벌의 선고를 면제하는 일.

풀이

① 固定評價(고정평가) – 일정 기준에 따라 값을 고정해 매기는 평가.
③ 强制分家(강제분가) – 가정을 강제로 분리·분가시키는 것.
④ 間接正犯(간접정범) – 타인을 이용하여 범죄를 실행한 형법상의 정범.

28　❹ 信用危險(신용위험) – 채무자가 약속을 지키지 못해 생기는 금융상의 위험.

풀이

① 輸出保險(수출보험) – 수출 관련 위험을 담보하는 보험.
② 價格危險(가격위험) – 자산 가격 변동으로 입는 위험.
③ 强制保險(강제보험) – 법에 의해 가입이 의무화된 보험.

29　❸ 季節的失業(계절적실업) – 계절에 따라 일자리가 줄어 발생하는 실업.

풀이

① 外在的動機(외재적 동기) – 외부 보상 때문에 행동하는 동기.
② 論理的誤謬(논리적 오류) – 추론 과정의 논리적 잘못.
④ 多元的無知(다원적 무지) – 집단 속에서 각자가 타인의 생각을 잘못 추측해 침묵하는 현상.

30　❶ 聯立住宅(연립주택) – 여러 가구가 한 건물에 함께 거주하도록 지은 주택.

풀이

② 模型住宅(모형주택) – 전시·견본용으로 만든 주택(모형).
③ 移動住宅(이동주택) – 이동이 가능한 주택(모빌홈 등).
④ 單獨住宅(단독주택) – 한 세대가 단독으로 거주하는 독립 주택.

주관식 01~70번

주01	쇠할 쇠	주15	粧	주29	궤적	주43	특별징수	주57	鼓吹
주02	물을 자	주16	번뇌	주30	괘도	주44	관료주의	주58	腐敗
주03	어찌 기	주17	은폐	주31	傘	주45	과세표준	주59	不振
주04	빠를 신	주18	서거	주32	輿	주46	요통	주60	緩行
주05	거의/위태할 태	주19	타루	주33	蛇	주47	기발	주61	煉炭
주06	묻을 매	주20	장애	주34	飾	주48	누락	주62	宣誓
주07	찾을 멱	주21	횡사	주35	旨	주49	접영	주63	傷痕
주08	준마 준	주22	연민	주36	殿	주50	장악	주64	揭揚
주09	冒	주23	분쇄	주37	媒	주51	유치	주65	沈默
주10	鬼	주24	처참	주38	週 → 奏	주52	추대	주66	漸, 境
주11	棋	주25	무희	주39	鎭 → 塵	주53	정적	주67	觸, 卽
주12	搬	주26	장부	주40	超 → 哨	주54	판촉	주68	於, 藍
주13	憩	주27	기만	주41	노비안검법	주55	알성시	주69	顧, 廬
주14	瞬	주28	편벽	주42	가청범위	주56	漂流	주70	荷, 杖

* 학습의 편의를 위하여 꼭 필요한 부분만 해설하였습니다.

[주01~08] 해설 생략

[주09~15] 다음 훈과 음에 맞는 한자를 〈보기〉에서 찾아 쓰시오.

叛	배반할 반	粧	단장할 장
搬	옮길 반, 나를 반	棋	바둑 기
樟	녹나무 장	墻	담 장
瞬	눈 깜짝할 순	憩	쉴 게
暫	잠깐 잠	鬼	귀신 귀
冒	무릅쓸 모		

[주16~30] 다음 한자어의 독음을 쓰시오.

주16 **정답** 번뇌
풀이 煩(번거로울 번), 惱(괴로워할 뇌)

주17 **정답** 은폐
풀이 隱(숨을 은, 은은할 은), 蔽(덮을 폐)

주18 **정답** 서거
풀이 逝(갈 서, 죽을 서), 去(갈 거, 제거할 거)

주19 **정답** 타루
풀이 墮(떨어질 타, 빠질 타), 淚(눈물 루)

주20 **정답** 장애
풀이 障(막을 장), 礙(막을 애, 꺼리낄 애)

주21 **정답** 횡사
풀이 橫(가로 횡, 제멋대로 할 횡), 死(죽을 사)

주22 **정답** 연민
풀이 憐(불쌍히 여길 련), 憫(불쌍히 여길 민)

주23 **정답** 분쇄
풀이 粉(가루 분), 碎(부술 쇄)

주24 **정답** 처참
풀이 悽(슬플 처), 慘(참혹할 참)

주25 **정답** 무희
풀이 舞(춤출 무), 姬(아가씨 희, 아씨 희, 성 희)

주26 **정답** 장부
풀이 帳(장막 장, 장부 장), 簿(문서 부)

주27 **정답** 기만
풀이 欺(속일 기), 瞞(속일 만)

주28 **정답** 편벽
풀이 偏(치우칠 편), 僻(후미질 벽)

주29 **정답** 궤적
풀이 軌(길 궤, 법 궤), 跡(발자취 적)

주30 **정답** 괘도
풀이 掛(걸 괘), 圖(그림 도, 꾀할 도)

[주31~33] 〈보기〉의 뜻을 참고하여 ○ 안에 공통으로 들어갈 한자를 쓰시오.

주31 傘(우산 산) - 우산, 양산

주32 輿(수레/가마 여, 무리 여) - 여망, 상여

주33 蛇(뱀 사) - 독사, 사족

[주34~37] ○ 안에 공통으로 들어갈 한자를〈보기〉에서 찾아 쓰시오.

주34 飾(꾸밀 식) - 허식, 복식, 수식

주35 旨(맛 지, 뜻 지) - 요지, 논지, 취지

주36 殿(대궐 전, 큰집 전) - 궁전, 전하, 신전

주37 媒(중매할 매) - 용매, 매개, 중매

[주38~40] 문장에서 잘못 쓴 한자를 바르게 고쳐 쓰시오. (단, 음이 같은 한자로 고칠 것)

주38 過(지날 과, 지나칠 과, 허물 과) → 奏(아뢸 주, 연주할 주)

주39 鎭(누를 진, 진압할 진) → 塵(티끌 진)

주40 超(뛰어넘을 초) → 哨(망볼 초)

[주41~55] [ ] 안의 한자어 독음을 쓰시오.

주41 **정답** 노비안검법
풀이 奴婢按檢法 - 고려 광종이 왕권 강화를 위해 실시한 노비 신분 조사 제도.
+ 奴(종 노), 婢(여자종 비), 按(살필 안, 어루만질 안), 檢(검사할 검), 法(법 법)

주42 **정답** 가청범위
풀이 可聽範圍 - 사람이 들을 수 있는 주파수의 범위.
+ 可(옳을 가, 가히 가, 허락할 가), 聽(들을 청), 範(법 범, 본보기 범), 圍(둘레 위, 에워쌀 위)

주43 **정답** 특별징수
풀이 特別徵收 - 특정 세목을 특별히 거두는 일.
+ 特(특별할 특), 別(나눌 별, 다를 별), 徵(부를 징, 음률 이름 치), 收(거둘 수)

주44 **정답** 관료주의
풀이 官僚主義 - 관료가 중심이 되어 형식주의적으로 흐르는 풍조.
+ 官(관청 관, 벼슬 관), 僚(동료 료), 主(주인 주), 義(옳을 의, 의로울 의)

주45 **정답** 과세표준
풀이 課稅標準 - 세액을 정하는 기준이 되는 금액.
+ 課(매길 과, 부과할 과, 공부할 과), 稅(세금 세), 標(표시할 표, 표 표), 準(평평할 준, 법도 준, 준할 준)

주46 **정답** 요통
풀이 腰痛 - 허리에 생기는 통증.
+ 腰(허리 요), 痛(아플 통)

주47 **정답** 기발
풀이 奇拔 - 참신하고 빼어남.
+ 奇(기이할 기, 홀수 기, 성 기), 拔(뺄 발, 뽑을 발)

주48 **정답** 누락
풀이 漏落 - 기입되어야 할 것이 기록에서 빠짐.
+ 漏(샐 루), 落(떨어질 락, 마을 락)

주49 **정답** 접영
풀이 蝶泳 - '나비'처럼 팔을 퍼올려 헤엄치는 영법(버터플라이).
+ 蝶(나비 접), 泳(헤엄칠 영)

주50 **정답** 장악
풀이 掌握 - 손에 쥐듯이 권한·주도권을 틀어쥠.
+ 掌(손바닥 장), 握(잡을 악, 쥘 악)

주51 **정답** 유치
풀이 誘致 - 꾀어서 데려옴(관광객 유치 등).
+ 誘(꾈 유), 致(이룰 치, 이를 치)

주52 정답 추대
풀이 推戴 - 추켜 받들어 지도자로 세움.
+ 推(밀 추, 밀 퇴), 戴(받들 대, 일 대)

주53 정답 정적
풀이 靜寂 - 고요하고 적막함.
+ 靜(고요할 정), 寂(고요할 적, 쓸쓸할 적)

주54 정답 판촉
풀이 販促 - 판매를 촉진함.
+ 販(팔 판, 장사할 판), 促(재촉할 촉)

주55 정답 알성시
풀이 謁聖試 - 조선시대에, 임금이 문묘에 참배한 뒤 실시하던 비정규적인 과거 시험.
+ 謁(뵐 알, 아뢸 알), 聖(성스러울 성, 성인 성), 試(시험할 시)

[주56~65] [ ] 안의 단어를 한자로 쓰시오.

주56 정답 漂流
풀이 표류 - 물결이나 바람을 따라 떠다님.
+ 漂(뜰 표, 빨래할 표), 流(흐를 류, 번져나갈 류)

주57 정답 鼓吹
풀이 고취 - ① 북치고 피리를 불어 사기를 북돋움. ② 의견이나 사상 따위를 열렬히 주장하여 불어넣음.
+ 鼓(북 고, 두드릴 고), 吹(불 취)

주58 정답 腐敗
풀이 부패 - 썩거나 문란해짐.
+ 腐(썩을 부), 敗(패할 패)

주59 정답 不振
풀이 부진 - 기세·경기 따위가 오르지 못함.
+ 不(아닐 불, 아닐 부), 振(떨칠 진, 떨 진)

주60 정답 緩行
풀이 완행 - 속도를 늦춰 천천히 감.
+ 緩(느슨할 완, 느릴 완), 行(다닐 행, 행할 행, 항렬 항)

주61 정답 煉炭
풀이 연탄 - 가공한 석탄 연료.
+ 煉(달굴 련, 쇠 불릴 련, 연탄 련), 炭(숯 탄)

주62 정답 宣誓
풀이 선서 - 공적으로 맹세함.
+ 宣(펼 선, 베풀 선, 성 선), 誓(맹세할 서)

주63 정답 傷痕
풀이 상흔 - 상처가 아문 뒤에 남은 자국.
+ 傷(상할 상), 痕(흉터 흔, 흔적 흔)

주64 정답 揭揚
풀이 게양 - 기 등을 높이 달아 올림.
+ 揭(높이 들 게, 걸 게), 揚(날릴 양, 떨칠 양)

주65 정답 沈默
풀이 침묵 - 말없이 고요히 있음.
+ 沈(잠길 침, 성 심), 默(말 없을 묵, 잠잠할 묵)

[주66~70] 한자성어의 설명을 읽고 ○ 안에 들어갈 한자를 차례대로 쓰시오.

주66 정답 漸, 境
풀이 漸入佳境(점입가경)
+ 漸(점점 점), 入(들 입), 佳(아름다울 가), 境(지경 경, 형편 경)

주67 정답 觸, 卽
풀이 一觸卽發(일촉즉발)
+ 一(한 일), 觸(닿을 촉), 卽(곧 즉), 發(쏠 발, 일어날 발)

주68 정답 於, 藍
풀이 靑出於藍(청출어람)
+ 靑(푸를 청, 젊을 청), 出(날 출, 나갈 출), 於(어조사 어, 탄식할 오), 藍(쪽 람)

주69 정답 顧, 廬
풀이 三顧草廬(삼고초려)
+ 三(석 삼), 顧(돌아볼 고), 草(풀 초), 廬(오두막집 려, 여인숙 려)

주70 정답 荷, 杖
풀이 賊反荷杖(적반하장)
+ 賊(도둑 적), 反(거꾸로 반, 뒤집을 반), 荷(연꽃 하, 멜 하, 짐 하), 杖(지팡이 장, 몽둥이 장)

제120회 한자실력급수 [2급] 정답 및 해설

객관식 01~30번

01	①	06	②	11	③	16	②	21	①	26	③
02	③	07	①	12	②	17	④	22	④	27	②
03	②	08	③	13	①	18	③	23	②	28	④
04	④	09	②	14	④	19	①	24	④	29	②
05	③	10	④	15	②	20	③	25	③	30	①

* 학습의 편의를 위하여 꼭 필요한 부분만 해설하였습니다.

※ [01~05] [ ] 안의 한자와 음이 같은 한자는?

01 [揆(헤아릴 규, 법도 규)]
 ❶ 圭(홀 규, 영토 규, 서옥 규)
 ② 閣(누각 각, 내각 각)
 ③ 桂(계수나무 계, 성 계)
 ④ 抗(겨룰 항, 대항할 항)

02 [微(작을 미, 숨을 미)]
 ① 疆(지경 강, 한계 강)
 ② 郭(성곽 곽, 성 곽, 둘레 곽)
 ❸ 迷(미혹할 미)
 ④ 槪(대개 개, 대강 개)

03 [折(꺾을 절)]
 ① 矯(바로잡을 교)
 ❷ 竊(훔칠 절)
 ③ 巧(공교할 교, 교묘할 교)
 ④ 壞(무너질 괴)

04 [暢(화창할 창)]
 ① 圈(둘레 권, 우리 권)
 ② 渡(건널 도)
 ③ 朗(밝을 랑)
 ❹ 彰(드러날 창, 밝힐 창)

05 [釣(낚을 조, 낚시 조)]
 ① 幕(장막 막)
 ② 劣(못날 렬)
 ❸ 組(짤 조)
 ④ 賴(힘입을 뢰, 의지할 뢰)

※ [06~08] [ ] 안의 한자와 뜻이 비슷하거나 같은 한자는?

06 [寺(절 사)]
 ① 裵(노닐 배, 성 배)
 ❷ 刹(짧은 시간 찰, 절 찰)
 ③ 柏(잣나무 백, 측백나무 백)
 ④ 甫(클 보, 넓을 보)

07 [殃(재앙 앙)]
 ❶ 禍(재앙 화)
 ② 嘗(맛볼 상, 일찍 상)
 ③ 隋(떨어질 타, 수나라 수)
 ④ 遂(드디어 수, 이룰 수)

08 [陵(임금 무덤 릉, 언덕 릉)]
 ① 升(되 승, 오를 승)
 ② 碍(막을 애, 거리낄 애)
 ❸ 丘(언덕 구, 성 구)
 ④ 飾(꾸밀 식)

※ [09~11] [ ] 안의 한자와 뜻이 반대되거나 상대되는 한자는?

09 [添(더할 첨)]
 ① 踊(뛸 용)
 ❷ 削(깎을 삭)
 ③ 祐(복 우, 도울 우)
 ④ 偶(우연 우, 짝 우, 허수아비 우)

535

10 [伸(펼 신, 늘일 신)]
① 諮(물을 자)
② 艇(거룻배 정, 작은 배 정)
③ 媛(미인 원)
❹ 縮(줄어들 축)

11 [眞(참 진)]
① 袁(옷 챙길 원, 성 원)
② 尉(벼슬 위)
❸ 僞(거짓 위)
④ 楡(느릅나무 유)

※ [12~14] 〈보기〉의 단어들과 가장 관련이 깊은 한자는?

12 ① 尹(다스릴 윤, 벼슬 윤, 성 윤)
❷ 棋(바둑 기)
③ 粧(단장할 장)
④ 趙(조나라 조, 성 조)

13 ❶ 蠶(누에 잠)
② 佐(도울 좌)
③ 彫(새길 조)
④ 註(주낼 주)

14 ① 戚(친척 척, 겨레 척)
② 衷(속마음 충, 정성 충)
③ 楓(단풍 풍, 단풍나무 풍)
❹ 獸(짐승 수)

※ [15~17] 다음 중 한자어의 독음이 바르지 않은 것은?

15 ❷
풀이 水旱 : 수한 - 水(물 수), 旱(가물 한)

16 ❷
풀이 陷沒 : 함몰 - 陷(함정 함, 빠질 함), 沒(빠질 몰, 다할 몰, 없을 몰)

17 ❹
풀이 宮闕 : 궁궐 - 宮(집 궁, 궁궐 궁), 闕(대궐 궐, 빠질 궐)

※ [18~20] [ ] 안의 단어를 한자로 알맞게 쓴 것은?

18 ❸
풀이 綿密(면밀) - 綿(솜 면, 자세할 면, 이어질 면), 密(빽빽할 밀, 비밀 밀)

19 ❶
풀이 朗報(낭보) - 朗(밝을 랑), 報(알릴 보, 갚을 보, 신문 보)

20 ❸
풀이 抗訴(항소) - 抗(겨룰 항, 대항할 항), 訴(하소연할 소, 고소할 소)

※ [21~25] 주어진 뜻에 알맞은 한자어는?

21 ❶ 公教育費 - 국가 또는 공공 단체의 예산·회계 절차를 거쳐 교육에 투입되는 경비.
풀이 公(공평할 공, 대중 공, 귀공자 공), 敎(가르칠 교), 育(기를 육), 費(쓸 비, 비용 비)

22 ❹ 觀念論 - 궁극적인 실재를 관념·정신·마음이라고 주장하는 철학적 입장.
풀이 觀(볼 관), 念(생각 념), 論(논할 론, 평할 론)

23 ❷ 外在的動機 - 외부 보상이나 처벌 등 외부 요인에 의해 유발되는 동기.
풀이 外(바깥 외), 在(있을 재), 的(과녁 적, 맞힐 적, 밝을 적, ~의 적), 動(움직일 동), 機(베틀 기, 기계 기, 기회 기)

24 ❹ 電子商去來 - 컴퓨터, 인터넷, 모바일 기기 등 전자 통신 수단을 이용하여 상품이나 서비스를 사고파는 경제 활동.
풀이 電(번개 전, 전기 전), 子(아들 자, 자네 자), 商(장사할 상, 헤아릴 상), 去(갈 거, 제거할 거), 來(올 래)

25 ❸ 中繼貿易 - 다른 나라로부터 사들인 물자를 그대로 제삼국으로 수출하는 무역.
풀이 中(가운데 중, 맞힐 중), 繼(이을 계), 貿(무역할 무, 바꿀 무), 易(쉬울 이, 바꿀 역, 주역 역, 점칠 역)

※ [26~30] [　] 안에 들어갈 한자어로 알맞은 것은?

26 ❸

풀이 假釋放(가석방) – 형기가 끝나기 전에 일정한 조건하에 죄수를 미리 풀어 주는 행정 처분.

+ 假(거짓 가, 임시 가), 釋(풀 석, 석가모니 석, 불교 석), 放(놓을 방)

27 ❷

풀이 家父長制(가부장제) – 가부장이 가족에 대한 지배권을 행사하는 가족 형태.

+ 家(집 가, 전문가 가), 父(아버지 부), 長(길 장, 어른 장), 制(마름질 제, 제도 제, 억제할 제, 절제할 제)

28 ❹

풀이 日照權(일조권) – 건물 등으로 인해 햇빛이 차단되지 않고 일정한 일조(日照)를 받을 수 있는 권리.

+ 日(해 일, 날 일), 照(비칠 조), 權(권세 권, 성 권)

29 ❷

풀이 集團相談(집단상담) – 여러 사람이 모여 상호작용을 통해 심리적 문제를 해결하고 성장하는 상담 방법.

+ 集(모일 집, 모을 집, 책 집), 團(둥글 단, 모일 단), 相(서로 상, 모습 상, 볼 상, 재상 상), 談(말씀 담)

30 ❶

풀이 間接證據(간접증거) – 사건의 사실을 직접적으로 증명하지는 않지만, 그 사실을 추론할 수 있는 증거.

+ 間(사이 간), 接(이을 접, 대접할 접), 證(증명할 증, 증거 증), 據(의지할 거, 증거 거)

주관식 01~70번

주01	티/허물 하	주15	淚	주29	정체	주43	가격효과	주57	審査
주02	탐낼 탐	주16	창달	주30	전염	주44	동사강목	주58	契約
주03	보호할 호	주17	추잡	주31	杜	주45	남남문제	주59	政黨
주04	복 호	주18	잠적	주32	膠	주46	반등	주60	謀叛/反
주05	거리 항	주19	운율	주33	割	주47	과점	주61	撤回
주06	으뜸/두목 패	주20	순수	주34	殖	주48	심의	주62	發芽
주07	엮을 편/땋을 변	주21	번역	주35	糾	주49	관대	주63	措置
주08	도울 좌	주22	송독	주36	抑	주50	척화비	주64	棟梁/樑
주09	藏	주23	장수	주37	徵	주51	참회	주65	慧眼
주10	侍	주24	호걸	주38	朔 → 削	주52	후작	주66	破, 正
주11	雁	주25	편집	주39	克 → 劇	주53	협곡	주67	容, 月
주12	附	주26	울창	주40	刊 → 諫	주54	교체	주68	之, 德
주13	昊	주27	추대	주41	골다공증	주55	교열	주69	天, 衣
주14	伯	주28	찬란	주42	경영과학	주56	隊伍	주70	面, 背

* 학습의 편의를 위하여 꼭 필요한 부분만 해설하였습니다.

[주01~08] 해설 생략

[주09~15] 다음 훈과 음에 맞는 한자를 <보기>에서 찾아 쓰시오.

瓊	붉은 옥 경	藏	감출/곳간 장
侍	모실 시	淚	눈물 루
腔	속 빌 강	昊	빛날 경
伯	맏/우두머리 백	僑	더부살이/객지에 살 교
雁	기러기 안	附	붙을/가까이 할 부
款	정성/조목/기록 관		

[주16~30] 다음 한자어의 독음을 쓰시오.

주16 **정답** 창달
풀이 暢(화창할 창), 達(이를 달, 통달할 달)

주17 **정답** 추잡
풀이 醜(추할 추), 雜(섞일 잡)

주18 **정답** 잠적
풀이 潛(잠길 잠, 감출 잠, 숨길 잠), 跡(자취 적)

주19 **정답** 운률
풀이 韻(운치 운, 운 운), 律(법률 률, 음률 률)

주20 **정답** 순수
풀이 純(순수할 순), 粹(순수할 수)

주21 **정답** 번역
풀이 飜(뒤집을 번, 나부낄 번, 번역할 번), 譯(번역할 역)

주22 **정답** 송독
풀이 誦(외울 송), 讀(읽을 독, 구절 두)

주23 **정답** 장수
풀이 將(장수 장, 장차 장, 나아갈 장), 帥(장수 수)

주24 **정답** 호걸
풀이 豪(굳셀 호, 호걸 호), 傑(뛰어날 걸, 호걸 걸)

주25 **정답** 편집
풀이 編(엮을 편), 輯(모을 집)

주26 **정답** 울창
풀이 鬱(답답할 울, 울창할 울), 蒼(푸를 창)

주27 **정답** 추대
풀이 推(밀 추, 밀 퇴), 戴(받들 대, 일 대)

주28 **정답** 찬란
　　풀이 燦(빛날 찬), 爛(빛날 란, 무르익을 란)

주29 **정답** 정체
　　풀이 停(머무를 정), 滯(막힐 체, 머무를 체)

주30 **정답** 전염
　　풀이 傳(전할 전, 이야기 전), 染(물들일 염)

[주31~33] 〈보기〉의 뜻을 참고하여 ○ 안에 공통으로 들어갈 한자를 쓰시오.

주31 杜(막을 두, 성 두) - 두문, 두절

주32 膠(아교 교) - 교착, 아교

주33 割(벨 할, 나눌 할) - 할인, 역할

[주34~37] ○ 안에 공통으로 들어갈 한자를〈보기〉에서 찾아 쓰시오.

주34 殖(번식할 식) - 생식, 번식, 증식

주35 糾(얽힐 규, 모일 규, 살필 규) - 분규, 규명, 규탄

주36 抑(누를 억) - 억양, 억류, 억압

주37 徵(부를 징, 음률 이름 치) - 징용, 특징, 징병

[주38~40] 문장에서 잘못 쓴 한자를 바르게 고쳐 쓰시오. (단, 음이 같은 한자로 고칠 것)

주38 朔(초하루 삭, 달 삭) → 削(깎을 삭)

주39 克(능할 극, 이길 극) → 劇(심할 극, 연극 극)

주40 刊(책 펴낼 간) → 諫(간할 간, 충고할 간)

[주41~55] [　] 안의 한자어 독음을 쓰시오.

주41 **정답** 골다공증
　　풀이 骨多孔症 - 뼈 조직이 엉성해지는 증상.
　　+ 骨(뼈 골), 多(많을 다), 孔(구멍 공, 공자 공, 성 공), 症(증세 증)

주42 **정답** 경영과학
　　풀이 經營科學 - 수학·통계 기법으로 경영 문제를 해결하는 학문.
　　+ 經(지날 경, 날실 경, 글 경), 營(다스릴 영, 경영할 영), 科(조목 과, 과목 과), 學(배울 학)

주43 **정답** 가격효과
　　풀이 價格效果 - 가격 변동이 수요·생산 등에 미치는 영향.
　　+ 價(값 가, 가치 가), 格(격식 격, 헤아릴 격), 效(본받을 효, 효험 효), 果(과실 과, 결과 과)

주44 **정답** 동사강목
　　풀이 東史綱目 - 조선 영조 때 안정복이 지은 역사서.
　　+ 東(동쪽 동), 史(역사 사), 綱(벼리 강, 대강 강), 目(눈 목, 볼 목, 항목 목)

주45 **정답** 남남문제
　　풀이 南南問題 - 개발도상국 사이에 생기는 문제.
　　+ 南(남쪽 남), 問(물을 문), 題(제목 제, 문제 제)

주46 **정답** 반등
　　풀이 反騰 - 물가나 주식 따위의 시세가 떨어지다가 오름.
　　+ 反(거꾸로 반, 뒤집을 반), 騰(오를 등)

주47 **정답** 과점
　　풀이 寡占 - 소수 기업이 시장을 점유하는 상태.
　　+ 寡(적을 과, 과부 과), 占(점칠 점, 점령할 점)

주48 **정답** 심의
　　풀이 審議 - 자세히 살펴 의논함.
　　+ 審(살필 심), 議(의논할 의)

주49 **정답** 관대
　　풀이 寬大 - 너그럽고 큼.
　　+ 寬(너그러울 관), 大(큰 대)

주50 **정답** 척화비
　　풀이 斥和碑 - '화친을 배척하는 비'로, 서양과의 교류를 거부하고 배척하겠다는 의지를 보여주는 비석.
　　+ 斥(물리칠 척), 和(화목할 화, 화할 화), 碑(비석 비)

주51 **정답** 참회
　　풀이 慙悔 - 잘못을 뉘우침.
　　+ 慙(부끄러울 참), 悔(뉘우칠 회)

539

주52 **정답** 후작
  풀이 侯爵 – 귀족의 한 등급.
  + 侯(과녁 후, 제후 후), 爵(벼슬 작, 술잔 작)

주53 **정답** 협곡
  풀이 峽谷 – 산 사이가 깊게 팬 골짜기.
  + 峽(골짜기 협), 谷(골짜기 곡)

주54 **정답** 교체
  풀이 交替 – 서로 바꾸어 대신함.
  + 交(사귈 교, 오고갈 교), 替(바꿀 체)

주55 **정답** 교열
  풀이 校閱 – 원고의 잘못을 검토하고 수정함.
  + 校(학교 교, 교정볼 교, 장교 교), 閱(검열할 열)

[주56~65] [ ] 안의 단어를 한자로 쓰시오.

주56 **정답** 隊伍
  풀이 대오 – 군대의 줄이나 행렬.
  + 隊(무리 대, 군대 대), 伍(대오 오)

주57 **정답** 審査
  풀이 심사 – 자세히 살펴 평가함.
  + 審(살필 심), 査(조사할 사)

주58 **정답** 契約
  풀이 계약 – 약속하여 맺은 법적 합의.
  + 契(맺을 계, 부족 이름 글), 約(맺을 약, 약속할 약)

주59 **정답** 政黨
  풀이 정당 – 정치적 의견을 같이하는 사람들의 단체.
  + 政(다스릴 정), 黨(무리 당)

주60 **정답** 謀反
  풀이 모반 – 나라나 임금을 배반함.
  + 謀(꾀할 모, 도모할 모), 反(거꾸로 반, 뒤집을 반)

주61 **정답** 撤回
  풀이 철회 – 이미 제출하거나 한 일을 거두어 들임.
  + 撤(거둘 철), 回(돌 회, 돌아올 회, 횟수 회)

주62 **정답** 發芽
  풀이 발아 – 씨앗이 싹트는 일.
  + 發(쏠 발, 일어날 발), 芽(싹 아)

주63 **정답** 措置
  풀이 조치 – 일을 처리하거나 해결하기 위한 수단.
  + 措(둘 조), 置(둘 치)

주64 **정답** 棟梁/樑
  풀이 동량 – 나라나 조직의 기둥이 되는 인물.
  + 棟(마룻대 동), 梁/樑(들보 량, 다리 량, 성 양)

주65 **정답** 惠眼
  풀이 혜안 – 사물의 본질을 꿰뚫어 보는 안목.
  + 惠(은혜 혜), 眼(눈 안)

[주66~70] 한자성어의 설명을 읽고 ○ 안에 들어갈 한자를 차례대로 쓰시오.

주66 **정답** 破, 正
  풀이 破邪顯正(파사현정)
  + 破(깨질 파, 다할 파), 邪(간사할 사), 顯(나타날 현), 正(바를 정)

주67 **정답** 容, 月
  풀이 花容月態(화용월태)
  + 花(꽃 화), 容(얼굴 용, 받아들일 용, 용서할 용), 月(달 월, 육 달 월), 態(모양 태, 태도 태)

주68 **정답** 之, 德
  풀이 謙讓之德(겸양지덕)
  + 謙(겸손할 겸), 讓(사양할 양, 겸손할 양), 之(갈 지, ~의 지, 이 지), 德(덕 덕, 클 덕)

주69 **정답** 天, 衣
  풀이 天衣無縫(천의무봉)
  + 天(하늘 천), 衣(옷 의), 無(없을 무), 縫(꿰맬 봉)

주70 **정답** 面, 背
  풀이 面從腹背(면종복배)
  + 面(얼굴 면, 향할 면, 볼 면, 행정구역의 면), 從(좇을 종, 따를 종), 腹(배 복), 背(등질 배, 등 배)

제121회 한자실력급수 [2급] 정답 및 해설

객관식 01~30번

01	①	06	③	11	①	16	③	21	④	26	①
02	②	07	④	12	③	17	②	22	①	27	②
03	③	08	②	13	④	18	①	23	②	28	③
04	④	09	③	14	③	19	②	24	④	29	④
05	③	10	①	15	②	20	④	25	③	30	②

* 학습의 편의를 위하여 꼭 필요한 부분만 해설하였습니다.

※ [01~05] [　] 안의 한자와 음이 같은 한자는?

01 [伽(절 가)]
　❶ 嘉(아름다울 가)
　② 恐(두려울 공)
　③ 潭(못 담)
　④ 禱(빌 도)

02 [桂(계수나무 계, 성 계)]
　① 驅(몰 구, 달릴 구)
　❷ 啓(열 계, 일깨울 계)
　③ 侮(업신여길 모)
　④ 謬(그릇될 류, 속일 류)

03 [購(살 구)]
　① 掠(노략질할 략)
　② 微(작을 미, 숨을 미)
　❸ 仇(원수 구)
　④ 迫(핍박할 박)

04 [陶(질그릇 도, 즐길 도)]
　① 旁(곁 방, 두루 방)
　② 冥(어두울 명, 저승 명, 아득할 명)
　③ 灰(재 회)
　❹ 葡(포도 도, 머루 도)

05 [昧(어두울 매)]
　① 挑(돋울 도, 끌어낼 도)
　② 桐(오동나무 동)
　❸ 枚(낱 매)
　④ 伴(짝 반, 따를 반)

※ [06~08] [　] 안의 한자와 뜻이 비슷하거나 같은 한자는?

06 [懼(두려워할 구)]
　① 妃(왕비 비, 아내 비)
　② 敍(펼 서, 차례 서, 베풀 서)
　❸ 畏(두려워할 외)
　④ 奭(클 석)

07 [洪(넓을 홍, 홍수 홍, 성 홍)]
　① 閃(번쩍일 섬)
　② 貰(세낼 세, 빌릴 세)
　③ 覆(덮을 부, 다시 복, 뒤집힐 복)
　❹ 博(넓을 박)

08 [瑕(티 하, 허물 하)]
　① 隋(떨어질 타, 수나라 수)
　❷ 疵(흠 자)
　③ 燕(제비 연, 연나라 연, 잔치 연)
　④ 疫(염병 역, 전염병 역)

※ [09~11] [　] 안의 한자와 뜻이 반대되거나 상대되는 한자는?

09 [雌(암컷 자)]
　① 紳(큰 띠 신, 신사 신)
　② 譽(기릴 예)
　❸ 雄(수컷 웅, 클 웅)
　④ 雁(기러기 안)

10 [緩(느슨할 완, 느릴 완)]
❶ 急(급할 급)
② 殖(번식할 식)
③ 沃(기름질 옥)
④ 遙(멀 요, 거닐 요)

11 [淸(맑을 청)]
❶ 濁(흐릴 탁)
② 蔣(줄 장, 성 장)
③ 凰(봉황새 황)
④ 韋(가죽 위, 어긋날 위)

※ [12~14] 〈보기〉의 단어들과 가장 관련이 깊은 한자는?

12 ① 穽(함정 정)
② 潛(잠길 잠, 감출 잠, 숨길 잠)
❸ 叛(배반할 반)
④ 況(상황 황, 하물며 황)

13 ① 衷(속마음 충, 정성 충)
② 遷(옮길 천)
③ 託(부탁할 탁)
❹ 墳(무덤 분)

14 ① 寢(잘 침)
② 塵(티끌 진)
❸ 鷗(갈매기 구)
④ 犧(희생 희)

※ [15~17] 다음 중 한자어의 독음이 바르지 않은 것은?

15 ❷
풀이 微細 : 미세 – 微(작을 미, 숨을 미), 細(가늘 세)

16 ❸
풀이 隱匿 : 은닉 – 隱(숨을 은, 은은할 은), 匿(숨길 닉, 숨을 닉)

17 ❷
풀이 警笛 : 경적 – 警(경계할 경, 깨우칠 경), 笛(피리 적)

※ [18~20] [ ] 안의 단어를 한자로 알맞게 쓴 것은?

18 ❶
풀이 傳播(전파) – 傳(전할 전, 이야기 전), 播(뿌릴 파, 퍼뜨릴 파)

19 ❷
풀이 飢餓(기아) – 飢(굶주릴 기), 餓(굶주릴 아)

20 ❹
풀이 畢竟(필경) – 畢(마칠 필), 竟(마침내 경, 다할 경)

※ [21~25] 주어진 뜻에 알맞은 한자어는?

21 ❹ 特殊敎育 – 신체적·정신적으로 특별한 아동에게 행하는 교육.
풀이 特(특별할 특), 殊(다를 수), 敎(가르칠 교), 育(기를 육)

22 ❶ 成均館 – 고려 말과 조선시대의 최고 국립 교육기관.
풀이 成(이룰 성, 성 성), 均(평평할 균, 고를 균), 館(집 관, 객사 관)

23 ❷ 見本割引 – 시가보다 싼 값으로 상품 견본의 대가를 청구하는 것.
풀이 見(볼 견, 뵐 현), 本(뿌리 본, 근본 본), 割(벨 할, 나눌 할), 引(끌 인)

24 ❹ 却下 – 행정상 신청을 배척하여 받아들이지 않음.
풀이 却(물리칠 각), 下(아래 하, 내릴 하)

25 ❸ 告訴 – 범죄 사실을 신고하여 수사와 기소를 요구함.
풀이 告(알릴 고, 뵙고 청할 곡), 訴(하소연할 소, 고소할 소)

※ [26~30] [　] 안에 들어갈 한자어로 알맞은 것은?

26 ❶

풀이 借款(차관) - 한 나라의 정부나 기업, 은행 등이 외국의 정부나 기관으로부터 자금을 빌려 오는 것.
+ 借(빌릴 차), 款(정성 관, 조목 관, 기록 관)

27 ❷

풀이 落札(낙찰) - 경매나 경쟁 입찰에서 물건이나 일이 특정 사람 또는 업체에 돌아가도록 결정되는 일.
+ 落(떨어질 락, 마을 락), 札(편지 찰, 패 찰, 돈 찰)

28 ❸

풀이 雇傭者(고용자) - 삯을 받고 남의 일을 해 주는 사람.
+ 雇(품 팔 고, 품팔이 고), 傭(품팔이 용), 者(놈 자, 것 자)

29 ❹

풀이 降雨遮斷(강우차단) - 내리는 비가 지표에 닿기 전에 증발하거나 나무, 건물 등에 막혀 도달하지 못하는 현상.
+ 降(내릴 강, 항복할 항), 雨(비 우), 遮(막을 차), 斷(끊을 단, 결단할 단)

30 ❷

풀이 附議(부의) - 이미 제기된 안건에 찬성하거나 지지하여 함께 논의에 참여하는 것, 또는 그 안건을 회의의 공식 의제로 상정하는 행위를 말함.
+ 附(붙을 부, 가까이 할 부), 議(의논할 의)

주관식 01~70번

주01	속 빌 강	주15	網	주29	만찬	주43	위증죄	주57	沐浴
주02	벼슬 경	주16	고답	주30	자문	주44	팔만대장경	주58	和暢
주03	연못 당	주17	흠결	주31	詠	주45	일몰제	주59	焦燥
주04	나루/진액 진	주18	소굴	주32	侈	주46	분발	주60	愛憎
주05	언덕/고개/둑 파	주19	굴복	주33	祿	주47	오만	주61	辨別
주06	구멍/굴 혈	주20	파다	주34	融	주48	과시	주62	苗木
주07	쪽 람	주21	급등	주35	漆	주49	게재	주63	苦悶
주08	비단 견	주22	등사	주36	朗	주50	도약	주64	依賴
주09	蜜	주23	청렴	주37	邪	주51	쇠약	주65	拍手
주10	矛	주24	경멸	주38	好 → 號	주52	습도	주66	佑, 神
주11	肪	주25	일축	주39	校 → 交	주53	고희	주67	抱, 倒
주12	匕	주26	소개	주40	集 → 輯	주54	핵심	주68	虎, 相
주13	矢	주27	섭취	주41	승급	주55	선물	주69	羊, 肉
주14	掘	주28	석학	주42	관세환급	주56	氣魄	주70	顔, 無

* 학습의 편의를 위하여 꼭 필요한 부분만 해설하였습니다.

[주01~08] 해설 생략

[주09~15] 다음 훈과 음에 맞는 한자를 〈보기〉에서 찾아 쓰시오.

肪	살찔/기름/비계 방	綿	솜/자세할/이어질 면
網	그물 망	蜜	꿀 밀
矢	화살 시	鋼	강철 강
寞	고요할/쓸쓸할 막	掘	팔 굴
壇	제단 단, 단상 단	矛	창 모
匕	비수 비, 숟가락 비		

[주16~30] 다음 한자어의 독음을 쓰시오.

주16 **정답** 고답
풀이 高(높을 고, 성 고), 踏(밟을 답)

주17 **정답** 흠결
풀이 欠[하품 흠, 모자랄 흠, 이지러질 결/빠질 결(缺)의 약자], 缺(이지러질 결, 빠질 결)

주18 **정답** 소굴
풀이 巢(새집 소), 窟(굴 굴)

주19 **정답** 굴복
풀이 屈(굽을 굴, 굽힐 굴), 伏(엎드릴 복)

주20 **정답** 파다
풀이 頗(자못 파, 치우칠 파), 多(많을 다)

주21 **정답** 급등
풀이 急(급할 급), 騰(오를 등)

주22 **정답** 등사
풀이 謄(베낄 등), 寫(그릴 사, 베낄 사)

주23 **정답** 청렴
풀이 淸(맑을 청), 廉(청렴할 렴, 값쌀 렴, 성 염)

주24 **정답** 경멸
풀이 輕(가벼울 경), 蔑(업신여길 멸)

주25 **정답** 일축
풀이 一(한 일), 蹴(찰 축)

주26 **정답** 소개
풀이 紹(이을 소, 소개할 소), 介(끼일 개)

주27 **정답** 섭취
풀이 攝(끌어 잡을 섭, 다스릴 섭), 取(취할 취, 가질 취)

주28 **정답** 석학
풀이 碩(클 석), 學(배울 학)

주29 **정답** 만찬
풀이 晚(늦을 만), 餐(먹을 찬, 밥 찬)

주30 **정답** 자문
풀이 諮(물을 자), 問(물을 문)

[주31~33] 〈보기〉의 뜻을 참고하여 ○ 안에 공통으로 들어갈 한자를 쓰시오.

주31 詠(읊을 영) - 음영, 영탄

주32 侈(사치할 치) - 사치, 호치

주33 祿(녹 록, 봉급 록) - 녹봉, 국록

[주34~37] ○ 안에 공통으로 들어갈 한자를〈보기〉에서 찾아 쓰시오.

주34 融(녹을 융, 화할 융) - 융통, 용융, 핵융합

주35 漆(옻 칠, 검을 칠) - 칠판, 색칠, 칠흑

주36 朗(밝을 랑) - 낭송, 명랑, 낭독

주37 邪(간사할 사) - 사념, 간사, 사악

[주38~40] 문장에서 잘못 쓴 한자를 바르게 고쳐 쓰시오. (단, 음이 같은 한자로 고칠 것)

주38 好(좋을 호) → 號(부르짖을 호, 이름 호, 부호 호)

주39 校(학교 교, 교정볼 교, 장교 교) → 交(사귈 교, 오고갈 교)

주40 集(모을 집, 모일 집, 책 집) → 輯(모을 집, 편집할 집)

[주41~55] [ ] 안의 한자어 독음을 쓰시오.

주41 **정답** 승급
풀이 昇級 - 등급이 오름.
+ 昇(오를 승), 級(등급 급)

주42 **정답** 관세환급
풀이 關稅還給 - 수출 시 관세를 되돌려주는 제도.
+ 關(빗장 관, 관계 관), 稅(세금 세), 還(돌아올 환), 給(줄 급)

주43 **정답** 위증죄
풀이 僞證罪 - 법정에서 거짓으로 증언하는 죄.
+ 僞(거짓 위), 證(증명할 증, 증거 증), 罪(허물 죄)

주44 **정답** 팔만대장경
풀이 八萬大藏經 - 고려 대장도감에서 간행한 불교 경전.
+ 八(여덟 팔, 나눌 팔), 萬(많을 만, 일만 만), 大(큰 대), 藏(감출 장, 곳간 장), 經(지날 경, 날실 경, 글 경)

주45 **정답** 일몰제
풀이 日沒制 - 법률·규제가 일정 기간 후 자동 폐지되도록 하는 제도.
+ 日(해 일, 날 일), 沒(빠질 몰, 다할 몰, 없을 몰), 制(마름질 제, 제도 제, 억제할 제, 절제할 제)

주46 **정답** 분발
풀이 奮發 - 힘을 내어 적극적으로 일어남.
+ 奮(떨칠 분, 힘쓸 분), 發(쏠 발, 일어날 발)

주47 **정답** 오만
풀이 傲慢 - 교만하고 건방짐.
+ 傲(거만할 오), 慢(거만할 만, 게으를 만)

주48 **정답** 과시
풀이 誇示 - 자랑하여 보임.
+ 誇(자랑할 과), 示(보일 시, 신 시)

주49 **정답** 게재
풀이 揭載 - 글이나 기사를 실음.
+ 揭(높이 들 게, 걸 게), 載(실을 재, 해 재)

주50 **정답** 도약
풀이 跳躍 - 껑충 뛰거나 발전적으로 나아감.
+ 跳(뛸 도), 躍(뛸 약)

주51 **정답** 쇠약
풀이 衰弱 - 기운이나 세력이 약해짐.
+ 衰(쇠할 쇠), 弱(약할 약)

주52 **정답** 습도
풀이 濕度 - 공기 중의 습기 정도
+ 濕(젖을 습), 度(법도 도, 정도 도, 헤아릴 탁)

주53 **정답** 고희
- **풀이** 古稀 - 일흔 살을 이르는 말.
- ➕ 古(오랠 고, 옛 고), 稀(드물 희, 희미할 희)

주54 **정답** 핵심
- **풀이** 核心 - 사물의 중심이 되는 요점.
- ➕ 核(씨 핵, 알맹이 핵), 心(마음 심, 중심 심)

주55 **정답** 선물
- **풀이** 膳物 - 남에게 드리는 물건.
- ➕ 膳(반찬 선, 선물 선), 物(물건 물)

[주56~65] [ ] 안의 단어를 한자로 쓰시오.

주56 **정답** 氣魄
- **풀이** 기백 - 씩씩하고 굳센 기운.
- ➕ 氣(기운 기, 대기 기), 魄(넋 백)

주57 **정답** 沐浴
- **풀이** 목욕 - 몸을 깨끗이 씻음.
- ➕ 沐(목욕할 목), 浴(목욕할 욕)

주58 **정답** 和暢
- **풀이** 화창 - 날씨가 맑고 따뜻함.
- ➕ 和(화목할 화, 화할 화), 暢(화창할 창)

주59 **정답** 焦燥
- **풀이** 초조 - 마음이 조마조마하고 불안함.
- ➕ 焦(탈 초), 燥(탈 조, 마를 조)

주60 **정답** 愛憎
- **풀이** 애증 - 사랑과 미움.
- ➕ 愛(사랑 애, 즐길 애, 아낄 애), 憎(미워할 증)

주61 **정답** 辨別
- **풀이** 변별 - 서로 구별하여 분별함.
- ➕ 辨(분별할 변), 別(나눌 별, 다를 별)

주62 **정답** 苗木
- **풀이** 묘목 - 옮겨 심기 위한 어린 나무.
- ➕ 苗(싹 묘), 木(나무 목)

주63 **정답** 苦悶
- **풀이** 고민 - 괴로워하고 애를 태움.
- ➕ 苦(쓸 고, 괴로울 고), 悶(답답할 민, 민망할 민, 번민할 민)

주64 **정답** 依賴
- **풀이** 의뢰 - 부탁하거나 의지함.
- ➕ 依(의지할 의), 賴(힘입을 뢰, 의지할 뢰)

주65 **정답** 拍手
- **풀이** 박수 - 손뼉을 침.
- ➕ 拍(칠 박), 手(손 수, 재주 수, 재주 있는 사람 수)

[주66~70] 한자성어의 설명을 읽고 ○ 안에 들어갈 한자를 차례대로 쓰시오.

주66 **정답** 佑, 神
- **풀이** 天佑神助(천우신조)
- ➕ 天(하늘 천), 佑(도울 우), 神(귀신 신, 신비할 신, 정신 신), 助(도울 조)

주67 **정답** 抱, 倒
- **풀이** 抱腹絕倒(포복절도)
- ➕ 抱(안을 포), 腹(배 복), 絕(끊을 절, 죽일 절, 가장 절), 倒(넘어질 도, 거꾸로 도)

주68 **정답** 虎, 相
- **풀이** 龍虎相搏(용호상박)
- ➕ 龍(용 룡, 성 용), 虎(범 호), 相(서로 상, 모습 상, 볼 상, 재상 상), 搏(두드릴 박)

주69 **정답** 羊, 肉
- **풀이** 羊頭狗肉(양두구육)
- ➕ 羊(양 양), 頭(머리 두, 우두머리 두), 狗(강아지 구, 개 구), 肉(고기 육)

주70 **정답** 顔, 無
- **풀이** 厚顔無恥(후안무치)
- ➕ 厚(두터울 후), 顔(낯 안), 無(없을 무), 恥(부끄러울 치)

한자실력급수 [2급] 실전 모의고사 정답 및 해설

객관식 01~30번

01	④	06	③	11	④	16	③	21	②	26	③
02	②	07	④	12	②	17	③	22	③	27	①
03	④	08	②	13	④	18	①	23	④	28	④
04	①	09	②	14	①	19	①	24	②	29	③
05	③	10	①	15	①	20	④	25	②	30	①

* 학습의 편의를 위하여 꼭 필요한 부분만 해설하였습니다.

※ [01~05] [   ] 안의 한자와 음이 같은 한자는?

01　[歪(비뚤 왜, 기울 외, 어긋날 왜)]
　　① 悼(슬퍼할 도)
　　② 塗(바를/진흙 도)
　　③ 整(가지런할 정)
　　❹ 倭(왜국 왜)

02　[斡(돌/주선할 알)]
　　① 揭(높이 들/걸 게)
　　❷ 謁(뵐/아뢸 알)
　　③ 葛(칡 갈)
　　④ 渴(목마를 갈)

03　[携(끌/가질 휴)]
　　① 昊(하늘 호)
　　② 鉉(솥귀 현)
　　③ 峴(고개/재 현)
　　❹ 休(온화할/아름다울 휴)

04　[案(책상/생각/계획 안)]
　　❶ 鞍(안장 안)
　　② 雀(참새 작)
　　③ 刹(짧은 시간/절 찰)
　　④ 讚(칭찬할/기릴 찬)

05　[屢(자주 루)]
　　① 戚(친척/겨레 척)
　　② 遷(옮길 천)
　　❸ 樓(누각 루)
　　④ 澈(맑을 철)

※ [06~08] [   ] 안의 한자와 뜻이 비슷하거나 같은 한자는?

06　[穫(거둘 확)]
　　① 桓(굳셀 환)
　　② 促(재촉할 촉)
　　❸ 收(거둘 수)
　　④ 扁(작을/현판 편)

07　[紊(어지러울 문)]
　　① 漠(사막 막)
　　② 蔡(채나라/성 채)
　　③ 杏(살구/은행 행)
　　❹ 亂(어지러울 란)

08　[寢(잘 침)]
　　① 閱(검열할 열)
　　❷ 睡(졸/잘 수)
　　③ 瞬(눈 깜짝할 순)
　　④ 郵(우편 우)

※ [09~11] [   ] 안의 한자와 뜻이 반대되거나 상대되는 한자는?

09　[銳(날카로울 예)]
　　① 釣(낚을/낚시 조)
　　❷ 鈍(둔할 둔)
　　③ 鉉(솥귀 현)
　　④ 錦(비단 금)

10 [緩(느릴 완)]
① 急(급할 급)
② 欽(부러워할/공경할 흠)
③ 誇(자랑할 과)
④ 葡(포도 포)

11 [優(우수할/머뭇거릴/배우 우)]
① 驅(몰/달릴 구)
② 郭(성곽/성 곽)
③ 狂(미칠 광)
❹ 劣(못날 렬)

※ [12~14] 〈보기〉의 단어들과 가장 관련이 깊은 한자는?

12 ① 掛(걸 괘)
❷ 網(그물 망)
③ 透(통할 투)
④ 綱(벼리 강)

13 ① 獵(사냥할 렵)
② 耆(늙은이 기)
③ 槿(무궁화 근)
❹ 廉(청렴할/값쌀 렴)

14 ❶ 翰(붓/글/편지 한)
② 墮(떨어질/빠질 타)
③ 佐(도울 좌)
④ 垈(집터/터 대)

※ [15~17] 다음 중 한자어의 독음이 바르지 않은 것은?

15 풀이 撒布(살포): 撒(뿌릴 살), 布(베/펼 포)

16 풀이 覆蓋(복개): 覆(덮을 부, 다시/뒤집힐 복), 蓋(덮을/대개 개)

17 풀이 禪師(선사): 禪(선 선), 師(스승/전문가/군사 사)

※ [18~20] [ ] 안의 단어를 한자로 알맞게 쓴 것은?

18 풀이 濕度(습도): 濕(젖을 습), 度(법도 도)

19 풀이 抛棄(포기): 抛(던질 포), 棄(버릴 기)

20 풀이 藏書(장서): 藏(감출/곳간 장), 書(쓸/글/책 서)

※ [21~25] 주어진 뜻에 알맞은 한자어는?

21 풀이 換率(환율): 換(바꿀 환), 率[비율 률(율)]
③ 換錢(환전): 서로 종류가 다른 화폐와 화폐, 또는 화폐와 지금을 교환하는 것
  + 換(바꿀 환), 錢(돈 전)
④ 換乘(환승): 다른 노선이나 교통수단으로 갈아탐.
  + 換(바꿀 환), 乘(오를/탈 승)

22 풀이 探偵(탐정): 探(찾을 탐), 偵(정탐할 정)

23 풀이 移徙(이사): 移(옮길 이), 徙(옮길 사)

24 풀이 整頓(정돈): 整(가지런할 정), 頓(조아릴 돈)

25 풀이 債權(채권): 債(빚 채), 權(권세 권)

※ [26~30] [ ] 안에 들어갈 한자어로 알맞은 것은?

26 풀이 雇傭(고용) - 삯을 받고 남의 일을 해 줌.
  + 雇(품팔이 고), 傭(품팔이 용)

27 풀이 落札(낙찰) - 경매나 경쟁 입찰 따위에서 물건이나 일이 어떤 사람이나 업체에 돌아가도록 결정함.
  + 落[떨어질/부락 락(낙)], 札(편지/패/돈 찰)

28 풀이 價格制限幅(가격제한폭) - 주식 시장에서 하루 동안에 개별 종목의 주가가 오르내릴 수 있는 한계를 정해 놓은 범위.
  + 價(값/가치 가), 格(격식/헤아릴 격), 制(마름질/제도/억제할/절제할 제), 限(끝 한), 幅(넓이 폭)
① 假說演繹法(가설연역법) - 이제까지의 지식이나 관찰을 모아 하나의 가설을 세우고, 이 가설로부터 필연적으로 연역되는 명제를 실험적으로 검토하는 방법.
② 價格彈力性(가격탄력성) - 상품의 가격이 달라질 때 그 수요량이나 공급량이 변화하는 정도.
③ 假處分所得(가처분소득) - 국민 소득 중 가계가 임의로 처분이 가능한 소득을 말함.

29 **풀이** 檢疫(검역) – 해외에서 전염병이나 해충이 들어오는 것을 막기 위하여 공항과 항구에서 하는 일.
+ 檢(검사할 검), 疫(염병 역)

30 **풀이** 降職(강직) – 직위가 낮아짐. 또는 직위를 낮춤.
+ 降(내릴 강), 職(벼슬 직)

주01	함정 정	주15	凍	주29	만취	주43	차관	주57	枯渴
주02	재앙 화	주16	경로	주30	사유	주44	규장각	주58	僞證罪
주03	징계할 징	주17	주둔	주31	森	주45	과세표준	주59	保護貿易
주04	좇을 준	주18	편액	주32	瓜	주46	멸사봉공	주60	橫領罪
주05	아가씨 양	주19	잠시	주33	誘	주47	감탄사	주61	完遂
주06	자상할 상	주20	지연	주34	漏	주48	촉박	주62	粉食
주07	좇을 축	주21	증발	주35	鹽	주49	진압	주63	親切
주08	눈물 루	주22	횡액	주36	聘	주50	정체	주64	協同
주09	芽	주23	부의	주37	惑	주51	특징	주65	事項
주10	幕	주24	번복	주38	休→携	주52	울창	주66	相, 從
주11	遍	주25	궤도	주39	仰→殃	주53	사육	주67	耕, 讀
주12	邪	주26	제휴	주40	燃→煙	주54	영세민	주68	虎, 患
주13	膚	주27	호치	주41	공동출하	주55	영웅호걸	주69	牽, 附
주14	簿	주28	연민	주42	교육격차	주56	審査	주70	鷄, 鶴

주관식 01~70번

* 학습의 편의를 위하여 꼭 필요한 부분만 해설하였습니다.

[주01~08] 해설 생략

[주09~15] 다음 훈과 음에 맞는 한자를 〈보기〉에서 찾아 쓰시오.

邪	간사할 사	簿	문서 부
膚	살갖 부	幅	넓이 폭
凍	얼 동	姚	예쁠/날랠 요
壹	한 일	幕	장막 막
蘇	소생할 소	芽	싹 아
遍	두루 편		

[주16~30] 다음 한자어의 독음을 쓰시오.

주16 **풀이** 徑(지름길 경), 路(길 로)

주17 **풀이** 駐(머무를 주), 屯(묻힐/진칠 둔)

주18 **풀이** 扁(작을/현판 편), 額(이마/액수/현판 액)

주19 **풀이** 暫(잠깐 잠), 時(때 시)

주20 **풀이** 遲(더딜/늦을 지), 延(끌 연)

주21 **풀이** 蒸(찔 증), 發(쏠/일어날 발)

주22 **풀이** 橫(가로/마음대로 할 횡), 厄(재앙 액)

주23 **풀이** 賻(부의 부), 儀(거동 의)

주24 **풀이** 飜(뒤집을/나부낄/번역할 번), 覆(덮을 부, 다시/뒤집힐 복)

주25 **풀이** 掛(걸 궤), 圖(그림/꾀할 도)

주26 **풀이** 提(끌/내놓을 제), 携(끌 휴)

주27 **풀이** 皓(흴 호), 齒(이/나이 치)

주28 **풀이** 憐(불쌍히 여길 연), 憫(불쌍히 여길 민)

주29 **풀이** 滿(찰 만), 醉(취할 취)

주30 **풀이** 思(생각할 사), 惟(생각할/오직 유)

[주31~33] 〈보기〉의 뜻을 참고하여 ○ 안에 공통으로 들어갈 한자를 쓰시오.

주31 **풀이** 森(빽빽할/엄숙할 모양 삼) - 삼엄, 삼림

주32 **풀이** 瓜(오이 과) - 과년, 과기

주33 **풀이** 誘(꾈 유) - 유혹, 권유

[주34~37] ○ 안에 공통으로 들어갈 한자를 〈보기〉에서 찾아 쓰시오.

주34 [풀이] 漏(샐 루/누) – 누락, 누설, 누수

주35 [풀이] 鹽(소금 염) – 염도, 염분, 염전

주36 [풀이] 聘(부를/장가들 빙) – 빙모, 빙장, 초빙

주37 [풀이] 惑(미혹할 혹) – 유혹, 매혹, 의혹

[주38~40] 문장에서 잘못 쓴 한자를 바르게 고쳐 쓰시오. (단, 음이 같은 한자로 고칠 것)

주38 [풀이] 休(온화할/아름다울 휴) → 携(끌 휴)

주39 [풀이] 仰(우러를 앙) → 殃(재앙 앙)

주40 [풀이] 燃(불탈 연) → 煙(연기/담배 연)

[주41~55] [　] 안의 한자어 독음을 쓰시오.

주41 [풀이] 공동출하(共同出荷): 생산자들이 공동으로 소비자 시장 따위에 생산물을 출하하는 일.
+ 共(함께 공), 同(한가지 동), 出(나올/나갈 출), 荷(연꽃/멜/짐 하)

주42 [풀이] 교육격차(敎育隔差): 지역과 제도적 요인, 학교 특성, 개인의 지적 능력, 사회 경제적 배경, 성별 따위와 같은 다양한 요인에 따라 개인이나 집단 사이에서 발생하는 교육적 수준 차이.
+ 敎(가르칠 교), 育(기를 육), 隔(막을/사이뜰 격), 差(다를 차)

주43 [풀이] 차관(借款): 한 나라의 정부나 기업, 은행 따위가 외국 정부나 공적 기관으로부터 자금을 빌려 옴.
+ 借(빌릴 차), 款(정성/조목 관)

주44 [풀이] 규장각(奎章閣): 조선 시대 왕실 도서관이면서 학술 및 정책을 연구한 관서.
+ 奎(별이름 규), 章(글 장), 閣(누각/내각 각)

주45 [풀이] 과세표준(課稅標準): 세금을 부과하는 데 있어서 그 기준이 되는 것. 세금을 부과하는 데 있어서 그 기준이 되는 것을 말함.
+ 課(매길/부과할/공부할 과), 稅(세금 세), 標(표할/표 표), 準(평평할/법도/준할 준)

주46 [풀이] 멸사봉공(滅私奉公): 사사로운 감정을 없애고 공공의 목적을 받듦.
+ 滅(멸할 멸), 私(사사로울 사), 奉(받들 봉), 公(공변될 공)

주47 [풀이] 감탄사(感歎詞): 말하는 이의 놀람·느낌·응답 등을 간단히 나타내는 말.
+ 感(느낄 감), 歎(탄식할/감탄할 탄), 詞(말씀/글 사)

주48 [풀이] 촉박(促迫): 기한이 바싹 닥쳐와서 가까움.
+ 促(재촉할 촉), 迫(핍박할 박)

주49 [풀이] 진압(鎭壓): 강압적인 힘으로 억눌러 진정시킴.
+ 鎭(누를 진), 壓(누를 압)

주50 [풀이] 정체(停滯): 사물이 발전하거나 나아가지 못하고 한자리에 머물러 그침.
+ 停(머무를 정), 滯(막힐 체)

주51 [풀이] 특징(特徵): 다른 것에 비하여 특별히 눈에 뜨이는 점.
+ 特(특별할 특), 徵(부를 징)

주52 [풀이] 울창(鬱蒼): 나무가 빽빽하게 우거지고 푸름
+ 鬱(답답할/울창할 울), 蒼(푸를 창)

주53 [풀이] 사육(飼育): 어린 가축이나 짐승이 자라도록 먹이어 기름.
+ 飼(먹일/기를 사), 育(기를 육)

주54 [풀이] 영세민(零細民): 수입이 적어 몹시 가난한 사람.
+ 零(떨어질 영), 細(가늘 세), 民(백성 민)

주55 [풀이] 영웅호걸(英雄豪傑): 여러 방면 특히 용맹함에서 뛰어난 인물.
+ 英(꽃부리/영웅 영), 雄(수컷/클 웅), 豪(굳셀/호걸 호), 傑(뛰어날/호걸 걸)

[주56~65] [　] 안의 단어를 한자로 쓰시오.

주56 [풀이] 審査(심사) – 자세하게 조사하여 등급이나 당락 따위를 결정함.
+ 審(찾을 심), 査(조사할 사)

주57 **풀이** 枯渴(고갈) – 물이 말라서 없어짐.
+ 枯(마를 고), 渴(목마를 갈)

주58 **풀이** 僞證罪(위증죄) – 법원이나 국회 등에서, 법률에 의하여 선서를 한 증인이 고의로 허위 진술을 함으로써 성립하는 죄.
+ 僞(거짓 위), 證(증명할 증), 罪(허물 죄)

주59 **풀이** 保護貿易(보호무역) – 자기 나라의 산업을 보호·육성하기 위하여 국가가 대외 무역을 간섭하고 수입에 여러 가지 제한을 두는 무역.
+ 保(지킬/보호할 보), 護(보호할 호), 貿(무역할/바꿀 무), 易(쉬울 이/바꿀 역)

주60 **풀이** 橫領罪(횡령죄) – 형법에서, 남의 재물을 보관하는 사람이 그 재물을 불법으로 취득하여 자기 것으로 만들거나 그 반환을 거부함으로써 성립하는 죄.
+ 橫(가로/마을대로 할 횡), 領(거느릴/우두머리 령), 罪(허물 죄)

주61 **풀이** 完遂(완수) – 뜻한 바를 완전히 이루거나 다 해냄.
+ 完(완전할 완), 遂(이룰 수)

주62 **풀이** 粉食(분식) – 밀가루 따위로 만든 음식을 먹음. 또는 그 음식.
+ 粉(가루 분), 食(밥/먹을 식)

주63 **풀이** 親切(친절) – 대하는 태도가 매우 정겹고 고분고분함. 또는 그런 태도.
+ 親(친할/어버이 친), 切(모두 체, 끊을/죽을 절)

주64 **풀이** 協同(협동) – 서로 마음과 힘을 하나로 합함.
+ 協(도울 협), 同(한가지 동)

주65 **풀이** 事項(사항) – 일의 항목이나 내용.
+ 事(일/섬길 사), 項(목 항)

[주66~70] 한자성어의 설명을 읽고 ○ 안에 들어갈 한자를 차례대로 쓰시오.

주66 **풀이** 類類相從(유유상종)
+ 類(닮을/무리 유), 類(닮을/무리 유), 相(서로/모습/볼/재상 상), 從(좇을/따를 종)

주67 **풀이** 晝耕夜讀(주경야독)
+ 晝(낮 주), 耕(밭갈 경), 夜(밤 야), 讀(읽을 독)

주68 **풀이** 養虎遺患(양호유환)
+ 養(기를 양), 虎(범 호), 遺(남길/잃을 유), 患(근심 환)

주69 **풀이** 牽強附會(견강부회)
+ 牽(끌 견), 強(강할/억지 강), 附(붙을/가까이 할 부), 會(모일 회)

주70 **풀이** 群鷄一鶴(군계일학)
+ 群(무리 군), 鷄(닭 계), 一(한 일), 鶴(학 학)

합격의 공식 시대에듀 | www.sdedu.co.kr

부록

한자 찾아보기

 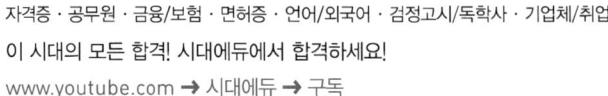 

INDEX

한자 찾아보기

뒤 번호는 제목번호임

ㄱ 가 佳 094	간 幹 190	강 剛 324
가 街 094	간 間 249	강 講 340
가 嘉 165	간 簡 249	강 姜 341
가 艮 254	간 艮 306	**개** 個 015
가 假 254	간 束 321	개 箇 015
가 暇 254	간 諫 321	개 介 052
가 可 289	간 懇 345	개 改 145
가 歌 289	**갈** 曷 134	개 凱 163
가 加 299	갈 渴 134	개 蓋 208
가 伽 299	갈 葛 134	개 開 249
가 架 299	**감** 甘 044	개 慨 279
가 賈 329	감 監 272	개 概 279
가 價 329	감 鑑 272	개 皆 313
가 家 344	감 敢 274	개 固 015
각 各 007	감 減 285	**객** 客 007
각 閣 007	감 感 285	**갱** 更 043
각 覺 089	감 憾 285	갱 坑 245
각 珏 100	**갑** 甲 049	**거** 擧 088
각 刻 171	갑 岬 056	거 去 208
각 却 208	갑 鉀 056	거 居 253
각 脚 208	**강** 降 034	거 車 259
각 殼 244	강 腔 036	거 巨 270
각 角 255	강 疆 051	거 拒 271
간 看 004	강 康 267	거 距 271
간 干 026	강 江 274	거 據 348
간 奸 030	강 强 291	**건** 件 034
간 肝 030	강 岡 324	건 巾 159
간 刊 030	강 綱 324	건 乾 190
간 姦 138	강 鋼 324	건 建 198

555

건 健 198	경 競 117	계 系 219
건 鍵 198	경 敬 132	계 係 219
걸 桀 035	경 警 132	계 繫 244
걸 傑 035	경 驚 132	계 啓 250
걸 乞 350	경 卿 150	계 屆 252
검 儉 113	경 竟 155	계 階 313
검 檢 113	경 境 155	고 古 015
검 劍 113	경 鏡 155	고 枯 015
겁 劫 208	경 京 173	고 姑 015
게 憩 020	경 景 173	고 苦 016
게 揭 134	경 環 173	고 告 032
격 格 007	경 庚 200	고 考 098
격 扇 237	경 冂 231	고 鼓 165
격 隔 237	경 磬 244	고 高 172
격 擊 244	경 巠 262	고 稿 172
격 激 302	경 徑 262	고 膏 172
견 牽 034	경 經 262	고 孤 201
견 犬 108	경 輕 262	고 庫 259
견 見 116	경 睘 309	고 賈 329
견 遣 162	경 慶 314	고 故 336
견 肩 250	경 頃 330	고 雇 358
견 堅 273	경 傾 330	고 顧 358
견 絹 327	경 耕 339	곡 告 032
결 契 183	계 ⺕ 194	곡 谷 047
결 潔 183	계 計 014	곡 哭 110
결 結 217	계 界 052	곡 曲 166
결 決 236	계 季 073	곡 穀 244
결 缺 236	계 戒 086	곤 困 037
결 訣 236	계 械 086	곤 坤 049
겸 兼 199	계 桂 094	골 骨 166
겸 謙 199	계 癸 164	골 滑 166
경 更 043	계 契 183	공 空 036
경 硬 043	계 繼 213	공 廾 077
경 炅 006	계 溪 214	공 共 079
경 瓊 100	계 鷄 214	공 供 079

556

공 恭 079	괘 咼 241	구 狗 132
공 孔 143	괴 怪 185	구 苟 132
공 公 206	괴 傀 209	구 龜 194
공 恐 240	괴 愧 209	구 求 266
공 工 274	괴 塊 209	구 球 266
공 功 274	괴 乖 316	구 救 266
공 攻 274	괴 壞 322	구 丘 277
공 貢 274	교 交 090	구 邱 277
과 果 066	교 校 090	구 具 326
과 課 066	교 狡 090	구 俱 326
과 菓 066	교 絞 090	구 構 340
과 科 075	교 較 090	구 購 340
과 瓜 201	교 郊 090	구 舊 356
과 過 241	교 喬 174	구 懼 358
과 誇 275	교 矯 174	국 口 037
과 戈 281	교 僑 174	국 菊 074
과 寡 331	교 橋 174	국 鞠 074
곽 郭 175	교 膠 210	국 局 252
관 冠 115	교 巧 275	국 國 281
관 寬 116	교 教 336	군 君 195
관 款 128	구 九 008	군 群 195
관 官 162	구 仇 013	군 郡 195
관 館 162	구 鳩 013	군 軍 260
관 管 162	구 究 036	굴 屈 046
관 關 248	구 口 037	굴 掘 046
관 貫 329	구 區 041	굴 窟 046
관 慣 329	구 歐 041	궁 宮 040
관 菫 360	구 驅 041	궁 窮 180
관 觀 360	구 鷗 041	궁 弓 291
광 廣 082	구 臼 087	권 拳 125
광 鑛 082	구 久 105	권 倦 125
광 狂 100	구 灸 105	권 券 125
광 光 115	구 玖 105	권 卷 125
괘 卦 094	구 句 132	권 圈 125
괘 掛 094	구 拘 132	권 權 360

557

권 勸 360	금 禁 061	기 企 224
궐 厥 127	금 今 111	기 起 226
궐 闕 127	금 琴 111	기 祈 276
궤 軌 013	금 禽 358	기 旣 279
궤 几 240	금 金 306	기 奇 290
귀 龜 194	급 及 076	기 琦 290
귀 歸 196	급 級 076	기 騎 290
귀 鬼 209	급 給 112	기 寄 290
귀 貴 329	급 急 120	기 飢 308
규 叫 075	긍 亘 005	기 气 351
규 糾 075	긍 兢 017	기 汽 351
규 圭 094	긍 矜 144	기 氣 351
규 奎 094	긍 肯 224	긴 緊 273
규 珪 094	기 岐 014	길 吉 217
규 閨 094	기 技 014	김 金 306
규 規 116	기 其 045	ㄴ 나 那 296
규 揆 164	기 期 045	나 奈 122
균 龜 194	기 棋 045	나 內 233
균 均 135	기 欺 045	나 裸 066
균 菌 204	기 琪 045	나 羅 319
극 克 017	기 騏 045	낙 諾 016
극 極 132	기 麒 045	낙 落 007
극 劇 348	기 基 045	난 難 083
근 菫 083	기 旗 301	난 暖 202
근 謹 083	기 棄 067	난 卵 149
근 僅 083	기 耆 098	난 亂 205
근 槿 083	기 器 110	난 闌 321
근 瑾 083	기 己 145	난 欄 321
근 勤 083	기 紀 145	난 爛 321
근 斤 276	기 記 145	난 蘭 321
근 近 276	기 忌 145	남 南 014
근 筋 299	기 豈 163	남 男 050
근 根 306	기 幾 213	남 濫 272
글 契 183	기 機 213	남 藍 272
금 錦 023	기 畿 213	납 納 233

납 拉 151	뇌 賂 007	담 談 264
낭 娘 307	뇌 雷 268	담 毯 264
낭 朗 307	뇨 尿 252	답 沓 051
낭 郎 307	누 淚 250	답 畓 051
내 乃 076	누 累 050	답 踏 051
내 奈 122	누 漏 268	답 答 112
내 內 233	능 能 304	당 唐 197
내 耐 310	능 陵 034	당 塘 197
내 來 068	니 尼 303	당 糖 197
냉 冷 332	니 泥 303	당 堂 235
냥 兩 231	닉 匿 016	당 當 235
녀 女 137	닉 溺 291	당 黨 235
년 年 026	■ㄷ 다 多 002	대 大 106
념 念 111	다 茶 114	대 對 157
녕 寧 288	단 旦 005	대 帶 159
노 奴 137	단 但 005	대 待 178
노 怒 137	단 單 018	대 臺 211
노 努 137	단 亶 038	대 代 280
노 路 007	단 壇 038	대 垈 280
노 老 098	단 檀 038	대 袋 280
노 勞 264	단 短 163	대 貸 280
노 露 268	단 斷 213	대 戴 283
노 魯 346	단 丹 234	대 隊 344
노 爐 349	단 段 243	대 隸 267
녹 祿 267	단 鍛 243	대 台 207
녹 綠 267	단 團 260	댁 宅 027
녹 錄 267	단 象 267	덕 德 019
녹 鹿 314	단 端 310	덕 悳 019
논 論 251	달 達 341	도 道 021
농 濃 312	달 撻 341	도 導 021
농 農 312	담 擔 120	도 度 081
농 弄 086	담 膽 120	도 渡 081
농 籠 153	담 覃 239	도 都 099
뇌 惱 262	담 潭 239	도 途 114
뇌 腦 262	담 淡 264	도 塗 114

도 圖 167	동 冬 333	랍 拉 151
도 禱 180	두 讀 319	랑 浪 307
도 燾 180	두 杜 060	랑 朗 307
도 稻 204	두 斗 075	랑 郞 307
도 到 211	두 豆 163	랑 廊 307
도 倒 211	두 頭 163	래 來 068
도 悼 223	두 亠 167	래 萊 068
도 徒 226	둔 屯 181	랭 冷 332
도 萄 295	둔 鈍 181	략 略 007
도 陶 295	득 得 005	략 掠 173
도 刀 296	등 藤 125	량 量 054
도 挑 317	등 騰 125	량 糧 054
도 桃 317	등 謄 125	량 梁 067
도 跳 317	등 登 164	량 亮 172
도 逃 317	등 燈 164	량 凉 173
도 盜 325	등 等 178	량 諒 173
도 島 352	ㄹ 라 裸 066	량 兩 231
독 毒 101	라 羅 319	량 良 307
독 督 185	라 剌 065	려 呂 040
독 篤 305	락 諾 016	려 侶 040
독 讀 319	락 洛 007	려 勵 058
독 獨 320	락 絡 007	려 旅 301
돈 敦 175	락 落 007	려 麗 314
돈 頓 181	락 樂 215	려 廬 348
돈 豚 344	란 丹 234	려 慮 348
돌 突 036	란 卵 150	력 鬲 237
동 童 055	란 亂 205	력 曆 073
동 動 055	란 闌 321	력 歷 073
동 同 232	란 欄 321	력 力 299
동 桐 232	란 爛 321	련 憐 035
동 洞 232	란 蘭 321	련 戀 218
동 銅 232	랄 剌 065	련 連 259
동 東 259	람 濫 272	련 蓮 259
동 凍 259	람 藍 272	련 聯 286
동 棟 259	람 覽 272	련 練 321

련 鍊 321	롱 籠 153	리 吏 043
련 煉 321	롱 朧 153	리 里 054
렬 列 311	뢰 賂 007	리 理 054
렬 烈 311	뢰 雷 268	리 裏 054
렬 裂 311	뢰 賴 328	리 裡 054
렬 劣 299	료 料 075	리 李 073
렴 廉 199	료 了 142	리 利 073
렵 獵 262	료 廖 210	리 梨 073
령 靈 268	료 寮 338	리 履 337
령 令 332	료 僚 338	리 離 358
령 玲 332	료 療 338	린 粦 035
령 齡 332	룡 龍 153	린 隣 035
령 零 268	루 淚 250	림 臨 271
령 領 332	루 累 050	림 林 061
령 嶺 332	루 婁 140	립 立 151
례 禮 166	루 樓 140	립 粒 151
례 隸 267	루 屢 140	마 麻 062
례 例 311	루 漏 268	마 摩 062
로 路 007	류 劉 150	마 魔 062
로 耂 098	류 柳 150	마 痲 062
로 老 098	류 留 150	마 磨 062
로 勞 264	류 謬 210	마 馬 305
로 露 268	류 流 261	막 莫 107
로 魯 346	류 類 331	막 幕 107
로 虜 348	륙 六 008	막 漠 107
로 盧 349	륙 坴 096	막 膜 107
로 爐 349	륙 陸 096	막 寞 107
로 蘆 349	륜 侖 251	만 萬 058
록 彔 267	륜 倫 251	만 晚 121
록 祿 267	륜 輪 251	만 娩 121
록 綠 267	률 律 198	만 彎 218
록 錄 267	률 率 215	만 灣 218
록 鹿 314	률 栗 238	만 蠻 218
론 論 251	륭 隆 034	만 滿 231
롱 弄 086	릉 陵 034	만 瞞 231

만 曼 322	면 免 121	몽 夢 345
만 慢 322	면 勉 121	몽 蒙 345
만 漫 322	멸 蔑 284	묘 妙 011
말 末 063	멸 滅 285	묘 苗 051
망 亡 170	명 名 002	묘 墓 150
망 忙 170	명 銘 002	묘 卯 150
망 忘 170	명 明 006	묘 廟 190
망 妄 170	명 冥 029	무 無 035
망 望 170	명 皿 325	무 舞 035
망 茫 170	명 命 332	무 毋 141
망 罒 319	명 鳴 352	무 務 144
망 罔 324	모 冒 004	무 霧 144
망 網 324	모 帽 004	무 貿 150
매 媒 044	모 牟 034	무 武 225
매 埋 054	모 牡 034	무 巫 268
매 枚 060	모 某 044	무 无 279
매 妹 063	모 謀 044	무 戊 284
매 寐 063	모 模 107	무 茂 284
매 昧 063	모 謨 107	묵 墨 222
매 每 141	모 募 107	묵 默 222
매 梅 141	모 慕 107	문 文 091
매 買 319	모 暮 107	문 汶 091
매 賣 319	모 母 141	문 紊 091
맥 麥 068	모 侮 141	문 門 248
맥 脈 070	모 矛 144	문 問 248
맹 盟 006	모 茅 144	문 聞 248
맹 孟 143	모 毛 182	물 勿 135
맹 猛 143	모 耗 182	물 物 135
맹 盲 170	모 貌 345	미 眉 004
멱 冖 029	목 目 001	미 未 063
멱 覓 116	목 木 059	미 味 063
면 面 021	목 沐 060	미 米 071
면 綿 023	목 睦 096	미 迷 074
면 宀 029	목 牧 336	미 微 245
면 眠 070	몰 沒 120	미 尾 253

미 美 342	방 旁 161	번 煩 330
민 民 070	방 傍 161	**벌** 伐 281
민 珉 070	방 謗 161	벌 閥 281
민 旼 091	방 邦 182	벌 罰 319
민 玟 091	방 方 300	**범** 犯 147
민 旻 091	방 妨 300	범 範 147
민 敏 141	방 紡 300	범 凡 240
민 悶 248	방 肪 300	범 汎 240
민 閔 248	방 訪 300	**법** 法 208
민 憫 248	방 防 300	**벽** 辟 157
밀 宓 039	방 芳 300	벽 僻 157
밀 密 039	방 放 302	벽 壁 157
밀 蜜 039	방 倣 302	벽 碧 193
■ㅂ 박 拍 022	방 房 300	**변** 邊 020
박 泊 022	**배** 杯 010	변 釆 071
박 舶 022	배 配 145	변 弁 086
박 迫 022	배 倍 152	변 辯 156
박 朴 220	배 培 152	변 辨 156
박 博 258	배 賠 152	변 變 218
박 薄 258	배 拜 182	변 卞 223
반 半 009	배 北 316	변 便 043
반 伴 009	배 背 316	**별** 別 298
반 叛 009	배 俳 318	**병** 竝 151
반 反 186	배 排 318	병 並 151
반 返 186	배 裵 318	병 秉 199
반 般 243	배 輩 318	병 丙 233
반 搬 243	**백** 白 022	병 柄 233
반 盤 243	백 柏 022	병 炳 233
반 班 298	백 伯 022	병 病 233
반 飯 308	백 帛 023	병 幷 254
발 友 109	백 魄 209	병 屛 254
발 拔 109	백 百 025	병 兵 277
발 髮 109	**번** 番 071	**보** 保 066
발 發 164	번 繁 141	보 報 148
방 龐 153	번 飜 351	보 普 151

보 譜 151	부 音 152	불 弗 292
보 布 160	부 剖 152	불 佛 292
보 步 225	부 部 152	불 拂 292
보 甫 257	부 付 179	붕 朋 006
보 補 257	부 附 179	붕 崩 006
보 輔 257	부 府 179	비 否 010
보 寶 329	부 符 179	비 賁 085
복 畐 053	부 腐 179	비 鼻 020
복 福 053	부 婦 196	비 祕 039
복 伏 110	부 孚 203	비 毘 051
복 服 148	부 浮 203	비 卑 056
복 卜 220	부 訃 220	비 婢 056
복 夊 335	부 赴 220	비 碑 056
복 腹 337	부 賦 225	비 妃 145
복 複 337	부 尃 258	비 肥 146
복 復 337	부 賻 258	비 備 255
복 覆 337	부 簿 258	비 費 292
본 本 059	부 缶 295	비 匕 303
봉 封 094	부 釜 306	비 比 313
봉 奉 124	부 負 328	비 批 313
봉 俸 124	부 復 337	비 非 318
봉 夆 184	부 覆 337	비 悲 318
봉 峰 184	부 膚 348	비 匪 318
봉 蜂 184	북 北 316	비 飛 351
봉 逢 184	분 賁 085	비 泌 039
봉 縫 184	분 憤 085	빈 彬 061
봉 鳳 352	분 噴 085	빈 賓 011
부 復 337	분 墳 085	빈 貧 296
부 不 010	분 奔 085	빈 頻 331
부 否 010	분 分 296	빙 氷 048
부 副 053	분 粉 296	빙 聘 275
부 富 053	분 紛 296	ㅅ 사 糸 217
부 父 089	분 盆 325	사 査 003
부 夫 106	분 奮 356	사 四 008
부 扶 106	불 不 010	사 沙 011

사 舍 028	사 嗄 334	상 償 235
사 捨 028	사 邪 347	상 狀 294
사 史 043	사 食 308	상 祥 341
사 使 043	삭 削 012	상 詳 341
사 思 050	삭 朔 127	상 象 345
사 私 072	삭 數 140	상 像 345
사 斜 075	삭 索 217	새 塞 339
사 寫 087	산 傘 014	색 塞 339
사 士 092	산 山 046	색 嗇 068
사 仕 092	산 算 086	색 色 146
사 奢 099	산 産 167	생 生 097
사 社 122	산 酸 334	생 省 011
사 祀 122	산 散 336	서 庶 081
사 乍 126	살 殺 242	서 緖 099
사 詐 126	살 撒 336	서 暑 099
사 賜 135	삼 三 008	서 署 319
사 巳 145	삼 森 061	서 徐 114
사 師 162	삼 參 210	서 敍 114
사 寺 178	삼 蔘 210	서 恕 137
사 射 180	삽 揷 087	서 序 142
사 謝 180	상 喪 050	서 舒 142
사 事 200	상 床 059	서 書 198
사 辭 205	상 相 059	서 西 246
사 似 206	상 箱 059	서 逝 278
사 厶 206	상 霜 059	서 誓 278
사 絲 217	상 想 059	서 瑞 310
사 徙 225	상 傷 136	석 夕 002
사 赦 265	상 商 167	석 奭 025
사 斯 276	상 桑 185	석 昔 078
사 司 290	상 上 223	석 惜 078
사 祠 290	상 尙 235	석 席 081
사 詞 290	상 常 235	석 錫 135
사 飼 290	상 裳 235	석 釋 158
사 蛇 305	상 嘗 303	석 石 193
사 死 311	상 賞 235	석 析 276

석 碩 331	세 洗 033	손 孫 219
선 亘 005	세 細 050	손 遜 219
선 宣 005	세 世 084	손 損 327
선 禪 018	세 貰 084	**솔** 率 215
선 線 024	세 勢 096	**송** 宋 067
선 先 033	세 稅 118	송 送 106
선 仙 046	세 說 118	송 松 206
선 選 080	세 歲 285	송 訟 206
선 船 241	**소** 小 010	송 頌 206
선 旋 301	소 少 011	송 誦 256
선 善 342	소 肖 012	**쇄** 殺 242
선 繕 342	소 消 012	쇄 碎 169
선 膳 342	소 梟 041	쇄 刷 253
선 鮮 346	소 巢 066	쇄 鎖 328
설 舌 028	소 燒 093	**쇠** 衰 176
설 薛 162	소 素 101	**수** 首 021
설 設 242	소 笑 174	수 囚 037
설 雪 268	소 掃 196	수 水 048
설 說 118	소 所 250	수 殊 064
섬 閃 249	소 疏 261	수 洙 064
섬 纖 318	소 蔬 261	수 銖 064
섭 燮 218	소 訴 277	수 愁 072
섭 涉 225	소 召 297	수 收 075
섭 攝 286	소 昭 297	수 秀 076
성 省 011	소 沼 297	수 叟 087
성 姓 097	소 紹 297	수 搜 087
성 性 097	소 騷 305	수 垂 093
성 星 097	소 蘇 346	수 睡 093
성 聖 104	소 疋 230	수 獸 110
성 聲 244	**속** 俗 047	수 數 140
성 成 284	속 束 065	수 帥 162
성 城 284	속 速 065	수 樹 165
성 晟 284	속 粟 238	수 粹 169
성 盛 284	속 續 319	수 守 177
성 誠 284	속 屬 320	수 壽 180

수 手 182	순 脣 312	식 植 019
수 隋 192	순 順 330	식 息 020
수 隨 192	**술** 術 062	식 湜 229
수 羞 194	술 述 062	식 式 280
수 受 201	술 戌 284	식 識 287
수 授 201	**숭** 崇 122	식 食 308
수 殳 242	**습** 拾 112	식 飾 308
수 輸 263	습 襲 153	**신** 申 049
수 氺 266	습 濕 212	신 伸 049
수 戍 284	습 習 359	신 神 049
수 需 310	**승** 勝 125	신 紳 049
수 須 330	승 丞 143	신 辛 156
수 修 335	승 承 143	신 信 171
수 遂 344	승 乘 316	신 身 180
수 誰 353	승 僧 323	신 臣 270
수 雖 353	승 升 351	신 腎 273
수 宿 025	승 昇 351	신 新 276
숙 宿 025	**시** 媤 050	신 愼 304
숙 孰 175	시 視 116	신 辰 312
숙 熟 175	시 示 122	신 娠 312
숙 叔 185	시 市 159	신 晨 312
숙 淑 185	시 時 178	신 迅 351
숙 肅 200	시 詩 178	**실** 室 211
순 盾 030	시 侍 178	실 失 293
순 循 030	시 始 207	실 實 329
순 舜 035	시 是 229	**심** 心 039
순 瞬 035	시 尸 252	심 甚 044
순 旬 130	시 弑 280	심 審 071
순 殉 130	시 試 280	심 深 119
순 珣 130	시 矢 293	심 尋 200
순 筍 130	시 施 301	심 沈 119
순 荀 130	시 屍 311	**십** 拾 112
순 淳 175	시 柴 315	십 十 008
순 純 181	시 豕 344	**쌍** 雙 357
순 巡 262	식 殖 019	**씨** 氏 069

아 兒 115	애 厓 095	양 壤 340
아 西 238	애 涯 095	양 孃 340
아 阿 289	애 哀 176	양 讓 340
아 我 343	애 愛 201	양 羊 341
아 餓 343	애 隘 325	양 洋 341
아 牙 347	애 噫 154	양 樣 341
아 芽 347	**액** 厄 147	양 養 342
아 雅 347	액 液 167	**어** 語 171
아 亞 040	액 額 331	어 御 224
악 惡 040	**야** 惹 016	어 禦 224
악 握 211	야 野 142	어 於 302
악 樂 215	야 夜 167	어 魚 346
악 岳 277	야 耶 286	어 漁 346
안 岸 030	야 也 350	**억** 抑 149
안 眼 070	야 若 016	억 億 154
안 安 139	**약** 略 007	억 憶 154
안 按 139	약 掠 173	**언** 彦 167
안 鞍 139	약 若 016	언 言 171
안 晏 139	약 約 131	언 焉 352
안 案 139	약 藥 215	**엄** 嚴 274
안 顔 331	약 弱 291	**업** 業 157
안 雁 355	약 躍 359	**엔** 円 234
알 謁 134	**양** 量 054	**여** 呂 040
알 斡 190	양 糧 054	여 旅 301
암 癌 041	양 梁 067	여 麗 314
암 庵 049	양 亮 172	여 舁 088
암 暗 154	양 凉 173	여 與 088
암 巖 274	양 諒 173	여 興 088
압 押 056	양 兩 231	여 余 114
압 壓 110	양 良 307	여 餘 114
앙 印 149	양 易 136	여 汝 137
앙 仰 149	양 陽 136	여 如 137
앙 央 236	양 揚 136	여 予 142
앙 殃 236	양 楊 136	**역** 曆 073
애 碍 005	양 襄 340	역 歷 073

568

역 逆 127	열 列 311	예 隷 267
역 易 135	열 烈 311	예 例 311
역 睪 158	열 裂 311	예 予 142
역 譯 158	열 說 118	예 譽 088
역 驛 158	열 熱 096	예 乂 089
역 疫 242	열 悅 118	예 藝 096
역 役 242	열 閱 118	예 執 096
역 亦 265	열 劣 299	예 銳 118
역 域 281	염 念 111	예 預 142
연 年 026	염 廉 199	예 豫 345
연 戀 218	염 染 067	오 五 008
연 連 259	염 厭 110	오 伍 009
연 蓮 259	염 炎 264	오 吾 009
연 聯 286	염 鹽 272	오 悟 009
연 練 321	엽 獵 262	오 梧 009
연 鍊 321	엽 燁 077	오 午 026
연 煉 321	엽 葉 084	오 惡 040
연 演 057	영 寧 288	오 吳 040
연 然 109	영 令 332	오 娛 040
연 燃 109	영 玲 332	오 誤 040
연 硯 116	영 零 268	오 污 275
연 軟 128	영 靈 268	오 傲 302
연 宴 139	영 領 332	오 於 302
연 燕 188	영 嶺 332	오 烏 352
연 衍 189	영 永 048	오 嗚 352
연 姸 193	영 泳 048	옥 玉 100
연 研 193	영 詠 048	옥 鈺 100
연 淵 200	영 迎 149	옥 獄 110
연 延 227	영 影 173	옥 沃 174
연 沿 241	영 映 236	옥 屋 211
연 鉛 241	영 英 236	온 溫 037
연 煙 246	영 榮 264	옹 翁 206
연 緣 267	영 營 264	옹 擁 358
연 肙 327	영 瑩 264	와 臥 241
연 捐 327	예 禮 166	와 瓦 270

와 臥 271	용 瑢 047	울 鬱 061
완 完 115	용 鎔 047	울 蔚 253
완 緩 202	용 庸 255	**웅** 雄 353
왈 曰 001	용 傭 255	**원** 円 234
왕 王 100	용 用 255	원 原 024
왕 旺 100	용 勇 256	원 源 024
왕 汪 100	용 甬 256	원 願 024
왕 往 101	용 踊 256	원 元 115
왕 尢 108	**우** 彐 194	원 院 115
왜 倭 073	우 牛 026	원 夗 148
왜 歪 228	우 于 026	원 苑 148
외 畏 050	우 宇 029	원 怨 148
외 外 220	우 禺 058	원 袁 176
외 歪 223	우 偶 058	원 遠 176
요 料 075	우 寓 058	원 園 176
요 樂 215	우 愚 058	원 爰 202
요 堯 093	우 遇 058	원 媛 202
요 夭 174	우 禹 058	원 援 202
요 妖 174	우 郵 093	원 員 327
요 幺 212	우 尤 108	원 圓 327
요 要 238	우 又 185	**월** 月 001
요 腰 238	우 友 185	월 越 226
요 搖 295	우 右 192	**위** 胃 052
요 謠 295	우 佑 192	위 謂 052
요 遙 295	우 祐 192	위 渭 052
요 姚 317	우 雨 268	위 委 073
요 曜 359	우 憂 331	위 危 147
요 耀 359	우 優 331	위 位 151
욕 欲 047	우 羽 359	위 韋 188
욕 慾 047	**욱** 旭 013	위 偉 188
욕 浴 047	욱 煜 151	위 圍 188
욕 辱 312	**운** 運 260	위 緯 188
용 龍 153	운 云 269	위 違 188
용 容 047	운 雲 269	위 衛 189
용 溶 047	운 韻 327	위 爲 205

위 僞 205	육 六 008	의 衣 176
위 尉 253	육 陸 096	의 依 176
위 慰 253	육 肉 233	의 醫 246
위 威 285	육 育 269	의 矣 293
유 劉 150	윤 倫 251	의 疑 304
유 柳 150	윤 輪 251	의 義 343
유 留 150	윤 尹 195	의 議 343
유 謬 210	윤 胤 212	의 儀 343
유 流 261	윤 閏 249	이 泥 303
유 類 331	윤 潤 249	이 理 054
유 裕 047	윤 允 334	이 裡 054
유 由 049	윤 鈗 334	이 裏 054
유 油 057	율 聿 198	이 李 073
유 誘 076	율 律 198	이 梨 073
유 尤 119	율 率 215	이 利 073
유 柔 144	율 栗 238	이 履 337
유 有 191	융 隆 034	이 離 358
유 乳 203	융 融 237	이 易 135
유 幼 212	은 恩 037	이 移 002
유 幽 212	은 隱 204	이 二 008
유 酉 246	은 殷 242	이 異 080
유 猶 247	은 垠 306	이 已 145
유 兪 263	은 銀 306	이 伊 195
유 喩 263	을 乙 350	이 以 206
유 楡 263	음 吟 111	이 怡 207
유 踰 263	음 音 154	이 隸 267
유 愈 263	음 淫 204	이 貳 280
유 遊 302	음 陰 269	이 耳 286
유 儒 310	음 飮 308	이 夷 292
유 遺 329	읍 邑 146	이 姨 292
유 攸 335	읍 泣 151	이 而 310
유 悠 335	응 凝 304	이 台 207
유 惟 354	응 應 355	익 匿 016
유 維 354	의 宜 003	익 翼 080
유 唯 354	의 意 154	익 弋 280

익 溺 291	자 炙 105	장 璋 155
익 益 325	자 姿 129	장 障 155
익 翊 359	자 恣 129	장 掌 235
인 憐 035	자 諮 129	장 臧 273
인 隣 035	자 資 129	장 藏 273
인 因 037	자 子 142	장 臟 273
인 姻 037	자 姉 159	장 匠 276
인 寅 057	자 慈 216	장 爿 294
인 人 105	자 滋 216	장 壯 294
인 仁 105	자 茲 216	장 莊 294
인 儿 115	자 磁 216	장 裝 294
인 印 149	자 雌 315	장 將 294
인 垔 246	자 疵 315	장 獎 294
인 引 291	자 紫 315	장 蔣 294
인 刃 296	**작** 作 126	장 長 309
인 忍 296	작 昨 126	장 帳 309
인 認 296	작 勺 131	장 張 309
일 日 001	작 酌 131	장 葬 311
일 一 008	작 爵 204	**재** 宰 156
일 逸 121	작 雀 358	재 才 177
일 壹 163	**잔** 戔 282	재 材 177
일 鎰 325	잔 殘 282	재 財 177
임 臨 271	**잠** 暫 278	재 在 191
임 林 061	잠 潛 279	재 再 234
임 壬 104	잠 蠶 279	재 災 262
임 任 104	**잡** 雜 354	재 哉 283
임 姙 104	**장** 狀 294	재 栽 283
임 賃 104	장 墻 068	재 裁 283
입 廿 077	장 粧 074	재 載 283
입 入 105	장 丈 108	**쟁** 爭 203
ㅈ 자 自 020	장 杖 108	**저** 氐 069
자 字 029	장 場 136	저 抵 069
자 束 065	장 腸 136	저 低 069
자 刺 065	장 章 155	저 底 069
자 者 098	장 樟 155	저 著 099

572

저 箸 099	절 絶 146	정 丁 288
저 貯 328	절 巴 147	정 汀 288
적 炙 105	절 卩 147	정 町 288
적 笛 057	절 節 148	정 訂 288
적 籍 078	절 折 278	정 頂 288
적 積 103	절 切 298	정 旌 301
적 績 103	점 占 221	정 井 339
적 蹟 103	점 店 221	정 穽 339
적 的 131	점 點 222	제 齊 074
적 商 168	점 漸 278	제 濟 074
적 摘 168	접 蝶 084	제 劑 074
적 敵 168	접 接 138	제 諸 099
적 滴 168	정 晶 006	제 除 114
적 適 168	정 情 102	제 祭 123
적 寂 185	정 精 102	제 際 123
적 赤 265	정 呈 104	제 制 160
적 跡 265	정 程 104	제 製 160
적 迹 265	정 亭 175	제 帝 161
적 賊 328	정 停 175	제 堤 229
전 戔 282	정 淨 203	제 提 229
전 戰 018	정 靜 203	제 題 229
전 前 021	정 貞 220	제 弟 292
전 田 049	정 偵 220	제 第 292
전 全 105	정 楨 220	조 祖 003
전 典 166	정 庭 227	조 租 003
전 奠 247	정 廷 227	조 組 003
전 展 253	정 珽 227	조 趙 012
전 殿 253	정 艇 227	조 造 032
전 專 260	정 正 228	조 操 041
전 傳 260	정 征 228	조 燥 041
전 轉 260	정 政 228	조 措 078
전 電 268	정 整 228	조 釣 131
전 錢 282	정 定 228	조 曹 166
전 顚 304	정 鼎 237	조 朝 190
절 竊 071	정 鄭 247	조 潮 190

조 爪 201	주 柱 101	지 識 287
조 早 223	주 注 101	지 支 014
조 調 231	주 註 101	지 枝 014
조 彫 231	주 駐 101	지 肢 014
조 弔 291	주 奏 124	지 只 037
조 照 297	주 壴 165	지 紙 069
조 助 299	주 鑄 180	지 志 092
조 兆 317	주 晝 198	지 誌 092
조 條 335	주 走 226	지 持 178
조 鳥 352	주 周 231	지 至 211
족 足 230	주 週 231	지 止 224
족 族 301	주 舟 234	지 址 224
존 存 191	주 酒 246	지 祉 224
존 尊 247	주 州 261	지 遲 266
졸 拙 046	주 洲 261	지 知 293
졸 卒 169	죽 竹 299	지 智 293
종 種 055	준 遵 247	지 旨 303
종 鐘 055	준 俊 334	지 指 303
종 宗 122	준 埈 334	지 脂 303
종 琮 122	준 峻 334	지 地 350
종 綜 122	준 駿 334	지 池 350
종 從 221	준 準 355	지 之 350
종 縱 221	중 中 042	지 芝 350
종 終 333	중 仲 042	직 直 019
좌 坐 092	중 重 055	직 稙 019
좌 座 092	중 衆 325	직 織 287
좌 左 192	즉 卽 148	직 職 287
좌 佐 192	즉 則 326	진 秦 124
죄 罪 318	증 蒸 143	진 盡 194
주 宙 029	증 證 164	진 津 198
주 朱 064	증 症 228	진 珍 210
주 株 064	증 曾 323	진 診 210
주 珠 064	증 增 323	진 陣 259
주 主 101	증 憎 323	진 陳 259
주 住 101	증 贈 323	진 眞 304

진 鎭 304	찬 餐 221	척 斥 277
진 辰 312	**찰** 札 060	척 戚 284
진 振 312	찰 察 123	척 隻 357
진 震 312	찰 刹 242	**천** 泉 024
진 塵 314	**참** 參 210	천 千 026
진 進 355	참 慘 210	천 舛 035
질 窒 036	참 斬 278	천 天 106
질 秩 072	참 憯 278	천 遷 239
질 姪 211	**창** 昌 004	천 川 261
질 質 276	창 唱 004	천 巛 262
질 疾 293	창 窓 036	천 賤 282
집 執 156	창 昶 048	천 踐 282
집 輯 286	창 暢 136	천 淺 282
집 集 357	창 彰 155	천 薦 314
징 徵 245	창 倉 250	**철** 徹 269
징 懲 245	창 創 250	철 撤 269
차 車 259	창 滄 250	철 澈 269
차 且 001	창 蒼 250	철 哲 278
차 借 078	**채** 差 342	철 喆 217
차 遮 081	채 債 103	철 鐵 283
차 茶 114	채 蔡 123	철 中 181
차 次 129	채 采 205	**첨** 尖 010
차 叉 185	채 採 205	첨 僉 113
차 此 315	채 埰 205	첨 詹 120
차 差 342	채 彩 205	첨 忝 174
착 著 099	채 菜 205	첨 添 174
착 錯 078	**책** 策 065	**첩** 諜 084
착 窄 157	책 責 103	첩 妾 138
착 捉 230	책 冊 251	**청** 聽 019
착 着 342	**처** 妻 138	청 廳 019
찬 贊 033	처 悽 138	청 靑 102
찬 讚 033	처 處 348	청 晴 102
찬 粲 221	**척** 刺 065	청 淸 102
찬 璨 221	척 拓 193	청 請 102
찬 燦 221	척 尺 252	**체** 替 106

575

체 滯 159	추 追 162	측 測 326
체 締 161	추 帚 196	층 層 323
체 體 166	추 醜 209	치 徵 245
체 逮 267	추 趨 226	치 侈 002
체 切 298	추 酋 247	치 值 019
체 遞 349	추 推 353	치 治 207
초 抄 011	추 隹 353	치 致 211
초 秒 011	축 縮 025	치 齒 224
초 肖 012	축 軸 057	치 恥 286
초 哨 012	축 祝 117	치 置 319
초 艹 077	축 蹴 173	치 夂 333
초 草 223	축 丑 194	치 豸 345
초 楚 230	축 畜 215	치 稚 353
초 礎 230	축 蓄 215	치 雉 353
초 招 297	축 築 240	칙 勅 065
초 超 297	축 逐 344	칙 則 326
초 初 298	춘 春 124	친 親 276
초 焦 355	출 出 046	칠 七 008
촉 促 230	출 朮 062	칠 漆 266
촉 蜀 320	충 忠 042	침 針 014
촉 燭 320	충 沖 042	침 枕 119
촉 觸 320	충 衷 042	침 沈 119
촌 寸 177	충 充 117	침 侵 196
촌 村 177	충 衝 189	침 浸 196
총 銃 117	충 虫 305	침 寢 196
총 寵 153	충 蟲 305	칭 稱 204
총 叢 157	취 臭 020	쾌 夬 236
총 恩 333	취 吹 128	쾌 快 236
총 總 333	취 炊 128	타 隋 192
총 聰 333	취 醉 169	타 墮 192
최 最 287	취 就 173	타 妥 138
최 崔 357	취 取 287	타 打 288
최 催 357	취 趣 287	타 他 350
추 抽 057	측 側 326	탁 度 081
추 秋 072	측 惻 326	탁 拓 193

탁 乇 027	토 討 177	편 篇 251
탁 託 027	통 洞 232	편 遍 251
탁 托 027	통 統 117	편 片 294
탁 鐸 158	통 通 256	**평** 平 031
탁 卓 223	통 痛 256	평 坪 031
탁 濁 320	**퇴** 推 353	평 評 031
탁 琢 344	퇴 退 306	**폐** 肺 159
탁 濯 359	**투** 鬥 163	폐 廢 164
탄 彈 018	투 鬪 163	폐 閉 249
탄 歎 083	투 透 076	폐 敝 338
탄 炭 191	투 投 242	폐 蔽 338
탄 誕 227	**특** 特 178	폐 幣 338
탈 脫 118	**파** 派 070	폐 弊 338
탈 奪 356	파 播 071	**포** 抛 013
탐 貪 111	파 巴 146	포 勹 130
탐 探 119	파 把 146	포 包 133
탐 眈 119	파 坡 187	포 抱 133
탑 塔 112	파 波 187	포 砲 133
탕 糖 197	파 破 187	포 胞 133
탕 湯 136	파 頗 187	포 飽 133
태 太 108	파 罷 304	포 布 160
태 兌 118	**판** 判 009	포 怖 160
태 泰 124	판 板 186	포 哺 257
태 台 207	판 版 186	포 捕 257
태 殆 207	판 販 186	포 浦 257
태 胎 207	판 阪 186	포 葡 257
태 颱 207	**팔** 八 008	포 鋪 257
태 怠 207	**패** 覇 238	포 暴 079
태 態 304	패 貝 326	**폭** 暴 079
택 宅 027	패 敗 336	폭 爆 079
택 擇 158	**편** 便 043	폭 幅 053
택 澤 158	편 鞭 043	**표** 杓 131
토 土 092	편 扁 251	표 豹 131
토 吐 092	편 偏 251	표 表 176
토 兔 121	편 編 251	표 票 239

표 漂 239	한 閑 249	향 向 234
표 標 239	한 恨 306	허 許 026
푼 分 296	한 限 306	허 虛 349
품 品 041	한 寒 339	헌 軒 030
풍 豊 166	할 割 183	헌 憲 183
풍 風 240	할 轄 183	헌 獻 237
풍 楓 240	함 陷 087	험 險 113
피 避 157	함 含 111	험 驗 113
피 皮 187	함 函 266	혁 奭 025
피 彼 187	함 艦 272	혁 革 188
피 疲 187	함 咸 285	혁 赫 265
피 被 187	합 合 112	현 見 116
필 弼 025	항 降 034	현 現 116
필 必 039	항 恒 005	현 峴 116
필 泌 039	항 巷 080	현 玄 216
필 畢 077	항 港 080	현 弦 216
필 匹 115	항 亢 245	현 炫 216
필 筆 198	항 抗 245	현 絃 216
필 疋 230	항 航 245	현 鉉 216
핍 乏 350	항 項 330	현 縣 219
하 下 223	항 行 189	현 懸 219
하 瑕 254	해 海 141	현 賢 273
하 何 289	해 亥 171	현 顯 331
하 河 289	해 害 183	혈 穴 036
하 荷 289	해 解 255	혈 血 325
하 賀 299	해 奚 214	혈 頁 330
하 夏 333	해 該 171	혐 嫌 199
학 學 089	핵 核 171	협 夾 106
학 虐 348	행 杏 072	협 峽 106
학 鶴 356	행 幸 156	협 狹 106
한 旱 030	행 行 189	협 劦 299
한 汗 030	향 香 072	협 協 299
한 漢 083	향 享 175	협 脅 299
한 翰 190	향 鄕 214	형 瑩 264
한 韓 190	향 響 214	형 螢 264

형 兄 117	혹 惑 281	환 歡 360
형 亨 175	혼 昏 069	활 活 028
형 衡 189	혼 婚 069	활 滑 166
형 炯 232	혼 魂 209	황 晃 006
형 形 339	혼 混 313	황 凰 023
형 邢 339	홀 忽 135	황 皇 023
형 刑 339	흡 合 112	황 黃 082
형 型 339	홍 洪 079	황 況 117
혜 惠 197	홍 紅 274	황 荒 170
혜 彗 197	홍 弘 291	회 回 038
혜 慧 197	홍 鴻 352	회 廻 038
혜 兮 275	화 話 028	회 悔 141
호 許 026	화 禾 071	회 灰 191
호 昊 006	화 吳 040	회 賄 191
호 祜 015	화 和 072	회 褱 322
호 胡 017	화 華 077	회 懷 322
호 湖 017	화 化 303	회 會 323
호 乎 031	화 靴 188	회 淮 354
호 呼 031	화 畵 198	획 畫 198
호 晧 032	화 禍 241	획 劃 198
호 浩 032	화 火 264	획 獲 356
호 皓 032	화 花 303	횡 橫 082
호 好 137	화 貨 303	효 爻 089
호 毫 172	확 擴 082	효 效 090
호 豪 172	확 穫 356	효 曉 093
호 壕 172	확 確 356	효 孝 098
호 鎬 172	환 桓 005	후 厚 143
호 戶 250	환 丸 013	후 後 212
호 互 270	환 患 042	후 后 252
호 虍 348	환 奐 120	후 侯 293
호 虎 349	환 換 120	후 喉 293
호 號 349	환 煥 120	후 候 293
호 護 356	환 幻 212	훈 熏 222
혹 酷 032	환 環 309	훈 勳 222
혹 或 281	환 還 309	훈 薰 222

훈 訓 261	흉 胸 089	희 稀 160
훼 卉 085	흑 黑 222	희 喜 165
훼 毀 242	흔 痕 306	희 嬉 165
휘 揮 260	흠 欠 128	희 禧 165
휘 輝 260	흠 欽 128	희 熙 271
휴 休 060	흡 吸 076	희 姬 271
휴 烋 060	흥 興 088	희 羲 343
휴 携 355	희 噫 154	희 犧 343
흉 凶 089	희 希 160	희 戲 349

往者不可諫, 來者猶可追.
"지나간 일은 되돌릴 수 없으나, 다가올 일은 결정할 수 있다."
- ≪논어≫, 〈미자(微子)〉 -

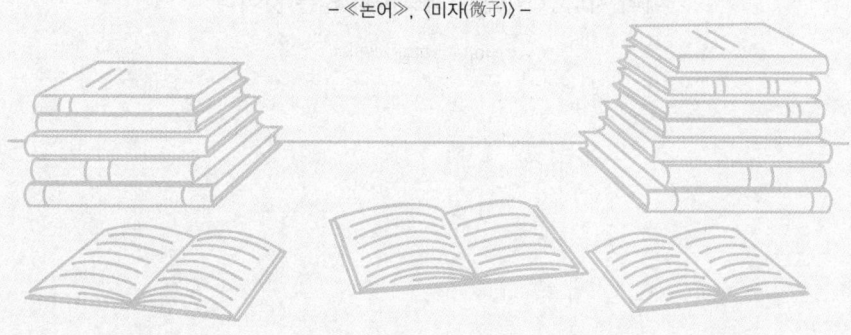

成事不說, 遂事不諫, 既往不咎.
"이미 이루어진 일이니 말하지 않으며,
이미 끝난 일이니 충고하지 않으며,
이미 지나간 일이니 책망하지 않는 것이다."

- ≪논어≫, 〈팔일(八佾)〉 -

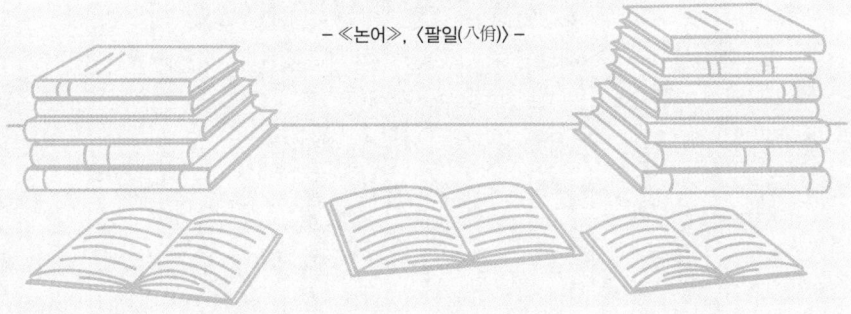

2026 진흥회 한자자격시험 2급 한 권으로 끝내기

개정10판1쇄 발행	2026년 01월 05일 (인쇄 2025년 10월 23일)
초 판 발 행	2015년 08월 10일 (인쇄 2015년 06월 19일)
발 행 인	박영일
책 임 편 집	이해욱
저 자	박정서 · 박원길
편 집 진 행	신명숙
표지디자인	김지수
편집디자인	차성미 · 임창규
발 행 처	(주)시대고시기획
출 판 등 록	제10-1521호
주 소	서울시 마포구 큰우물로 75 [도화동 538 성지 B/D] 9F
전 화	1600-3600
팩 스	02-701-8823
홈 페 이 지	www.sdedu.co.kr
I S B N	979-11-434-0226-4 (13710)
정 가	26,000원

※ 이 책은 저작권법의 보호를 받는 저작물이므로 동영상 제작 및 무단전재와 배포를 금합니다.
※ 잘못된 책은 구입하신 서점에서 바꾸어 드립니다.

9개년 기출 완벽 분석

빅데이터
필수암기
합격한자
750

시대에듀

Guide

합격의 공식 Formula of pass | 시대에듀 www.sdedu.co.kr

이 책의 활용 방법

이 책의 구성
'빈출 한자의 훈·음'을 수록하여, 날마다 학습한 한자들을 직접 써 보고 확인할 수 있도록 구성하였습니다.

필수암기 합격한자 750
필수암기 합격한자는 본문에 '빈출' 표시가 들어간 한자입니다. 수험생의 합격률을 향상시키기 위하여 시험 출제가 많이 되는 한자 750자를 따로 수록했습니다. 다른 한자도 중요하지만, 이 750자는 반드시 암기해 두세요.

이 책의 공부법
1. 본문에서 공부한 한자의 훈·음을 보고 해당 한자를 직접 써 보세요.
2. 직접 써 본 한자의 훈·음과 함께 빈출 어휘를 학습해 보세요.

DAY 01

#		훈음	예시
1		옮길 이	移記(이기), 移動(이동), 移徙(이사), 移越(이월)
2		사치할 치	奢侈(사치), 侈習(치습), 侈心(치심)
3		눈썹 미	眉間(미간), 白眉(백미), 蛾眉(아미), 焦眉(초미)
4		무릅쓸 모	冒頭(모두), 冒進(모진), 冒險(모험)
5		아침 단	元旦(원단), 早旦(조단), 一旦(일단)
6		막을/거리낄 애	礙子(애자), 礙滯(애체), 拘礙(구애)
7		무너질 붕	崩壞(붕괴), 崩潰(붕궤), 崩城之痛(붕성지통)
8		빛날 경	※ 해당 한자는 주로 인명으로 사용됨.
9		각각 각	各各(각각), 各人各色(각인각색), 各種(각종)
10		누각/내각 각	樓閣(누각), 鐘閣(종각), 內閣(내각), 閣僚(각료)
11		맥락/이을 락	經絡(경락), 脈絡(맥락), 連絡(연락), 聯絡網(연락망)
12		물 이름 락	洛陽(낙양), 洛陽紙貴(낙양지귀)
13		나 오	吾等(오등), 吾鼻三尺(오비삼척), 吾不關焉(오불관언)
14		오동나무 오	梧桐(오동), 碧梧桐(벽오동), 梧桐一葉(오동일엽)
15		짝/따를 반	伴侶者(반려자), 同伴者(동반자), 伴奏(반주), 隨伴(수반)
16		배반할 반	叛骨(반골), 叛起(반기), 叛逆(반역), 背叛(배반)
17		뾰족할 첨	尖端(첨단), 尖兵(첨병), 尖銳(첨예), 尖塔(첨탑)
18		모래 사	沙金(사금), 沙漠(사막), 沙上樓閣(사상누각)
19		뽑을/베낄 초 노략질할 초	抄錄(초록), 抄本(초본), 抄譯(초역), 抄略(초략)
20		손님 빈	國賓(국빈), 貴賓(귀빈), 外賓(외빈), 迎賓館(영빈관)
21		살필 성 줄일 생	省墓(성묘), 反省(반성), 自省(자성), 省略(생략)
22		작을 소 닮을 초	肖像權(초상권), 肖像畫(초상화), 不肖(불초)
23		망볼 초	哨戒(초계), 哨兵(초병), 哨所(초소), 步哨(보초)
24		깎을 삭	削減(삭감), 削髮(삭발), 削除(삭제), 添削(첨삭)

25		원수 구	仇隙(구극), 仇怨(구원), 仇敵(구적), 仇恨(구한)
26		길/법 궤	軌道(궤도), 挾軌(협궤), 軌跡(궤적), 軌範(궤범)
27		던질 포	抛車(포거), 抛物線(포물선), 抛棄(포기)
28		우산 산	雨傘(우산), 傘下(산하), 陽傘(양산), 日傘(일산)
29		사지 지	肢體不自由(지체부자유), 下肢(하지)
30		마를/죽을 고	枯渴(고갈), 枯木(고목), 枯死(고사), 枯葉(고엽)
31		낱/개수 개	箇箇(개개), 箇中(개중), 箇數(개수)
32		허락할 락(낙) 대답할 낙	許諾(허락), 承諾(승낙), 唯唯諾諾(유유낙낙)
33		끌 야	惹起(야기), 惹端(야단), 惹鬧(야료)
34		숨길/숨을 닉	匿名(익명), 隱匿(은닉)
35		오랑캐 호	胡角(호각), 胡桃(호도), 胡亂(호란)
36		선 선	禪師(선사), 坐禪(좌선), 面壁參禪(면벽참선)
37		번식할 식	繁殖(번식), 養殖(양식), 生殖器(생식기), 生殖期(생식기)
38		관청 청	廳舍(청사), 廳長(청장), 區廳(구청), 市廳(시청)
39		냄새 취	惡臭(악취), 體臭(체취), 脫臭劑(탈취제), 香臭(향취)
40		쉴 게	憩息(게식), 憩室(게실), 休憩室(휴게실)
41		맏/우두머리 백	伯父(백부), 伯仲之勢(백중지세), 道伯(도백)
42		잣나무/측백나무 백	松柏(송백), 松茂柏悅(송무백열), 側柏(측백)
43		칠 박	拍手(박수), 拍掌大笑(박장대소), 拍車(박차)
44		배댈/묵을 박 산뜻할 박	碇泊(정박), 宿泊(숙박), 外泊(외박), 淡泊(담박)
45		큰 배 박	舶來(박래), 舶載(박재), 賈舶(고박), 船舶(선박)
46		핍박할 박	追頭(박두), 追力(박력), 促迫(촉박)
47		봉황새 황	鳳凰(봉황), 朝陽鳳凰(조양봉황)
48		비단 금	錦衾(금금), 錦上添花(금상첨화), 錦衣還鄉(금의환향)
49		솜 면 자세할/이어질 면	純綿(순면), 綿密(면밀), 周到綿密(주도면밀), 綿綿(면면)
50		줄어들 축	縮圖(축도), 縮小(축소), 減縮(감축), 伸縮(신축)

DAY 03

51		맡길/밀 탁	無依無托(무의무탁), 信托(신탁)
52		부탁할 탁	託兒所(탁아소), 付託(부탁), 信託(신탁), 請託(청탁)
53		어두울 명 저승/아득할 명	冥冥(명명), 冥福(명복), 冥想(명상)
54		간 간	肝腸(간장), 肝炎(간염), 九曲肝腸(구곡간장)
55		가물 한	旱穀(한곡), 旱害(한해), 大旱(대한)
56		땀 한	汗蒸幕(한증막), 無汗不成(무한불성), 發汗(발한)
57		처마/수레/집 헌	軒頭(헌두), 軒燈(헌등), 軒號(헌호), 不憂軒(불우헌)
58		방패 순	盾戈(순과), 矛盾(모순)
59		돌/좇을 순	循環(순환), 善循環(선순환) ↔ 惡循環(악순환), 循次(순차)
60		들/평 평	坪當(평당), 坪數(평수), 建坪(건평)
61		클/넓을 호	浩氣(호기), 浩然之氣(호연지기), 浩蕩(호탕)
62		심할/독할 혹	酷毒(혹독), 酷暑(혹서), 酷評(혹평), 酷寒(혹한)
63		칭찬할/기릴 찬	稱讚(칭찬), 讚頌(찬송), 讚揚(찬양), 自畫自讚(자화자찬)
64		끌 견	牽引(견인), 牽制(견제), 牽牛織女(견우직녀)
65		임금 무덤/언덕 릉	王陵(왕릉), 丘陵(구릉), 武陵桃源(무릉도원)
66		높을/성할 륭	隆起(융기), 隆冬(융동), 隆盛(융성)
67		무궁화/순임금 순	堯舜(요순), 堯舜之節(요순지절)
68		눈 깜짝할 순	瞬間(순간), 瞬息間(순식간), 一瞬間(일순간)
69		이웃 린	近隣(근린), 善隣(선린), 隣近(인근), 隣接(인접)
70		불쌍히 여길 련	憐憫(연민), 可憐(가련), 同病相憐(동병상련)
71		구멍/굴 혈	穴居(혈거), 穴見(혈견), 偕老同穴(해로동혈)
72		속 빌 강	口腔(구강), 滿腔(만강), 腹腔鏡(복강경)
73		곤할 곤	困難(곤난 → 곤란), 困境(곤경), 貧困(빈곤), 疲困(피곤)
74		시집갈 인	姻戚(인척), 姻親(인친), 婚姻(혼인)
75		우회할/돌 회	回轉·廻轉(회전), 廻風(회풍), 輪廻(윤회)

76		박달나무/향나무 단	檀君(단군), 檀紀(단기), 震檀(진단)
77		꿀 밀	蜜柑(밀감), 蜜月旅行(밀월여행), 口蜜腹劍(구밀복검)
78		즐거워할 오	娛樂(오락), 娛樂室(오락실), 娛遊(오유)
79		몰/달릴 구	驅軍(구군), 驅迫(구박), 驅蟲(구충), 驅步(구보)
80		갈매기 구	鷗鷺(구로), 鷗盟(구맹), 白鷗(백구), 海鷗(해구)
81		토할/구주 구	歐文(구문), 歐美(구미), 西歐(서구)
82		잡을/다룰 조	操心(조심), 志操(지조), 操業(조업), 操縱(조종)
83		탈/마를 조	焦燥(초조), 燥渴(조갈), 乾燥(건조), 無味乾燥(무미건조)
84		암 암	癌腫(암종), 癌的(암적), 胃癌(위암)
85		버금/중개할 중	伯仲(백중), 仲介(중개), 仲介人(중개인)
86		속마음/정성 충	衷誠(충성), 衷心(충심), 衷情(충정), 苦衷(고충)
87		채찍 편	鞭撻(편달), 敎鞭(교편), 走馬加鞭(주마가편)
88		꾀할/도모할 모	謀略(모략), 謀議(모의), 謀陷(모함), 主謀(주모)
89		중매할 매	媒介(매개), 媒婆(매파), 觸媒(촉매)
90		속일 기	欺瞞(기만), 欺罔(기망), 詐欺(사기)
91		못날 졸	拙作(졸작), 拙速(졸속), 拙丈夫(졸장부)
92		굽을/굽힐 굴	屈曲(굴곡), 屈伏(굴복), 百折不屈(백절불굴)
93		팔 굴	發掘(발굴), 臨渴掘井(임갈굴정)
94		굴 굴	洞窟(동굴), 貧民窟(빈민굴), 巢窟(소굴)
95		목욕할 욕	沐浴(목욕), 浴客(욕객), 浴室(욕실), 海水浴(해수욕)
96		녹일 용	鎔鑛(용광), 鎔鑛爐(용광로), 鎔接(용접)
97		읊을 영	詠歌·咏歌(영가), 詠嘆·咏嘆(영탄)
98		펼/늘일 신	伸張(신장), 伸縮(신축), 欠伸(흠신)
99		큰 띠/신사 신	紳士(신사), 紳士的(신사적), 紳商(신상)
100		두려워할 외	畏驚(외경), 敬畏(경외), 後生可畏(후생가외)
101		여러/쌓일 루 폐 끼칠 루	累計(누계), 累積(누적), 累增(누증), 連累(연루)

102		싹 묘	苗木(묘목), 苗板(묘판), 育苗(육묘), 種苗(종묘)
103		밟을 답	踏步(답보), 踏査(답사), 踏襲(답습), 踏破(답파)
104		이를 위	所謂(소위), 云謂(운위), 或謂(혹위)
105		넓이 폭	幅跳(폭도), 大幅(대폭), 小幅(소폭), 步幅(보폭)
106		속 리	裏面(이면), 裏書(이서), 表裏不同(표리부동)
107		묻을 매	埋沒(매몰), 埋藏(매장), 埋葬(매장), 生埋葬(생매장)
108		누를/압수할 압	押釘(압정), 押收(압수), 假押留(가압류)
109		낮을/천할 비	卑屈(비굴), 卑俗(비속), 卑劣(비열), 卑賤(비천)
110		여자종 비	婢女(비녀), 婢僕(비복), 婢妾(비첩), 奴婢(노비)
111		비석 비	碑石(비석), 碑文(비문), 墓碑(묘비), 詩碑(시비)
112		뽑을 추	抽讀(추독), 抽拔(추발), 抽象(추상), 抽出(추출)
113		굴대 축	主軸(주축), 地軸(지축), 車軸(차축)
114		피리 적	警笛(경적), 鼓笛隊(고적대), 汽笛(기적), 號笛(호적)
115		우연/짝/허수아비 우	偶發(우발), 配偶者(배우자), 偶像(우상)
116		힘쓸 려	激勵(격려), 督勵(독려), 獎勵(장려)
117		우임금/성 우	田禹治傳(전우치전)
118		상자 상	箱子(상자), 箱子褶曲(상자습곡), 書箱(서상)
119		목욕할 목	沐間(목간), 沐露(목로), 沐髮(목발), 沐浴(목욕)
120		편지/패/돈 찰	書札(서찰), 名札(명찰), 現札(현찰)
121		낱 매	枚擧(매거), 枚數(매수), 枚移(매이), 枚陳(매진)
122		답답할/울창할 울	鬱寂(울적), 抑鬱(억울), 憂鬱(우울)
123		빽빽할 삼 엄숙한 모양 삼	森林(삼림), 森羅萬象(삼라만상), 森嚴(삼엄)
124		저릴 마	痲藥(마약), 痲醉(마취)
125		갈 마	磨滅(마멸), 磨耗(마모), 硏磨(연마), 磨斧爲針(마부위침)
126		문지를/어루만질 마	摩擦(마찰), 摩天樓(마천루), 撫摩(무마), 按摩(안마)
127		마귀 마	魔術(마술), 惡魔(악마), 好事多魔(호사다마)

128		구슬/진주 주	珠簾(주렴), 珠玉(주옥), 如意珠(여의주), 念珠(염주)
129		다를 수	殊功(수공), 殊怪(수괴), 殊常(수상), 特殊(특수)
130		물가 수	※ 해당 한자는 주로 인명으로 사용됨.

DAY 06

131		찌를 자/척	刺客(자객), 刺戟(자극), 刺殺(척살)
132		과자 과	菓子(과자), 茶菓(다과), 氷菓(빙과), 製菓(제과)
133		물들일 염	染料(염료), 染色(염색) ↔ 脫色(탈색), 汚染(오염)
134		들보/다리/성 량(양)	上梁(상량), 梁上君子(양상군자), 橋梁(교량)
135		버릴 기	棄權(기권), 棄兒(기아), 廢棄(폐기), 抛棄(포기)
136		담 장	墻外(장외), 路柳墻花(노류장화), 越墻(월장)
137		밑 저	底力(저력), 底意(저의), 井底蛙(정저와)
138		옥돌 민	※ 해당 한자는 주로 인명으로 사용됨.
139		잠잘 면	冬眠(동면), 睡眠(수면), 休眠(휴면), 不眠症(불면증)
140		눈 안	眼鏡(안경), 眼科(안과), 眼光(안광), 着眼(착안)
141		혈관/줄기 맥	脈度(맥도), 脈動(맥동), 脈搏(맥박), 山脈(산맥)
142		벼 화	禾穀(화곡), 禾利(화리)
143		살필 심	審理(심리), 審査(심사), 審問(심문)
144		뿌릴/퍼뜨릴 파	播種(파종), 直播(직파), 傳播(전파), 播多(파다)
145		훔칠 절	竊盜(절도), 竊取(절취), 剽竊(표절)
146		책력 력	曆法(역법), 陽曆(양력), 陰曆(음력), 太陽曆(태양력)
147		약 지을 제	洗劑(세제), 藥劑(약제), *藥材(약재), 調劑(조제)
148		미혹할 미	迷宮(미궁), 迷路(미로), 迷兒(미아), 昏迷(혼미)
149		단장할 장	粧飾(장식), 內粧(내장), 治粧(치장)
150		국화 국	山菊(산국), 水菊(수국), 野菊(야국), 黃菊(황국)
151		비낄/기울 사	斜線(사선), 斜陽(사양), 傾斜(경사)
152		얽힐/모일/살필 규	紛糾(분규), 糾合(규합), 糾明(규명)

153		통할 투	透明(투명), 透視(투시), 透徹(투철), 浸透(침투)
154		꾈 유	誘拐犯(유괴범), 誘引(유인), 誘惑(유혹)

DAY 07

155		마칠 필	畢竟(필경), 畢生(필생), 檢査畢(검사필)
156		섞일/어긋날 착	錯亂(착란), 錯雜(착잡), 錯覺(착각), 錯誤(착오)
157		둘 조	措定(조정), 措處(조처), 措置(조치)
158		넓을/홍수/성 홍	洪魚(홍어), 洪規(홍규)
159		거리 항	巷間(항간), 巷談(항담), 巷說(항설), 巷謠(항요)
160		막을 차	遮光(차광), 遮斷(차단), 遮陽(차양)
161		건널 도	渡江(도강), 渡河(도하), 不渡(부도), 過渡期(과도기)
162		가로/제멋대로 횡	橫斷(횡단), 橫領(횡령), 橫厄(횡액), 橫財(횡재)
163		쇳돌 광	鑛物(광물), 鑛夫(광부), 鑛山(광산), 鑛石(광석)
164		넓힐 확	擴大(확대), 擴散(확산), 擴聲器(확성기), 擴張(확장)
165		겨우 근	僅僅(근근), 僅僅圖生(근근도생), 僅少(근소)
166		붉은 옥 근 아름다운 옥 근	細瑾(세근), 瑕瑾(하근)
167		무궁화 근	槿域(근역), 槿花(근화)
168		세낼/빌릴 세	貰房(세방), 月貰(월세), 朔月貰(삭월세), 傳貰(전세)
169		나비 접	蝶舞(접무), 蝶泳(접영)
170		염탐할/간첩 첩	諜報(첩보), 諜者(첩자), 防諜(방첩)
171		무덤 분	墳墓(분묘), 墳上(분상), 古墳(고분), 封墳(봉분)
172		분할/성날 분	憤慨(분개), 憤敗(분패), 憤怒(분노), 激憤(격분)
173		희롱할 롱 가지고 놀 롱	嘲弄(조롱), 弄談(농담), 弄調(농조)
174		찾을 수	搜査(수사), 搜索(수색), 搜所聞(수소문)
175		꽂을 삽	挿木(삽목), 挿入(삽입), 挿畵(삽화), 挿話(삽화)
176		함정/빠질 함	陷穽(함정), 謀陷(모함), 陷落(함락), 陷沒(함몰)
177		수레/가마/무리 여	輿駕(여가), 喪輿(상여), 輿論(여론), 輿望(여망)
178		기릴 예	譽聲(예성), 譽言(예언), 名譽(명예), 榮譽(영예)

DAY 08

179		들/교외 교	郊勞(교로), 郊迎(교영), 近郊(근교), 郊外(교외)
180		교활할 교	狡吏(교리), 狡詐(교사), 狡惡(교악), 狡智(교지)
181		목맬 교	絞戮(교륙), 絞殺(교살), 絞首刑(교수형)
182		어지러울 문	國憲紊亂(국헌문란), 風紀紊亂(풍기문란)
183		높을/요임금 요	桀犬吠堯(걸견폐요)
184		새벽/깨달을 효	曉光(효광), 曉星(효성), 曉起(효기), 曉得(효득)
185		불사를 소	燒却(소각), 燒滅(소멸), 燒失(소실), 燒酒(소주)
186		드리울 수	垂直(수직), 懸垂幕(현수막), 率先垂範(솔선수범)
187		졸/잘 수	睡眠(수면), 睡眠劑(수면제), 午睡(오수), 昏睡(혼수)
188		별 이름/글 규	奎星(규성), 奎章閣(규장각), 奎章(규장)
189		안방 규	閨房(규방), 閨範(규범), 閨秀(규수)
190		계수나무/성 계	桂冠(계관), 桂皮(계피), 月桂樹(월계수)
191		점괘 괘	占卦(점괘), 卦辭(괘사), 卦爻(괘효), 八卦(팔괘)
192		걸 괘	掛念(괘념), 掛圖(괘도), 掛鐘時計(괘종시계)
193		봉할 봉	封建(봉건), 封鎖(봉쇄), 封印(봉인), 開封(개봉)
194		성품/바탕/성별 성	個性(개성), 性質(성질), 本性(본성), 異性(이성)
195		사치할 사	奢侈(사치), 奢麗(사려), 奢傲(사오), 豪奢(호사)
196		실마리 서	緒論(서론), 緒言(서언), 端緒(단서), 頭緒(두서)
197		미칠 광	狂氣(광기), 狂亂(광란), 不狂不及(불광불급), 熱狂(열광)
198		머무를 주	駐車場(주차장), 駐在(주재), 駐屯(주둔)
199		흴 소 바탕/요소/소박할 소	素服(소복), 素質(소질), 要素(요소), 素朴(소박)
200		독/독할 독	猛毒(맹독), 毒感(독감), 毒舌(독설), 至毒(지독)

DAY 09

201		꾸짖을/책임 책	責望(책망), 責任感(책임감), 問責(문책), 職責(직책)
202		자취 적	古蹟(고적), 奇蹟(기적), 史蹟(사적), 遺蹟(유적)
203		임신할 임	妊婦(임부), 妊産婦(임산부), 妊娠(임신), 避妊(피임)

204		품삯/품팔이/빌릴 임	賃金(임금), 賃貸(임대), 賃借(임차)
205		법/정도/길 정	規程(규정), 課程(과정), 過程(과정), 里程標(이정표)
206		구울/뜸뜰 구	鷄卵灸(계란구), 灸師(구사), 灸治(구치), 鍼灸(침구)
207		바꿀 체	交替(교체), 代替(대체), 對替(대체), 移替(이체)
208		좁을 협	狹量(협량), 狹路(협로), 狹小(협소), 狹義(협의)
209		골짜기 협	峽谷(협곡), 峽路(협로), 峽流(협류), 山峽(산협)
210		사막/막막할 막	沙漠・砂漠(사막), 漠漠(막막), 漠然(막연)
211		장막 막	幕間(막간), 幕舍(막사), 內幕(내막), 閉幕(폐막)
212		꾀/계획할 모	高謨(고모), 鬼謨(귀모), 鴻謨(홍모)
213		뺄/뽑을 발	拔本塞源(발본색원), 拔萃(발췌), 拔擢(발탁), 選拔(선발)
214		불탈/태울 연	燃燒(연소), 可燃性(가연성), 燃料(연료)
215		짐승 수	禽獸(금수), 猛獸(맹수), 野獸(야수), 人面獸心(인면수심)
216		감옥 옥	獄苦(옥고), 獄死(옥사), 投獄(투옥)
217		울 곡	哭聲(곡성), 弔哭(조곡), 痛哭(통곡), 號哭(호곡)
218		싫어할 염	厭世主義(염세주의), 厭症(염증)
219		누를 압	壓倒(압도), 壓勝(압승), 强壓(강압), 指壓(지압)
220		거문고 금	琴瑟(금슬), 伽倻琴(가야금), 心琴(심금), 彈琴(탄금)
221		머금을 함	含量(함량), 含蓄(함축), 含憤蓄怨(함분축원), 包含(포함)
222		탐낼 탐	貪慾(탐욕), 貪官汚吏(탐관오리), 小貪大失(소탐대실)

DAY 10

223		천천히 할/성 서	徐步(서보), 徐徐(서서), 徐行(서행)
224		펼/차례/베풀 서	敍事(서사), 敍述(서술), 自敍傳(자서전), 追敍(추서)
225		길 도	途上(도상), 途中(도중), 中途(중도), 仕途(사도)
226		바를/진흙 도	塗色(도색), 糊塗(호도), 一敗塗地(일패도지)
227		벼루 연	硯水(연수), 硯滴(연적), 紙筆硯墨(지필연묵)
228		너그러울 관	寬待(관대), 寬大(관대), 寬恕(관서), 寬容(관용)

229		총 총	銃擊(총격), 銃殺(총살), 銃彈(총탄), 拳銃(권총)
230		상황/하물며 황	盛況(성황), 好況(호황), 況且(황차), 又況(우황)
231		검열할 열	檢閱(검열), 閱覽(열람), 校閱(교열), 査閱(사열)
232		베개 침	枕木(침목), 木枕(목침), 高枕短命(고침단명)
233		잠길 침	沈降(침강), 沈沒(침몰), 浮沈(부침)
234		바꿀 환	換氣(환기), 換骨奪胎(환골탈태), 交換(교환)
235		쓸개/담력 담	膽囊(담낭), 膽石(담석), 膽大(담대), 大膽(대담)
236		빠질/다할/없을 몰	沈沒(침몰), 沒入(몰입), 沒殺(몰살), 沒人情(몰인정)
237		토끼 토	兎死狗烹(토사구팽), 守株待兎(수주대토)
238		해산할 만	分娩(분만)
239		어찌 내/나	奈何(내하), 莫無可奈(막무가내)
240		봉급 봉	俸給(봉급), 俸祿(봉록), 減俸(감봉), 年俸(연봉)
241		아뢸 주	伴奏(반주), 奏效(주효), 吹奏(취주), 合奏(합주)
242		진나라/성 진	秦始皇(진시황), 秦鏡(진경)
243		게으를 권	倦憩(권게), 倦勤(권근), 倦困(권곤), 倦怠(권태)
244		둘레/우리 권	圈內(권내), 圈圜(권환), 圈牢(권뢰), 圈養(권양)
245		베낄 등	謄本(등본), 謄寫(등사), 戶籍謄本(호적등본)
246		등나무 등	藤架(등가), 葛藤(갈등)
247		오를 등	騰落(등락), 反騰(반등), 沸騰(비등), 暴騰(폭등)

DAY 11

248		초하루/달 삭	朔望(삭망), 朔月貰(삭월세), 滿朔(만삭)
249		그 궐	厥公(궐공), 厥初(궐초), 厥物(궐물)
250		대궐/빠질 궐	大闕(대궐), 補闕選擧(보궐선거), 闕席裁判(궐석재판)
251		불 땔 취	炊事(취사), 炊事兵(취사병), 自炊(자취)
252		부드러울/연할 연	軟弱(연약), 軟骨(연골), 柔軟性(유연성)
253		방자할/마음대로 자	恣樂(자락), 恣意(자의), 恣行(자행)
254		물을 자	諮問(자문), 諮詢(자순), 諮議(자의)

255		따라 죽을 순	殉敎(순교), 殉國(순국), 殉愛(순애), 殉職(순직)
256		술 따를/참작할 작	對酌(대작), 酬酌(수작), 酌定(작정), 斟酌(짐작)
257		낚을/낚시 조	釣竿(조간), 釣臺(조대), 釣叟(조수), 釣船(조선)
258		표범 표	豹紋(표문), 豹變(표변), 豹皮(표피)
259		잡을 구	拘禁(구금), 拘束(구속), 拘礙(구애), 拘引(구인)
260		강아지/개 구	狗盜(구도), 泥田鬪狗(이전투구), 走狗(주구), 黃狗(황구)
261		배부를 포	飽滿(포만), 飽食(포식), 飽食暖衣(포식난의), 飽和(포화)
262		대포 포	砲擊(포격), 砲聲(포성), 砲彈(포탄), 大砲(대포)
263		칡 갈	葛巾(갈건), 葛根(갈근), 葛粉(갈분), 葛藤(갈등)
264		높이 들/걸 게	揭記(게기), 揭示(게시), 揭揚(게양), 揭載(게재)
265		뵐/아뢸 알	謁告(알고), 謁見(알현), 拜謁(배알)
266		문득/소홀할 홀	忽變(홀변), 忽然(홀연), 疏忽(소홀), 忽待(홀대)
267		줄 사	賜藥(사약), 膳賜(선사), 下賜(하사), 厚賜(후사)
268		버들/성 양	楊柳(양류), 綠楊(녹양), 垂楊(수양)
269		화창할 창	暢達(창달), 暢茂(창무), 流暢(유창), 和暢(화창)
270		끓일/국 탕	湯藥(탕약), 沐浴湯(목욕탕), 蔘鷄湯(삼계탕)
271		슬플 처	悽然(처연), 悽絕(처절), 悽慘(처참)

DAY 12

272		살필/어루만질 안	按摩(안마), 按脈(안맥), 按舞(안무), 按配(안배)
273		안장 안	鞍裝(안장), 鞍具(안구), 鞍具馬(안구마)
274		편안할/늦을 안	晏眠(안면), 晏息(안식), 晏然(안연)
275		누각 루	摩天樓(마천루), 望樓(망루), 鐘樓(종루)
276		자주 루	屢屢(누누), 屢代(누대), 屢歲(누세), 屢次(누차)
277		업신여길 모	侮蔑(모멸), 侮辱(모욕), 受侮(수모)
278		나/줄 여	予奪(여탈)
279		펼/느긋할 서	舒眉(서미), 舒縮(서축), 舒遲(서지), 舒川郡(서천군)
280		미리/맡길 예	預感·豫感(예감), 預買·豫買(예매), 預金(예금)

281		날랠/사나울 맹	猛烈(맹렬), 猛犬(맹견), 猛獸(맹수), 勇猛(용맹)
282		찔 증	蒸發(증발), 蒸氣(증기), 汗蒸(한증), 薰蒸(훈증)
283		창 모	矛戈(모과), 矛盾(모순)
284		부드러울 유	柔軟性(유연성), 溫柔(온유), 外柔內剛(외유내강)
285		일/힘쓸 무	勤務(근무), 實務(실무), 任務(임무), 休務(휴무)
286		안개 무	霧散(무산), 濃霧(농무), 雲霧(운무), 噴霧器(분무기)
287		꺼릴 기	忌克(기극), 忌憚(기탄), 禁忌(금기), 妬忌(투기)
288		왕비/아내 비	王妃(왕비), 妃嬪(비빈), 妃氏(비씨)
289		나눌/짝 배	配達(배달), 配列(배열), 配偶者(배우자), 配匹(배필)
290		잡을 파	把握(파악), 把守(파수), 把守兵(파수병)
291		재앙 액	厄運(액운), 送厄迎福(송액영복), 橫厄(횡액)
292		누를 억	抑留(억류), 抑壓(억압), 抑鬱(억울), 抑制(억제)
293		벼슬 경	公卿大夫(공경대부), 樞機卿(추기경)

DAY 13

294		나란히 설 병	竝列(병렬), 竝設(병설), 竝進(병진), 竝行(병행)
295		북돋울 배	培養(배양), 栽培(재배), 培植(배식), 肥培(비배)
296		배상할 배	賠償金(배상금), 損害賠償(손해배상)
297		대바구니/새장 롱	籠球(농구), 籠城(농성), 鳥籠(조롱), 鐵籠(철롱)
298		사랑/은혜 총	寵兒(총아), 寵愛(총애), 恩寵(은총), 靈寵(영총)
299		엄습할/이어받을 습	襲擊(습격), 襲攻(습공), 被襲(피습), 踏襲(답습)
300		탄식할 희 트림할 애	噫嗚(희오), 噫氣(애기)
301		드러날/밝힐 창	彰善(창선), 彰惡(창악), 表彰(표창)
302		마침내/다할 경	畢竟(필경), 竟夜(경야), 究竟(구경)
303		주재할/재상 재	宰相(재상), 主宰(주재)
304		분별할 변	辨理士(변리사), 辨明(변명), 辨償(변상), 辨濟(변제)
305		후미질 벽	僻村(벽촌), 僻地(벽지), 乖僻(괴벽), 窮僻(궁벽)
306		번역할 역	飜譯(번역), 意譯(의역), 直譯(직역), 通譯(통역)

번호		훈음	예시
307		풀 석	釋放(석방), 手不釋卷(수불석권), 解釋(해석)
308		막힐/머무를 체	滯症(체증), 停滯(정체), 延滯(연체), 滯留(체류)
309		두려워할 포	怖苦(포고), 怖畏(포외), 怖慄(포율), 恐怖(공포)
310		드물/희미할 희	稀貴(희귀), 稀薄(희박), 稀釋(희석), 稀罕(희한)
311		맺을 체	締結(체결), 締交(체교), 締盟(체맹)
312		곁/ 방	傍觀(방관), 傍聽客(방청객), 傍若無人(방약무인)
313		장수 수	將帥(장수), 元帥(원수), 總帥(총수), 統帥權(통수권)
314		보낼 견	遣歸(견귀), 分遣(분견), 增遣(증견), 派遣(파견)
315		집/객사 관	館長(관장), 本館(본관), 旅館(여관), 會館(회관)

DAY 14

번호		훈음	예시
316		한 일	壹是(일시), 壹意·一意(일의)
317		어찌 기	豈敢(기감), 豈敢毁傷(기감훼상), 豈不(기불)
318		부서질/폐할 폐	廢家(폐가), 廢刊(폐간), 廢業(폐업), 廢車(폐차)
319		북/두드릴 고	鼓動(고동), 鼓舞(고무), 鼓吹(고취), 勝戰鼓(승전고)
320		미끄러울 활 어지러울 골	滑走路(활주로), 圓滑(원활), 潤滑油(윤활유), 滑稽(골계)
321		진액/즙 액	液肥(액비), 不凍液(부동액), 溶液(용액), 血液(혈액)
322		딸 적	摘果(적과), 摘讀(적독), 摘發(적발), 指摘(지적)
323		물방울 적	滴露(적로), 滴水(적수), 餘滴欄(여적란), 硯滴(연적)
324		원수 적	敵國(적국), 敵軍(적군), 對敵(대적), 宿敵(숙적)
325		취할 취	醉氣(취기), 醉興(취흥), 痲醉(마취), 心醉(심취)
326		망령될 망	妄動(망동), 輕擧妄動(경거망동), 妄想(망상), 妖妄(요망)
327		망망할/아득할 망	茫茫大海(망망대해), 茫然(망연), 茫然自失(망연자실)
328		거칠 황	荒唐(황당), 荒蕪地(황무지), 荒廢(황폐), 虛荒(허황)
329		넓을/갖출/그 해	該博(해박), 該當(해당), 該校(해교), 該洞(해동)
330		씨/알맹이 핵	核家族(핵가족), 核武器(핵무기), 核心(핵심), 結核(결핵)
331		새길/시각 각	木刻(목각), 刻骨難忘(각골난망), 時時刻刻(시시각각)

332		가는 털/붓 호	秋毫(추호), 秋毫不犯(추호불범), 揮毫(휘호)
333		굳셀/호걸 호	豪氣(호기), 豪奢(호사), 豪華(호화), 强豪(강호)
334		살필/믿을 량	諒知(양지), 諒察(양찰), 諒解(양해), 海諒(해량)
335		서늘할 량	納凉(납량), 淸凉(청량), 淸凉劑(청량제), 荒凉(황량)
336		노략질할 략	掠奪(약탈), 擄掠(노략)
337		그림자 영	影幀(영정), 影響(영향), 無影(무영), 撮影(촬영)
338		찰 축	蹴球(축구), 蹴踏(축답), 蹴殺(축살), 一蹴(일축)
339		아리따울/요망할 요	妖艶(요염), 妖怪(요괴), 妖物(요물), 妖邪(요사)
340		기름질 옥	沃土(옥토), 門前沃畓(문전옥답), 肥沃(비옥)
341		더할 첨	添加(첨가), 添削(첨삭), 錦上添花(금상첨화)
342		더부살이/객지에 살 교	僑軍(교군), 僑民(교민), 僑胞(교포), 華僑(화교)
343		바로잡을 교	矯導(교도), 矯角殺牛(교각살우)
344		도타울 돈	敦篤(돈독), 敦厚(돈후)
345		성곽/성/둘레 곽	城郭(성곽), 郭內(곽내), 郭外(곽외)
346		누구 숙	孰誰(숙수), 孰能禦之(숙능어지)
347		쇠할 쇠	衰亡(쇠망), 衰弱(쇠약), 老衰(노쇠), 興亡盛衰(흥망성쇠)
348		때 시	時刻(시각), 時間(시간), 時不再來(시불재래), 同時多發(동시다발)
349		모실 시	侍女(시녀), 侍奉(시봉), 內侍(내시), 嚴妻侍下(엄처시하)
350		붙을/가까이 할 부	附錄(부록), 附屬(부속), 附和雷同(부화뇌동), 附近(부근)
351		부절/부호 부 들어맞을 부	符籍(부적), 符號(부호), 符合(부합), 名實相符(명실상부)
352		썩을 부	腐蝕(부식), 腐敗(부패), 防腐劑(방부제), 陳腐(진부)
353		쇠 부어 만들 주	鑄物(주물), 鑄造(주조), 鑄鐵(주철), 鑄貨(주화)
354		빌 도	禱堂(도당), 祈禱(기도), 默禱(묵도), 祝禱(축도)
355		묻힐/진칠 둔	屯防(둔방), 屯營(둔영), 退屯(퇴둔), 駐屯(주둔)
356		무딜/둔할 둔	鈍感(둔감), 鈍器(둔기), 鈍濁(둔탁), 愚鈍(우둔)
357		벨/나눌 할	割當(할당), 割引(할인), 割增(할증), 分割(분할)

358		맺을 계 부족 이름 글	契機(계기), 契約(계약), 假契約(가계약), 契丹(글단)
359		벌 봉	蜂起(봉기), 分蜂(분봉), 養蜂(양봉)
360		꿰맬 봉	縫製(봉제), 縫合(봉합), 假縫(가봉), 天衣無縫(천의무봉)

DAY 16

361		괴이할 괴	怪異(괴이), 怪物(괴물), 怪疾(괴질), 奇巖怪石(기암괴석)
362		뽕나무 상	桑果(상과), 桑田(상전), 桑田碧海(상전벽해)
363		고요할/쓸쓸할 적	孤寂(고적), 靜寂(정적), 閑寂(한적), 寂寞(적막)
364		자못/치우칠 파	頗多(파다), 偏頗(편파)
365		씨실 위	緯度(위도), 緯線(위선), 經緯(경위)
366		어길/잘못할 위	違骨(위골), 違反(위반), 違約(위약), 非違(비위)
367		제비/연나라 연 잔치 연	燕雀(연작), 燕尾服(연미복)
368		가죽신 화	靴工(화공), 軍靴(군화), 運動靴(운동화), 長靴(장화)
369		부딪칠/찌를 충	衝擊(충격), 衝突(충돌), 緩衝(완충), 衝天(충천)
370		저울대 형	衡平(형평), 衡平性(형평성), 均衡(균형), 平衡(평형)
371		간부/줄기 간	幹部(간부), 幹線(간선), 基幹産業(기간산업)
372		붓/글/편지 한	翰林(한림), 翰毛(한모), 公翰(공한), 書翰(서한)
373		사당 묘	廟堂(묘당), 廟社(묘사), 宗廟(종묘)
374		재 회	灰色(회색), 灰心(회심), 石灰石(석회석), 洋灰(양회)
375		도울 좌	佐飯(좌반 → 자반), 補佐・輔佐(보좌), 上佐(상좌)
376		떨어질/빠질 타	墮落(타락), 墮漏(타루), 墮罪(타죄)
377		따를 수	隨伴(수반), 隨時(수시), 隨筆(수필), 隨行(수행)
378		푸를 벽	碧眼(벽안), 碧海(벽해), 碧梧桐(벽오동), 碧溪水(벽계수)
379		거북 구/귀 터질 균	龜尾(구미), 龜鑑(귀감), 龜裂(균열)
380		다스릴/벼슬/성 윤	府尹(부윤), 判尹(판윤)
381		저 이	伊時(이시), 伊太利(이태리)

DAY 17

382		갑자기/황당할 당 당나라 당	唐突(당돌), 唐惶(당황), 荒唐無稽(황당무계)
383		사탕 당/탕	糖度(당도), 糖分(당분), 糖水肉(탕수육), 雪糖(설탕)
384		밝을/지혜 혜	慧敎(혜교), 慧眼(혜안), 智慧(지혜)
385		나루/진액 진	津渡(진도), 津液(진액), 松津(송진)
386		겸손할 겸	謙遜(겸손), 謙讓(겸양), 謙虛(겸허), 謙恭(겸공)
387		싫어할/의심할 혐	嫌忌(혐기), 嫌怒(혐노), 嫌惡(혐오), 嫌疑(혐의)
388		청렴할/값쌀 렴(염)	廉恥(염치), 廉價(염가), 低廉(저렴)
389		찾을/보통 심	尋訪(심방), 推尋(추심), 尋常(심상)
390		엄숙할 숙	肅敬(숙경), 肅拜(숙배), 肅然(숙연), 自肅(자숙)
391		오이 과	瓜菜(과채), 瓜年(과년)
392		느슨할/느릴 완	緩急(완급), 緩慢(완만), 緩衝(완충), 緩行(완행)
393		음란할 음	淫談(음담), 淫亂(음란), 淫談悖說(음담패설)
394		벼슬/술잔 작	爵位(작위), 高官大爵(고관대작), 獻爵(헌작)
395		숨을/은은할 은	隱居(은거), 隱密(은밀), 隱隱(은은)
396		벼 도	稻作(도작), 稻熱病(도열병), 立稻先賣(입도선매)
397		채색/무늬 채	光彩(광채), 多彩(다채), 水彩畫(수채화), 虹彩(홍채)
398		거짓 위	僞善(위선), 僞裝(위장), 僞證(위증), 眞僞(진위)
399		말씀/글/물러날 사	辭典(사전), 祝辭(축사), 辭意(사의), 辭讓(사양)
400		같을/닮을 사	似而非(사이비), 近似(근사), 類似(유사), 恰似(흡사)
401		늙은이 옹	翁師(옹사), 老翁(노옹), 塞翁之馬(새옹지마)
402		아이 밸/처음 태	胎敎(태교), 胎夢(태몽), 受胎(수태), 胎動(태동)
403		거의/위태할 태	殆無(태무), 殆半(태반), 危殆(위태)
404		태풍 태	颱風(태풍), 颱風警報(태풍경보)
405		게으를 태	怠慢(태만), 怠業(태업), 倦怠(권태), 懶怠(나태)

406		덮을/대개 개	覆蓋(복개), 頭蓋骨(두개골), 大蓋(대개), 蓋然性(개연성)
407		물리칠 각	却說(각설), 却下(각하), 忘却(망각), 燒却(소각)

DAY 18

408		귀신 귀	鬼神(귀신), 鬼才(귀재), 魔鬼(마귀), 惡鬼(악귀)
409		허수아비/꼭두각시 괴	傀儡(괴뢰), 傀儡軍(괴뢰군)
410		부끄러워할 괴	愧心(괴심), 自愧之心(자괴지심), 慙愧(참괴)
411		덩어리 괴	塊石(괴석), 金塊(금괴), 銀塊(은괴), 地塊(지괴)
412		추할 추	醜聞(추문), 醜惡(추악), 醜雜(추잡), 陋醜(누추)
413		넋/마음 혼	魂靈(혼령), 魂魄(혼백), 招魂(초혼), 鬪魂(투혼)
414		넋 백	氣魄(기백), 魂魄(혼백), 魂飛魄散(혼비백산)
415		참혹할 참	慘劇(참극), 慘憺(참담), 慘變(참변), 悲慘(비참)
416		인삼 삼	蔘鷄湯(삼계탕), 乾蔘(건삼), 山蔘(산삼), 紅蔘(홍삼)
417		진찰할 진	診察(진찰), 診斷(진단), 診脈(진맥), 特診(특진)
418		그릇될/속일 류	謬見(유견), 誤謬(오류), 悖謬(패류)
419		아교 교	膠着(교착), 膠着語(교착어), 膠柱鼓瑟(교주고슬)
420		잡을/쥘 악	握手(악수), 握力(악력), 掌握(장악), 把握(파악)
421		대/누각 대	舞臺(무대), 寢臺(침대), 土臺(토대), 展望臺(전망대)
422		숨을/그윽할 유	幽獨(유독), 幽靈(유령), 深山幽谷(심산유곡)
423		허깨비 환	幻滅(환멸), 幻想(환상), 幻影(환영), 幻聽(환청)
424		젖을 습	濕氣(습기), 濕度(습도), 濕疹(습진), 高溫多濕(고온다습)
425		어찌/종 해	奚暇(해가), 奚必(해필), 奚琴(해금)
426		비율 률 거느릴/솔직할 솔	比率(비율), 換率(환율), 引率(인솔), 率直(솔직)
427		기를/가축 축	畜舍(축사), 畜産業(축산업), 畜協(축협), 家畜(가축)
428		모을/쌓을 축	蓄財(축재), 蓄積(축적), 備蓄(비축), 貯蓄(저축)
429		검을/오묘할/성 현	玄米(현미), 玄武巖(현무암), 玄關(현관)

430		활시위 현	弦琴(현금), 弦矢(현시), 上弦(상현) ↔ 下弦(하현)
431		검을/이 자	玆白(자백), 今玆(금자), 念念在玆(염념재자)
432		자석/사기그릇 자	磁石(자석), 磁極(자극), 靑磁·靑瓷(청자)
433		오랑캐 만	蠻勇(만용), 蠻行(만행), 野蠻(야만)
434		물굽이 만	迎日灣(영일만), 港灣(항만), 臺灣(대만)
435		겸손할/뒤떨어질 손	遜避(손피), 恭遜(공손), 不遜(불손), 遜色(손색)
436		고을 현	縣監(현감), 縣令(현령), 縣吏(현리)
437		매달 현	懸賞金(현상금), 懸垂幕(현수막), 懸案(현안), 懸隔(현격)
438		다다를/알릴 부	赴任(부임), 赴援(부원), 赴告(부고)
439		정탐할 정	偵察(정찰), 偵探(정탐), 探偵(탐정)

DAY 19

440		세로/놓을 종	縱斷(종단), 縱橫無盡(종횡무진), 放縱(방종)
441		말없을/잠잠할 묵	默過(묵과), 默默不答(묵묵부답), 默認(묵인), 沈默(침묵)
442		공 훈	勳舊(훈구), 勳章(훈장), 功勳(공훈), 報勳(보훈)
443		비뚤/어긋날 왜 기울 외	歪曲(왜곡), 歪調(외조), 歪力(왜력)
444		슬퍼할 도	悼歌(도가), 悼詞(도사), 哀悼(애도), 追悼(추도)
445		즐길/긍정할 긍	肯可(긍가), 肯意(긍의), 首肯(수긍)
446		어거할/다스릴 어	制御(제어), 御命(어명), 御使(어사), 御用(어용)
447		옮길 사	徙植(사식), 移徙(이사), 徙家忘妻(사가망처)
448		세금 거둘/줄 부 문체 이름 부	賦課(부과), 賦與(부여), 天賦(천부), 赤壁賦(적벽부)
449		일어날/시작할 기	起床(기상), 起死回生(기사회생), 起工(기공), 起源(기원)
450		넘을/월나라 월	越權(월권), 移越(이월), 追越(추월), 吳越同舟(오월동주)
451		달릴 추	趨步(추보), 趨附(추부), 趨勢(추세), 歸趨(귀추)
452		태어날 탄	誕降(탄강), 誕生(탄생), 聖誕(성탄), 聖誕節(성탄절)
453		거룻배/작은 배 정	救命艇(구명정), 小艇(소정), 艦艇(함정)
454		끌/내놓을 제	提高(제고), 提示(제시), 提出(제출), 提供(제공)

455		재촉할 촉	促求(촉구), 促迫(촉박), 督促(독촉), 再促(재촉)
456		잡을 착	捉去(착거), 捉來(착래), 捉送(착송), 捕捉(포착)
457		속일 만	瞞過(만과), 瞞報(만보), 瞞着(만착), 欺瞞(기만)
458		주일/돌 주	週刊(주간), 週年(주년), 週番(주번), 一週(일주)
459		새길 조	彫刻(조각), 彫刻刀(조각도), 彫琢(조탁), 浮彫(부조)
460		오동나무 동	梧桐(오동), 碧梧桐(벽오동)

DAY 20

461		치마 상	衣裳(의상), 同價紅裳(동가홍상), 綠衣紅裳(녹의홍상)
462		손바닥 장	掌匣(장갑), 掌握(장악), 如反掌(여반장), 合掌(합장)
463		재앙 앙	災殃(재앙), 池魚之殃(지어지앙), 殃及子孫(앙급자손)
464		이별할/비결 결	訣別(결별), 永訣式(영결식), 要訣(요결)
465		막을/사이 뜰 격	隔年(격년), 隔離(격리), 間隔(간격), 隔差(격차)
466		드릴/바칠 헌	獻金(헌금), 獻身(헌신), 獻血(헌혈), 貢獻(공헌)
467		녹을/화활 융	融合(융합), 融資(융자), 融和(융화), 融通性(융통성)
468		벼/조 속	粟米(속미), 粟田(속전), 滄海一粟(창해일속)
469		으뜸/두목 패	覇道(패도), 覇業(패업), 覇者(패자), 制覇(제패)
470		허리 요	腰帶(요대), 腰痛(요통), 腰折腹痛(요절복통)
471		옮길 천	遷都(천도), 變遷(변천), 改過遷善(개과천선)
472		못 담	潭水(담수), 潭深(담심), 潭陽郡(담양군), 白鹿潭(백록담)
473		뜰/빨래할 표	漂流(표류), 漂白(표백), 漂母(표모)
474		표할/표 표	標記(표기), 標本(표본), 標示(표시), 標的(표적)
475		뜰/넓을/넘칠 범	汎舟・泛舟(범주), 汎愛(범애), 汎濫・氾濫(범람)
476		두려울 공	恐龍(공룡), 恐怖(공포), 可恐(가공)
477		단풍/단풍나무 풍	丹楓(단풍), 楓菊(풍국), 楓林(풍림), 楓岳山(풍악산)
478		재앙 화	禍根(화근), 遠禍召福(원화소복), 轉禍爲福(전화위복)
479		헐 훼	毀棄(훼기), 毀謗(훼방), 毀傷(훼상), 毀損(훼손)
480		염병/전염병 역	檢疫(검역), 免疫(면역), 防疫(방역), 紅疫(홍역)

481		옮길/나를 반	搬送(반송), 搬入(반입), 搬出(반출), 運搬(운반)
482		소반 반	盤石(반석), 盤松(반송), 基盤(기반), 骨盤(골반)
483		쇠 불릴/단련할 단	鍛鋼(단강), 鍛工(단공), 鍛金(단금), 鍛鍊(단련)
484		짧은 시간/절 찰	刹那(찰나), 古刹(고찰), 寺刹(사찰)
485		칠 격	擊破(격파), 突擊(돌격), 反擊(반격), 打擊(타격)
486		맬 계	繫留(계류), 繫留場(계류장), 連繫(연계)
487		구덩이 갱	坑內(갱내), 坑道(갱도), 坑木(갱목), 坑夫(갱부)
488		작을/숨을 미	微動(미동), 微微(미미), 微笑(미소), 微行(미행)
489		부를 징	徵兵(징병), 徵收(징수), 徵用(징용), 徵候(징후)
490		징계할 징	懲罰(징벌), 懲役(징역), 膺懲(응징), 勸善懲惡(권선징악)

DAY 21

491		좇을 준	遵敎(준교), 遵法(준법), 遵奉(준봉), 遵守(준수)
492		불쌍히 여길 민	憫惘(민망), 憫然(민연), 憫情(민정), 憐憫(연민)
493		대쪽/편지/간략할 간	書簡(서간), 簡單(간단), 簡潔(간결)
494		윤달 윤	閏年(윤년), 閏月(윤월), 閏秒(윤초)
495		젖을/윤택할 윤	潤濕(윤습), 潤氣(윤기), 潤文(윤문), 利潤(이윤)
496		열/일깨울 계	啓導(계도), 啓蒙(계몽), 啓發(계발), 啓示(계시)
497		어깨 견	肩章(견장), 肩骨(견골), 比肩(비견)
498		눈물 루	落淚(낙루), 催淚(최루), 催淚彈(최루탄), 血淚(혈루)
499		큰 바다/찰 창	滄海(창해), 滄海一粟(창해일속), 滄熱(창열)
500		푸를 창	蒼空(창공), 古色蒼然(고색창연), 萬頃蒼波(만경창파)
501		치우칠 편	偏見(편견), 偏食(편식), 偏愛(편애), 偏重(편중)
502		엮을 편	編曲(편곡), 編成(편성), 編入(편입), 編輯(편집)
503		두루 편	遍歷(편력), 普遍(보편), 普遍性(보편성)
504		주검/몸/시동 시	尸祿(시록), 尸解(시해), 尸童(시동)

505		오줌 뇨	糖尿(당뇨), 放尿(방뇨), 糞尿(분뇨), 泌尿器(비뇨기)
506		대궐/큰집 전	宮殿(궁전), 聖殿(성전), 大雄殿(대웅전)
507		벼슬 위	尉官(위관), 尉級(위급)
508		위로할 위	慰靈祭(위령제), 慰勞(위로), 慰問(위문), 慰安(위안)
509		성할/고을 이름 울	蔚山(울산)
510		아우를/합할 병	四者難幷(사자난병), 教觀幷修(교관병수)
511		병풍 병	屛巖(병암), 畫屛(화병)
512		떳떳할/어리석을 용	中庸(중용), 庸劣(용렬), 庸夫(용부), 庸弱(용약)
513		품팔이 용	傭兵(용병), 傭船(용선), 傭人(용인), 雇傭(고용)
514		외울 송	誦讀(송독), 誦詩(송시), 朗誦(낭송), 愛誦(애송)
515		문서 부	簿記(부기), 名簿(명부), 帳簿(장부), 學籍簿(학적부)

DAY 22

516		마룻대 동	棟梁之材(동량지재), 汗牛充棟(한우충동)
517		얼 동	凍傷(동상), 不凍液(부동액), 凍足放尿(동족방뇨)
518		빛날 휘	輝光(휘광), 輝煌燦爛(휘황찬란)
519		물가/섬 주	洲島(주도), 三角洲(삼각주), 六大洲(육대주)
520		트일/성길 소	疏通(소통), 疏外·疎外(소외), 疏忽·疎忽(소홀), 親疏·親疎(친소)
521		지름길 경	徑路(경로), 半徑(반경), 直徑(직경), 捷徑(첩경)
522		괴로워할 뇌	苦惱(고뇌), 煩惱(번뇌), 百八煩惱(백팔번뇌)
523		사냥할 렵	獵師(엽사), 獵銃(엽총), 狩獵(수렵)
524		더욱/좋을/병 나을 유	愈愈(유유), 愈往愈甚(유왕유심), 治愈·治癒(치유)
525		반딧불 형	螢光燈(형광등), 螢雪之功(형설지공)
526		발자취 적	人跡(인적), 遺跡·遺蹟(유적), 追跡(추적), 痕跡(흔적)
527		자취 적	軌迹(궤적), 人迹(인적), 足迹(족적)
528		용서할 사	赦過(사과), 赦免(사면), 赦罪(사죄), 特赦(특사)
529		옻/검을 칠	漆器(칠기), 漆板(칠판), 漆黑(칠흑)

#		훈음	예시
530		더딜/늦을 지	遲刻(지각), 遲延(지연), 遲遲不進(지지부진), 遲滯(지체)
531		미칠/잡을 체	逮捕(체포), 被逮(피체)
532		녹/봉급 록	祿俸(녹봉), 國祿(국록), 福祿(복록)
533		샐 루	漏落(누락), 漏泄(누설), 漏水(누수), 脫漏(탈루)
534		신령스러울/신령 령	靈感(영감), 靈肉(영육), 靈魂(영혼), 靈藥(영약)
535		떨어질/영 령	零細(영세), 零上(영상), 零點(영점), 零下(영하)
536		천둥/우레 뢰	雷聲(뇌성), 地雷(지뢰), 附和雷同(부화뇌동)
537		거둘 철	撤去(철거), 撤軍(철군), 撤收(철수), 不撤晝夜(불철주야)
538		통할/뚫을 철	徹夜(철야), 貫徹(관철), 透徹(투철), 徹底(철저)
539		콩팥 신	腎不全(신부전), 副腎(부신)
540		서로 호	互角之勢(호각지세), 互相(호상), 互換(호환)
541		빛날 희	熙光(희광), 熙隆(희륭), 熙笑(희소)
542		거울/볼 감	龜鑑(귀감), 鑑定(감정), 鑑別(감별), 鑑賞(감상)
543		넘칠 람	濫用(남용), 濫發(남발), 氾濫(범람)
544		쪽 람	藍色(남색), 伽藍(가람), 靑出於藍(청출어람)
545		싸움배 함	艦船(함선), 驅逐艦(구축함), 巡洋艦(순양함), 敵艦(적함)
546		소금 염	鹽度(염도), 鹽分(염분), 鹽田(염전), 鹽藏(염장)
547		급할/긴할 긴	緊急(긴급), 緊密(긴밀), 緊迫(긴박), 緊縮(긴축)
548		감출/곳간 장	秘藏(비장), 死藏(사장), 貯藏(저장)
549		오장 장	臟器(장기), 肝臟(간장), 內臟(내장), 心臟(심장)
550		공교할 교	奸巧(간교), 計巧(계교), 技巧(기교), 精巧(정교)
551		어조사 혜	兮也(혜야)
552		부를/장가들 빙	招聘(초빙), 聘母(빙모), 聘父(빙부), 聘丈(빙장)
553		자랑할 과	誇大(과대), 誇負(과부), 誇示(과시), 誇張(과장)
554		더러울 오	汚物(오물), 汚水(오수), 汚染(오염), 汚點(오점)

555		쪼갤/가를 석	析出(석출), 分析(분석), 解析(해석)
556		물리칠 척	斥拒(척거), 斥棄(척기), 斥邪(척사), 排斥(배척)
557		하소연할/고소할 소	泣訴(읍소), 呼訴(호소), 起訴(기소), 上訴(상소)
558		언덕/성 구	丘陵(구릉), 靑丘永言(청구영언), 波丘(파구)
559		큰 산 악	岳頭(악두), 山岳(산악), 楓岳山(풍악산)
560		꺾을 절	曲折(곡절), 屈折(굴절), 夭折(요절), 折半(절반)
561		맹세할 서	誓文(서문), 誓盟(서맹), 誓詞(서사), 誓約(서약)
562		벨/죽일 참	斬首(참수), 斬新(참신), 剖棺斬屍(부관참시)
563		부끄러울 참	慙愧(참괴), 慙色(참색), 慙悔(참회)
564		점점 점	漸減(점감), 漸入佳境(점입가경), 漸增(점증), 漸次(점차)
565		잠깐 잠	暫間(잠간 → 잠깐), 暫見(잠견), 暫時(잠시)
566		대개/대강 개	槪括(개괄), 槪論(개론), 槪要(개요), 槪觀(개관)
567		슬퍼할 개	慨嘆(개탄), 感慨(감개), 感慨無量(감개무량), 憤慨(분개)
568		잠길/감출/숨길 잠	潛水(잠수), 潛跡(잠적), 潛伏(잠복)
569		누에 잠	蠶食(잠식), 蠶室(잠실), 養蠶(양잠)
570		집터/터 대	垈田(대전), 垈地(대지), 裸垈地(나대지)
571		두 이	貳車(이거), 貳心(이심), 懷貳(회이)

DAY 24

572		창 과	戈甲(과갑), 戈劍(과검), 戈矛(과모), 干戈(간과)
573		문벌 벌	門閥(문벌), 財閥(재벌), 派閥(파벌), 學閥(학벌)
574		미혹할 혹	魅惑(매혹), 當惑(당혹), 誘惑(유혹), 疑惑(의혹)
575		마를/결단할 재	裁判(재판), 裁量(재량), 獨裁(독재), 決裁(결재)
576		실을/해 재	揭載(게재), 積載(적재), 千載一遇(천재일우)
577		받들/일 대	推戴(추대), 戴冠式(대관식), 男負女戴(남부여대)
578		친척/겨레 척	親戚(친척), 外戚(외척), 姻戚(인척)
579		꺼질/멸할 멸	滅菌(멸균), 滅亡(멸망), 滅私奉公(멸사봉공)

580		업신여길 멸	蔑視(멸시), 蔑稱(멸칭), 輕蔑(경멸), 侮蔑(모멸)
581		섭섭할/한할 감	憾恨(감한), 私憾(사감), 遺憾(유감), 含憾(함감)
582		어조사 야	有耶無耶(유야무야), 耶蘇(야소), 耶蘇教(야소교)
583		모을 집	輯要(집요), 輯載(집재), 編輯(편집)
584		끌어 잡을/다스릴 섭	攝取(섭취), 包攝(포섭), 攝生(섭생), 攝理(섭리)
585		재미/취미 취	興趣(흥취), 趣味(취미), 趣旨(취지), 趣向(취향)
586		가늘 섬	纖細(섬세), 纖纖玉手(섬섬옥수), 纖維(섬유)
587		어찌/편안할 녕	寧日(영일), 安寧(안녕), 壽福康寧(수복강녕)
588		아첨할/언덕 아	阿附(아부), 阿膠(아교), 阿丘(아구)
589		연꽃/멜/짐 하	荷香(하향), 負荷(부하), 荷重(하중), 荷役(하역)
590		말 탈 기	騎馬隊(기마대), 騎馬戰(기마전), 騎士(기사), 騎手(기수)
591		말/글 사	歌詞(가사), 感歎詞(감탄사), 臺詞(대사), 作詞(작사)
592		먹일/기를 사	飼料(사료), 飼養(사양), 飼育(사육), 放飼(방사)
593		물에 빠질 닉	溺死(익사), 溺愛(익애), 耽溺(탐닉)

DAY 25

594		아닐/달러 불	中人弗勝(중인불승), 弗貨(불화), 歐洲弗(구주불)
595		동쪽 민족/오랑캐 이	東夷(동이), 以夷制夷(이이제이), 征夷(정이)
596		화살 시	矢線(시선), 已發之矢(이발지시)
597		병/빠를 질	疾病(질병), 疾患(질환), 疾走(질주)
598		과녁/제후 후	侯鵠(후곡), 侯爵(후작), 王侯將相(왕후장상)
599		목구멍 후	喉頭(후두), 咽喉(인후), 耳鼻咽喉科(이비인후과)
600		장엄할/별장/성 장	莊重(장중), 莊園(장원), 別莊(별장), 山莊(산장)
601		질그릇/즐길 도	陶工(도공), 陶器(도기), 陶磁器(도자기), 陶醉(도취)
602		흔들 요	搖動(요동), 搖亂(요란), 搖之不動(요지부동)
603		멀/거닐 요	遙拜(요배), 遙昔(요석), 遙遠(요원), 逍遙(소요)

604		어찌/짧은 시간 나	那邊(나변), 那落(나락), 刹那(찰나)
605		칼날 인	刃器(인기), 刃傷(인상)
606		부를 소	召集(소집), 召喚(소환), 遠禍召福(원화소복)
607		밝을 소	昭光(소광), 昭明(소명), 昭詳(소상), 昭陽江(소양강)
608		이을/소개할 소	紹絶(소절), 紹介(소개), 紹介狀(소개장)
609		힘줄 근	筋力(근력), 筋肉(근육), 心筋(심근), 鐵筋(철근)
610		못날 렬	劣等(열등), 劣勢(열세), 劣惡(열악), 優劣(우열)
611		절 가	伽藍(가람), 僧伽(승가), 伽倻琴(가야금)
612		위협할/협박할 협	威脅(위협), 脅迫(협박), 脅迫狀(협박장)
613		길쌈할 방	紡絲(방사), 紡績(방적), 紡織(방직), 混紡(혼방)
614		돌 선	旋風(선풍), 旋回(선회), 斡旋(알선), 周旋(주선)
615		본뜰 방	模倣(모방), 倣古(방고), 倣似(방사)
616		거만할 오	傲氣(오기), 傲慢(오만), 傲霜孤節(오상고절)

DAY 26

617		맛/뜻 지	甘旨(감지), 論旨(논지), 要旨(요지), 趣旨(취지)
618		맛볼/일찍 상	嘗味(상미), 臥薪嘗膽(와신상담), 未嘗不(미상불)
619		여승 니	尼僧(이승), 比丘尼(비구니), 釋迦牟尼(석가모니)
620		진흙 니	泥工(이공), 泥路(이로), 泥田鬪狗(이전투구)
621		삼갈/성 신	愼獨(신독), 愼慮(신려), 愼重(신중), 謹愼(근신)
622		파할/마칠 파	罷免(파면), 罷業(파업), 罷場(파장)
623		엉길 응	凝結(응결), 凝固(응고), 凝視(응시), 凝集(응집)
624		뱀 사	毒蛇(독사), 長蛇陣(장사진), 龍頭蛇尾(용두사미)
625		시끄러울/글 지을 소	騷動(소동), 騷亂(소란), 騷音(소음), 騷人(소인)
626		도타울 독	篤實(독실), 敦篤(돈독), 篤志家(독지가), 危篤(위독)
627		흉터/흔적 흔	痕跡(흔적), 傷痕(상흔), 戰痕(전흔), 血痕(혈흔)
628		밝을 랑	朗讀(낭독), 朗報(낭보), 朗誦(낭송), 明朗(명랑)

629		행랑 랑	舍廊房(사랑방), 畫廊(화랑), 回廊(회랑)
630		굶주릴 기	飢渴(기갈), 飢餓(기아), 虛飢(허기), 療飢(요기)
631		꾸밀 식	假飾(가식), 裝飾(장식), 粧飾(장식), 虛飾(허식)
632		돌아올 환	還甲(환갑), 還元(환원), 返還(반환), 償還(상환)
633		쓸/구할 수	需給(수급), 需要(수요), 需用(수용), 婚需(혼수)
634		상서로울 서	瑞光(서광), 瑞氣(서기), 瑞夢(서몽)
635		찢어질/터질 렬	決裂(결렬), 分裂(분열), 龜裂(균열), 破裂(파열)
636		장사지낼 장	葬禮(장례), 葬地(장지), 埋葬(매장)
637		떨칠/떨 진	振作(진작), 振興(진흥), 振動(진동)
638		새벽 신	晨明(신명), 晨夕(신석), 晨出夜歸(신출야귀), 淸晨(청신)
639		벼락/진동할 진	震怒(진노), 地震(지진), 震動(진동), 耐震(내진)
640		짙을 농	濃淡(농담), 濃度(농도), 濃霧(농무), 濃厚(농후)
641		입술 순	脣亡齒寒(순망치한), 口脣(구순), 丹脣皓齒(단순호치)

DAY 27

642		고울/빛날 려	秀麗(수려), 流麗(유려), 華麗(화려), 美辭麗句(미사여구)
643		티끌 진	塵境(진경), 塵界(진계), 塵埃(진애), 風塵(풍진)
644		천거할/드릴 천	公薦(공천), 落薦(낙천), 推薦(추천), 薦新(천신)
645		암컷 자	雌犬(자견), 雌雄(자웅), 雌性(자성)
646		자줏빛 자	紫色(자색), 紫外線(자외선), 山紫水明(산자수명)
647		돋울/끌어낼 도	挑發(도발), 挑戰(도전), 挑出(도출)
648		복숭아 도	桃花(도화), 黃桃(황도), 武陵桃源(무릉도원)
649		뛸 도	跳舞(도무), 跳躍(도약), 棒高跳(봉고도)
650		도둑 비	匪徒(비도), 匪擾(비요), 共匪(공비), 武裝共匪(무장공비)
651		배우/광대 배	俳優(배우), 俳諧(배해), 嘉俳(가배)
652		물리칠/배열할 배	排他(배타), 排斥(배척), 排列(배열), 按排(안배)
653		닿을 촉	觸覺(촉각), 觸感(촉감), 觸手(촉수), 一觸卽發(일촉즉발)
654		촛불 촉	燭光(촉광), 秉燭(병촉), 華燭(화촉)

655		흐릴 탁	濁水(탁수), 濁酒(탁주), 淸濁(청탁), 混濁(혼탁)
656		붙어살/무리 속	專屬(전속), 從屬(종속), 直屬(직속), 等屬(등속)
657		간할/충고할 간	諫戒(간계), 諫官(간관), 諫言(간언), 司諫院(사간원)
658		쇠 불릴/단련할 련	敎鍊(교련), 老鍊(노련), 鍛鍊(단련), 試鍊(시련)
659		달굴/쇠 불릴/연탄 련	煉瓦(연와), 煉乳(연유), 煉炭(연탄)
660		난간/테두리 란	欄干(난간), 空欄(공란), 餘滴欄(여적란)
661		빛날/무르익을 란	燦爛(찬란), 豪華燦爛(호화찬란), 能手能爛(능수능란)
662		난초 란	梅蘭菊竹(매란국죽), 芝蘭之交(지란지교)
663		품을/생각할 회	懷疑(회의), 懷抱(회포), 懷古(회고), 感懷(감회)
664		무너질 괴	壞滅(괴멸), 壞變(괴변), 崩壞(붕괴), 破壞(파괴)
665		거만할/게으를 만	倨慢(거만), 驕慢(교만), 慢性(만성), 怠慢(태만)
666		흩어질/질펀할 만 부질없을 만	散漫(산만), 漫談(만담), 漫評(만평), 漫畫(만화)
667		줄 증	贈呈(증정), 贈與(증여), 贈與稅(증여세), 寄贈(기증)
668		미워할 증	憎惡(증오), 可憎(가증), 愛憎(애증)
669		중 승	僧侶(승려), 僧舞(승무), 帶妻僧(대처승)
670		없을 망	罔極(망극), 罔測(망측), 昊天罔極(호천망극)
671		그물 망	法網(법망), 一網打盡(일망타진), 投網(투망)
672		산등성이/언덕 강	岡陵(강릉), 丘岡(구강)
673		굳셀/단단할 강	剛健(강건), 剛直(강직), 外柔內剛(외유내강)
674		벼리/대강 강	綱領(강령), 紀綱(기강), 要綱(요강), 三綱五倫(삼강오륜)

DAY 28

675		함께 구	父母俱存(부모구존), 玉石俱焚(옥석구분), 俱樂部(구락부)
676		슬퍼할/가엾게 여길 측	惻然(측연), 惻隱(측은), 惻隱之心(측은지심)
677		운치/운 운	餘韻(여운), 韻致(운치), 韻律(운율), 韻文(운문)
678		비단 견	絹絲(견사), 絹織物(견직물), 人造絹(인조견)

679		힘입을/의지할 뢰	信賴(신뢰), 依賴(의뢰), 無賴漢(무뢰한)
680		쇠사슬/자물쇠 쇄	連鎖(연쇄), 連鎖店(연쇄점), 鎖國(쇄국), 閉鎖(폐쇄)
681		번거로울 번	煩惱(번뇌), 煩悶(번민), 煩雜(번잡), 頻煩(빈번)
682		잠깐/즈음/이랑 경	頃刻(경각), 萬頃蒼波(만경창파)
683		클 석	碩德(석덕), 碩士(석사), 碩學(석학)
684		자주 빈	頻起(빈기), 頻度(빈도), 頻發(빈발), 頻繁(빈번)
685		드러날 현	顯功(현공), 顯警(현경), 顯著(현저), 顯忠日(현충일)
686		적을/과부 과	衆寡不敵(중과부적), 獨寡占(독과점), 寡婦(과부)
687		나이 령	高齡(고령), 老齡(노령), 年齡(연령), 適齡(적령)
688		진실로/믿을/허락할 윤	允君(윤군), 允當(윤당), 允許(윤허), 允可(윤가)
689		부추길 사	敎唆(교사), 示唆(시사)
690		실 산	酸味(산미), 酸性(산성), 酸素(산소), 炭酸(탄산)
691		뒤집힐/다시 복 덮을 부	覆蓋(복개), 覆面(복면), 飜覆(번복), 顚覆(전복)

DAY 29

692		덮을 폐	蔽空(폐공), 建蔽率(건폐율), 隱蔽(은폐)
693		해질/폐단 폐	疲弊(피폐), 弊習(폐습), 弊害(폐해), 民弊(민폐)
694		돈/폐백 폐	僞幣(위폐), 造幣(조폐), 紙幣(지폐), 貨幣(화폐)
695		동료 료	閣僚(각료), 官僚(관료), 同僚(동료), 幕僚(막료)
696		병 고칠 료	療法(요법), 療養(요양), 診療(진료), 治療(치료)
697		함정 정	陷穽(함정), 落穽下石(낙정하석)
698		변방 새 막을 색	梗塞(경색), 窮塞(궁색), 要塞(요새), 塞翁之馬(새옹지마)
699		틀/본보기 형	大型(대형), 模型(모형), 新型(신형)
700		살 구	購讀(구독), 購買(구매), 購入(구입), 購販場(구판장)
701		아가씨 양	貴孃(귀양), 令孃(영양)
702		자상할 상	詳報(상보), 詳細(상세), 詳述(상술), 未詳(미상)

703		쫄/다듬을 탁	琢器(탁기), 琢磨(탁마), 切磋琢磨(절차탁마)
704		쫓을 축	逐條審議(축조심의), 逐出(축출), 角逐(각축), 驅逐艦(구축함)
705		드디어/이룰 수	遂行(수행), 完遂(완수), 遂人事待天命(수인사대천명)
706		꿈 몽	吉夢(길몽) ↔ 凶夢(흉몽), 惡夢(악몽), 胎夢(태몽)
707		어리석을/어릴/몽골 몽	啓蒙(계몽), 無知蒙昧(무지몽매), 蒙古(몽고)
708		미리 예	豫告(예고), 豫報(예보), 豫備(예비), 豫想(예상)
709		정성 간 간절할 간	懇曲(간곡), 懇求(간구), 懇切(간절), 懇請(간청)
710		모양 모	面貌(면모), 美貌(미모), 外貌(외모), 全貌(전모)
711		소생할/성 소	蘇生(소생), 蘇聯(소련)
712		어금니 아	牙城(아성), 象牙塔(상아탑), 齒牙(치아)
713		싹 아	麥芽(맥아), 萌芽(맹아), 發芽(발아)
714		간사할 사	邪惡(사악), 妖邪(요사), 破邪顯正(파사현정)
715		사나울/학대할 학	虐殺(학살), 殘虐(잔학), 虐待(학대), 自虐(자학)
716		의지할/증거 거	據點(거점), 占據(점거), 證據(증거)
717		심할/연극 극	劇藥(극약), 劇場(극장), 悲劇(비극), 喜劇(희극)
718		사로잡을 로	虜獲(노획), 捕虜(포로)
719		살갗 부	膚見(부견), 皮膚(피부)

DAY 30

720		갈마들/전할 체	遞來(체래), 遞信(체신), 遞信廳(체신청), 郵遞局(우체국)
721		놀/희롱할 희	戱曲(희곡), 戱劇(희극), 戱弄(희롱), 戱筆(희필)
722		화로 로	煖爐(난로), 香爐(향로), 鎔鑛爐(용광로)
723		빌 걸	乞客(걸객), 乞人(걸인), 求乞(구걸), 伏乞(복걸)
724		물 끓는 김 기	汽管(기관), 汽船(기선), 汽笛(기적), 汽車(기차)
725		되/오를 승	升斗之利(승두지리), 升級·昇級(승급)
726		오를 승	昇降機(승강기), 昇進(승진), 昇天(승천)
727		뒤집을/나부낄 번 번역할 번	飜覆(번복), 飜譯(번역), 飜案(번안)

번호		훈음	예시
728		탄식할 오	嗚咽(오열), 嗚泣(오읍), 嗚呼痛哉(오호통재)
729		어찌/어조사 언	焉敢生心(언감생심), 於焉間(어언간), 終焉(종언)
730		봉황새 봉	鳳仙花(봉선화), 龍味鳳湯(용미봉탕)
731		어릴 치	稚拙(치졸), 幼稚(유치), 幼稚園(유치원)
732		생각할/오직 유	思惟(사유), 惟獨(유독), 惟一(유일)
733		탈 초	焦眉(초미), 焦思(초사), 焦燥(초조), 焦土(초토)
734		끌/가질 휴	携引(휴인), 提携(제휴), 携帶(휴대), 携帶品(휴대품)
735		기러기 홍	鴻鵠(홍곡), 鴻功(홍공), 鴻基(홍기)
736		기러기 안	雁書(안서), 雁信(안신), 雁柱(안주), 雁行(안항)
737		떨칠/힘쓸 분	奮起(분기), 奮發(분발), 興奮(흥분), 孤軍奮鬪(고군분투)
738		빼앗을 탈	奪骨(탈골), 奪取(탈취), 強奪(강탈), 掠奪(약탈)
739		학 학	鶴舞(학무), 鶴髮(학발), 群鷄一鶴(군계일학)
740		보호할 호	護國(호국), 看護(간호), 辯護(변호), 保護(보호)
741		거둘 확	收穫(수확), 多收穫(다수확)
742		얻을 획	獲得(획득), 濫獲(남획), 虜獲(노획), 漁獲(어획)
743		쌍 쌍	雙雙(쌍쌍), 雙發(쌍발), 雙方(쌍방), 雙壁(쌍벽)
744		재촉할/열/베풀 최	催告(최고), 催淚彈(최루탄), 開催(개최), 主催(주최)
745		두려워할 구	疑懼(의구), 疑懼心(의구심), 悚懼(송구)
746		날짐승 금	禽獸(금수), 禽獸魚蟲(금수어충), 禽獸行(금수행)
747		품 팔/품팔이 고	雇價(고가), 雇傭(고용), 雇用(고용), 解雇(해고)
748		돌아볼 고	顧客(고객), 顧問(고문), 回顧(회고), 三顧草廬(삼고초려)
749		빛날 요	耀耀(요요), 耀德(요덕), 光耀(광요)
750		뛸 약	躍動(약동), 躍進(약진), 跳躍(도약), 飛躍(비약)

시대에듀와 함께하는
어문회 한자

어문회 한자능력검정시험 2·3급 한 권으로 끝내기

어문회 2·3급을 '한자 3박자 연상 학습법'으로 쉽고 확실하게!
- 해당 급수 배정한자 모두 수록
- '생생한 어원 풀이'로 2·3급 한자 마스터!
- 다양한 출제 유형에 맞춰 정리한 '한자 응용하기'
- 출제 경향 완벽 분석! '최신 기출 동형 모의고사' 제공
- 시험장까지 들고 가는 〈빅데이터 합격 한자〉 소책자 제공

어문회 한자능력검정시험 4·5·6급 한 권으로 끝내기

어문회 4·5·6급을 '한자 3박자 연상 학습법'으로 쉽고 재미있게!
- 해당 급수 배정한자 모두 수록
- 생생한 '어원 풀이'로 4·5·6급 한자 마스터!
- 다양한 출제 유형에 맞춰 정리한 '한자 응용하기'
- 출제 경향 완벽 분석! '실전 모의고사 3회분' 제공
- 시험장까지 들고 가는 〈빅데이터 합격 한자〉 소책자 제공

어문회 한자능력검정시험 7·8급 한 권으로 끝내기

어문회 7·8급을 '한자 3박자 연상 학습법'으로 쉽고 재미있게!
- 해당 급수 배정한자 모두 수록
- 한국어문회 기출문제 정식 계약! '공식 기출문제 5회분' 수록
- 시험에 반드시 출제되는 '출제 유형별 한자' 수록
- 무료 부가 자료 5종 – 소책자, 한자 어원 풀이 MP3,
  한자 브로마이드 / 빈출 한자 카드, 한자 쓰기 노트 PDF,
  답안지 PDF 제공

※ 도서의 이미지는 변동될 수 있습니다.

시대에듀와 함께하는
진흥회 한자

진흥회 한자자격시험 2급 한 권으로 끝내기

진흥회 2급을 '한자 3박자 연상 학습법'으로 쉽고 확실하게!

- 한자자격시험 2급 선정한자 2,300자 수록
- 생생한 어원 풀이로 2급 한자 마스터!
- 다양한 출제 유형에 맞춰 정리한 '한자 응용하기'
- 출제 경향 완벽 분석! '최신 기출 모의고사' 5회분 제공
- 저자가 직접 출제한 '실전 모의고사' 1회분 제공
- 빈출 한자만 모았다! '빅데이터 합격 한자 750'

진흥회 한자자격시험 3급 한 권으로 끝내기

진흥회 3급을 '한자 3박자 연상 학습법'으로 쉽고 확실하게!

- 한자자격시험 3급 선정한자 1,800자 수록
- 생생한 어원 풀이로 3급 한자 마스터!
- 다양한 시험 유형에 맞춰 정리한 '한자 응용하기'
- 출제 경향 완벽 분석! '최신 기출 모의고사' 5회분 제공
- 빈출 한자만 모았다! '빅데이터 합격 한자 450'

※ 도서의 이미지는 변동될 수 있습니다.

시대에듀와 함께하는
한자암기박사 시리즈

읽으면 저절로 외워지는 기적의 암기공식!

한자암기박사 1

일본어 한자암기박사1
상용한자 기본학습

중국어 한자암기박사1
기초학습

한자암기박사 2

일본어 한자암기박사2
상용한자 심화학습

중국어 한자암기박사 2
심화학습

- 20여 년간 사랑받고 검증된 '한자 3박자 연상 학습법'으로 읽으면서 익히는 한자 완전학습!
- 부수/획수/필순/활용 어휘 등 사전이 필요 없는 상세한 해설과 한자 응용!

※ 도서의 이미지는 변동될 수 있습니다.

시대에듀와 함께하는
상공회의소 한자

상공회의소 한자 1급 2주 격파 + 실전모의고사 5회분

- 스피드 합격! 2주 필승 전략
- 1~9급 배정한자 수록
- 실전모의고사 5회분 제공 (교재 3회 + CBT 2회)
- ALL DAY 쪽지시험 PDF 제공
- 시험 직전 막판 뒤집기! '빅데이터 합격한자' 소책자 제공

상공회의소 한자 2급 2주 격파 + 실전모의고사 5회분

- 스피드 합격! 2주 필승 전략
- 2~9급 배정한자 수록
- 실전모의고사 5회분 제공 (교재 3회 + CBT 2회)
- ALL DAY 쪽지시험 PDF 제공
- 시험 직전 막판 뒤집기! '빅데이터 합격한자' 소책자 제공

상공회의소 한자 3급 2주 격파 + 실전모의고사 5회분

- 스피드 합격! 2주 필승 전략
- 3~9급 배정한자 수록
- 실전모의고사 5회분 제공 (교재 3회 + CBT 2회)
- ALL DAY 쪽지시험 PDF 제공
- 시험 직전 막판 뒤집기! '빅데이터 합격한자' 소책자 제공

※ 도서의 이미지는 변동될 수 있습니다.